新訂朱子全書

附外編

18

［宋］朱熹 撰
朱傑人 嚴佐之 劉永翔 主編

上海古籍出版社

本册书目

朱子語類（四）

鄭明等校點　莊輝明審讀
胡秀娟修訂

大千論壇（四）

朱子語類卷第七十九

尚書二

禹貢

「禹貢一書所記地理、治水曲折，多不甚可曉。竊意當時治水事畢，却總作此一書，故自冀州王都始。如今人方量畢，總作一門單耳。禹自言『予決九川距四海，濬畎澮距川』，一篇禹貢不過此數語極好細看。今人說禹治水始于壺口，鑿龍門，某未敢深信。方河水洶湧，其勢迅激，縱使鑿下龍門，恐這石仍舊壅塞。又下面水未有分殺，必且潰決四出。蓋禹先決九川之水，使各通于海，又濬畎澮之水，使各通于川，使大水有所入，小水有所歸。禹只是先從低處下手。若下面之水盡殺，則上面之水漸淺，方可下手。九川盡通，則導河之功已及八分。故某嘗謂禹治水必當始于碣石、九河。蓋河患惟兖爲甚。兖州是河曲處，其曲處兩岸無山，皆是平地，所以潰決常必在此。故禹自其決處導之，用工尤難。孟子亦云：『禹疏九河，瀹濟、漯而注之海。』蓋皆自下流疏殺其勢耳。若鯀則只是築堙之，所以九載而功弗成也。」銖。

「禹當時治水，也只理會河患，餘處亦不大段用工夫。河水之行不得其所，故泛濫浸及他處。觀禹用功，初只在冀，以及兖、青、徐、雍，却不甚來東南。積石、龍門，所謂『作十三載乃同』者，正在此處。龍門至今橫石斷流，水自上而下，其勢極可畏。向未經鑿治時，龍門正道不甚泄，故一派西滚入關陝，一派東滚往河東，故此爲患最甚。禹自積石至龍門着工夫最多。又其上散從西域去，往往亦不甚爲患。行河東者多流黄泥地中，故只管推洗泥汁，只管凝滯淤塞，故道漸狹。值上流下來纔急，故道不泄，便致横湍他處。先朝亦多造鐵爲治河器，竟亦何濟！」或問：「齊威塞九河以富國，事果然否？」曰：「當時葵丘之會，申五禁，且曰『無曲防』，是令人不得私自防遏水流，他終不成自去塞了最利害處！便是這般説話亦難憑。」問：「河患何爲至漢方甚？」曰：「史記表中亦自有河決之文。禹只是理河水，餘處亦因河溢有些患。看治江不見甚用力。書載：『岷山導江，東别爲沱；東至于澧，過九江，至于東陵；東迤，北會于匯；東爲中江，入于海。』若中間便用工夫，如何載得恁略！」又云：「禹治水，先就土低處用工。」賀孫。

「禹治水，大率多是用工於河。『治梁及岐』，是鑿龍門等處。冀州三面邊河，兗州亦邊河，故先冀即兗。」揚。

「禹治水，乃是自下而上了，又自上而下。後人以爲自上而下，此大不然。不先從下泄水，却先從上理會，下水泄未得，下當愈甚，是甚治水如此！」〔一〕

「禹貢集義今當分解。如『冀州，既載壺口，治梁及岐』，當分作三段，逐段下注地名，漢爲甚郡縣，唐爲甚郡縣，今爲甚郡縣。下文『既修太原，至于岳陽，覃懷厎績，至于衡、漳』當爲一段。『厥土白壤』云云又爲一段，『碣石』云云又爲一段，方得子細。且先分細段解了，有解得成片者，方成片寫于後。黑水、弱水諸處，皆須細分，不可作大段寫。」〔二〕

「禹貢地理，不須大段用心，以今山川都不同了。理會禹貢，不如理會如今地理。如禹貢濟水，今皆變盡了。又江水無沲，又不至澧。九江亦無尋處，後人只白捉江州。又上數千里不說一句，及到江州，數千里間連說數處，此皆不可曉者。禹貢但不可不知之。今地理亦不必過用心。今人說中原山川者，亦是皃說，不可見，無考處。舊鄭樵好說，後識中原者見之云，全不是。」振。

因說三江之說多不同，銖問：「東坡之說如何？」曰：「東坡不曾親見東南水勢，只是意想硬說。且江漢之水到漢陽軍已合爲一，不應至揚州復言三江。薛士龍說震澤下有三江入海，疑它曾見東南水勢，說得恐是。」因問味別地脈之說如何。曰：「禹治水，不知是要水有所歸，不爲民害，還是只要辨味點茶如陸羽之流，尋脈踏地如後世風水之流耶？且太行山自西北發脈，來爲天下之脊，此是中國大形勢。其底柱、王屋等山，皆是太行山脚。今說者分陰陽列，言『道岍及岐，至于荆山』，山脈逾河而過，爲壺口、雷首、底柱、析城、王屋、碣石。則是荆山地脈，却來做太行山脚。其所謂地脈尚說不通，況禹貢本非理會地脈耶！」銖。

「禹貢西方、南方殊不見禹施工處。緣是山高少水患，當時只分遣官屬，而不了事底記述得文字不整齊耳。某作九江彭蠡辯，禹貢大概可見於此。禹貢只載九江，無洞庭；今以其地驗之，有洞庭，無九江，則洞庭之爲九江無疑矣。洞庭、彭蠡，冬月亦涸，只有數條江水在其中。」義剛。〔三〕

「江陵之下〔四〕，岳州之上，是雲夢。」又曰：「江陵之下，連岳州，是雲夢。」節。

問岷山之分支何以見。曰：「只是以水驗之。大凡兩山夾行，中間必有水；兩水夾行，中間必有山。江出於岷山，岷山夾江兩岸而行，那邊一支去爲隴，他本云：「那邊一支去爲江北許多去處。」這邊一支爲湖南，又一支爲建康，又一支爲兩浙，而餘氣爲福建、二廣。」

義剛。〔五〕

問禹貢地理。曰：「禹貢『過』字有三義，有山過、水過、人過。如『過九江至于敷淺原』，只是禹過此處去也，若曰山過、水過便不通。」時舉。

因説禹貢，曰：「此最難説。蓋他本文自有繆誤處。且如漢水，自是從今漢陽軍入江，下至江州，然後江西一帶江水流出合大江，兩江下水相淤，故江西水出不得，溢爲彭蠡。上取漢水入江處有多少路！今言漢水『過三澨，至于大别，南入于江，東匯澤爲彭蠡』，全然不合，又如何去强解釋得！蓋禹當時只治得雍、冀數州爲詳，南方諸水皆不親見，恐只是得之傳聞，故多遺闕，又差誤如此。今又不成説他聖人之經不是，所以難説。然自古解釋者紛紛，終是與他地上水不合。」又言：「孟子説『瀹濟、漯而注諸海，決汝、漢，排淮、泗而注諸江』，據今水路及禹貢所載，惟漢入江，汝、泗自入淮，而淮自入海，分明是誤。蓋一時牽於文勢，而不暇考其實耳。今人從而强爲之解釋，終是可笑。」雉。

「『東匯澤爲彭蠡』，多此一句。」節。

問銖：「理會得彭蠡否？」銖曰：「向來只據傳注，終未透達。」曰：「細看來經文疑有差誤。恐禹當初必是不曾親到江東西，或遺官屬往視，又是時三苗頑，弗即工，據彭蠡、洞庭之地，往往看得亦不子細。」因出三江説並山海經二條云：「此載得甚實。」又云：「浙江源疑出今婺源折嶺下。」銖。

問：「先生〔六〕說鄭漁仲以『東爲北江入于海』爲羡文，是否？」曰：「然。今考之，不見北江所在。」問：「鄭說見之何書？」曰：「家中舊有之，是川本，今不知所在矣。」又云：「洪水之患，意者只是如今河決之類，故禹之用功處多在河，所以於兗州下記作『十有三載乃同』，此言專爲治河也。兗州是河患甚處，正今之澶、衛州也。若其他，江水兩岸多是山石，想亦無泛濫之患，禹自不須大段去理會。」又云：「禹治水時，想亦不曾遍歷天下。如荆州乃三苗之國，不成禹一一皆到。往往是使官屬去彼，相視其山川，具其圖說以歸，然後作此一書爾。故今禹貢所載南方山川，多與今地面上所有不同。」廣。

「地理最難理會，全合禹貢不著了。且如『岷山導江，東別爲沱』，今已不知沱所在。或云蜀中李冰所鑿一所，灌蔭蜀中數百里之田，恐是沱，則地勢又太上了。灃水下有一支江，或云是，又在灃下，太下了。又如『東匯澤爲彭蠡』，江亦不至此澤。敷淺原今又在德安，恐在湖口左右。晁以道謂九江在湖口，謂有九江來此合。今以大江數之，則無許多；小數之，則又甚多。亦不知如何。」揚。

薛常州作地志，不載揚、豫二州。先生曰：「此二州所經歷，見古今不同，難下手，故不作。諸葛誠之要補之，以其只見册子上底故也。」揚。

李得之問薛常州九域圖。曰：「其書細碎，不是著書手段。『予決九川距四海，濬畎澮距川。』聖人做事便有大綱領，先決九川距四海了，却逐旋爬疏小水，令至川。學者亦先識個大形勢，如江、河、淮先合識得，渭水入河，上面漆、沮、涇等又入渭，皆是第二重事。桑欽、酈道元水經亦細碎。」因言：「天下惟三水最大：江、河與混同江。混同江不知其所出，虜舊巢正臨此江。邪迤東南流入海，其下爲遼海，遼東、遼西指此水而分也。」又言：「河東奥區，堯、禹所居，後世德薄不能有。混同江猶自是來裏河東。」又言：「長安山生過鄜延，然長安却低，鄜延是山尾，却高。」又言：「收復燕雲時，不曾得居庸關，門却開在，所以不能守。然正使得之，亦必不能有也。」方子。學蒙録云：「因説薛氏九域志曰：『也不成文字，細碎了。禹「決九川距四海，濬畎澮距川」，這便是聖人做事綱領處。先決九川而距海，然後理會畎澮。論形勢，須先識大綱。如水則中國莫大於河，南方莫大於江。涇、渭則入河者也。先定個大者，則小者便易考。』又曰：『天下有三大水，江、河、混同江是也。混同江在虜中，虜人之都見濱此江。』」

胤征

問：「東坡疑胤征。」曰：「袁道潔考得是。太康失河北，至相方失河南。然亦疑羲和是個曆官，曠職，廢之誅之可也，何至誓師如此？大抵古書之不可考皆此類也。」大雅。

湯誓

問：「『升〔七〕自陑』，先儒以爲出其不意，如何？」曰：「此乃序説，經無明文。要之，今不的見陑是何地，何以辨其正道、奇道？湯、武之興，決不爲後世之譎詐。若陑是取道近，亦何必迂路？大抵讀書須求其要處。如人食肉，畢竟肉中有滋味，有人却要於骨頭上咀嚼，縱得些肉，亦能得多少？古人所謂『味道之腴』，最有理。」可學因問：「凡書傳中如此者，皆可且置之？」曰：「固當然。」可學。

仲虺之誥

問：「仲虺之誥，似未見其釋湯慚德處。」曰：「正是解他。云『若苗之有莠，若粟之有秕』，他緣何道這幾句？蓋謂湯若不除桀，則桀必殺湯。如説『推亡固存』處，自是説伐桀；至『德日新』以下，乃是勉湯。又如『天乃錫王勇智』，他特地説『勇智』兩字，便可見。尚書多不可曉，固難理會；然這般處，古人如何説得恁地好，如今人做時文相似。」夔孫。

問：「禮義本諸人心，惟中人以下爲氣禀物欲所拘蔽，所以反着求禮義自治。若成湯，尚何須『以義制事，以禮制心』？」曰：「『湯、武反之也』，便也是有些子不那底了。但他能恁地，所以爲湯；若不恁地，便是『惟聖罔念作狂』。聖人雖則説是『生知安行』，便只是常常恁地不已，所以不可及。若有一息不恁地，便也是凡人了。」問：「舜『由仁義行』，便是不操而自存否？」曰：「這都難説。舜只是不得似衆人恁地着心，自是操。」賀孫。

湯誓

「湯、武征伐，皆先自説一段義理。」必大。

蔡〔八〕愳問書所謂「降衷」。曰：「古之聖賢，才説出便是這般話。成湯當放桀之初，便説：『惟皇上帝，降衷于下民。若有常性，克綏厥猷惟后。』武王伐紂時，便説：『惟天地萬物父母，惟人萬物之靈。亶聰明，作元后。元后作民父母。』傅説告高宗便説：『明王奉若天道，建邦設都，樹后王君公，承以大夫師長，不惟逸豫，惟以亂民。惟天聰明，惟聖時憲。』見古聖賢朝夕只見那天在眼前。」賀孫。

「孔安國〔九〕以『衷』爲『善』，便無意思。『衷』只是『中』〔一〇〕，便與『民受天地之中』一般。」泳。

問：「『天道福善禍淫』，此理定否？」曰：「如何不定？自是道理當如此。賞善罰惡亦是理當如此，不如此便是失其常理。」又問：「或有不如此者，何也？」曰：「福善禍淫，其常理也。若不如此，便是天也把捉不定了。」又曰：「天莫之爲而爲，它亦何嘗有意？只是理自如此。且如冬寒夏熱，此是常理當如此；若冬熱夏寒，便是失其常理。」又問：「失其常者，皆人事有以致之耶？抑偶然耶？」曰：「也是人事有以致之，也有是偶然如此時。」又曰：「大底物事也不會變，如日月之類。只是小小底物事會變。」如冬寒夏熱之類，如冬間大熱，六月降雪是也。近年徑山嘗六七月大雪。僩。

總説伊訓太甲説命

「商書幾篇最分曉可玩。太甲、伊訓等篇又好看似説命。蓋高宗資質高，傅説所説底細了，難看。若是伊尹與太甲説，雖是粗，却切於學者之身。太甲也不是個昏愚底人，但『欲敗度，縱敗禮』爾。」廣。

「伊尹書及説命三篇，大抵分明易曉。今人觀書，且看他那分明底，其難曉者且置之。政使曉得，亦不濟事。」廣。

伊訓

「『伊尹祠于先王。』若有服，不可入廟。必有外丙二年、仲壬四年。」節。

問：「伊訓『伊尹祠于先王，奉嗣王，祗見厥祖』。是時湯方在殯宮，太甲於朝夕奠常在，如何伊尹因祠而見之？」曰：「此與顧命、康王之誥所載冕服事同。意者，古人自有一件人君居喪之禮，但今不存，無以考據。蓋天子諸侯既有天下國家事體，恐難與常人一般行喪禮。」廣。

「古書錯繆甚多。如史記載伊訓有『方明』二字，諸家遂解如『反祀方明』之類。某考之，只是『方』字之誤。『方』當作『乃』，即尚書所謂『乃明言烈祖之成德』也。」雉。

「『與人不求備，檢身若不及。』大概是湯急己緩人，所以引爲『日新』之實。」泳。

「『具訓于蒙士』，吳斗南謂古者墨刑人，以蒙蒙其首，恐不然。」廣。

太甲

「近日蔡行之送得鄭景望文集來，略看數篇，見得學者讀書不去子細看正意，却便從外面說是與非。如鄭文亦平和純正，氣象雖好，然所說文字處，却是先立個己見，便都說從那上去，所以昏了正意。如說伊尹放太甲，三五板只說個『放』字。謂小序所謂『放』者，正伊尹之罪；『思庸』二字，所以雪伊尹之過。此皆是閑說。正是伊尹至誠懇惻告戒太甲處，却都不說。此不可謂善讀書。學者不可不知也。」時舉。〔一一〕

「伊尹之言極痛切，文字亦只有許多，只是重，遂感發得太甲如此。君陳後亦好，然皆寬了，多是代言，如今代王言者做耳。」

「並其有邦，厥鄰乃曰：『徯我后，后來無罰！』」言湯與彼皆有土諸侯，而鄰國之人乃以湯爲我后而徯其來。此可見湯得民心處。」閎祖。

「視不爲惡色所蔽爲明，聽不爲姦人所欺爲聰。」節。

咸有一德

「『爰革夏正』，只是正朔之正。」賀孫因問：「伊尹說話自分明，間有數語難曉，如『爲上爲德，爲下爲民』之類。」曰：「伯恭四個『爲』字都從去聲〔一二〕，覺得□□順〔一三〕。」賀孫因說：「如『逢君之惡』，也是爲上，而非是爲德；『爲宮室妻妾之奉』，也是爲下，而非是爲民。」曰：「然。伊尹告太甲，却是與尋常人說話，便恁地分曉，恁地切身，至今看時，通上下皆使得。至傅說告高宗，語意却深。緣高宗賢明，可以說這般話，故傅說輔之，說得較精微。伊尹告太甲，前一篇許多說話都從天理窟中抉出，許多話分明說與他，今看來句句是天理。」又云：「非獨此看得道理透，見得聖賢許多說話都是天理。」又云：「伊尹說得極懇切，許多說話重重疊疊，說了又說。」賀孫。

問：「『左右惟其人』何所指？」曰：「只是指親近之臣。『任官』是指任事底人也。『任官惟賢材』，多是『爲下爲民』底意思；『左右惟其人』，多是『爲上爲德』底意思。『其難其慎』，言人君任官須是賢材，左右須是得人，當難之慎之也。『惟和惟一』，言人臣爲上爲下，須是爲德爲民，必和必一，爲此事也。」銖。

至之問四「爲」字當作何音。曰：「四字皆作去聲。言臣之所以爲上者，蓋爲君德也；臣之所以爲下者，蓋爲民也。爲上猶言爲君。」銖。

論「其難其慎」曰：「君臣上下相與甚難。」節。

問：「『德無常師，主善爲師。善無常主，協于克一』。或言主善人而爲師，若仲尼無常師之意，如何？」曰：「非也。橫渠說『德主天下之善，善原天下之一』，最好。此四句三段，一段緊似一段。德且是大體說，有吉德，有凶德，然必主於善始爲吉爾。善亦且是大體說，或在此爲善，在彼爲不善；或在彼爲善，在此爲不善。或在前日則爲善，而今日則爲不善；或在前日則不善，而今日則爲善。惟須『協于克一』，是乃爲善。謂以此心揆度彼善爾。故橫渠言『原』，則若善定於一耳。蓋善因一而後定也。德以事言，善以理言，一以心言。大抵此篇只是幾個『一』字上有精神，須與細看。此心纔一，便終始不變而有常也。『協』字雖訓『合』字，却是如『以此合彼』之合，非『已相合』之合，與禮記『協於分藝』、書『協時月正日』之協同義，蓋若揆度參驗之意耳。張敬夫謂虞書『精一』四句與此，爲尚書語之最精密者，而虞書爲尤精。」大雅。

「『德無常師，主善爲師。善無常主，協于克一』。上兩句是教人以其所從師，下兩句是教人以其所擇善而爲之師。」道夫問：「『協于克一』，莫是能主一則自默契于善否？」曰：「『協』字難説，只是個比對裁斷之義。蓋如何知得這善不善，須是自心主宰得定始得。蓋有主宰，則是是非非善善惡惡瞭然於心目間，合乎此者便是，不合者便不是。橫渠云：『德主天下之善，善原天下之一。』這見得它説得極好處。蓋從一中流出者無有不善，所以他伊尹從前面説來便有此意，曰『常厥德』，曰『庸德』，曰『一德』。常、庸、一只是一個。」蜚卿謂：「『一』恐只是『專一』之『一』？」曰：「如此則絶説不來。」道夫曰：「上文自謂：『德惟一，動罔不吉；德二三，動罔不凶。』」曰：「纔尺度不定，今日長些子，明日短些子，便二三。」道夫曰：「到底説得來，只是個定則明，明則事理見；不定則擾，擾則事理昏雜而不可識矣。」曰：「只是如此。」又曰：「看得道理多後，於這般所在，都寬平開出，都無礙塞。如蜚卿恁地理會數日，却只恁地，這便是看得不多，多少被他這個十六字礙。」又曰：「今若理會不得，且只看自家每日一與不一時便見。要之，今却正要人恁地理會，不得，又思量，但只當如橫渠所謂『濯去舊見，以來新意』。且放下着許多説話，只將這四句來平看便自見。」

又曰：「這四句極好看。南軒云：『自「人心惟危，道心惟微」數語外，惟此四句好。但舜大聖人，言語渾淪；伊尹之言較露鋒鋩得些。』說得也好。」頃之，又曰：「舜之語如春生，伊尹之言如秋殺。」道夫。

問：「橫渠言：『德主天下之善，善原天下之一。』如何？」曰：「言一故善。一者，善之原也。『善無常主』，如言『前日之受是〔一四〕，今日之受非也』。『協于克一』，如言『皆是也』。蓋均是善，但易地有不同者，故無常主。必是合于一，乃爲至善。一者，純一於理，而無二三之謂。一則無私欲，而純乎義理矣。」銖。

「『協于克一』，協，猶齊也。」升卿。

說命

「高宗夢傅說，據此則是真有個天帝與高宗對答，曰：『吾賚汝以良弼。』今人但以主宰說帝，謂無形象，恐也不得。若如世間所謂玉皇大帝，恐亦不可。畢竟此理如何，學者皆莫能答。」僩。

「夢之事，只說到感應處。高宗夢帝賚良弼之事，必是夢中有。帝賚之說之類，只是夢中事。說是帝真賚不得，說無此事，只是天理，亦不得。」揚。

問：「高宗夢説，如伊川言，是有個傅説，便能感得高宗之夢。琮謂高宗『舊學于甘盤，既乃遯于荒野，入宅于河，自河徂亳〔一五〕』，其在民間久矣。當時天下有個傅説，豈不知名？當『恭默思道』之時，往往形于夢寐，於是審象而求之。不然，賢否初不相聞，但據一時夢寐，便取來做宰相，或者於理未安。」曰：「『遯于荒野，入宅于河，自河徂亳』，是説高宗，是説甘盤？」衆未應。曰：「據來『暨厥終罔顯』，只是尋甘盤不見。然高宗『舊勞于外，爰暨小人』，亦嘗是在民間來。」琮。

「『惟天聰明』至『惟干戈省厥躬』，八句各一義，不可牽連。天自是聰明。君自是用時憲。臣自是用欽順。民自是用從乂。口則能起羞。甲冑所以禦戎也，然亦能興戎，如秦築長城以禦胡，而致勝、廣之亂。衣裳者，賞也。『在笥』猶云在箱篋中，甚言其取之易，如云『爵者上之所擅，出於口而無窮』。惟其予之之易，故必審其人果賢耶，果有功耶，則賞不妄矣。干戈，刑人之具，然須省察自家真個是否，恐或因怒而妄刑人，或慮施之不審而無辜者被禍，則刑之施當矣。蓋衣裳之予雖在我〔一六〕，而必審其人之賢否；干戈施之於人，而必審自己之是非也。」僩。

「『惟口起羞』以下四句皆是審〔一七〕。」節。

「口非欲起羞〔一八〕，而出言不當，則反足以起羞。甲冑本所以禦戎，而出謀不當，則反足以起戎。衣裳在笥，易以與人，則不可不謹〔一九〕。干戈討有罪，則因以省身。」

「『惟甲冑起戎』，蓋不可有關防他底意。」節。〔二〇〕

「『惟甲冑起戎』，如『歸與石郎謀反』是也。」節。

「『惟厥攸居』，所居，所在也。」節。

「南軒云：『「非知之艱，行之艱」，此特傅説告高宗爾。蓋高宗舊學甘盤，於義理知之亦多，故使得這説。若常人，則須以致知爲先也。』此等議論儘好。」道夫。

「『予小子舊學于甘盤，既乃遯于荒野』，云云。東坡解作甘盤遯于荒野。據某看，恐只是高宗自言。觀上文曰『予小子』可見。但不知當初高宗因甚遯于荒野，不知甘盤是甚樣人，是學個甚麽，今亦不敢斷，但據文義疑是如此。兼無逸云『高宗舊勞于外』，亦與此相應。想見高宗三年不言，恭默思道，未知所發，又見世間未有個人强得甘盤，所以思得一大賢如傅説。高宗若非傅説，想不能致當日之治；傅説若非高宗，亦不能有所爲。故曰：『惟后非賢不乂，惟賢非后不食』，言必相須也。」僩。

「經籍古人言『學』字，方自説命始有。」

「『惟學遜志，務時敏』至『厥德修罔覺』。遜志者，遜順其志，捺下這志入那事中，子細低心下意，與它理會。若高氣不伏，以爲無緊要，不能入細理會得，則其修亦不來矣。既遜其志，又須時敏，若似做不做，或作或輟，亦不濟事。須是『遜志，務時敏』，則『厥修乃來』，爲學之道，只此二端而已。又戒以允懷于兹二者，則道乃積于厥躬。積者，來得件數多也。『惟斆學半』，蓋己學既成，居于人上，則須教人。自學者，學也，而教人者亦學。蓋初學得者是半，既學而推以教人，與之講説，己亦因此温得此段文義，是斆之功亦半也。『念終始典于學』，始之所學者，學也；終之所以教人者，亦學也。自學、教人，無非是學。自始至終，日日如此，忽不自知其德之修矣。」或舉葛氏解云：「傅説與王説，我教你者，只是一半事，那一半要你自去行取。故謂之終始。」曰：「某舊爲同安簿時，學中一士子作書義如此説，某見它説得新巧，大喜。之後見喻子才跋某人説命解後，亦引此説。」又曰：「傅説此段説爲學工夫極精密。伊尹告太甲者極痛切。」僩。

「『遜志』則無所墜落。志不低，則必有漏落在下面。」節。

問爲學遜志、以意逆志之分。曰：「遜志是小著這心去順那事理，自然見得出。逆志是將自家底意去推迎等候他志，不似今人硬將此意去捉那志。」僩。

因説「斆學半」曰：「近見喻子才跋説命云〔二一〕：『教只斆得一半，學只學得一半，那一半教人自理會。』伯恭亦如此説。某舊在同安時，見士人作書義如此説。夔孫録云：「某看見古人説話不如此險。」先説『王，人求多聞，時惟建事〔二二〕』，此是人君且學且斆，一面理會教人，一面窮義理。後面説『監于成憲，其永無愆』數語，是平正實語。不應中間翻空一句，如此深險。夔孫録云：「言語皆平正，皆是實語，不應得中間翻一個筋斗去。」如説斆只得一半，不成那一半掉放冷處，教他自得！此語全似禪語。只當依古注。」夔孫録云：「此却似禪語。五通仙人問佛，六通如何是那一通？那一通便是妙處。且如學記引此，亦只是依古注説。」賜。

西伯戡黎

「西伯戡黎，便是這個事難判斷。觀戡黎大故逼近紂都，豈有諸侯而敢稱兵於天子之都乎？看來文王只是不伐紂耳，其他事亦都做了，如伐崇、戡黎之類。韓退之拘幽操云：『臣罪當誅兮，天王聖明。』伊川以爲此説出文王意中事。嘗疑這個説得來太過。據當日事勢觀之，恐不如此。若文王終守臣節，何故伐崇？只是後人因孔子『以服事殷』一句，遂委曲回護個文王，説教好看。殊不知孔子只是説文王不伐紂耳。嘗見雜説〔一三〕云：紂殺九侯，鄂侯爭之强，辯之疾，併醢鄂侯。西伯聞之竊歎。崇侯虎譖之曰：『西伯欲叛。』紂怒，囚之羑里。西伯歎曰：『父有不慈，子不可以不孝；君有不明，臣不可以不忠。豈有君而可叛者乎？』於是諸侯聞之，以西伯能敬上而恤下也，遂相率而歸之。看來只這段説得平。」僩。

泰誓

「柯國材言：『序稱「十有一年」，史辭稱十有三年，書序不足憑。至洪範謂「十有三祀」，則是十三年明矣。使武王十一年伐殷，到十三年方訪箕子，不應如是之緩。』此説有理。」伯羽。高録云：「見得釋箕子囚了問他。若十一年釋了，十三年方問他，恐不應如此遲。」

同安士人杜君言：「泰誓十一年，只是誤了，經十三年爲正。洪範亦是十三祀訪箕子。」先生云：「恐無觀兵之事。然文王爲之，恐不似武王，只待天下自歸了，紂無人與他，只自休了。東坡武王論亦有此意。武王則行不得也。」揚。

石洪慶問：「尚父年八十方遇西伯，及武王伐商，乃即位之十三年，又其後就國。高年如此。」曰：「此不可考。」因云：「泰誓序『十有一年，武王伐殷』，經云『十有三年春，大會于孟津』，序必差誤。説者乃以十一年爲觀兵，尤無義理。舊有人引洪範『十有三祀，王訪于箕子』，則十一年之誤可知矣。」人傑。

「『亶聰明，作元后，元后作民父母。』須是剛健中正出人意表之君，方能立天下之事。如創業之君能定禍亂者，皆是智勇過人。」人傑。

或問：「『天視自我民視，天聽自我民聽』，天便是理否？」曰：「若全做理，又如何説自

我民視聽？這裏有些主宰底意思。」〔二四〕

莊仲問：「『天視自我民視，天聽自我民聽』，謂天即理也。」曰：「天固是理，然蒼蒼者亦是天，在上而有主宰者亦是天，各隨他所說。今既曰視聽，理又如何會視聽？雖說不同，又却只是一個。知其同，不妨其爲異；知其異，不害其爲同。嘗有一人題分水嶺，謂水不曾分。某和其詩曰：『水流無彼此，地勢有西東。若識分時異，方知合處同。』」文蔚。疑與上條同聞。

武成

問：「武成一篇，編簡錯亂。」曰：「新有定本，以程先生、王介甫、劉貢父、李□□諸本推究甚詳〔二五〕。」僩。

顯道〔二六〕問：「紂若改過遷善，則武王當何以處之？」曰：「他別自從那一邊去做。他既稱王，無倒殺，只着自去做。」義剛。

洪範

江彝叟疇問：「洪範載武王勝殷殺紂，不知有這事否？」曰：「據史記所載，雖不是武王自殺，然説斬其頭懸之，亦是有這事。」又問「血流漂杵」。曰：「孟子所引雖如此，然以書考之，『前徒倒戈，攻于後以北』，是殷人自相攻，以致血流如此之盛。觀武王興兵，初無意於殺人，所謂『今日之事，不愆于六伐、七伐，乃止齊焉』是也。武王之言，非好殺也。」卓。

問：「勝殷殺受之文是如何？」曰：「看史記載紂赴火死，武王斬其首以懸于旌，恐未必如此。書序某看來煞有疑，相傳都説道夫子作〔二七〕，未知如何。」賀孫。

問：「『鯀則殛死，禹乃嗣興。』禹爲鯀之子，當舜用禹時，何不逃走以全父子之義？」曰：「伊川説殛死只是貶死之類〔二八〕。」德明。

問：「鯀既被誅，禹又出而委質，不知如何？」曰：「蓋前人之愆。」又問：「禹以鯀爲有罪而欲蓋其愆，非顯父之惡否？」曰：「且如而今人，其父打碎了個人一件家事，其子買來填還，此豈是顯父之過〔二九〕？」自脩。

説洪範：「看來古人文字，也不被人牽强説得出。只自恁地熟讀，少間字字都自會着實。」又云：「今人只管要説治道，這是治道最緊切處。這個若理會不通，又去理會甚麽零碎碎！」道夫〔三〇〕。

問洪範諸事，曰：「此是個大綱目，天下之事，其大者大概備於此矣。」問「皇極」。曰：「此是人君爲治之心法。如周公一書〔三一〕，只是個八政而已。」僩。

「凡數，自一至五，五在中；自九至五，五亦在中。戴九履一，左三右七，五亦在中。」又曰：「若有前四者，則方可以建極。一〔三二〕五行，二五事，三八政，四五紀是也。後四者却自皇極中出。三德是皇極之權，人君所嚮用五福，所威用六極。此曾南豐所說。諸儒所說，惟此說好。」又曰：「皇，君也；極，標準也。皇極之君，常滴水滴凍，無一些不善。人却不齊，故曰『不協于極，不罹于咎〔三三〕』。『天子作民父母，以爲天下王』，此便是『皇建其有極』。」又曰：「尚書前五篇大概易曉。後如甘誓、胤征、伊訓、太甲、咸有一德、說命，此皆易曉，亦好。此是孔氏壁中所藏之書。」又曰：「看尚書，漸漸覺曉不得，便是有長進。若從頭至尾解得，便是亂道。高宗肜日是最不可曉者，西伯戡黎是稍稍不可曉者。太甲大故亂道，故伊尹之言緊切；高宗稍稍聰明，故說命之言細膩。」又曰：「讀尚書有一個法，半截曉得，半截曉不得，曉得底看，曉不得底且闕之，不可强通，强通則穿鑿。」又曰：「『敬敷五教在寬』，只是不急迫，慢慢地養他。」節。

「洛書〔三四〕本文只有四十五點。班固云，六十五字皆洛書本文。古字畫少，恐或有模樣，但今無所考。漢儒說此未是，恐只是以義起之，不是數如此。蓋皆以天道人事參互言之。五行最急，故第一；五事又參之於身，故第二；身既修，可推之於政，故八政次之；政既成，又驗之於天道，故五紀次之；又繼之皇極居五。蓋能推五行，正五事，用八政，修五紀，乃可以建極也。六三德，乃是權衡此皇極者也。德既修矣，稽疑、庶證繼之者，著其驗也。又繼之以福、極，則善惡之效，至是不可加矣。皇極非大中，皇乃天子，極乃極至，言皇建此極也。東西南北，到此恰好，乃中之極，非中也〔三五〕。但漢儒雖說作『中』字，亦與今不同，如云『五事之中』是也。今人說中，只是含胡依違，善不必盡賞，惡不必盡罰，如此豈得謂之中！」可學。

「天下道理，只是一個包兩個。易便只說到八個處住，洪範說得十數住。五行五個，便有十個：甲乙便是兩個木，丙丁便是兩個火，戊己便是兩個土，金水亦然。所謂『兼三才而兩之』，便都是如此。大學中『明明德』，便包得格物、致知、誠意、正心、脩身五個；『新民』，便包得齊家、治國、平天下三個。自暗室屋漏處做去，到得無所不周，無所不徧，都是這道理。自一心之微，以至於四方之遠，天下之大，也都只是這個。」義剛。

「箕子爲武王陳洪範，首言五行，次便及五事。蓋在天則是五行，在人則是五事。」儒用。

「自『水曰潤下』至『稼穡作甘』，皆是二意：水能潤能下，火能炎能上，金曰從曰革，從而又能革也。」德明。

忽問：「如何是『金曰從革』？」對曰：「是從己之革〔三六〕。」曰：「不然。是或從或革耳。從者，從所鍛制；革者，又可革而之他。而其堅剛之質依舊自存。故與『曲直』、『稼穡』皆成雙字。『炎上』者，『上』字當作上聲；『潤下』者，『下』字當作去聲，亦此意。」大雅。

「『金曰從革』，一從一革，互相變而體不變。且如銀，打一隻盞，便是從；更要別打作一件家事，便是革。依舊只是這物事，所以云體不變。」僩。

「『從革作辛』，是其氣割辣。『曲直作酸』，今以兩片木相擦則齒酸，是其驗也。」夔孫。

問：「視聽言動，比之洪範五事，動是『貌』字否？如『動容貌』之謂。」曰：「思也在這裏了。動容貌是外面底，心之動便是思。」又問五行比五事。曰：「曾見吳仁傑說得也順。它云：貌是水，言是火，視是木，聽是金，思是土。將庶證來說，便都順。」問：「貌如何是水？」曰：「它云：貌是濕潤底，便是水，故其證便是『肅，時雨若』。洪範乃是五行之書，看得它都是以類配得。到五福、六極，也是配得，但是略有不齊。」問：「皇極五福，即是此五福否？」曰：「便只是這五福。如『斂時五福，用敷錫厥庶民』，斂底即是盡得這五事。以此錫庶民，便是使民也盡得此五事。盡得五事，便有五福。」夔孫。

問五行所屬。曰：僩録云：「問：『形質屬土？』曰：『從前如此說。』」〔三七〕「舊本謂雨屬木，暘屬金。及與五事相配，皆錯亂了。吳斗南說雨屬水，暘屬火，燠屬木，寒屬金，風屬土。看來雨只得屬水，自分曉，如何屬木？」問：「寒如何屬金？」曰：「他討得證據甚好〔三八〕。左傳云：『金寒玦離。』又，貌言視聽思，皆是以次相屬。」問：「貌如何屬水？」曰：「容貌須光澤，故屬水；言發於氣，故屬火；眼主肝，故屬木；金聲清亮，故聽屬金。」問：「凡上四事皆原於思，亦猶水火木金皆出於土也？」曰：「然。」又問：「禮如何屬火？」曰：「以其光明。」問：「義之屬金，以其嚴否？」曰：「然。」胡泳。

「『視曰明』〔三九〕，是視而便見之謂明。『聽曰聰』，是聽而便聞之謂聰。『思曰睿』，是思而便通之謂睿。」道夫。

伯模云：「老蘇著洪範論，不取五行傳，而東坡以爲漢儒五行傳不可廢。此亦自是。既廢，則後世有忽天之心。」先生曰：「漢儒也穿鑿。如五事，一事錯則皆錯，如何却云聽之不聰則某事應，貌之不恭則某事應！」道夫。

「五，皇極，只是説人君之身端本示儀於上，使天下之人則而效之。聖人固不可及，然約天下而使之歸于正者，如『皇則受之』，則『錫之福也』。所謂『遵王之義』、『遵王之道』者，天下之所取法也。人君端本，豈有他哉，修於己而已。一，五行，是發原處；二，五事，是總持處；八政則治民事，五紀則協天運也；六，三德，則施爲之撙節處；七，稽疑，則人事已至而神明其德處；庶徵則天時之徵驗也，五福、六極則人事之徵驗也。其本皆在人君之心，其責亦甚重矣。『皇極』非説大中之道，若説大中，則皇極都了，五行、五事等皆無歸着處。」又云：「便是『篤恭而天下平』之道。天下只是一理，聖賢語言雖多，皆是此理。如尚書中洛誥之類，有不可曉處多，然間有説道理分曉處，不須訓釋，自然分明。如云『王敬作所不可不敬德』，『肆惟王其疾敬德』，『不敢替厥義德』等語是也。人傑〔四〇〕。㽦録詳見下。

「『皇極』二字，皇是指人君，極便是指其身爲天下做個樣子，使天下視之以爲標準。『無偏無黨』以下數語，皆是皇之所建，皆無偏黨好惡之私；天下之人亦當無作好作惡，便是『遵王之道』、『遵王之路』，皆會歸于其極，皆是視人君以爲歸。下文『是彝是訓，于帝其訓』，『是訓是行，以近天子之光』，説得自分曉。『天子作民父母，以爲天下王』，則許多道理盡在此矣。但緣聖人做得樣子高大，人所難及，而不可以此盡律天下之人。雖『不協于極』，但『不罹于咎』者，皇亦受之。至於『而康而色』，自言好德者，亦錫之福。極，不可以大中訓之，只是前面五行、五事、八政、五紀是已，却都載在人君之身，包括盡了。五行是發源處，五事是操持處，八政是脩人事，五紀是順天道。就中以五事爲主。視明聽聰，便是建極，如明如聰，只是合恁地。三德亦只是就此道理上爲之權衡，或放高，或捺低，是人事盡了。稽疑，又以卜筮參之。若能建極，則推之於人，使天下皆享五福；驗之於天，則爲休徵。若是不能建極，則其在人事便爲六極，在天亦爲咎徵。其實都在人君身上，又不過『敬用五事』而已，此即『篤恭而天下平』之意。以是觀之，人君之所任者，豈不重哉！如此，則九疇方貫通爲一。若以大中言之，則九疇散而無統。大抵諸書初看其言，若不勝其異，無理會處；究其指歸，皆只是此理。如召誥中，其初説許多言語，艱深難曉，却緊要處只是「惟王不可不敬德」而已。」𡤹。

問：「先生言，『皇極』之極不訓中，只是標準之義。然『無偏無黨、無反無側』亦有中意。」曰：「只是個無私意。」問：「標準之義如何？」曰：「此是聖人正身以作民之準則。」問：「何以能斂五福？」曰：「當就五行、五事上推究。人君脩身，使貌恭，言從，視明，聽聰，思睿，即身自正；五者得其正，則五行得其序。以之稽疑，則龜從，筮從，卿士從，庶民從。在庶證，則有休證，無咎證，和氣致祥，有仁壽而無鄙夭，便是五福。反是，則福轉爲極。陸子靜荆門軍曉諭乃是斂六極也。」德明。

先生問曹：「尋常説『皇極』如何？」曹云：「只説作大中。」曰：「某謂不是大中。皇者，王也。極，如屋之極。言王者之身可以爲下民之標準也。貌之恭，言之從，視明，聽聰，則民觀而化之，故能使天下之民『無有作好』而『遵王之道』，『無有作惡』而『遵王之路』，王者又從而斂五者之福而錫之於庶民。斂者，非有取之於外〔四一〕，亦自吾身先得其正，然後可以率天下之民以歸于正。此錫福之道也。」卓。

「中不可解做極，極無中意，只是在中，乃至極之所，爲四向所標準，故因以爲中。如屋極，亦只是在中，爲四向所準。如建邦設都以爲民極，亦只是中天下而立，爲四方所標準。

如「粒我蒸民，莫匪爾極」，來牟豈有中意？亦只是使人皆以此爲準。如北極，如宸極，皆然。若只説中，則殊不見極之義矣。」淳。

「皇極，如『以爲民極』，標準立於此，四方皆面内而取法。皇，謂君也。極〔四二〕，如屋極，陰陽造化之總會樞紐。極之爲義，窮極、極至，以上更無去處。」閎祖。

「極，盡也。」先生指前面香卓：「四邊盡處是極，所以謂之四極。四邊視中央，中央即是極也。堯都平陽，舜都蒲坂，四邊望之，一齊看着平陽、蒲坂，如屋之極，極高之處，四邊到此盡了，去不得，故謂之極。宸極亦然。至善亦如此，應千事到至善是極盡了，更無去處，故君子無所不用其極。書之『皇極』亦是四方所瞻仰者。皇有訓大處，惟『皇極』之『皇』不可訓大，『皇』只當作君，所以説『遵王之義，遵王之路』，直説到後面『以爲天下王』，其意可見。蓋『皇』字下從『王』。」泳。

「今人將『皇極』字作大中解了，都不是。『皇建其有極』，不成是大建其有中；『時人斯其惟皇之極』，不成是時人斯其惟大之中！皇須是君，極須是人君建一個表儀於上。且如北極是在天中，喚作北中不可。屋極是在屋中，喚作屋中不可。人君建一個表儀於上，便有肅、乂、哲、謀、聖之應。五福備具，推以與民，民皆從其表儀，又相與保其表儀。下文『凡厥庶民』以下，言人君建此表儀，又須知天下有許多名色人，須逐一做道理處著始得。於是有『念之』，『受之』，『錫之福』之類，隨其人而區處之。大抵皇極是建立一個表儀後，又有廣大含容，區處周備底意思。嘗疑『正人』『正』字，只是中常之人。此等人須是富方可與爲善，與無常產有常心者有異。『有能有爲』是有才之人，『有猷有爲有守』是有德之人。『無偏無陂』以下只是反復歌詠，若細碎解都不成道理。」璘。

「東坡書傳中說得『極』字亦好。」㽦。

「『無有作好，無有作惡』，謂好所當好，惡所當惡，不可作爲耳。」必大。

問：「箕子陳洪範〔四三〕，言『彝倫攸叙』，見事事物物中得其倫理，則無非此道。非道便無倫理。」曰：「固是。」曰『王道蕩蕩』，又曰『王道平平』；曰『無黨無偏』，又曰『無偏無黨』，只是一個道，如何如此反復說？只是要得人反覆思量入心來，則自有所見矣。」大雅。

「『會其有極，歸其有極』，『會』、『歸』字無異義，只是重疊言之，與既言『無偏無黨』，又言『無黨無偏』，無別說也。」

符叙舜功云：「象山在荆門，上元須作醮〔四四〕，象山罷之。勸諭邦人以福不在外，但當求之內心。於是日入道觀設講座，說皇極，令邦人聚聽之。次日，又晝爲一圖以示之。」先生曰：「人君建極，如個標準，如東方望也如此，西方望也如此，南方望也如此，北方望也如此，莫不取則於此。如周禮『以爲民極』、詩『維民之極』、『四方之極』都是此意。中固在其間，而極不可以訓中。漢儒注說『中』字，只說五事之中，猶未爲害；最是近世說『中』字不是。近日之說，只要含胡苟且，不分是非，不辨黑白，遇當做底事，只略略做些，不要做盡，此豈聖人之意！」又云：「洪範一篇，首尾都是歸從皇極上去。蓋人君以一身爲至極之標準，最是不易。又須『斂是五福』，所以斂聚五福以爲建極之本。又須是敬五事，順五行，厚八政，協五紀，以結裹個皇極。又須乂三德，使事物之接，剛柔之辨，須區處教合宜。稽疑便是考之於神，庶徵是驗之於天，五福是體之於人。這下許多是維持這皇極。正人猶言中人，是平平底人，是有常產方有常心底人。」又云：「今人讀書，粗心大膽，如何看得古人意思。如說八庶徵，這若不細心體識，如何會見得。『肅時雨若』，肅是恭肅，便自有滋潤底意思，所以便說時雨順應之。『乂時暘若』，乂是整治，便自有開明底意思，所以便說時暘順應之。『哲時燠若』，哲是普照，便自有和暖底意思。『謀時寒若』，謀是藏密，便自有寒結底意思。『聖時風若』，聖則通明，便自有爽快底意思。」符云：「謀自有顯然著見之謀，聖是不可知之妙，不知於寒於風果相關否？」曰：「凡看文字，且就地頭看，不可將大底便來壓了。箕子所指『謀』字，只是且說密謀意思；『聖』只是說通明意思，如何將大底來壓了便休！如說喫棗，固是有大如瓜者；且就眼下說，只是常常底棗。如煎藥合用棗子幾個，自家須要說棗如瓜大，如何用得許多！人若心下不細，如何讀古人書！洪範庶徵，固不是定如漢儒之說，必以爲有是應必有是事，多雨之徵必推說道是某時做某事不肅，所以致此。爲此必然之說，所以教人難盡信。但古人意精密，只於五事上體察，是有此理。如荆公又却要一齊都不消說感應，但把『若』字做『如、似』字義說，做譬喻說了，也不得（四五）。荆公固是也說道此事不足驗，然而人主自當謹戒。如漢儒必然之說固不可，如荆公全不相關之說亦不可。古人意思精密，恐後世見未到耳。」因云：「古人意思精密，如易中八字，剛柔、終始、動靜、往來，只這七八字，移換上下，添助語，是多少精微有意味，見得彖象極分明。」賀孫。

三衢夏唐老作九疇圖，因執以問。讀未竟，至所謂「皆天也，非人之所能爲也」，遂指前圖子云：「此乃人爲，安得而皆天也！洪範文字最難作。向來亦將天道人事分配爲之，後來覺未盡，遂已之。直是難以私意安排。若只管外邊出意推將去，何所不可？只是理不如此。蘇氏以皇極之建爲雨、暘、寒、燠、風之時，皇極不建則反此。漢儒之說尤疏，如以五般皇極配庶證，却外邊添出一個皇極，或此邊減却一個庶證，自增自損，皆出己意。然此一篇文字極是不齊整，不可曉解。如五福對六極，『一曰壽』正對『凶短折』，『二曰富』正對貧，『三曰康寧』對疾與弱，皆其類也；『攸好德』却對惡，參差不齊，不容布置。如曰『斂時五福，錫厥庶民』，不知如何斂，又復如何錫。此只是順五行，不違五事，自己立標準以示天下，使天下之人得以觀感而復其善爾。今人皆以皇極爲大中，最無義理。如漢儒說五事之中固未是，猶似勝此。蓋皇者，君之稱也，如『皇則受之』、『皇建其極』之類，皆不可以『大』字訓『皇』字。『中』亦不可以訓『極』，極雖有中底意思，但不可便以爲中，只訓得至字。如北極之極，『以爲民極』之極，正是中天下而立之意，謂四面湊合，至此更無去處。今即以皇極爲大中者，更不賞善，亦不罰惡，好善惡惡之理都無分別，豈理地哉！」謨。

「『彊弗友』，以剛克之；『燮友』，柔克之：此治人也。資質沈潛，以剛克之；資質高明，以柔克之：此治己也。」燾。

「『沈潛剛克，高明柔克。』克，治也。言人資質沈潛者，當以剛克之[四六]；資質高明者，當以柔治之。此說爲勝。」僩。

「『衍忒』，衍，疑是過多剩底意思；忒，是差錯了。」僩。

「洪範却可理會天人相感。庶證可驗，以類而應也。秦時六月皆凍死人。」

「『一極備，凶；一極無，凶。』多些子不得，無些子不得。」泳。

「『王省惟歲』，言王之所當省者一歲之事，鄉士所省者一月之事，以下皆然。」僩。

問「王省惟歲，鄉士惟月，師尹惟日[四七]。」曰：「此但言職任之大小如此。」又問：「『庶民惟星』一句解不通。并下文『星有好風，星有好雨』意亦不貫。」曰：「『家用不寧』以上，自結上文了，下文却又說起星，文意似是兩段。」云云。又問箕星好風，畢星好雨。曰：「箕只是簸箕，以其簸揚而鼓風，故月宿之則風。古語云：『月宿箕，風揚沙。』畢是叉網，漉魚底叉子。又，鼎中漉肉叉子，亦謂之畢。凡以畢漉魚肉，其汁水淋漓而下若雨然，畢星名義蓋取此。今畢星上有一柄，下開兩叉，形狀亦類畢，故月宿之則雨。漢書謂月行東北入軫，若東南入箕則風，所以風者，蓋箕是東南方〔四八〕，屬巽，巽爲風，所以好風。恐未必然。」僩。

「『庶民惟星』，庶民猶星也。」燾。

問五福、六極。曰：「民之五福，人君當嚮之；民之六極，人君當畏之。」燾。

「五福、六極，曾子固説得極好。洪範大概曾子固説得勝如諸人。」僩。

「凶、短折。兩事。惡、弱。」惡是自暴，弱是自棄。燾。

旅獒

「近諸孫將旅獒來讀。是時武王已八十餘歲矣，太保此書諄諄如教小兒相似，若自後世言之，則爲非所宜言，不尊君矣。」銖問：「『人不易物』之易，合如字，合作去聲？」曰：「看上文意，則當作如字讀。但『德盛不狎侮』又難説。」又問：「『志以道寧，言以道接』，『接』字如何？」曰：「接者，酬應之謂，言當以道酬應也。」志，我之志；言，人之言。銖。

「『人不易物，惟德其物』，易，改易也。言人不足以易物，惟德足以易物，德重而人輕也。人猶言位也，謂居其位者。如寶玉雖貴，若有人君之德，則所錫賚之物斯足貴；若無其德，則雖有至寶以錫諸侯，亦不足貴也。」僩。

金縢

林聞一問：「周公代武王之死，不知亦有此理否？」曰：「聖人爲之亦須有此理。」木之。

「『若爾三王是有丕子之責于天，以旦代某之身〔四九〕。』責，如『責侍子』之責。周公之意云，設若三王欲得其子服事於彼，則我多才多藝，可以備使令，且留武王以鎮天下也。」人傑。

「成王方疑周公，二年之間，二公何不爲周公辨明？若天不雷電以風，二公終不進説矣。當是時，成王欲誚周公而未敢。蓋周公東征，其勢亦難誚他，此成王雖深疑之而未敢誚之也。若成王終不悟，周公須有所處矣。」人傑。

問：「周公作鴟鴞之詩以遺成王，其辭艱苦深奥，不知成王當時如何理會得？」曰：「當時事變在眼前，故讀其詩者便知其用意所在。自今讀之，既不及見當時事，所以謂其詩難曉。然成王雖得此詩，亦只是未敢誚公，其心未必能遂無疑。及至雷風之變，啓金縢之書後，方始釋然開悟。」先生却問必大曰：「成王因何知有金縢，後去啓之？」必大曰：「此二公贊之也。」又問：「二公何故許時不説？若雷不響、風不起時，又如何？」必大曰：「聞之呂大著云，此見二公功夫處。二公在裏面調護非一日矣，但他人不得而知耳。」曰：「伯恭愛説一般如此道理。」必大問：「其説畢竟如何？」曰：「是時周公握了大權，成王自是轉動周公未得。便假無風雷之變，周公亦須別有道理。」李懷光反，其子璀告德宗曰：「臣父能危陛下，陛下不能制臣父。」借此可見當時事勢。然在周公之事，則不過使成王終於省悟耳。必大。

「書中可疑諸篇，若一齊不信，恐倒了六經。如金縢亦有非人情者，『雨，反風，禾盡起』，也是差異。成王如何又恰限去啓金縢之書？然當周公納策於匱中，豈但二公知之？盤庚更没道理〔五〇〕。從古相傳來，如經傳所引用，皆此書之文，但不知是何故説得都無頭。且如今要告諭民間一二事〔五一〕，做得幾句如此，他曉得曉不得？只説道要遷，更不説道自家如何要遷，如何不可以不遷。萬民因甚不要遷？要得人遷，也須説出利害，今更不説。呂刑一篇，如何穆王説得散漫，直從苗民蚩尤爲始作亂説起？若説道都是古人元文，如何出於孔氏者多分明易曉，出於伏生者都難理會？」賀孫。

大誥

「大誥一篇不可曉。據周公在當時，外則有武庚、管蔡之叛，內則有成王之疑，周室方且岌岌。然他作此書，決不是備禮苟且爲之，必欲以此聳動天下也。而今大誥大意，不過説周家辛苦做得這基業在此，我後人不可不有以成就之而已。其後又却專歸在卜上。其意思緩而不切，殊不可曉。」廣。

因言武王既克紂，武庚、三監及商民畔，曰：「當初紂之暴虐，天下之人胥怨，無不欲誅之。及武王既順天下之心以誅紂，於是天下之怨皆解而歸周矣〔五二〕。然商之遺民及與紂同事之臣，一旦見故主遭人殺戮，宗社爲墟，寧不動心？兹固畔心之所由生也。蓋始苦於紂之暴而欲其亡，固人之心；及紂既死，則怨已解而人心復有所不忍，亦事勢人情之必然者。又況商之流風善政，畢竟尚有在人心者，及其頑民感紂恩意之深，此其所以畔也。云云。後來樂毅伐齊亦是如此。」僩。

「『王若曰』、『周公若曰』，『若』字只是一似如此説底意思，如漢書中『帝意若曰』之類。蓋或宣道德意者敷演其語，或紀録者失其語而追記其意如此也。」僩。

「書中『弗吊』字只如字讀。解者欲訓吊爲至〔五三〕，故音的，非也。其義正如詩中所謂『不吊昊天』耳，言不見憫吊於上帝也。」僩。

「『棐』字與『匪』字同。」據漢書。敬仲。

「『忱』、『諶』字只訓信，『天棐忱』，如云天不可信。」僩。

總論康誥梓材

「康誥、梓材、洛誥諸篇，煞有不可曉處，今人都自强解説去。伯恭亦自如此。看伯恭説書，自首至尾，皆無一字理會不得。且如書中注家所説，錯處極多。如『棐』字並作『輔』字訓，更曉不得。後讀漢書，顔師古注云，『匪』、『棐』通用。如書中有『棐』字，止合作『匪』字義，如『率乂于民棐彝』，乃是率治于民非常之事。」賀孫。

「康誥三篇，此是武王書無疑。其中分明説：『王若曰：「孟侯，朕其弟，小子封。」』豈有周公方以成王之命命康叔，而遽述己意而告之乎？決不解如此。五峰、吳才老皆説是武王書，只緣誤以洛誥書首一段置在康誥之前，故叙其書於大誥、微子之命之後。」問：「如此，則封康叔在武庚未叛之前矣。」曰：「想是同時。商畿千里，紂之地亦甚大，所封必不止三兩國。周公使三叔監殷，他却與武庚叛，此是一件〔五四〕大疏脱事。若當時不便平息，模樣做出西晉初年時事。想見武庚日夜去説誘三叔，以爲周公，弟也，却在周作宰相；管叔，兄也，却出監商。故管叔生起不肖之心如此。」廣。

「康誥、酒誥是武王命康叔之詞，非成王也。如『朕其弟〔五五〕，小子封』，又曰『乃寡兄勗』，猶今人言『劣兄』也。故五峰編此書於皇王大紀，不屬成王而載於武王紀也。至若所謂『惟三月哉生

『欲至于萬年，惟王子子孫孫永保民』，却又似洛誥之文，乃臣戒君之詞，非酒誥語也。」道夫。

一篇則又有可疑者，如『稽田』、『垣墉』之喻，却與『無胥戕〔五六〕，無胥虐』之類不相似。以至於

魄，周公初基，作新大邑于東國洛』，至『乃洪大誥治』，自東坡看出以爲非康誥之詞。而梓材

康誥

「『惟三月哉生魄』一段，自是脱落分曉〔五七〕。且如『朕弟』、『寡兄』，是武王自告〔五八〕康叔之辭無疑。蓋武王、周公，康叔同叫作兄。豈應周公對康叔，一家人説話，安得叫武王作『寡兄』以告其弟乎？蓋『寡』者，是向人稱我家我國長上之辭也。只被其中有『作新大邑于周』數句，遂牽引得序來作成王時書，不知此是脱簡。且如梓材是君戒臣之辭，而後截又皆是臣戒君之辭。要之，此三篇斷然是武王時書。若是成王，不應所引多文王而不及武王。且如今人才説太祖，便須及太宗也。」又曰：「某嘗疑書注非孔安國作，蓋此傳不應是東晉方出，其文又皆不甚好，不似西漢時文。」義剛。

問〔五九〕「生明」、「生魄」如何。曰：「日爲魂，月爲魄，魄是黯處，魄死則明生，書所謂『哉生明』是也。老子所謂『載營魄』，載如車載人之載，月受日之光，魂加於魄，魄載魂也。明之生時，大盡則初二，小盡則初三。月受日之光常全，人在下望之，却見側邊了，故見其

盈虧不同。或云月形如餅，非也。筆談云，月形如彈圓，其受光如粉塗一半，月去日近則光露一眉〔六〇〕，漸遠則光漸大。且如日在午，月在酉，則是近一遠三，謂之弦。至日月相望，則去日十矣。故謂之既望〔六一〕。日在西而月在東，人在下面，得以望見其光之全。月之中有影者，蓋天包地外，地形小，日在地下則月在天中，日甚大，從地四面光起，池本作「衝上」。其影則地影也。地礙日之光，世所謂『山河大地影』是也。如星亦受日光。凡天地之光，皆日光也。自十六日生魄之後，其光之遠近如前之弦，謂之下弦。至晦，則月與日相沓〔六二〕，月在日後，光盡體伏矣。魄加日之上則日食，在日之後則無食，謂之晦。朔則日月相並。」又問：「步里客談所載如何？」曰：「非。」又問：「月蝕如何？」曰：「至明中有暗處，池本作「暗虛」，下同。其暗至微。望之時，月與之正對，無分豪相差，月爲暗處所射，故蝕。雖是陽勝陰，畢竟不好。若陰有退避之意，則不至相敵而成蝕矣。」義剛。

「『庸庸』，『祗祗』，『威威』，『顯民』，此等語既不可曉，只得且用古注。古注既是杜撰，如今便別求說，又杜撰不如他矣。」僩。

「『非汝封刑人殺人，無或刑人殺人。非汝封又曰劓刵人，無或劓刵人。』康叔爲周司寇，故一篇多說用刑。此但言非汝封刑人殺人，則無或敢有刑人殺人者，蓋言用刑之權止在康叔，不可不謹之意耳。」廣。

酒誥

徐孟寶問：「揚子雲言：『酒誥之篇俄空焉。』」曰：「孔書以巫蠱事不曾傳，漢儒不曾見者多，如鄭康成、晉杜預皆然。想揚子雲亦不曾見。」大雅。

因論點書，曰：「人説荆公穿鑿，只是好處亦用還他。且如『㪉惟若疇圻父薄違，農父若保，宏父定辟』，古注從『父』字絶句，荆公則就『違』、『保』、『辟』絶句，夐出諸儒之表。」道夫曰：「更如先儒點『天降割于我家不少延』，『用寧王遺我大寶龜』，皆非注家所及。」曰：「然。」道夫。

梓材

「吳材老説，梓材是洛誥中書，甚好。其他文字亦有錯亂而移易得出人意表者，然無如才老此様處恰恰好好。」

「尚書句讀有長者，如『皇天既付中國民越厥疆土于先王』是一句。」僩。

召誥　洛誥

問〔六三〕：「周誥辭語艱澀，如何看？」曰：「此等是不可曉。」「林文説，艾軒以爲方言。」

曰：「只是古語如此。竊意當時風俗，恁地説話，人便都曉得。如這物事喚做這物事，今風俗不喚做這物事，便曉他不得。如蔡仲之命、君牙等篇，乃當時與士大夫語，似今翰林所作制誥之文，故甚易曉。如誥是與民語，乃今官司行移曉諭文字，有帶時語在其中。今但曉其可曉者，不可曉處則闕之可也。如詩『景員維河』，上下文皆易曉，却此一句不可曉。又如『三壽作朋』，三壽是何物？歐陽公記古語亦有『三壽』之説，想當時自有此般説話，人都曉得，只是今不可曉。」問：「東萊書説如何？」曰：「説得巧了。向嘗問他有疑處否？曰：都解得通。到兩三年後再相見，曰：儘有可疑者。」淳。義剛録云：「問：『五誥辭語恁地短促，如何？』曰：『這般底不可曉。』林擇之云：『艾軒以爲方言。』曰：『亦不是方言，只是古語如此。』云云。」

「『王敬作所不可不敬德』，只是一句。」道夫。

因讀尚書，曰：「其間錯誤解不得處煞多。昔伯恭解書，因問之云：尚書還有解不通處否？曰：無有。因舉洛誥問之云：據成王只使周公往營洛，故伻來獻圖及卜。成王未嘗一日居洛。後面如何却與周公有許多答對？又云『王在新邑』，此如何解？伯恭遂無以答。後得書云：誠有解不得處。」雉問先生近定武成新本。曰：「前輩定本更差一節。『王若曰』一段，或接於『征伐商』之下，以爲誓師之辭；或連『受命于周』之下，以爲命諸侯之辭。以爲誓師之辭者，固是錯連下文説了；以爲命諸侯之辭者，此去祭日只爭一兩日，無緣有先誥命諸侯之理。某看却是諸侯來便教他助祭，此是祭畢臨遣之辭，當在大告武成之下。比前輩只差此一節。」雉。

「『周公曰，王肇稱殷禮』以後皆是論祭祀，然其中又雜得别説在。」振。

無逸

柳兄言〔六四〕：「東萊解無逸一篇極好。」〔六五〕曰：「伯恭如何解『君子所其無逸』？」柳曰：「東萊解『所』字爲『居』字。」曰：「若某則不敢如此説。」諸友問：「先生如何説？」曰：「恐有脱字，則不可知。若説不行而必强立一説，雖若可觀，只恐道理不如此。」蓋卿。

舜功問：「『徽柔懿恭』，是一字，是二字？」曰：「二字，上輕下重。柔者須徽，恭者須懿。柔而不徽則姑息，恭而不懿則非由中出。」可學。璘録云：「柔易於暗弱，徽有發揚之意；恭形於外，懿則有藴藏之意。」

君奭

顯道〔六六〕問「召公不悦」之意。曰：「召公不悦，只是小序恁地説，裏面却無此意。這只是召公要去後，周公留他，説道朝廷不可無老臣。」又問：「『又曰』等語不可曉。」曰：「這個只是大綱綽得個意脈子便恁地説，不要逐個字去討，便無理會處〔六七〕。這個物事難理會。」又曰：「『弗吊』只當作去聲讀。」義剛。

「『召公不悦』，這意思曉不得。若論事了，儘未在。看來是見成王已臨政，便也小定了，許多事周公自可當得，所以求去。」〔六八〕

多方

「艾軒云：『文字只看易曉處。』如尚書『惟聖罔念作狂，惟狂克念作聖』，下面便不可曉，只看這兩句。」節。或録云：「此〔六九〕兩句不與上下文相似，上下文多不可曉。」

立政

「『文王惟克厥宅心』，人皆以『宅心』爲處心，非也，即前面所説『三有宅心』爾。若處心，則當云『克宅厥心』。」方子。

周官

「漢人亦不見今文尚書。如以太尉、司徒、司空爲三公，當時只見牧誓有所謂『司馬、司空、司徒、亞旅』，遂以爲古之三公。不知此乃爲諸侯時制，古者諸侯只建三鄉。如周官所謂三太、三少、六鄉，及周禮書，乃天子之制，漢皆不及見。又如中庸『一戎衣』解作『殪戎殷』，亦是不見今武成『一戎衣』之文。」義剛〔七〇〕。

顧命康王之誥

「康王之誥釋斬衰而服袞冕，於禮爲非。孔子取之，又不知如何。設使制禮作樂，當此之職，只得除之。」

「伏生以康王之誥合於顧命，今除着序文讀着，則文勢自相連接。」道夫。

銖問：「太保稱成王，獨言『畢協賞罰』，何也？」曰：「只爲賞不當功，罰不及罪，故事事差錯。若畢協賞罰，至公至明，何以及此！」又問「張皇六師」。曰：「古者兵藏於農，故六軍皆寓於農。『張皇六師』則是整頓民衆底意思。」至。

君牙

安卿問：「君牙、冏命等篇〔七一〕，見得穆王氣象甚好，而後來乃有車轍馬跡馳天下之事，如何？」曰：「此篇乃内史、太史之屬所作，猶今之翰林作制誥然。如君陳、周官、蔡仲之命、微子之命等篇亦是。當時此等文字自有個格子，首呼其名而告之，末又爲『嗚呼』之辭以戒之，篇篇皆然，觀之可見。如大誥、梓材、多方、多士等篇，乃當時編人君告其民之辭，多是方言。如『卬』字即『我』字，沈存中以爲秦語平音而謂之『卬』。故諸誥等篇，當時下民曉得，而今士人不曉得。如尚書、尚衣、尚食，尚乃主守之意，而秦語作平音，與『常』字同。諸命等篇，今士人以爲易曉，而當時下民却曉不得。」義剛〔七二〕。

冏命

問：「『格其非心』之格訓正，是如格式之格，以律人之不正者否？」曰：「如今人言合格，是將此一物格其不正者。人傑録云：「如〔七三〕合格之格，謂使之歸于正也。」如『格其非心』是説得深者，『格君心之非』是説得淺者。」子善因問：「温公以格物爲扞格之格，不知『格』字有訓扞義否？」曰：「亦有之，如格鬬之格是也。」深淺之説未詳。銖。

吕刑

「東坡解吕刑，『王享國百年耄』作一句，『荒度作刑』作一句，甚有理。如洛誥等篇不可曉處〔七四〕，只合闕疑。」德明。

問：「贖刑所以寬鞭扑之刑，則呂刑之贖刑如何？」曰：「呂刑蓋非先王之法也。故程子有一策問云：『商之盤庚，周之呂刑，聖人載之於書，其取之乎，抑將垂戒後世乎？』」廣。

問〔七五〕：「鄭敷文所論甫刑之意是否？」曰：「便是他門都不去考那贖刑。如古之『金作贖刑』，只是刑之輕者。如『流宥五刑』之屬，皆是流竄。但有『鞭作官刑，扑作教刑』，便是法之輕者，故贖。想見穆王胡做亂做，到晚年無錢使，撰出這般法來。聖人也是志法之變處，但是他其中論不可輕於用刑之類，也有許多好說話，不可不知。」又問：「本朝之刑與古雖相遠，然也較近厚。」曰：「何以見得？」義剛曰：「如不甚輕殺人之類。」曰：「也是。但律較輕，敕較重。律是古來底，敕是本朝底。而今用時，敕之所無方用律。本朝自徒以下罪輕。古時流罪不刺面，只如今白面編管樣；是唐、五代方是黥面，決脊，如折杖，却是太祖方創起，這却較寬。」安卿問律起於何時。曰：「律是從古來底，逐代相承修過，今也無理會了〔七六〕。但是而今刑統便是古律，下面注底便是周世宗者。如宋莒公所謂『律應從而違，堪供而闕，此六經之亞文也』。所謂律者，漢書所引律便是，但其辭古，難曉。如當時數大獄引許多詞，便如而今款樣，引某罪引某法爲斷。本朝便多是用唐法〔七七〕。」義剛曰：「漢法較重於唐，當時多以語辭獲罪。」曰：「只是他用得如此，當時之法，却不曾恁地。他只見前世輕殺人，便恁地。且如楊惲一書，看得來有甚大段違法處〔七八〕？謂之不怨不可，但也無謗朝政之辭，却便謂之腹誹而腰斬。」義剛。

仲默〔七九〕論五刑不贖之意。曰：「是穆王方有贖刑。嘗見蕭望之言古不贖刑，某甚疑之，後來方省得贖刑不是古。」因取望之傳看畢，曰：「說得也無引證。」因論望之云：「想見望之也是拗。」義剛問：「望之學術不知是如何，又似好樣，又却也有那差異處。」先生徐應曰：「他說底也是正。」義剛曰：「如殺韓延壽，分明是他不是。」曰：「望之道理短。」義剛曰：「看來他也是暗於事機，被那兩個小人恁地弄後都不知。」先生但應之而已。義剛。

國秀問：「穆王去文、武、成、康時未遠，風俗人心何緣如此不好？」曰：「天下自有一般不好底氣象〔八〇〕。聖人有那禮樂刑政在此維持，不好底也能革面。至維持之具一有廢弛處，那不好氣質便自各出來，和那革面底都無了，所以恁地不好。人之學問，逐日恁地恐懼修省，只得恰好〔八一〕；纔一日放倒，便都壞了。」恪。

秦誓　費誓

「秦誓、費誓亦皆有說不行、不可曉處。『民訖自若是多盤』，想只是說人情多要安逸之意。」廣。

校勘記

〔一〕如此　朝鮮本此條末注「庚」字。按語録姓氏無名「庚」者。

〔二〕大段寫　朝鮮本此條末注小字「庚」。

〔三〕義剛　朝鮮本末尾增小字：陳淳録同。

〔四〕江陵之下　「下」原作「水」，據朝鮮本改。

〔五〕義剛　朝鮮本末尾小字作：淳。義剛録同。

〔六〕先生　朝鮮本「先生」上增：前日見。

〔七〕升　朝鮮本此前增：湯誓。

〔八〕蔡　朝鮮本此下增：行父。

〔九〕孔安國　朝鮮本此上增：維皇上帝，降衷於下。

〔一〇〕衷只是中　朝鮮本作：「衷」不是「善」。

〔一一〕時舉　朝鮮本末尾小字作：銖。時舉録同。

〔一二〕伯恭四個爲字都從去聲　「個」原作「字」，據朝鮮本改。

〔一三〕覺得□□順　此句萬曆本不異。朝鮮本作「覺不順」，誤，見下第二條。

〔一四〕前日之受是　萬曆本「受」上有「不」字。

〔一五〕自河徂亳　「亳」原作「豪」，據萬曆本及書説命下改。
〔一六〕蓋衣裳之予雖在我　「雖」字原脱，據萬曆本補。
〔一七〕惟口起羞以下四句皆是審　「惟」字原闕，據朝鮮本、萬曆本補。
〔一八〕口非欲起羞　「口」字原闕，據朝鮮本補。
〔一九〕則不可不謹　「則」字原脱，據朝鮮本補。
〔二〇〕節　朝鮮本末尾小字作：方子。節録同。
〔二一〕近見喻子才跋説命云　「喻」原作「俞」。按，喻樗字子才，宋史卷四三三有傳。萬曆本正作「喻」，據改。又朝鮮本説命下有「寫本」二字。
〔二二〕時惟建事　「事」原作「時」，據朝鮮本、萬曆本及書説命下改。
〔二三〕雜説　朝鮮本作：雜記。
〔二四〕意思　朝鮮本條末有注小字「庚」。
〔二五〕李□□諸本推究甚詳　所闕字，朝鮮本、萬曆本皆闕，賀本補作「叔易」。
〔二六〕顯道　朝鮮本作：包顯道。
〔二七〕相傳都説道夫子作　「夫」，朝鮮本作「孔」。
〔二八〕伊川説殛死只是貶死之類　「川」原作「尹」，據朝鮮本改。
〔二九〕過　朝鮮本作：惡。

〔三〇〕道夫　朝鮮本末尾小字作：賀孫。

〔三一〕如周公一書「公」，朝鮮本作「禮」。

〔三二〕一　朝鮮本「一」上增：四者乃。

〔三三〕不罹于咎　朝鮮本「咎」下有「之類」二字。

〔三四〕洛書　朝鮮本段首增：因論洪範云。

〔三五〕乃中之極非中也　此句朝鮮本作：又云極非中也。

〔三六〕是從己之革「己」，朝鮮本作「人」。

〔三七〕從前如此説　朝鮮本此下增：問：「吳斗南説如何？」

〔三八〕他討得證據甚好　朝鮮本作：他引證甚佳。

〔三九〕視曰明　朝鮮本此上增一節文字：行夫問「覺」。曰：「程子云：『知是知此事，覺是覺此理。』蓋知是知此一事，覺是忽然自理會得。」又問「思曰睿」。曰。

〔四〇〕人傑「傑」下原有「卜九」二字，據朝鮮本删。

〔四一〕非有取之於外「有」字原脱，據朝鮮本補。

〔四二〕極　朝鮮本作：太極。

〔四三〕箕子陳洪範　朝鮮本作：比看箕子爲武王陳洪範。

〔四四〕上元須作醮　朝鮮本作：彼中上元太守須作醮於道觀以祈福。

〔四五〕也不得　朝鮮本作：這也不得。

〔四六〕當以剛克之　「克」，朝鮮本作「治」。

〔四七〕師尹惟日　「尹」原作「君」，據朝鮮本、萬曆本改。

〔四八〕蓋箕是東南方　「東」字原脱，據朝鮮本補。按箕是東北之星，不屬巽。語類所記與漢書天文志不合，有誤。

〔四九〕若爾三王是有丕子之責于天以旦代某之身　「若爾三王」、「以旦代某之身」，十字原無，據朝鮮本補。

〔五〇〕盤庚更没道理　「道理」，朝鮮本作「理會」。

〔五一〕且如今要告諭民間一二事　「要」字原脱，據朝鮮本補。

〔五二〕於是天下之怨皆解而歸周矣　朝鮮本「歸」下有「德於」二字。

〔五三〕解者欲訓吊爲至　「吊」字原脱，據朝鮮本補。

〔五四〕一件　朝鮮本作：一段。

〔五五〕如朕其弟　「如」原作「知」，據朝鮮本改。

〔五六〕無胥戕　「胥」原作「相」，據朝鮮本及書梓材改。

〔五七〕自是脱落分曉　「分」，朝鮮本作「不」。

〔五八〕自告　朝鮮本此下增：周公。

〔五九〕問　朝鮮本作：義剛問。
〔六〇〕眉　朝鮮本作：屑。
〔六一〕故謂之既望　「故」原作「既」，據朝鮮本改。
〔六二〕沓　朝鮮本作：疊。
〔六三〕問　朝鮮本作：淳問。
〔六四〕柳兄言　「柳」上朝鮮本有「萍鄉」二字。
〔六五〕極好　朝鮮本此下增：先生扣之。
〔六六〕顯道　朝鮮本作：包顯道。
〔六七〕便無理會處　「處」字原無，據朝鮮本補。
〔六八〕所以求去　朝鮮本此則末尾增小字：庚。
〔六九〕此　朝鮮本此上增一節文字：惟聖罔念作狂，惟狂克念作聖。此兩句大段分曉不將。
〔七〇〕義剛　朝鮮本此下增小字：陳淳録。
〔七一〕冏命等篇　「冏」原作「景」，係避宋太宗嫌名，今據萬曆本改回。
〔七二〕義剛　朝鮮本作：淳。義剛録。
〔七三〕如　朝鮮本此上增一節文字：格其非心，與格君心之非，格。
〔七四〕如洛誥等篇不可曉處　「處」字原無，據朝鮮本補。

〔七五〕問　朝鮮本作：義剛問。
〔七六〕了　朝鮮本作：處。
〔七七〕本朝便多是用唐法　「多」，朝鮮本作「都」。
〔七八〕看得來有甚大段違法處　「來」，朝鮮本作「未」。
〔七九〕仲默　朝鮮本作：蔡仲默。
〔八〇〕天下自有一般不好底氣象　「氣象」，朝鮮本作「氣質」。
〔八一〕只得恰好　「只」字原脱，據朝鮮本補。

朱子語類卷第八十

詩一〔一〕

綱領

「只是『思無邪』一句好，不是一部詩皆『思無邪』。」振。

「『温柔敦厚』，詩之教也。使篇篇皆是譏刺人，安得『温柔敦厚』！」璘。

因論詩，曰：「孔子取詩，只取大意。三百篇，也有會做底，有不會做底。如君子偕老：『子之不淑，云如之何！』此是顯然譏刺他。到第二章已下，又全然放寬，豈不是亂道！如載馳詩煞有首尾，委曲詳盡，非大段會底説不得。又如鶴鳴做得極巧，更含畜意思，全然不露。如清廟一倡三歎者，人多理會不得。注下分明説：『一人倡之，三人和之。』

譬如今人挽歌之類。今人解者，又須要胡說亂說。」祖道。

問刪詩〔一〕。曰：「那曾見得聖人執筆刪那個存這個？也只得就相傳上說去。」賀孫。

問：「詩次序是當如此否？」曰：「不見得。只是楚茨、信南山、甫田、大田諸詩，元初却當作一片。」又曰：「如卷阿說『豈弟君子』，自作賢者；如洞酌說『豈弟君子』，自作人君。大抵詩中有可以比並看底，有不可如此看，自有這般樣子。」賀孫。說卷阿與詩傳不同。以下論詩次序章句。

「詩，人只見他恁地重三疊兩說，將謂是無倫理次序，不知他一句不胡亂下。」文蔚曰：「今日偶看棫樸一篇，凡有五章。前三章是說人歸附文王之德，後二章乃言文王有作人之功，及紀綱四方之德，致得人歸附者在此。一篇之意，次第甚明。」曰：「然。『遐不作人』，却是說他鼓舞作興底事。功夫細密處，又在後一章。如曰『勉勉我王，綱紀四方』，四方便都在他線索內，牽着都動。」文蔚曰：「『勉勉』，即是『純亦不已』否？」曰：「然。『追琢其章〔二〕，金玉其相』，是那工夫到後，文章真個是盛美，資質真個是堅實。」文蔚。

恭父問：「詩章起於誰？」曰：「有『故言』者，是指毛公；無『故言』者，皆是鄭康成。有全章換一韻處，有全押韻處。如頌中有全篇句句是韻。如殷武之類無兩句不是韻，到『稼穡匪解』，自欠了一句。前輩分章都曉不得，某細讀，方知是欠了一句。」賀孫。

「李善注文選，其中多有韓詩章句，常欲寫出。『易直子諒』，韓詩作『慈良』。」方子。

問：「王風是他風如此，不是降爲國風。」曰：「其辭語可見。風多出於在下之人，雅乃士夫所作。雅雖有刺，而其辭莊重，與風異。」可學。以下論風、雅、頌。

「大序言：『一國之事，係一人之本，謂之風。』所以析衛爲邶、鄘、衛？」曰：「詩，古之樂也，亦如今之歌曲，音各不同：衛有衛音，鄘有鄘音，邶有邶音。故詩有鄘音者係之鄘，有邶音者係之邶。若大雅、小雅，則亦如今之商調、宮調，作歌曲者亦按其腔調而作爾。大雅、小雅亦古作樂之體格，按大雅體格作大雅，按小雅體格作小雅，非是做成詩後，旋相度其辭目爲大雅、小雅也。大抵國風是民庶所作，雅是朝廷之詩，頌是宗廟之詩。」又云：「小序，漢儒所作，有可信處絶少。大序好處多，然亦有不滿人意處。」去僞〔四〕。

器之問「風、雅」，與無天子之風之義。先生舉鄭漁仲之説言：「出於朝廷者爲雅，出於民俗者爲風。文、武之時，周、召之作者謂之周、召之風。東遷之後，王畿之民作者謂之王風。似乎大約是如此，亦不敢爲斷然之説。但古人作詩，體自不同，雅自是雅之體，風自是風之體。如今人做詩曲，亦自有體製不同者，自不可亂，不必説雅之降爲風。今且就詩上理會意義，其不可曉處，不必反倒。」因説：「嘗見蔡行之舉陳君舉説春秋云：『須先看聖人所不書處，方見所書之義。』見成所書者更自理會不得，却又取不書者來理會，少間只是説得奇巧。」木之。

「詩〔五〕有是當時朝廷作者〔六〕，雅、頌是也。若國風乃採詩者採之民間，以見四方民情之美惡，二南亦是採民言而被樂章爾。程先生必要説是周公作以教人，不知是如何？某不敢從。若變風，又多是淫亂之詩，故班固言『男女相與歌詠，以言其傷』是也。聖人存此，亦以見上失其教，則民欲動情勝，其弊至此，故曰『詩可以觀』也。且『詩有六義』，先儒更不曾説得明。却因周禮説豳詩有豳雅、豳頌，即於一詩之中要見六義，思之皆不然。蓋所謂六義者，風、雅、頌乃是樂章之腔調，如言仲吕調、大石調、越調之類〔七〕。至比、興、賦，又别。直指其名〔八〕，直叙其事者，賦也；本要言其事，而虚用兩句釣起，因而接續去者，興也；引物爲況者，比也。立此六義，非特使人知其聲音之所當，又欲使歌者知作詩之法度也。」問：「豳之所以爲雅爲頌者，恐是可以用雅底腔調，又可用頌底腔調否？」曰：「恐是如此，某亦不敢如此斷，今只説恐是亡其二。」大雅。

問二雅所以分。曰：「小雅是所係者小，大雅是所係者大。『呦呦鹿鳴』，其義小；『文王在上，於昭于天』，其義大。」問變雅。曰：「亦是變用他腔調爾。大抵今人説詩，多去辨他序文，要求着落。至其正文『關關雎鳩』之義，却不與理會。」王德脩云：「詩序只是『國史』一句可信，如『關雎，后妃之德也』。此下即講師説。如蕩詩自是説『蕩蕩上帝』，序却言是『天下蕩蕩』；賚詩自是說『文王既勤止，我應受之』，是說後世子孫賴其祖宗基業之意，他序却說『賚，予也』，豈不是後人多被講師瞞耶？」曰：「此是蘇子由曾說來，然亦有不通處。如漢廣，『德廣所及也』，有何義理？却是下面『無思犯禮，求而不可得』幾句却有理。若某，只上一句亦不敢信他。舊曾有一老儒鄭漁仲，更不信小序，只依古本與疊在後面。某今亦只如此，令人虛心看正文，久之其義自見。蓋所謂序者，類多世儒之談，不解詩人本意處甚多。且如『止乎禮義』，果能止禮義否？桑中之詩，禮義在何處？」王曰：「他要存戒。」曰：「此正文中無戒意，只是直述他淫亂事爾。若鶉之奔奔、相鼠等詩，却是譏罵，可以爲戒，此則不然。某今看得鄭詩自叔于田等詩之外，如狡童、子衿等篇，皆淫亂之詩，而說詩者誤以爲刺昭公，刺學校廢耳。衛詩尚可，猶是男子戲婦人。鄭詩則不然，多是婦人戲男子，所以聖人尤惡鄭聲也。出其東門却是個識道理底人做。」大雅。

林子武問「詩者，中聲之所止〔九〕」。曰：「這只是正風、雅、頌，是中聲，那變風不是。伯恭堅要牽合說是，然恐無此理。今但去讀看，便自有那輕薄底意思在了。如韓愈說數句『其聲浮且淫』之類，這正是如此。」義剛。

問「比、興」。曰：「說出那物事來是興，不說出那物事是比。如『南有喬木』，只是說個『漢有游女』；『奕奕寢廟，君子作之』，只說個『他人有心，予忖度之』；關雎亦然，皆是興體。比底只是從頭比下來，不說破。興、比相近，却不同。周禮說『以六詩教國子〔一〇〕』，其實只是這賦、比、興三個物事。風、雅、頌，詩之標名。理會得那興、比、賦時，裏面全不大段費解。今人要細解，不道此說爲是。如『奕奕寢廟』，不認得意在那『他人有心』處，只管解那『奕奕寢廟』。」植。以下賦、比、興。

問：「詩中說興處多近比。」曰：「然。如關雎、麟趾相似，皆是興而兼比。然雖近比，其體却只是興。且如『關關雎鳩』，本是興起，到得下面說『窈窕淑女』，此方是入題說那實事。蓋興是以一個物事貼一個物事說，上文興而起，下文便接說實事。如『麟之趾』，下文便接『振振公子』，一個對一個說。蓋公本是個好底人，子也好，孫也好，族人也好。譬如麟趾也好，定也好，角也好。及比，則却不入題了。如比那一物說，便是說實事。如『螽斯羽，詵詵兮。宜爾子孫，振振兮』！『螽斯羽』一句，便是說那人了，下面『宜爾子孫』，依舊是就『螽斯羽』上說，更不用說實事，此所以謂之比。大率詩中比、興皆類此。」僩。

「比雖是較切，然興却意較深遠。也有興而不甚深遠者，比而深遠者，又係人之高下，有做得好底，有拙底。常看後世如魏文帝之徒作詩，皆只是說風景。獨曹操愛說周公，其詩中屢說。便是那曹操意思也是較別，也是乖。」義剛。

「比是以一物比一物，而所指之事常在言外。興是借彼一物以引起此事，而其事常在下句。但比意雖切而却淺，興意雖闊而味長。」賀孫。

「詩之興，全無巴鼻，振録云：「多是假他物舉起，全不取其義。」後人詩猶有此體。如『青青陵上柏，磊磊澗中石。人生天地間，忽如遠行客！』又如『高山有涯，林木有枝。憂來無端，人莫之知』，『青青河畔草，綿綿思遠道』，皆是此體。」方子。振録同。

「六義自鄭氏以來失之，后妃自程先生以來失之。后妃安知當時之稱如何？」可學。以下六義。

或問「詩六義」注「三經、三緯」之説。曰：「三經是賦、比、興，是做詩底骨子，無詩不有，才無，則不成詩。蓋不是賦，便是比；不是比，便是興。如風、雅、頌却是裏面横弗底，都有賦、比、興，故謂之三緯。」燾。

器之問：「詩傳分别六義，有未備處。」曰：「不必又只管滯却許多，且看詩意義如何。古人一篇詩，必有一篇意思〔一一〕，且要理會得這個。如〔一二〕柏舟之詩，只説到『静言思之，不能奮飛』；緑衣之詩説『我思古人，實獲我心』，此可謂『止乎禮義』。所謂『可以怨』，便是『喜怒哀樂發而皆中節』處。推此以觀，則子之不得於父，臣之不得於君，朋友之不相信，皆當以此意處之。如屈原之懷沙赴水，賈誼言『歷九州而相其君，何必懷此都也』，便都過當了。古人胸中發出意思自好，看着三百篇詩，則後世之詩多不足觀矣。」木之。

問：「詩傳説六義，以『托物興辭』爲興，與舊説不同。」曰：「覺舊説費力，失本指。如興體不一，或借眼前物事説將起，或别自將一物説起，大抵只是將三四句引起，如唐時尚有此等詩體。如『青青河畔草』，『青青水中蒲』，皆是别借此物，興起其辭，非必有感有見於此物也。有將物之無，興起自家之所有；將物之有，興起自家之所無。前輩都理會這個不分明，如何説得詩本指！只伊川也自未見得。看所説有甚廣大處，子細看，本指却不如此。若上蔡怕曉得詩，如云『讀詩，須先要識得六義體面』，這是他識得要領處。」問：「詩雖是吟詠，使人自有興起，固不專在文辭。然亦須是篇篇句句理會着實，見得古人所以作此詩之意，方始於吟詠上有得。」曰：「固是。若不得其真實，吟詠個甚麼？然古人已多不曉其意，如左傳所載歌詩，多與本意元不相關。」問：「我將『維天其右之』，『既右享之』，今所解都作『左右』之『右』，與舊不同。」曰：「周禮有『享右祭祀』之文。如詩中此例亦多，如『既右烈考，亦右文母』之類。如我將所云，作保祐説，更難。方説『維羊維牛』，如何便説保祐？到『伊嘏文王，既右享之』，也説未得『右助』之『右』。」問：「振鷺詩不是正祭之樂歌，乃獻助祭之臣，未審如何？」曰：「看此文意，都無告神之語，恐是獻助祭之臣。古者祭祀，每一受胙，主與賓尸皆有獻酬之禮；既畢，然後亞獻；至獻畢，復受胙。如此，禮意甚好，有接續意思。到唐時尚然。今併受胙於諸獻既畢之後，主與賓尸意思皆隔了。古者一祭之中所以多事，如『季氏祭，逮闇而祭，日不足，繼之以燭。雖有强力之容、肅敬之心，皆倦怠矣。有司跛倚以臨祭，其爲不敬大矣！他日祭，子路與，室事交乎户，堂事交乎階，質明而始行事，晏朝而退。孔子聞之曰：「誰謂由也而不知禮乎！」』古人祭禮，是大段有節奏。」賀孫。

「詩序起『關雎，后妃之德也』，止『教以化之』。大序起『詩者，志之所之也』，止『詩之至也』。」敬仲。以下大序。

「聲發出於口，成文而節宣和暢謂之音，乃合於音調。如今之唱曲，合宫調、商調之類。」敬仲。

「詩大序亦只是後人作，其間有病句。」「國史」。方子。

「詩，纔説得密，便説他不着。『國史明乎得失之迹』，這一句也有病。周禮、禮記中，史並不掌詩，左傳説自分曉。以此見得大序亦未必是聖人做，小序更不須説。他做小序，不會寬説，每篇便求一個實事填塞了。他有尋得着底，猶自可通；不然，便與詩相礙。那解底，要就詩，却礙序；要就序，却礙詩。詩之興，是劈頭説那没來由底兩句，下面方説那事，這個如何通解。『鄭聲淫』，所以鄭詩多是淫佚之辭，狡童、將仲子之類是也。今喚做忽與祭仲，與詩辭全不相似。這個只似而今閑潑曲子。南山有臺等數篇，是燕享時常用底，叙賓主相好之意，一似今人致語。」又曰：「詩小序不可信。而今看詩，有詩中分明説是某人某事者，則可知。其他不曾說者，而今但可知其說此等事而已。韓退之詩曰：『春秋書王法，不誅其人身。』」高〔一三〕。

「大序亦有未盡。如『發乎情，止乎禮義』，又只是說正詩，變風何嘗止乎禮義？」振。

問「止乎禮義」。曰：「如變風柏舟等詩，謂之止乎禮義可也。桑中諸篇曰止乎禮義，則不可。蓋大綱有止乎禮義者。」㽦。

「『止乎禮義』，如泉水、載馳固止乎禮義；如桑中有甚禮義？大序只是揀好底說，亦未盡。」淳。

「詩大序只有『六義』之說是，而程先生不知如何，又却說從別處去。如小序亦間有說得好處，只是杜撰處多。不知先儒何故不虛心子細看這道理，便只恁說却。後人又只依他那個說出，亦不看詩是有此意無。若說不去處，又須穿鑿說將去。又詩人當時多有唱和之詞，如是者有數十篇，序中都說從別處去。且如蟋蟀一篇，本其風俗勤儉，其民終歲勤勞，不得少休，及歲之暮，方且相與燕樂；而又遽相戒曰：『日月其除，無已大康。』蓋謂今雖不可以不爲樂，然不已過於樂乎！其憂深思遠固如此。至山有樞一詩，特以和答其意而解其憂爾，故說山則有樞矣，隰則有榆矣。『子有衣裳，弗曳弗婁；子有車馬，弗馳弗驅。』一旦宛然以死，則他人藉之以爲樂爾，所以解勸他及時而樂也。而序蟋蟀者則曰：『刺晉僖公儉不中禮。』蓋風俗之變，必由上以及下。今謂君之儉反過於禮，而民之俗猶知用禮，則必無是理也。至山有樞則以爲『刺晉昭公』，又大不然矣。若魚藻，則天子燕諸侯，而諸侯美天子之詩也。采菽，則天子所以答魚藻矣。至鹿鳴，則燕享賓客也，序頗得其意。四牡，則勞使臣也，而詩序下文則妄矣。皇皇者華，則遣使臣之詩也；棠棣，則燕兄弟之詩也，序固得其意。伐木，則燕朋友故舊之詩也。人君以鹿鳴而下五詩燕其臣，故臣受君之賜者，則歌天保之詩以答其上。天保之序雖略得此意，而古注言鹿鳴至伐木『皆君所以下其臣，臣亦歸美於上，崇君之尊，而福禄之，以答其歌』，却説得尤分明。又如行葦，自是祭畢而燕父兄耆老之詩。首章言開燕設席之初，而殷勤篤厚之意已見於言語之外，二章言侍御獻酬飲食歌樂之盛，三章言既燕而射以爲歡樂，末章祝頌其既飲此酒，皆得享夫長壽。今序者不知本旨，見有『勿踐履』之説，則便謂『仁及草木』；見『戚戚兄弟』，便謂『親睦九族』；見『黄耈台背』，便謂『養老』；見『以祈黄耈』，便謂『乞言』；見『介爾景福』，便謂『成其福禄』：細細碎碎，殊無倫理，其失爲尤甚！既醉，則父兄所以答行葦之詩也；鳧鷖，則祭之明日繹而賓尸之詩也。古者宗廟之祭皆有尸，既祭之明日，則暖其祭食，以燕爲尸之人，故有此詩。假樂則公尸之所以答鳧鷖也。今序篇皆失之。」又曰：「詩，即所謂樂章。雖有唱和之意，衹是樂工代歌，亦非是君臣自歌也。」道夫。

「詩、書序，當開在後面。」升卿。以下小序。

敬之問詩、書序。曰：「古本自是別作一處。如易大傳、班固序傳並在後。京師舊本揚子注，其序亦總在後。」德明。

王德脩曰：「六經惟詩最分明。」曰：「詩本易明，只被前面序作梗。序出於漢儒，反亂詩本意。且只將四字成句底詩讀，却自分曉。見作詩集傳，待取詩令編排放前面，驅逐過後面自作一處。」文蔚。

「詩序作，而觀詩者不知詩意。」節。

「詩序，東漢儒林傳分明說道是衛宏作。後來經意不明，都是被他壞了。某又看得亦不是衛宏一手作，多是兩三手合成一序，愈說愈疏。」浩云：「蘇子由却不取小序。」曰：「他雖不取下面言語，留了上一句，便是病根。伯恭專信序，又不免牽合。伯恭凡百長厚，不肯非毀前輩，要出脫回護。不知道只爲得個解經人，却不曾爲得聖人本意。是便道是，不是便道不是，方得。」浩。

「詩小序全不可信。如何定知是美刺那人？詩人亦有意思偶然而作者。又其序與詩全不相合。詩詞理甚順，平易易看，不如序所云。且如葛覃一篇，只是見葛而思歸寧，序得却如此！毛公全無序解，鄭間見之。序是衛宏作。」

「序極有難曉處〔一四〕，多是附會。如魚藻詩見有『王在鎬』之言，便以爲君子思古之武王。似此類甚多。」可學。

因論詩，歷言：「小序大無義理，皆是後人杜撰，先後增益湊合而成。多就詩中採摭言語，更不能發明詩之大旨。纔見有『漢之廣矣』之句，便以爲德廣所及；才見有『命彼後車』之言，便以爲不能飲食教載。行葦之序，但見『牛羊勿踐』，便謂『仁及草木』；但見『戚戚兄弟』，便謂『親睦九族』；見『黃耇台背』，便謂『養老』；見『以祈黃耇』，便謂『乞言』；見『介爾景福』，便謂『成其福禄』：隨文生義，無復倫理。卷耳之序以『求賢審官，知臣下之勤勞』，爲后妃之志事，固不倫矣。況詩中所謂『嗟我懷人』，其言親暱太甚，寧后妃所得施於使臣者哉！桃夭之詩謂『婚姻以時，國無鰥民』爲『后妃之所致』，而不知其爲文王刑家及國，其化固如此，豈專后妃所能致耶？其他變風諸詩，未必是刺者，皆以爲刺；未必是言此人，必傅會以爲此人。桑中之詩放蕩留連，止是淫者相戲之辭，豈有刺人之惡，而反自陷於流蕩之中？子衿詞意輕儇，亦豈刺學校之辭？有女同車等，皆以爲刺忽而作。鄭忽不娶齊女，其初亦是好底意思，但見後來失國，便將許多詩盡爲刺忽而作。考之於忽，所謂淫昏暴虐之類，皆無其實。至遂目爲『狡童』，豈詩人愛君之意？況其所以失國，正坐柔懦闊疏，亦何狡之有？幽、厲之刺，亦有不然。甫田諸篇，凡詩中無詆譏之意者，皆以爲傷今思古而作。其他謬誤，不可勝説。後世但見詩序巍然冠於篇首，不敢復議其非，至有解説不通，多爲飾辭以曲護之者，其誤後學多矣！大序却好，或者謂補湊而成，亦有此理。書小序亦未是。只如堯典、舜典便不能通貫一篇之意。堯典不獨爲遜舜一事。舜典到『歷試諸難』之外，便不該通了，其他書序亦然。至如書大序，亦疑不是孔安國文字。大抵西漢文章渾厚近古，雖董仲舒、劉向之徒，言語自別。讀書大序便覺軟慢無氣，未必不是後人所作也。」謨。

「詩序實不足信。向見鄭漁仲有詩辨妄，力詆詩序，其間言語太甚，以爲皆是村野妄人所作。始亦疑之，後來子細看一兩篇，因質之史記、國語，然後知詩序之果不足信。因是看行葦、賓之初筵、抑數篇，序與詩全不相似。以此看其他詩序，其不足信者煞多。以此知人不可亂説話，便都被人看破了。詩人假物興辭，大率將上句引下句。如行葦『勿踐履』、『戚戚兄弟，莫遠具爾』，行葦是比兄弟，『勿』字乃興『莫』字。此詩自是飲酒會賓之意，序者却牽合作周家忠厚之詩，遂以行葦爲『仁及草木』。如云『酌以大斗，以祈黃耇』，亦是歡合之時祝壽之意，序者遂以爲『養老乞言』，豈知『祈』字本只是祝頌其高壽，無乞言意也。抑詩中間煞有好語，亦非刺厲王。如『於乎小子』，豈是以此指其君？兼厲王是暴虐大惡之主，詩人不應不述其事實，只説謹言節語。況厲王無道，謗訕者必不容，武公如何恁地指斥曰

『小子』？國語以爲武公自警之詩，却是可信。大率古人作詩，與今人作詩一般，其間亦自有感物道情，吟詠情性，幾時盡是譏刺他人？只緣序者立例，篇篇要作美刺説，將詩人意思盡穿鑿壞了。且如今人見人纔做事，便作一詩歌美之，或譏刺之，是甚麽道理？如此，一似里巷無知之人，胡亂稱頌諛説，把持放鵰，何以見先王之澤？何以爲情性之正？詩中數處皆應答之詩，如天保乃與鹿鳴爲唱答，行葦與既醉爲唱答，蟋蟀與山有樞爲唱答。唐自是晉未改號時國名，自序者以爲刺僖公，便牽合謂此晉也，而謂之唐，乃有堯之遺風。本意豈因此而謂之唐！是皆鑿説。但唐風自是尚有勤儉之意，作詩者是一個不敢放懷底人，説『今我不樂，日月其除』，便又説『無已大康，職思其居』。到山有樞是答者，便謂『子有衣裳，弗曳弗婁』、『宛其死矣，他人是愉』、『子有鐘鼓，弗鼓弗考。宛其死矣，他人是保』。這是答他不能享些快活，徒恁地苦澀。詩序亦有一二有憑據，如清人、碩人、載馳諸詩是也。昊天有成命中説『成王不敢康』，『成王』只是成王，何須牽合作成王業之王？自序者恁地附會，便謂周公作此以告成功。他既作周公告成功，便將『成王』字穿鑿説了，又幾曾是郊祀天地？被序者如此説，後來遂生一場事端，有南北郊之事。此詩自説『昊天有成命』，又不曾説着地，如何説道祭天地之詩？設使合祭，亦須幾句説及后土。如漢諸郊祀詩，祭某神便説某事。若用以祭地，不應只説天，不説地。東萊詩記却編得子細，只是大本已失了，更説甚麽？向嘗與之論此，如清人、載馳一二詩可信。渠却云：『安得許多文字證據？』某云：『無證而可疑者，只當闕之，不可據序作證。』渠又云：『只此序便是證。』某因云：『今人不以詩説詩，却以序解詩，是以委曲牽合，必欲如序者之意，寧失詩人之本意不恤也。此是序者大害處。』」賀孫。

「詩序多是後人妄意推想詩人之美刺，非古人之所作也。古人之詩雖存，而意不可得〔一五〕。序詩者〔一六〕妄誕其説，但疑見其人如此，便以爲是詩之美刺者，必若人也。如莊姜之詩，却以爲刺衛頃公。今觀史記所述，頃公竟無一事可紀，但言某公卒，子某公立而已，都無其事。頃公固亦是衛一不美之君，序詩者但見其詩有不美之迹，便指爲刺頃公之詩。此此類甚多，皆是妄生美刺，初無其實。至有不能考者，則但言『刺詩也』、『思賢妃也』。然此是泛泛而言。如漢廣之序言『德廣所及』，此語最亂道。詩人言『漢之廣矣』，其言已分曉。至如下面小序却説得是，謂『文王之化被于南國，美化行乎江、漢之域，無思犯禮，求而不可得也』，此數語却好。」又云：「看來詩序當時只是個山東學究等人做，不是個老師宿儒之言，故所言都無一事是當。如行葦之序，雖皆是詩人之言，但却不得詩人之意。不知而今做義人到這處將如何做，於理決不順。某謂此詩本是四章，章八句；他不知，作八章、章四句讀了。如『敦彼行葦，牛羊勿踐履。方苞方體，惟葉泥泥。戚戚兄弟，莫遠具爾。或肆之筵，或授之几』。此詩本是興詩，即是興起下四句言，以『行葦』興兄弟，『勿踐履』是莫遠意也。」又云：「鄭、衛詩多是淫奔之詩。鄭詩如將仲子以下，皆鄙俚之言，只是一時男女淫奔相誘之語。如桑中之詩云：『衆散民流，而不可止。』故樂記云：『桑間濮上之音，亡國之音也。其衆散，其民流，誣上行私而不可止也。』鄭詩自緇衣之外，亦皆鄙俚，如『采蕭』『采艾』『青衿』之類是也。故夫子『放鄭聲』。如抑之詩，非詩人作以刺君，乃武公爲之以自警。又有稱『小子』之言，此必非臣下告君之語，乃自謂之言無疑也。」卓。

問：「詩傳盡撤去小序〔一七〕，何也？」曰：「小序如碩人、定之方中等，見於左傳者，自可無疑。若其他刺詩無所據，多是世儒將他謚號不美者，挨就立名爾。今只考一篇見是如此，故其他皆不敢信。且如蘇公刺暴公，固是姓暴者多；萬一不見得是暴公，則『惟暴之云』者，只作一個狂暴底人說，亦可。又如將仲子，如何便見得是祭仲？某由此見得小序大故是後世陋儒所作。但既是千百年已往之詩，今只見得大意便了，又何必要指實得其人姓名？於看詩有何益也？」大雅。

問：「詩傳多不解詩序，何也？」曰：「某自二十歲時讀詩，便覺小序無意義。及去了小序，只玩味詩詞，却又覺得道理貫徹。當初亦嘗質問諸鄉先生，皆云序不可廢，而某之疑終不能釋。後到三十歲，斷然知小序之出於漢儒所作，其爲繆戾，有不可勝言。東萊不合只因序講解，便有許多牽强處。某嘗與之言，終不肯信。讀詩記中雖多説序，然亦有説不行處，亦廢之。某因作詩傳，遂成詩序辨説一册，其他繆戾，辨之頗詳。」煇〔一八〕。

「鄭漁仲謂詩小序只是後人將史傳去揀，並看謚，却附會作小序美刺。」振。

「伯恭黨得小序不好，使人看着轉可惡。」振。

器之問詩叶韻之義。曰：「只要音韻相叶，好吟哦諷誦，易見道理，亦無甚要緊。今且要將七分工夫理會義理，三二分工夫理會這般去處。若只管留心此處，而於詩之義却見不得，亦何益也？」又曰：「叶韻多用吳才老本，或自以意補入。」木之。以下論詩韻。

問：「詩叶韻，是當時如此作？是樂歌當如此？」曰：「當時如此作。古人文字多有如此者，如正考父鼎銘之類。」可學。

問：「先生説詩，率皆叶韻，得非詩本樂章，播諸聲詩，自然叶韻，方諧律吕，其音節本如是耶？」曰：「固是如此。然古人文章亦多是叶韻。」因舉王制及老子叶韻處數段。又曰：「周頌多不叶韻，疑自有和底篇相叶。『清廟之瑟，朱絃而疏越，一唱而三歎』，歎，即和聲也。」儒用。

「詩之音韻，是自然如此，這個與天通。古人音韻寬，後人分得密，後隔開了。離騷注中發兩個例在前：『朕皇考曰伯庸』、『庚寅吾以降』；洪。『又重之以脩能』，耐。『紉秋蘭以爲佩」。後人不曉，却謂只此兩韻如此。某有楚詞叶韻，作「子厚」名字，刻在漳州。」方子。

「叶韻，恐當以頭一韻爲準。且如「華」字叶音「敷」，如「有女同車」是第一句，則第二句「顏如舜華」，當讀作「敷」字，然後與下文「佩玉瓊琚」、「洵美且都」皆叶。至如「何彼襛矣，唐棣之華」，是第一韻，則當依本音讀，而下文「王姬之車」却當作尺奢反，如此方是。今只從吳才老舊說，不能又創得此例。然楚詞〔一九〕「紛余既有此內美兮，又重之以脩能」，「能」音「耐」，然後下文「紉秋蘭以爲佩」叶。若「能」字只從本音，則「佩」字遂無音。如此，則又未可以頭一韻爲定也。」閎祖。

「吳才老補韻甚詳，然亦有推不去者。某煞尋得，當時不曾記，今皆忘之矣。如「外禦其務」叶「烝也無戎」，才老無尋處，却云「務」字古人讀做「蒙」，不知「戎」，汝也；「汝、戎」二字，古人通用，是協音汝也。如「南仲太祖，太師皇父；整我六師，以脩我戎」，亦是協音汝也。「下民有嚴」叶「不敢怠遑」。才老欲音「嚴」爲「莊」，云避漢諱，却無道理。某後來讀楚辭天問見一「嚴」字乃押從「莊」字，乃知是叶韻，「嚴」讀作「昂」也。天問，才老豈不讀？往往無甚意義，只恁打過去也。」義剛。饒、何氏録云：「中庸「奏格無言」，奏，音族，平聲，音駿，所以毛詩作「鬷」字。」

或問：「吳氏叶韻何據？」曰：「他皆有據。泉州有其書，每一字多者引十餘證，少者亦兩三證。他說，元初更多，後删去，姑存此耳。然猶有未盡。」因言：「商頌『天命降監，下民有嚴。不僭不濫，不敢怠遑』。吴氏云，『嚴』字恐是『莊』字，漢人避諱，改作『嚴』字。某後來因讀楚辭天問，見『嚴』字都押入『剛』字、『方』字去。又此間鄉音『嚴』作户剛反，乃知『嚴』字自與『皇』字叶。然吴氏豈不曾看楚詞？想是偶然失之。又如〔二〇〕『兄弟鬩于墻，外禦其務。每有良朋，烝也無戎』。吴氏復疑『務』當作『蒙』〔二一〕，以叶『戎』字。某却疑古人訓『戎』爲『汝』，如『以佐戎辟』，『戎雖小子』，則『戎、女』音或通。後來讀常武詩有云『南仲大祖，大師皇父，整我六師，以脩我戎』，則與『汝』叶，明矣。」因言：「古之謡諺皆押韻，如夏諺之類。散文亦有押韻者，如曲禮『安民哉』叶音『兹』，則與上面『思、辭』二字叶矣。又如『將上堂，聲必揚；將入户，視必下』，下，叶音護。禮運、孔子閒居亦多押韻。莊子中尤多。至於易彖辭，皆韻語也。」又云：「禮記『五至』、『三無』處皆協。」廣。

「『知子之來扐。之，雜佩以贈入。之』，此例甚多。『作』字作『做』，『保』字作『補』。『往近王舅』，近，音『既』，説文作『訢』，誤寫作『近』。」僩。

問：「詩叶韻，有何所據而言？」曰：「叶韻乃吴才老所作，某又續添減之。蓋古人作詩皆押韻，與今人歌曲一般。今人信口讀之，全失古人詠歌之意。」煇〔二二〕。

「詩音韻間有不可曉處。」因說：「如今所在方言，亦自有音韻與古合處。」子升因問：

「今『陽』字却與『唐』字通，『清』字却與『青』字分之類，亦自不可曉。」曰：「古人韻疏，後世韻方嚴密。見某人好考古字，却說『青』字音自是『親』，如此類極多。」木之。

器之問詩。曰：「古人情意温厚寬和，道得言語自恁地好。當時叶韻，只是要便於諷詠而已。到得後來，一向於字韻上嚴切，却無意思。漢不如周，魏、晉不如漢，唐不如魏、晉，本朝又不如唐。如元微之、劉禹錫之徒，和詩猶自有韻相重密。本朝和詩便定不要一字相同，不知却愈壞了詩。」木之。

論讀詩

「詩中頭項多，一項是音韻，一項是訓詁名件，一項是文體。若逐一根究，然後討得些道理，則殊不濟事，須是通悟者方看得。」方子。以下總論讀詩之方。

「聖人有法度之言，如春秋、書、禮是也，一字皆有理。如詩亦要逐字將理去讀，便都礙了。」淳。

問：「聖人有法度之言，如春秋、書與周禮，字較實。詩無理會，只是看大意。若要將序去讀，便礙了。」問：「變風、變雅如何？」曰：「也是後人恁地說，今也只依他恁地說。如漢廣、汝墳皆是說婦人。如此，則是文王之化只及婦人，不及男子。只看他大意恁地，拘不得。」寓。

「公不會看詩。須是看他詩人意思好處是如何，不好處是如何。看他風土，看他風俗，又看他人情、物態。只看伐檀詩，便見得他一個清高底意思；看碩鼠詩，便見他一個暴斂底意思。好底意思是如此，不好底是如彼。好底意思，令自家善意油然感動而興起。看他不好底，自家心下如着槍相似。如此看，方得詩意。」僩。

「詩有説得曲折後好底，有只恁平直説後自好底〔一三〕。如燕燕末後一章，這不要看上文考下章，便知得是恁地意思，自是高遠，自是説得那人着。」義剛。

林子武説詩。曰：「不消得恁地求之太深。他當初只是平説，横看也好，豎看也好。今若要討個路頭去裏面尋，却怕迫窄了。」義剛。

「讀詩之法，且如『白華菅兮，白茅束兮。之子之遠，俾我獨兮』，蓋言白華與茅尚能相依，而我與子乃相去如此之遠，何哉？又如『倬彼雲漢，爲章于天。周王壽考，遐不作人』，只是説雲漢恁地爲章于天，周王壽考，豈不能作人也？上兩句皆是引起下面説，略有些意思傍著，不須深求，只此讀過便得。」僩。

「看詩，且看他大意。如衛諸詩，其中有説時事者，固當細考。如鄭之淫亂底詩，苦苦搜求他，有甚意思？一日看五六篇可也。」僩。

「看詩，義理外更好看他文章。且如谷風，他只是如此說出來，然而叙得事曲折先後，皆有次序。而今人費盡氣力去做後，尚做得不好。」義剛。

「讀詩，且只將做今人做底詩看。或每日令人誦讀，却從旁聽之。其詁有未通者，略檢注解看，却時時誦其本文，便見其語脈所在。」又曰：「念此一詩，既已記得其語，却逐個字將前後一樣字通訓之。今注解中有一字而兩三義者，如『假』字，有云『大』者，有云『至』者，只是隨處旋紐捏耳，非通訓也。」喬。

先生因言，看詩須並叶韻讀，便見得他語自整齊。又更略知叶韻所由來，甚善。又曰：「伊川有詩解數篇，說到小雅以後極好。蓋是王公大人好生地做，都是識道理人言語，故它裏面說得儘有道理，好子細看。非如國風或出於婦人小夫之口，但可觀其大概也。」銖。

問：「以詩觀之，雖千百載之遠，人之情僞只此而已，更無兩般。」曰：「以某看來，須是別換過天地，方別換一樣人情。釋氏之說固不足據，然其書說盡百千萬劫，其事情亦只如此而已，況天地無終窮，人情安得有異？」必大。

「看詩，不要死殺看了，見得無所不包。今人看詩，無興底意思。」節。以下論讀詩在興起。

「讀詩便長人一格。如今人讀詩，何緣會長一格？詩之興，最不緊要〔二四〕。然興起人意處，正在興。會得詩人之興，便有一格長。『豐水有芑，武王豈不仕？』蓋曰豐水且有芑，武王豈不有事乎？此亦興之一體，不必更注解。如龜山說關雎處意亦好，然終是說死了，如此便詩眼不活。」必大〔二五〕。

問：「向見呂丈，問讀詩之法。呂丈舉橫渠『置心平易』之說見教。某遵用其說去誦味來，固有個涵泳情性底道理，然終不能有所啓發。程子謂：『興於詩，便知有着力處。』今讀之，止見其善可爲法，惡可爲戒而已，不知其他如何著力？」曰：「善可爲法，惡可爲戒，不特詩也，他書皆然。古人獨以爲『興於詩』者，詩便有感發人底意思。今讀之無所感發者，正是被諸儒解殺了，死着詩義，興起人善意不得。如南山有臺序云：『得賢，則能爲邦家立太平之基。』蓋爲見詩中有『邦家之基』字，故如此解。此序自是好句，但纔如此說定，便局了一詩之意。若果先得其本意，雖如此說亦不妨。正如易解，若得聖人繫辭之意，便橫說豎說都得。今斷以一義解定，易便不活。詩所以能興起人處，全在興。如『山有樞，隰有榆』，別無意義，只是興起下面『子有車馬』、『子有衣裳』耳。小雅諸篇，皆君臣燕飲之詩，道主人之意以譽賓，如今人宴飲有『致語』之類，亦間有叙賓客答辭者。漢書載客歌驪駒，主人歌客毋庸歸，亦是此意。古人以魚爲重，故魚麗、南有嘉魚，皆特舉以歌之。儀禮載『乃間歌魚麗，笙由庚；歌南有嘉魚，笙崇丘；歌南山有臺，笙由儀』，本一套事。後人移魚麗附於鹿鳴之什，截以嘉魚以下爲成王詩，遂失當時用詩之意，故胡亂解。今觀魚麗、嘉魚、南山有臺等篇，辭意皆同。菁莪、湛露、蓼蕭，皆燕飲之詩。詩中所謂君子，皆稱賓客，後人却以言人君，正顛倒了。如以湛露爲恩澤，皆非詩義。故『野有蔓草，零露漙兮〔二六〕』，亦以爲『君之澤不下流』，皆局於一個死例，所以如此。周禮以六詩教國子，當時未有注解，不過教之曰，此興也，此比也，此賦也。興者，人便自作興看；比者，人便自作比看。興只是興起，謂下句直說不起，故將上句帶起來說，如何去上頭討義理〔二七〕？今欲觀詩，不若且置小序及舊說，只將元詩虛心熟讀，徐徐玩味。候仿佛見個詩人本意，却從此推尋將去，方有感發。如人拾得一個無題目詩，再三熟看，亦須辨得出來。若被舊說一局局定，便看不出。今雖說不用舊說，終被他先入在内，不期依舊從它去。某向作詩解，文字初用小序，至解不行處，亦曲爲之說。後來覺得不安，第二次解者，雖存小序，間爲辨破，然終是不見詩人本意。後來方知，只盡去小序，便自可通。於是盡滌舊說，詩意方活。」又曰：「變風中固多好詩，雖其間有没意思者，然亦須得其命辭遣意處，方可觀。後人便自做個道理解說，於其造意下語處，元不及究。只後代文集中詩，亦多不解其辭意者。樂府中羅敷行，羅敷即史君之妻，史君即羅敷之夫。其曰『史君自有婦，羅敷自有夫』，正相戲之辭。」又曰：「『夫婿從東來，千騎居上頭』，觀其氣象，即史君也。後人亦錯解了。須得其辭意，方見好笑處。」必大〔二八〕。

「學者當『興於詩』。須先去了小序，只將本文熟讀玩味，仍不可先看諸家注解。看得久之，自然認得此詩是説個甚事。謂如拾得個無題目詩，説此花既白又香，是盛寒開，必是梅花詩也。卷阿，召康公戒成王，其始只説個好意思，如『豈弟君子』，皆指成王。『純嘏』、『爾壽』之類，皆説優游享福之事，至『有馮有翼』以下，方説用賢。大抵告人之法亦當如此，須先令人歆慕此事，則其肯從吾言，必樂爲之矣。」人傑。

「讀詩正在於吟詠諷誦，觀其委曲折旋之意，如吾自作此詩，自然足以感發善心。今公讀詩，只是將己意去包籠他，如做時文相似。中間委曲周旋之意，盡不曾理會得，濟得甚事？若如此看，只一日便可看盡，何用逐日只睚得數章，而又不曾透徹耶？且如人入城郭，須是逐街坊里巷，屋廬臺榭，車馬人物，一一看過，方是。今公等只是外面望見城是如此，便説我都知得了。如鄭詩雖淫亂，然出其東門一詩，却如此好。女曰鷄鳴一詩〔二九〕，意思亦好。讀之，真個有不知手之舞足之蹈者。」僩。以下論詩在熟讀玩味。

「詩，如今恁地注解了，自是分曉，易理會。但須是沉潛諷誦，玩味義理，咀嚼滋味，方有所益。若只草草看過，一部詩只三兩日可了。但不得滋味，也記不得，全不濟事。古人說『詩可以興』，須是讀了有興起處，方是讀詩。若不能興起，便不是讀詩。」因說：「永嘉之學，只是要立新巧之說，少間指摘東西，鬬湊零碎，便立說去。縱說得是，也只無益，莫道又未是。」木之。

「讀詩之法，只是熟讀涵味〔三〇〕，自然和氣從胸中流出，其妙處不可得而言。不待安排措置，務自立說，只恁平讀着，意思自足。須是打疊得這心光蕩蕩地，不立一個字，只管虛心讀他，少間推來推去，自然推出那個道理。所以說『以此洗心』，便是以這道理盡洗出那心裏物事，渾然都是道理。上蔡曰：『學詩，須先識得六義體面，而諷味以得之。』此是讀詩之要法。看來書只是要讀，讀得熟時，道理自見，切忌先自布置立說。」僩。

問學者：「誦詩，每篇誦得幾遍？」曰：「也不曾記，只覺得熟便止。」曰：「便是不得。須是讀熟了，文義都曉得了，涵泳讀取百來遍，方見得那好處，那好處方出，方見得精怪。見公每日說得來乾燥，元來不曾熟讀。若讀到精熟時，意思自說不得。如人下種子，既下得種了，須是討水去灌溉他，討糞去培擁他，與他耘鋤，方是下工夫養他處。今却只下得個種子了便休，都無耘治培養工夫。如人相見，纔見了，便散去，都不曾交一談，如此何益？所以意思都不生，與自家都不相入，都恁地乾燥。這個貪多不得。讀得這一篇，恨不得常熟讀此篇，如無那第二篇方好。而今只是貪多，讀第一篇了，便要讀第二篇；讀第二篇了，便要讀第三篇。恁地不成讀書，此便是大不敬！此句厲聲説。須是殺了那走作底心，方可讀書。」僩。

「大凡讀書，先曉得文義了，只是常常熟讀。如看詩，不須得着意去裏面訓解，但只平平地涵泳自好。」因舉「池之竭矣，不云自頻？泉之竭矣，不云自中」四句，吟詠者久之。又曰：「大雅中如烝民、板、抑等詩，自有好底。董氏舉侯苞言，衛武公作抑詩，使人自誦於其側，不知此出在何處。他讀書多，想見是如此。」又曰：「如孟子，也大故分曉，也不用解他，熟讀滋味自出。」夔孫。

先生問林武子：「看詩何處？」曰：「至大雅。」大聲曰：「公前日方看節南山，如何恁地快！恁地不得！而今人看文字，敏底一揭開板便曉，但於意味却不曾得。便〔三一〕只管看時，也只是恁地。但百遍自是强五十遍時，二百遍自是强一百遍時。『題彼脊令，載飛載鳴。我日斯邁，而月斯征。夙興夜寐，無忝爾所生！』這個看時，也只是恁地，但裏面意思却有説不得底。解不得底意思，却在説不得底〔三二〕裏面。」又曰：「生民等篇，也可見祭祀次第，此與儀禮正相合。」義剛。

問時舉：「看文字如何？」曰：「詩傳今日方看得綱領。要之，緊要是要識得六義頭面分明，則詩亦無難看者。」曰：「讀詩全在諷詠得熟，則六義將自分明。須使篇篇有個下落，始得。且如子善向看易傳，往往畢竟不曾熟。如此，則何緣會浹洽？横渠云：『書須成誦，精思多在夜中或靜坐得之。不記，則思不起。』今學者看文字，若記不得，則何緣貫通？」時舉曰：「緣資性魯鈍，全記不起。」曰：「只是貪多，故記不得。福州陳正之極魯鈍，每讀書，只讀五十字，必三二百遍而後能熟；積習讀去，後來却赴賢良。要知人只是不會耐苦耳。凡學者要須做得人難做底事，方好。若見做不得，便不去做，要任其自然，何緣做得事成？切宜勉之！」時舉。

問：「看詩如何？」曰：「方看得關雎一篇，未有疑處。」曰：「未要去討疑處，只熟看。某注得訓詁字字分明，便却玩索涵泳，方有所得。若便要立議論，往往裏面曲折，其實未曉，只髣髴見得，便自虚説耳，恐不濟事。此是三百篇之首，可更熟看。」時舉。

先生謂學者曰：「公看詩，只看集傳，全不看古注。」曰：「某意欲先看了先生集傳，却看諸家解。」曰：「便是不如此，無却看底道理。才説却理會，便是悠悠語。今見看詩，不從頭看一過，云且等我看了一個了，却看那個，幾時得再看？如厮殺相似，只是殺一陣便了。不成説今夜且如此厮殺，明日又重新殺一番？」僩。

文蔚泛看諸家詩説。先生曰：「某有集傳。」後只看集傳，先生又曰：「曾參看諸家否？」曰：「不曾。」曰：「却不可。」文蔚。

解詩

「漢書傳訓皆與經别行。三傳之文不與經連,故石經書公羊傳皆無經文。藝文志云:『毛詩經二十九卷,毛詩詁訓傳三十卷。』是毛爲詁訓,亦不與經連也。馬融爲周禮注,乃云,欲省學者兩讀,故具載本文。然則後漢以來始就經爲注。未審此詩引經附傳,是誰爲之?其毛詩二十九卷,不知并何卷也。」

「毛、鄭,所謂山東老學究。歐陽會文章,故詩意得之亦多。但是不合以今人文章如他底意思去看,故皆局促了詩意。古人文章,有五七十里不回頭者。蘇黄門詩説疏放,覺得好。」振。

「歐陽公有詩本義二十餘篇,煞説得有好處。有詩本末論。又有論云:『何者爲詩之本?何者爲詩之末?詩之本,不可不理會;詩之末,不理會得也無妨。』其論甚好。近世自集注文字出,此等文字都不見了,也害事。如吕伯恭讀詩記,人只是看這個。它上面有底便看,無底更不知看了。」僩。

因言歐陽永叔本義,而曰:「理義大本復明於世,固自周、程,然先此諸儒亦多有助。舊來儒者不越注疏而已,至永叔、原父、孫明復諸公,始自出議論,如李泰伯文字亦自好。

此是運數將開，理義漸欲復明於世故也。蘇明允説歐陽之文處，形容得極好。近見其奏議文字，如回河等劄子，皆説得盡，誠如老蘇所言。便如詩本義中辨毛、鄭處，文辭舒緩，而其説直到底，不可移易。」畚。

「程先生詩傳取義太多。詩人平易，恐不如此。」

「横渠云：『置心平易始知詩。』然横渠解詩多不平易。程子説胡安定解九四作太子事，云：『若一爻作一事，只做得三百八十四事。』此真看易之法。然易傳中亦有偏解作一事者。林艾軒嘗云：『伊川解經，有説得未的當處。此文義間事，安能一一皆是？若大頭項，則伊川底却是。』此善觀伊川者。陸子静看得二程低，此恐子静看其説未透耳。譬如一塊精金，却道不是金，非金之不好，蓋是不識金也。」人傑。必大録云：「横渠解『悠悠蒼天，此何人哉』，却不平易。〔三三〕」

「子由詩解好處多，歐公詩本義亦好。」因説：「東萊改本書解，無闕疑處，只據意説去。」木之問：「書解誰底好看？」曰：「東坡解，大綱也好。只有失，如説『人心惟危』這般處，便説得差了。如今看他底，須是識他是與不是處，始得。」木之。

問：「讀詩記序中『雅、鄭，邪、正』之説未明。」曰：「向來看詩中鄭詩、邶鄘衛詩，便是鄭、衛之音，其詩大段邪淫。伯恭直以謂詩皆賢人所作，皆可歌之宗廟，用之賓客，此甚不然。如國風中亦多有邪淫者。」又問「思無邪」之義。曰：「此只是三百篇可蔽以詩中此言。所謂『無邪』者，讀詩之大體，善者可以勸，而惡者可以戒。若以爲皆賢人所作，賢人決不肯爲此。若只一鄉一里中有個恁地人，專一作此怨刺，恐亦不靜。至於皆欲被之絃歌，用之宗廟，如鄭、衛之詩，豈不褻瀆！用以祭幽、厲、褒姒可也。施之賓客燕饗，亦待好賓客不得，須衛靈、陳幽乃可耳。所謂『詩可以興』者，使人興起有所感發，有所懲創。『可以觀』者，見一時之習俗如此，所以聖人存之不盡删去，便盡見當時風俗媺惡，非謂皆賢人所作耳。大序説『止乎禮義』，亦可疑，小序尤不可信，皆是後人託之，仍是不識義理，不曉事。如山東學究者，皆是取之左傳、史記中所不取之君，隨其謚之美惡，有得惡謚，及傳中載其人之事者，凡一時惡詩，盡以歸之。最是鄭忽可憐，凡鄭風中惡詩皆以爲刺之。伯恭又欲主張小序，鍛煉得鄭忽罪不勝誅。鄭忽却不是狡，若是狡時，它却須結齊國之援，有以鉗制祭仲之徒，決不至於失國也。謚法中如『墮覆社稷曰頃〔三四〕』，便將柏舟一詩，硬差排爲衛頃公，便云『賢人不遇，小人在側』，更無分疏處。『願而無立曰僖』，衡門之詩便以誘陳僖『願而無立志』言之〔三五〕。如子衿只是淫奔之詩，豈是學校中氣象！褰裳詩中『子惠思我，褰裳涉溱』，至『狂童之狂也且』，豈不是淫奔之辭！只緣左傳中韓宣子引『豈無他人』，便將做『國人思大國之正己』。不知古人引詩，但借其言以寓己意，初不理會上下文義，偶一時引之耳。伯恭只詩綱領第一條，便載上蔡之說。上蔡費盡辭說，只解得個『怨而不怒』。纔先引此，便是先瞎了一部文字眼目。」僴。

問：「今人自做一詩，其所寓之意，亦只自曉得，前輩詩如何可盡解？」曰：「何況三百篇，後人不肯道不會，須要字字句句解得麼！」

「當時解詩時，且讀本文四五十遍，已得六七分。却看諸人說與我意如何，大綱都得之，又讀三四十遍，則道理流通自得矣。」

或問詩。曰：「詩幾年埋没，被某取得出來做。公門看得恁地搭滯，看十年，仍舊死了那一部詩。今若有會讀書底人看某詩傳，有不活絡處都塗了方好。而今詩傳只堪減，不堪添。」胡泳。

「伯恭說詩太巧，亦未必然，古人直不如此。今某說，皆直靠直說。」揚。

李茂欽問：「先生曾與東萊辨論淫奔之詩。東萊謂詩人所作，先生謂淫奔者之言，至今未曉其說。」曰：「若是詩人所作譏刺淫奔，則婺州人如有淫奔，東萊何不作一詩刺之？」茂欽又引他事問難。先生曰：「未須別說，只爲我答此一句來。」茂欽辭窮。先生曰：「若人家有隱僻事，便作詩訐其短譏刺，此乃今之輕薄子，好作謔詞嘲鄉里之類，爲一鄉所疾害者。詩人温醇，必不如此。如詩中所言有善有惡，聖人兩存之，善可勸，惡可戒。」杞。

「某解詩，多不依他序。縱解得不好，也不過只是得罪於作序之人。只依序解，而不考本詩上下文意，則得罪於聖賢也。」揚。

因說學者解詩，曰：「某舊時看詩，數十家之說一一都從頭記得，初間那裏敢便判斷那說是，那說不是？看熟久之，方見得這說似是，那說似不是；或頭邊是，尾說不相應；或中間數句是，兩頭不是；或尾頭是，頭邊不是。然也未敢便判斷，疑恐是如此。又看久之，方審得這說是，那說不是。又熟看久之，方敢決定斷說這說是，那說不是。這一部詩，並諸家解都包在肚裏。公而今只是見已前人解詩，便也要注解，更不問道理。只認捉着，便據自家意思說，於己無益，於經有害，濟得甚事？凡先儒解經，雖未知道，然其盡一生之力，縱未說得七八分，也有三四分。且須熟讀詳究，以審其是非而爲吾之益。今公纔看着便妄生去取，肆以己意，是發明得個甚麼道理？公且說，人之讀書，是要將作甚麼用？所貴乎讀書者，是要理會這個道理，以反之於身，爲我之益而已。」僩。

「詩傳中或云『姑從』，或云『且從其說』之類，皆未有所考，不免且用其說。」拱壽〔三六〕。

「詩傳只得如此說，不容更着語，工夫却在讀者。」必大〔三七〕。

問：「分詩之經，詩之傳，何也？」曰：「此得之於吕伯恭。風、雅之正則爲經，風、雅之變則爲傳。如屈平之作離騷，即經也。如後人作反騷與夫九辯之類則爲傳耳。」煇。

校勘記

〔一〕詩一　朝鮮本「詩」上有「毛」字。

〔二〕問删詩　朝鮮本作：問：「删詩，果只是許多，如何？」

〔三〕追琢其章　朝鮮本「追」上有「如」字。

〔四〕去僞　朝鮮本作：謨。去僞、人傑録同。

〔五〕詩　朝鮮本段首增：因説詩，答曰。

〔六〕詩有是當時朝廷作者　朝鮮本「詩」上有「因説詩答曰」五字。

〔七〕之類　朝鮮本此下增：是也。

〔八〕直指其名　朝鮮本「直」上有「如」字。

〔九〕中聲之所止　朝鮮本「止」下有「如何」二字。

〔一〇〕國子　朝鮮本作：萬民。

〔一一〕古人一篇詩必有一篇意思　朝鮮本作：觀人一篇詩，必有意思。

〔一二〕如　朝鮮本「如」上增：因説。

〔一三〕高　朝鮮本作：從周。

〔一四〕序極有難曉處　朝鮮本「序」上有「詩小」二字。

〔一五〕古人之詩雖存而意不可得　「存而」原作「而存」，據朝鮮本乙正。

〔一六〕序詩者　朝鮮本作：而知詩序者。

〔一七〕詩傳盡撤去小序　「詩」原作「語」，據朝鮮本改。

〔一八〕煇　朝鮮本作：方子。

〔一九〕詞　朝鮮本作：調。

〔二〇〕又如　朝鮮本此下增：伐木詩。

〔二一〕吳氏復疑務當作蒙　「務」原作「侮」，據前文改。「蒙」原作「霧」，據朝鮮本改。

〔二二〕煇　朝鮮本作：晦夫。

〔二三〕有只恁平直説後自好底　朝鮮本「恁」下有「地去」二字；「平直」下有「處」字。

〔二四〕詩之興最不緊要　朝鮮本作：興處最不緊要。

〔二五〕必大　朝鮮本末尾小字作：伯豐。

〔二六〕零露漙兮　「漙」原作「湑」，據朝鮮本及詩鄭風野有蔓草改。

〔二七〕如何去上頭討義理　「頭」字原脱，據朝鮮本補。

〔二八〕必大　朝鮮本作：伯豐。

〔二九〕女曰鷄鳴一詩　朝鮮本「女」上有「又如」二字。

〔三〇〕只是熟讀涵味　「味」，朝鮮本作「泳」。

〔三一〕便　朝鮮本作：如今。

〔三二〕説不得底　朝鮮本此下增：意思。

〔三三〕却不平易　朝鮮本此下增一節文字：小雅恐是燕禮用之，大雅須饗禮方用。小雅施之君臣之間，大雅則止人君可歌。

〔三四〕諡法中如墮覆社稷曰頃　朝鮮本作：諡法中「頃」字不好。

〔三五〕「願而無立曰僖」至「言之」　朝鮮本作：芄蘭之詩，便指陳幽公，便以「願而無立志」言之。

〔三六〕拱壽　朝鮮本作：銖。

〔三七〕必大　朝鮮本作：伯豐。

朱子語類卷第八十一

詩二〔一〕

周南　關雎兼論二南。

「詩未論音律，且如讀二南，與鄭、衛之詩相去多少！」

問：「程氏云：『詩有二南，猶易有乾、坤。』莫只是以功化淺深言之？」曰：「不然。」

問：「莫是王者諸侯之分不同？」曰：「今只看大序中説，便可見。大序云：『關雎、麟趾之化，王者之風，故繫之周公；鵲巢、騶虞之德，諸侯之風，先王之所以教，故繫之召公。』只看那『化』字與『德』字及『所以教』字，便見二南猶乾、坤也。」文蔚。

「前輩謂二南猶易之乾、坤，其詩粹然無非道理，與他詩不同。」曰：「須是寬中看緊底意思。」因言：「匡衡漢儒，幾語亦自説得好。」曰：「便是他做處却不如此。」炎。

「關雎一詩，文理深奧，如乾、坤卦一般，只可熟讀詳味，不可説。至如葛覃、卷耳，其言迫切，主於一事，便不如此了。」又曰：「讀詩須得他六義之體，如風、雅、頌則是詩人之格。後人説詩以爲雜雅、頌者，緣釋七月之詩者，以爲備風、雅、頌三體，所以啓後人之説如此。」又曰：「興之爲言，起也，言興物而起其意。如『青青陵上柏』、『青青河畔草』，皆是興物詩也。如『藁砧今何在』、『何當大刀頭』，皆是比詩體也。」卓。

敬子説詩周南。曰：「他大綱領處只在戒謹恐懼上。只自『關關雎鳩』便從這裏做起，後面只是漸漸推得闊。」僩。

「讀關雎之詩，便使人有齊莊中正意思，所以冠于三百篇；與禮首言『毋不敬』，書首言『欽明文思』，皆同。」㽦。

問〔二〕：「二南之詩，真是以此風化天下否？」曰：「亦不須問是要風化天下與不風化天下，且要從『關關雎鳩，在河之洲』云云裏面看義理是如何。今人讀書，只是説向外面去，却於本文全不識。」木之。

「關雎之詩，非民俗所可言，度是宮闈中所作。」問〔三〕：「程子云是周公作〔四〕。」曰：「也未見得是。」木之。

「關雎，看來是妾媵做，所以形容得寤寐反側之事，外人做不到此。」明作。

「樂得淑女，以配君子。憂在進賢，不淫其色。」天理、人欲。方。

「説后妃多，失却文王了。今以『君子』爲文王。伊川詩説多未是。」璘。

問器遠：「君舉所説詩，謂關雎如何？」曰：「謂后妃自謙，不敢當君子。謂如此之淑女，方可爲君子之仇匹，這便是后妃之德。」曰：「這是鄭氏也如此説了。某看來，恁地説也得。只是覺得偏主一事，無正大之意。關雎如易之乾、坤意思，如何得恁地無方際！如下面諸篇，却多就一事説。這只反覆形容后妃之德，而不可指説道甚麽是德。只恁地渾淪説，這便見后妃德盛難言處。」賀孫〔五〕。

問曹兄云〔六〕：「陳丈説關雎如何？」曹云：「言關雎以美夫人，有謙退不敢自當君子之德。」曰：「如此，則淑女又别是一個人也。」曹云：「是如此。」先生笑曰：「今人説經，多是恁地回互説去。如史丞相説書，多是如此。説『祖伊恐，奔告于受』處，亦以紂爲好人而不殺祖伊；若他人，則殺之矣。」先生乃云：「讀書且虚心去看，未要自去取捨。且依古人書恁地讀去，久後自然見得義理。」卓。

魏兄問「左右芼之」。曰：「芼，是擇也，左右擇而取之也。」卓。

「解詩，如抱橋柱浴水一般，終是離脱不得鳥獸草木。今在眼前識得底，便可窮究。且如雎鳩，不知是個甚物，亦只得從他古說，道是『鷙而有別』之類。」

魏才仲問：「詩關雎注：『摯，至也。』至先生作『切至』說，似形容其美，何如？」曰：「也只是恁地。」問「芼」字。曰：「擇也。讀詩，只是將意思想象去看，不如他書字字要捉縛教定。詩意只是疊疊推上去，因一事上有一事，一事上又有一事。如關雎形容后妃之德如此，又當知君子之德如此；又當知詩人形容得意味深長如此，必不是以下底人；又當知所以齊家，所以治國，所以平天下，人君則必當如文王，后妃則必當如大姒，其原如此。」賀孫。

「雎鳩，毛氏以爲『摯而有別』。一家作『猛摯』說，謂雎鳩是鶚之屬。鶚自是沉鷙之物，恐無和樂之意。蓋『摯』與『至』同，言其情意相與深至，而未嘗狎，便見其樂而不淫之意。此是興詩。興，起也，引物以起吾意。如雎鳩是摯而有別之物，荇菜是潔淨和柔之物，引此起興，猶不甚遠。其他亦有全不相類，只借它物而起吾意者，雖皆是興，與關雎又略不同也」。時舉。

「古說關雎爲王雎，摯而有別，居水中，善捕魚。說得來可畏，當是鷹鶻之類，做得勇武氣象，恐后妃不然。某見人說，淮上有一般水禽名王雎，雖兩兩相隨，然相離每遠，此說却與列女傳所引義合。」浩。

「王鳩，嘗見淮上人説，淮上有之，狀如此間之鳩，差小而長，常是雌雄二個不相失。雖然二個不相失，亦不曾相近而立處，須是隔丈來地，所謂『摯而有别』也。『人未嘗見其匹居而乘處』，乘處，謂四個同處也。只是二個相隨，既不失其偶，又未嘗近而相狎，所以爲貴也。」余正甫云：「『宵行』，自是夜光之蟲，夜行於地。『熠耀』，言其光耳，非螢也。芑，今之苦馬。」賀孫。

卷耳

問：「卷耳與前篇葛覃同是賦體，又似略不同。蓋葛覃直叙其所嘗經歷之事，卷耳則是託言也。」曰：「亦安知后妃之不自采卷耳？設使不曾經歷，而自言我之所懷者如此，則亦是賦體也。若螽斯則只是比，蓋借螽斯以比后妃之子孫衆多。『宜爾子孫，振振兮』，却自是説螽斯之子孫，不是説后妃之子孫也。蓋比詩多不説破這意，然亦有説破者。此前數篇，賦、比、興皆已備矣。自此推之，令篇篇各有着落，乃好。」時舉因云：「螽，只是春秋所書之螽。竊疑『斯』字只是語辭，恐不可把『螽斯』爲名。」曰：「詩中固有以『斯』爲語者，如『鹿斯之奔』、『湛湛露斯』之類是也。然七月詩乃云『斯螽動股』，則恐『螽斯』即便是名也。」時舉。

樛木

問：「樛木詩『樂只君子』，作后妃，亦無害否？」曰：「以文義推之，不得不作后妃。若作文王，恐太隔越了。某所著詩傳，蓋皆推尋其脈理，以平易求之，不敢用一豪私意。大抵古人道言語，自是不泥著。」某云：「詩人道言語，皆發乎情，又不比他書。」曰：「然。」可學。

螽斯

「不妬忌，是后妃之一節。關雎所論是全體。」方子。

兔罝

問：「兔罝詩作賦看，得否？」曰：「亦可作賦看。但其辭上下相應，恐當爲興。然亦是興之賦。」可學。

漢廣

問：「文王時，紂在河北，政化只行於江、漢？」曰：「然。西方亦有玁狁。」可學。

「漢廣游女，『求而不可得』。行露之男〔七〕，『不能侵陵正女』。豈當時婦人蒙化，而男子則非？亦是偶有此樣詩説得一邊。」淳。

問：「『漢之廣矣，不可泳思。江之永矣，不可方思。』此是興，何如？」曰：「主意只説『漢有游女，不可求思』兩句。六句是反覆説。如『奕奕寢廟，君子作之。秩秩大猷，聖人莫之。他人有心，予忖度之。躍躍毚兔，遇犬獲之』，上下六句，亦只興出『他人有心』兩句。」賀孫。詩傳今作「興而比」。

汝墳

「君舉詩言汝墳是已被文王之化者，江、漢是聞文王之化而未被其澤者。却有意思。」大雅〔八〕。

麟趾

問〔九〕：「麟趾、騶虞之詩，莫是當時有此二物出來否？」曰：「不是。只是取以爲比，云即此便是麟，便是騶虞。」又問：「詩序説『麟趾之時』，無義理。」曰：「此語有病。」木之。

時舉説〔一〇〕：「『雖衰世之公子〔一一〕，皆信厚如麟趾之時』，似亦不成文理。」曰：「是。」

時舉。

召南　鵲巢

問〔一二〕：「召南之有鵲巢，猶周南之有關雎。關雎言『窈窕淑女』，則是明言后妃之德也。惟鵲巢三章，皆不言夫人之德，如何？」曰：「鳩之爲物，其性專静無比，可借以見夫人之德也。」時舉。

采蘩

問：「采蘋蘩以供祭祀，采枲耳以備酒漿，后妃夫人恐未必親爲之。」曰：「詩人且是如此説。」德明。

器之問：「采蘩何故存兩説？」曰：「如今不見得果是如何，且與兩存。從來説蘩所以生蠶，可以供蠶事。何必底死説道只爲奉祭事，不爲蠶事？」木之。

問〔一三〕：「采蘩詩，若只作祭事説，自是曉然。若作蠶事説，雖與葛覃同類，而恐實非也。葛覃是女功，采蘩是婦職，以爲同類，亦無不可，何必以蠶事而後同耶？」曰：「此説亦姑存之而已。」時舉。

殷其雷

問：「殷其雷，比君子于役之類，莫是寬緩和平，故入正風？」曰：「固然。但正、變風，亦是後人如此分別，當時亦只是大約如此取之。聖人之言，在春秋、易、書無一字虛；至於詩，則發乎情，不同。」可學。

摽有梅

問：「摽有梅何以入於正風？」曰：「此乃當文王與紂之世，方變惡入善，未可全責備。」可學。

問：「摽有梅之詩固出於正，只是如此急迫，何耶？」曰：「此亦是人之情。嘗見晉、宋間有怨父母之詩。讀詩者於此，亦欲達男女〔一四〕之情。」文蔚。

江有汜

器之問江有汜序「勤而無怨」之說。曰：「便是序不可信如此。詩序自是兩三人作。今但信詩，不必信序。只看詩中說『不我以』、『不我過』、『不我與』，便自見得不與同去之意，安得『勤而無怨』之意？」因問器之：「此詩，召南詩。如何公方看周南，便又説召南？讀書且要逐處沉潛，次第理會，不要班班剥剥，指東摘西，都不濟事。若能沉潛專一看得文字，只此便是治心養性之法。」木之。

何彼穠矣

問：「何彼穠矣之詩，何以録於召南？」曰：「也是有些不穩當。但先儒相傳如此説，也只得恁地就他説。如定要分個正經及變詩，也自難考據。如頌中儘多周公説話，而風、雅又未知如何。」賀孫。

「『雖則王姬，亦下嫁於諸侯，車服不繫其夫，下王后一等。』只是一句，其語拙耳。」璘。

騶虞

「騶虞之詩，蓋於田獵之際，見動植之蕃庶，因以贊詠文王平昔仁澤之所及，而非指田獵之事爲仁也。禮曰：『無事而不田曰不敬。』故此詩『彼茁者葭』，仁也；『一發五豝』，義也。」必大。

「仁〔一五〕在一發之前。使庶類蕃殖者，仁也；『一發五豝』者，義也。」人傑。

「『于嗟乎騶虞！』看來只可解做獸名。以『于嗟麟兮』類之，可見。若解做騶虞官，終無甚意思。」僩。

邶　柏舟

問〔一六〕：「『泛彼柏舟，亦泛其流』，注作比義。看來與『關關雎鳩，在河之洲』亦無異，彼何以爲興？」曰：「他下面便説淑女，見得是因彼興此。此詩纔説柏舟，下面更無貼意，見得其義是比。」時舉。

陳器之疑柏舟詩解「日居月諸，胡迭而微」太深。又屢辨賦、比、興之體。曰：「賦、比、興固不可以不辨。然讀詩者須當諷味，看他詩人之意是在甚處。如柏舟，婦人不得於其夫，宜其怨之深矣。而其言曰：『我思古人，實獲我心。』又曰：『静言思之，不能奮飛。』其詞氣忠厚惻怛，怨而不過如此，所謂『止乎禮義』而中喜怒哀樂之節者。所以雖爲變風，而繼二南之後者以此。臣之不得於其君，子之不得於其父，弟之不得於其兄，朋友之不相信，處之皆當以此爲法。如屈原不忍其憤，懷沙赴水，此賢者過之也。賈誼云：『歷九州而相其君兮，何必懷此都也？』則又失之遠矣。讀詩須合如此看。所謂『詩可以興，可以觀，可以群，可以怨』，是詩中一個大義，不可不理會得也。」閎祖。

器之問：「『靜〔一七〕言思之，不能奮飛』，似猶未有和平意？」曰：「也只是如此説，無過當處。既有可怨之事，亦須還他有怨底意思，終不成只如平時，却與土木相似！只看舜之號泣旻天，更有甚於此者。喜怒哀樂，但發之不過其則耳，亦豈可無？聖賢處憂患，只要不失其正。如緑衣言『我思古人，實獲我心』，這般意思却又分外好。」木之。

緑衣

或問緑衣卒章「我思古人，實獲我心」二句。曰：「言古人所爲，恰與我合，只此便是至善。前乎千百世之已往，後乎千百世之未來，只是此個道理。孟子所謂『得志行乎中國，若合符節』，政謂是爾。」胡泳〔一八〕。

燕燕

或問：「燕燕卒章，戴嬀不以莊公之已死，而勉莊姜以思之，可見温和惠順而能終也。亦緣他之心塞實淵深，所稟之厚，故能如此。」曰：「不知古人文字之美，詞氣温和，義理精密如此！秦、漢以後，無此等語。某讀詩，於此數句；讀書，至『先王肇修人紀，從諫弗咈，先民時若。居上克明，爲下克忠，與人不求備，檢身若不及。以至于有萬邦，茲惟艱哉！』

深誦歎之。」胡泳。

時舉説：「燕燕詩前三章，但見莊姜拳拳於戴嬀，有不能已者。及四章，乃見莊姜於戴嬀非是情愛之私，由其有塞淵温惠之德，能自淑謹其身，又能以先君之思而勉己以不忘，則見戴嬀平日於莊姜相勸勉以善者多矣。故於其歸而愛之若此，無非情性之正也。」先生頷之。時舉。

日月　終風

又説：「日月、終風二篇，據集注云，當在燕燕之前。以某觀之，終風當在先，日月當次之，燕燕是莊公死後之詩，當居最後。蓋詳終風之辭，莊公於莊姜猶有往來之時，但不暴則狎，莊姜不能堪耳。至日月，則見莊公已絶不顧莊姜，而莊姜不免微怨矣。以此觀之，則終風當先，而日月當次。」曰：「恐或如此。」時舉。

式微

器之問：「式微詩以爲勸耶？戒耶？」曰：「亦不必如此看，只是隨它當時所作之意如此，便與存在，也可以見得有羈旅狼狽之君如此，而方伯連帥無救恤之意。今人多被『止乎禮義』一句泥了，只管去曲説。且要平心看詩人之意。如北門，只是説官卑禄薄，無可如何。又如摽有梅，女子自言婚姻之意如此。看來自非正理，但人情亦自有如此者，不可不知。向見伯恭麗澤詩，有唐人女言兄嫂不以嫁之詩，亦自鄙俚可惡。後來思之，亦自是見得人之情處。爲父母者，能於是而察之，則必使之及時矣，此所謂『詩可以觀』。」子升問：「麗澤詩編得如何？」曰：「大綱亦好，但自據他之意揀擇。大率多喜深巧有意者，若平淡底詩，則多不取。」問：「此亦有接續三百篇之意否？」曰：「不知。他亦須有此意。」木之。

簡兮

問：「簡兮詩，張子謂『其迹如此，而其中固有以過人者』。夫能卷而懷之，是固可以爲賢。然以聖賢出處律之，恐未可以爲盡善？」曰：「古之伶官，亦非甚賤，其所執者，猶是先王之正樂。故獻工之禮，亦與之交酢。但賢者而爲此，則自不得志耳。」時舉。

泉水

問：「『駕言出遊，以寫我憂』，注云：『安得出遊於彼，而寫其憂哉？』恐只是因思歸不得，故欲出遊於國，以寫其憂否？」曰：「夫人之遊，亦不可輕出，只是思遊於彼地耳。」時舉。

北門

問：「北門詩，只作賦說，如何？」曰：「當作賦而比。當時必因出北門而後作此詩，亦有比意思。」可學。

問〔一九〕：「『莫赤匪狐，莫黑匪烏』，狐與烏，不知詩人以比何物？」曰：「不但指一物而言。當國將危亂時，凡所見者無非不好底景象也。」時舉。

靜女

問：「靜女，注以爲淫奔期會之詩，以靜爲閒雅之意。不知淫奔之人方相與狎溺，又何取乎閒雅？」曰：「淫奔之人不知其爲可醜，但見其爲可愛耳。以女而俟人於城隅，安得謂之閒雅？而此曰『靜女』者，猶日月詩所謂『德音無良』也。無良，則不足以爲德音矣，而此曰『德音』，亦愛之之辭也。」時舉。

二子乘舟

問：「二子乘舟，注取太史公語，謂二子與申生不明驪姬之過同。其意似取之，未知如何？」曰：「太史公之言有所抑揚，謂三人皆惡傷父之志，而終於死之，其情則可取。雖於理爲未當，然視夫父子相殺，兄弟相戮者，則太相遠矣。」時舉。

因說：「宣姜生衛文公、宋桓夫人、許穆夫人、衛伋、壽。以此觀之，則人生自有秉彝，不係氣類。」燾。

干旄

問文蔚：「『彼姝者子』，指誰而言？」文蔚曰：「集傳言大夫乘此車馬，以見賢者。賢者言：『車中之人，德美如此，我將何以告之？』」曰：「此依舊是用小序說。」「此只是傍人見此人有好善之誠。」曰：「『彼姝者子，何以告之？』蓋指賢者而言也。如此說，方不費力。今若如集傳說，是說斷了再起，覺得費力。」文蔚。

淇澳〔二〇〕

文蔚曰：「淇澳一篇，衛武公進德成德之序，始終可見。一章言切磋琢磨，則學問自脩之功精密如此。二章言威儀服飾之盛，有諸中而形諸外者也。三章言如金錫圭璧，則鍛煉已精，温純深粹，而德器成矣。前二章皆有『瑟、僩、赫、咺』之詞，三章但言『寬、綽、戲、謔』而已。

於此可見不事矜持，而周旋自然中禮之意。」曰：「説得甚善。衛武公學問之功甚不苟，年九十五歲，猶命群臣使進規諫。至如抑詩是他自警之詩，後人不知，遂以爲戒厲王。畢竟周之鄉士去聖人近，氣象自是不同。且如劉康公謂『民受天地之中以生』，便説得這般言語出。」文蔚。

君子陽陽

「『君子陽陽』，先生不作淫亂説，何如？」曰：「有個『君子于役』，如何别將這個做一樣説？『由房』，只是人出入處。古人屋，於房處前有壁，後無壁，所以通内。所謂『焉得諼草，言樹之背』，蓋房之北也。」賀孫。

狡童兼論鄭詩。

「鄭、衛皆淫奔之詩，風雨、狡童皆是。又豈是思君子，刺忽？忽愚，何以爲狡？」振。

「經書都被人説壞了，前後相仍不覺。且如狡童詩是序之妄。安得當時人民敢指其君爲『狡童』？況忽之所爲，可謂之愚，何狡之有？當是男女相怨之詩。」浩。

問：「『狡童，刺忽也。』古注謂詩人以『狡童』指忽而言。前輩嘗舉春秋書忽之法，且引碩鼠以況其義。先生詩解取程子之言，謂作詩未必皆聖賢，則其言豈免小疵？孔子删詩而不去之者，特取其可以爲後戒耳。琮謂鄭之詩人果若指斥其君，目以『狡童』，其疵大矣，孔子自應删去。」曰：「如何見得？」曰：「似不曾以『狡童』指忽。且今所謂『彼』者，它人之義也；所謂『子』者，爾之義也。他與爾似非共指一人而言。今詩人以『維子之故，使我不能餐兮』，爲憂忽之辭，則『彼狡童兮』，自應别有所指矣。」曰：「却是指誰？」曰：「必是當時擅命之臣。」曰：「『不與我言兮』，却是如何？」曰：「如祭仲賣國受盟之事，國人何嘗與知？琮因是以求碩鼠之義，烏知必指其君，而非指其任事之臣哉？」曰：「如此解經，盡是詩序誤人。鄭忽如何做得狡童？若是狡童，自會託婚大國，而借其助矣。謂之頑童可也。許多鄭風，只是孔子一言斷了，曰『鄭聲淫』。如將仲子，自是男女相與之辭，却干祭仲、共叔段甚事？如褰裳，自是男女相咎之辭，却干忽與突爭國甚事？但以意推看狡童，便見所指是何人矣。不特鄭風，詩序大率皆然。」問：「每篇詩名下一句恐不可無，自一句而下却似無用。」曰：「蘇氏有此說。且如卷耳，如何是后妃之志？南山有臺，如何是樂得賢？甚至漢廣之詩，寧是『文王之道』？以下至『求而不可得也』，尚自不妨；却如『德廣所及也』一句，成甚說話？」又問：「大序如何？」曰：「其間亦自有鑿說處，如言『國史明乎得失之迹』。按周禮史官如大史、小史、内史、外史，其職不過掌書，無掌詩者。不知『明得失之迹』却干國史甚事？」曰：「舊聞先生不取詩序之說，未能領受。今聽一言之下，遂活却一部毛詩！」琮。

江疇問：「『狡童，刺忽也。』言其疾之太重。」曰：「若以當時之暴斂於民觀之，爲言亦不爲重。蓋民之於君，聚則爲君臣，散則爲仇讎。如孟子所謂『君之視臣如草芥，則臣視君如寇讎』是也。然詩人之意，本不如此，何曾言『狡童』是刺忽？而序詩者妄意言之，致得人如此說。聖人言『鄭聲淫』者，蓋鄭人之詩，多是言當時風俗，男女淫奔，故有此等語。狡童，想說當時之人，非刺其君也。」又曰：「詩辭多是出於當時鄉談鄙俚之語，雜而爲之。如鴟鴞云『拮据』、『捋荼』之語，皆此類也。」又曰：「此言乃周公爲之。周公，不知其人如何，然其言皆聱牙難考。如書中周公之言便難讀，如立政、君奭之篇是也。最好者惟無逸一書，中間用字亦有『譸張爲幻』之語。至若周官、蔡仲等篇，却是官樣文字，必出於當時有司潤色之文，非純周公語也。」又曰：「古人作詩，多有用意不相連續。如『嘒彼小星，三五在東』，釋者皆云『小星』者，是在天至小之星也；『三五在東』者，是五緯之星應在於東也。其言全不相貫。」卓。

問：「碩鼠、狡童之刺其君，不已甚乎？」曰：「碩鼠刺君重斂，蓋暴取虐民，民怨之極，則將視君如寇讎，故發爲怨上之辭至此。若狡童詩，本非是刺忽。纔做刺忽，便費得無限杜撰説話。鄭忽之罪，不至已甚。往往如宋襄這般人，大言無當，有甚狡處。狡童刺忽，全不近傍些子，若鄭突却是狡。詩意本不如此。聖人云『鄭聲淫』，蓋周衰，惟鄭國最爲淫俗，故諸詩多是此事。東萊將鄭忽深文詆斥得可畏。」賀孫。

曹云〔二〕：「陳先生以此詩不是刺忽，但詩人說他人之言。如『彼狡童兮，不與我言兮。微子之故，使我不能餐兮』，言狡童不與我言，則已之。」曰：「又去裏面添一個『休』字也。這只是衛人當時淫奔，故其言鄙俚如此，非是爲君言也。」卓。

鷄鳴

問：「雞鳴詩序却似不妨，詩中却要理會。其曰『雞既鳴矣，朝既盈矣。匪雞則鳴，蒼蠅之聲』，舊注謂夫人以蠅聲爲雞聲，所以警戒其君使夙起耳。先生詩解亦取此說。然以琮觀之，賢妃貞女所侍以感君聽者，言有誠實而已。今雞本未鳴，乃借蠅聲以紿之，一夕偶然，其君尚以爲非信，它夕其復敢言乎？」「是。」曰：「莫是要作推托不肯起之意在否？鄙見政謂是酬答之辭。」曰：「如此說，亦可。」琮。

著

問：「著是刺何人？」曰：「不知所刺，但覺是親迎底詩。古者五等之爵，朝、祭祀似皆以充耳，亦不知是說何人親迎。所說『尚之以青、黄、素、瓊、瑶、瑛』，大抵只是壓韻。如衛詩説『良馬六』，此是天子禮，衛安得而有之？看來只是壓韻。不知古人充耳以瑱，或用玉，或用象，不知是塞於耳中，爲復是塞在耳外？看來恐只是以綿穿垂在當耳處。」子蒙。

園有桃

「園有桃，似比詩。」升卿。

蟋蟀

問：「如蟋蟀之序，全然鑿説，固不在言。然詩作於晉，而風係於唐，却須有説。」曰：「本是唐，及居晉水，方改號晉。」琮曰：「莫是周之班籍只有唐而無晉否？」曰：「文侯之命，書序固稱『晉』矣。」曰：「書序想是紀事之詞。若如春秋書『晉』之法，乃在曲沃既命之後，豈亦係詩之意乎？」曰：「恁地説忒緊，恰似舉子做時文去。」琮。

「蟋蟀自做起底詩，山有樞自做到底詩，皆人所自作。」升卿。

豳　七月

問：「豳詩本風，而周禮籥章氏祈年於田祖，則吹豳雅；蜡祭息老物，則吹豳頌。不知就豳詩觀之，其孰爲雅？孰爲頌？」曰：「先儒因此説，而謂風中自有雅，自有頌，雖程子亦謂然，似都壞了詩之六義。然有三説：一説謂豳之詩，吹之，其調可以爲風，可爲雅，可爲頌。一説謂楚茨、大田、甫田是豳之雅，噫嘻、載芟、豐年諸篇是豳之頌，謂其言田之事如七月也。如王介甫則謂豳之詩自有雅、頌，今皆亡矣。數説皆通，恐其或然，未敢必也。」道夫。

問：「古者改正朔，如以建子月爲首，則謂之正月？抑只謂之十一月？」曰：「此亦不可考。如詩之月數，即今之月。孟子『七八月之間旱』，乃今之五六月；『十一月徒杠成，十二月輿梁成』，乃今之九十月。國語夏令曰『九月成杠，十月成梁』，即孟子之十一月、十二月。若以爲改月，則與孟子、春秋相合，而與詩、書不相合。若以爲不改月，則與詩、書相合，而與孟子、春秋不相合。如秦元年以十月爲首，末又有正月，又似不改月。」義剛〔一二〕。

問：「東萊曰：『十月而曰「改歲」，三正之通，于民俗尚矣，周特舉而迭用之耳。』據詩，如『七月流火』之類，是用夏正；『一之日觱發』之類，是周正；即不見其用商正。而吕氏以爲『舉而迭用之』，何也？」曰：「周歷夏、商，其未有天下之時，固用夏、商之正朔。然其國僻遠，無純臣之義，又自有私紀其時月者，故三正皆曾用之也。」時舉。「無純臣」語，恐記誤。

問：「『躋彼公堂，稱彼兕觥』，民何以得升君之堂？」曰：「周初國小，君民相親，其禮樂法制未必盡備。而民事之艱難，君則盡得以知之。成王時，禮樂備，法制立，然但知爲君之尊，而未必知爲國之初此等意思。故周公特作此詩，使之因是以知民事也。」時舉。

鴟鴞

因〔一三〕論鴟鴞詩，問：「周公使管叔監殷，豈非以愛兄之心勝，故不敢疑之耶？」曰：「若説不敢疑，則已是有可疑者矣。蓋周公以管叔是吾之兄，事同一體，今既克商，使之監殷，又何疑焉？非是不敢疑，乃是即無可疑之事也。不知他自差異，造出一件事，周公爲之奈何哉！」叔重因云：「孟子所謂『周公之過，不亦宜乎』者，正謂此也。」曰：「然。」時舉。

或問：「『既取我子，無毀我室』，解者以爲武庚既殺我管、蔡，不可復亂我王室，不知是如此否？畢竟當初是管、蔡挾武庚爲亂。武庚是紂子，豈有父爲人所殺，而其子安然視之不報讎者？」曰：「詩人之言，只得如此，不成歸怨管、蔡！周公愛兄，只得如此説，自是人情是如此。不知當初何故忽然使管、蔡去監他，做出一場大疏脱？合天下之力以誅紂了，却使出屋裏人自做出這一場大疏脱。這是周公之過，無可疑者。然當初周公使管、蔡者，想見那時好在〔一四〕，必不疑他。後來有這樣事，管、蔡必是被武庚與商之頑民每日將酒去灌啗它，乘醉以語言離間之曰：『你是兄，却出來在此；周公是弟，反執大權以臨天下。』

管、蔡𢧐，想被這幾個唆動了，所以流言說：『公將不利於孺子！』這都是武庚與商之頑民教他，使得管、蔡如此。後來周公所以做酒誥，丁寧如此，必是當日因酒做出許多事。其中間想煞有說話，而今書傳只載得大概，其中更有幾多機變曲折在。」僩。

東山

問：「東山詩序，前後都是，只中間插『大夫美之』一句，便知不是周公作矣。」曰：「小序非出一手，是後人旋旋添續，往往失了前人本意，如此類者多矣。」時舉。

「詩曲盡人情。方其盛時，則作之於上，東山是也；及其衰世，則作之於下，伯兮是也。」燾。

破斧

「破斧詩，看聖人這般心下，詩人直是形容得出！這是答東山之詩。古人做事，苟利國家，雖殺身爲之而不辭。如今人個個計較利害，看你四國如何不安也得，不寧也得，只是護了我斨、我斧，莫得闕壞了。此詩說出極分明。毛注却云四國是管、蔡、商、奄。詩裏多少處說『四國』，如『正是四國』之類，猶言四海。他却不照這例，自恁地說。」賀孫。

「破斧詩，須看那『周公東征，四國是皇』，見得周公用心始得。這個却是個好話頭。」義剛。

問〔二五〕：「破斧詩傳何以謂『被堅執鋭，皆聖人之徒』？」曰：「不是聖人之徒，便是盜賊之徒。此語大概是如此，不必恁粘皮帶骨看，不成説聖人之徒便是聖人。且如『孳孳爲善』是舜之徒，然『孳孳爲善』亦有多少淺深。」淳。義剛録詳，别出。

安鄉問：「破斧詩傳云：『被堅執鋭，皆聖人之徒。』似未可謂聖人之徒。」曰：「不是聖人之徒時，便是賊徒。公多年不相見，意此來必有大題目可商量，今却恁地，如何做得工夫恁地細碎！」安鄉因呈問目。先生曰：「程子言：『有讀了後全然無事者，有得一二句喜者。』到這一二句喜處，便是入頭處。如此讀將去，將久自解踏着他關捩了，倏然悟時，聖賢格言自是句句好。須知道那一句有契於心，着實理會得那一句透。如此推來推去，方解有得。今只恁地包罩説道好。如喫物事相似，事事道好，若問那般較好，其好是如何，却又不知。如此濟得甚事？」因云：「如破斧詩，却是一個好話頭，而今却只去理會那『聖人之徒』，便是不曉。」義剛。

先生謂淳曰：「公當初説破斧詩，某不合截得緊了，不知更有甚疑？」曰〔二六〕：「當初只是疑『被堅執鋭』是粗人，如何謂之『聖人之徒』？」曰：「有粗底聖人之徒，亦有讀書識文理底盜賊之徒。」淳〔二七〕。

「破斧詩最是個好題目，大有好理會處，安鄉適來只説那一句没緊要底。」淳曰：「此詩見得周公之心，分明天地正大之情，只被那一句礙了。」曰：「只泥那一句，便是未見得他意味。」淳。

九罭

「寬厚温柔，詩教也。若如今人説九罭之詩，乃責其君之辭，何處討寬厚温柔之意！」賀孫。

「九罭詩分明是東人願其東，故致願留之意。公歸豈無所？於汝但暫寓信宿耳。公歸將不復來，於汝但暫寓信處耳。『是以有衮衣兮』，『是以』兩字如今都不説。蓋本謂緣公暫至於此，是以此間有被衮衣之人。『無以我公歸兮，無使我心悲兮！』其爲東人願留之詩，豈不甚明白？止緣序有『刺朝廷不知』之句，故後之説詩者，悉委曲附會之，費多少辭語，到底鶻突！某嘗謂死後千百年須有人知此意。自看來，直是盡得聖人之心。」賀孫。

「『鴻飛遵渚，公歸無所』；『鴻飛遵陸，公歸不復』。『飛』、『歸』叶，是句腰亦用韻。詩中亦有此體。」方子。

狼跋

「『狼跋其胡，載疐其尾』，此興是反説，亦有些意義，略似程子之説。但程子説得深，如云狼性貪之類。『公孫碩膚』，如言『幸虜營』及『北狩』之意。言公之被毁，非四國之流言，乃公自遜此大美爾，此古人善於辭命處。」必大。

問：「『公孫碩膚』，注以爲此乃詩人之意，言『此非四國之所爲，乃公自讓其大美而不居耳。蓋不使讒邪之口，得以加乎公之忠聖。此可見其愛公之深，敬公之至』，云云。看來詩人此意，也回互委曲，却太傷巧得來不好。」曰：「自是作詩之體當如此，詩人只得如此説。如春秋『公孫于齊』，不成説昭公出奔。聖人也只得如此書，自是體當如此。」僩。

問：「『公孫碩膚』，集傳之説如何？」曰：「魯昭公明是爲季氏所逐，春秋却書云『公孫于齊』，如其自出云耳，是此意。」必大。

二雅

「小雅〔二八〕恐是燕禮用之，大雅須饗禮方用。小雅施之君臣之間，大雅則止人君可歌。」

必大〔二九〕。

「大雅氣象宏闊。小雅雖各指一事，説得精切至到。嘗見古人工歌宵雅之三，將作重事。近嘗令孫子誦之，則見其詩果是懇至。如鹿鳴之詩，見得賓主之間相好之誠，如『德音孔昭』，『以燕樂嘉賓之心』，情意懇切，而不失義理之正。四牡之詩，古注云：『無公義，非忠臣也；無私情，非孝子也。』此語甚切當。如既云『王事靡盬』，又云『不遑將母』，皆是人情少不得底，説得懇切。如皇皇者華，即首云『每懷靡及』，其後便須『諮詢』、『諮謀』。看此詩，不用小序，意義自然明白。」㽦。

鹿鳴諸篇

問〔三〇〕：「鹿鳴、四牡、皇皇者華三詩，儀禮皆以爲上下通用之樂。不知如君勞使臣，謂『王事靡盬』之類，庶人安得而用之？」曰：「鄉飲酒亦用。而『大學始教，宵雅肄三，官其始也』，正謂習此。蓋入學之始，須教他便知有君臣之義，始得。」又曰：「上下常用之樂，小雅如鹿鳴以下三篇，及南有嘉魚、魚麗、南山有臺三篇；風則是關雎、卷耳、采蘩、采蘋等篇，皆是。然不知當初何故獨取此數篇也。」時舉。

常棣

「『雖有兄弟，不如友生〔三二〕』，未必其人實以兄弟爲不如友生也。猶言喪亂既平之後，乃謂反不如友生乎？蓋疑而問之辭也。」時舉。

蘇宜又問：「常棣詩，一章言兄弟之大略，二章言其死亡相收，三章言其患難相救，四章言不幸而兄弟有鬩，猶能外禦其務，一節輕一節，而其所以著夫兄弟之義者愈重。到得喪亂既平，便謂兄弟不如友生，其『於所厚者薄』如此，則亦不足道也。六章、七章，就他逸樂時良心發處指出，謂酒食備而兄弟有不具，則無以共其樂；妻子合而兄弟有不翕，則無以久其樂。蓋居患難，則人情不期而相親，故天理常易復；處逸樂，則多爲物欲所轉移，故天理常隱而難尋。所以詩之卒章有『是究是圖，亶其然乎』之句。反復玩味，真能使人孝友之心油然而生也。」曰：「所謂『生於憂患，死於安樂』。那二章，正是遏人欲而存天理，須是恁地看。」胡泳。

「聖人之言，自是精粗輕重得宜。呂伯恭常棣詩章說：『聖人之言，大小高下皆宜，而左右前後不相悖。』此句説得極好。」銖。

伐木

問：「伐木，大意皆自言待朋友不可不加厚之意，所以感發之也？」曰：「然。」又問：「『釃酒』，云『縮酌用茅』，是此意否？恐茅乃以酮。」曰：「某亦嘗疑今人用茅縮酒，古人芻狗乃酮酒之物。則茅之縮酒，乃今以醡酒也。想古人不肯用絹帛，故以茅縮酒也。」榦。

問「神之聽之，終和且平」。曰：「若能盡其道於朋友，雖鬼神亦必聽之相之，而錫之以和平之福。」燾。

天保

「『何福不除』，義如『除戎器』之『除』。」必大。

問：「『如松柏之茂，無不爾或承』，承是繼承相接續之謂，如何？」曰：「松柏非是葉不凋，但舊葉凋時新葉已生。木犀亦然。」燾。

問：「天保上三章，天以福錫人君；四章乃言其先君先王亦錫爾以福；五章言民亦『遍爲爾德』，則福莫大於此矣。故卒章畢言之。」曰：「然。」榦。

時舉說：「第一章至第三章，皆人臣頌祝其君之言。然辭繁而不殺者，以其愛君之心無已也。至四章則以祭祀先公爲言；五章則以『遍爲爾德』爲言。蓋謂人君之德必上無愧於祖考，下無愧於斯民，然後福禄愈遠而愈新也。故末章終之以『無不爾或承』。」先生頷之。叔重因云：「蓼蕭詩云『令德壽豈』，亦是此意。蓋人君必有此德，而後可以稱是福也。」曰：「然。」時舉。

采薇

又説〔三〕：「采薇首章，略言征夫之出，蓋以玁狁不可不征，故捨其室家而不遑寧處；二章則既出而不能不念其家；三章則竭力致死而無還心，不復念其家矣；四章五章則惟勉於王事，而欲成其戰伐之功也；卒章則言其事成之後，極陳其勞苦憂傷之情而念之也。其序恐如此。」曰：「雅者，正也，乃王公大人所作之詩，皆有次序，而文意不苟，極可玩味。風則或出於婦人小子之口，故但可觀其大略耳。」時舉。

出車

問：「先生詩傳舊取此詩與關雎詩，論『非天下之至靜，不足以配天下之至健』處，今皆削之，豈亦以其太精巧耶？」曰：「正爲後來看得如此，故削去。」曰：「關雎詩今引匡衡説甚好。」曰：「吕氏亦引，但不如此詳。便見古人看文字，亦寬博如此。」銖。

子善問：「詩『畏此簡書』。簡書，有二説〔三三〕：一説，簡書，戒命也；鄰國有急，則以簡書相戒命。一説，策命臨遣之詞。」曰：「後説爲長，當以後説載前。前説只據左氏『簡書，同惡相恤之謂』。然此是天子戒命，不得謂之鄰國也。」又問：「『胡不旆旆』，東萊以爲初出軍時，旌旗未展，爲卷而建之，引左氏「建而不旆」。故曰此旗何不旆旆而飛揚乎？蓋以命下之初，我方憂心悄悄，而僕夫憔悴，亦若人意之不舒也。」曰：「此説雖精巧，然『胡不旆』一句，語勢似不如此。『胡不』，猶言『遐不作人』，言豈不旆旆乎！但我自『憂心悄悄』，而僕夫又況瘁耳。如此却自平正。伯恭説詩太巧〔三四〕，詩正怕如此看。古人意思自寬平，何嘗如此纖細拘迫！」銖。

魚麗

「『文、武以天保以上治内，采薇以下治外；始於憂勤，終於逸樂。』這四句儘説得好。」道夫。

南有嘉魚

子善〔三五〕問南有嘉魚詩中「汕汕」字。曰：「是以木葉捕魚，今所謂『魚花園』是也。」問「枸」。曰：「是機枸子，建陽謂之『皆拱子』，俗謂之『癩漢指頭』，味甘而解酒毒。有人家酒房一柱是此木，而醞酒不成。左右前後有此，則亦醞酒不成。」節。

蓼蕭

時舉説蓼蕭、湛露二詩。曰：「文義也只如此。却更須要諷詠，實見他至誠和樂之意，乃好。」時舉。

六月

「六月詩『既成我服』，不失機。『于三十里』。」常度。律。方。

采芑

時舉説采芑詩。曰：「宣王南征蠻荆，想不甚費力，不曾大段戰鬭，故只極稱其軍容之盛而已。」時舉。

車攻

時舉説車攻、吉日二詩。先生曰：「好田獵之事，古人亦多刺之。然宣王之田，乃是因此見得其車馬之盛，紀律之嚴，所以爲中興之勢者在此。其所謂田，異乎尋常之田矣。」時舉。

庭燎

時舉說〔三六〕「庭燎有煇」。曰：「煇，火氣也，天欲明而見其煙光相雜。此是吳材老之說，說此一字極有功也。」時舉。

斯干

楊問：「橫渠說斯干『兄弟宜相好，不要相學』，指何事而言？」曰：「不要相學不好處。且如兄去友弟，弟却不能恭其兄；兄豈可學弟之不恭，而遂亦不友？爲兄者但當盡其友可也。爲弟能恭其兄，兄乃不友其弟；爲弟者豈可亦學兄之不友，而遂忘其恭？爲弟者但當知其盡恭而已。如寇萊公撻倒用印事，王文正公謂他底既不是，則不可學他不是，亦是此意。然詩之本意，『猶』字作相圖謀說。」寓〔三七〕。

「『載弄之瓦〔三八〕』，瓦，紡磚也，紡時所用之物。舊見人畫列女傳，漆室乃手執一物，如今銀子樣。意其爲紡磚也，然未可必。」時舉。

節南山

「自〔三九〕古小人，其初只是它自竊國柄，少間又自不奈何，引得別人來，一齊不好了。如尹氏太師，只是它一個不好；少間到那『瑣瑣姻婭』處，是幾個人不好了。」義剛。

「『秉〔四〇〕國之均』，均，本當從『金』，所謂如泥之在鈞者，不知鈞是何物。」時舉曰：「恐只是爲瓦器者，所謂『車盤』是也。蓋運得愈急，則其成器愈快，恐此即是鈞。」曰：「『秉國之鈞』，只是此義。今集傳訓『平』者，此物亦惟平乃能運也。」時舉。

小弁

問〔四一〕：「小弁詩，古今説者皆以爲此詩之意，與舜怨慕之意同。竊以爲只『我罪伊何』一句，與舜『於我何哉』之意同。至後面『君子秉心，維其忍之』，與『君子不惠，不舒究之』，分明是怨其親，却與舜怨慕之意似不同。」曰：「作小弁者自是未到得舜地位，蓋亦常人之情耳。只『我罪伊何』上面説『何辜于天』，亦一似自以爲無罪相似，未可與舜同日而語也。」問：「『莫高匪山，莫浚匪泉。君子無易由言，耳屬于垣。』集傳作賦體，是以上兩句興下兩句耶？」曰：「此只是賦。蓋以爲莫高如山，莫浚如泉。而君子亦不可易其言，亦恐有人聞之也。」又曰：「看小雅雖未畢，且併看大雅。小雅後數篇大概相似，只消兼看。」因言：「詩人所見極大，如巧言詩『奕奕寢廟，君子作之。秩秩大猷，聖人莫之。他人有心，予忖度之。躍躍毚兔，遇犬獲之。』此一章本意，只是惡巧言讒譖之人，却以『奕奕寢廟』與『秩秩大猷』起興。蓋以其大者興其小者，便見其所見極大，形於言者，無非理義之極致也。」時舉云：「此亦是先王之澤未泯，禮義根於其心，故其形於言者，自無非義理。」先生頷之。時舉。

大東

「有饛簋飧，有捄棘匕」，詩傳云「興也」。問：「似此等例，却全無義理。」曰：「興有二義，有一樣全無義理。」炎。

「『東有啓明，西有長庚』，庚，續也。啓明金星，長庚水星。金在日西，故日將出則東見；水在日東，故日將没則西見〔四二〕。」泳。

楚茨

「楚茨一詩，精深宏博，如何做得變雅！」方子。

問〔四三〕：「『神保是饗』，詩傳謂神保是鬼神之嘉號，引楚詞語『思靈保兮賢姱』。但詩中既説『先祖是皇』，又説『神保是饗』，似語意重複，如何？」曰：「近見洪慶善説，靈保是巫。今詩中不説巫，當便是尸。却是向來解錯了此兩字。」文蔚。

甫田〔四四〕

子善問甫田詩「志大心勞」。曰：「小序説『志大心勞』，已是説他不好。人若能循序而進，求之以道，則志不爲徒大，心亦何勞之有！人之所期，固不可不遠大。然下手做時，也須一步斂一步，着實做始得。若徒然心務高遠，而不下着實之功，亦何益哉！」銖。

「『驕驕』，張王之意，猶曰暢茂桀敖耳。『桀桀』與『驕驕』之義同，今田畝間莠最硬搶。」必大。

瞻彼洛矣

問〔四五〕：「瞻彼洛矣，洛水或云兩處。」曰：「只是這一洛，有統言之，有説小地名。東、西京共千里，東京六百里，西京四百里。」賀孫〔四六〕。

車舝

問列女傳引詩「辰彼碩女」作「展彼碩女」。先生以爲然，且云：「向來煞尋得。」方子。

賓之初筵

問〔四七〕：「『韎韐有奭』，韎韐，毛、鄭以爲祭服，王氏以爲戎服。」曰：「只是戎服。左傳云『有韎韋之跗注』，是也。」又曰：「詩多有酬酢應答之篇。瞻彼洛矣，是臣歸美其君，君子指君也。當時朝會於洛水之上，而臣祝其君如此。裳裳者華，又是君報其臣，桑扈、鴛鴦皆然。」賀孫〔四八〕。

或問：「賓之初筵詩是自作否？」曰：「有時亦是因飲酒之後作此自戒，也未可知。」卓。

漸漸之石

「周家初興時，『周原膴膴，堇荼如飴』，苦底物事亦甜。及其衰也，『牂羊墳首，三星在罶。人可以食，鮮可以飽』，直恁地蕭索。」文蔚。

大雅　文王

「大雅非聖賢不能爲，其間平易明白，正大光明。」僴。

問：「周受命如何？」曰：「命如何受於天？只是人與天同。然觀周自后稷以來，積仁累義，到此時人心奔赴，自有不可已。」又問：「大王翦商，左氏云『大伯不從，是以不嗣』，莫是此意？」曰：「此事難明。但大王居於夷狄之邦，强大已久，商之政令，亦未必行於周。大要天下公器，所謂『有德者易以興，無德者易以亡』。使紂無道，大王取之何害？今必言大王不取，則是武王爲亂臣賊子。若文王之事，則分明是盛德過人處。孔子於泰伯亦云『至德』。」可學。

「文王詩，直説出道理。」振。

「『帝命文王』，豈天諄諄然命之耶？只文王要恁地，便是理合如此，便是帝命之也。」礪。

問：「先生解『文王陟降，在帝左右』，文王既没，精神上與天合。看來聖人稟得清明純粹之氣，其生也既有以異於人，則其散也，其死與天爲一；則其聚也，其精神上與天合。一陟一降，在帝左右。此又别是一理，與衆人不同。」曰：「理是如此。若道真有個文王上上下下，則不可。若道詩人只胡亂恁地説，也不可。」子蒙。

「『在帝左右』，察天理而左右也。古注亦如此。左氏傳『天子所右，寡君亦右之；所左，亦左之』之意。」人傑。

馬節之問「無遏爾躬」。曰：「無自遏絶於爾躬，如家自毁，國自伐。」蓋卿。

緜

「『虞芮質厥成，文王蹶厥生』，蹶，動也；生，是興起之意。當時一日之間，虞、芮質成，而來歸者四十餘國，其勢張盛，一時見之，如忽然跳起。」又曰：「粗説時，如今人言軍勢益張。」義剛。

「舊嘗見横渠詩傳中説，周至大王辟國已甚大，其所據有之地，皆是中國與夷狄夾界所空不耕之地，今亦不復見此書矣。意者周之興，與元魏相似。初自極北起來，漸漸强大，到得後來中原無主，遂被他取了。」廣。

棫樸

問：「棫樸何以見文王之能官人？」曰：「小序不可信，類如此。此篇與前後數詩，同爲稱揚之辭。作序者爲見棫樸近個人材底意思，故云『能官人』也。行葦序，尤可笑。第一章只是起興，何與仁及草木？『以祈黄耇』，是願頌之詞，如今人舉酒稱壽底言語。只見有『祈』字，便説是『乞言』。」㽦。

「棫樸序只下『能官人』三字，便晦了一篇之意。楚茨等十來篇，皆是好詩，如何見得是傷今思古？只被亂在變雅中，便被後人如此想像。如東坡説某處豬肉，衆客稱美之意。」㽦。

「倬彼雲漢，爲章于天。周王壽考，遐不作人？」先生以爲無甚義理之興。或解云云。先生曰：「解書之法，只是不要添字。『追琢其章』者，以『金玉其相』故也；『勉勉我王』者，以『綱紀四方』故也。『瑟彼玉瓚，黄流在中。豈弟君子，福禄攸降。』此是比得齊整好者也。」璘。

「詩無許多事。大雅精密。『遐』是『何』字。」以類推得之。又曰：「解詩，多是推類得之。」方。

「『遐不作人』，古注並諸家皆作『遠』字，甚無道理。禮記注訓『胡』字，甚好。」人傑。去僞録注云：「道隨事著也。」

皇矣

「周人詠文王伐崇、伐密事，皆以『帝謂文王』言之，若曰此蓋天意云爾。文王既戡黎，又伐崇、伐密。已做得事勢如此，只是尚不肯伐紂，故曰『至德』。」必大。

時舉説皇矣詩。先生謂：「此詩稱文王德處，是從『無然畔援，無然歆羡』上説起，後面却説『不識不知，順帝之則』。見得文王先有這個工夫，此心無一豪之私，故見於伐崇、伐密，皆是道理合着恁地。初非聖人之私怒也。」問：「『無然畔援，無然歆羡』，竊恐是説文王生知之資，得於天之所命，自然無畔援歆羨之意。後面『不識不知，順帝之則』，乃是文王做工夫處。」曰：「然。」時舉。

下武

「『昭茲來許』，漢碑作『昭哉』。洪氏隸釋『茲』、『哉』叶韻。柏梁臺詩末句韻亦同。」方子。

文王有聲

問：「鎬至豐邑止二十五里，武王何故自豐遷鎬？」曰：「此只以後來事推之可見。秦始皇營朝宮渭南，史以爲咸陽人多，先王之宮庭小，故作之。想得遷鎬之意，亦是如此。周得天下，諸侯盡來朝覲，豐之故宮不足以容之爾。」廣。

生民

「生民詩是叙事詩，只得恁地。蓋是叙，那首尾要盡，下武、文王有聲等詩，却有反覆歌詠底意思。」義剛。

問「履帝武敏」。曰：「此亦不知其何如。但詩中有此語，自歐公不信祥瑞，故後人纔見説祥瑞，皆闢之。若如後世所謂祥瑞，固多僞妄。然豈可因後世之僞妄，而併真實者皆以爲無乎？『鳳鳥不至，河不出圖』，孔子之言，不成亦以爲非！」廣。

時舉說〔四九〕「履帝武敏歆，攸介攸止」處。曰：「『敏』字當爲絶句。蓋作母鄙反，叶上韻耳。履巨跡之事，有此理。且如契之生，詩中亦云『天命玄鳥，降而生商。』蓋以爲稷、契皆天生之爾，非有人道之感，非可以常理論也。漢高祖之生亦類此，此等不可以言盡，當意會之可也。」時舉。

既醉

時舉說既醉詩：「古人祝頌，多以壽考及子孫衆多爲言。如華封人祝堯『願聖人壽！願聖人多男子！』亦此意。」曰：「此兩事，孰有大於此者乎？」曰：「觀行葦及既醉二詩，見古之人君盡其誠敬於祭祀之時，極其恩義於燕飲之際。凡父兄耆老所以祝望之者如此，則其獲福也宜矣，此所謂『禍福無不自己求之者』也。」先生頷之。時舉。

子善問「釐爾女士」。曰：「女之有士行者。」銖曰：「荆公作向后册云：『唯昔先王，釐厥士女。』『士女』與『女士』，義自不同。蘇子由曾論及，曰：『恐它只是倒用了一字耳。』」因言：「荆公誥詞中，唯此册做得極好，後人皆學之不能及。」銖曰：「曾子固作皇太子册亦放此。」曰：「子固誠是學它，只是不及耳。子固却是後面幾個誥詞好。國朝之制：外而三公三少，內而皇后太子貴妃，皆有册。但外自三公而下，內自嬪妃而下，皆聽其辭免。一辭即免。惟皇后太子用册。」銖。

假樂

「『千禄百福，子孫千億』，是願其子孫之衆多。『穆穆皇皇，宜君宜王。不愆不忘，率由舊章』，是願其子孫之賢。」道夫。

舜功問：「『不愆不忘，率由舊章』，是『勿忘勿助長』之意？」曰：「不必如此說。不愆是不得過，不忘是不得忘。能如此，則能率由舊章。」可學。

「此〔五〇〕詩末章即承上章之意，故上章云『四方之綱』，而下章即繼之曰『之綱之紀』。蓋張之爲綱，理之爲紀。下面『百辟卿士』，至於庶民，皆是賴君以爲綱。所謂『不解于位』者，蓋欲綱常張而不弛也。」時舉。

公劉

問：「第二章說『既庶既繁，既順乃宣』，而第四章方言居邑之成。不知未成邑之時，何以得民居之繁庶也？」曰：「公劉始於草創，而人從之者已若是其盛，是以居邑由是而成也。」問第四章「君之宗之」處〔五一〕。曰：「東萊以爲爲之立君立宗，恐未必是如此，只是公劉自爲群臣之君宗耳。蓋此章言其一時燕饗，恐未説及立宗事也。」問「徹田爲糧」處。先生以爲：「『徹，通也』之説，乃是横渠説。然以孟子考之，只曰『八家皆私百畝，同養公田』。又公羊云『公田不治則非民，私田不治則非吏』，似又與横渠之説不同，蓋未必是計畝而分也。」又問：「此詩與豳七月詩皆言公劉得民之盛。想周家自后稷以來，至公劉始稍盛耳。」曰：「自后稷之後，至於不窋，蓋已失其官守，故云『文、武不先不窋』。至於公劉，乃始復修其業，故周室由是而興也。」時舉。

時舉説：「公劉詩『鞞琫容刀』，注云：『或曰，容刀，如言容臭，謂鞞琫之中，容此刀也。』如何謂之容臭？」曰：「如今香囊是也。」時舉。

卷阿

時舉説卷阿詩畢，以爲：「詩中凡稱頌人君之壽考福禄者，必歸於得人之盛。故既醉詩云『君子萬年，介爾景福』，而必曰『朋友攸攝，攝以威儀』。假樂詩言『受天之禄』，與『千禄百福』，而必曰『率由群匹』，與『百辟鄉士，媚于天子』。蓋人君所以致福禄者，未有不自得人始也。」先生頷之。時舉。

民勞

「時舉〔五二〕竊謂，每章上四句是刺厲王，下六句是戒其同列。」曰：「皆只是戒其同列。鋪叙如此，便自可見。故某以爲古人非是直作一詩以刺其王，只陳其政事之失，自可以爲戒。」時舉因謂：「第二章末謂『無棄爾勞，以爲王休』，蓋以爲王者之休，莫大於得人；惟群臣無棄其功，然後可以爲王之休美。至第三章後二句，謂『敬慎威儀，以近有德〔五三〕』，蓋以爲既能拒絶小人，必須自反於己，又不可以不親有德之人。不然，則雖欲絶去小人，未必有以服其心也。後二章『無俾正敗』、『無俾正反』，尤見詩人憂慮之深。蓋『正敗』，則惟敗壞吾之正道；而『正反』，則全然反乎正矣。其憂慮之意，蓋一章切於一章也。」先生頷之。時舉。

板

「『昊天曰明，及爾出王。昊天曰旦，及爾游衍』，旦與明祇一意。這個豈是人自如此？皆有來處。纔有些放肆，他便知。賀孫録云：「這裏若有些違理，恰似天知得一般。」所以曰『日監在茲』，又曰『敬天之怒，無敢戲豫！敬天之渝，無敢馳驅』。」問：「『渝』字如何？」曰：「變也。如『迅雷風烈必變』之『變』，但未至怒耳。」道夫。賀孫録同。

道夫言：「昨來所論『昊天曰明』云云。至『游衍』，此意莫祇是言人之所以爲人者，皆天之所爲，故雖起居動作之頃，而所謂天者未嘗不在也？」曰：「公説『天體物不遺』，既説得是，則所謂『仁體事而無不在』者，亦不過如此。今所以理會不透，祇是以天與仁爲有二也。今須將聖賢言仁處，就自家身上思量，久之自見。記曰：『兩君相見，揖讓而入門，入門而縣興；揖讓而陞堂，陞堂而樂闋。下管象武，夏籥序興，陳其薦俎，序其禮樂，備其百官，如此而後君子知仁焉。』又曰：『賓入大門而奏肆夏，示易以敬也。卒爵而樂闋，孔子屢嘆之。』」道夫曰：「如此，則是合正理而不紊其序，便是仁。」曰：「恁地猜，終是血脈不貫，且反復熟看。」道夫。

時舉説板詩，問：「『天[五四]體物而不遺』，是指理而言；『仁體事而無不在』，是指人而言否？」曰：「『體事而無不在』，是指心而言也。天下一切事，皆此心發見爾。」因言：「讀書窮理，當體之於身。凡平日所講貫窮究者，不知逐日常見得在吾心目間否？不然，則隨文逐義，趕趁期限，不見悦處，恐終無益。」時舉。餘見張子書類。

蕩

時舉說〔五五〕：「首章前四句，有怨天之辭。後四句，乃解前四句，謂天之降命，本無不善；惟人不以善道自終，故天命亦不克終，如疾威而多邪僻也。此章之意既如此，故自次章以下託文王言紂之辭，而皆就人君身上説，使知其非天之過。如『女興是力』、『爾德不明』，與『天不湎爾以酒』、『匪上帝不時』之類，皆自發明首章之意〔五六〕。」先生頷之。時舉。

抑

「抑非刺厲王，只是自警。嘗考衛武公生於宣王末年，安得有刺厲王之詩？據國語，只是自警。詩中辭氣，若作自警，甚有理；若作刺厲王，全然不順。伯恭却謂國語非是。」浩。

「抑小序：『衛武公刺厲王，亦以自警。』不應一詩既刺人，又自警之理。且厲王無道，一旦被人『言提其耳』，以『小子』呼之，必不素休。且厲王監謗，暴虐無所不至。此詩無限大過，都不問著，却只點檢威儀之末，此決不然。以史記考之，武公即位，在厲王死之後，宣王之時。説者謂是追刺，尤不是。伯恭主張小序，又云史記不可信，恐是武公必曾事厲王。

若以爲武公自警之詩，則其意味甚長。國語云，武公九十餘歲作此詩。其間『匪我言耄〔五七〕』，可以爲據。又如『謹爾侯度』，注家云，所以制侯國之度，只是侯國之度耳。『曰喪厥國』，則是諸侯自謂無疑。蓋武公作此詩，使人日夕諷誦以警己耳，所以有『小子』、『告爾』之類，皆是箴戒作文之體自指耳。」後漢侯芭亦有此說。嵤。

先生說：「抑詩煞好。」鄭謂：「東萊硬要做刺厲王，緣以『爾』、『汝』字礙。」曰：「如『幕中之辨，人反以汝爲叛；臺中之評，人反以汝爲傾』等類，亦是自謂。古人此様多。大抵他說詩，其原生於不敢異先儒，將詩去就那序。被〔五八〕這些子礙，便轉來穿鑿胡說，更不向前來廣大處去。或有兩三說，則俱要存之。如一句或爲興，或爲比，或爲賦，則曰詩兼備此體。某謂既取興體，則更不應又取比體；既取比體，則更不應又取賦體。說狡童，便引石虎事證，且要有字不曳白。南軒不解詩，道詩不用解，諸先生說好了。南軒却易曉，說與他便轉。」淳。

「衛武公抑詩，自作懿戒也。中間有『嗚呼小子』等語，自呼而告之也。其警戒持循如是，所以詩人美其『如切如磋』。」方。

雲漢

問：「雲漢詩，乃他人述宣王之意，然責己處太少。」曰：「然。」可學。

崧高

問：「崧高、烝民二詩，是皆遣大臣出爲諸侯築城。」曰：「此也曉不得。封諸侯固是大事。看黍苗詩，當初召伯帶領許多車徒人馬去，也自勞攘。古人做事有不可曉者，如漢築長安城，都是去别處調發人來，又只是數日便休。詩云『溥彼韓城，燕師所完』，注家多説是燕安之衆，某説即召公所封燕國之師。不知當初何故不只教本土人築，又須去别處發人來，豈不大勞攘？古人重勞民，如此等事，又却不然，更不可曉，强説便成穿鑿。」又曰：「看烝民詩，及左傳、國語周人説底話，多有好處。也是文、武、周公立學校，教養得許多人，所以傳得這些言語，如烝民詩大故細膩。劉子曰：『人受天地之中以生。』皆説得好。」夔孫。義剛録小異。〔五九〕

烝民

問：「烝民詩解云『仲山甫蓋以冢宰兼太保』，何以知之？」曰：「其言『式是百辟』，則是爲宰相可知。其曰『保兹天子』、『王躬是保』，則是爲太保可知，此正召康公之舊職。」廣。

「仲山甫之德，柔嘉維則」，詩傳中用東萊吕氏説。先生曰：「記得他甚主張那『柔』

字。」文蔚曰：「他後一章云：『柔亦不茹，剛亦不吐。』此言仲山甫之德剛柔不偏也。而二章首舉『仲山甫之德』，獨以『柔嘉維則』蔽之。崧高稱『申伯番番』，終論其德，亦曰『柔惠且直』，然則入德之方其可知矣。」曰：「如此，則乾卦不用得了。人之姿稟，自有柔德勝者，自有剛德勝者。如本朝范文正公、富鄭公輩，是以剛德勝；如范忠宣、范淳夫、趙清獻、蘇子容輩是以柔德勝。只是他柔却柔得好。今仲山甫『令儀令色，小心翼翼』，却是柔。但其中自有骨子，不是一向如此柔去。便是人看文字，要得言外之意。若以仲山甫『柔嘉維則』，必要以此爲入德之方，則不可。人之進德，須用剛健不息。」文蔚。

「既明且哲，以保其身。」曰：「只是上文『肅肅王命，仲山甫將之。邦國若否，仲山甫明之』，便是明哲。所謂明哲者，只是曉天下事理，順理而行，自然災害不及其身，可以保其禄位。今人以邪心讀詩，謂明哲是見幾知微，先去占取便宜。如揚子雲説『明哲煌煌，旁燭無疆。遜于不虞，以保天命』，便是占便宜底説話，所以它一生被這幾句誤。然『明哲保身』，亦只是常法。若到那捨生取義處，又不如此論。」文蔚。

問：「『既明且哲，以保其身』，有些小委曲不正處否？」曰：「安得此！只是見得道理分明，事事處之得其理，有可全之道。便有委曲處，亦是道理可以如此，元不失正，特不直犯之耳。若到殺身成仁處，亦只得死。古人只是平説中庸，無一理不明，即是明哲。若只見得一偏，便有蔽，便不能見得理盡，便不可謂之明哲。學至明哲，只是依本分行去，無一事不當理，即是保身之道。今人皆將私看了，必至於孔光之徒而後已。」

周頌　清廟

「『假以溢我？』當從左氏，作『何以恤我』。『何』、『遐』通轉而爲『假』也。」方子。

昊天有成命

「昊天有成命詩『成王不敢康』，詩傳皆斷以爲成王誦。」某問：「下武言『成王之孚』，如何？」曰：「這個且只得做武王說。」炎。

我將

問：「我將，乃祀文王於明堂之樂章。詩傳以謂『物成形於帝，人成形於父，故季秋祀帝於明堂，而以父配之，取其成物之時也。此乃周公以義起之，非古禮也』。不知周公以後，將以文王配耶？以時王之父配耶？」曰：「諸儒正持此二議，至今不決，看來只得以文王配。且周公所制之禮，不知在武王之時，在成王之時？若在成王，則文王乃其祖也，亦自可見。」又問：「繼周者如何？」曰：「只得以有功之祖配之。」僩。

敬之

「『日就月將』，是日成月長。就，成也；將，大也。」節。

絲衣

「繹，祭之明日也。賓尸，以賓客之禮燕爲尸者。」敬仲。

魯頌　泮水

「泮宮小序，詩傳不取。或言詩中『既作泮宮』，則未必非脩也。直卿云：『此落成之詩。』」佐。

閟宮

「大王翦商，武王所言。中庸言『武王纘大王、王季、文王之緒』，是其事素定矣。橫渠亦言，周之於商有不純臣之義。蓋自其祖宗遷豳，遷邰，皆其僻遠自居，非商之所封土也。」揚。

商頌

「商頌簡奧。」方子〔六〇〕。

伯豐問：「商頌恐是宋作？」曰：「宋襄一伐楚而已，其事可考，安有『莫敢不來王』等事！」又問：「恐是宋人作之，追述往事，以祀其先代。若是商時所作，商尚質，不應商頌反多於周頌。」曰：「商頌雖多如周頌，覺得文勢自別。周頌雖簡，文自平易。商頌之辭，自是奧古，非宋襄可作。」又問：「頌是告于神明，却魯頌中多是頌當時之君。如『戎狄是膺，荊舒是懲』，僖公豈有此事？」曰：「是頌願之辭。」又問：「『戎狄是膺，荊舒是懲』，孟子引以爲周公，如何？」曰：「孟子引經自是不子細。」又問：「或謂魯頌非三百篇之類，夫子姑附於此耳。」曰：「『思無邪』一句，正出魯頌。」𤩽。

玄鳥

問：「玄鳥詩吞卵事，亦有此否？」曰：「當時恁地說，必是有此。今不可以聞見不及，定其爲必無。」淳。

長發

「『湯降不遲，聖敬日躋。』天之生湯，恰好到合生時節。湯之脩德，又無一日間斷。」僩。

校勘記

〔一〕詩二　朝鮮本作「毛詩二」，增注云：「風雅頌」。

〔二〕問　朝鮮本作：木之問。

〔三〕問　朝鮮本作：木之問。

〔四〕作　朝鮮本此下增「是否」二字。

〔五〕賀孫　朝鮮本末尾小字作：伯豐。

〔六〕問曹兄云　此句朝鮮本作「先生問曹兄云：『陳先生説詩如何？』曹未答，先生云」。

〔七〕行露之男　「男」原作「勇」，據朝鮮本及詩召南行露改。

〔八〕大雅　二字原無，據朝鮮本補。

〔九〕問　朝鮮本作：木之問。

〔一〇〕時舉説　朝鮮本作：時舉説詩至麟之趾，因言小序，云。

〔一一〕雖衰世之公子　朝鮮本「雖」上有「詩至麟之趾因言小序云」十字。

〔一二〕問　朝鮮本作：時舉問。

〔一三〕問　朝鮮本作：時舉又問。

〔一四〕男女　朝鮮本作：「父母」二字，且此下增小字：一作男女。

〔一五〕仁　朝鮮本段首增：騶虞詩。

〔一六〕問　朝鮮本作：時舉問。

〔一七〕静　朝鮮本「静」上增：柏舟詩。

〔一八〕胡泳　朝鮮本末尾小字作：僩。

〔一九〕問　朝鮮本作：時舉問北風末章，謂。

〔二〇〕淇澳　朝鮮本「淇」上有「衛」字。以下國風，朝鮮本均注明國名，如「君子陽陽」作「王君子陽陽」等，下同此，不再出校。

〔二一〕曹云　朝鮮本「曹」上有「又問狡童詩如何説」八字。

〔二二〕義剛　朝鮮本作：淳。義剛録同。

〔二三〕因　朝鮮本段首增：時舉。

〔二四〕想見那時好在　朝鮮本「時」下有「是」字。

〔二五〕問　朝鮮本作：淳問。

〔二六〕曰　朝鮮本作：安卿對曰。

〔二七〕淳　朝鮮本「淳」下有「義剛録同」四字。

〔二八〕小雅　朝鮮本段首增一節文字：横渠云：「置心平易，始知詩。」然横渠解「悠悠蒼天，此何人哉」，卻不平易。

〔二九〕必大　朝鮮本作：伯豐。

〔三〇〕問　朝鮮本作：時舉問。

〔三一〕雖有兄弟不如友生　朝鮮本「雖」上有「時舉説常棣詩先生曰」九字；「生」下有「處」字。

〔三二〕又説　朝鮮本作：又説采薇詩，云。

〔三三〕有二説　朝鮮本「有」上有「集傳」二字。

〔三四〕伯恭説詩太巧　朝鮮本「伯恭」作「東萊」，其上有「又曰」二字；「太」作「忒煞」。

〔三五〕子善　朝鮮本作：潘子善。

〔三六〕時舉説　朝鮮本此下增：庭燎詩至。

〔三七〕寓　朝鮮本作：淳。寓録同。

〔三八〕載弄之瓦　朝鮮本作：時舉説斯干詩至「載弄之瓦」處。先生云。

〔三九〕自　朝鮮本段首增：林武子説節南山詩，先生曰。

〔四〇〕秉　朝鮮本段首增：時舉説節南山詩至「秉國之均」，先生曰。

〔四一〕問　朝鮮本作：時舉問。

〔四二〕西見　朝鮮本此下增一節文字：莫要説水星，蓋水星貼著日行，故半月日見。

〔四三〕問　朝鮮本作：文蔚問。

〔四四〕甫田　此下「子善問」「驕驕」兩則語録應屬齊風甫田，而非小雅甫田，當置齊風著之後。

〔四五〕問　朝鮮本作：賀孫問。

〔四六〕賀孫　朝鮮本「孫」下有「此洛只就洛邑言之非指關洛」十二字。

〔四七〕問　朝鮮本作：賀孫問。

〔四八〕「問」至「賀孫」　「韎韐有奭」見瞻彼洛矣而非賓之初筵，此段當置瞻彼洛矣首段後。

〔四九〕時舉説　朝鮮本此下增：生民事至。

〔五〇〕此　朝鮮本此則段首增：時舉説假樂詩，先生曰。

〔五一〕問第四章君之宗之處　「問」原作「門」，據朝鮮本改。

〔五二〕朝鮮本此處增：説民勞詩。

〔五三〕至第三章後二句謂敬慎威儀以近有德　「章」原作「句」，據詩大雅民勞第三章改。

〔五四〕天　朝鮮本「天」上增：張子謂：天體物而不遺，猶仁體事而無不在也。

〔五五〕時舉説　朝鮮本作：時舉説蕩詩云。

〔五六〕之意　朝鮮本此下增：大略如此，未知是否？

〔五七〕其間匪我言耄　「匪我言耄」是板中語，朱熹偶誤記也，抑詩當爲「亦聿既耄」。

〔五八〕被　朝鮮本「被」上增：前面。

〔五九〕義剛録小異　朝鮮本此處小字作：義剛録同而少異，云：林子武問：「宣王詩不知如何都使人臣去築城？」曰：「也是不可曉，封諸侯也是一件大事，看召伯當時封申伯神山，甫也去築城，但古制也有難考處，且如漢築長安城，皆於數千里外調發來，又皆只是數目便罷，恁地去鄉萬里來做僕應，都不曉古人之意。且如説召伯有成王心，則寧我徒□恁地帶許多人索，也自是勞苦，古人重民，卻又不知不只用地頭，今卻用逸處人做什麽？且如□□建州、南劍上下築城，卻去建康府發人來，這般都曉不得，强爲之説便穿鑿。」

〔六〇〕方子　朝鮮本作：公謹。

朱子語類卷第八十二

孝經

因説孝經是後人綴緝，問：「此與尚書同出孔壁？」曰：「自古如此説。且要理會道理是與不是。適有問重卦並彖、象者，某答以且理會重卦之理，不必問此是誰作，彼是誰作。」因言：「學者却好聚語、孟、禮書言孝處附之於後。」士毅。

問：「孝經一書，文字不多，先生何故不爲理會過？」曰：「此亦難説。據此書，只是前面一段是當時曾子聞於孔子者〔一〕，後面皆是後人綴緝而成。」問：「如『天地之性〔二〕，人爲貴。人之行，莫大於孝』，恐非聖人不能言此。」曰：「此兩句固好。如下面説『孝莫大於嚴父，嚴父莫大於配天』，則豈不害理！儻如此，則須是如武王、周公方能盡孝道，尋常人都無分盡孝道也，豈不啓人僭亂之心！其中煞有左傳及國語中言語。」或問：「莫是左氏引孝經中言語否？」曰：「不然。其言在左氏傳、國語中，即上下句文理相接，在孝經中却不成文理。見程沙隨説，向時汪端明亦嘗疑此書是後人僞爲者。」廣。

「古文孝經亦有可疑處。自天子章到『孝無終始，而患不及者，未之有也』，便是合下與曾子説底通爲一段。只逐章除了後人所添前面『子曰』及後面引詩，便有首尾，一段文義都活。自此後，却似不曉事人寫出來，多是左傳中語。如『以順則逆，民無則焉。不在於善，而皆在於凶德』，是季文子之辭。却云『雖得之，君子所不貴』，不知論孝却得個甚底，全無交涉！如『言斯可道，行斯可樂』一段，是北宫文子論令尹之威儀，在左傳中自有首尾，載入孝經，都不接續，全無意思。只是雜史傳中胡亂寫出來，全無義理。疑是戰國時人鬭湊出者。」又曰：「胡氏疑是樂正子春所作。樂正子春自細膩，却不如此説。」僩。

「古文孝經却有不似今文順者。如『父母生之，續莫大焉』，又着一個『子曰』字，方説『不愛其親而愛他人者，謂之悖德』。兼上更有個『子曰』，亦覺無意思。此本是一段，以『子曰』分爲三，恐不是。温公家範以父子、兄弟、夫婦等分門，却成一個文字，但其間有欠商量未通行者耳。本作一段聯寫去，今印者分作小段，無意思。伯恭閫範無倫序，其所編書多是如此。」賀孫。

「孝經，疑非聖人之言。且如『先王有至德要道』，此是説得好處。然下面都不曾説得切要處着，但說得孝之效如此。如論語中說孝，皆親切有味，都不如此。士庶人章說得更好，只是下面都不親切。」賜。

問：「向見先生說〔三〕『孝莫大於嚴父，嚴父莫大於配天』非聖人之言，必若此而後可以爲孝，豈不啓人僭亂之心！而中庸說舜、武王之孝，亦以『尊爲天子，富有四海之内』言之，如何？」曰：「中庸是著舜、武王，言之何害？若泛言人之孝，而必以此爲說，則不可。」廣。

器之問「嚴父配天」。曰：「『嚴父』，只是周公於文王如此稱纔是，成王便是祖。此等處，儘有理會不得處。大約必是郊時是后稷配天，明堂則以文王配帝。孝經亦是湊合之書，不可盡信。但以義起，亦是如此。」因說：「孝經只有前一段，後皆云『廣至德』、『廣要道』，都是湊合來，演說前意，但〔四〕其文多不全。只是〔五〕諫諍、五刑、喪親三篇，稍是全文。如『配天』等說，亦不是聖人說孝來歷，豈有人人皆可以配天！豈有必配天斯可以爲孝！如禮記煞有好處，可附於孝經。」賀孫問：「恐後人湊合成孝經時，亦未必見禮記。如曲禮、少儀之類，猶是說禮節。若祭義後面許多說孝處，說得極好，豈不可爲孝經？」曰：「然。今看孝經中有得一段似這個否？」賀孫。

問：「『郊祀后稷以配天〔六〕，宗祀文王於明堂以配上帝』，此說如何？」曰：「此自是周公創立一個法如此，將文王配明堂，永爲定例。以后稷郊推之，自可見。後來妄將『嚴父』

之説亂了。」賜。

問：「配天、配上帝〔七〕，帝只是天，天只是帝，却分祭，何也？」曰：「爲壇而祭，故謂之天；祭於屋下而以神祇祭之，故謂之帝。」寓。

「『明、察』，是彰著之義。能事父孝，則事天之理自然明；能事母孝，則事地之理自然察。」道夫。

校勘記

〔一〕只是前面一段是當時曾子聞於孔子者　朝鮮本「段」下有小字注「自仲尼居至未之有也」九字。

〔二〕如天地之性　「性」原作「姓」，據朝鮮本、孝經卷五改。

〔三〕先生説　朝鮮本此下增：孝經中。

〔四〕但　朝鮮本作：得。

〔五〕只是　朝鮮本此下增：如。

〔六〕郊祀后稷以配天　朝鮮本「郊」上有「周公」二字。

〔七〕問配天配上帝　朝鮮本「配天」上有「郊祀后稷以」五字，「配上帝」上有「宗祀文王以」五字。

朱子語類卷第八十三

春秋

綱領

「春秋煞有不可曉處。」泳。

「人道春秋難曉，據某理會來，無難曉處。只是據他有這個事在，據他載得恁地。但是看今年有甚麽事，明年有甚麽事，禮樂征伐不知是自天子出，自諸侯出，自大夫出，只是恁地。而今却要去一字半字上理會褒貶，却要去求聖人之意，你如何知得他肚裏事？」義剛。

「春秋大旨，其可見者，誅亂臣，討賊子，内中國，外夷狄，貴王賤伯而已。未必如先儒所言，字字有義也。想孔子當時只是要備二三百年之事，故取史文寫在這裏，何嘗云某事用某法，某事用某例邪〔一〕？　且如書會盟侵伐，大意不過見諸侯擅興自肆耳。書郊禘，大意不過見魯僭禮耳。至如三卜四卜，牛傷牛死，是失禮之中又失禮也。如『不郊，猶三望』，是不必望而猶望也。如書『仲遂卒，猶繹』，是不必繹而猶繹也。如此等義，却自分明。近世如蘇子由、呂居仁却看得平。」閎祖。

「春秋只是直載當時之事，要見當時治亂興衰，非是於一字上定褒貶。初間王政不行，天下都無統屬；及五伯出來扶持，方有統屬，『禮樂征伐，自諸侯出』。到後來五伯又衰，政自大夫出。到孔子時，皇帝王伯之道掃地，故孔子作春秋，據他事實寫在那裏，教人見得當時事是如此，安知用舊史與不用舊史？今硬説那個字是孔子文，那個字是舊史文，如何驗得？更聖人所書，好惡自易見。如葵丘之會，召陵之師，踐土之盟，自是好，本末自是别。及後來五伯既衰，溴梁之盟，大夫亦出與諸侯之會，這個自是差異不好。今要去一字兩字上討意思，甚至以日月、爵氏、名字上皆寓褒貶，如『王人子突救衛』，自是衛當救。當時是有個子突，孔子因存他名字。今諸公解却道王人本不書字，緣其救衛，故書字〔二〕。孟子説：『臣弑其君者有之，子弑其父者有之。孔子懼，作春秋。』説得極是了。又曰：『春秋無義戰，彼善於此則有之矣。』此等皆看得地步闊。聖人之意，只是如此，不解恁地細碎。」淳。義剛録云〔三〕：「某不敢似諸公道聖人是於一字半字上定去取。聖人只是存得那事在，要見當時治亂興衰〔四〕；見得其初王政不行，天下皆無統屬，及五伯出來如此扶持，方有統屬。恁地便見得天王都做主不起。」後同。

問春秋。曰：「此是聖人據魯史以書其事，使人自觀之，以爲鑒戒爾。其事則齊威、晉文有足稱，其義則誅亂臣賊子。若欲推求一字之間，以爲聖人褒善貶惡專在於是，竊恐不是聖人之意。如書即位者，是魯君行即位之禮，繼故不書即位者，是不行即位之禮。若威公之書即位，則是威公自正其即位之禮耳。其他崩、薨、卒、葬，亦無意義。」人傑。

「春秋有書『天王』者，有書『王』者，此皆難曉。或以爲王不稱『天』，貶之。某謂若書『天王』，其罪自見。宰咺以爲冢宰，亦未敢信。其他如莒去疾、莒展輿、齊陽生，恐只據舊史文。若謂添一個字、減一個字，便是褒貶，某不敢信。威公不書秋冬，史闕文也。或謂貶天王之失刑，不成議論，可謂亂道。夫子平時稱顏子『不遷怒，不貳過』，至作春秋，却因惡魯威而及天子，可謂『桑樹着刀，穀樹汁出』者！魯威之弑，天王之不能討，罪惡自著，何待於去秋冬而後見乎！又如貶滕稱『子』，而滕遂至於終春秋稱『子』，豈有此理！今朝廷立法，降官者猶經赦叙復，豈有因滕子之朝威，遂併其子孫而降爵乎？」人傑。

「春秋所書，如某人爲某事，本據魯史舊文筆削而成。今人看春秋，必要謂某字譏某人。如此，則是孔子專任私意，妄爲褒貶。孔子但據直書而善惡自著。今若必要如此推説，須是得魯史舊文，參校筆削異同，然後爲可見，而亦豈復可得也？」謨。

「書『人』，恐只是微者。然朝非微者之禮，而有書『人』者，此類亦不可曉。」閎祖。

「或有解春秋者，專以日月爲褒貶，書時月則以爲貶，書日則以爲褒，穿鑿得全無義理。若胡文定公所解，乃是以義理穿鑿，故可觀。」人傑。

「世間人解經，多是杜撰。且如春秋只據赴告而書之〔五〕，孔子只因舊史而作春秋，非有許多曲折。且如書鄭忽與突事，才書『忽』，又書『鄭忽』，又書『鄭伯突』，胡文定便要説突有君國之德，須要因『鄭伯』兩字上求他是處，似此皆是杜撰。大概自成、哀已前〔六〕，舊史不全，有舛逸〔七〕，故所記各有不同。若昭、哀已後，皆聖人親見其事，故記得其實，不至於有遺處。如何却説聖人予其爵，削其爵，賞其功，罰其罪？是甚説話！」祖道問：「孟子説『春秋，天子之事』，如何？」曰：「只是被孔子寫取在此，人見者自有所畏懼耳。若要説孔子去褒貶他，去其爵，與其爵，賞其功，罰其罪，豈不是謬也！其爵之有無與人之有功有罪，孔子也予奪他不得。」祖道。人傑録云：「蘇子由解春秋，謂其從赴告，此説亦是。既書『鄭伯突』，又書『鄭世子忽』，據史文而書耳。定、哀之時，聖人親見，據實而書。隱、威之世，時既遠，史册亦有簡略處，夫子亦但據史册而寫出耳。」

或説：「沈卿説春秋，云：『不當以褒貶看。聖人只備録是非，使人自見。如「克段」之書，而兄弟之義自見；如蔑之書，而私盟之罪自見；來賵仲子，便自見得以天王之尊下賵諸侯之妾。聖人以公平正大之心，何嘗規規於褒貶？』」曰〔八〕：「只是中間不可以一例說，自有曉不得處。公且道如『翬帥師』之類，是如何？」曰：「未賜族，如挾、柔、無駭之類〔九〕。無駭，魯卿，隱二年書『無駭』，九年書『挾卒』，莊十一年書『柔』，皆未命也〔一〇〕。到莊以後，却不待賜，而諸侯自予之。」曰：「便是這般所在，那裏見得這個是賜，那個是未賜？三傳唯左氏近之。或云左氏是楚左史倚相之後，故載楚事較詳。國語與左傳似出一手，然國語使人厭看，如齊、楚、吳、越諸處又精采。如紀周、魯自是無可說，將虛文敷衍，如說藉田等處，令人厭看。左氏必不解是丘明，如聖人所稱，煞是正直底人。如左傳之文，自有縱橫意思。史記却說：『左丘失明，厥有國語。』或云，左丘明，左丘其姓也。左傳自是左姓人作。又如秦始有臘祭，而左氏謂『虞不臘矣！』是秦時文字分明。」賀孫。

「春秋傳例多不可信。聖人記事，安有許多義例？如書伐國，惡諸侯之擅興；書山崩、地震、螽蝗之類，知災異有所自致也。」德明。

或論及春秋之凡例。先生曰：「春秋之有例固矣，奈何非夫子之爲也。昔嘗有人言及命格，予曰：『命格，誰之所爲乎〔一一〕？』曰：『善談五行者爲之也。』予曰：『然則何貴？設若自天而降，具言其爲美爲惡，則誠可信矣。今特出於人爲，烏可信也？』知此，則知春秋之例矣。」又曰：「『季子來歸』，以爲季子之在魯，不過有立僖之私恩耳，初何有大功於魯！又況通於成風，與慶父之徒何異〔一二〕？然則其歸也，何足喜？蓋以啓季氏之事而書之乎！」壯祖〔一三〕。

或〔一四〕人論春秋，以爲多有變例，所以前後所書之法多有不同。曰：「此烏可信？聖人作春秋，正欲褒善貶惡，示萬世不易之法。今乃忽用此説以誅人，未幾又用此説以賞人，使天下後世皆求之而莫識其意，是乃後世弄法舞文之吏之所爲也，曾謂大中至正之道而如此乎！」壯祖〔一五〕。

張元德問春秋、周禮疑難。曰：「此等皆無佐證，强説不得。若穿鑿説出來，便是侮聖言。不如且研窮義理，義理明，則皆可遍通矣。」因曰：「看文字且先看明白易曉者。此語是某發出來，諸公可記取。」時舉。以下看春秋法。

問：「春秋當如何看？」曰：「只如看史樣看。」曰：「程子所謂『以傳考經之事迹，以經別傳之真僞』，如何？」曰：「便是亦有不可考處。」曰〔一六〕：「其間不知是聖人果有褒貶否？」曰：「也見不得。」〔一七〕「如許世子止嘗藥之類，如何？」曰：「聖人亦只因國史所載而録之耳。聖人光明正大，不應以一二字加褒貶於人。若如此屑屑求之，恐非聖人之本意。」時舉。

「看春秋，且須看得一部左傳首尾意思通貫，方能略見聖人筆削，與當時事之大意。」道夫。

叔器〔一八〕問讀左傳法。曰：「也只是平心看那事理、事情、事勢。春秋十二公時各不同。如隱、桓之時，王室新東遷，號令不行，天下都星散無主。莊、僖之時，桓、文迭伯，政自諸侯出，天下始有統一。宣公之時，楚莊王盛强，夷狄主盟，中國諸侯服齊者亦皆朝楚，服晉者亦皆朝楚。及成公之世，悼公出來整頓一番，楚始退去；繼而吳、越又强入來爭伯。定、哀之時，政皆自大夫出，魯有三家，晉有六卿，齊有田氏，宋有華向，被他肆意做，終春秋之世，更没奈何。但是某嘗說，春秋之末，與初年大不同。然是時諸侯征戰，只如戲樣，亦無甚大殺戮。及戰國七國爭雄，那時便多是胡相殺。如雁門斬首四萬，不知怎生〔一九〕殺了許多；長平〔二〇〕之戰，四十萬人坑死〔二一〕，不知如何有許多人。後來項羽也坑十五萬，不知他如何地掘那坑後，那死底都不知，當時不知如何地對副許多人。」安卿曰：「恐非掘坑。」曰：「是掘坑。嘗見鄧艾伐蜀，坑許多人，載說是掘坑。」義剛〔二二〕。

春秋之書，且據左氏。當時天下大亂，聖人且據實而書之，其是非得失付諸後世公論，蓋有言外之意。若必於一字一辭之間求褒貶所在，竊恐不然。齊桓、晉文所以有功於王室者，蓋當時楚最强大，時復加兵于鄭，鄭則在王畿之内；又伐陸渾之戎，觀兵周疆，其勢與六國不同。蓋六國勢均力敵，不敢先動。楚在春秋時，他國皆不及其强，向非桓、文有以遏之，則周室爲其所并矣。又，諸侯不朝聘于周，而周反下聘於列國，是甚道理！」廣。以下論左氏。

「左氏之病，是以成敗論是非，而不本於義理之正。嘗謂左氏是個猾頭熟事、趨炎附勢之人。」〔一三〕

「元城說，左氏不識大體，只是時時見得小可底事，便以爲是。」義剛。

因舉陳君舉說左傳，曰：「左氏是一個審利害之幾，善避就底人，所以其書有貶死節等事。其間議論有極不是處，如周、鄭交質之類，是何議論！其曰『宋宣公可謂知人矣，立穆公，其子饗之，命以義夫』，只知有利害，不知有義理。此段不如穀梁說『君子大居正〔一四〕』，却是儒者議論。某平生不敢說春秋。若說時，只是將胡文定說扶持說去。畢竟去聖人千百年後，如何知得聖人之心？且如先蔑奔秦，書，則是貶先蔑；不書時，又不見得此事。若如今人說，教聖人如何書則是？呂伯恭愛教人看左傳，某謂不如教人看論、孟。伯恭云，恐人去外面走。某謂，看論、孟未走得三步，看左傳底已走十百步了。人若讀得左傳熟，直是會趨利避害。然世間利害，如何被人趨避了！君子只看道理合如何，可則行，不可則止，禍福自有天命。且如一個善擇利害底人，有一事，自謂擇得十分利處了，畢竟也須帶二三分害來，自没奈何。仲舒云：『仁人正其義不謀其利，明其道不計其功。』一部左傳無此一句。若人人擇利害後，到得臨難死節底事，更有誰做？其間有爲國殺身底人，只是枉死了，始得。」因舉「可憐石頭城，寧爲袁粲死，不作褚淵生」：「蓋『民之秉彝』，又自有不可埋没，自然發出來處。」璘。可學録云：「天下事，不可顧利害。凡人做事多要趨利避害。不知纔有利，必有害，吾雖處得十分利，有害隨在背後，不如且就理上求之。孟子曰：『如以利，則枉尋直尺而利，亦可爲歟？』且如臨難致死，義也。若不明其理而顧利害，則見危致命者反不如偷生苟免之人。『可憐石頭城，寧爲袁粲死，不作褚淵生！』『民之秉彝』，不可磨滅如此，豈不是自然！」

林黄中謂：「左傳『君子曰』，是劉歆之辭。胡先生謂周禮是劉歆所作，不知是如何？」「左傳『君子曰』最無意思。」因舉「芟夷蘊崇之」一段〔二五〕：「是關上文甚事？」賀孫。

「左氏見識甚卑，如言趙盾弑君之事，却云：『孔子聞之，曰：「惜哉！越境乃免。」』如此，則專是回避占便宜者得計，聖人豈有是意！聖人『作春秋而亂臣賊子懼』，豈反爲之解免耶？」端蒙。

問：「左傳載卜筮，有能先知數世後事，有此理否？」曰：「此恐不然。只當時子孫欲僭竊，故爲此以欺上罔下爾。如漢高帝〔二六〕蛇，也只是脱空。陳勝王凡六月，便只是他做不成，故人以爲非；高帝做得成，故人以爲符瑞。」〔二七〕

「左傳、國語，惟是周室一種，士大夫説得道理大故細密。這便是文、武、周、召在王國立學校，教得人恁地。惟是周室人會恁地説。且如烝民詩大故説得好，『人受天地之中以生』之類，大故説得細密。」義剛。兼論國語。

「左氏所傳春秋事，恐八九分是。公、穀專解經，事則多出揣度。」必大。以下三傳。

「春秋制度大綱，左傳較可據，公、穀較難憑。胡文定義理正當，然此樣處多是臆度説。」

李丈問：「左傳如何？」曰：「左傳一部，載許多事，未知是與不是。但道理亦是如此，今且把來參考。」問：「公、穀如何？」曰：「據他説亦是有那道理，但恐聖人當初無此等意。如孫明復、趙啖、陸淳、胡文定，皆説得好，道理皆是如此。但後世因春秋去考時，當如此區處。若論聖人當初作春秋時，其意不解有許多説話。」擇之説：「文定説得理太多，盡堆在裏面。」曰：「不是如此底，亦壓從這理上來。」淳。義剛録少異。

「左氏傳是個博記人做，只是以世俗見識斷當它事，皆功利之説。公、穀雖陋，亦有是處，但皆得於傳聞，多訛謬。」德明。

國秀問三傳優劣。曰：「左氏曾見國史，考事頗精，只是不知大義，專去小處理會，往往不曾講學。公、穀考事甚疏，然義理却精。二人乃是經生〔二八〕，傳得許多説話，往往都不曾見國史。」時舉。

「左傳是後來人做，爲見陳氏有齊，所以言『八世之後，莫之與京』；見三家分晉，所以言『公侯子孫，必復其始』。以三傳言之，左氏是史學，公、穀是經學。史學者記得事却詳，於道理上便差；經學者於義理上有功，然記事多誤。如遷、固之史，大概只是計較利害。范曄更低，只主張做賊底，後來他自做却敗。温公通鑑，凡涉智數險詐底事，往往不載，却不見得當時風俗。如陳平説高祖間楚事，亦不載上一段；不若全載了，可以見當時事情，却於其下論破，乃佳。又如亞夫得劇孟事，通鑑亦節去，意謂得劇孟不足道；不知當時風俗事勢，劇孟輩亦係輕重。如周休且能一夜得三萬人，只緣吳王敗後各自散去，其事無成。温公於此事却不知不覺載之，蓋以周休名不甚顯，不若劇孟耳。想温公平日叵耐劇孟。不知温公爲將，設遇此人，奈得它何否？又如論唐太宗事，亦殊未是。呂氏大事記周赧後便繫秦，亦未當。當如記楚、漢事，並書之；項籍死後，方可專書漢也。」𥫗。

「孔子作春秋，當時亦須與門人講説，所以公、穀、左氏得一個源流，只是漸漸訛舛。當初若是全無傳授，如何鑿空撰得？」問〔二九〕：「今欲看春秋，且將胡文定説爲正，如何？」曰：「便是他亦有太過處。蘇子由教人只讀左傳，只是他春秋亦自分曉。且如『公與夫人如齊』，畢竟是理會甚事，自可見。又如季氏逐昭公，畢竟因甚如此？今理會得一個義理後，將他事來處置，合於義理者爲是，不合於義理者爲非。亦有喚做是而未盡善者，亦有謂之不是而彼善於此者。且如讀史記，便見得秦之所以亡，漢之所以興；及至後來劉、項事，又知劉之所以得，項之所以失，不難判斷。只是春秋却精細，也都不説破，教後人自將義理去折衷。」文蔚。

問：「公、穀傳，大概皆同？」曰：「所以林黄中説，只是一人，只是看他文字疑若非一手者。」或曰：「疑當時皆有所傳授，其後門人弟子始筆之於書爾。」曰：「想得皆是齊、魯間儒，其所著之書，恐有所傳授，但皆雜以己意，所以多差舛。其有合道理者，疑是聖人之舊。」僩。以下公、穀。

「春秋難理會。公、穀甚不好，然又有甚好處。如序隱公遜國，宣公遜其姪處，甚好。何休注甚謬。」

「公羊説得宏大，如『君子大居正』之類。穀梁雖精細，但有些鄒搜狹窄。」㽦。

「公羊是個村樸秀才，穀梁又較黠得些。」振。

「春秋難看，三家皆非親見孔子。或以『左丘明恥之』，是姓左丘〔三〇〕；左氏乃楚左史倚相之後，故載楚事極詳。吕舍人春秋不甚主張胡氏，要是此書難看。如劉原父春秋亦好。」可學云：「文定解『宋災故』一段，乃是原父説。」曰：「林黄中春秋又怪異，云隱公篡威公。」可學云：「黄中説，『歸仲子之賵』，乃是周王以此爲正其分。」曰：「要正分，更有多少般，却如此不契勘！」可學云〔三一〕：「杜預每到不通處，多云告辭略。經、傳互異，不云傳誤，云經誤。」曰：「可怪！是何識見！」可學。以下諸家解春秋。

問：「春秋傳序引夫子答顔子爲邦之語，爲顔子嘗聞春秋大法，何也？」曰：「此不是孔子將春秋大法向顔子説。蓋三代制作極備矣，孔子更不可復作，故告以四代禮樂，只是集百王不易之大法。其作春秋，善者則取之，惡者則誅之，意亦只是如此，故伊川引以爲據耳。」淳。

「程子〔三二〕所謂『春秋大義數十，炳如日星』者，如『成宋亂』、『宋災故』之類，乃是聖人直著誅貶，自是分明。如胡氏謂書『晉侯』爲以常情待晉襄，書『秦人』爲以王事責秦穆處，却恐未必如此。須是己之心果與聖人之心神交心契，始可斷它所書之旨；不然，則未易言也。程子所謂『微辭隱義，時措從宜者爲難知耳』。」人傑。

或問伊川春秋序後條〔三三〕。曰：「四代之禮樂，此是經世之大法也。春秋之書，亦經世之大法也。然四代之禮樂，是以善者爲法，春秋是以不善者爲戒。」又問：「孔子有取乎五霸，豈非時措從宜？」曰：「是。」又曰：「觀其予五霸，其中便有一個『奪』底意思。」賀孫。

「春秋序云：『雖德非湯、武，亦可以法三王之治。』如是，則無本者亦可以措之治乎？

語有欠。」因云：「伊川甚麽樣子細，尚如此。難！難！」揚。

「今日得程春秋解，中間有説好處；如難理會處，他亦不爲決然之論。向見沙隨春秋解〔三四〕，只有説滕子來朝一處最好。隱十一年方書『滕侯、薛侯來朝』〔三五〕，如何桓二年便書『滕子來朝』？先輩爲説甚多：或以爲時王所黜，故降而書『子』，不知是時時王已不能行黜陟之典；就使能黜陟諸侯，當時亦不止一滕之可黜。或以春秋惡其朝桓，特削而書『子』；自此之後，滕一向書『子』，豈春秋惡其朝桓，而並後代子孫削之乎？或以爲當喪未君；前又不見滕侯卒。皆不通之論。沙隨謂此見得春秋時小國事大國〔三六〕，其朝聘貢賦之多寡，隨其爵之崇卑。滕子之事魯，以侯禮見，則所供者多；故自貶降而以子禮見，庶得貢賦省少易供。此説却恐是。何故？緣後面鄭朝晉云：『鄭伯，男也，而使從公侯之賦。』見得鄭本是男爵，後襲用侯伯之禮，以交於大國，初焉不覺其貢賦之難辦，後來益困於此，方説出此等話。非獨是鄭伯，當時小國多是如此〔三七〕。今程公春秋亦如此説滕子。程是紹興以前文字。不知沙隨見此而爲之説，還是自見得此意？」賀孫。

問：「諸家春秋解如何？」曰：「某盡信不及。如胡文定春秋，某也信不及，知得聖人意裏是如此説否？今只眼前朝報差除，尚未知朝廷意思如何〔三八〕？況生乎千百載之下，欲逆推乎千百載上聖人之心〔三九〕！況自家之心，又未如得聖人，如何知得聖人肚裏事？

某所以都不敢信諸家解，除非是得孔子還魂親説出，不知如何〔四〇〕。」僩。

「胡文定春秋非不好〔四一〕，却不合這件事聖人意是如何下字，那件事聖人意又如何下字。要之，聖人只是直筆據見在而書，豈有許多忉怛！」友仁。

問〔四二〕：「胡春秋〔四三〕如何？」曰：「胡春秋大義正，但春秋自難理會。如左氏尤有淺陋處，如『君子曰』之類，病處甚多。林黄中嘗疑之，却見得是。」時舉。

「胡春秋傳有牽强處。然議論有開合精神。」閎祖。

問胡春秋。曰：「亦有過當處。」文蔚。

問〔四四〕：「胡文定據孟子『春秋，天子之事』一句作骨。如此，則是聖人有意誅賞？」曰：「文定是如此説，道理也是恁地。但聖人只是書放那裏，使後世因此去考見道理如何便爲是，如何便爲不是。若説道聖人當時之意，説他當如此，我便書這一字，淳録云：「以褒之。」他當如彼，我便書那一字淳録云：「以貶之。」別本云：「如此便爲予，如彼便爲奪。」則恐聖人不解恁地。聖人當初只直寫那事在上面，如説張三打李四，李四打張三，未嘗斷他罪，某人杖六十，某人杖八十。如孟子便是説得那地步闊。聖人之意，只是如此，不解恁地細碎。且如『季子來歸』，諸公説得恁地好。據某看來，季友之罪與慶父也不爭多。但是他歸來後，會平了難，魯人歸之，故如此説。況他世執魯之大權，人自是怕他。史官書得恁地，孔子因而存此，蓋以見他執權之漸耳。」義剛。淳録略。

「春秋今來大綱是從胡文定説，但中間也自有難穩處。如叔孫婼『祈死』事〔四五〕，把他做死節，本自無據；後却將『至自晉』一項説，又因公羊『叔孫舍』云云〔四六〕。他若是到歸來，也須問我屋裏人，如何同去弑君？也須誅討斯得。自死是如何？春秋難説。若只消輕看過，不知是如何。如孟子説道『春秋無義戰，彼善於此』，只將這意看如何。左氏是三晉之後，不知是甚麽人。看他説魏畢萬之後必大，如説陳氏代齊之類，皆是後來設爲豫定之言。春秋分明處，只是如『晉士匄侵齊，至穀，聞齊侯卒，乃還』，這分明是與他。」賀孫。

問〔四七〕：「胡氏傳春秋盟誓處，以爲春秋皆惡之，楊龜山亦嘗議之矣。自今觀之，豈不可因其言盟之能守與否而褒貶之乎？今民『泯泯棼棼，罔中于信，以覆詛盟』之時，而遽責以未施信而民信之事，恐非化俗以漸之意〔四八〕。」曰：「不然。盟詛，畢竟非君子之所爲，故曰『君子屢盟，亂是用長』。將欲變之，非去盟崇信，俗不可得而善也。故伊川有言：『凡委靡隨俗者，不能隨時；惟剛毅特立，乃所以隨時〔四九〕。』斯言可見矣。」問洽〔五〇〕：「尋常如何理會是『自命』？」曰：「嘗考之矣。當從劉侍讀之説。自王命不行，則諸侯上僭之事由階而升。然必與勢力之不相上下者池録作：「如歷階而升，以至於極。蓋既無王命，必擇勢力之相敵者。」共爲之，所以布於衆而成其僭也。齊、衛當時勢敵，故齊僖自以爲小伯，而黎人責衛以方伯之事。當時王不敢命伯，而欲自爲伯，故於此彼此相命以成其私也。及其久也，則力之能爲者專之矣，故桓公遂自稱伯。以至戰國諸侯各有稱王之意，不敢獨稱於國，必與勢力之相侔者共約而爲之，齊、魏會于苴澤以相王是也。其後七國皆王，秦人思有以勝之，於是使人致帝于齊，約共稱帝，豈非相帝？自相命而至於相王，自相王而至於相帝，僭竊之漸，勢必至此，池録云：「春秋於此，蓋紀王命不行而諸侯僭竊之端也。」豈非其明證乎？」曰〔五一〕：「然則左傳所謂『胥命于弭』，何也？」曰〔五二〕：「此以納王之事相遜相先也。」曰：「說亦有理。」洽。池録少異。

問：「春秋，胡文定之說如何？」曰：「尋常亦不滿於胡說。且如解經不使道理明白，却就其中多使故事，大與做時文答策相似。近見一相知說，傅守見某說云，固是好，但其中無一故事可用。某作此書，又豈欲多使事也？」問：「先生既不解春秋，合亦作一篇文字，略說大意，使後學知所指歸。」曰：「也不消如此。但聖人作經，直述其事，固是有所抑揚；然亦非故意增減一二字，使後人就一二字上推尋，以爲吾意旨之所在也。」問：「胡文定說『元』字，某不能無疑。元者，始也，正所謂辭之所謂『太』也。今胡乃訓『元』爲『仁』，訓『仁』爲『心』，得無太支離乎？」曰：「楊龜山亦嘗以此議之。胡氏說經，大抵有此病。」「胡文定說春秋，高而不曉事情。說『元年』不要年號。且如今中興以來更七個元年，若無號，則契券能無欺弊者乎？」淳。

「呂居仁春秋亦甚明白，正如某詩傳相似。」道夫。

「東萊有左氏說，亦好。是人記録他語言。」義剛〔五三〕。

「薛常州解春秋，不知如何率意如此，只是幾日成此文字？如何説諸侯無史？内則尚有『閭史』。又如趙盾事，初靈公要殺盾，盾所以走出，趙穿便弒公，想是他本意如此，這個罪首合是誰做？」賀孫。

「薛士龍曰：『魯隱初僭史。』殊不知周官所謂『外史合四方之志』，便是四方諸侯皆有史。諸侯若無史，外史何所稽考而爲史？如古人生子，則『閭史』書之。且二十五家爲閭，閭尚有史，況一國乎！」學蒙〔五四〕。

「昔楚相作燕相書，其燭暗而不明。楚相曰：『舉燭。』書者不察，遂書『舉燭』字于書中。燕相得之，曰：『舉燭者，欲我之明於舉賢也。』於是舉賢退不肖，而燕國大治。故曰：『不是郢書，乃成燕説。』今之説春秋者，正此類也。」人傑。揚録少異。

「學春秋者多鑿説。後漢五行志注載〔五五〕，漢末有發范明友奴冢〔五六〕，奴猶活。明友，霍光女婿。説光家事及廢立之際，多與漢書相應。某嘗説與學春秋者曰：『今如此穿鑿説，亦不妨，只恐一旦有於地中得夫子家奴出來，説夫子當時之意不如此爾！』」廣。

問：「『春，王正月』，是用周正，用夏正？」曰：「兩邊都有證據，將何從？義剛録云：「這個難稽考，莫去理會這個。」某向來只管理會此，不放下，竟擔閣了。吾友讀書不多，不見得此等處。某讀書多後，有時此字也不敢喚做此字。如家語周公祝成王冠辭：『近爾民，遠爾年，嗇爾時，惠爾財，親賢任能。』近爾民，言得民之親愛也；遠爾年，言壽也。『年』與『民』叶，音紉；『能』與『財』叶，囊來反，與『時』叶，音尼。『財』音慈。義剛録云：「『能』字通得三音，若作十五灰韻，則與『才』字叶，與『時』字又不叶。今更不可理會。據今叶『時』字，則當作『尼』字讀。」淳。

「某親見文定公家説，文定春秋説夫子以夏時冠月，以周正紀事。謂如『公即位』，依舊是十一月，只是孔子改正作『春正月』。某便不敢信。恁地時，二百四十二年，夫子只證得個『行夏之時』四個字。據今周禮有正月，有正歲，則周實是元改作『春正月』。夫子所謂『行夏之時』，只是爲他不順，欲改從建寅。如孟子説『七八月之間旱』，這斷然是五六月；『十一月徒杠成，十二月輿梁成』，這分明是九月十月。若真是十一月十二月時，寒自過了，何用更造橋梁？古人只是寒時造橋度人，若暖時又只是教他自從水裏過。看來古時橋也只是小橋子，不似如今石橋浮橋恁地好。」義剛。

「春秋傳言：『元者，仁也；仁，人心也。』固有此理，然不知仁如何却喚做『元』？如程子曰：『天下之理，原其所自，未有不善。』易傳曰：『成而後有敗，敗非先成者也；得而後有失，非得，何以有失也？』便說得有根源。」閎祖。

「胡文定說春秋『公即位』，終是不通。且踰年即位，凶服如何入廟？胡文定却說是冢宰攝行。他事可攝，即位豈可攝？且如『十一月乙丑，伊尹以冕服奉嗣王』，『惟十有三祀』，却是除服了。康王之誥，東坡道是召公失禮處。想古時是這般大事，必有個權宜，如借吉之例。」或問：「金縢，前輩謂非全書。」曰：「周公以身代武王之說，只緣人看錯了。此乃周公誠意篤切，以庶幾其萬一。『丕子之責于天』，只是以武王受事天之責任，如今人說話，他要個人來服事。周公便說是他不能服事天，不似我多才多藝，自能服事天。」賀孫。

「春秋一發首不書即位，即君臣之事也；書仲子嫡庶之分，即夫婦之事也；書及邾盟，朋友之事也；書『鄭伯克段』，即兄弟之事也。一開首，人倫便盡在。」

「惠公仲子，恐是惠公之妾。僖公成風，却是僖公之母，不可一例看，不必如孫明復之說。」閎祖。孫明復云：「文九年冬，秦人來歸僖公成風之襚，與此不稱夫人義同，譏其不及事，而又兼之貶也。」

義剛曰：「莊公見潁考叔而告之悔，此是他天理已漸漸明了。考叔當時聞莊公之事而欲見之，此〔五七〕是欲撥動他機。及其既動，却好開明義理之說，使其心豁然知有天倫之親。今却教恁地做，則母子全恩，依舊不出於真理。此其母子之間雖能如此，而其私欲固未能瑩然消釋。其所以略能保全而不復開其隙者，特幸耳。」曰：「恁地看得細碎，不消如此。某便是不喜伯恭博議，時他便都是這般議論。恁地忒細碎，不濟得事。且如這樣，他是且欲全他母子之恩。以他重那盟誓，未肯變，故且教他恁地做。這且得他全得大義，未暇計較這個，又何必如此去論他。」義剛。

陳仲蔚問：「東萊論潁考叔之說是否？」曰：「古人也是重那盟誓。」又問：「左傳於釋經處但略過，如何？」曰：「他釋經也有好處。如說『段不弟，故不言弟。稱鄭伯，譏失教也』。這樣處，說得也好，蓋說得闊。」又問：「『宋宣公可謂知人矣，立穆公，其子享之』，這也不可謂知人。」曰：「這樣處，却說得無巴鼻。如公羊說，宣公却是宋之罪腦。〔五八〕左氏有一個大病，是他好以成敗論人，遇他做得來好時，便說他好；做得來不好時，便說他不是，却都不折之以理之是非，這是他大病。叙事時，左氏却多是，公、穀却都是胡撰。他去聖人遠了，只是想象胡說。」或問：「左氏果丘明否？」曰：「左氏叙至韓、魏、趙殺智伯事，去孔子六七十年，決非丘明。」義剛。

「『夫人子氏薨』，只是仲子。左氏『豫凶事』之說，亦有此理。『考仲子之宮』，是別立廟。」人傑。二年。

問〔五九〕：「石碏諫得已自好了，如何更要那『將立州吁』四句？」曰：「也是要得不殺那桓公。」又問：「如何不禁其子與州吁遊？」曰：「次第是石碏老後，奈兒子不何。」又問：「殺之，如何要引他從陳去？忽然陳不殺，却如何？」曰：「如喫飯樣，不成說道喫不得後，便不喫，也只得喫。」義剛。二年。

陳仲蔚說「公矢魚于棠」，云：「或謂『矢』，如『臯陶矢厥謨』之『矢』〔六〇〕。」曰：「便是亂說。今據傳曰『則君不射』〔六一〕，則『矢魚』是將弓矢去射之，如漢武帝親射江中蛟之類。何以見得？夫子作春秋，征只書征，伐只書伐，不曾恁地下一字。如何平白無事，陳魚不只寫作『陳』字，却要下個『矢』字則麽？『遂往陳魚而觀之』這幾句，却是左氏自說。據他上文，則無此意。」義剛。五年。

「『鄭人來渝平』，渝，變也。蓋魯先與宋好，鄭人却來渝平，謂變渝舊盟，以從新好也。公、穀作『輸平』。胡文定謂以物而求平也，恐不然。但言『輸』，則渝之義自在其中。如秦詛楚文云『變輸盟刺』，若字義則是如此，其文意則只是『渝』字也。」銖。六年。

因言「勇而無剛」，曰：「剛與勇不同，勇只是敢爲，剛有堅强之意。」閎祖。九年。

「桓公有兩年不書秋冬，説者謂，以喻時王不能賞罰。若如是，孔子亦可謂大迂闊矣。某嘗謂，説春秋者只好獨自説，不可與人論難。蓋自説，則横説豎説皆可，論難着便説不行。」必大。桓四年、七年。

「春秋書『蔡人殺陳佗』，此是夫子據魯史書之。佗之弑君，初不見於經者，亦是魯史無之耳。」廣。六年。

問：「書蔡威侯，文定以爲蔡季之賢，知請謚，如何？」曰：「此只是文誤。」人傑。十七年。〔六二〕

問：「魯桓公爲齊襄公所殺，其子莊公與桓公會而不復讎，先儒謂春秋不譏，是否？」曰：「他當初只是據事如此寫在，如何見他譏與不譏？當桓公被殺之初，便合與他理會。使上有明天子，下有賢方伯，便合上告天子，下告方伯，興復讎之師。只緣周家衰弱，無赴愬處〔六三〕，莊公又無理會，便自與之主婚，以王姬嫁齊。及到桓公時，又自隔一重了。況此事體又别。桓公率諸侯以尊周室，莊公安得不去？若是不去，却不是叛齊，乃是叛周。」曰：「使莊公當初自能舉兵殺了襄公，還可更赴桓公之會否？」曰：「他若是能殺襄公，他却自會做霸主，不用去隨桓公。若是如此，便是這事結絶了。」文蔚。僩録詳見本朝六。

「荆楚初書國，後進稱人、稱爵，乃自是他初間不敢驟交於中國，故從卑稱。後漸大，故

稱爵。」賀孫。莊十年。〔六四〕

「成風事季友，與敬嬴事襄仲一般，春秋何故褒季友？如書『季子來歸』是也。」人傑謂：「季子既歸，而閔公被弒，慶父出奔。季子不能討賊，是其意在於立僖公也。」先生曰：「縱失慶父之罪小，而季子自有大惡。今春秋不貶之，而反褒之，殆不可曉。蓋如高子、仲孫之徒，只是舊史書之，聖人因其文而不革。所以書之者，欲見當時事迹，付諸後人之公議耳。若謂季子爲命大夫，則叔孫婼嘗受命服，何爲書名乎？」人傑。閔元年。

「春秋書『季子來歸』，恐只是因舊史之文書之，如此寬看尚可。若謂春秋謹嚴，便没理會。或只是魯亂已甚，後來季友立得僖公，再整頓得個社稷起，有此大功，故取之，與取管仲意同。然季子罪惡與慶父一般，春秋若褒之，則此一經乃淪三綱、斁九法之書爾。當時公子牙無罪，又用藥毒殺了。季子賜族，此亦只是時君恩意，如秦呼呂不韋作『尚父』耳。」正淳曰：「季子雖來歸，亦有放走慶父之罪。」曰：「放走慶父罪小，它自身上罪大，亦治慶父不得。」必大。畨録云：「『春秋書「季子來歸」，不知夫子何故取季友？恐只是如取管仲之意，但以其後來有功社稷，所以更不論其已前罪過』。正淳曰：『説者謂是國人喜季子之來，望其討慶父之罪，故春秋因如此書之。及後來不能治慶父，則季子之可貶者亦可見矣。』曰：『季子之罪，不在放走了慶父，先已自有罪過了。』」

問季友之爲人。曰：「此人亦多可疑。諸家多言季友來歸，爲聖人美之之辭。據某看此一句，正是聖人著季氏所以專國爲禍之基。又『成風聞季氏之繇，乃事之』，左氏記此數句，亦有説話。成風没巴鼻，事他〔六五〕則甚？據某看，此等人皆魯國之賊耳。」又問子家子。曰：「它却是忠於昭公。只是也無計畫，不過只欲勸昭公且泯默含垢受辱，因季氏之來請而歸魯耳。昭公所以不歸，必是要逐季氏而後歸也。當時列國之大夫，如晉之欒，魯之季氏，鄭之伯有之徒，國國皆然。二百四十二年，真所謂五濁惡世，不成世界！孔子説：『有用我者，吾其爲東周乎！』不知如何地做？從何處做起？某實曉不得。」或曰：「相魯可見。」曰：「他合下只説得季威子透，威子事事信之，所以做得。及後來被公斂處父一説破了，威子便不信之，孔子遂做不得矣。孟子説五年七年可『爲政於天下』，不知如何做，孔子不甚説出來。孟子自擔負不淺，不知怎生做也。」僩。

「『季子來歸』，如『高子來盟』、『齊仲孫來』之類。當時魯國内亂，得一季子歸國，則國人皆有慰望之意，故魯史喜而書之。夫子直書史家之辭。其實季子無狀，觀於成風事之可見〔六六〕。一書『季子來歸』，而季氏得政，權去公室之漸，皆由此起矣。」問：「『魯君弑而書「薨」』，如何？」曰：「如晉史書趙盾弑君，齊史書崔杼弑君，魯却不然，蓋恐是周公之垂法，史書之舊章。韓宣子所謂周禮在魯者，亦其一事也。」問諸侯書「卒」。曰：「劉道原嘗言之，此固當書『卒』。」問：「魯君書『薨』，而諸侯書『卒』，內大夫卒，而略外大夫，只是別內外之辭。」曰：「固是。且如今虜主死，其國必來告哀，史官必書虜主之死。若虜中宰相大臣，彼亦不告，此亦必不書之也。但書『王猛』，又書『王子猛』，皆不可曉。所謂天子未除喪曰『予小子』，生名之，死亦名之，此乃據春秋例以爲之説耳。」人傑。〔六七〕

「齊桓公較正當，只得一番出伐。管仲亦不見出，有事時只是遣人出整頓。春秋每稱『齊人』。左傳上全不曾載許多事，却載之於國語，及出孟子。吕丈言，左傳不欲見桓公許多不美處，要爲桓公、管仲全之。孟子所載桓公，亦自犯了，故皆不載。」曰：「左氏有許多意思時，却是春秋。左氏亦不如此回互，只是有便載，無便不載。説得意思回互如此，豈不教壞了人！晉文公詭譎，如侵曹，伐衛，皆是當時出時不禮之私，却只名謂『治其從楚』。如書『晉侯伐衛』，辭意可見。又書『楚人救衛』，如書『救』，皆是美意。中國之諸侯，晉以私伐之，乃反使楚人來救。如『晉侯侵曹』，『晉侯伐衛』，『楚人救衛』，其辭皆聖人筆削，要來此處看義理。今人作春秋義，都只是論利害。晉侯侵伐皆自出。」揚。僖四年。

問：「齊侯侵蔡，亦以私，如何？」曰：「齊謀伐楚已在前。本是伐楚，特因以侵蔡耳，非素謀也。」問：「國語、左傳皆是左氏編，何故載齊桓公於國語，而不載於左傳？」曰：「不知二書作之先後。温公言先作國語，次作傳。又有一相識言，先左傳，次國語，國語較老如左傳。後看之，似然。」揚。

「昔嘗聞長上言，齊威公伐楚，不責以僭王之罪者，蓋威公每事持重，不是一個率然不思後手者。當時楚甚强大，僭王已非一日。威公若以此問之，只宜楚即服罪；不然，齊豈遽保其必勝楚哉？及聞先生言及，亦以爲然。」壯祖。〔六八〕

「春秋書『會王世子』，與齊威公也。」廣。五年。〔六九〕

「晉里克事，只以春秋所書，未見其是非。國語載驪姬陰託里克之妻，其後里克守不定，遂有中立之說。他當時只難里克，里克若不變，太子可安。由是觀之，里克之罪明矣。後來殺奚齊、卓子，亦自快國人之意，且與申生伸冤。如春秋所書，多有不可曉。如里克等事，只當時人已自不知孰是孰非，況後世乎？如蔡人殺陳佗，都不曾有陳佗弑君蹤跡。『會王世子』，却是威公做得好。」賀孫。九年。〔七〇〕

或問：「春秋書『晉殺其大夫荀息』，是取他否？」曰：「荀息亦未見有可取者，但始終一節，死君之難，亦可取耳。後又書『晉殺其大夫里克』者，不以弑君之罪討之也。然克之罪則在中立。今左傳中却不見其事，國語中所載甚詳。」廣。十年。

問〔七一〕：「里克、丕鄭、荀息三人，當初晉獻公欲廢太子申生，立奚齊，荀息便謂『君命立之，臣安敢貳』？略不能諫君以義，此大段不是。里克、丕鄭謂『從君之義，不從君之惑』，所見甚正，只是後來却做不徹。」曰：「他倒了處，便在那中立上。天下無中立之事，自家若排得他退，便用排退他；若奈何他不得，便用自死。今驪姬一許他中立，他事便了，便是他只要求生避禍。正如隋高祖篡周，韋孝寬初甚不能平，一見衆人被殺，便去降他，反教他添做幾件不好底事。看史到此，使人氣悶。」或曰：「看荀息亦有不是處〔七二〕。」曰：「全然不是，豈止有不是處？只是辨得一死，亦是難事。」文蔚曰：「里克當獻公在時，不能極力理會；及獻公死後，却殺奚齊，此亦未是。」曰：「這般事便是難說。獻公在日，與他說不聽，又怎生奈何得他？後來亦用理會，只是不合殺了他。」文蔚。

「吳、楚盟會不書王，恐是吳、楚當時雖自稱王於其國，至與諸侯盟會，則未必稱也。」閎祖。二十一年。〔七三〕

「諸侯滅國，未嘗書名。『衛侯燬滅邢』，說者以爲滅同姓之故。今經文只隔『夏四月癸酉』一句，便書『衛侯燬卒』，恐是因而傳寫之誤，亦未可知。」又曰：「『魯君書『薨』，外諸侯書『卒』。劉原父答温公書，謂『薨』者，臣子之詞。温公亦以爲然。以『卒』爲貶詞者，恐亦非是。」人傑〔七四〕。二十五年。

「臧文仲廢六關，若以爲不知利害而輕廢，則但可言不知。所以言『不仁』者，必有私意害民之事。但古事既遠，不可考耳。」〔七五〕有言：「臧文仲知征之爲害而去之，遂並無以識察姦僞，故先生云然。」方子。文二年。

「僖公成風與東晉簡文帝鄭太后一也，皆所以著妾母之義。至本朝真宗既崩，始以三后並配。當時群臣亦嘗爭之，爲其創見也。後來遂以爲常，此禮於是乎紊矣。」人傑。四年〔七六〕。

胡氏春秋文八年記公孫敖事云：「色出於性，淫出於氣。」其說原於上蔡，此殊分得不是。大凡出於人身上道理，固皆是性。色固性也，然不能節之以禮，制之以義，便是惡。故孟子於此只云『君子不謂性也』，其語便自無病。」又曰：「李先生嘗論公孫敖事，只『如京師，不至而復』，便是大不恭。魯亦不再使人往，便是罪。如此解之，於經文甚當，蓋經初無從己氏之說。」𣈶。人傑録云：「胡氏〔七七〕只貶他從己氏之過。經文元不及此事。」八年。

「『遂以夫人姜氏至自齊』，恐是當時史官所書如此。蓋爲如今魯史不存，無以知何者是舊文，何者是聖人筆削，怎見得聖人之意？」閎祖。宣元年。

「晉『驪姬之亂，詛無畜群公子，自是晉無公族』，而以卿爲公室大夫，這個便是六卿分晉之漸。始驪姬謀逐群公子，欲立奚齊、卓子爾。後來遂以爲例，則疑六卿之陰謀也。然亦不可曉。」僩。三年〔七八〕。

植因舉楚人「卒偏之兩」，乃一百七十五人。曰〔七九〕：「一廣有百七十五人，二廣計三百五十。楚分爲左、右廣，前後更番〔八〇〕。」植。十二年。

「宣公十五年，『公孫歸父會楚子于宋。夏五月，宋人及楚人平』。春秋之責宋、鄭，正以其叛中國而從夷狄爾。中間諱言此事，故學者不敢正言，今猶守之而不變，此不知時務之過也。罪其貳霸，亦非是。春秋豈率天下諸侯以從三王之罪人哉？特罪其叛中國爾。」此章，先生親批章浦縣學課簿。道夫。

先生問人傑：「記左傳分謗事否？」人傑以韓獻子將殺人，郤獻子馳救不及，使速以徇對。〔八一〕先生曰：「近世士大夫多是如此，只要徇人情。如荀林父邲之役，先縠違命而濟，乃謂『與其專罪，六人同之』，是何等見識！當時爲林父者，只合按兵不動，召先縠而誅之。」人傑曰：「若如此，豈止全軍，雖進而救鄭可也。」因問：「韓厥殺人事，在郤克只得如此。」曰：「既欲馳救，則殺之未得爲是。然這事却且莫管。」因云：「當時楚孫叔敖不欲戰，伍參爭之。若事有合爭處，須當力爭，不可苟徇人情也。」人傑。成二年。

問：「『民受天地之中以生』，中是氣否？」曰：「中是理，理便是仁義禮智，曷常有形象來？凡無形者謂之理，若氣，則謂之生也。清者是氣，濁者是形。氣是魂，謂之精；血是魄，謂之質。所謂『精氣爲物』，須是此兩個相交感，便能成物。『遊魂爲變』，所稟之氣至此已盡，魂升于天，魄降于地。陽者，氣也，魂也，歸于天；陰者，質也，魄也，降于地，謂之死也。知生則便知死，只是此理。夫子告子路，非是拒之，是先後節次如此也。」因說：「鬼神者，造化之迹。且如起風做雨，震雷閃電，花生花結，非有神而何？自不察耳。才見說鬼事，便以爲怪。世間自有個道理如此，不可謂無，特非造化之正耳。此得陰陽不正之氣，不須驚惑。所以夫子『不語怪』，以其明有此事，特不語耳。南軒說無，便不是了。」明作。成十三年。

「胡解『晉弑其君州蒲』一段，意不分明，似是爲欒書出脱。曾問胡伯逢，伯逢曰：『厲公無道，但當廢之。』」閎祖。十八年。〔八二〕

因問：「胡氏傳欒書弑晉厲公事，其意若許欒書之弑，何也？」曰：「舊亦嘗疑之，後見文定之甥范伯達而問焉。伯達曰：『文定之意，蓋以爲欒書執國之政，而厲公無道如此，亦不得坐視。爲書〔八三〕之計，厲公可廢而不可殺也。』」洽言〔八四〕：「傳中全不見此意。」曰：「文定既以爲〔八五〕當如此作傳，雖不可明言，豈不可微示其意乎？今累數百言，而其意絶不可曉，是亦拙於傳經者也。」洽。

楊至之問晉悼公。曰：「甚次第。他才大段高，觀當初人去周迎他時，只十四歲，他說幾句話便乖，便有操有縱。才歸晉，做得便別。當時厲公恁地弄得狼當，被人攛掇，胡亂殺了，晉室大段費力。及悼公歸來，不知如何便被他做得恁地好。恰如久雨積陰，忽遇天晴，光景便別，赫然爲之一新。」又問：「勝威、文否？」曰：「儘勝。但威、文是白地做起來，悼公是見成基址。某嘗謂，晉悼公、宇文周武帝、周世宗，三人之才一般，都做得事。都是一做便成，及才成又便死了，不知怎生地。」義剛〔八六〕。

楊至之問：「左傳『元者體之長』等句，是左氏引孔子語，抑古有此語？」曰：「或是古已有此語，孔子引他，也未可知。左傳又云『克己復禮，仁也』。『克己復禮』四字，亦是古已有此語。」淳。九年。

子上問：「鄭伯以女樂賂晉悼公，如何有歌鍾二肆？」曰：「鄭、衛之音，與先王之樂，其器同，止是其音異。」璘。十一年。

問：「左氏駒支之辯〔八七〕，劉侍讀以爲無是事。」曰：「某亦疑之。既曰：『言語衣服，不與華同』，又却能賦青蠅，何也？又太子申生伐東山皋落氏，攛掇申生之死，乃數公也。申生以閔二年十二月出師，衣之偏衣，佩之金玦，數公議論如此，獻公更舉事不得，便有『逆詐、億不信』底意思。左氏一部書，都是這意思，文章浮艷，更無事實。蓋周衰時，自有這一等迂闊人。觀國語之文，可見周之衰也。某嘗讀宣王欲籍千畝事，便心煩。及戰國時人，却尚事實，觀太史公史記可見。公子成與趙武靈王爭胡服，甘龍與衛鞅爭變法，其他如蘇、張之辯，莫不皆然。衛鞅之在魏，其相公孫座勸魏君用之；不然，須殺之。魏君不從，則又與鞅明言之。鞅以爲不能用我，焉能殺我？及秦孝公下令，鞅西入秦。然觀孝公下令數語，如此氣勢，乃是吞六國規模。鞅之初見孝公，説以帝道王道，想見好笑，其實乃是霸道。鞅之如此，所以堅孝公之心，後來迂闊之説，更不能入。使當時無衛鞅，必須别有人出來。觀孝公之意，定是不用孟子。史記所載事實，左氏安得有此？」人傑。十四年。

「季札辭國，不爲盡是。」揚。

問：「季札，胡文定公言其辭國以生亂，温公又言其明君臣之大分。」曰：「可以受，可以無受。」燾。

問：「季札觀樂，如何知得如此之審？」曰：「此是左氏妝點出來，亦自難信。如聞齊樂而曰『國未可量』，然一再傳而爲田氏，烏在其爲未可量也？此處皆是難信處。」時舉。二十九年。

或問：「子産相鄭，鑄刑書，作丘賦，時人不以爲然。是他不達『爲國以禮』底道理，徒恃法制以爲國，故鄭國日以衰削。」曰：「是他力量只到得這裏。觀他與韓宣子爭時，似守得定。及到伯有、子皙之徒撓他時，則度其可治者治之；若治他不得，便只含糊過〔八八〕。亦緣當時列國世卿，每國須有三兩族强大，根株盤互，勢力相依倚，卒急動他不得。不比如今大臣，才被人論，便可逐去。故當時自有一般議論，如韓獻子『分謗』之説，只是要大家含糊過，不要見得我是，你不是。又如魯以相忍爲國，意思都如此。後來張文潛深取之，故其所著雖連篇累牘，不過只是這一意。」廣。昭六年。

「左傳『形民之力，而無醉飽之心』，杜預煞費力去解。後王肅只解作『刑罰』之『刑』，甚易曉，便是杜預不及他。李百藥也有兩處說，皆作『刑罰』字說。」義剛。十二年。〔八九〕

「『形民之力，而無醉飽之心』，左傳作『形』字解者，胡說。今家語作『刑民』，注云『傷也』，極分曉。蓋言傷民之力以爲養，而無饜足之心也。又如禮記中說『耆欲將至，有開必先』，家語作『有物將至，其兆必先』爲是。蓋『有』字似『耆』字，『物』字似『欲』字，『其』字似『有』字，『兆』字篆文似『開』字之『門』，必誤無疑。今欲作『有開』解，亦可，但無意思爾。王肅所引證，也有好處。後漢鄭玄與王肅之學互相詆訾，王肅固多非是，然亦有考援得好處。」僩。

「齊田氏之事，晏平仲言『惟禮可以已之』，不知他當時所謂禮，如何可以已之？想他必有一主張。」燾。二十六年。

「春秋權臣得政者，皆是厚施於民。故晏子對景公之辭曰：『在禮，家施不及國。』乃先王防閑之意。」人傑。

或問：「申包胥如秦乞師，哀公爲之賦無衣，不知是作此詩，還只是歌此詩？」曰：「賦詩，在他書無所見，只是國語與左傳說，皆出左氏一手，不知如何。左傳前面説許穆夫人賦載馳，高克賦清人，皆是説作此詩。到晉文公賦河水以後，如賦鹿鳴、四牡之類，皆只是歌誦其詩，不知如何。」因言：「左氏説多難信。如晉范宣子責姜戎不與會，姜戎曰：『我諸戎贄幣不通，言語不同，不與於會，亦無瞢焉。』賦青蠅而退。既説言語不同，又却會恁地説，又會誦詩，此不可曉。」胡泳。定四年。

問：「夾谷之會，孔子數語，何以能却萊人之兵？」曰：「畢竟齊常常欺魯，魯常常不能與之爭，却忽然被一個人來以禮問他，他如何不動？如藺相如。秦王擊缶，亦是秦常欺得趙過，忽然被一個人恁地硬振，他如何不動？」燾。十年。

「聖人隳三都，亦是因季氏，厭其强也。正似唐末五代羅紹威，其兵强於諸鎮者，以牙兵五千人也。然此牙兵又不馴於其主，羅甚惡之。一日盡殺之，其鎮遂弱，爲鄰鎮所欺，乃方大悔。」揚。十二年。

「春秋獲麟，某不敢指定是書成感麟，亦不敢指定是感麟作。大概出非其時，被人殺了，是不祥。」淳。

陳仲亨問〔九〇〕：「晉三卿爲諸侯，司馬、胡氏之説，孰正？」曰：「胡氏説也是如此。但他也只從春秋中間説起，這却不特如此。蓋自平王以來，便恁地無理會了。緣是如此日降一日，到下梢自是没奈他何。而今看春秋初時，天王尚略略有戰伐之屬，到後來都無事。及到定、哀之後，更不敢説着他。然其初只是諸侯出來抗衡，到後來諸侯才不奈何，便又被大夫出來做。及大夫稍做得没奈何，又被陪臣出來做。這便似唐之藩鎮樣，其初是節度抗衡，後來牙將、孔目官、虞候之屬，皆殺了節度使後出來做。當時被他出來握天下之權，恣意恁地做後，更没奈他何，這個自是其勢必如此。如夫子説『禮樂征伐自天子出』一段，這個説得極分曉。」義剛。附此。

問：「『自陝以東，周公主之；自陝以西，召公主之。』周、召既爲左右相，如何又主二伯事？」曰：「此春秋説所未詳，如顧命説召公率西方諸侯入應門左，畢公率東方諸侯入應門右，所可見者，其略如此。」公羊隱五年。

「春秋傳毁廟之道，改塗易檐，言不是盡除，只改其灰節，易其屋檐而已。」義剛。〔九一〕

「天子之廟，『復廟重檐』。『檐』，音簷。又曰：『毁廟之制，改塗可也，易檐可也。』」銖。

問：「穀梁釋『夫人孫于齊』，其文義如何？」曰：「『始人之也』，猶言始以人道治莊公也。命，猶名也，猶曰『若於道』、『若於言』，天人皆以爲然，則是吾受是名也。『臣子大受命』，謹其所受命之名而已。大抵齊、魯之儒多質實，當時或傳誦師説，見理不明，故其言多不倫。禮記中亦然，如云『仁者右也，義者左也』，道他不是，不得。」人傑。穀梁莊元年。〔九二〕

林問：「先生論春秋一經，本是明道正誼、權衡萬世典刑之書。如朝聘、會盟、侵伐等事，皆是因人心之敬肆爲之詳略；或書字，或書名，皆就其事而爲之義理；最是斟酌豪忽不差。後之學春秋，多是較量齊、魯長短。自此以後，如宋襄、晉悼等事，皆是論伯事業。不知當時爲王道作邪？爲伯者作邪？若是爲伯者作，則此書豈足爲義理之書？」曰：「大率本爲王道正其紀綱〔九三〕。看已前春秋文字雖觕，尚知有聖人明道正誼道理，尚可看。近來止說得霸業權譎底意思，更開眼不得。此義不可不知。」寓。論治經之弊。

「春秋本是明道正誼之書，今人只較齊、晉伯業優劣，反成謀利，大義都晦了。今〔九四〕人做義，且做得齊威、晉文優劣論。」淳。

「春秋之作，不爲晉國伯業之盛衰。此篇大意失之，亦近歲言春秋者之通病也。正誼不謀利，明道不計功；尊王、賤霸；内諸夏，外夷狄，此春秋之大指，不可不知也。」此亦先生親筆。道夫。

問：「今科舉習春秋學，只將伯者事業纏在心胸；則春秋，先儒謂尊王之書，其然邪？」曰：「公莫道這個物事，是取士弊如此，免不得應之〔九五〕。今將六經做時文，最說得無道理是易與春秋。他經猶自可。」容。

「今之治春秋者，都只將許多權謀變詐爲說，氣象局促，不識聖人之意，不論王道之得失，而言伯業之盛衰，失其旨遠矣！『公即位』，要必當時別有即位禮數，不書即位者，此禮不備故也。今不可考，其義難見。諸家之説，所以紛紛。『晉侯侵曹』，『晉侯伐衛』，皆是文公譎處，考之左氏可見，皆所以致楚師也。」謨。

「今〔九六〕之做春秋義，都是一般巧説，專是計較利害，將聖人之經做一個權謀機變之書。如此，不是聖經，却成一個百將傳。」因説：「前輩做春秋義，言辭雖粗率，却説得聖人大意出。年來一味巧曲，但將孟子『何以利吾國』句説盡一部春秋。這文字不是今時方恁地。自秦師垣主和議，一時去趨媚他，春秋義才出會夷狄處。此最是春秋誅絶底事，人却都做好説。看來此書自將來做文字不得，才説出，便有忌諱。常勸人不必做此經，他經皆可做，何必去做春秋？這處也是世變。如二程未出時，便有胡安定、孫泰山、石徂徠，他門説經雖是甚有疏略處，觀其推明治道，直是凛凛然可畏。春秋本是嚴底文字，聖人此書之作，遏人欲於横流，遂以二百四十二年行事寓其褒貶。恰如大辟罪人，事在款司，極是嚴緊，一字不敢胡亂下。使聖人作經，有今人巧曲意思，聖人亦不解作得。」因問文定春秋。曰：「某相識中多有不取其説者。正其義不謀其利，明其道不計其功，春秋大法正是如此。今人却不正其義而謀其利，不明其道而計其功。不知聖人將死，作一部書如此，感麟涕泣，雨淚沾襟，這般意思是豈徒然！」問：「春秋繁露如何？」曰：「尤延之以此書爲僞，某看來不是董子書。」又言：「呂舍人春秋却好，白直説去，卷首與末梢又好，中間不似。伯恭以爲此書只妝點爲説。」寓。道夫録云：「近時言春秋者，皆是計較利害，大義却不曾見。如唐之陸淳，本朝孫明復之徒，他雖未能深於聖經，然觀其推言治道，凛凛然可畏，終是得聖人個意思。春秋之作，蓋以當時人欲横流，遂以二百四十二年行事寓其褒貶。恰如今之事送在法司相似，極是嚴緊，一字不輕易。若如今之説，只是個權謀智略、兵機譎詐之書爾。聖人晚年痛哭流涕，筆爲此書，豈肯恁地纖巧！豈至恁地不濟事！」

「春秋固是尊諸夏，外夷狄。然聖人當初作經，豈是要率天下諸侯而尊齊、晉！自秦檜和戎之後，士人諱言内外，而春秋大義晦矣。」淳。

問：「春秋一經，夫子親筆，先生不可使此一經不明於天下後世。」曰：「某實看不得。」問：「以先生之高明，看如何難？」曰：「劈頭一個『王正月』，便説不去。」劉曰：「六經無建子月，惟是禮記雜記中有個『正月日至，可以有事于上帝；七月日至，可以有事于先王』，其他不見説建子月。」曰：「惟是孟子出來作鬧，『七八月之間旱，則苗槁矣』，便是而今五六月，此句又可鶻突。『歲十一月徒杠成，十二月輿梁成』，是而今九月十月。若作今十一月十二月，此去天氣較暖，便可涉過，唯是九月十月不可涉過。止有此處説，其他便不可説。」劉云：「若看春秋，要信傳不可。」曰：「如何見得？」曰：「『天王使宰咺來歸仲子之賵』，傳謂『預凶事』，此非人情。天王歸賵於魯，正要得牢籠魯。這人未死，却歸之賵，正所以怒魯也。」曰：「天王正以此厚魯。古人却不諱死。」舉漢梁王事，云云；又「季武子成寢，杜氏之葬在西階之下，請合葬焉」一段。先生舉此大笑，云：「以一個人家，一火人扛個棺櫬入來哭，豈不可笑！古者大夫入國，以棺隨其後，使人擡扛個棺櫬隨行，死便要用，看古人不諱凶事。」砥。寓録略。以下自言不解春秋。

「春秋，某煞有不可曉處，不知是聖人真個説底話否。」泳。

問：「先生於二禮、書、春秋未有説，何也？」曰：「春秋是當時實事，孔子書在册子上。後世諸儒學未至，而各以己意猜傳，正横渠所謂『非理明義精而治之，故其説多鑿』是也。唯伊川以爲『經世之大法』，得其旨矣。然其間極有無定當、難處置處，今不若且存取胡文定本子與後來[九七]看，縱未能盡得之，然不中不遠矣。書中間亦極有難考處，只如禹貢説三江及荆、揚間地理，是吾輩親目見者，皆有疑；至北方即無疑，此無他，是不曾見耳。康誥以下三篇，更難理會。如酒誥却是戒飲酒，乃曰『肇牽車牛遠服賈』，何也？梓材又自是臣告君之辭，更不可曉。其他諸篇亦多可疑處。解將去固易，豈免有疑？禮經要須編成門類，如冠、昏、喪、祭，及他雜碎禮數，皆須分門類編出，考其異同，而訂其當否，方見得。然今精力已不逮矣，姑存與後人。」趙幾道又問：「禮合如何修？」曰：「禮非全書，而禮記尤雜。今合取儀禮爲正，然後取禮記諸書之説，以類相從，更取諸儒剖擊之説各附其下，庶便搜閲。」又曰：「前此三禮同爲一經，故有三禮學究。王介甫廢了儀禮，取禮記，某以此知其無識。」大雅。

「春秋難看，此生不敢問。如鄭伯髡頑之事，傳家甚異。」可學。

校勘記

〔一〕某事用某例邪　上一「某」字原作「甚」，據朝鮮本改。

〔二〕故書字　朝鮮本「字」下增七十五字，云：「又如季子來歸，諸解多做好看。某看季子之罪與慶父不爭，多只是它歸來會平了難，故魯人如此説。更是它家世執魯之大權，史官怕它，自是恁地書。孔子因而存之，以見季氏之專萌芽於此。如」

〔三〕義剛録云　朝鮮本「云」上有「少異」二字。

〔四〕要見當時治亂興衰　朝鮮本「衰」下增小注云：「如那一部左傳，載得許多事，也未知是與不是，但是道理也是恁地，今且把來參考。」凡三十二字。

〔五〕且如春秋只據赴告而書之　朝鮮本「而」下有「後」字。

〔六〕大概自成哀已前　按成公、哀公相隔五代，「哀」字疑有誤。據孔子生於襄公年間，卒於哀公年間，當作「成、襄已前」，方與下文「昭、哀已後」相合。

〔七〕逸　朝鮮本作：逆。

〔八〕曰　朝鮮本作「先生曰」。

〔九〕如挾柔無駭之類　「柔」當據春秋改爲「溺」，詳見〔九〕。

〔一〇〕莊十一年書柔皆未命也　按春秋莊公十一年無書「柔」事。春秋莊公三年，記「溺會齊師伐衛」，公羊傳云：「溺者何？吾大夫之未命者也。」此「皆未命也」之説所由來。是「十一」當作「三」，「柔」當作「溺」，答朱熹問者偶誤也。

〔一一〕誰之所爲乎　朝鮮本「誰」上有「果」字，「乎」下增「人」字。

〔一二〕與慶父之徒何異　「徒」原作「從」，據朝鮮本改。

〔一三〕壯祖　朝鮮本作：處謙。

〔一四〕或　朝鮮本段首增：先生因。

〔一五〕壯祖　朝鮮本作：處謙。

〔一六〕曰　朝鮮本作：時舉云。

〔一七〕也見不得　朝鮮本此下增：時舉云。

〔一八〕叔器　朝鮮本作：胡叔器。

〔一九〕怎生　朝鮮本此下增「地」字。

〔二〇〕長平　朝鮮本「長平」上增：又其後秦人。

〔二一〕坑死　朝鮮本此下增：是殺了多少。

〔二二〕義剛　朝鮮本末尾增一節小字：淳録同。□魏志胡烈紿語親兵，曰：「會也作大坑。」鍾會伐蜀見本傳。

〔二三〕趨炎附勢之人　朝鮮本末尾增記録者姓名：夔孫。

〔二四〕此段不如穀梁説君子大居正　「穀梁」誤，當作「公羊」。公羊傳隱公三年：「故君子大居正，宋之禍宣公爲之也。」

〔二五〕因舉芟夷蘊崇之一段　「蘊」，阮元春秋左傳注疏校勘記卷四：「石經、宋本作『薀』，釋文亦作『薀』，周禮稻人、薙人（當作「薙氏」）鄭司農引傳文並作『薀』。」（按薙氏鄭注未引傳文。）阮元謂當作「薀」字，「蘊」爲俗字。

〔二六〕漢高帝　朝鮮本此下增：斬。

〔二七〕符瑞　朝鮮本末尾增小字：庚。

〔二八〕二人乃是經生　朝鮮本「二」上有「此」字。

〔二九〕問　朝鮮本作：文蔚問。

〔三〇〕是姓左丘　朝鮮本作：是姓左作傳。

〔三一〕可學云　朝鮮本作：某又云。

〔三二〕程子云　朝鮮本段首增「説春秋云」。

〔三三〕或問伊川春秋序後條　朝鮮本「川」下有「先生」二字。

〔三四〕向見沙隨春秋解　朝鮮本「隨」下有「作」字。

〔三五〕隱十一年方書滕侯薛侯來朝　朝鮮本「隱」上有「如」字。

〔三六〕沙隨謂此見得春秋時小國事大國　朝鮮本「隨」下有「則」字。

〔三七〕當時小國多是如此　朝鮮本「當」上有「想」字。

〔三八〕尚未知朝廷意思如何　朝鮮本「朝」上有「他」字。

〔三九〕欲逆推乎千百載上聖人之心　朝鮮本「欲」上有「而」字。

〔四〇〕不知如何　朝鮮本「何」下有「也」字。

〔四一〕胡文定春秋非不好　朝鮮本「定」下有「公」字。

〔四二〕問　朝鮮本作：時舉問。

〔四三〕春秋　朝鮮本此下增「大抵」二字。

〔四四〕問　朝鮮本作：義剛問。

〔四五〕如叔孫婼祈死事　朝鮮本「事」下有注「昭公二十五年」六字。

〔四六〕又因公羊叔孫舍云云　「公羊」原作「穀梁」，「叔」原作「公」，皆誤。春秋公羊傳昭公二十四年：「叔孫舍至自晉。」春秋左傳、春秋穀梁傳昭公二十四年皆作「婼至自晉」，「婼」、「舍」古韻部爲平入通轉，故字通。今據公羊傳改原刊誤字。

〔四七〕朝鮮本作：某問。

〔四八〕恐非化俗以漸之意　朝鮮本「意」下有「也先生」三字。

〔四九〕乃所以隨時　朝鮮本「時」下有「也」字。

〔五〇〕問洽　朝鮮本作「先生問洽」四字。

〔五一〕曰　朝鮮本作：先生曰。

〔五二〕曰　朝鮮本作：某曰。

〔五三〕義剛　朝鮮本作：淳。

〔五四〕學蒙　朝鮮本作：正卿。隱元年。

〔五五〕後漢五行志注載　朝鮮本「注」下有「中」字。

〔五六〕漢末有發范明友奴冢　「冢」原作「家」，據後漢書五行志五注改。

〔五七〕此　朝鮮本此下增：蓋是他。

〔五八〕罪腦　朝鮮本此下增小字：公羊曰：「宋之禍，宣公爲之也。」

〔五九〕問　朝鮮本作：義剛問。

〔六〇〕如皐陶矢厥謨之矢　「皐」原作「皇」，據朝鮮本改。

〔六一〕今據傳曰則君不射　「則君不射」，左傳隱公五年作「則公不射」，阮元春秋左傳注疏校勘記卷三謂：「何焯校本『公』改『君』，非。」或朱熹所見宋時本有作「君」者。

〔六二〕十七年　朝鮮本作：桓十七年。

〔六三〕無赴愬處　「赴」，朝鮮本作「告」。

〔六四〕莊十年　朝鮮本作：十一年。

〔六五〕他　朝鮮本作：之。

〔六六〕觀於成風事之可見　朝鮮本「之」下有「事」字。

〔六七〕人傑　朝鮮本此下增小字：閔元年。

〔六八〕壯祖　朝鮮本作：處謙。

〔六九〕五年　朝鮮本作：僖五年。

〔七〇〕九年　朝鮮本作：七年。

〔七一〕問　朝鮮本作：文蔚問。

〔七二〕看荀息亦有不是處　「看」，朝鮮本作「看」。

〔七三〕二十一年　朝鮮本作：十二年。

〔七四〕人傑　朝鮮本作：僴用。人傑録同。

〔七五〕不可考耳　朝鮮本此則語録止此，末尾小字作：從周。董銖録同。

〔七六〕四年　朝鮮本作：文四年。

〔七七〕胡氏　朝鮮本此上增一節文字：公孫敖如京師不至而復，延平先生云：「只不至而復，便是天不恭。」又魯更不再使人往，皆罪也。
〔七八〕三年　此段事見左傳宣公二年，則「三」當作「二」。
〔七九〕曰　朝鮮本作「先生曰」。
〔八〇〕前後更番　朝鮮本「番」下有「次舉額牒」四字。
〔八一〕使速以徇對　朝鮮本此下增小字「事見成二年□傳」。
〔八二〕十八年　朝鮮本作：成十九年。
〔八三〕書　朝鮮本作：欒書。
〔八四〕洽言　朝鮮本作：某曰。
〔八五〕以爲　朝鮮本此下增：其人。
〔八六〕義剛　朝鮮本此下增小字：陳淳人傑録同。
〔八七〕辯　朝鮮本此下增小字：見襄公十四年。
〔八八〕便只含糊過　朝鮮本「糊」下有「了」字。下同。
〔八九〕十二年　朝鮮本作：見昭十二年。
〔九〇〕陳仲亨問　「亨」，朝鮮本作「卿」。
〔九一〕義剛　朝鮮本此則末尾記録者姓名作「淳」。

〔九二〕元年　朝鮮本此下增一節小字：穀梁曰：「夫人孫于齊，諱奔也。」按綀時録：母之□始人之也。不言氏姓貶之也，人之於天也，以道受命於人也，以言受命，不若於道者，天絶之也，不若於言者，人絶之也，臣子大受命。

〔九三〕大率本爲王道正其紀綱　「紀」原作「細」，據朝鮮本、萬曆本改。

〔九四〕今　朝鮮本「今」上增：且如。

〔九五〕免不得應之　朝鮮本作：免得不應之。

〔九六〕今　朝鮮本段首增：先生話間説春秋，因語及。

〔九七〕後來　朝鮮本作：後世。

朱子語類卷第八十四

禮一

論考禮綱領

「禮樂廢壞二千餘年，若以大數觀之，亦未爲遠，然已都無稽考處。後來須有一個大大底人出來，盡數拆洗一番，但未知遠近在幾時。今世變日下，恐必有個碩果不食之理。」必大。

「禮學多不可考，蓋爲其書不全，考來考去考得更没下梢，故學禮者多迂闊。一緣讀書不廣，兼亦無書可讀。如周禮『仲春教振旅，如戰之陳』，只此一句，其間有多少事？其陳是如何安排，皆無處可考究。其他禮制皆然。大抵存於今者，只是個題目在爾。」必大。

「古禮繁縟，後人於禮日益疏略。然居今而欲行古禮，亦恐情文不相稱，不若只就今人所行禮中刪修，令有節文、制數、等威足矣。古樂亦難遽復，且於今樂中去其噍殺、促數之音，並考其律吕，令得其正；更令掌詞命之官製撰樂章，其間略述教化訓戒及賓主相與之情，及如人主待臣下恩意之類，令人歌之，亦足以養人心之和平。周禮歲時屬民讀法，其當時所讀者，不知云何。今若將孝悌忠信等事撰一文字，或半歲，或三月一次，或於城市，或於鄉村，聚民而讀之，就爲解説，令其通曉；及所在立粉壁書寫，亦須有益。」必大。

「古禮於今實難行。嘗謂後世有大聖人者作，與他整理一番，令人甦醒，必不一一盡如古人之繁，但放古之大意。」義剛。〔一〕

「古禮難行。後世苟有作者，必須酌古今之宜。若是古人如此繁縟，如何教今人要行得！古人上下習熟，不待家至户曉，皆如飢食而渴飲，略不見其爲難。本朝陸農師之徒，大抵説禮都要先求其義。豈知古人所以講明其義者，蓋緣其儀皆在，其具並存，耳聞目見，無非是禮，所謂『三千三百』者，較然可知，故於此論説其義，皆有據依。若是如今古禮散失，百無一二存者，如何懸空於上面説義！是説得甚麽義？須是且將散失諸禮錯綜參考，令節文度數一一着實，方可推明其義。若錯綜得實，其義亦不待説而自明矣。」賀孫。

胡兄問禮。曰：「禮，時爲大。有聖人者作，必將因今之禮而裁酌其中，取其簡易易曉而可行，必不至復取古人繁縟之禮而施之於今也。古禮如此零碎繁冗，今豈可行！亦且得隨時裁損爾。孔子從先進，恐已有此意。」或曰：「禮之所以亡，正以其太繁而難行耳。」曰：「然。蘇子由古史説忠、質、文處，亦有此意，只是發揮不出，首尾不相照應，不知文字何故如此。其説云『自夏、商、周以來，人情日趨於文』；其終却云『今須復行夏、商之質，乃可』。夫人情既日趨於文矣，安能復行夏、商之質乎？其意本欲如先進之説，但辭不足以達之耳。」僩。

「凶服古而吉服今，不相抵接。釋奠惟三獻法服，其餘皆今服。至録云：「文、質之變相生。」百世以下有聖賢出，必不踏舊本子，必須斬新别做。如周禮如此繁密，必不可行。且以明堂位觀之，周人每事皆添四重虞黻，不過是一水檜相似。夏火，殷藻，周龍章，皆重添去。若聖賢有作，必須簡易疏通，使見之而易知，推之而易行。蓋文、質相生，秦、漢初已自趣於質了〔二〕。太史公、董仲舒每欲改用夏之忠，不知其初蓋已是質也。國朝文德殿正衙常朝，升朝官已上皆排班，宰相押班，再拜而出。時歸班官甚苦之，其後遂廢，致王樂道以此攻魏公，蓋以人情趨於簡便故也。」方子。

「聖人有作〔三〕，古禮未必盡用。須别有個措置，視許多瑣細制度皆若具文，且是要理會大本大原。曾子臨死丁寧説：『君子所貴乎道者三：動容貌，斯遠暴慢矣；正顔色，斯近信矣；出辭氣，斯遠鄙倍矣。籩豆之事，則有司存。』上許多正是大本大原。如今所理會許多，正是籩豆之事。曾子臨死，教人不要去理會這個。『夫子焉不學，而亦何常師之有？』非是孔子，如何盡做這事？到孟子已是不說到細碎上，只說『諸侯之禮〔四〕，吾未之學也。吾嘗聞之矣，三年之喪，齊疏之服，飦粥之食，自天子達於庶人』。這三項便是大原大本。又如說井田，也不曾見周禮，只據詩裏說『雨我公田，遂及我私』，『由此觀之，雖周亦助也』，只用詩意帶將去。後面却說『鄉田同井，出入相友，守望相助，疾病相扶持』；『八家皆私百畝，同養公田』。只說這幾句，是多少好！這也是大原大本處。看孟子不去理會許多細碎，只理會許多大原大本。」又曰：「理會周禮，非位至宰相，不能行其事。自一介論之，更自遠在，且要就切實理會受用處。若做到宰相，亦須上遇文、武之君，始可得行其志。」又曰：「且如孫、吳專說用兵，如他說也有個本原。如說『一曰道：道者，與上同意，可與之死，可與之生。有道之主，將用其民，先和而後造大事』。若使不合於道理，不和於人神，雖有必勝之法，無所用之。」問器遠：「昨日又得書，說得大綱也是如此。只是某看仙鄉爲學，一言以蔽之，只是說得都似。須是理會到十分是，始得。如人射一般，須是要中紅心。如今直要中的，少間猶且不會中的；若只要中帖，只會中垜，少間都是胡亂發，枉了氣力。二百步外，若不曾中的，只是狂矢。如今且要分別是非，是底直是是，非底直是非，少間做出便會是。若依希底也喚作是便了，下梢只是非。須是要做第一等人。若決是要做第一等人，若才力不逮，也只做得第四五等人。今合下便要做第四五等人，説道就他才地如此，下梢成甚麽物事？」又曰：「須是先理會本領端正，其餘事物漸漸理會到上面。若不理會本領了，假饒你百靈百會，若有些子私意，便粉碎了。只是這私意如何卒急除得？如顔子天姿如此，孔子也只教他『克己復禮』。其餘弟子，告之雖不同，莫不以此意望之。公書所説冉求、仲由，當初他是只要做到如此。聖人教由、求之徒，莫不以曾、顔望之，無奈何他才質只做到這裏。如『可使治其賦』、『可使爲之宰』，他當初也不止是要恁地。」又曰：「胡氏開治道齋，亦非獨只理會這些。如所謂『頭容直，足容重，手容恭』，許多説話都是本原。」又曰：「君舉所説，某非謂其理會不是，只不是次序。如莊子云『語道非其序，則非道也』，自説得好。如今人須是理會身心。如一片地相似，須是用力子細開墾。未能如此，只管説種東種西，其實種得甚麽物事！」又曰：「某嘗説佛、老也自有快活得人處，是那裏？只緣他打併得心下淨潔。所以本朝如李文靖、王文正、楊文公、劉元城、吕申公都是恁麽地人，也都去學他。」又曰：「論來那様事不着理會？若本領是了，少間如兩漢之所以盛是如何，所以衰是如何，三國分併是如何，唐初間如何興起，後來如何衰，以至於本朝大綱，自可理會。若有工夫，更就裏面看。若更有工夫，就裏面討些光采，更好。某之諸生，度得他脚手，也未可與拈盡許多，只是且教他就切身處理會。如讀虞、夏、商、周之書，許多聖人亦有説賞罰，亦有説兵刑，只是這個不是本領。」問：「封建，周禮説公五百里，孟子説百里，如何不同？」曰：「看漢儒注書，於不通處，即説道這是夏、商之制，大抵且要賴將去。若將這説來看二項，却怕孟子説是。夏、商之制，孟子不詳考，亦只説『嘗聞其略也』。到周時，漸漸吞併，處廣闊，人各自聚爲一國，其大者止百里，故禹合諸侯，執玉帛者萬國。若夏、商時諸地里只管添，國數只管少。到周時只千八百國，較之萬國，五分已減了四分已上，此時諸國已自大了。到得封諸公，非五百里不得。如周公封魯七百里，蓋欲優於其他諸公。如左氏説云，大國多兼數圻，也是如此。後來只管併來併去，到周衰，便制他不得，也是尾大了。到孟子時，只有七國，這是事勢必到這裏，雖有大聖大智，亦不能遏其衝。今人只説漢封諸侯王土地太過，看來不如此不得。初間高祖定天下，不能得韓、彭、英、盧許多人來使，所得地又未定是我底。當時要殺項羽，若有人説道『中分天下與我，我便與你殺項羽』，也没奈何與他。到少間封自子弟，也自要狹小不得，須是教當得許多異姓過。」又曰：「公今且收拾這心下，勿爲事物所勝。且如一日全不得去講明道理，不得讀書，只去應事，也須使這心常常在這裏。若不先去理會得這本領，只要去就事上理會，雖是理會得許多骨董，只是添得許多雜亂，只是添得許多驕吝。某這説的，定是恁地，雖孔子復生，不能易其説，這道理只一而已。」賀孫。

「今日百事無人理會。姑以禮言之，古禮既莫之考，至於後世之沿革因襲者，亦浸失其意而莫之知矣。非止浸失其意，以至名物度數亦莫有曉者。差舛譌謬，不堪着眼。三代之禮，今固難以盡見。其略幸散見於他書，如儀禮十七篇多是士禮，邦國人君者僅存一二。遭秦人焚滅之後，至河間獻王始得邦國禮五十八篇獻之，惜乎不行。至唐，此書尚在，諸儒注疏猶時有引爲説者。及後來無人説着，則書亡矣，豈不大可惜！叔孫通所制漢儀，及曹褒所脩，固已非古，然今亦不存。唐有開元、顯慶二禮，顯慶已亡，開元襲隋舊爲之。本朝脩開寶禮，多本開元，而頗加詳備。及政和間修五禮，一時姦邪以私智損益，疏略抵牾，更没理會，又不如開寶禮。」僩。

「漢儒説禮制，有不合者，皆推之以爲商禮，此便是没理會處。」必大。

「南北朝是甚時節，而士大夫間禮學不廢。有考禮者，説得亦自好。」義剛。〔五〕

「通典，好一般書。向來朝廷理會制度，某道却是一件事，後來只恁休了。」又曰：「通典亦自好設一科。」又曰：「通典中間一作「後面」。數卷，議亦好。」義剛。

「嘗見劉昭信云：『禮之趨翔、登降、揖遜，皆須習。』也是如此。漢時如甚大射等禮，雖不行，却依舊令人習，人自傳得一般。今雖是不能行，亦須是立科，令人習得，也是一事。」

論後世禮書

「開寶禮全體是開元禮，但略改動。五禮新儀，其間有難定者，皆稱『御製』以決之。如禱山川者，又只開元禮内有。」方子。

「祖宗時有開寶通禮科，學究試默義，須是念得禮熟，是得禮官用此等人爲之。介甫一切罷去，盡令做大義。故今之禮官，不問是甚人皆可做。某嘗謂，朝廷須留此等專科，如史科亦當有。」方子。

問五禮新儀。曰：「古人於禮，直如今人相揖相似，終日周回於其間，自然使人有感他〔六〕處。後世安得如此？」可學。

「横渠所制禮，多不本諸儀禮，有自杜撰處。如温公，却是本諸儀禮，最爲適古今之宜。」義剛。

叔器〔七〕問四先生禮。曰：「二程與横渠多是古禮，温公則大概本儀禮，而參以今之可行者。要之，温公較穩，其中與古不甚遠，是七八分好。若伊川禮，則祭祀可用。婚禮，惟温公者好。大抵古禮不可全用，如古服古器，今皆難用。」又問：「向見人設主，有父在子死，而主牌書『父主祀』字，如何？」曰：「便是禮書中説得不甚分曉，此類只得不寫。若向上尊長則寫。」又問：「温公所作主牌甚大，闊四寸，厚五寸八分，不知大小當以何者爲是？」曰：「便是温公錯了，他却本荀勗禮。」義剛。

「吕與叔集諸家之説補儀禮，以儀禮爲骨。」方子。

「福州有前輩三人，皆以明禮稱：王普，字伯照；劉藻，字昭信；任文薦，字希純。某不及見王伯照，而觀其書，其學似最優，説得皆有證據，儘有議論，却不似今人杜撰胡説。麻沙有王伯照文字三件，合爲一書。」廣。

「王侍郎普〔八〕，禮學、律曆皆極精深。蓋其所著，皆據本而言，非出私臆。某細考其書，皆有來歷，可行。考訂精確，極不易得。林黄中屢稱王伯照，他何嘗得其髣髴！都是杜撰。」或言：「福州黄繼道樞密祖舜。與伯照齊名。」曰：「不同。黄只是讀書，不曾理會這功夫。是時福州以禮學齊名者三人：王伯照、任希純、劉昭信。某識任、劉二公。任搭乾不曉事，問東答西，不可曉。劉説話極子細，有來歷，可聽。某嘗問以易説，其解亦有好處。如云『見險而止爲需，見險而不止爲訟』；需、訟下卦皆坎。能通其變爲隨，不能通其變爲蠱』之類。想有成書，近來解易者多引之。」僩。

「古者禮學是專門名家，始終理會此事，故學者有所傳授，終身守而行之。凡欲行禮，有疑者輒就質問。所以上自宗廟朝廷，下至士庶鄉黨，典禮各各分明。漢、唐時猶有此意。

如今直是無人。如前者某人丁所生繼母憂，禮經必有明文，當時滿朝更無一人知道合當是如何，大家打鬨〔九〕一場。後來只說莫若從厚。恰似無奈何〔一〇〕，本不當如此，姑徇人情從厚爲之。是何所爲如此？豈有堂堂中國，朝廷之上以至天下儒生，無一人識此禮者！然而也是無此人。州州縣縣秀才與太學秀才，治周禮者不曾理會得周禮，治禮記者不曾理會得禮記，治周易者不曾理會得周易，以至春秋、詩都恁地，國家何賴焉！」因問張舅，淳。聞其已死，再三稱歎，且詢其子孫能守其家學否？且云：「可惜朝廷不舉用之使典禮儀。『天叙有典，敕我五典五惇哉〔一一〕！天秩有禮，自我五禮有庸哉！』這個典禮，自是天理之當然，欠他一豪不得，添他一豪不得。惟是聖人之心與天合一，故行出這禮，無一不與天合。其間曲折厚薄淺深，莫不恰好。這都不是聖人白撰出，都是天理決定合着如此。後之人此心未得似聖人之心，只得將聖人已行底，聖人所傳於後世底，依這樣子做。做得合時，便是合天理之自然。」賀孫。

「劉原父好古，在長安，偶得一周敦。其中刻云『弡中』，原父遂以爲周張仲之器。後又得一枚，刻云『弡伯』，遂以爲張伯。曰：『詩言「張仲孝友」，則仲必有兄矣。』遂作銘述其事。後來趙明誠金石録辨之，云『弡』非『張』，乃某字也。今之説禮無所據而杜撰者，此類也。」廣。

論修禮書[一二]

問：「所編禮，今可一一遵行否？」曰：「人不可不知此源流，豈能一一盡行？後世有聖人出，亦須着變。夏、商、周之禮已自不同，今只得且把周之禮文行。」賀孫。以下論修書大指。

「『禮，時爲大。』使聖賢有作[一三]，必不一切從古之禮。疑只是以古禮減殺，從今世俗之禮，令稍有防範節文，不至太簡而已。觀孔子欲從先進，又曰『行夏之時，乘殷之輅』，便是有意於損周之文，從古之朴矣。今所集禮書，也只是略存古之制度，使後人自去減殺，求其可行者而已。若必欲一一盡如古人衣服冠屨之纖悉畢備，其勢也行不得。」問：「温公所集禮如何？」曰：「早是詳了。又，喪服一節也太詳。爲人子者方遭喪禍，使其一一欲纖悉盡如古人制度，有甚麽心情去理會！古人此等衣服冠屨，每日接熟於耳目，所以一旦喪禍，不待講究，便可以如禮。今却閑時不曾理會，一旦荒迷之際，欲旋講究，勢必難行。必不得已，且得從俗之禮而已。若有識禮者，相之可也。」僩。

問賀孫所編禮書[一四]。曰：「某嘗説，使有聖王復興，爲今日禮，怕必不能悉如古制。今且要得大綱是，若其小處亦難盡用。且如喪禮冠服斬衰如此，而吉服全不相似，却到遭喪時方做一副當如此着，也是咤異。」賀孫問：「今齊斬尚存此意，而齊衰期便太輕，大功小功以下又輕，且無降殺。今若得斟酌古今之儀制爲一式，庶幾行之無礙，方始立得住。」曰：「上面既如此，下面如何盡整頓得？這須是一齊都整頓過，方好。未説其他瑣細處，且如冠，便須於祭祀當用如何底，於軍旅當用如何底，於平居當用如何底，於見長上當用如何底，於朝廷治事當用如何底，天子之制當如何，卿大夫之制當如何，士當如何，庶人當如何，這是許多冠都定了。更須理會衣服等差，須用上衣下裳。若佩玉之類，只於大朝會大祭祀用之。五服亦各用上衣下裳。齊斬用粗布，期功以下又各爲降殺。如上紐衫一等紕繆鄙陋服色都除了，如此便得大綱正。今若只去零零碎碎理會，些小不濟事。如今若考究禮經，須是一一自着考究教定。」賀孫。

楊通老問禮書。曰：「看禮書，見古人極有精密處，事無微細，各各有義理。然又須自家工夫到，方看得古人意思出。若自家工夫未到，只見得度數文爲之末，如此豈能識得深意？如將一碗乾硬底飯來喫，有甚滋味？若白地將自家所見揣摸他本來意思不如此，也不濟事。兼自家工夫未到，只去理會這個，下梢溺於器數，一齊都昏倒了。如今度得未可盡曉其意，且要識得大綱。」賀孫。

問：「聞郡中近已開六經〔一五〕。」曰：「已開詩、書、易、春秋，惟二禮未暇及。詩、書序各置於後，以還其舊。易用伯恭所定本。周禮自是一書。惟禮記尚有說話。儀禮，禮之根本，而禮記乃其枝葉。禮記乃秦、漢上下諸儒解釋儀禮之書，又有他說附益於其間。今欲定作一書，先以儀禮篇目置於前，而附禮記於後。如射禮，則附以射義，似此類已得二十餘篇。若其餘曲禮、少儀又自作一項，而以類相從。若疏中有說制度處，亦當采取以益之。舊嘗以此例授潘恭叔，渠亦曾整理數篇來。今居喪無事，想必下手。儀禮舊與六經、三傳並行，至王介甫始罷去。其後雖復春秋，而儀禮卒廢。今士人讀禮記而不讀儀禮，故不能見其本末。場屋中禮記義，格調皆凡下。蓋禮記解行於世者，如方、馬之屬，源流出於熙豐。士人作義者多讀此，故然。」可學。以下修書綱目。

問〔一六〕禮書。曰：「惟儀禮是古全書。若曲禮、玉藻諸篇，皆戰國士人及漢儒所裒集。王制、月令、內則是成書。要好，自將說禮物處，如內則、王制、月令諸篇附儀禮成一書，如中間却將曲禮、玉藻又附在末後；不說禮物處，如孔子閒居、孔子燕居、表記、緇衣、儒行諸篇，却自成一書。樂記文章頗粹，怕不是漢儒做，自與史記、荀子是一套，怕只是荀子作。家語中說話猶得，孔叢子分明是後來文字，弱甚。天下多少是僞書，開眼看得透，自無多書可讀。」賀孫。

「周禮自是全書。如今禮書欲編入，又恐分拆了周禮，殊未有所處。」因說：「周禮只是說禮之條目，其間煞有文字，如『八法』、『八則』、『三易』、『三兆』之類，須各自別有書。」子升問：「儀禮傳、記是誰作？」曰：「傳是子夏作，記是子夏以後人作。」子升云：「今禮書更附入後世變禮亦好。」曰：「有此意。」木之。

「余正父欲用國語而不用周禮，然周禮豈可不入！國語辭多理寡，乃衰世之書，支離蔓衍，大不及左傳。看此時文章若此，如何會興起國家！」坐間朋友問是誰做。曰：「見說是左丘明做。」賀孫〔一七〕。

因理會所編禮書分經分傳，而言曰：「經文精確峻潔，傳文則詞語泛濫。國語所載事跡多如此。如今人作文，因一件事便要泛濫成章。」人傑。

賀孫因問：「祭禮附祭義，如說孝許多，如何來得？」曰：「便是祭禮難附。兼祭義前所說多是天子禮，若儀禮所存，唯少牢饋食、特牲饋食禮是諸侯大夫禮，兼又只是有饋食。若天子祭，便合有初間祭腥等事，如所謂『建設朝事，燔燎羶薌』。若附儀禮，此等皆無入頭處。意間欲將周禮中天子祭禮逐項作一總腦，却以禮記附。如疏中有說天子處，皆編出。」因云：「某已衰老，其間合要理會文字，皆起得個頭在。及見其成與不見其成，皆未可知。萬一不及見此書之成，諸公千萬勉力整理。得成此書，所係甚大。」問〔一八〕：「前日承教，喻以五服之制，乃上有制作之君，其等差如此。今在下有志之士，欲依古禮行之既不可，若一向徇俗之鄙陋，又覺大不經，於心極不安，如何？」曰：「非天子不議禮，不制度，不考文。這事要整頓，便着從頭整頓，吉凶皆相稱。今吉服既不如古，獨於喪服欲如古，也〔一九〕不可。古禮也須一一考究着所在在這裏，却始酌今之宜而損益之。若今便要理會一二項小小去處，不濟事，須大看世間都得其宜方好。」問：「如今父母喪，且如古服，如齊衰期，乃兄弟、祖父母、伯叔父母，此豈可從俗輕薄如此？」曰：「自聖賢不得位，此事終無由正。」又云：「使鄭康成之徒制作〔二〇〕，也須略成個模樣，未説待周公出制作。如今全然没理會，奈何？若有考禮之人，又須得上之人信得及這事，行之天下亦不難。且如冠制尊卑，且以中梁爲等差。如今天子者用二十四，如何安頓？所以甚大而不宜。要好，天子以十二，一品以九〔二一〕，陞朝以七，選人以五，士以三，庶人只用紗帛裹髻，如今道人。這自有些意思。」問〔二二〕：「且如權宜期喪，當如何？」曰：「且依四脚帽子加絰。此帽本只是巾，前二脚縛於後，後二脚反前縛於上，今硬帽、幞頭皆是。後來漸變重遲，不便於事。如初用冠帶，一時似好。某必知其易廢〔二三〕，今果如此。若一個紫衫凉衫，便可懷袖間去見人，又費輕。如帽帶皂衫，是多少費？窮秀才如何得許多錢？是應必廢也。」居父問：「期之服合如何？用上領衫而加衰可乎？」曰：「上領衫已不是。」曰：「用深衣制，而粗布加衰可乎？」曰：「深衣於古便服。『朝玄端，夕深衣』，深衣是簡便之衣。吉服依玄端制，却於凶服亦做爲之，則宜矣。」問：「士禮如喪祭等，可通行否？古有命士，有不命士，今如之何？」曰：「喪祭禮節繁多，今士人亦難行。但古今士不同。古時諸侯大夫皆可以用士，如今簿、尉之類，乃邑宰之士；節推、判官之屬，則是太守之士。只一縣一州之中有人才，自家便可取將來使，便是士。如藩鎮之制，尚存此意。無奈何，是如今將下面一齊都截了，盡教做一門入，盡教由科舉而得，是將奈何？」歎息久之。器之問：「國初衙前役用鄉户？」曰：「客將次於太守，其權甚重，一州之兵皆其將之，凡教閲出入皆主其事。當時既是大户做，亦自愛惜家産，上下相體悉。若做得好底，且教他做。更次一等户，便爲公人，各管逐項職事。更次一等户，爲吏人，掌文書簿牘。極下户爲胥徒，是今弓手節級奔走之屬。其終各各有弊。英宗時有詔，韓絳等要變不成。王荆公做參政，一變變了。」賀孫。

問〔二四〕：「禮書學禮，首引舜命契爲司徒，敷五教；命夔典樂，教胄子兩條。文蔚竊謂，古人教學不出此兩者。契敷五教，是欲使人明於人倫，曉得這道理；夔典樂教胄子，是欲使人養其德性，而實有諸己，此是一篇綱領。」曰：「固是如此。後面只是明此一意，如大司徒之教，即是契敷教事；大司樂之教，即是夔樂事。」因曰：「『直而温，寬而栗』，直與寬本自是好，但濟之以温與栗，則盡善。至如『剛』、『簡』二字，則微覺有弊，故戒之以『無虐』、『無傲』，蓋所以防其失也。某所以特與分開，欲見防其失者，專爲剛、簡而設，不蒙上直、寬二句。『直』、『寬』但曰『而温』、『而栗』，至『剛』、『簡』則曰『無虐』、『無傲』，觀其言，意自可見。」文蔚曰：「教以人倫者，固是。又欲養其德性，要養德性，便只是下面『詩言志，歌永言，聲依永，律和聲』四句上。」曰：「然。諷誦歌詠之間，足以和其心氣，但上面三句抑揚高下，尚且由人；到『律和聲』處，直是不可走作。所以詠歌之際，深足養人情性。至如播之金石，被之管絃，非是不和，終是不若人聲自然。故晉人孟嘉有言『絲不如竹，竹不如肉』，謂『漸近自然』。至『八音克諧，無相奪倫，神人以和』，此是言祭祀燕享時事，又是一節。」文蔚。

或問：「禮書所引伊川言『古者養士，其公卿大夫士之子弟，固不患於無養，而庶人子弟之入學者，亦皆有以養之』，不知是否？」曰：「恐不然。此段明州諸公添入，當删。不然，則注其下云：『今按，程子之言，未知何所據也。古者教士，其比閭之學，則鄉老坐于門而察其出入。其來學也有時，既受學，則退而習於其家。及其升而上也，則亦有時。春夏耕耘，餘時肄業，未聞上之人復有以養之也。夫既給之以百畝之田矣，又給之以學糧，亦安得許多糧給之耶？周禮自有士田可考。史記言孔子養弟子三千人，而子由古史亦遽信而取之，恐不然也。』想得弟子來從學者，則自賫糧，而從孔子出遊列國者，則食孔子之食耳。然孔子亦安得許多糧？想亦取之列國之饋爾。孔子居衛最久，所以於靈公、孝公，有交際，公養之仕，其所以奉孔子者必厚，至他國則不然矣。故晏子諫齊景公勿用孔子之言曰：『游説丐貸，不可以爲國。』孟子之時，徒衆尤盛。當時諸侯重士，又非孔子之時之比。春秋時人淳，未甚有事，故齊、晉皆累世爲伯主，人莫敢爭。戰國之時，人多姦詐，列國紛爭，急於收拾人才以爲用，故不得不厚待士。」又曰：「古者三年大比，興其賢者能者而進于天子，大國三人，中國二人，小國一人，不進則有罰。看來數年後所進極多。然天子之國亦小，其員數亦有限，不知如何用得許多人？今以天下之大，三年一番進士，猶無安頓處，何況當時？白虎通曰：『古者諸侯進士，一不當則有罰，再不當則削其地，三不當則罷之廢之，而託於諸侯爲寓公。』恐無此理，蓋出後世儒者之傅會。進士不當，有甚大過？而遂廢其君，絶其社稷耶？」或曰：「想得周家此法，行之殊不能久。成、康數世之後，諸侯擅政，天子諸侯之公卿大夫，皆爲世臣盤據，豈復容外人爲之耶？」曰：「然。兼當時諸侯國中，亦自要人才用，必不會再貢之於天子。天子亦自擁虚器，無用他處。當時天子威令不行，公卿大夫世襲，諸侯之國猶寬，故人才之窮而在下者，多仕於諸侯之國。及公室又弱，而人才復多仕於列國之大夫。當時爲大夫之陪臣者，其權甚重。大夫執一國之權，而陪臣復執大夫之權。所以説『禄去公室』，『陪臣執國命』。」又曰：「以爵位言之，則大夫亦未甚尊，以權勢言之，則甚重。自天子而下，三等便至大夫。」又曰：「再命爲士，三命爲大夫，天子之大夫四命，小國之大夫再命，或一命。一様小小官職，皆無命。他命禮極重。」又問：「當時庶民之秀者，其進而上之，不過爲大夫，極矣。至於公卿之貴，皆世臣世襲，非若今之可以更進而代爲也。則士之生於斯時者，亦可謂不幸矣。」曰：「然。然當時之大夫宰臣，其權甚重。如晉、楚、齊諸國，其大夫皆握天下之權，操縱旨麾，天下莫不從之。其宰臣復握大夫之權，蓋當時其重在下，其輕在上。今日則其重在内，其輕在外，故不同也。」僩。

「禮編，纔到長沙，即欲招諸公來同理會。後見彼事叢，且不爲久留計〔二五〕，遂止。後至都下，庶幾事體稍定，做個規模，盡唤天下識禮者修書，如余正父諸人，皆教來。今日休矣！」賀孫。

或問：「禮書脩得有次第否？」曰：「散在諸處，收拾不聚。最苦每日應酬多，工夫不得專一。若得數月閑〔二六〕，更一兩朋友相助，則可畢矣。頃在朝，欲奏乞專創一局，召四方朋友習禮者數人〔二七〕編修。俟書成將上，然後乞朝廷命之以官，以酬其勞，亦以少助朝廷蒐用遺才之意。事未及舉，而某去國矣。」僩。

泳居喪時，嘗編次喪禮，自始死以至終喪，各立門目。嘗以門目呈先生。臨歸，教以「編禮亦不可中輟」。泳曰：「考禮無味，故且放下。」先生曰：「横渠教人學禮，吕與叔言如嚼木札。今以半日看義理文字，半日類禮書，亦不妨。」後蒙賜書云：「所定禮編，恨未之見。此間所編喪禮一門，福州尚未送來。將來若得賢者持彼成書，復來參訂，庶幾詳審，不至差互。但恐相去之遠，難遂此期耳。」福州，謂黄直卿也。庚申二月既望，先生有書與黄寺丞商伯云：「伯量依舊在門館否？禮書近得黄直卿與長樂一朋友在此，方得下手整頓。但疾病昏倦時多，又爲人事書尺妨廢，不能得就緒。直卿又許了鄉人館，未知如何。若不能留，尤覺失助。甚恨鄉時不曾留得伯量相與協力。若渠今年不作書會，則煩爲道意，得其一來爲數月留，千萬幸也！」作書時，去易簀只二十有二日，故得書不及往。後來黄直卿屬李敬子招往成禮編，又以昏嫁不得行。昨寓三山，與楊志仁反復所修禮書，具有本末。若未即死，尚幾有以遂此志也。胡泳。

校勘記

〔一〕義剛　朝鮮本此則詳細，作：古禮，於今實是難行。當祭之時獻神處少，只祝酌奠。卒祝、迎尸以後，都是人自食了。主人獻尸，尸又酢主人，酢主婦，酢祝，及佐食、宰、贊、衆賓等，交相勸酬，甚繁且久，所以季氏之祭至於繼之以燭。竊謂後世有大聖人者作，與他整理一過，令人蘇醒，必不一一如古人之繁，但放古人大意，簡而易行耳。温公儀人所憚行者，只爲閑辭多，長篇浩瀚，令人難讀，其實行禮處無多。某嘗修祭儀，只就中間行禮處分作五六段，甚簡易曉。後被人竊去，亡之矣。淳。

〔二〕秦漢初已自趣於質了　「了」原作「子」，據朝鮮本改。

〔三〕聖人有作　朝鮮本「聖」上有「若」字。

〔四〕只説諸侯之禮　朝鮮本「只」上有「答滕文公喪禮」六字。

〔五〕義剛　朝鮮本末尾小字作：淳。

〔六〕他　朝鮮本作：化。

〔七〕叔器　朝鮮本作：胡叔器。

〔八〕王侍郎普　朝鮮本「王」上有「福州」二字，下增「字伯照」。

〔九〕閧　朝鮮本作：開。

〔一〇〕恰似無奈何　「奈」原作「祭」，據朝鮮本改。

〔一一〕敕我五典五惇哉　「敕」原作「自」，「惇」原作「敦」，據尚書皐陶謨改。

〔一二〕論修禮書　朝鮮本作「論儀禮經傳通解」。

〔一三〕使聖賢有作　「作」原作「禮」，據朝鮮本改。

〔一四〕問賀孫所編禮書　朝鮮本「問」上有「先生」二字。

〔一五〕問聞郡中近已開六經　朝鮮本「問」上有「語次」二字。

〔一六〕問　朝鮮本作：賀孫問。

〔一七〕賀孫　朝鮮本「賀」上有注「此條以編禮書而言」八字。

〔一八〕問　朝鮮本作：賀孫問。

〔一九〕也　朝鮮本作：已。

〔二〇〕使鄭康成之徒制作　「徒」原作「待」，據朝鮮本改。

〔二一〕天子以十二一品以九　朝鮮本作：天子以十二粱，一品官以九。

〔二二〕問　朝鮮本作：賀孫問。

〔二三〕廢　朝鮮本作：變。

〔二四〕問　朝鮮本作：文蔚問。

〔二五〕且不爲久留計　「計」原作「討」，據朝鮮本改。

〔二六〕若得數月閑　朝鮮本「月」下有「之」字。

〔二七〕數人　朝鮮本此下增：入局。

朱子語類卷第八十五

禮二

儀禮

總論

「河間獻王〔一〕得古禮五十六篇，想必有可觀。但當時君臣，間有所不曉，遂至無傳。故先儒謂聖經不亡於秦火，而壞於漢儒，其說亦好。温公論景帝太子既亡，當時若立獻王爲嗣，則漢之禮樂制度必有可觀。又致堂〔二〕謂：『武帝若使董仲舒爲相，汲黯爲御史大夫，則漢治必盛。』某常謂：『若如此差除，那裏得來！』」廣〔三〕。

「先王之禮，今存者無幾。漢初自有文字，都無人收拾。河間獻王既得雅樂，又有禮書五十六篇，惜乎不見於後世。是當時儒者專門名家，自一經之外，都不暇講，況在上又無興禮樂之主。故胡氏説道，使河間獻王爲君，董仲舒爲相，汲黯爲御史，則漢之禮樂必興。這三個差除，豈不甚盛！」賀孫。

「今儀禮多是士禮，天子諸侯喪祭之禮皆不存，其中不過有些小朝聘燕饗之禮。自漢以來，凡天子之禮，皆是將士禮來增加爲之。河間獻王所得禮五十六篇，却有天子諸侯之禮，故班固謂『愈於推士禮以爲天子諸侯之禮者』。班固作漢書時，此禮猶在，不知何代何年失了。可惜可惜！」廣。賀孫録略。〔四〕

「禮書如儀禮，尚完備如他書。」儒用。

「儀禮，不是古人預作一書如此。初間只以義起，漸漸相襲，行得好，只管巧，至於情文極細密，極周經處，聖人見此意思好，故録成書。只看古人君臣之際，如公前日所畫圖子，君臨臣喪，坐撫當心要絰而踊〔五〕。今日之事，至於死生之際，恝然不相關，不啻如路人！所謂君臣之恩義安在！祖宗時，於舊執政喪亦親臨。渡江以來，一向廢此。只秦檜之死，高宗臨之，後來不復舉。如陳福公，壽皇眷之如此隆至，其死亦不親臨。祖宗凡大臣死，遠地不及臨者，必遣郎官往弔。〔六〕壽皇凡百提掇得意思，這般處却恁地不覺。今日便一向廢却。」賀孫。

「禮有經，有變。經者，常也；變者，常之變也。先儒以曲禮爲變禮，看來全以爲變禮亦不可。蓋曲者，委曲之義，故以曲禮爲變禮。然『毋不敬，安定辭，安民哉』，此三句，豈可謂之變禮！先儒以儀禮爲經禮。然儀禮中亦自有變，變禮中又自有經，不可一律看也。禮記，聖人說禮及學者問答處，多是說禮之變。上古禮書極多，如河間獻王收拾得五十六篇，後來藏在秘府，鄭玄輩尚及見之。今注疏中有引援處，後來遂失不傳，可惜！可惜！儀禮古亦多有，今所餘十七篇，但多士禮耳。」僩。

「儀禮是經，禮記是解儀禮。如儀禮有冠禮，禮記便有冠義；儀禮有昏禮，禮記便有昏義；以至燕、射之類，莫不皆然。只是儀禮有士相見禮，禮記却無『士相見義』。後來劉原父補成一篇。」文蔚問：「補得如何？」曰：「他亦學禮記下言語，只是解他儀禮。」文蔚。

「魯共王壞孔子宅，得古文儀禮五十六篇，其中十七篇與高堂生所傳十七篇同。鄭康成注此十七篇，多舉古文作某，則是他當時亦見此壁中之書。不知如何只解此十七篇，而三十九篇不解，竟無傳焉。」義剛〔七〕。

「儀禮疏說得不甚分明。温公禮有疏漏處，高氏送終禮勝得温公禮。」義剛〔八〕。

「劉原父補亡記，如士相見義、公食大夫義儘好。蓋遍會學人文字，如今人善爲百家書者。又如學古樂府，皆好。意林是專學公羊，亦似公羊。其他所自爲文章，如雜著等，却不甚佳。」人傑。

「永嘉張忠甫所校儀禮甚子細，然却於目録中冠禮玄端處便錯了。但此本較他本爲最勝。」賀孫。

「陳振叔亦儘得。其説儀禮云〔九〕：『此乃是儀，更須有禮書。儀禮只載行禮之威儀，所謂「威儀三千」是也。禮書如云「天子七廟，諸侯五，大夫三，士二」之類，是説大經處。這是禮，須自有個文字。』」賀孫。

士冠

問：「士冠禮『筮于廟門』，其禮甚詳。而昏禮止云將『加諸卜，占曰，吉』。既無筮，而卜禮略，何也？」曰：「恐卜筮通言之。」又問：「禮家之意，莫是冠禮既詳其筮，則於昏禮不必更詳，且從省文之義，如何？」曰：「亦恐如此。然儀禮中亦自有不備處，如父母戒女，止有其辭，而不言於某處之類。」人傑。

問宿賓。曰：「是戒肅賓也。是隔宿戒之。」燾。

「古朝服用布，祭則用絲。詩絲衣：『繹，賓尸也。』『皮弁素積』，皮弁，以白鹿皮爲之；

素積，白布爲裙。」泳。

問〔一○〕：「士冠禮有所謂『始加』、『再加』、『三加』，如何？」曰：「所謂『三加彌尊』，只是三次加：初是緇布冠，以粗布爲之；次皮弁；次爵弁，諸家皆作畫爵，看來亦只是皮弁模樣，皆以白皮爲之。緇布冠古來有之，初是緇布冠，齊則緇之。次皮弁者，只是朝服。爵弁，士之祭服。周禮，爵弁居五冕之下。」又問：「『致美乎黻冕』，注言：『皆祭服也。』黻冕，恐不全是祭服否？」曰：「祭服謂之『黻冕』，朝服謂之『韠』，如詩『鞞琫有珌』，内則『端韠紳』，皆是。」問：「士冠禮『一加』、『再加』，言『吉月』、『令月』；至『三加』，言『以歲之正』，不知是同時否？」曰：「只是一時節行此文，自如此說。加緇布冠，少頃又更加皮弁，少頃又更加爵弁，然後成禮。如温公冠禮亦倣此：初裹巾，次帽，次幞頭。」又問：「黻冕，黻，蔽膝也，以韋爲之。舜之畫衣裳，有黼黻絺繡，不知又如何畫於服上？」曰：「亦有不可曉。黻在裳之前，亦畫黼於其上。」寓。

陳仲蔚問冠儀〔一一〕。曰：「凡婦人見男子，每先一拜；男拜，則又答拜；再拜亦然。若子冠，則見母亦如之，重成人也。尋常則不如此。但古人無受拜禮，雖兄亦答拜，君亦然。但諸侯見君，則兩拜還一拜。」義剛。

「冠者見母與兄弟，而母與兄弟皆先拜，此一節亦差異。昏禮亦然。婦始見舅姑，舅姑亦拜。」義剛〔一二〕。

「士冠禮：『始冠緇布冠，冠而弊之。』弊是不用也。」義剛。

士昏

「儀禮昏禮『下達用鴈』，注謂『在下之人，達二家之好而用鴈』，非也。此只是公卿大夫下達庶人，皆用鴈。後得陸農師解，亦如此説〔一三〕。陸解多杜撰，亦煞有好處，但簡略難看。陳祥道禮書考得亦穩。」淳。義剛録云：「擇之云：『自通典後，無人理會禮。本朝但有陳祥道、陸佃略理會來。』曰：『陳祥道理會得也穩，陸農師也有好處，但杜撰處多，如儀禮』云云。」

問：「昏禮用鴈，『婿執鴈』，或謂取其不再偶，或謂取其順陰陽往來之義。」曰：「士昏禮謂之『攝乘』〔一四〕，蓋以士而服大夫之服，爵弁。乘大夫之車，墨車。則當執大夫之贄。前説恐傅會。」又曰：「重其禮而盛其服。」賜〔一五〕。

或問：「禮經，婦三月而後廟見，與左氏不同。」曰：「左氏説禮處，多與禮經不同，恐是當時俗禮，非必合於禮經。」又問：「既爲婦，便當廟見，必三月之久，何邪？」曰：「三月而後事定。三月以前，恐更有可去等事；至三月不可去，則爲婦定矣，故必待三月而後廟見。」或曰：「未廟見而死，則以妾禮葬之。」曰：「歸葬於婦氏之黨。」文蔚。

鄉飲酒

「鄉飲酒云：『笙入，樂南陔、白華、華黍。』想是笙入吹此詩〔一六〕，而樂亦奏此詩。樂，便是衆樂皆奏之也〔一七〕。」

聘禮

問聘禮所言「君行一，臣行二」之義。曰：「君行步闊而遲，臣行步狹而疾，故君行一步而臣行兩步，蓋不敢同君之行而踐其跡也。國語齊君、晏子行，子貢怪之，問孔子君臣交際之禮一段，說得甚分曉。」僩。

公食大夫禮

「公食大夫禮，乃是專饗大夫。爲主人者，時出勸賓，賓辭而獨饗。」人傑。

覲禮

「天子常服皮弁。惟諸侯來朝見於廟中，服冕服，用鬱鬯之酒灌神。」文蔚。

「覲，是正君臣之禮，較嚴。天子當依而立，不下堂而見諸侯。朝，是講賓主之儀，天子當宁而立，在路寢門之外，相與揖遜而入。」義剛〔一八〕。

喪服經傳

「今人齊衰用布太細，又大功、小功皆用苧布，恐皆非禮。大功須用市中所賣火麻布稍細者，或熟麻布亦可。小功須用虔布之屬。古者布帛精粗，皆有升數，所以說『布帛精粗不中度，不鬻於市』。今更無此制，聽民之所爲。所以倉卒難得中度者，只得買來自以意擇製之爾。」僩。

「喪服葛布極粗，非若今之細也。」僩。

「『緦十五升，抽其半』者，是一簆只用一經。如今廣中有一種疏布，又如單經黄草布，皆只一經也。然小功十二升，則其縷反多於緦矣，又不知是如何。」閎祖。

問：「温公儀，首絰綴於冠，而儀禮疏説别材而不相綴。」曰：「綴也得，不綴也得，無緊要。」淳。

堯卿問絰帶之制。曰：「首絰大一搤，只是拇指與第二指一圍。腰絰較小，絞帶又小於腰絰。腰絰象大帶，兩頭長垂下。絞帶象革帶，一頭有扣子〔一九〕，以一頭串於中而束之。

緫，如今之髻巾。括髮，是束髮爲髻。」安卿問：「鄭氏儀禮注及疏，以男子括髮與免，及婦人髽，皆云『如著幓頭然』。所謂幓頭，何也？」曰：「幓頭只如今之掠頭編子，自項而前交於額上，却繞髻也。『免』，或讀如字，謂去冠。」又問婦人首絰之制。曰：「亦只是大麻索作一環耳。」幓，音驂。義剛。

或問服制。曰：「儀禮事事都載在裏面，其間曲折難行處，他都有個措置得恰好。」因舉一項：「父卒，繼母嫁，後爲之服報〔二〇〕。傳曰：『何以期也？貴終也。』嘗爲母子，貴終其恩，此爲繼母服之義。」賀孫。

「沈存中說，喪服中，曾祖齊衰服，曾祖以上皆謂之曾祖，恐是如此。如此，則皆合有齊衰三月服。看來高祖死，豈有不爲服之理！須合行齊衰三月也。伊川頃言祖父母喪，須是不赴舉，後來不曾行。法令雖無明文，看來爲士者爲祖父母期服內，不當赴舉。」僩。

「沈存中云，高祖齊衰三月，不特四世祖爲然，自四世以上，凡建事〔二一〕，皆當服衰麻三月，高祖蓋通稱耳。」閎祖。

問：「某人不肯丁所生母憂。」曰：「禮爲所生父母齊衰杖期，律文許申心喪〔二二〕。若所生父再娶，亦當從律，某人是也。」又問：「若所生父與所繼父俱再娶，當持六喪乎？」曰：「固是。」又問先儒爭濮議事。曰：「此只是理會稱親。當時蓋有引戾園事，欲稱『皇考』者。」又問：「稱『皇考』是否？」曰：「不是。然近世儒者亦有多言合稱『皇考』者。」人傑。

「儀禮『期喪』條内，注説：『國君有疾，不能爲祖父母、曾祖父母服，則世子斬。』又曰：『君喪皆斬。』説已分明。天子無期喪。凡有服，則必斬三年。」淳。

因言：「孫爲人君，爲祖承重。頃在朝，檢此條不見。後歸家檢儀禮疏，説得甚詳，正與今日之事一般。乃知書多看不辨。舊來有明經科，便有人去讀這般書，注、疏都讀過。自王介甫新經出，廢明經學究科，人更不讀書。卒有禮文之變，更無人曉得，爲害不細。如今秀才，和那本經也有不看底。朝廷更要將經義〔一三〕、賦、論、策頒行印下教人在。」僩。

「無大功尊。父母本是期，加成三年。祖父母、世父母、叔父母，本是大功，加成期。其曾祖父母小功，及從祖、伯父母、叔父母小功者，乃正服之不加者耳。」閎祖。

「母之姊妹服反重於母之兄弟，緣於兄弟既嫁則降服，而於姊妹之服則未嘗降。故爲子者，於舅服緦，於姨母服小功也。」賀孫。

「舅於甥之妻有服，甥之妻於夫之舅却無服，也可疑。恐是舅則從父身上推將來，故廣；甥之妻則從夫身上推將來，故狹。」義剛〔一四〕。

「禮，妻之父曰舅，『謂我舅者，吾謂之甥』。古禮『甥』字用處極多，如婿謂之『甥』，姑之子亦曰『甥』。」或問：「『姪』字，本非兄弟之子所當稱？」曰：「然。伊川嘗言之。胡文定家子弟稱『猶子』，禮『兄弟之子，猶子也』，亦不成稱呼。嘗見文定家將〔二五〕伊川語録，凡家書說『姪』處，皆作『猶子』，私常怪之。後見他本只作『姪』字，乃知『猶子』字文定所改，以伊川嘗非之故也。殊不知伊川雖非之，然未有一字替得，亦且只得從俗。若改爲『猶子』，豈不駭俗？據禮，兄弟之子當稱『從子』爲是。自曾祖而下三代稱『從子』，自高祖四世而上稱『族子』。」僩。

「始封之君，不臣其兄弟，封君之子，不臣其諸父，不忘其舊也。」公謹。

「喪服，五服皆用麻。朋友麻，是加麻於弔服之上。麻，謂絰也。」閎祖。

問：「『改葬，緦』，鄭玄以爲終緦之月數而除服，王肅以爲葬畢便除，如何？」曰：「如今不可考。禮宜從厚，當如鄭氏。」問：「王肅以爲既虞而除之。若是改葬，神已在廟久矣，何得虞乎？」曰：「便是如此，而今都不可考。看來也須當反哭於廟。」問：「鄭氏以爲只是有三年服者，改葬服緦三月；非三年服者，弔服加麻，葬畢除之否？」曰：「然。子思曰：『禮，父母改葬，緦而除。』則非父母，不服緦也。」賀孫。

既夕

問：「朝祖時有遷祖奠，恐在祖廟之前。祖無奠而亡者難獨享否？」曰：「不須如此理會。禮説有奠處便是合有奠，無奠處便合無奠，更何用疑？其他可疑處却多。如温公儀斬、齊古制，而功、緦又却不古制，是何説也？古者五服皆用麻，但有等差；皆有冠絰，但功、緦之絰小耳。今人吉服不古而凶服古，亦無謂也。今俗喪服之制，下用横布作欄，惟斬衰用不得。」淳。義剛同。

少牢饋食

「儀禮〔二六〕：『日用丁巳。』按注家説，則當作『丁、巳』，蓋十干中柔日也。」雉。

「儀禮饋食之詞曰：『適爾皇祖伯某父。』伯，伯仲叔季也；某，字也；父，美稱，助辭也。」振。

校勘記

〔一〕河間獻王　朝鮮本作：漢河間獻王。

〔二〕致堂　朝鮮本作：胡致堂。

〔三〕廣　朝鮮本「廣」下有「人傑録同」四字。

〔四〕賀孫録略　朝鮮本收「賀孫」所記完整語録，今附如下：今之儀禮只是士大夫禮，無天子諸侯禮。河間獻王五十六篇卻有天子諸侯禮。班固作漢書時，此禮尚存，不知如何失了。故班固云：「今之言禮愈於推士禮以達天子，豈若用此禮哉！」賀孫問：「女子子已嫁不爲父母禫否？今禮文只有父在爲母爲妻禫。」曰：「想是無此禮，所謂父在爲母妻禫，乃是只主男子而言。」賀孫。

〔五〕坐撫當心要絰而踊　「要絰」原作「要緻」，無義。朝鮮本作「絰」。然「絰」、「緻」皆「絰」形近之誤。「要絰」，束於腰間之麻帶，古代喪服之一種。儀禮喪服鄭玄注：「麻在首、在要（腰）皆曰絰。」

〔六〕往弔　朝鮮本此下增：今來一向如此。

〔七〕義剛　朝鮮本作：淳。

〔八〕義剛　朝鮮本小字作撫州學有板本。淳。

〔九〕其説儀禮云　朝鮮本「其」上有「見」字。

〔一〇〕問　朝鮮本作：寓問。

〔一一〕陳仲蔚問冠儀　朝鮮本「冠」下有「時威」二字。

〔一二〕義剛　朝鮮本「剛」下有「陳淳録同」四字。

〔一三〕亦如此説　朝鮮本「説」下有注「陸名佃」三字。

〔一四〕士昏禮謂之攝乘　「乘」，儀禮士昏禮注作「盛」。

〔一五〕賜　朝鮮本作「儒用」；以下增四十六字，云：「賜録同。而略云：『昏禮用攝禮，謂之攝乘。蓋以士而服大夫之服，雀弁。乘大夫之車，墨車。執大夫之摯。蓋重其禮，故盛其服。』」

〔一六〕想是笙入吹此詩　「吹」原作「吸」，據萬曆本、儀禮鄉飲酒注改。

〔一七〕便是衆樂皆奏之也　朝鮮本「也」下有注「庚」字。

〔一八〕義剛　朝鮮本「剛」下有「陳淳録同」四字。

〔一九〕一頭有扣子　「扣」，朝鮮本作「圈」。

〔二〇〕後爲之服報　「後」，儀禮喪服作「從」。

〔二一〕凡建事　「建」，朝鮮本作「逮」。

〔二二〕律文許中心喪　朝鮮本「許」下有「其」字。

〔二三〕朝廷更要將經義　「將」原作「時」，據朝鮮本及下文改。

〔二四〕義剛　朝鮮本末尾小字作：夔孫。義剛録同而少異。

〔二五〕將　朝鮮本作：藏。

〔二六〕儀禮　朝鮮本「儀」上有「先生曰」三字。

朱子語類卷第八十六

禮三

周禮

總論

曹問周禮。曰：「不敢教人學。非是不可學，亦非是不當學，只爲學有先後，先須理會自家身心合做底，學周禮却是後一截事。而今且把來説看，還有一句干涉吾人身心上事否〔一〕？」

「今只有周禮、儀禮可全信。禮記有信不得處。」又曰：「周禮只疑有行未盡處〔二〕。看來周禮規模皆是周公做，但其言語是他人做。今時宰相提舉敕令，豈是宰相一一下筆？有不是處，周公須與改。至小可處，或未及改，或是周公晚年作此〔三〕。」

「大抵説制度之書，惟周禮、儀禮可信，禮記便不可深信。周禮畢竟出於一家。謂是周公親筆做成，固不可，然大綱却是周公意思。某所疑者，但恐周公立下此法，却不曾行得盡。」文蔚。僩録云〔四〕：「周禮是一個草本，尚未曾行。」

問周禮。曰：「未必是周公自作，恐是當時如今日編修官之類爲之。又官名與他書所見，多有不同。恐是當時作此書成，見設官太多，遂不用。亦如唐六典今存，唐時元不曾用。」又笑曰：「禁治蝦蟆，也專設一官，豈不酷耶！」浩。

「周禮，胡氏父子以爲是王莽令劉歆撰，此恐不然。周禮是周公遺典也。」德明。

「周禮一書好看，廣大精密，周家法度在裏，但未敢令學者看。」方子。

「周禮一書，也是做得來縝密，真個盛水不漏！」廣。

子升問：「周禮〔五〕如何看？」曰：「也且循注疏看去。第一要見得聖人是個公平底意思。如陳君舉説〔六〕，天官之職，如膳羞衣服之官，皆屬之，此是治人主之身，此説自是。到得中間有官屬相錯綜處，皆謂聖人有使之相防察之意，這便不是。天官是正人主之身，兼統百官；地官主教民之事，大綱已具矣。春、夏、秋、冬之官，各有所掌，如太史等官屬之宗伯，蓋以祝、史之事用之祭祀之故；職方氏等屬之司馬，蓋司馬掌封疆之政。最是大行人等官屬之司寇難曉。蓋儀禮覲禮，諸侯行禮既畢，出，『乃右肉袒于廟門之東』。王曰：『伯父無事，歸寧乃邦。』然後再拜稽首，出自屏。此所謂『懷諸侯則天下畏之』是也，所以屬之司寇。如此等處，皆是合着如此，初非聖人私意。大綱要得如此看。其間節目有不可曉處，如官職之多，與子由所疑三處之類，只得且缺之，所謂『其詳不可得而聞也』。或謂周公作此書，有未及盡行之者，恐亦有此理。只如今時法令，其間頗有不曾行者。」木之因說：「舊時妄意看此書，大綱是要人主正心、脩身、齊家、治國、平天下，使天下之民無不被其澤，又推而至於鳥獸草木無一不得其所而後已。不如是，不足以謂之裁成輔相，參贊天地耳。」曰：「是恁地，須要識公平意思。」因說：「如今學問，不考古固不得。若一向去採摭故事，零碎湊合說出來，也無甚益。孟子慨然以天下自任，曰：『當今之世〔七〕，捨我其誰！』到說制度處，只說『諸侯之禮，吾未之學，嘗聞其略也』。要之，後世若有聖賢出來，如儀禮等書，也不應便行得。如封建諸侯，柳子厚之說自是。當時却是他各自推戴爲主，聖人從而定之耳。如今若要將一州一縣封某人爲諸侯，人亦未必安之。兼數世之後，其弊非一。如鄉飲酒之禮，若要教天下之人都如此行，也未必能。只後世太無制度。若有聖賢，爲之就中定其尊卑隆殺之數，使人可以通行，這便是禮；爲之去其哇淫鄙俚之辭，使之不失中和歡悦之意，這便是樂。」木之。

「周禮中多有説事之綱目者。如屬民讀法，其法不可知；司馬職，『乃陳車徒，如戰之陳』，其陳法亦不可見矣。」人傑。

「周都豐、鎬，則王畿之内當有西北之戎。如此，則稍、甸、縣、都，如之何〔八〕可爲也？」曰：「周禮一書，聖人姑爲一代之法爾。到不可用法處，聖人須别有通變之道。」去僞〔九〕。

「今人不信周官。若據某言，却不恁地。蓋古人立法，無所不有，天下有是事，他便立此一官，但只是要不失正耳。且如女巫之職，掌宫中巫、祝之事，凡宫中所祝，皆在此人。如此〔一〇〕，則便無後世巫蠱之事矣。」道夫。

「五峰以周禮爲非周公致太平之書，謂如天宫冢宰，却管甚宫閫之事！其意只是見後世宰相請託宫闈，交結近習，以爲不可。殊不知，此正人君治國、平天下之本，豈可以後世之弊而併廢聖人之良法美意哉！又如王后不當交通外朝之説，他亦是懲後世之弊。要之，儀禮中亦分明自載此禮〔一一〕。至若所謂女祝掌凡内禱、祠、禬、禳之事，使後世有此官，則巫蠱之事安從有哉？」道夫。

「五經中，周禮疏最好，詩與禮記次之，書、易疏亂道。易疏只是將王輔嗣注來虚説一片。」僩。

於丘子服處見陳、徐二先生周禮制度菁華。下半册，徐元德作；上半册，即陳君舉所奏周官説。先生云："孝宗嘗問君舉：『聞卿博學，不知讀書之法當如何？』陳奏云：『臣生平於周官粗嘗用心推考。今周官數篇已屬稿，容臣退，繕寫進呈。』遂寫進御。大概推周官制度亦稍詳，然亦有杜撰錯説處。儒用〔一二〕録云："但説官屬。不悉以類聚，錯總互見。事必相關處，却多含糊。或者又謂有互相檢制之意，此尤不然。"如云冢宰之職，不特朝廷之事，凡内而天子飲食、服御、宫掖之事無不畢管。蓋冢宰以道詔王，格群心之非，所以如此。此説固是。但云主客行人之官，合屬春官宗伯，而乃掌於司寇〔一三〕；儒用録云："大行人、司儀掌賓客之事，當屬春官，而乃領於司寇。"土地疆域之事，合掌於司徒，乃掌於司馬；儒用録云："懷方氏辨正封疆之事，當屬地官，而乃領於司馬。"蓋周家設六官互相檢制之意。此大不然！何聖人不以君子長者之道待其臣，既任之而復疑之邪？"或問："如何？"曰："賓客屬秋官者，蓋諸侯朝覲、會同之禮既畢，則降而肉袒請刑，司寇主刑，所以屬之，有威懷諸侯之意。夏官掌諸侯土地封疆，如職方氏皆屬夏官。蓋諸侯有變，則六師移之，儒用録云："不得有其土地。司馬主兵，有威懷諸侯之義故也。"所以屬司馬也。"又問："冬官司空掌何事？"曰："次第是管土田之事。蓋司馬職方氏存儒用録作「正」。其疆域之定制，至於中畫井田，創置纖悉，必屬於司空，而今亡矣。」又云：「陳、徐周禮制度，講三公宰相處甚詳，然皆是自秦、漢以下説起。云漢承秦舊，置三公之官。若仍秦舊，何不只倣秦爲丞相、太尉、御史大夫？却置司馬、司徒、司空者，何故？蓋他不知前漢諸儒未見孔壁古文尚書有周官一篇，説太師、太傅、太保爲三公爾。孔安國古文尚書藏之秘府，諸儒專門伏生二十五篇，一向不取孔氏所藏古文者。及至魏、晉間，古文者始出而行于世。漢初亦只仍秦舊，置丞相、御史、太尉爲三公。及武帝始改太尉爲大司馬。然武帝亦非是有意於復古，但以衛、霍功高官大，上面去不得，故於驃騎大將軍之上，加大司馬以寵異之，如加階官『冠軍』之號爾，其職無以異於大將軍也。及何武欲改三公，他見是時大司馬已典兵，兼名號已正，故但去『大』字，而以丞相爲司徒，御史大夫爲司空。後漢仍舊改司馬爲太尉，而司徒、司空之官如故。然政事歸於臺閣，三公備員。後來三公之職遂廢，而侍中、中書、尚書之權獨重，以至今日。」儒用略〔一四〕。

「君舉説井田，道是周禮、王制、孟子三處説皆通。他説千里不平直量四邊，又突出圓算，則是有千二百五十里。説出亦自好看，今考來乃不然。周禮，鄭氏自於匠人注内説得極子細。前面正説處却未見，却於後面僻處説。先儒這般極子細。君舉於周禮甚熟，不是不知，只是做個新樣好話謾人。本文自説『百里之國』，『五十里之國』。」賀孫。

「周禮有井田之制，有溝洫之制。井田是四數，溝洫是十數。今永嘉諸儒論田制，乃欲混井田、溝洫爲一，則不可行。鄭氏注解分作兩項，却是。」人傑。

「溝洫以十爲數，井田以九爲數，決不可合，永嘉必欲合之。王制、孟子、武成分土皆言三等，周禮乃有五等，決不合，永嘉必欲合之。」閎祖。

「『諸公之地，封疆方五百里。』又云：『凡千里，以方五百里封四公。』則是每個方五百里，甚是分明。陳乃云，方一百二十五里，又以爲合加地、賞田、附庸而言之，何欺誑之甚！」閎祖。

先生以禮鑰授直卿〔一五〕，令誦一遍。畢，先生曰：「他論封國，將孟子説在前，而後又引周禮『諸公之地，封疆方五百里』説，非是。」直卿問：「孟子所論五等之地，是如何與周禮不合？」曰：「先儒説孟子所論乃夏、商以前之制，周禮是成王之制，此説是了。但又説是周斥大封域而封之，其説又不是。若是恁地，每一國添了許多地，便着移了許多人家社稷，恐無此理。這只是夏、商以來，漸漸相吞併，至周自恁地大了。周公也是不奈他何，就見在封他。且如當初許多國，也不是先王要恁地封。便如柳子厚説樣，他是各人占得這些子地，先王從而命之以爵〔一六〕，不意到後來相吞併得恁大了。且如孟子説：『周公之封於魯也，地非不足，而儉於百里；太公之封於齊也，地非不足，而儉於百里。』這也不是。當時封許多功臣親戚，也是要他因而藩衛王室。他那舊時國都忒大了，却封得忒地小，教他與那大國雜居，也於理勢不順。據左傳所說『東至於海〔一七〕，西至於河，南至於穆陵，北至於無棣』，齊是忒地闊。詩『復周公之宇』，魯是忒地闊。這個也是勢着忒地。陳君舉却說只是封疆方五百里，四維每一面只百二十五里；以徑言，則只百二十五里。某說，若忒地，則男國不過似一耆長，如何建國？職方氏說一千里封四伯〔一八〕，一千里封六侯之類，極分明。這一千里，縱横是四個五百里，便是破開可以封四個伯。他那算得國數極定，更無可疑。君舉又却云，一千里地封四伯外，餘地只存留在那裏〔一九〕。某說，不知存留作甚麼？忒地，則一千里只將三十來同封了四伯，那七十來同却不知留作何用。」直卿曰：「武王『分土惟三』，則百里、七十里、五十里似是周制。」曰：「武王是初得天下，事勢未定，且大概忒地。如文王治岐，那制度也自不同。」先生論至此，蹙眉曰：「這個也且大概忒地說，不知當時子細是如何。」義剛問：「孟子想不見周禮〔二〇〕？」曰：「孟子是不見周禮。」直卿曰：「觀子產責晉之辭，則也恐不解封得忒地大。」曰：「子產是應急之說。他一時急後，且忒地放鵰，云，何故侵小？這非是至論。」直卿曰：「府、史、胥、徒，則是庶人在官者，不知如何有許多？」曰：「嘗看子由古史，他疑三事，其一謂府、史、胥、徒太多。這個當時却都是兼官，其實府、史、胥、徒無許多。」直卿曰：「那司市一官，更動誕不得，法可謂甚嚴。」曰：「周公當時做得法大段齊整。如市，便不放教人四散去買賣，他只立得一市在那裏，要買物事，便入那市中去。不似而今要買物，只於門首，自有人擔來賣。更是一日三次會合，亦通人情。看他所立法極是齊整，但不知周公此書行得幾時耳。」義剛〔一一〕。

天官

「天官之職，是總五官者。若其心不大，如何包得許多事？且冢宰内自王之飲食衣服，外至五官庶事，自大至小，自本至末，千頭萬緒，若不是大其心者區處應副，事到面前，便且區處不下。況於先事措置，思患預防，是着多少精神？所以記得此，復忘彼。佛氏只合下將那心頓在無用處，纔動步便疏脱。所以吾儒貴窮理致知，便須事事物物理會過。『舜明於庶物』，物即是物，只是明，便見皆有其則。今文字在面前，尚且看不得，況許多事到面前，如何奈得他？須襟懷大底人始得。」又云：「後人皆以周禮非聖人書。其間細碎處雖可疑，其大體直是非聖人做不得。」賀孫〔一二〕。

「周之天官，統六卿之職，亦是其大綱〔一三〕。至其他卿，則一人理一事。然天官之職，至於閽寺、宮嬪、醯醬、魚鹽之屬，無不領之。」道夫問：「古人命官之意，莫是以其切於君身，故使之領否？」曰：「然。」道夫。

「周禮天官兼嬪御、宦官、飲食之人皆總之，則其於飲食男女之欲，所以制其君而成其德者至矣，豈復有後世宦官之弊？古者宰相之任如此。」

問：「宮伯、宮正所率之屬五百人皆入宮中，似不便否？」曰：「此只是宿衛在外，不是入宮；皆公卿王族之子弟爲之，不是兵卒。」淳。宫伯、宫正。

地官

問：「司徒職在『敬敷五教』，而地官言教者甚略，而言山林陵麓之事却甚詳。」曰：「也須是教他有飯喫，有衣着，五方之民各得其所，方可去教他。若不恁地，教如何施？但是其中言教也不略，如閭胥書其孝弟婣恤，屬民讀法之類，皆是。」義剛。淳録云：「民無住處，無物喫，亦如何教得？所以辨五方之宜以定民居，使之各得其所，而后教可行也。」

直卿問：「司徒所謂教，只是十二教否？」曰：「非也。只如教民以六德、六行、六藝，及歲時讀法之類。」淳。

「周禮中說教民處，止及於畿内之民，都不及畿外之民，不知如何。豈應如此？」廣。

或問周禮：「以土圭之法測土深，正日景以求地中。日南則景短，多暑；日北則景長，多寒；日東則景夕，多風；日西則景朝，多陰。」鄭注云：「日南，謂立表處太南，近日也；日北，謂立表處太北，遠日也；景夕，謂日昳景乃中，立表處太東，近日也；景朝，謂日未中而景已中，立表處太西，遠日也。」曰：「『景夕多風，景朝多陰』，此二句，鄭注不可曉，疑說倒了。看來景夕者，景晚也，謂日未中而景已中；蓋立表近南，則取日近，午前景短而午後景長也。景朝者，謂日已過午而景猶未中；蓋立表近北，則取日遠，午前長而午後短也。」

問多風多陰之說。曰：「今近東之地，自是多風。如海邊諸郡風極多，每如期而至，如春必東風，夏必南風，不如此間之無定。蓋土地曠闊，無高山之限，故風各以方至。某舊在漳、泉驗之，早間則風已生，到午而盛，午後則風力漸微，至晚則更無一點風色，未嘗少差。蓋風隨陽氣生，日方升則陽氣生，至午則陽氣盛，午後則陽氣微，故風亦隨而盛衰。如西北邊多陰，非特山高障蔽之故，自是陽氣到彼處衰謝。蓋日到彼方午，則彼已甚晚，不久則落，故西邊不甚見日。古語云：『蜀之日，越之雪。』言見日少也。所以蜀有『漏天』。古語云：『巫峽多漏天。』老杜云：『鼓角漏天東。』言其地常雨，如天漏然。以此觀之，天地亦不甚闊。以日月所照，及寒暑風陰觀之，可以驗矣。」用之問：「天竺國去處又却極闊？」曰：「以崑崙山言之，天竺直崑崙之正南，所以土地闊，而其所生亦多異人。水經云，崑崙取嵩高五萬里，看來不會如此遠。蓋中國至于闐二萬里，于闐去崑崙，無緣更有三萬里。

文昌雜録記于闐遣使來貢獻，使者自言其國之西千三百餘里即崑崙山。今中國在崑崙之東南，而天竺諸國在其正南。水經又云，黄河自崑崙東北流入中國，如此，則崑崙當在西南上，或又云西北，不知如何。恐河流曲折多，入中國後，方見其東北流爾。佛經所説阿耨山，即崑崙也，云山頂有阿耨大池，池水分流四面去，爲四大水，入中國者爲黄河，入東海；其三面各入南、西、北海，如弱水、黑水之類。大抵地之形如饅頭，其撚尖處則崑崙也。」

問：「佛家『天地四洲』之説，果有之否？」曰：「佛經有之。中國爲南瞻部洲，天竺諸國皆在南瞻部内。東弗于逮，西瞿耶尼，北鬱單越。亦如鄒衍所説『赤縣』之類。四洲統名『娑婆世界』。如是世界凡有幾所，而娑婆世界獨居其中，其形正圓，故所生人物亦獨圓，正象其地形，蓋得天地之中氣。其他世界則形皆偏側尖缺，而環處娑婆世界之外，緣不得天地之正氣，故所生人物亦多不正。此説便是『蓋天』之説。横渠亦主蓋天，不知如何。但其言日初生時，先照娑婆世界，故其氣和，其他世界則日之所照或正或昃，故氣不和，只他此説，便自可破。彼言日之所照必經歷諸世界了，然後入地，則一日之中，須歷照四處，方得周匝。今纔照得娑婆一處，即已曛矣；若更照其他三處，經多少時節！如此，則夜須極長。何故今中國晝夜有均停時，而冬夏漏刻長短，相去亦不甚遠？其説於是不通矣。」僩。

「大司徒以土圭求地中，今人都不識土圭，鄭康成解亦誤。圭，只是量表影底尺，長一尺五寸，以玉爲之。夏至後立表，視表影長短，以玉圭量之。若表影恰長一尺五寸，此便是地之中。晷長則表影短，晷短則表影長。冬至後，表影長一丈三尺餘。今之地中，與古已不同。漢時陽城是地之中，本朝嶽臺是地之中，嶽臺在浚儀，屬開封府。已自差許多。」問：「地何故有差？」曰：「想是天運有差，地隨天轉而差。今坐於此，但知地之不動耳，安知天運於外，而地不隨之以轉耶？天運之差，如古今昏旦中星之不同是也。」又問：「曆所以數差，古今豈無人考得精者？」曰：「便是無人考得精細而不易，所以數差。若考得精密，有個定數，永不會差。伊川說康節曆不會差。」或問：「康節何以不造曆？」曰：「他安肯爲此？古人曆法疏闊而差少，今曆愈密而愈差。」因以兩手量桌邊云：「且如這許多闊，分作四段，被他界限闊，便有差。不過只在一段界限之內，縱使極差出第二三段，亦只在此四界之內，所以容易推測，便有差，容易見。今之曆法於這四界內分作八界，於這八界內又分作十六界，界限愈密，則差數愈遠。何故？以界限密而踰越多也。其差則一，而古今曆法疏密不同故爾。看來都只是不曾推得定，只是移來湊合天之運行，所以當年合得不差，明後年便差。元不曾推得天運定，只是旋將曆去合那天之行，不及則添些，過則減些，以合之，所以一二年又差。如唐一行大衍曆，當時最謂精密，只一二年後便差。只有季通說得好：『當初造曆，便合并天運所蹉之度都算在裏。幾年後蹉幾分，幾年後蹉幾度，將這蹉數都算做正數，直推到盡頭，如此庶幾曆可以正而不差。今人都不曾得個大統正，只管説天之運行有差，造曆以求合乎天，而曆愈差。元不知天如何會有差，自是天之運行合當如此。」此説極是，不知當初因甚不曾算在裏。但堯、舜以來曆，至漢都喪失了，不可考。緣如今是這大總紀不正，所以都無是處。季通算得康節曆。康節曆十二萬九千六百分，大故密。今曆家所用只是萬分曆，萬分曆已自是多了，他如何肯用十二萬分？只是今之曆家，又説季通底用不得，不知如何。」又曰：「一行大衍曆比以前曆，他只是做得個頭勢大，敷衍得闊，其實差數只一般。正如百貫錢修一料藥，與十文修一料藥，其不能治病一也。」僩。

「周禮注云，土圭一寸折一千里。天地四遊升降不過三萬里。土圭之影尺有五寸，折一萬五千里；以其在地之中，故南北東西相去各三萬里。」問：「何謂『四遊』？」曰：「謂地之四遊升降不過三萬里，非謂天地中間相去止三萬里也。春遊過東三萬里，夏遊過南三萬里，秋遊過西三萬里，冬遊過北三萬里。今曆家算數如此，以土圭測之，皆合。」僩曰：「譬以大盆盛水，而以虛器浮其中，四邊定四方。若器浮過東三寸，以一寸折萬里，則去西三寸。亦如地之浮於水上，蹉過東方三萬里，則遠去西方三萬里矣。南北亦然。然則冬夏晝夜之長短，非日晷出没之所爲，乃地之遊轉四方而然爾。」曰：「然。」用之曰：「人如何測得如此？恐無此理。」曰：「雖不可知，然曆家推算，其數皆合，恐有此理。」僩。

「土圭之法，立八尺之表，以尺五寸之圭横於地下，日中則景蔽於圭，此乃地中爲然，如浚儀是也。今又不知浚儀果爲地中否？」問：「何故以八尺爲表？」曰：「此須用勾股法算之，南北無定中，必以日中爲中，北極則萬古不易者也。北方地形尖斜，日長而夜短。骨里幹國煮羊胛骨熟，日已出矣。至鐵勒，則又北矣。極北之地，人甚少，所傳有二千里松木，禁人斫伐。此外龍蛇交雜，不可去。女真起處有鴨緑江。傳云，天下有三處大水：曰黄河，曰長江，并鴨緑是也。若以浚儀與潁川爲中，則今之襄、漢、淮西等處爲近中。」人傑。

「嘗見季通云，日晷有差，如去一千里，則差一寸，到得極星却無差。其初亦自曉不得，後來子細思之，日之中各自不同：如極東處，日午以前須短，日午以後須長；極西處，日午以前須長，日午以後須短，所以有差。故周禮以爲：『日北則景長，多寒；日南則景短，多暑；日東則景夕，多風；日西則景朝，多陰。』此最分曉。極星却到處視之以爲南北之中了，所以無差。如涼傘然，中心却小，四簷却闊，故如此。某初疑其然，及將周禮來檢看，方見得決然是如此。」榦。

「今謂周官非聖人之書。至如比、閭、族、黨之法，正周公建太平之基本。他這個一如棋盤相似，枰布定後，棋子方有放處。」因論保伍法。道夫。

「二十五家爲閭。閭，吕也，如身之有脊吕骨。蓋閭長之居當中，而二十四家列於兩旁，如身之脊吕骨當中，而肋骨分布兩旁也。」僩。

問六德「智、聖」。曰：「智，是知得事理；聖，便高似智，蓋無所不通明底意思。」伯羽。

「『五家爲比，五比爲閭，四閭爲族，五族爲黨，五黨爲州，五州爲鄉』；『五家爲鄰，五鄰爲里，四里爲酇，五酇爲鄙，五鄙爲縣，五縣爲遂』，此鄉遂制田里之法也〔二四〕。『五人爲伍，五伍爲兩，四兩爲卒，五卒爲旅〔二五〕，五旅爲師，五師爲軍』，此鄉遂出兵之法也。故曰：『凡起徒役，無過家一人。』既一家出一人，則兵數宜甚多，然只是擁衛王室，如今禁衛相似，不令征行也。都鄙之法，則『九夫爲井，四井爲邑，四邑爲丘，四丘爲甸』，然後出長轂一乘，甲士三人，步卒七十二人。以五百一十二家，而共只出七十五人，則可謂甚少。然有征行，則發此都鄙之兵，悉調者不用，而用者不悉調。此二法所以不同，而貢、助之法亦異。大率鄉遂以十爲數，是長連排去；井田以九爲數，是一個方底物事，自是不同。而永嘉必欲合之，如何合得？」閎祖。以下小司徒。

「周制鄉遂用貢法，故十夫治溝，長底是十，方底是百，長底是千，方底是萬。都鄙用助法，故八家同溝共井。鄉遂則以五爲數，家出一人爲兵，以守衛王畿，役次必簡。如周禮，惟挽匶則用之，此役之最輕者。都鄙則以四爲數，六七家始出一人，故甸出甲士三人，步卒七十二人，馬四匹，牛三頭。鄉遂所以必爲溝洫而不爲井者，以欲起兵數故也。五比、五鄰、五伍之後，變五爲四閭、四里、四兩者，用四，則成百之數；復用五，則自此奇零不整齊矣。如曰周制皆井者，此欺人之説，不可行也。」因言永嘉之説，受田則用溝洫，起賦斂則依井。方子。下條聞同。

問：「周制都鄙用助法，八家同井；鄉遂用貢法，十夫有溝。鄉遂所以不爲井者何故？」曰：「都鄙以四起數，五六家始出一人，故甸出甲士三人，步卒七十二人。鄉遂以五起數，家出一人爲兵，以守衛王畿，役次必簡。故周禮惟挽匶則用之，此役之最輕者。」近郊之民，王之内地也。共輂之事，職無虛月。追胥之比，無時無之。其受廛爲民者，固與畿外之民異也。七尺之征，六十之舍，王非姑息於邇民也。遠郊之民，王之外地也。其溝洫之治，各有司存。野役之起，不及其羡。其受廛爲甿者，固與内地之民異也。六尺之征，六十五之舍，王非荼毒於遐民也。園廛二十而一，若輕於近郊也。而草木之毓，夫家之聚，不可以擾，擾則不能以寧居，是故二十而税一。漆林二十而五，若重於遠郊也，而器用之末作，商賈之資利，不可以□□則必至於忘本〔二六〕，是故二十而五。係近郊、遠郊勞逸所繫。

「天子六卿，故有六軍；諸侯三卿，故有三軍。所謂『五家爲比』，比即伍也；『五比爲閭』，閭即兩也；『四閭爲族』，族即卒也，則是夫人爲兵矣。至於『九夫爲井，四井爲邑，四邑爲丘，四丘爲甸』，甸出兵車一乘。且以九夫言之，中爲公田，只是八夫，甸則五百一十二夫，何其少於鄉遂也？便是難曉。以某觀之，鄉遂之民以衛王畿，凡有征討，止用丘甸之民。又學校之制，所以取士者，但見於鄉遂，鄉遂之外不聞教養之制，亦可疑也。」人傑。

問：「都鄙四丘爲甸，甸六十四井，出車一乘，甲士三人，步卒七十二人。不審鄉遂車賦則如何？」曰：「鄉遂亦有車，但不可見其制。六鄉一家出一人，排門是兵。都鄙七家而出一兵，在内者役重而賦輕，在外者役輕而賦重。六軍只是六鄉之衆，六遂不與。六遂亦有軍，但不可見其數。侯國三軍，亦只是三郊之衆，三遂不與。大國三郊，次國二郊，小國一郊。蔡季通説，車一乘不止甲士三人，步卒七十二人。此是輕車用馬馳者，更有二十五人將重車在後，用牛載糗糧戈甲衣裝，見七書。如魯頌『公徒三萬』，亦具其説矣。」淳。

問〔二七〕：「鄭氏『旁加一里』之説，是否？」曰：「如此，方得數相合，亦不見所憑據處，今且大概依他如此看。」淳。以下小司徒注。

直卿問：「古以百步爲畝，今如何？」曰：「今以二百四十步爲畝。百畝當今四十一畝。」賀孫。

問：「司馬法車乘士徒之數，與周禮不同，如何？」曰：「古制不明，皆不可考，此只見於鄭氏注。七書中司馬法又不是，此林勳本政書錯説，以爲文王治岐之政。」曰：「或以周禮乃常數，司馬法乃調發時數，是否？」曰：「不通處，如何硬要通？不須恁思量，枉費心力。」淳。

先生與曹兄論井田，曰：「當時須别有個道理。天下安得有個王畿千里之地，將鄭康成圖來安頓於上？今看古人地制，如豐、鎬皆在山谷之間，洛邑、伊闕之地，亦多是小溪澗，不知如何措置。」卓。

「豐、鎬去洛邑三百里，長安所管六百里。王畿千里，亦有横長處，非若今世之爲圖畫方也。恐井田之制亦是類此，不可執畫方之圖以定之。」人傑。

「古者百畝之地，收皆畝一鍾，爲米四石六斗。以今量較之，爲米一石五斗爾。」僩。

「周家每年一推排，十六歲受田，六十者歸田。其後想亦不能無弊，故蔡澤言商君決裂井田，廢壞阡陌，以靜百姓之業，而一其志。唐制，每歲十月一日，應受田者皆集於縣令廷中，而升降之。若縣令非才，則是日乃胥吏之利耳。」方子。

「古人學校教養，德行道藝，選舉爵禄，宿衛征伐，師旅田獵，皆只是一項事。」皆一理也。僩。鄉大夫。

問：「周禮[二八]『德行道藝』，德、行、藝三者，猶有可指名者。『道』字當如何解？」曰：「舊嘗思之，未甚曉。看來『道』字，只是曉得那道理而已。大而天地事物之理，以至古今治亂興亡事變，聖賢之典策，一事一物之理，皆曉得所以然，謂之道。且如『禮、樂、射、御、書、數』，禮樂之文，却是祝史所掌；至於禮樂之理，則須是知道者方知得。如所謂『天高地下，萬物散殊，而禮制行矣；流而不息，合同而化，而樂興焉』之謂。又德是有德，行是有行，藝是有藝，道則知得那德、行、藝之理所以然也。注云：『德行是賢者，道藝是能者。』蓋曉得許多事物之理，所以屬能。」僩。

「内史〔二九〕掌策命諸侯及群臣者，鄉大夫既獻賢能之書，王拜受，登于天府。其副本，則内史掌之，以内史掌策命諸侯及群臣故也。古之王者封建諸侯，王坐，使内史讀策命之。非特命諸侯，亦欲在廷詢其可否。且如後世除拜百官，亦合有策，只是辭免了。」問：「祖宗之制，亦如此否？」曰：「自唐以上皆如此。今除宰相宣麻，是其遺意。立后以上用玉策，其次皆用竹策。漢常用策，緣他近古。其初亦不曾用，自武帝立三王始用起。」文蔚〔三〇〕。

問：「黨正：『一命齒于鄉里，再命齒于父族，三命不齒。』若據如此，雖説『鄉黨莫如齒』，到得爵尊後，又不復序齒。」曰：「古人貴貴長長，並行而不悖。他雖説不序，亦不相壓。自別設一位，如今之掛位然。」燾録云：「猶而今別設桌也。」文蔚。黨正。

「古制微細處，今不可曉，但觀其大概。如『宅田、士田、賈田』、『官田、牛田、賞田、牧田』，鄭康成作一説，鄭司農又作一説，憑何者爲是？」淳。以下載師。

問：「商賈是官司令民爲之？抑民自爲之邪？」曰：「民自爲之。亦受田，但少耳，如載師所謂『賈田』者是也。」淳。

問：「士人受田如何？」曰：「上士、中士、下士，是有命之士，已有禄。如管子『士鄉十五』，是未命之士。若民皆爲士，則無農矣，故鄉止十五。亦受田，但不多，所謂『士田』者是也。」義剛〔三一〕。

「『近郊十一，遠郊二十而三，甸、稍、縣、都皆無過十二』，此即是田税。然遠近輕重不等者，蓋近處如六鄉，排門皆兵，其役多，故税輕；遠處如都鄙，井法七家而賦一兵，其役少，故税重。所謂『十二』者，是並雜税皆無過此數也。都鄙税亦只納在采邑。」淳。

安卿〔三二〕問：「二十而一，十一，十二，二十而三，二十而五，如何？」曰：「近處役重，遠處役輕。且如六鄉，自是家家爲兵。至如稍、縣、都，却是七家只出一兵。」直卿〔三三〕曰：「鄉遂用貢法，都鄙用助法，則是都鄙却成九一。但鄭注『二十而一』等及九賦之類，皆云是計口出泉，如此又近於太重。」曰：「便是難曉，這個今且理會得大概。若要盡依他行時，也難。似而今時節去封建井田，尚煞爭。淳録云：「因論封建井田，曰：『大概是如此，今只看個大意。若要行時，須別立法制，使簡易明白。取於民者足以供上之用，上不至於乏，而下不至於苦，則可矣。今世取封建井田，大段遠。』」恰如某病後要思量白日上昇，如何得？今且醫得無事時，已是好了〔三四〕。如浙間除了和買丁錢，重處減些，使一家但納百十錢，只依而今税賦放教寬，無大故害民處。淳録云：「如漳之鹽錢罷了。」如此時，便是小太平了。前輩云，本朝税輕於什一，也只是向時可恁地説，今何啻數倍！緣上面自要許多用，而今〔三五〕縣中若省解些月椿，看州府不來打駡麽？某在漳州解發銀子，折了星兩；運司來取〔三六〕，被某不能管得，判一個『可付一笑』字，聽他門自去理會。似恁時節，却要行井田，如何行得？伊川常言，要必復井田封建；及晚年，又却言不必封建井田，便也是看破了。淳録云：「見暢潛道録：『想是他經歷世故之多，見得事勢不可行。』」且〔三七〕如封建，自柳子厚之屬，論得來也是太過，但也是行不得。淳録云：「柳子厚説得世變也是。但他只見得後來不好處，不見得古人封建底好意。」如漢當初要封建，後來便恁地狼狽。若〔三八〕如主父偃之説，『天子使吏治其國而納其貢税』，如此，便不必封建也得。淳録云：「若論主父偃後底封建，則皆是王族貴驕之子，不足以君國子民，天子使吏治其國而已。」今且做把一百里地封一個親戚或功臣，教他去做，其初一個未必便不好，但子孫決不能皆賢。若有一個在那裏無稽時，不成教百姓論罷了一個國君！若只坐視他害民，又不得，却如何區處？淳録云：「封建以大體言之，却是聖人公共爲民底意思，是爲正理。以利害計之：第一世所封之功臣，猶做得好在。第二世繼而立者〔三九〕，個個定是不曉事，則害民之事靡所不爲。百姓被苦來訴國君，因而罷了，也不是；不與他理會，亦不是。未論別處如何，只這一處利少而害多，便自行不得。」更是人也自不肯去。今且教一個錢塘縣尉，封他作靜江國王，鬱林國王，淳録作「桂國之君」。他定是不肯去，淳録作：「他定以荒僻，不樂於行。」寧肯作錢塘縣尉。唐時理會一番襲封刺史，人都不肯去。淳録作：「一時功臣皆樂於在京，而不肯行。」符秦也曾如此來，人皆是戀京師快活，都不肯去，却要遣人押起。淳録作：「符堅封功臣於數國，不肯去，迫之使去。」這個決是不可行。若是以大概論之，聖人封建却是正理。但以利害言之，則利少而害多。子由古史論得也忒煩，前後都不相照。淳録作：「子由論封建，引證又都不着。」想是子由老後昏眩，説得恁地。某嘗作説辨之，得四五段，不曾終了。若東坡時，便不如此。他每每兩牢籠説。他若是主這一邊説時，那一邊害處都藏着不敢説破。如子由便是只管説，後説得更無理會。」因曰：「蘇氏之學，喜於縱恣疏蕩。東坡嘗作某州學記，言井田封建皆非古，但有學校尚有古意。其間言『舜遠矣，不可及矣！但有子産尚可稱』。他便是敢恁地説，千古萬古後，你如何知得無一個人似舜！」義剛。淳録作數條。

「載師〔四〇〕云：『凡宅不毛者有里布，凡田不耕者出屋粟，凡民無職事者出夫家之征。』閭師又云：『凡民無職者出夫布。』前重後輕者，前以待士大夫之有土者，後方是待庶民。宅不毛，爲其爲亭臺也；田不耕，爲其爲池沼也；凡民無職事者，此是大夫家所養浮泛之人也。」賀孫。

「師氏〔四一〕『居虎門』，『司王朝』。虎門，路寢門也。正義謂路寢庭朝，庫門外朝，非常朝；此是常朝，故知在路門外。」文蔚問：「路寢庭朝，庫門外朝，如何不是常朝？」曰：「路寢庭在門之裏，議政事則在此朝。庫門外，是國有大事，詢及衆庶，則在此處，非每日常朝之所。若每日常朝，王但立於寢門外，與群臣相揖而已。然王却先揖，揖群臣就位，王便入。只是揖亦不同，如『土揖庶姓，時揖異姓，天揖同姓』之類，各有高下。胡明仲嘗云，近世朝禮，每日拜跪，乃是秦法，周人之制元不如此。」文蔚。師氏。

「古者教法，『禮、樂、射、御、書、數』，不可闕一。就中樂之教尤親切。夔教胄子只用樂，大司徒之職也是用樂。蓋是教人朝夕從事於此，拘束得心長在這上面。蓋爲樂有節奏，學他底，急也不得，慢也不得，久之，都換了他一副當情性。」植。以下保氏。

「周禮『六書』，制字固有從形者。然爲義各不同，却如何必欲説義理得！龜山有辯荆公字説三十餘字。荆公字説，其説多矣，止辯三十字，何益哉？又不去頂門上下一轉語，而隨其後屑屑與之辯，使其説轉，則吾之説不行矣。」僩。

「『泉府掌以市之征布，斂貨之不售』者〔四二〕，或買，或賒，或貸。貸者以國服爲息，此能幾何？而云『凡國事之財用取具焉〔四三〕』，何也？」閎祖。泉府。

問：「遂，何以上地特加萊五十畝？」曰：「古制不明，亦不可曉。鄉之田制亦如此，但此見於遂耳。大抵鄉吏專主教，遂吏專主耕。」淳。以下遂人。

問〔四四〕：「鄉遂爲溝洫，用貢法；都鄙爲井田，行助法。何以如此分別？」曰：「古制不明，亦不曉古人是如何。遂人溝洫之法，田不井授，而以夫數制之，『歲時登其夫家之衆寡』，以令貢賦，便是用貢法。」淳。

「子約疑井田之法，一鄉一遂爲一萬有餘夫，多溝洫川澮，而匠人一同爲九萬夫，川澮溝洫反少者，此以地有遠近，故治有詳略也。鄉遂近王都，人衆稠密，家家勝兵，不如此則不足以盡地利而養民；且又縱横爲溝洫川澮，所以寓設險之意，而限車馬之衝突也，故治近爲甚詳。若鄉遂之外，則民少而地多，欲盡開治，則民力不足，故其治甚略。晉郤克帥諸國伐齊，齊求盟，晉人曰：『必以蕭同叔子爲質，而盡東其畝。』齊人曰『唯吾子戎車是利，無顧土宜』云云，晉謀遂塞。蓋鄉遂之畝，如中間是田，兩邊是溝，向東直去，而前復有横畝向南，溝復南流。一東一南，十字相交在此，所以險阻多，而非車馬之利也。晉欲使齊盡東其畝，欲爲侵伐之利耳，而齊覺之。若盡東其畝，則無縱横相衜，但一直向東，戎馬可以長驅而來矣。」次日又曰：「昨夜説匠人九夫之制，無許多溝洫，其實不然。適間檢看許多溝洫川澮，與鄉遂之地一般，乃是子約看不子細耳。」僩。

「田制須先正溝洫，方定。」必大。

「『稍』者，稍稍之義，言逐旋給與之也。不特待使者，凡百官廩禄皆然，猶今官中給俸米。」僩。稍人

「鄉遂雖用貢法，然『巡野觀稼，以年之上中下出斂法』，則亦未嘗拘也。」閎祖。司稼。

春官

「周禮載用赤璋、白璧等斂，此豈長策？要是周公未思量耳。觀季孫斯死用玉，而孔子歷階言其不可，則是孔子方思量到，而周公思量未到也。」義剛。典瑞。〔四五〕

黄問：「周禮祀天神、地示、人鬼之樂，何以無商音？」曰：「五音無一，則不成樂。非是無商音，只是無商調。先儒謂商調是殺聲，鬼神畏商調。」淳。以下大司樂。

「周禮不言祭地，止於大司樂一處言之。舊見陳君舉亦云，社稷之祭，乃是祭地。却不曾問大司樂祭地祇之事。」人傑。

因説及夢，曰：「聖人無所不用其敬，雖至小没緊要底物事，也用其敬。到得後世儒者方説得如此闊大，没收殺。如周禮，夢亦有官掌之，此有甚緊要？然聖人亦將做一件事。某平生每夢見故舊親戚，次日若不接其書信，及見之，則必有人説及。看來惟此等是正夢，其他皆非正。」僩。占夢。

夏官

「路門外有鼓，謂之路鼓，王崩則擊此鼓，用以宣傳四方。肺石，其形若肺，擊之有聲；冤民許擊此石，如今登聞鼓。唐人亦有肺石。」文蔚。太僕。

秋官

「人謂周公不言刑。秋官有許多刑，如何是不言刑！」淳。

問〔四六〕：「周禮五服之貢，限以定名，不問其地之有無，與禹貢不合，何故？」曰：「一代自有一代之制。他大概是近處貢重底物事，遠處貢輕底物事，恰如禹貢所謂『納銍』、『納秸』之類。」義剛。大行人。

冬官

「車所以揉木，又以圍計者，蓋是用生成圓木揉而爲之，故堅耐，堪馳騁。」閎祖。輪人。

問：「侯國亦做鄉遂、都鄙之制否？」曰：「鄭氏説，侯國用都鄙法。然觀『魯人三郊三遂』及孟子『請野九一而助，國中什一使自賦』，則亦是如此。」義剛録作：「當亦是鄉遂。」淳。

匠人注。

校勘記

〔一〕還有一句干涉吾人身心上事否　朝鮮本「否」下注「庚」字。

〔二〕周禮只疑有行未盡處　朝鮮本「疑」下有「得」字。

〔三〕或是周公晚年作此　「作此」，朝鮮本作：「作此書」，增小注云：「庚」。

〔四〕僩録云　朝鮮本「録」下增小注云：「同而沈又注」。

〔五〕周禮　朝鮮本此下增：合。

〔六〕如陳君舉説　「如」原作「知」，據朝鮮本改。

〔七〕當今之世　朝鮮本作：當今天下。

〔八〕如之何　朝鮮本此下增：其。

〔九〕去僞　朝鮮本作：謨。去僞人傑録並同。

〔一〇〕如此　朝鮮本「如」上有「次第」二字。

〔一一〕儀禮中亦分明自載此禮　朝鮮本「禮」下有「在」字。

〔一二〕朝鮮本此則語録間無「儒用録」相關小字，然卷一一三收録儒用記語録，作：孝宗池本作「光宗」。嘗問陳君舉：「聞卿博學？」君舉因奏云：「臣平生於周官粗嘗用心。有周官說教數篇，容繕寫進入。」「大概推周官制度亦自詳密，但說官屬，不悉以類聚，錯總互見，事必相關處，卻多含糊。或者又謂有互相捡制之意，此尤不然，何聖人不以君子長者之道待其臣，既任之而復疑之耶？殊不知大行人司儀掌賓客之事，當屬春官，而乃領於司寇者，蓋諸侯朝覲，會同之禮既畢，則降而肉袒請刑，司寇主刑故也。懷方氏辨正封疆之事，當屬地官，而乃領於司馬者，蓋諸侯有罪，則六師移之，不得有其土地。司馬主兵，有威懷諸侯之義故也。」或問：「冬官司空掌何事？」曰：「次第是掌土田之事。蓋職方氏但正其疆域之制，至申畫井地，創置纖悉，必屬於司空，而今亡矣。」儒用。

〔一三〕而乃掌於司寇　朝鮮本此下增小字「宗伯典禮，司寇典刑」。

〔一四〕儒用略　朝鮮本作「庚」字。

〔一五〕直卿　朝鮮本作：黄直卿。

〔一六〕他是各人占得這些子地先王從而命之以爵　朝鮮本「先」字上有「在故」二字，分屬上下讀。

〔一七〕據左傳所說東至於海　「據」，朝鮮本作「今看」。

〔一八〕職方氏說一千里封四伯　朝鮮本「職」上有「他那」二字。

〔一九〕餘地只存留在那裏　朝鮮本「留」下有「得」字。下同。

〔二〇〕孟子想不見周禮　朝鮮本「想」下有「是」字。

〔二一〕義剛　朝鮮本「剛」下有「按池本無自若是恁地至留作何用一節」十六字。

〔二二〕賀孫　朝鮮本「孫」下有「以下冢宰」四字。

〔二三〕亦是其大綱　朝鮮本「亦」作「爾」，屬上句；「是」下有「提」字。

〔二四〕此鄉遂制田里之法也　「此鄉遂」三字原無，據朝鮮本補。

〔二五〕五卒爲旅　「旅」原作「族」，據朝鮮本改。

〔二六〕不可以□□則必至於忘本　二空格，賀本作「輕輕」字，一屬上讀，一屬下讀。

〔二七〕問　朝鮮本作：淳問。

〔二八〕周禮　朝鮮本此下增：書其。

〔二九〕内史　朝鮮本段首增：王受賢能之書，再拜受之，登於天府，内史貳之。

〔三〇〕文蔚　朝鮮本末尾無記録者姓名，然增小字：齊懷王閎、燕剌王旦、廣陵王胥。卿大夫。

〔三一〕義剛　朝鮮本作：淳。

〔三二〕安卿　朝鮮本作：陳安卿。

〔三三〕直卿　朝鮮本作：黄直卿。

〔三四〕已是好了　朝鮮本此下增：據某看來，而今只是。

〔三五〕而今　朝鮮本作：你而今好看教。

〔三六〕運司來取　朝鮮本作：後來運司發文拿下來取。

〔三七〕且　朝鮮本「且」上增「今」字。

〔三八〕若　朝鮮本「若」下增「便」字。

〔三九〕第二世繼而立者　「二」原爲空格，據萬曆本補。

〔四〇〕載師　朝鮮本段首增：周禮。

〔四一〕師氏　朝鮮本段首增：周禮。

〔四二〕斂貨之不售者　「貨」，周禮地官泉府原文作「市」。

〔四三〕凡國事之財用取具焉　「事」原爲空格，據朝鮮本及周禮泉府補。

〔四四〕問　朝鮮本作：淳問。

〔四五〕典瑞　朝鮮本作：大宗伯。

〔四六〕問　朝鮮本作：義剛問。

朱子語類卷第八十七

禮四

小戴禮

總論

問〔一〕：「看禮記、語、孟，孰先？」曰：「禮記有説宗廟朝廷，説得遠後，雜亂不切於日用。若欲觀禮，須將禮記節出切於日用常行者看，節出玉藻、内則、曲禮、少儀看。」節。

問讀禮記。曰：「禮記要兼儀禮讀，如冠禮、喪禮、鄉飲酒禮之類，儀禮皆載其事，禮記只發明其理。讀禮記而不讀儀禮，許多理皆無安著處。」

「讀禮記，須先讀儀禮。嘗欲編禮記附於儀禮，但須著和注寫。」德輔云：「如曲禮、檀弓之類，如何附？」曰：「此類自編作一處。」又云：「祖宗時有三禮科學究，是也。雖不曉義理，却尚自記得。自荆公廢了學究科，後來人都不知有儀禮。」又云：「荆公廢儀禮而取禮記，捨本而取末也。」德輔。

「學禮，先看儀禮。儀禮是全書，其他皆是講說。如周禮、王制是制度之書，大學、中庸是説理之書。儒行、樂記非聖人之書，乃戰國賢士爲之。」又云：「人不可以不莊嚴，所謂『君子莊敬日强，安肆日偷』。」又曰：「『智崇禮卑』，人之智識不可以不高明，而行之在乎小心。如大學之格物、致知，是智崇處；正心、修身，是禮卑處。」卓。

「禮記只是解儀禮，如喪服小記便是解喪服傳，推之每篇皆然。惟大傳是總解。」德明。

「許順之説〔二〕，人謂禮記是漢儒説，恐不然。漢儒最純者莫如董仲舒，仲舒之文最純者莫如三策，何嘗有禮記中説話來！如樂記所謂『天高地下，萬物散殊，而禮制行矣；流而不息，合同而化，而樂興焉』。仲舒如何説得到這裏？想必是古來流傳得此個文字如此。」廣。方子録云〔三〕：「以是知禮記亦出於孔門之徒無疑〔四〕。順之此言極是〔五〕。」

問：「禮記正義載五養老、七養老之禮。」曰：「漢儒説制度有不合者，多推從殷禮去。大抵古人制度恐不便於今。如鄉飲酒禮，節文甚繁，今强行之，畢竟無益，不若取今之禮酌而行之。」人傑。

問：「禮記古注外，無以加否？」曰：「鄭注自好。看注看疏，自可了。」大雅。文蔚録云：「問二禮制度如何可了？」曰：「只注疏自了得。」

「鄭康成是個好人，考禮名數大有功，事事都理會得。如漢律令亦皆有注，儘有許多精力。東漢諸儒煞好。盧植也好。」淳。義剛録云：「康成也可謂大儒。」

「王肅議禮，必反鄭玄。」賀孫。

「禮記有王肅注，煞好。太史公樂書載樂記全文，注家兼存得王肅。又鄭玄説覺見好〔六〕。禮書，如陸農師禮象、陳用之禮書，亦該博，陳底似勝陸底。後世禮樂全不足録〔七〕。但諸儒議禮頗有好處，此不可廢，當别類作一書，方好看。六朝人多是精於此。畢竟當時此學自專門名家，朝廷有禮事，便用此等人議之。如今刑法官，只〔八〕用試大法人做。如本生父母事，却在隋書劉子翼傳。江西有士人方庭堅引起〔九〕，今言者得以引用。」賜。夔孫同。

或曰：「經文不可輕改。」曰：「改經文，固啓學者不敬之心。然舊有一人，專攻鄭康成解禮記不合改其文。如『蛾子時術之』，亦不改，只作蠶蛾子〔一〇〕云，如蠶種之生，循環不息。是何義也？且如大學云：『舉而不能先，命也。』若不改，成甚義理？」大雅。

「方、馬二解，合當參考，儘有説好處，不可以其新學而黜之。如『君賜衣服，服以拜賜』。絶句是。『以辟之命，銘爲烝彝鼎』，舊點『以辟之』爲一句，極無義。辟，乃君也。以君之命銘彝鼎，最是。又如陸農師點『人生十年曰幼』作一句，『學』作一句，下放此，亦有理。『聖人作』作一句，『爲禮以教人』。學記『大學之教也』作一句，『時教必有正業，退息必有居學』。『乃言底可績三載』，皆當如此。『不在此位也』，吕與叔作『豈不在此位也』，是。後看家語乃無『不』字，當從之。」〔一一〕賀孫。

「禮記、荀、莊有韻處多。龔實之云，嘗官於泉，一日問陳宜中云：『古詩有平仄否？』陳云：『無平仄。』龔云：『有。』辨之久不決，遂共往決之於李漢老。陳問：『古詩有平仄否？』李云：『無平仄，只是有音韻。』龔大然之。謂之無有，皆不是，謂之音韻乃是。」揚。

曲禮

「曲禮必須别有一書協韻，如弟子職之類。如今篇首『若思』、『定辭』、『民哉』；兹。及『上堂聲必揚』，『入户必下』〔一二〕，户。皆是韻〔一三〕。今上下二篇却是後人補湊而成，不是全篇做底。『若夫』等處，文意都不接。内則却是全篇做底，但『曾子曰』一段不是。」方子。

問〔一四〕：「曲禮首三句是從源頭説來，此三句固是一篇綱領。要之，『儼若思，安定辭』，又以『毋不敬』爲本。」曰：「然。」又曰：「只是下面兩句，便是『毋不敬』。今人身上大節目，只是一個容貌言語，便如『君子所貴乎道者三』。這裏只是不曾說『正顏色』。要之，顏色容貌亦不爭多，只是顏色有個誠與僞。」僩録云：「箕子『九疇』，其要只在『五事』。」文蔚。

問：「艾軒解『儼若思』〔一五〕，訓『思』字作助語，然否？」曰：「訓『思』字作助語，尚庶幾；至以『辭』字亦爲助語，則全非也。他門大率偏枯，把心都在邊角上用。」煇〔一六〕。

「『賢者狎而敬之』，狎，是狎熟、狎愛。如『晏平仲善與人交，久而敬之』，既愛之而又敬之也。『畏而愛之』，如『畏天命，畏大人，畏聖人之言』之『畏』，畏中有愛也。『很毋求勝』，很，亦是兩家事。注云：「鬭鬩也。」如與人爭鬭，分辨曲直，便令理明，不必求勝在我也。『分毋求多』，分物毋多自與，欲其平也。」僩。

「『若夫坐如尸，立如齊』，本大戴禮之文。上言事親，因假說此乃成人之儀，非所以事親也。記曲禮者撮其言，反帶『若夫』二字，不成文理。而鄭康成又以『丈夫』解之，益繆。他也是解書多後，更不暇子細。此亦猶『子曰好學近乎智，力行近乎仁，知恥近乎勇』，家語答問甚詳；子思取入中庸，而删削不及，反衍『子曰』兩字。」義剛〔一七〕。

問〔一八〕：「『禮聞取於人，不聞取人；禮聞來學，不聞往教。』呂與叔謂上二句學者之道，下二句教者之道。取，猶致也。取於人者，我爲人所取而教之；在教者言之，則來學者也。取人者，我致人以教己；在教者言之，則往教者也。此說如何？」曰：「道理亦大綱是如此，只是説得不甚分曉。據某所見，都只就教者身上説。取於人者，是人來求我，我因而教之；取人者，是我求人以教。今欲下一轉語：取於人者，便是『有朋自遠方來』，『童蒙求我』；取人者，便是『好爲人師』，『我求童蒙』。」文蔚。

「『班朝治軍，涖官行法，非禮，威嚴不行；禱祠祭祀，供給鬼神，非禮，不誠不莊。』以『誠莊』對『威嚴』，則涖官當以威嚴爲本。然恐其太嚴，又當以寬濟之。」德明。

問：「『七十老而傳』，則嫡子、嫡孫主祭。如此，則廟中神主都用改換作嫡子、嫡孫名奉祀。然父母猶在，於心安乎？」曰：「然。此等也難行，也且得躬親耳。」又問：「嫡孫主祭，則便須祧六世、七世廟主。自嫡孫言之，則當祧。若叔祖尚在，則乃是祧其高曾祖，於心安乎？」曰：「也只得如此。聖人立法，一定而不可易。兼當時人習慣，亦不以爲異也。」又問：「先生舊時立春祭先祖，冬至祭始祖，後來廢之，何故？」曰：「覺得忒煞過當，和禘、祫都包在裏面了。恐太僭，遂廢之。」僩。

問〔一九〕：「『年長以倍，則父事之』，這也是同類則可〔二〇〕？」曰：「他也是説得年輩當如此。」又問：「如此，則不必問德之高下，但一例如此否？」曰：「德也隱微難見。德行底人，人也自是尊敬他。」又問：「如此，則不必問年之高下，但有德者皆尊敬〔二一〕之？」曰：「若是師他，則又不同。若朋友中德行底，也自是較尊敬他。」義剛。

「『爲人子者，居不主奥。』古人室在東南隅開門，東北隅爲宧，西北隅爲屋漏，西南爲奥。人纔進，便先見東北隅，却到西北隅，然後始到西南隅，此是至深密之地。」銖。

「尸用無父母者爲之，故曰：『食饗不爲概，祭祀不爲尸。』」文蔚。

「『父召無諾，唯而起。』唯速於諾。」文蔚。

問〔一二〕：「禮云『父不祭子，夫不祭妻』，何也？」曰：「便是此一説，被人解得都無理會了。據某所見，此二句承上面『餕餘不祭』説。蓋謂餕餘之物，雖父，不可將去祭子；夫，不可將去祭妻。且如孔子『君賜食，必正席先嘗之；君賜腥，必熟而薦之』。君賜腥，則非餕餘矣，雖熟之，以薦先祖可也。賜食，則或爲餕餘，但可正席先嘗而已；固是不可祭先祖，雖妻子至卑，亦不可祭也。」文蔚。

「『餕餘不祭，父不祭子，夫不祭妻。』先儒自爲一説，横渠又自爲一説。看來只是祭祀之祭，此因餕餘起文。謂父不以是祭其子，夫不以是祭其妻，舉其輕者言，則他可知矣。」雉。

「『餕餘不祭，父不祭子，夫不祭妻。』古注説不是。今思之，只是不敢以餕餘又將去祭神。雖以父之尊，亦不可以祭其子之卑；夫之尊，亦不可以祭其妻之卑。蓋不敢以鬼神之餘復以祭也。祭，非『飲食必有祭』之『祭』。」賀孫。

「凡有一物，必有一個則，如『羹之有菜者，用梜』。」祖道。

問「君言不宿於家」。曰：「只是受命即行，不停留於家也。那數句是說數項事。」燾。

「凡御車，皆御者居中，乘者居左。惟大將軍之車，將自居中，所謂『鼓下』。大將自擊此鼓，爲三軍聽他節制。雖王親征，亦自擊鼓。」文蔚。

「居喪，初無不得讀書之文。『古人居喪不受業』者，業，謂簨虡上一片板；不受業，謂不敢作樂耳。古人禮樂不離身，惟居喪然後廢樂，故曰『喪復常，讀樂章』。周禮有司業者，謂司樂也。」僩。

檀弓上

「檀弓恐是子游門人作，其間多推尊子游。」必大。人傑録云：「多説子游之知禮。」

「子思不使子上喪其出母。以儀禮考之，出妻之子爲父後者，自是爲出母無服。或人之問，子思自可引此正條答之，何故却自費辭？恐是古者出母本自無服，逮德下衰，時俗方制此服。故曰『伋之先君子無所失道』，即謂禮也。『道隆則從而隆，道汙則從而汙』，是聖人固用古禮，亦有隨時之義，時如伯魚之喪出母是也。子思自謂不能如此，故但守古之禮而已。然則儀禮出妻之子爲母齊衰杖期，必是後世沿情而制者。雖疑如此，然終未可如此斷定。」必大。

「孔子令伯魚喪出母，而子上不喪者，蓋猶子繼祖，與祖爲體；出母既得罪於祖，則不得入祖廟，不喪出母，禮也。孔子時，人喪之，故亦令伯魚、子思喪之；子上時，人不喪之，故子上守法，亦不喪之。其實子上是正禮，孔子却是變禮也。故曰『道隆則從而隆，道汙則從而汙』。」方子。

問子上不喪出母。曰：「今律文甚分明。」又問：「伯魚母死，期而猶哭，如何？」曰：「既期則當除矣，而猶哭，是以夫子非之。」又問「道隆則從而隆，道汙則從而汙」。曰：「以文意觀之，道隆者，古人爲出母無服，迨德下衰，有爲出母制服者。夫子之聽伯魚喪出母，隨時之義也。若子思之意，則以爲我不能效先君子之所爲，亦從古者無服之義耳。」人傑。

問「不喪出母」。曰：「子思所答，與喪禮都不相應，不知何故。據其問意，則以孔子嘗令子思喪之，却不令子上喪之，故疑而問之也。子思之母死，孔子令其哭於廟。蓋伯魚死，其妻再嫁於衛。子思答以道之汙隆，則以孔子之時可以隨俗；而今據正禮，則爲伋妻者則爲白母，不爲伋妻者是不爲白母爾。禮，爲父後者，爲出母無服。只合以此答之。」僩。

問「稽顙而後拜，拜而後稽顙」。曰：「兩手下地曰拜。『拜而後稽顙』，先以兩手伏地如常，然後引首向前扣地。『稽顙而後拜』，開兩手，先以首扣地，却交手如常。頓首，亦是引首少扣地。稽首，是引首稍久在地；稽者，稽留之意。」胡泳。

「『稽顙而後拜』，謂先以頭至地，而後下手，此喪拜也。若『拜而後稽顙』，則今人常用之拜也。」人傑。

「『稽顙而後拜』，稽顙者，首觸地也。『拜』字，從兩手下。」人傑。

「申生不辨驪姬，看來亦未是。若辨而後走，恐其他公子或可免於難〔一三〕。」方子。

「脱驂於舊館人之喪，『惡其涕之無從也』。今且如此説，萬一無驂可脱時，又如何？」必大。

施問：「每疑夫子言『我非生而知之』，『若聖與仁，則吾豈敢』，及至夢奠兩楹之間，則曰：『太山其頽乎！梁木其壞乎！哲人其萎乎！』由前似太謙，由後似太高。」曰：「檀弓出於漢儒之雜記，恐未必得其真也。」寓。

「『曾子襲裘而弔，子游裼裘而弔。』裘，似今之襖子；裼衣，似今背子；襲衣，似今涼衫公服。襲裘者，冒之不使外見；裼裘者，袒其半而以襌衣襯出之。『緇衣，羔裘；素衣，麑裘；黄衣，狐裘。』緇衣、素衣、黄衣，即裼衣，襌衣也。欲其相稱也。」僩。

「『幼名，冠字，五十以伯仲，死謚，周道也。』所謂『以伯仲』者，蓋古者初冠而字，便有

『伯某父』、『仲某父』三字了。及到得五十，即除了下面兩字，猶今人不敢斥尊者呼爲幾丈之類。今日偶看儀禮疏中却云，既冠之時，即是權以此三字加之，實未嘗稱也，到五十方才稱此三字。某初疑其不然，却去取禮記看，見其疏中正是如前說。蓋當時疏是兩人做，孔穎達、賈公彦。故不相照管。」夔孫。

「『死謚，周道也。』史云，夏、商以上無謚，以其號爲謚，如堯、舜、禹之類。看來堯、舜、禹爲謚，也無意義。『堯』字從三土，如土之堯然而高；『舜』只是花名，所謂『顔如舜華』；『禹』者，獸跡，今篆文『禹』字如獸之跡。若死而以此爲謚號，也無意義。况虞舜側微時，已云『有鰥在下曰虞舜』，則不得爲死而後加之謚號矣。看來堯、舜、禹只是名，非號也。」僩。

「『從母之夫，舅之妻，二夫人相爲服。』這恰似難曉。往往是外甥在舅家，見得嬔與姨夫相爲服。其本來無服，故異之。」賀孫。

黄丈問：「從母之夫，舅之妻，皆無服，何也？」曰：「先王制禮：父族四，故由父而上，爲從曾祖服緦麻；姑之子，姊妹之子，女子之子，皆有服，皆由父而推之故也。母族三：母之父，母之母，母之兄弟。恩止於舅，故從母之夫，舅之妻，皆不爲服，推不去故也。妻族二：妻之父，妻之母。乍看時，似乎雜亂無紀。子細看，則皆有義存焉。」又言：「吕與叔集中一婦人墓誌，言凡遇功、緦之喪，皆蔬食終其月。此可爲法。」又言：「生布加磯治者爲功。」方子。

「姊妹呼兄弟之子爲姪，兄弟相呼其子爲從子。禮云：『喪服，兄弟之子猶子也。』以爲己之子與爲兄之子，其喪服一也。爲己之次子期，兄弟之子亦期也。今人呼兄弟之子爲『猶子』，非是。」揚。

「姪對姑而言。今人於伯叔父前，皆以爲『猶子』。蓋禮記者，主喪服言。如夫子謂『回也視予猶父』。若以姪謂之『猶子』，則亦可以師爲『猶父』矣。漢人謂之『從子』，却得其正，蓋叔伯皆從父也。」道夫。

問：「嫂叔無服，而程先生云：『後聖有作，須爲制服。』」曰：「守禮經舊法，此固是好。纔説起，定是那個不穩。然有禮之權處，父道母道，亦是無一節安排。看『推而遠之』，便是合有服，但安排不得，故推而遠之。若果是鞠養於嫂，恩義不可已，是他心自住不得，又如何無服得？」直卿云：「當如所謂『同爨緦』可也。今法從小功。」居父問姨母重於舅服。曰：「姊妹於兄弟未嫁，期，既嫁，則降爲大功，姊妹之身却不降也，故姨母重於舅也。」賀孫。

「嫂婦無類，不當制他服。皆以類從兄弟，又太重。弟婦亦無服，嫂婦於伯叔亦無服，今皆有之。姪婦却有服，皆報服也。」揚。

「喪禮只二十五月，『是月禫，徙月樂』。」文蔚。

檀弓下

「『反哭升堂，反諸其所作也。主婦入于室，反諸其所養也。』須知得這意思，則所謂『踐其位，行其禮』等事，行之自安，方見得繼志述事之事。」銖。

「延陵季子左袒而旋其封。」曰：「便有老、莊之意。」端蒙。

問：「『延陵季子之於禮也，其合矣乎！』不知聖人何以取之？」曰：「旅中之禮，只得如此。變禮也只得如此。」燾。

問子貢、曾子入弔修容事。曰：「未必恁地。」夔孫。池本云：「不知又出來作個甚嘴臉。」

王制

問：「一夫均受田百畝，而有食九人、八人、七人、六人、五人多少之不等者，何以能均？」曰：「田均受百畝，此等數乃言人勤惰之不齊耳。上農夫勤於耕，則可食得九人；下不勤，則可食得五人。故庶人在官者之禄，亦準是以爲差也。」淳。

「王制：『四海之内九州，州方千里。』及論建國之數，恐只是諸儒做個如此算法，其實不然。建國必因其山川形勢，無截然可方之理。又冀州最闊，今河東、河北數路，都屬冀州。雍州亦闊，陝西、秦、鳳皆是。至青、徐、兖、豫四州，皆相近做一處，其疆界又自窄小。其間山川險夷又自不同，難概以三分去一言之。如三代封建其間，若前代諸侯先所有之國土，亦難爲無故去減削他。所以周公之封魯，太公之封齊，去周室皆遠。是近處難得空地，偶有此處空隙，故取以封二公。不然，何不只留封近地，以夾輔王室？左氏載齊本爽鳩氏之地，其後蒲姑氏因之，而後太公因之。又史記載太公就封，萊人與之爭國。當時若不得蒲姑之地，太公亦未有安頓處。又如襄王以原田賜晉文公，原是王畿地，正以他無可取之處故也。然原人尚不肯服，直至用兵伐之，然後能取。蓋以世守其地，不肯遽以予人。若封建之初，於諸侯有所減削，奪彼予此，豈不致亂？聖人處事，決不如此。若如此，則是王莽所爲也。王莽變更郡國，如以益歲以南付新平，以雍丘以東付陳定，以封丘以東付治亭，以陳留以西付祈隧，故當時陳留已無有郡矣。其大尹、大尉皆詣行在所，此尤可笑！」必大。人傑録〔二四〕云：「漢儒之説，只是立下一個算法，非惟施之當今有不可行，求之昔時，亦有難曉」云云。

「王制説王畿采地，只是内諸侯之禄。後來如祭公、單父、劉子、尹氏，亦皆是世嗣。然其沾王教細密，人物皆好。劉康公所謂『民受天地之中以生』，都是識這道理。想當時識這道理者亦多，所以孔子亦要行一遭，問禮於老聃。」淳。

問：「畿内采地，只是仕於王朝而食禄，退則無此否？」曰：「采地不世襲，所謂『外諸侯嗣也』，『内諸侯禄也』。然後來亦各占其地，競相侵削，天子只得鄉遂而已。」淳。

「王制、祭法廟制不同。以周制言之，恐王制爲是。」閎祖。

「王制『特禴〔二五〕，祫禘，祫嘗，祫烝』之説，此没理會，不知漢儒何處得此説來。禮家之説，大抵自相矛盾。如禘之義，恐只趙伯循之説爲是。」必大。

問「天子犆礿，祫禘，祫嘗，祫烝」，正義所解數段。曰：「此亦難曉。礿祭以春物未成，其禮稍輕，須着逐廟各祭。祫禘之類，又却合爲一處，則犆反詳，而祫反略矣。又據正義，禘禮是四處各序昭穆，而大傳謂『不王不禘。王者禘其祖之所自出，以其祖配之』。若周人禘嚳，配以后稷是也。如此，則説禘又不可通矣。」又云：「春秋書『禘于太廟，用致夫人』，又不知禘于太廟其禮如何？太廟是周公之廟。先儒有謂魯亦有文王廟。左氏載鄭祖厲王。諸侯不敢祖天子，而當時越禮如此。故公廟設於私家，皆無理會處。」又問：「『諸侯礿則不禘』一段，注謂是歲朝天子，廢一時祭。」曰：「春秋朝會無節，必大録云：「若從征伐，或經歲方歸。」豈止廢一時祭而已哉！不然，則或有世子，或大臣居守，豈不可以攝事？」人傑。

必大録略。

「五方之民，言語不通，却有暗合處。蓋是風氣之中，有自然之理，便有自然之字，非人力所能安排，如『福』與『備』通。」

月令

「月令比堯之曆象已不同。今之曆象，又與月令不同。」人傑。

「明堂，想只是一個三間九架屋子。」賀孫。

「論明堂之制者非一。某竊意當有九室，如井田之制，東之中爲青陽太廟，東之南爲青陽右個，東之北爲青陽左個，南之中爲明堂太廟，南之東即東之南。爲明堂左個，南之西即西之南。爲明堂右個，西之中爲總章太廟，西之南即南之西。爲總章左個，西之北即北之西。爲總章右個，北之中爲玄堂太廟，北之東即東之北。爲玄堂右個，北之西即西之北。爲玄堂左個，中央爲太廟太室。凡四方之太廟異方所。其左個右個：則青陽之右個，乃明堂之左個，明堂之右個，乃總章之左個也；總章之右個，乃玄堂之左個，玄堂之右個，乃青陽之左個也。但隨其時之方位開門耳。太廟太室則每季十八日，天子居焉。古人制事多用井田遺意，此恐也是。」砥。

總章右個	總章太廟	總章左個
玄堂左個		明堂右個
門		門
玄堂太廟	太廟太室	明堂太廟
門		門
玄堂右個		明堂左個
青陽左個	青陽太廟	青陽右個

曹問：「春〔二六〕行秋令之類，不知是天行令？是人行令？」曰：「是人行此令，則召天之災。〔二七〕」

「戊己土，『律中黃鍾之宮』。詹卿以爲陽生於子，至午而盡，到未又生出一黃鍾。這個只可說話，某思量得不是恁地。蓋似此三元亨利貞。黃鍾略略似個『乾』字，宮是在『中』字中問，又似『是非』在『惻隱』之前。其他春音角，夏音徵，秋音商，冬音羽，此惟説宫聲。如京房律準十三絃，中一絃爲黄鍾不動，十二絃便拄起應十二月。」夔孫。

「『庚』之言更也，『辛』之言新也。見月令『孟秋之月，其日庚辛』下注。」銖。

「直卿〔二八〕云：『今仲冬中星，乃東壁。』」義剛。

問：「禮注疏中所説祀五帝神名，如靈威仰、赤熛怒、白招拒、叶光紀之類，果有之否？」曰：「皆是妄説。漢時已祀此神。漢是火德，故祀赤熛怒，謂之『感生帝』。本朝火德，亦祀之。」問「感生」之義。曰：「如玄鳥卵、大人跡之類耳。」「漢赤帝子事，果有之否？」曰：「豈有此理！盡是鄙俗相傳，傅會之談。」又問：「五行相生相勝之説，歷代建國皆不之廢，有此理否？」曰：「須也有此理，只是他前代推得都没理會。如秦以水德，漢却黜秦爲閏，而自以火德繼周。如漢初張蒼自用水德，後來賈誼、公孫臣輩皆云當用土德，引黄龍見爲證，遂用土德。直至漢末，方申火德之説。及光武以有赤伏符之應，遂用火德。歷代相推去，唐用土德，後梁〔二九〕繼之以金。及至後唐，又自以爲唐之後，復用土德，而不繼梁。後晉以金繼土，後漢以水，後周以木，本朝以火。是時諸公皆爭以爲本朝當用土德，改正五代之序，而去其一以承周。至引太祖初生時，胞衣如菡萏，遍體如真金色，以爲此真土德之瑞。一時煞爭議，後來卒用火德。此等皆没理會。且如五代僅有三四年者，亦占一德，此何足以繫存亡之數？若以五代爲當繫，則豈應黜秦爲閏？皆有不可曉者，不知如何。」又曰：「五行之建，於國家初無利害，但臘日則用此推之耳。如本朝用戌日爲臘，是取此義。」又曰：「如秦以水德，以爲水者刻深，遂專尚殺罰，此却大害事。」僩。

文王世子

「『師保』、『疑丞』，『疑』字曉不得，想只是有疑即問他之意。」〔三〇〕

「公與公族燕，『則異姓爲賓』，注曰：『同宗無相賓客之道。』」銖。

「公族有罪無宮刑，不翦其類也。纖剸于甸人，特不以示衆耳。刑固不可免。今之法，乃殺人不死。祖宗時，宗室至少，又聚于京師，犯法絶寡，故立此法。今散于四方萬里，與常人無異，乃縱之殺人，是何法令！不可不革！」可學。

禮運

「禮運言，三王不及上古事。人皆謂其説似莊、老。」先生曰：「禮運之説有理，三王自是不及上古。胡明仲言，恐是子游撰。」以前有「言偃」云云。揚。

問：「禮運似與老子同？」曰：「不是聖人書。胡明仲云：『禮運是子游作，樂記是子貢作。』計子游亦不至如此之淺。」可學。

「孔子曰：『我欲觀夏道，是故之杞，而不足徵也，吾得夏時焉；我欲觀殷道，是故之宋，而不足徵也，吾得坤、乾焉。』説者謂夏小正與歸藏。然聖人讀此二書，必是大有發明處。歸藏之書無傳。然就使今人得二書讀之，豈能有聖人意思也？」人傑。

楊問：「禮運『故百姓則君以自治也』，云云，注『則』字作『明』字，不知可從否？」曰：「只得作『明』字。」寓問：「六經中，注家所更定字，不知盡從之否？」曰：「亦有不可依他處。」寓問：「禮記：『主人既祖，填池。』鄭氏作『奠徹』，恐只是『填池』，是殯車所用者。」曰：「如『魚躍拂池』〔三一〕，固是如此。但見葬車用此，恐殯車不用此，此處亦有疑。」又問：「『其慎也，蓋殯也。』『慎』改〔三二〕爲『引』，如何？」曰：「若此處，皆未可曉。」寓。

「『用人之知，去其詐；用人之勇，去其怒；用人之仁，去其貪。』知與詐，勇與怒，固相類。仁却如何貪？」「蓋是仁只是愛，愛而無義以制之，便事事都愛。好物事也愛，好官爵也愛，錢也愛，事事都愛，所以貪。諸家解都不曾恁地看得出。」又問：「雖是偏，不是有一邊，無一邊。」曰：「那一邊也是闕了。」胡泳。

「智與詐相近，勇與怒相似，然仁却與貪不相干。蓋『南方好也，好行貪狠；北方惡也，惡行廉貞』。蓋好便有貪底意思。故仁屬愛，愛便有個貪底意思。」又云：「大率慈善底人，多於財上不分曉。能廉者，多是峻刻、悍悻、聒噪人底人。」燾。

「『用人之仁，去其貪。』蓋人之性易得偏。仁緣何貪？蓋仁善底人，便有好便宜底意思。今之廉介者，便多是那剛硬底人。」〔三三〕

問〔三四〕：「喜怒哀懼愛惡欲是七情，論來亦自性發。只是怒自羞惡發出，如喜怒哀欲，恰都自惻隱上發。」曰：「哀懼是那個發？看來也只是從惻隱發，蓋懼亦是怵惕之甚者。但七情不可分配四端，七情自於四端橫貫過了。」賀孫。

問：「喜〔三五〕愛欲發於陽，怒哀懼惡發於陰否？」曰：「也是如此。」問：「怒如何屬陰？」曰：「怒畢竟屬義，義屬陰。怒與惡，皆羞惡之發，所以屬陰。愛與欲相似，欲又較深，愛是說這物事好可愛而已，欲又是欲得之於己。他這物事，又自分屬五行。」問：「欲屬水，喜屬火，愛屬木，惡與怒屬金，哀與懼亦屬水否？」曰：「然。」僩。

劉圻父問七情分配四端。曰：「喜怒愛惡是仁義，哀懼主禮，欲屬水，則是智。且粗恁地說，但也難分。」義剛。

問：「喜愛欲三者不同，如何分別？」曰：「各〔三六〕就他地頭看。如誠只是實，就他本來說喚做誠，就自家身己說誠，又自與本來不同。如信，就本然之理說是信，就自家身己說信，又不同，就物上說又不同。要知也只是一個實。如曰『主忠信』之類，皆是自家身上說也。」賀孫。

問：「愛〔三七〕與欲何以別？」曰：「愛是泛愛那物，欲則有意於必得，便要拿將來。」淳。

問：「『欲』與『慾』字有何分別？」曰：「無心『欲』字虛，有心『慾』字實。有心『慾』字是無心『欲』字之母。此兩字亦通用。今人言滅天理而窮人慾，亦使此『慾』字。」㬊曰：「方動者慾，行出來者欲。」節。

問「慾」與「欲」之異。曰：「也只一般。只是這『慾』字指那物事而言，說得較重；這『欲』字又較通用得。凡有所愛，皆是欲。」燾。

「記云：『人者，鬼神之會。』又云：『致愛則存，致慤則著。』祭義。皆說得好。」夔孫。

「『天秉陽，垂日星；地秉陰，竅於山川。播五行於四時，和而後月生也。』陰陽變化，一時撒出，非今日生此，明日生彼。但論其先後之序，則當如此耳。横渠云：『神爲不測，故緩辭不足以盡神；化爲難知，故急辭不足以體化。』」因說雷斧，舉横渠云：「其來也，幾微易簡；其究也，廣大堅固。」閎祖。

問「人者，天地之心」。曰：「謂如『天道福善禍淫』，乃人所欲也。善者人皆欲福之，淫者人皆欲禍之。」又曰：「教化皆是人做，此所謂『人者，天地之心也』。」燾。

禮器

「『經禮三百』，便是儀禮中士冠、諸侯冠、天子冠禮之類。此是大節，有三百條。如始加、再加、三加，又如『坐如尸，立如齊』之類，皆是其中之小目，便有三千條。或有變禮，亦是小目。吕與叔云：『經便是常行底，緯便是變底。』恐不然。經中自有常、有變，緯中亦自有常、有變。」

「人只是讀書不多。今人所疑，古人都有説了，只是不曾讀得。鄭康成注『經禮三百』，云是周禮；『曲禮三千』，云是儀禮。某嘗疑之。近看臣瓚注漢書云，『經禮三百』，乃冠、昏、喪、祭，周官只是官名云云。乃知臣瓚之説，已非康成之説矣。蓋『經禮三百』，只是冠、昏、喪、祭之類。如冠禮之中，便有天子冠、士冠禮，他類皆然，豈無三百事？但儀禮五十六篇今皆亡闕，只存十七篇，故不全爾。『曲禮三千』，乃其中之小目。如冠禮中筮日、筮賓、三加之類，又如『上於東階，則先右足；上於西階，則先左足』，皆是也。」子蒙。

「陳叔晉云：『經禮，如天子七廟、士二廟之類，當別有一書，今亡矣。曲禮，如威儀之類，至録云：「是威儀纖悉處。」今曲禮、儀禮是也。』恨不及問之。」方子。

「禮器出人情，亦是人情用。」可學。

「天道至教，聖人至德，動靜語默之間，無非教人處。孔子於鄉黨便『恂恂』，朝廷便『便便』，到處皆是人樣，更無精粗本末，何嘗有隱？」砥。

郊特牲

「『諸侯不得祖天子』，然魯有文王廟，左氏亦云『鄭祖厲王』，何也？此必周衰，諸侯僭肆，做此違條礙法事，故公廟設於私家。」必大。

問：「蜡祭何以言『仁之至，義之盡』？」曰：「如迎貓、虎等事，雖至微至細處，亦有所不違，故曰『仁之至，義之盡』。」去僞。〔三八〕

問「昏禮不賀，人之序也」。曰：「婦既歸，姑與之爲禮，喜於家事之有承替也。僩録作『有傳也』。姑反置酒一分，以勸飲婦。姑坐客位，而婦坐主位。僩録云：『姑爲客，婦爲主。』姑降自西階，婦降自阼階。」卓。僩同。

「商人求諸陽，故尚聲；周人求諸陰，故尚臭，灌用鬱鬯。然周人亦求諸陽，如大司樂言『圜鍾爲宫』，『則天神可得而禮』。可見古人察得義理精微，用得樂便與他相感格。夔孫録云：『大抵天人無間。如云「聖人之道，洋洋乎！發育萬物，峻極于天」。聖人能全體得，所以參天地贊化育，只是有此理。以粗底言，如荀子云云。』此迺降神之樂。如舞雲門，乃是獻神之樂。荀子謂『伯牙鼓琴，而六馬仰秣；瓠巴鼓瑟，而流魚出聽』。粗者亦有此理。又如虞美人草，聞人歌虞美人詞與吳詞，則自動。夔孫録云：「聞唱虞美人詞，則自拍。亦不特是虞美人詞，凡吳調者皆然。以手近之，亦能如此。」雖草木亦如此。」又曰：「今有個新立底神廟，緣衆人心邪向他，他便盛。如狄仁傑廢了許多廟，亦不能爲害，只緣他見得無這物事了。上蔡云：『可者欲人致生之，故其鬼神；不可者欲人致死之，故其鬼不神。』」先生每見人説世俗神廟可怪事，必問其處形勢如何。賜。夔孫少異。

安卿問：「禮記『魂氣歸于天』，與横渠『反原』之説，何以别？」曰：「魂氣歸于天，是消散了，正如火煙騰上去處何歸？只是消散了，論理大概固如此。然亦有死而未遽散者，亦有冤恨而未散者。然亦不皆如此，亦有冤死而魂即散者。」叔器〔三九〕問：「聖人死如何？」曰：「聖人安於死，便即消散。」義剛。〔四〇〕

內則

「『偪屨著綦』，綦，鞋口帶也，古人皆旋繫，今人只從簡易，綴之於上，如假帶然。」僩。

「『不有敬事，不敢袒裼。不涉不撅。』看來此三句文義一樣，古注誤作兩段解。言尊長之前有敬事，方敢袒裼。敬事，如習射之類。射而袒裼，乃爲敬。若非敬事而以勞倦袒裼，則是不敬。惟涉水而後撅，若不涉而撅，則爲不敬。如云『勞毋袒，暑無褰裳』。若非敬事，雖勞亦不敢袒。惟涉水乃可褰裳，若非涉水，雖盛暑亦不敢褰裳也。」僩。

玉藻

「『君子登車有光』一節，養出好意思來。」方。

「笏者，忽也，所以備忽忘也。『天子以球玉，諸侯以象，大夫以魚須文竹，士竹本，象可也。』漢書有秉笏奏事。又曰：『執簿』，亦笏之類，本只是爲備遺忘，故手執，眼觀，口誦。或於君前有所指畫，不敢用手，故以笏指畫，今世遂用以爲常執之物。周禮典瑞『王搢大圭，執鎮圭』。大圭不執，只是搢於腰間，却執鎮圭，用藻藉以朝日，而今郊廟天子皆執大圭。大圭長三尺，且重，執之甚難，古者本非執大圭也。」僩。

問〔四一〕：「禮記九容，與論語九思，一同本原之地，固欲存養；於容貌之間，又欲隨事省察。」曰：「即此便是涵養本原。這裏不是存養，更於甚處存養？」文蔚。

明堂位

問：「明堂位一篇，是有此否？」曰：「看魯人有郊禘，也是有此。」問：「當時周公制禮,『父爲大夫,子爲士,葬以大夫,祭以士;父爲士,子爲大夫,葬以士,祭以大夫』。不成周公制禮,使其子亂之? 看來子思前如此説,後却説『郊社之禮,禘嘗之義,治國其如示諸掌乎!』怕是子思以此譏魯之僭禮。」曰:「子思自是稱武王、周公之達孝,不曾是譏魯。」劉曰:「孔子言:『魯之郊禘,非禮也,周公其衰矣!』孔子尚有此説。」曰:「孔子後來是如此譏之。」先生因曰:「看文字,最不可都要合作一處説(四二)。」又曰:「這個自是周公死了,成王賜伯禽,不干周公事。堯之有丹朱,舜之有商均,不肖子弟亦有之。成王、伯禽猶似可。」問:「當時不曾封公,只是封侯,如何?」曰:「天子之宰,二王之後,方封公。伯禽勢不得封公。」揚問秦會之當時,云云。曰:「他當時有震主之勢,出於己,只是跳一步,便是這物事。如吴王濞既立丞相、御史大夫、百官,與天子不相遠,所以起不肖之心。周公當時七年天子之位其勢,成王所以賜之天子之禮樂。」砥。寓録同,無揚問以下。

喪服小記

問:「『三年而後葬者,必再祭。』鄭玄注以爲只是練祥祭,無禫。」曰:「不知禮經上下文如何道,看見也是如此。」賀孫。

問:「大夫士不祔于諸侯,祔于諸祖父之爲大夫士者。亡則中一而祔,祔必以其昭穆。」曰：「中，間也。間而祔者，以祖爲諸侯，既不可祔，則間一而上祔于高祖；只取昭穆之行同，而不紊其昭穆之序也。如魯昭公冠于衛成公之廟，亦只是取其行同耳。」因問：「卒哭而祔，何義？」曰：「只是祔于其行，相似告報祖考云。」銖。

問「妾母」之稱。曰：「恐也只得稱母，他無可稱。在經只得云『妾母』，不然，無以别於他母也。」又問：「弔人妾母之死，合稱云何？」曰：「恐也只得隨其子平日所稱而稱之。」或曰：「五峯稱妾母爲『少母』，南軒亦然。據爾雅，亦有『少姑』之文。五峯想是本此。」先生又曰：「『爲人後者，爲其父母服。』本朝濮王之議，欲加『皇考』字，引此爲證。當時雖是衆人爭得住，然至今士大夫猶以爲未然。蓋不知禮經中若不稱作爲其父母，别無個稱呼，只得如此説也。」僩。

「凡文字，有一兩本參對，則義理自明。如禮記中喪服小記、喪服大傳都是解注儀禮。喪服小記云：『庶子不祭禰，明其宗也。』又曰：『庶子不祭祖，明有宗也。』注謂不祭禰者，父之庶子；不祭祖者，其父爲庶子，説得繁碎。大傳只説『庶子不祭』，則祖、禰皆在其中矣，某所以於禮書中只載大傳説。」僩。

大傳

「吴斗南説：『「禮，不王不禘。」王，如「來王」之「王」。四夷黄録作「要荒」。之君，世見中國。

一世王者立，則彼一番來朝，故王者行禘禮以接之。彼本國之君一世繼立，則亦一番來朝，故歸國則亦行禘禮。』此説亦有理。所謂『吉禘于莊公』者，亦此類，非五年之禘也。」淳。義剛同。

「諸侯奪宗，大夫不可奪宗。」泳。

「『别子爲祖，繼别爲宗。』是諸侯之庶子，與他國之人在此邦居者，皆爲别子〔四三〕，則其子孫各自以爲太祖。如魯之三家：季友，季氏之太祖也；慶父，孟氏之太祖也；公子牙，叔孫氏之太祖也。」僩。

問「有小宗而無大宗者，有大宗而無小宗者，有無宗亦莫之宗者」。曰：「此説公子之宗也。謂如人君有三子，一嫡而二庶，則庶宗其嫡，是謂『有大宗而無小宗』；皆庶，則宗其庶長，是謂『有小宗而無大宗』；止有一人，則無人宗之，已亦無所宗焉，是謂『無宗亦莫之宗』也。下云：『公子之公，爲其士大夫之庶者，宗其士大夫之嫡者。』此正解『有大宗而無小宗』一句。『之公』之『公』，猶君也。」人傑。

少儀

「『毋拔來〔四四〕，毋報往。』報，音赴。拔，是急走倒從這邊來；赴，是又急再還倒向那邊去；來往，只是向背之意。此二句文義猶云：『其就義若熱，則其去義若渴。』言人見有個好事，火急歡喜去做，這樣人不耐久，少間心懶意闌，則速去之矣，所謂『其進鋭者，其退速也』。」僴。

「『不窺密』，止『無測未至』。」曰：「許多事都是一個心，若見得此心誠實無欺僞，方始能如此。心苟涣散無主，則心皆逐他去了，更無一個主。觀此，則求放心處，全在許多事上。將許多事去攔截此心教定。『無測未至』，未至之事，自家不知，不當先測，今日未可便説道明日如何。」子蒙。

學記

「『九(四五)年知類通達』，横渠説得好：『學者至於能立，則教者無遺恨矣。此處方謂大成。』蓋學者既到立處，則教者亦不消得管他，自住不得。故横渠又云：『學者能立，則自强不反，而至於聖人之大成矣。而今學者不能得扶持到立處。』嘗謂此段是個致知之要。如云『一年視離經辨志』，古注云，離經，斷絶句也，此且是讀得成句；辨志，是知得這個是爲己，那個是爲人，這個是義，那個是利。『三年敬業樂群』，敬業，是知得此是合當如此做；樂群，是知得滋味，好與朋友切磋。『五年博習親師』，博習，是無所不習；親師，是所見與其師相近了。『七年論學取友』，論學，是他論得有頭緒了；取友，是知賢者而取之，此謂之小成。『九年知類通達』，此謂之大成。横渠説得『推類』兩字最好，如荀子『倫類不通，不足謂之善學』。而今學者只是不能推類，到得『知類通達』，是無所不曉，便是自强不反。這幾句都是上兩字説學，下兩字説所得處。如離經，便是學；辨志，便是所得處。他皆倣此。」賜。夔孫同。

子武問「宵雅肄三〔四六〕，官其始也」。曰：「聖人教人，合下便是要他用，便要用賢以治不賢，舉能以教不能。所以公卿大夫在下，也思各舉其職。不似而今上下都恁地了，使窮困之民無所告訴。聖賢生斯世，若是見似而今都無理會，他豈不爲之惻然思有以救之？『孔子三月無君，則皇皇如也』，但不可枉尺直尋，以利言之。天生一人，便須管得天地間事。如人家有四五子，父母養他，豈不要他使？但其間有不會底，則會底豈可不出來爲他擔當一家事？韓退之云『蓋畏天命而悲人窮也』，這也説得好，説得聖賢心出。」義剛〔四七〕。

問：「『不學雜服，不能安禮。』鄭注謂，服是皮弁、冕服。横渠謂，服，事也，如灑掃應對沃盥之類。」曰：「恐只如鄭説。古人服各有等降，若理會得雜服，則於禮亦思過半矣。如冕服是天子祭服，皮弁是天子朝服；諸侯助祭於天子，則服冕服，自祭於其廟，則服弁冕；大夫助祭於諸侯，則服玄冕，自祭於其廟，則服皮弁。又如天子常朝，則服皮弁，朔旦則服玄冕；無旒之冕也。諸侯常朝則用玄端，朔旦則服皮弁；大夫私朝亦用玄端，夕深衣；士則玄端以祭，上士玄裳，中士黄裳，下士雜裳，前玄後黄也。庶人深衣。」僩。

「『呻〔四八〕其佔畢，多其訊。』多其訊，如公、穀所謂『何』者是也。」廣。

問：「『使人不由其誠』，莫只是教他記誦，而中心未嘗自得否？」曰：「若是逼得他緊，他便來厮瞞，便是不由誠。嘗見橫渠作簡與某人，謂其子日來誦書不熟，且教他熟誦，盡其誠與材。」文蔚曰：「便是他解此兩句，只作一意解。其言曰：『人之材足以有爲，但以其不由於誠，則不盡其材。若曰勉率以爲之，豈有由其誠也哉？』」曰：「固是。既是他不由誠，自是材不盡。」文蔚。

「『善問者如攻堅木，先其易者』，而後其難。今人多以難中有道理，而不知通其易，則難自通，此不可不曉。」可學。

問「善問者如攻堅木」一段。曰：「此說最好。若先其難者，理會不得，更進步不去。須先其易者，難處且放下，少間見多了，自然相證而解。『說』字，人以爲『悅』，恐只是『說』字。說，證之義也。『解物爲解，自解釋爲解。』恐是相證而曉解〔四九〕。」

「『善問者如攻堅木，先其易者，後其節目。』非特善問，讀書求義理之法皆然。置其難處，先理會其易處；易處通，則堅節自迎刃而解矣。若先其難者，則刃頓斧傷，而木終不可攻。縱使能攻，而費工竭力，無自然相說而解之功，終亦無益於事也。」問：「『相說而解』，古注『說』音『悅』，『解』音佳買反。」曰：「說，只當如字；而解音蟹。蓋義理相說之久，其難處自然觸發解散也。」僩。

樂記

「看樂記，大段形容得樂之氣象。當時許多形名度數，是人人曉得，不消説出，故只説樂之理如此其妙。今來許多度數都没了，却只有許多樂之意思是好，只是没個頓放處。如有帽，却無頭；有個鞋，却無脚。雖則是好，自無頓放處。司馬温公舊與范蜀公事事爭到底，這一項事却不思量着。」賀孫。

「古者禮樂之書具在，人皆識其器數，至録云：「人人誦習，識其器數。」却怕他不曉其義，故教之曰：『凡音之起，由人心生也。』又曰：『失其義，陳其數者，祝、史之徒也。』今則禮樂之書皆亡，學者却但言其義，至於器數，則不復曉，蓋失其本矣。」方子。至同。

「『朱絃』，練絲絃；『疏越』，下面闊。」璘。

「『一倡而三歎』，謂一人唱而三人和也。今之解者猶以爲三歎息，非也。」僩。

「『人生而靜，天之性』，未嘗不善；『感物而動，性之欲』，此亦未是不善。至於『物至知知，然後好惡形焉；好惡無節於内，知誘於外，不能反躬，天理滅矣』，方是惡。故聖賢説得『惡』字煞遲。」端蒙。

問〔五〇〕：「『人生而靜，天之性也。』靜非是性，是就所生指性而言。」先生應。問「知知」字。曰：「上『知』字是『致知』之『知』。」又曰：「上『知』字是體，下『知』字是用。上『知』字是知覺者。」問「反躬」。曰：「反躬是回頭省察。」又曰：「反躬是事親孝，事君忠，這個合恁地，那個合恁地，這是反躬。」節。

「『物之感人無窮，而人之好惡無節』，此說得工夫極密，兩邊都有些罪過。物之誘人固無窮，然亦是自家好惡無節，所以被物誘去。若自有個主宰，如何被他誘去！此處極好玩味，且是語意渾粹。」僩。

問：「『禮勝則離』，『樂勝則流』，才是勝時，不惟至於流與離，即禮樂便不在了。」曰：「這正在『勝』字緊要。只才有些子差處，則禮失其節，樂失其和。蓋這些子，正是交加生死岸頭。」又云：「禮樂者，皆天理之自然。節文也是天理自然有底，和樂也是天理自然有底。然這天理本是儱侗一直下來，聖人就其中立個界限，分成段子；其本如此，其末亦如此；其外如此，其裏亦如此，但不可差其界限耳。才差其界限，則便是不合天理。所謂禮樂，只要合得天理之自然，則無不可行也。」又云：「無禮之節，則無樂之和，惟有節而後有和也。」燾。

問：「『禮勝則離』，『樂勝則流』，既云離與流，則不特謂之勝，禮樂已亡矣。」曰：「不必如此説，正好就『勝』字上看，只爭這些子。禮纔勝些子，便是離了；樂纔勝些子，便是流了。知其勝而歸之中，即是禮樂之正。正好就『勝』字上看，不可云禮樂已亡也。」僩。

「此等禮〔五一〕，古人目熟耳聞，凡其周旋曲折，升降揖遜，無人不曉。後世盡不得見其詳，却只有個説禮處，云『大禮與天地同節』云云。又如樂盡亡了，而今却只空留得許多説樂處，云『流而不息，合同而化』云云。又如周易，許多占卦〔五二〕，淺近底物事盡無了，却空有個繫辭，説得神出鬼没。」僩。

問「明則有禮樂，幽則有鬼神」。曰：「禮主減，樂主盈。鬼神亦只是屈伸之義。禮樂、鬼神一理。」德明。

「『明則有禮樂，幽則有鬼神』，禮樂是可見底，鬼神是不可見底。禮是收縮節約底，便是鬼；樂是發揚底，便是神。故云『人者，鬼神之會』，説得自好。又云『至愛則存，至慤則著』，亦説得好。」賜。

問「明則有禮樂，幽則有鬼神」。曰：「此是一個道理。在聖人制作處，便是禮樂；在造化處，便是鬼神。」或云：「明道云『天尊地卑，乾坤定矣』；『鼓之以雷霆，潤之以風雨』，是也。不知『天地尊卑』是禮，『鼓之』、『潤之』是樂否？」先生乃引樂記「天尊地卑」至「樂者，天地之和也」一段，云：「此意思極好。」再三歎息〔五三〕。」又云〔五四〕：「鬼神，只是禮樂底骨

子。」人傑。去僞録略。〔五五〕

「『樂由天作』，屬陽，故有運動底意；『禮以地制』，如由地出，不可移易。」升卿。

或問「天高地下，萬物散殊」一段。先生因歎此數句意思極好，非孟子以下所能作，其文如中庸，必子思之辭。左傳子太叔亦論此：「夫禮，天之經，地之義，民之行，天地之經，而民實則之。」云：「舊見伯恭愛教人看。只是説得粗，文意不溜亮，不如此説之純粹通暢。他只是説人做這個去合那天之度數。如云『爲六畜、五牲、三犧，以奉五味』云云之類，都是做這個去合那天，都無那自然之理。如云『天高地下，萬物散殊，而禮制行矣；流而不息，合同而化，而樂興焉』，皆是自然合當如此。」僩。

問：「『春作夏長，仁也；秋斂冬藏，義也。』此易所謂『人道天道』之立歟？」曰：「此即通書所謂二氣、五行之説。」去僞〔五六〕。

問：「『禮樂極于天而蟠乎地，行乎陰陽而通乎鬼神，窮高極遠而測深厚』，此是言一氣之和無所不通否？」曰：「此亦以理言。有是理，即有是氣。亦如説『天高地下，萬物散殊，而禮制行矣』。」文蔚曰：「正義却引『甘露降，醴泉出』等語。」曰：「大綱亦是如此。緣先有此理，末稍便有這徵驗。」文蔚。

「『樂，樂其所自生；禮，反其所自始。』亦如『樂由中出，禮自外作』。樂是和氣，從中間直出，無所待於外；禮却是始初有這意思，外面却做一個節文抵當他，却是人做底。雖説是人做，元不曾杜撰，因他本有這意思。故下文云：『樂章德，禮報情，反始也。』」文蔚問：「如何是章德？」曰：「和順積諸中，英華發諸外，便是章著其内之德。横渠説：『樂則得其所樂，即是樂也，更何所待？是樂其所自成。』説得亦好。只是『樂其所自成』，與『樂其所自生』，用字不同爾。」文蔚。

問：「『禮樂偵天地之情』，如陰陽之闔闢升降，天地萬物之高下散殊；『窮本知變，樂之情』，如五音六律之相生無窮；『著誠去僞，禮之經』，如品藻節文之不可淆亂否？」曰：「也不消如此分。這兩個物事，只是一件。禮之誠，便是樂之本；樂之本，便是禮之誠。若細分之，則樂只是一體周流底物，禮則是兩個相對，著誠與去僞也。禮則相刑相尅，以此克彼；樂則相生相長，其變無窮。樂如晝夜之循環，陰陽之闔闢，周流貫通；而禮則有向背明暗。論其本，則皆出於一。樂之和，便是禮之誠；禮之誠，便是樂之和。只是禮則有誠有僞，須以誠克去僞，則誠著。所以樂記内外同異，只管相對説，翻來覆去，只是這兩説。」又曰：「偵，依象也。『窮本知變』，如樂窮極到本原處，而其變生無窮。」問：「『降興上下之神』，是説樂；『凝是精粗之體』，是説禮否？」曰：「不消如此分。禮也有『降興上下之神』時節，如祭肝祭心之類。」僩。

問〔五七〕「樂以治心，禮以治躬」。曰：「心要平易，無艱深險阻，所以說『不和不樂，則鄙詐之心入之矣；不莊不敬，則慢易之心入之矣。』」節。

「讀書自有可得參考處。如『易直子諒之心』一句〔五八〕，『子諒』，從來說得無理會。却因見韓詩外傳『子諒』作『慈良』字，則無可疑。」木之。

子武〔五九〕問：「『天則不言而信』，莫只是實理；『神則不怒而威』，莫只是不可測知否？」曰：「也是恁地。神便是個動底物事。」義剛。

問：「樂記以樂爲先，與濂溪異。」曰：「他却將兩者分開了。」可學。

祭法

李丈問：「四時之祫，高祖有時而在穆。」曰：「某以意推之如此，無甚緊要，何必理會？禮書大概差舛不可曉。如祭法一篇，即國語柳下惠說祀爰居一段，但文有先後。如祀稷祀契之類，只是祭祖宗耳。末又說有功則祀之，若然，則祖宗無功不祀乎？」淳。義剛録略。〔六〇〕

或問：「祭法云：『鯀障洪水而殛死。禹能修鯀之功。』所以舉鯀，莫是因言禹後，併及之耶？」曰：「不然。」去僞。

「官師，諸有司之長也。官師一廟，止及禰，却於禰廟併祭祖。適士二廟，即祭祖，祭禰，皆不及高、曾。大夫三廟，一昭一穆，與太祖廟而三。大夫亦有始封之君，如魯季氏，則公子友；仲孫氏，則公子慶父；叔孫氏，則公子牙是也。」銖。

「一廟者得祭祖、禰。古今祭禮中，江都集禮内有説。」時舉。

祭義

「『春〔六一〕禘秋嘗。霜露既降，君子履之，必有悽愴之心，非其寒之謂。雨露既濡，君子履之，必有怵惕之心，如將見之。樂以迎來，哀以送往，故禘有樂而嘗無樂。』蓋春陽氣發來，人之魂魄亦動，故禘有樂以迎來，如楚辭大招中亦有『魂來』之語；秋陽氣退去，乃鬼之屈，故嘗不用樂以送往。」義剛〔六二〕。

問：「『孝子有終身之喪〔六三〕，忌日之謂也』，不知忌日合着如何服？」曰：「唐時士大夫依舊孝服受弔。五代時某人忌日受弔，某人弔之，遂於坐間刺殺之。後來只是受人慰書，而不接見，須隔日預辦下謝書，俟有來慰者，即以謝書授之，不得過次日。過次日，謂之失禮。服亦有數等，考與祖、曾祖、高祖，各有降殺；妣與祖妣，服亦不同。大概都是黲衫、黲巾。後來横渠制度又别，以爲男子重乎首，女子重乎帶。考之忌日，則用白巾之類，疑亦是黲巾。而不易帶；妣之忌日，則易帶而不改巾。服亦隨親疏有隆殺。」問：「先生忌日何服？」曰：「某只着白絹涼衫〔六四〕、黲巾，不能做許多樣服得。」問：「黲巾以何爲之？」曰：「紗絹皆可。某以紗。」又問：「誕辰亦受子弟壽酒否？」曰：「否。」「衣服易否？」曰：「否。一例不受人物事。某家舊時常祭：立春、冬至、季秋祭禰三祭。後以立春、冬至二祭近禘、祫之祭，覺得不安，遂去之。季秋依舊祭禰，而用某生日祭之。適值某生日在季秋，遂用此日。」九月十五日。又問：「在官所，還受人壽儀否？」曰：「否。然也有行不得處，如作州則可以不受〔六五〕，蓋〔六六〕可以自由。若有監司所在，只得按例與之受；蓋他生日時，又用還他〔六七〕。某在潭州如此；在南康、漳州，不受亦不送。」又問黲巾之制。曰：「如帕複相似，有四隻帶，若當幞頭然。」僩。

問「惟聖人惟能饗帝」。曰：「惟聖方能與天合德。」又曰：「這也是難。須是此心蕩蕩地，方與天相契；若有些黑暗，便不能與天相契矣。」燾。

「夫〔六八〕子答宰我鬼神說處甚好，『氣者，神之盛也；魄者，鬼之盛也』。人死時，魂氣歸于天，精魄歸于地。所以古人祭祀，燎以求諸陽，灌以求諸陰。」曰：「『其氣發揚于上爲昭明，焄蒿悽愴，此百物之精，神之著也』，何謂也？」曰：「人氣本騰上，這下面盡，則只管騰上去。如火之煙，這下面薪盡，則煙只管騰上去。」曰：「終久必消否？」曰：「是。」淳。

問：「『氣也者，神之盛也；魄也者，鬼之盛也。』豈非以氣魄未足爲鬼神，氣魄之盛者乃爲鬼神否？」曰：「非也。大凡説鬼神，皆是通生死而言。此言盛者，則是指生人身上而言。所以後面説『骨肉斃于下，陰爲野土』，但説體不説魄也。」問：「頃聞先生言，『耳目之精明者爲魄，口鼻之噓吸者爲魂』，以此語是而未盡。耳目之所以能精明者爲魄，口鼻之所以能噓吸者爲魂，是否？」曰：「然。看來魄有個物事形象在裏面，恐如水晶相似，所以發出來爲耳目之精明。且如月，其黑暈是魄也，其光是魂也。想見人身魂魄也是如此。人生時魂魄相交，死則離而各散去，魂爲陽而散上，魄爲陰而降下。」又曰：「陰主藏受，陽主運用。凡能記憶，皆魄之所藏受也，至於運用發出來是魂。這兩個物事本不相離。他能記憶底是魄，然發出來底便是魂；能知覺底是魄，然知覺發出來底又是魂。雖各自分屬陰陽，然陰陽中又各自有陰陽也。」或曰：「大率魄屬形體，魂屬精神。」曰：「精又是魄，神又是魂。」又曰：「魄盛，則耳目聰明，能記憶，所以老人多目昏耳聵，記事不得，便是魄衰而少也。老子云『載營魄』，是以魂守魄。蓋魂熱而魄冷，魂動而魄靜。能以魂守魄，則魂以所守而亦靜，魄以魂而有生意，魂之熱而生凉，魄之冷而生暖。惟二者不相離，故其陽不燥，其陰不滯，而得其和矣。不然，則魂愈動而魄愈靜，魂愈熱而魄愈冷。二者相離，則不得其和而死矣。」又云：「水一也，火二也。以魂載魄，以二守一，則水火固濟而不相離，所以能永年也。養生家説盡千言萬語，説龍説虎，説鉛説汞，説坎説離，其術止是如此而已。故云：『載魄抱魂，能勿離乎？專氣致柔，能如嬰兒乎？』〔六九〕今之道家，只是馳騖於外，安識所謂『載魄守一，能勿離乎』！康節云：『老子得易之體，孟子得易之用。』康節之學，意思微似莊、老。」或曰：「老子以其不能發用否？」曰：「老子只是要收藏，不放散。」燾。

問：「陽魂爲神，陰魄爲鬼。祭義曰：『氣也者，神之盛也；魄也者，鬼之盛也。』而鄭氏曰：『氣，嘘吸出入者也。耳目之聰明爲魄。』然則陰陽未可言鬼神，陰陽之靈乃鬼神也，如何？」曰：「魄者，形之神；魂者，氣之神。魂魄是形氣之精英，謂之靈。故張子曰『二氣之良能』。」二氣，即陰陽也。良能，是其靈處。問：「眼，體也，眼之光爲魄。耳，體也，何以爲耳之魄？」曰：「能聽者便是。如鼻之知臭，舌之知味，皆是。但不可以『知』字爲魄，纔説知，便是主於心也。心但能知，若甘苦鹹淡，要從舌上過。如老人耳重目昏，便是魄漸要散。」

潘問：「魄附於體，氣附於魂，可作如此看否？」曰：「也不是附。魂魄是形氣之精英。」銖

問：「陽主伸，陰主屈。鬼神陰陽之靈，不過指一氣之屈伸往來者而言耳。天地之間，陰陽合散，何物不有？所以錯綜看得。」曰：「固是。今且説大界限，則周禮言『天曰神，地曰祇，人曰鬼』。三者皆有神，而天獨曰神者，以其常常流動不息，故專以神言之。若人亦自有神，但在人身上則謂之神，散則謂之鬼耳。鬼是散而靜了，更無形，故曰『往而不返』。」又

問：「子思只舉『齊明盛服』以下數語發明『體物而不可遺』之驗，只是舉神之著者而言，何以不言鬼？」曰：「鬼是散而靜，更無形，故不必言。神是發見，此是鬼之神。如人祖考氣散爲鬼矣，子孫精誠以格之，則『洋洋如在其上，如在其左右』，豈非鬼之神耶？」銖。

「魂魄，禮記古注甚明，云：『魂，氣之所出入者是；魄，精明所寓者是。』」

問：「孔子答宰我鬼神一段，鄭注云：『氣，謂噓吸出入者也。耳目之聰明爲魄。』竊謂人之精神、知覺與夫運用，云爲皆是神。但氣是充盛發於外者，故謂之『神之盛』；四肢九竅與夫精血之類皆是魄，但耳目能視能聽而精明，故謂之『鬼之盛』。」曰：「是如此。這個只是就身上說。」又曰：「燈似魂，鏡似魄。燈有光焰，物來便燒；鏡雖照見，只在裏面。又火日外影，金水内影，火日是魂，金水是魄。」又曰：「運用動作底是魂，不運用動作底是魄。」又曰：「動是魂，靜是魄。」胡泳。

問〔七〇〕「其氣發揚于上爲昭明，焄蒿悽愴〔七一〕。」曰：「此是陰陽乍離之際，髣髴如有所見，有這個聲氣。昭明、焄蒿是氣之升騰，悽愴是感傷之意。」文蔚。

問「其氣發揚於上爲昭明，焄蒿悽愴」。曰：「昭明是所謂光景者，想像其如此；焄蒿是騰升底氣象；悽愴是能令人感動模樣，『墟墓之間未施哀而民哀』是也。『洋洋乎如在其上，如在其左右』，正謂此。」德明。

「『昭明』〔七二〕是光耀底，『焄蒿』是衮上底，『悽愴』是凜然底。今或有人死，氣盛者亦如此。」賜。

「曾見人説，有人死，其室中皆温暖，便是氣之散。禮記云：『其氣發揚于上爲昭明，焄蒿悽愴，此百物之精也。』昭明是精光，焄蒿是暖氣，悽愴是慘栗者。如漢書李少君招魂，云：『其氣肅然！』」

「焄蒿，是鬼神精氣交感處，注家一處説升騰。悽愴，則漢武郊祀記所謂『其風肅然』！」或問：「今人聚數百人去祭廟，必有些影響，是如何？」曰：「衆心輻湊處，這些便熱。」又問：「『郊焉而天神假，廟焉而人鬼享』，如何？」曰：「古時祭祀都是正，無許多邪誕。古人只臨時爲壇以祭，此心發處，則彼以氣感，纔了便散。今人不合做許多神像只兀兀在這裏坐，又有許多夫妻子母之屬。如今神道必有一名，謂之『張太保』、『李太保』，甚可笑！」自修。賀孫同。

問：「『昭明、焄蒿、悽愴』之義如何？」曰：「此言鬼神之氣所以感觸人者。昭明，乃光景之屬；焄蒿，氣之感觸人者；悽愴，如漢書所謂『神君至，其風颯然』之意。」廣問：「中庸或問取鄭氏説云：『口鼻之嘘吸者爲魂，耳目之精明者爲魄。』先生謂：『此蓋指血氣之類言之。口鼻之嘘吸是以氣言之，耳目之精明是以血言之。』目之精明以血言，可也。耳之精明，何故亦以血言？」曰：「醫家以耳屬腎，精血盛則聽聰，精血耗則耳聵矣。氣爲魂，血爲魄，故『骨肉歸于地，陰爲野土』，『若夫魂氣則無不之也』。」廣云：「是以易中説『遊魂爲變』。」曰：「易中又却只説一邊：『精氣爲物。』精氣聚則成物，精氣散則氣爲魂，精爲魄。魂升爲神，魄降爲鬼。易只説那升者。」廣云：「如徂落之義，則是兼言之。」曰：「然。」廣云：「今愚民於村落杜撰立一神祠，合衆以禱之，其神便靈。〔七三〕」曰：「可知衆心之所輻湊處，便自暖，故便有一個靈底道理。所以祭神多用血肉者，蓋要得藉他之生氣耳。聞蜀中灌口廟一年嘗殺數萬頭羊，州府亦賴此一項税羊錢用。又如古人釁鍾、釁龜之意，皆是如此。」廣云：「人心聚處便有神，故古人『郊則天神格，廟則人鬼享』，亦是此理。」曰：「固是。但古人之意正，故其神亦正；後世人心先不正了，故所感無由得正。」因言：「古人祭山川，只是設壇位以祭之，祭時便有，祭了便無，故不褻瀆。後世却先立個廟貌如此，所以反致惑亂人心，倖求非望，無所不至。」廣因〔七四〕言今日淫祠之非禮，與釋氏之所以能服鬼神之類。曰：「人心苟正，表裏洞達，無纖豪私意，可以對越上帝，則鬼神焉得不服？故曰『思慮未起，鬼神莫知』。又曰『一心定而鬼神服』。」廣。

問〔七五〕：「『其氣發揚于上爲昭明，焄蒿悽愴，此百物之精也，神之著也。』如何？」曰：「神氣屬陽，故謂之人；精魄屬陰，故謂之鬼。然方其生也，而陰之理已附其中矣。」又曰：

「今且未要理會到鬼神處。大凡理只在人心，此心一定，則萬理畢見，亦非能自見也。心苟是矣，試一察之，則是是非非自然別得。且如惻隱、羞惡、辭遜、是非，固是良心。苟不存養，則發不中節，顛倒錯亂，便是私心。」又問：「既加存養，則未發之際不知如何？」曰：「未發之際便是中，便是『敬以直内』，便是心之本體。」又問：「於未發之際，欲加識別，使四者各有着落，如何？」曰：「如何識別？也只存得這物事在這裏，便恁地涵養將去。既熟，則其發見自不差。所以伊川說：『德無常師，主善爲師；善無常主，協于克一。』須是協一，方得。」問：「『善』字不知主何而言？」曰：「這只主良心。」道夫。

問：「聖人凡言鬼神，皆只是以理之屈神者言也〔七六〕。至言鬼神禍福凶吉等事，亦只是以理言。蓋人與鬼神天地同此一理，而理則無有不善。人能順理則吉，逆理則凶，其於禍福亦然。豈謂天地鬼神一一下降於人哉？如書稱『天道福善禍淫』，易言『鬼神害盈而福謙』，亦只是這意思〔七七〕。祭義：『宰我曰，吾聞鬼神之名，不知其所謂。孔子曰，神也者，氣之盛也；魄也者，鬼之盛也。又曰，衆生必死，死必歸土，是之謂鬼。骨肉斃于下，陰爲野土。其氣發揚于上爲昭明，焄蒿悽愴，百物之精，神之著也。』魄既歸土，此則不問。其曰氣，曰精，曰昭明，又似有物矣。既只是理，則安得有所謂氣與昭明者哉？〔七八〕及觀禮運論祭祀則曰：『以嘉魂魄，是謂合莫。』注謂，莫，無也。又曰：『上通無莫。』此説又似與祭義不合。〔七九〕」曰：「如子所論，是無鬼神也。鬼神固是以理言，然亦不可謂無氣。所以先王祭祀，或以燔燎，或以鬱鬯，以其有氣，故以類求之爾。至如禍福吉凶之事，則子言是也。」謨。

哀公問

「哀公問中『訪』字，去聲讀，只是『方』字。山東人呼『方』字去聲。漢書中説文帝舅駟鈞處，上文云：『訪高后時』，即山東音也，其義只是『方』字。」按：此篇無「訪」字，乃録誤，當考。僩。

仲尼燕居

「領惡全好，楊至之記云：『領，管領，使之不得動。』又云：『領，治也，治去其惡也。』」節。

孔子閒居

「禮記『耆欲將至，有開必先』，家語作『有物將至，其兆必先』，却是。疑『有物』訛爲『耆欲』，『其兆』訛爲『有開』〔八〇〕。故『耆』下『日』亦似『有』，『開』上『門』亦似『兆』。若説『耆欲』，則又成不好底意。」義剛。

表記

「『朝極辨，不繼之以倦。』辨，治也。」泳。

問：「『君子莊敬日强』，是志强否？」曰：「志也强，體力也强。今人放肆，則日怠惰一日，那得强！伊川云：『人莊敬，則日就規矩。』莊敬自是耐得辛苦，自不覺其日就規矩也。」寓〔八一〕。

「禮記『與仁同過』之言，説得太巧，失於迫切。」人傑。

問：「喪記〔八二〕，伊川曰，禮記多有不純處。如『至孝近乎王，至弟近乎霸』，直是可疑。如此，則王無弟，霸無父也！」曰：「表記言『仁有數，義有長短小大』，此亦有未安處。今且只得如注説。」去僞。

問：「『鄉道而行，中道而廢，忘身之老也〔八三〕』，其意安在？」曰：「古人只恁地學將去，有時到方子録作「倒」。了也不定。今人便算時度日，去計功效。」又問：「詩之正意，『仰』字當重看；夫子之言，『行』字當重看。」曰：「不是高山景行，又仰個什麽？又行個什麽？

高山景行，便是那仁。」至。方子同。

深衣

「『具父母，衣純以青。』偏親既無明文，亦當用青也。繢者，可以青純畫雲。『雲』字，見沈存中筆談。」必大。

「深衣用虔布，但而今虔布亦未依法。當先有事其縷，無事其布。方未經布時，先研其縷，非織了後研也。衣服當適於體。康節向温公說：『某今人，着今之服。』亦未是。」泳。

鄉飲酒

「鄉飲酒義『三讓』之義，注疏以爲『月三日而成魄，魄三月而成時』之義，不成文理，說倒了。他和書『哉生魄』也不曾曉得，然亦不成譬喻。或云，當作『月三日而成明』，乃是。」僩。

「鄉飲酒禮：堂上主客列兩邊，主人一拜，客又答一拜；又拜一拜，又答一拜，却不交拜。又也皆北向拜，不相對。不知是如何。某赴省試時，衆士人拜知舉〔八四〕。知舉受拜了，却在堂上令衆人少立，使人大喝云：『知舉答拜！』方拜二拜。是古拜禮猶有存者。近年問人，則便已交拜，是二三十年間此禮又失了。」賀孫。

「明州行鄉飲酒禮，其儀乃是高抑崇撰。如何不曾看儀禮，只將禮記鄉飲酒義做這文字。似乎編入國史、實録，果然是貽笑千古者也！儀禮有『拜迎』、『拜至』、『拜送』、『拜既』。拜迎，謂迎賓；拜至，謂至階；拜送，謂既酌酒送酒也；拜既，卒爵而拜也。此禮中四節如此。今其所定拜送，乃是送客拜兩拜，客去又拜兩拜，謂之『拜既』，豈非大可笑！禮，既飲，『左執爵，祭脯醢』。所以左執爵者，謂欲用右手取脯醢，從其便也。他〔八五〕却改『祭脯醢』作『薦脯醢』，自教一人在邊進脯醢。右手自無用，却將左手只管把了爵，將右順便手却縮了。是可笑否？」賀孫。

「紹興初，爲鄉飲酒禮，朝廷行下一儀制極乖陋。此時乃高抑崇爲禮官。看他爲謹終喪禮，是煞看許多文字，如儀禮一齊都考得子細。如何定鄉飲酒禮乃如此疏繆？更不識着儀禮，只把禮記鄉飲酒義鋪排教人行。且試舉一項，如鄉飲酒文云：『拜至，拜洗，拜受，拜送，拜既。』拜至，乃是賓升，主人阼階上當楣北面再拜，謝賓至堂，是爲拜至。主人既洗酌，卒洗，升，賓拜洗，是爲拜洗。主人取爵實之獻賓，賓西階上拜，是爲拜受。若拜送，乃是賓進受爵，主人阼階上拜，如今云送酒，是爲拜送爵。賓復西階上位，方有拜告旨、拜執爵及酢主人之禮。他乃將拜送，作送之門外再拜爲拜送；門外兩拜了，又兩拜，爲拜既。不知如何恁地不子細。拜既爵，亦只是堂上禮。」又曰：「古禮看説許多節目，若甚煩縟，到得行時節，只頃刻可了。以舊時所行鄉飲酒看之，煞見得不費時節。」又曰：「開元禮煞可看。唯是五禮新儀全然不是。當時做這文字時，不曾用得識禮底人，只是胡亂變易古文白撰，全不考究。天子乘車，古者君車將駕，則僕御執策立於馬前。既效駕，君雖未升，僕御者先升，則奮衣由右上。以君位在左，故避君空位。五禮新儀却漏了僕人登車一項，至駐車處，却有僕人下車之文。這是一處錯，他處都錯了。」又云：「五禮新儀固未是，至如今又皆不理會。如朝報上云『執綏官』，則是無僕人之禮。古者執綏自是執綏，僕人乃是受綏，如何今却以執綏官代僕人？兼古者有敬事，則必式。蓋緣立於車上，故憑衡；式則是磬折，是爲致敬。今却在車上用椅子坐，則首與前衡高下不多，若憑手，則是傲慢。這般所在，都不是。如所謂『僕人乃立於車柱之外後角』，又恐立不住，却以采帛繫於柱上，都不成模樣。兼前面乃以内侍二人立於兩旁，是大非禮！『同子參乘，爰絲變色』，豈有以内侍同載，而前後皆安之？眼前事，纔拈一件起來勘當着所在，便不成模樣。神宗嘗欲正此禮數，王安石答以先理會得學問了，這般事自有人出理會，遂止。如荆公門人陸農師自是煞能考禮，渠後來却自不曾用他。」又曰：「婦人之拜，據古樂府云『出門長跪問故夫』，又云『直身長跪』。余正父云：『周禮有肅拜，恐只是如今之俯首加敬而已。』不知夫人如何。喪禮，婦人唯舅之喪則跪拜，於他人又不知其拜如何。古禮殘闕，這般所在皆無可考。」賀孫。

鄉射

「『與爲人後者不入。』『與爲人後者』，謂大宗已有後，而小宗復爲之後，却無意思。因言，李光祖嘗爲人後，其家甚富，其父母死，竭家貲以葬之，而光祖遂至於貧。雖不中節，然意思却好。」人傑。

「『射中則得爲諸侯，不中則不得爲諸侯。』此等語皆難信。書謂『庶頑讒說，侯以明之』。然中間若有羿之能，又如何以此分別？恐大意略以射審定，非專以此去取也。」賀孫。

「射觀德擇人，是凡與射者皆賢者可以助祭之類，但更以射擇之，如卜筮決事然。其人賢不肖，不是全用射擇之也。小人更是會射。今俗射有許多法，與古法多少別，小人儘會學。後之說者說得太過了，謂全用此射以擇諸侯並助祭之人，非也。大率禮家說話，多過了，無殺合。」揚。

拾遺

「古人祭酒於地，祭食於豆間，有版盛之，卒食撤去。」人傑。

「有體，有俎。」祭享：體，半邊也。俎以骨爲斷。卓。

「木豆爲豆，銅豆爲登。」「登」，本作「鐙」。道夫。

「几是坐物，有可以按手者，如今之三清椅。」明作。

「門是外門，雙扇。户是室中之户，隻扇。觀儀禮中可見。」義剛〔八六〕。

「王出户，則宗祀隨之；出門，則巫覡隨之。」文蔚。

「『天子視學以齒，嘗爲臣者弗臣。』或疑此句未純，恐其終使人不臣，如蔡卞之扶植王安石也。」曰：「天子自有尊師重道之意，亦豈可遏！只爲蔡卞是小人，王安石未爲大賢，蔡卞只是扶他以證其邪説，故〔八七〕喫人議論。如了翁論他也是。若真有伊、周之德，雖是故臣，稍加尊敬，亦何害？天子入學，父事三老，兄事五更，便是以齒不臣之也。如或人之論，則廢此禮可也。」

校勘記

〔一〕問　朝鮮本作：節問。

〔二〕許順之説　朝鮮本作：有許順之者説。

〔三〕方子録云　朝鮮本作：李本作。

〔四〕以是知禮記亦出於孔門之徒無疑　「亦」，朝鮮本作「必」。

〔五〕順之此言極是　朝鮮本「是」下有「方子同而少異」六字。

〔六〕又鄭玄説覺見好　「鄭玄説」，朝鮮本作「鄭氏注」。

〔七〕後世禮樂全不足録　朝鮮本「後」上有「如」字，「録」作「取」。

〔八〕只　朝鮮本此下增：除。

〔九〕引起　朝鮮本作：引處。

〔一〇〕只作蠶蛾子　朝鮮本作「只改作蠶蛾字」六字。

〔一一〕當從之　朝鮮本此下增一節文字，作：「大戴禮或有注或無注，皆不可曉。其本文多錯，注亦錯，如武王諸銘有煞看題處，有全不著題處，或是當時偶有警戒之語，便隨處寫記不必恰好。不似今人爲某銘，須要仿象本色。賀孫因舉問數銘可疑。先生曰：『便是如盥盤之銘，又恰似可做船銘，亦是當時。因見水而起意，然此等錯雜，亦未可知。如明堂篇，鄭注於「二九四七五三六一八」之下，謂周室「法龜文」也。二九四七五三六一八，正是洛書，他那時已自把九疇作洛書看了。』」

〔一二〕入户必下　賀本「户」下有「視」字。按禮記曲禮上：「將入户，視必下。」

〔一三〕皆是韻　朝鮮本作：皆是協韻。

〔一四〕問　朝鮮本作：文蔚問。

〔一五〕艾軒解儼若思　朝鮮本「解」下有「毋不敬」三字，「思」下有「安定辭安民哉」六字。

〔一六〕煇　朝鮮本作：方子。

〔一七〕義剛　朝鮮本「剛」下有「陳淳録同」四字。

〔一八〕問　朝鮮本作：文蔚問。

〔一九〕問　朝鮮本問句作：義剛問。

〔二〇〕這也是同類則可　朝鮮本「也」下有「只」字，「可」下有「行此禮否」四字。

〔二一〕尊敬　朝鮮本作：篤敬。

〔二二〕問　朝鮮本作：文蔚問。

〔二三〕恐其他公子或可免於難　朝鮮本作：恐其他公子亦不免於難。

〔二四〕人傑録　朝鮮本收録「人傑」所記完整語録，作：漢儒之説，只是立下一個演算法，非惟施之當今有不可行，求之昔時，亦有難曉。且如九州之地，冀州極闊，河東、北皆屬焉，雍州亦闊，陝西五路皆屬焉。若青、兗、徐、豫則疆界有不足者矣，設如夏時，封建之國革命之後不成地多者，削其國以予少者，如此則彼未必服，或以生亂。又如周王以原田與晉文，其民不服，至於伐之，蓋世守其地不肯遽從他人，若封王子弟必須有空地，方可封。左氏載齊地，蒲姑氏因之，而後太公因之。若成王不得蒲姑之地，太公亦未有頓放處。人傑。

〔二五〕王制特論　「特論」，禮記王制作「犆礿」。按「犆」同「特」；「礿」，祭名，亦作「禴」。

〔二六〕春　朝鮮本「春」上增「月令仲」三字。

〔二七〕則召天之災　朝鮮本末尾增小字：辛。

〔二八〕直卿　朝鮮本作：黄直卿。

〔二九〕後梁　朝鮮本作：五代後梁。

〔三〇〕問他之意　朝鮮本此下增小字：庚。

〔三一〕如魚躍拂池　「池」原作「地」，據賀本及禮記喪大記改。

〔三二〕改　朝鮮本作：蓋。

〔三三〕剛硬底人　朝鮮本末尾增小字作：辛。合入本條。

〔三四〕問　朝鮮本作：賀孫問。

〔三五〕喜　朝鮮本此前增：七情。

〔三六〕各　朝鮮本「各」上增：這只。

〔三七〕愛　朝鮮本「愛」上增：七情中。

〔三八〕去僞　朝鮮本末尾小字作：謨。去僞、人傑録同。

〔三九〕叔器　朝鮮本作：胡叔器。

〔四〇〕義剛　朝鮮本末尾小字作：淳。按黄義剛録同。

〔四一〕問　朝鮮本作：文蔚問。

〔四二〕看文字最不可都要合作一處説　朝鮮本作：看公文字，有幾件要合作一處説。

〔四三〕皆爲别子　朝鮮本此下增：既爲别子。

〔四四〕毋拔來　「拔」原作「跋」，據禮記少儀改。

〔四五〕九　朝鮮本段首增：學記云。

〔四六〕子武問胥雅肄三　朝鮮本「子」上有「林」字。

〔四七〕義剛　朝鮮本「剛」下有「夔孫録有詳略」六字。

〔四八〕呻　朝鮮本段首增：學記謂。

〔四九〕恐是相證而曉解　朝鮮本「解」下有小注「庚」字。

〔五〇〕問　朝鮮本作：節問。

〔五一〕此等禮　朝鮮本「此」上有「又曰」二字。

〔五二〕許多占卦　「占」原作「舌」，據朝鮮本改。

〔五三〕再三歎息　朝鮮本「息」下增四十一字，云：「退思，是天尊地卑乾坤定矣，如此，則禮者天地之别也。地氣上際，天氣下降云云。如此，則樂者天地之和也。」

〔五四〕又云　朝鮮本作：己亥秋嘗見先生云。

〔五五〕人傑去僞録略　朝鮮本末尾記録者姓名作「人傑。謨、去僞録同而略」。

〔五六〕去僞　朝鮮本「僞」下有「按徐寓録同」五字。

〔五七〕問　朝鮮本作：節問。

〔五八〕如易直子諒之心一句　朝鮮本「心」下有「生」字。

〔五九〕子武　朝鮮本作：林子武。

〔六〇〕義剛録略　朝鮮本此下增小字：自「如祭法」以下略。

〔六一〕春　朝鮮本段首增：義剛説。

〔六二〕義剛　朝鮮本「剛」下有「陳淳録同」四字。

〔六三〕問孝子有終身之喪　「孝」，禮記祭義作「君」。

〔六四〕某只着白絹凉衫　朝鮮本「只」下有「是」字。

〔六五〕可以不受　朝鮮本此下增：人物禮。

〔六六〕蓋　朝鮮本此下增：受與不受。

〔六七〕又用還他　朝鮮本此下增：禮數，所以有處只得受。

〔六八〕夫　朝鮮本段首增一節文字：問：「南軒『鬼神，一言以蔽之曰，「誠」而已』，此語如何？」曰：「誠是實然之理，鬼神亦只是實理。若無這理，則便無鬼神，無萬物，都無所該載了。『鬼神之爲德』者，誠也。德只是就鬼神言，其情狀皆是實理而已。侯氏以德別爲一物，便不是。」問：「章句謂『性情功效』，何也？」曰：「此與『情狀』字只一般。」曰：「横渠謂『二氣之良能』，何謂『良能』？」曰：「屈伸往來，是二氣自然能如此。」曰：「伸是神，屈是鬼否？」先生以手圈卓上而直指其中，曰：「這道理圓，只就中分別恁地。氣之方來皆屬陽，是神；氣之反皆屬陰，是鬼。日自午以前是神，午以後是鬼。月自初三以後是神，十六以後是鬼。」童伯羽問：「日月對言之，日是神，月是鬼否？」曰：「亦是。草木方發生來是神，彫殘衰落是鬼。人自少至壯是神，衰老是鬼。鼻息呼是神，吸是鬼。」淳舉程子所謂「天尊地卑，乾坤定矣。鼓之以雷霆，潤之以風雨」。先生曰：「天地造化，皆是鬼神，古人所以祭風伯雨師。」問：「風雷鼓動是神，收斂處是鬼否？」曰：「是。魄屬鬼，氣屬神。如析木煙出，是氣；滋潤底性是魄。人之語言動作是氣，屬神；精血是魄，屬鬼。發用處皆屬陽，是神；氣定處皆屬陰，是魄。知識處是神，記事處是魄。人初生時氣多魄少，後來魄漸盛；到老，魄又少，所以耳聾目昏，精力不强，記事不足。某今覺陽有餘而陰不足，事多記不得。小兒無記性，亦是魄不足。性不定，亦是魄不足。」又曰：

〔六九〕載魄抱魂能勿離乎專氣致柔能如嬰兒乎　「載魄抱魂」，老子第十章作「載營魄抱一」；「如」字，老子第十章無。

〔七〇〕問　朝鮮本問句作：文蔚問。

〔七一〕焄蒿悽愴　朝鮮本「愴」下有「此百物之精神之著也如何」十一字。

〔七二〕昭明　朝鮮本段首增：問「其氣發揚於上，爲昭明、焄蒿、悽愴」。先生曰。

〔七三〕其神便靈　朝鮮本此下增：誠有此理。

〔七四〕因　朝鮮本此下增：泛。

〔七五〕問　朝鮮本此則段首增：道夫問祭義云。

〔七六〕言也　朝鮮本此下增一節文字：鬼者，屈也；神者，伸也。屈者，往也；伸者，來也。屈伸往來之謂也。

〔七七〕這意思　朝鮮本此下增一節文字：蓋盈者，逆理者也。自當得害謙者，順理者也。應獲福自是道理，合如此，安有所謂鬼神降之哉？某常讀禮記祭義。

〔七八〕氣與昭明者哉　朝鮮本此下增：又似有物矣。

〔七九〕不合　朝鮮本此下增：何也。

〔八〇〕有開　朝鮮本此下增小字：黄録止此。

〔八一〕寓　朝鮮本此下增小字：按陳淳録同而略。

〔八二〕問喪記　「喪記」，朝鮮本、萬曆本均作「表記」。按下文「至孝近乎王、至弟近乎霸」二句出禮記祭義第二十四。

〔八三〕忘身之老也　此五字原無，據朝鮮本及禮記喪記補。

〔八四〕衆士人拜知舉　朝鮮本「衆」上有「當時」二字。

〔八五〕他　朝鮮本此下增：今。

〔八六〕義剛　朝鮮本作：淳。義剛録略同。

〔八七〕故　朝鮮本此下增：使人不伏。

朱子語類卷第八十八

禮五

大戴禮

「大戴禮無頭，其篇目闕處，皆是元無，非小戴所去取。其間多雜僞，亦有最好處。然多誤，難讀。」義剛〔一〕。

「大戴禮冗雜，其好處已被小戴採摘來做禮記了，然尚有零碎好處在。」廣。

「大戴禮賀孫録云：「或有注，或無注，皆不可曉。」本文多錯，注尤舛誤。武王諸銘有直做得巧了切題者，如鑑銘是也。亦有絶不可曉者。賀孫録云：「有煞着題處，有全不着題處。」想古人只是述戒懼之意，而隨所在寫記以自警省爾，不似今人，爲此銘便要就此物上説得親切。賀孫録云：「須要做象本色。」然其間亦有切題者，如湯盤銘之類。至於武王盥盤銘，則又似個船銘，賀孫録云：「因舉問數銘可疑。曰：『便是如盥盤銘似可做船銘。』」想只是因水起意，然恐亦有錯雜處。」廣。賀孫録少異。

「太公銘几杖之屬，有不可曉、不着題之語。古人文字只是有個意思便説，不似今人區區就一物上説〔二〕。」

安卿問〔三〕：「大戴保傅篇多與賈誼策同，如何？」曰：「保傅中説『秦無道之暴』，此等語必非古書，乃後人采賈誼策爲之，亦有孝昭冠辭。」義剛〔四〕。

「明堂篇説，其制度有『二九四七五三六一八』，鄭注云，『法龜文』也。此又九數爲洛書之一驗也。」賀孫録云：「他那時已自把九疇作洛書看了。」廣。

校勘記

〔一〕義剛　朝鮮本作：淳。義剛録同。

〔二〕不似今人區區就一物上説　朝鮮本「説」下有小注「庚」字。

〔三〕安卿問　「安卿」，朝鮮本作：淳。

〔四〕義剛　朝鮮本作：淳。義剛録同。

朱子語類卷第八十九

禮六

冠昏喪

總論

「冠禮、昏禮，不知起於何時。如禮記疏説得恁地，不知如何未暇辨得。」義剛。

問〔一〕：「冠、昏、喪、祭，何書可用？」曰：「只温公書儀略可行，亦不備。」又曰：「只是儀禮。」問〔二〕：「伊川亦有書？」曰：「只〔三〕有些子。」節。

「欽夫〔四〕嘗定諸禮可行者，淳録云：「在〔五〕廣西刊三家禮。」乃除冠禮不載。問之，云：

『難行。』某答之云：『古禮惟冠禮最易行。淳録云：「只一家事。」如昏禮須兩家皆好禮，淳録云：「礙兩家，如五兩之儀，須兩家是一様人，始得。」方得行。喪禮臨時哀痛中，少有心力及之。祭禮則終獻之儀，煩多長久，皆是難行。看冠禮比他禮却最易行。』」賀孫。淳録少異。

問〔六〕：「喪、祭之禮，今之士固難行，而冠、昏自行，可乎？」曰：「亦自可行。某今所定者，前一截依温公，後一截依伊川。昏禮事屬兩家，恐未必信禮，恐或難行。若冠禮，是自家屋裏事，却易行。向見南軒説冠禮難行。某云，是自家屋裏事，關了門，將巾冠與子弟戴〔七〕，有甚難！」又云：「昏禮廟見舅姑之亡者而不及祖，蓋古者宗子法行，非宗子之家不可别立祖廟，故但有禰廟。今只共廟，如何只見禰而不見祖？此當以義起，亦見祖可也。」問〔八〕：「『必待三月，如何？』」曰：「今若既歸來，直待三月，又似太久。古人直是至此方見可以爲婦，及不可爲婦，此後方反馬。馬是婦初歸時所乘車，至此方送還母家。」賀孫。

問冠、昏、喪、祭禮。曰：「今日行之正要簡，簡則人易從。如温公書儀，人已以爲難行，其殺饌十五味，亦難辦。」舜功云：「隨家豐儉。」曰：「然。」問：「唐人立廟，不知當用何器？」曰：「本朝只文潞公立廟，不知用何器。吕與叔亦曾立廟〔九〕，用古器。然其祭以古玄服，乃作大袖皂衫，亦怪，不如著公服。今五禮新儀亦簡，唐人祭禮極詳。」可學〔一〇〕。

問：「冠、昏之禮，如欲行之，當須使冠、昏之人易曉其言，乃爲有益。如三加之辭，出門之戒，若只以古語告之，彼將謂何？」曰：「只以今之俗語告之，使之易曉，乃佳。」時舉。

冠〔一一〕

因言冠禮，或曰：「邾隱公將冠，使孟懿子問於孔子，孔子對他一段好。」曰：「似這樣事，孔子肚裏有多，但今所載於方册上者，亦無幾爾。」廣。

昏〔一二〕

「天子、諸侯不再娶，亡了后妃，只是以一娶十二女、九女者推上。魯、齊破了此法再娶。大夫娶三，士二，却得再娶。」揚。

因論今之士大夫多是死於慾，曰：「古人法度好。天子一娶十二女，諸侯一娶九女，老則一齊老了，都無許多患。」揚。

「親迎之禮，從伊川之説爲是，近則迎於其國，遠則迎於其館。」閎祖。

問〔一三〕：「程氏昏儀與温公儀如何？」曰：「互有得失。」曰：「當以何爲主？」曰：「迎婦以前，温公底是；婦入門以後，程儀是。温公儀，親迎只拜妻之父兩拜，便受婦以行，却是；程儀遍見妻之黨，則不是。温公儀入門便廟見，不是；程儀未廟見，却是。大概只此兩條，以此爲準，去子細看。」曰：「何必待三月？」曰：「未知得婦人性行如何。三月之久，則婦儀亦熟，方成婦矣。然今也不能到三月，只做個節次如此。」曰：「古人納采後，又納吉。若卜不吉，則如何？」曰：「便休也。」曰：「古人納幣五兩，只五匹耳。恐太簡，難行否？」曰：「計繁簡，則是以利言矣。且吾儕無望於復古，則風俗更教誰變？」曰：「温公用鹿皮，如何？」曰：「大節是了，小小不能皆然，亦没緊要。」曰：「温公婦見舅姑，及舅姑享婦儀，是否？」曰：「亦是古人有此禮。」淳。

或問：「古者〔一四〕婦三月廟見，而温公禮用次日。今有當日即廟見者，如何？」曰：「古人是從下做上，其初且是行夫婦禮；次日方見舅姑；服事舅姑已及三月，不得罪於舅姑，方得奉祭祀。」義剛〔一五〕。

問：「婦當日廟見〔一六〕，非禮否？」曰：「固然。温公如此〔一七〕，他是取左氏『先配後祖』之說。不知左氏之語何足憑？豈可取不足憑之左氏，而棄可信之儀禮乎！」卓。

「人著書，只是自入些己意，便做病痛。司馬〔一八〕與伊川定昏禮，都是依儀禮，只是各改了一處，便不是古人意。司馬禮云：『親迎，奠雁，見主昏者即出。』不先見妻父母者，以婦未見舅姑也。是古禮如此。伊川却教拜了，又入堂拜大男小女，這不是。伊川云：『婿迎婦既至，即揖入内，次日見舅姑，三月而廟見。』是古禮。司馬禮却說，婦入門即拜影堂，這又不是。古人初未成婦，次日方見舅姑。蓋先得於夫，方可見舅姑；到兩三月得舅姑意了，舅姑方令見祖廟。某思量，今亦不能三月之久，亦須第二日見舅姑，第三日廟見，乃安。亦當行親迎之禮。古者天子必無親至后家之禮。今妻家遠，要行禮，一則令妻家就近處設一處，却就彼往迎歸館成禮；一則妻家出至一處，婿即就彼迎歸自家成禮。」賀孫。

叔器問：「昏禮，温公儀，婦先拜夫；程儀，夫先拜婦。或以爲妻者齊也，當齊拜。何者爲是？」曰：「古者婦人與男子爲禮，皆俠拜，每拜以二爲禮。昏禮，婦先二拜，夫答一拜；婦又二拜，夫又答一拜。冠禮，雖見母，母亦俠拜。」淳〔一九〕。

問〔二〇〕：「今有士人對俗人結姻，欲〔二一〕行昏禮，而彼俗人不從，却如何？」先生微笑，顧義剛久之，乃曰：『這也是費力，只得宛轉使人去與他商量。古禮也省徑，人也何苦不行！』直卿〔二二〕曰：『若古禮有甚難行者，也不必拘。如三周御輪〔二三〕，不成是硬要扛定轎子旋三匝？』先生亦笑而應。義剛曰：『如俗禮若不大段害理者，些小不必盡去也得。』曰：『是。』久之，云：『古人也有不可曉。古人於男女之際甚嚴，却如何地親迎乃用男子御車，但只令略偏些子？』不知怎生地。」直卿舉今人結髮之説爲笑。先生曰：「若娶用結髮，則結髮從軍，皆先用結了頭髮後，方與番人廝殺耶？」義剛〔二四〕。

堯卿〔二五〕問姑舅之子爲昏。曰：「據律中不許。然自仁宗之女嫁李瑋〔二六〕家，乃是姑舅之子，故歐陽公曰：『公私皆已通行。』此句最是把峕。去聲。這事〔二七〕又如魯初間與宋世爲昏，後又與齊世爲昏，其間皆有姑舅之子者，從古已然。只怕位不是。」義剛〔二八〕。

喪〔二九〕

問喪禮制度節目。曰：「恐怕儀禮也難行。如朝夕奠與葬時事尚可。未殯以前，如何得一一恁地子細？只如含飯一節，教人從那裏轉？那裏安頓？一一各有定所，須是有人相，方得。孔子曰『行夏之時，乘殷之輅』，已是厭周文之類了。某怕聖人出來，也只隨今風俗立一個限制，須從寬簡。而今考得禮子細，一一如古，固是好；如考不得，也只得隨俗不礙理底行去。」胡泳。

因論喪服，曰：「今人吉服皆已變古，獨喪服必欲從古，恐不相稱。」閎祖云：「雖是如此，但古禮已廢，幸此喪服尚有古制，不猶愈於俱亡乎？」直卿亦以爲然。先生曰：「禮時爲大。某嘗謂，衣冠本以便身，古人亦未必一一有義。又是逐時增添，名物愈繁。若要可行，須是酌古之制，去其重複，使之簡易，然後可。」又云：「一人自在下面做，不濟事。須是朝廷理會，一齊與整頓過。」又云：「康節〔三〇〕說『某今人，須着今時衣服』，忒煞不理會也。」閎祖。以下喪服。

問子升〔三一〕：「向見考祔禮，煞子細。不知其他禮數，都考得如此否？」曰：「未能及其他。」曰：「今古不同。如殯禮，今已自不可行。」子升因問：「喪禮，如温公儀，今人平時既不用古服，却獨於喪禮服之，恐亦非宜，兼非禮不足哀有餘之意。故向來斟酌，只以今服加衰絰。」曰：「論來固是如此。只如今因喪服尚存古制，後世有願治君臣，或可因此舉而行之。若一向廢了，恐後來者愈不復識矣。」木之。

問：「喪服，今人亦有欲用古制者。時舉以爲吉服既用今制，而獨喪服用古制，恐徒駭俗。不知當如何？」曰：「駭俗猶些小事，但恐考之未必是耳。若果考得是，用之亦無害。」時舉。

問喪服之制。曰：「『衣帶下尺』，鄭注云：『要也廣尺，足以掩裳上際。』廖西仲云，以布半幅，其長隨衣之圍，横綴於衣下而謂之要。」

「喪禮衣服之類，逐時換去。」如葬後換葛衫，小祥後換紳布之類。揚。

問〔三二〕：「喪服，如至尊之喪，小官及士庶等服，於古皆差。儀禮，諸侯爲天子斬衰三年。傳曰：『君，至尊也。』注：『天子諸侯及卿大夫有地者皆曰君。』庶人爲國君齊衰三月，注：『不言民，而言庶人，庶人或有在官者。天子畿内之民，服天子亦如之。』以是觀之，自古無通天下爲天子三年之制，前輩恐未之考。」曰：「今士庶人既無本國之君服，又無至尊服，則是無君，亦不可不示其變。如今凉衫亦不害，此亦只存得些影子。」問〔三三〕：「士庶亦不可久？」「庶人爲國君亦止齊衰三月，諸侯之大夫爲天子，亦止小功緦衰。」或問：「有官人嫁娶在祔廟後。」曰：「只不可帶花用樂，少示其變。」又曰：「至尊之服，要好，初來三日用古冠服，上衣下裳；以後却用今所制服，四脚幞頭等。自京官以上是一等服，京官以下是一等服，士人又一等服，庶人又一等服。如此等級分明，也〔三四〕好。」器之問：「壽皇行三年之喪，是誰建議？」曰：「自是要行，這是甚次第！可惜無好宰相將順成此一大事。若能因舉行盛典及於天下，一整數千百年之陋，垂數千百年之成憲，是甚次第！時相自用紫衫皂帶，入臨用白衫，待退歸便不着。某前日在上前說及三年之喪，亦自感動，次日即付出與禮官集議，意甚好。不知後來如何忽又住了，却對宰相說：『也似咤異。』不知壽皇既已行了，又有甚咤異？只是亦無人助成此事。」因檢儀禮注疏說：「嫡孫承重甚詳。君之喪服，士庶亦可聚哭，但不可設位。某在潭州時，亦多有民衆欲入衙來哭，某初不知，外面〔三五〕被門子止約了〔三六〕。待兩三日方知，遂出榜告示，亦有來哭者。」賀孫。以下君喪。

因說：「天子之喪，自太子宰執而下，漸降其服，至於四海，則盡三月。服，謂凶服。訃所至，不問地之遠近，但盡於三月而止。天子初死，近地先聞，則盡三月；遠地或後聞之，亦止於三月之内也。」又云：「古者次第，公卿大夫與列國之諸侯，各爲天子三年之喪；而列國之卿大夫，又各爲其君三年之服，蓋止是自服其君。如諸侯之大夫，爲本國諸侯服三年之喪，則不復爲天子服。百姓則畿内之民，自爲天子服本國之君服三年之喪也。故禮曰『百姓爲天子、諸侯有土者，服三年之喪』，爲此也。」又云：「『君之喪，諸達官之長，杖〔三七〕。』達官，謂得自通於君者，如内則公卿、宰執、六曹之長，九寺、五監之長，外則監司、郡守，皆自得通章奏於君者〔三八〕。凡此者皆杖，以次則不杖。如太常卿杖，太常少卿則不杖。若無太常卿，則少卿代之杖也〔三九〕。只不知王畿之内，公卿之有采地者，其民當如何服，當檢看。」卓。

徽廟訃至，胡明仲知嚴州，衆議欲以日易月。張晉彦爲司理，爲明仲言：「前世以日易月，皆是有遺詔。今太上在遠，無遺詔，豈可行？」胡曰：「然則如之何？」曰：「盍請之於朝？」胡如其説，不報。可學。

高宗登遐，壽皇麻衣不離身，而臣子晏然朝服如常，只於朝見時，略换皂帶，以爲服至尊之服。冠有數樣，衣有數樣，所以當來如此者，乃是甚麽時，便着甚麽樣冠服。昨聞朝廷無所折衷，將許多衣服一齊重疊着了。古禮恐難行，如今來却自有古人做未到處。如古者以皮束棺，如何會彌縫？又設熬黍稷於棺旁以惑蚍蜉，可見少智。然三日便殯了，又見得防慮之深遠。今棺以用漆爲固，要拘三日便殯，亦難。喪最要不失大本。如不用浮屠，送葬不用樂，這也須除却。所謂古禮難行者，非是道不當行〔四〇〕，只怕少間止了得要合那邊，要合這邊，到這裏一重大利害處，却没理會，却便成易了。古人已自有個活法，如身執事者面垢而已之類。」賀孫。

器遠問：「『安常習故』，是如何？」曰：「云云。如親生父母，子合當安之。到得立爲伯叔後，疑於伯叔父有不安者，這也是理合當如此。然而自古却有大宗無子，則小宗之子爲之後。這道理又却重。只得安於伯叔父母，而不可安於所生父母。喪服則爲爲後父母服三年，所生父母只齊衰，不杖，期。」賀孫。以下服制。

問：「『天下事易至於安常習故』，如何？」曰：「且如今人〔四一〕爲所生父母齊衰，不杖，期；爲所養父母斬衰三年，以理觀之，自是不安。然聖人有個存亡繼絶底道理，又不容不安。且如濮安懿王事，當時皆以司馬公爲是。今則濮安懿王下却有主祀，朝廷却未嘗正其號。」卓。

「祖在父亡，祖母死，亦承重。」揚。

「嫡孫承重，庶孫是長亦不承重。」揚。

「庶子之長子死，亦服三年。」揚。

「禮只有父母服，他服並無，故今長幼服都無考。妻服期，子以父在，服亦期，故哭祭之類同。今律則不然，故其禮皆齟齬。」揚。

顯道〔四二〕問服制。曰：「唐時添那服制，添得也有差異處。且如親叔伯是期，堂叔須是大功，乃便降爲小功，不知是怎生地。」義剛。

「服議，漢儒自爲一家之學，以儀禮喪服篇爲宗。禮記中小記、大傳則皆申其説者，詳密之至，如理絲櫛髮。可試考之，畫作圖子，更參以通典及今律令，當有以見古人之意不苟然也。」灝。

問：「孝子於尸柩之前，在喪禮都不拜，如何？」曰：「想只是父母在生時，子弟欲拜，亦須俟父母起而衣服。今恐未忍以神事之，故亦不拜。」胡泳。以下居喪。

或問：「哀慕之情，易得間斷，如何？」曰：「此如何問得人？孝子喪親，哀慕之情自是心有所不能已，豈待抑勒，亦豈待問人？只是時時思慕，自哀感。所以説『祭思敬，喪思哀』。只是思著自是敬，自是哀。若是不哀，别人如何抑勒得他？」因舉「宰我問三年之喪」云云，曰：「『女安則爲之！』聖人也只得如此説，不當抑勒他，教他須用哀。只是從心上説，教他自感悟。」僩録略。

問：「居喪以來，惟看喪禮，不欲讀他書，恐妨哀。然又覺精神元自荒迷，更專一用心去考索制度名物，愈覺枯燥。今欲讀語、孟，不知如何？」曰：「居喪初無不得讀書之文。

古人居喪廢業，業是簨簴上版子；廢業，謂不作樂耳。古人禮樂不去身，惟居喪然後廢樂。故「喪復常，讀樂章」。周禮司業者，亦司樂也〔四三〕。」

叔器問：「今之墨衰便於出入，而不合禮經，如何？」曰：「若能不出，則不服之亦好。但有出入治事，則只得服之。喪服四制說：『百官備，百物具。不言而事行者，杖而起；言而後事行者，杖而起；身執事而後行者，面垢而已。』蓋惟天子諸侯始得全伸其禮，庶人皆是自執事，不得伸其禮。」淳。義剛同。

「親喪，兄弟先滿者先除服，後滿者後除，以在外聞喪有先後者。」揚。

「喪妻者，木主要作妻名，不可作母名。若是婦，須作婦名，翁主之。卒哭即祔。更立木主於靈坐，朝夕奠就之，三年除之。」揚。

「長子死，則主父喪用次子，不用姪，今法如此。宗子法立，則用長子之子。此法已壞，只從今法。」揚。

問：「喪之五服皆有制，不知飲食起居亦當終其制否？」曰：「合〔四四〕當盡其制。但今人不能行，然在人斟酌行之。」寓。

問：「喪禮不飲酒，不食肉。若朝夕奠，及親朋來奠之饌，則如之何？」曰：「與無服之親可也〔四五〕。」淳。

「喪葬之時，只當以素食待客。祭饌葷食〔四六〕，只可分與僕役。」賀孫。

問：「居喪，爲尊長强之以酒，當如何？」曰：「若不得辭，則勉徇其意，亦無害。但不可至沾醉，食已，復初可也。」問：「坐客有歌唱者，如之何？」曰：「當起避。」僩。

或問：「親死，遺囑教用僧道，則如何？」曰：「便是難處。」或曰：「也可以不用否？」曰：「人子之心有所不忍。這事，須子細商量。」胡泳。

或問：「設如母卒，父在，父要循俗制喪服，用僧道火化，則如何？」曰：「公如何？」曰：「只得不從。」曰：「其他都是皮毛外事，若決如此做，從之也無妨，若火化則不可。」泳曰：「火化，則是殘父母之遺骸。」曰：「此話若將與喪服浮屠一道說，便是未識輕重在。」胡泳。

「『喪，三年不祭。』蓋孝子居倚廬堊室，只是思慕哭泣，百事皆廢，故不祭耳。然亦疑當令宗人攝祭，但無明文，不可考耳。」閎祖。以下喪廢祭。

「伊川謂，三年喪，古人盡廢事，故併祭祀都廢。今人事都不廢，如何獨廢祭祀？故祭祀可行。」先生曰：「然。亦須百日外方可。然奠獻之禮，亦行不得。只是鋪排酒食儀物之類後，主祭者去拜。若是百日之内要祭，或從伯叔兄弟之類，有人可以行。」或問：「今人以孫行之，如何？」曰：「亦得。」又曰：「期、大小功、緦麻之類服，今法上日子甚少，便可以入家廟燒香拜。」揚。

問「喪，三年不祭。」曰：「程先生謂，今人居喪，都不能如古禮，却於祭祀祖先獨以古禮不行，恐不得。橫渠曰：『如此，則是不以禮祀其親也。』某嘗謂，如今人居喪時，行三二分居喪底道理，則亦當行三二分祭先底禮數。」今按：此語非謂只可行三二分，但既不得盡如古，則喪祭亦皆當存古耳。廣。

「古人緦麻已廢祭祀，恐今人行不得。」揚。

問：「三年喪中，得做祭文祭故舊否？」曰：「古人全不吊祭，今不奈何。胡籍溪言，只散句做，不押韻。」揚。

「先生以子喪，不舉盛祭，就影堂前致薦，用深衣幅巾。薦畢反，喪服，哭奠于靈，至慟。」賀孫。

問：「練而祔，是否？」曰：「此是殷禮，而今人都從周禮。若只此一件却行殷禮，亦無意思。若如陸子靜説，祔了便除去几筵，則須練而祔。若鄭氏説祔畢復移主出於寢，則當如周制，祔亦何害？」賀孫。以下祔。

「今不立昭穆，即所謂『祔于曾祖、曾祖姑』者，無情理也。」德明。

「古人所以祔于祖者，以有廟制昭穆相對，將來祧廟，則以新死者安於祖廟。所以設祔祭豫告，使死者知其將來安於此位；亦令其祖知是將來移上去，其孫來居此位。今不異廟，只共一堂排作一列，以西爲上，則將來祧其高祖了，只趲得一位，死者當移在禰處。如此則只當祔禰，今〔四七〕祔於祖，全無義理。但古人本是祔于祖，今又難改他底，若卒改它底，將來後世或有重立廟制，則又着改也。神宗朝欲議立朝廷廟制，當時張虎則以爲祧廟祔廟只移一位，陸農師則以爲祔廟祧廟皆移一匝。如農師之説，則是世爲昭穆不定，豈得如此？文王却是穆，武王却是昭。如曰『武穆考文王』，又曰『我昭考武王』。又如左傳説：『管、蔡、郕、霍、魯、衛、毛、聃、郜、雍、曹、滕、畢、原、酆、郇，文之昭也。』這十六國是文王之子，文王是穆，故其子曰『文之昭也』。『邘、晉、應、韓，武之穆也』，這四國是武王之子，武王是昭，故其子曰『武之穆也』。則昭穆是萬世不可易，豈得如陸氏之説？陸氏禮象圖中多有杜撰處。不知當時廟制，後來如何不行？」賀孫。

「祔新主而遷舊主，亦合告祭舊主，古書無所載，兼不説遷於何所。天子則有始祖之廟，而藏之夾室，大夫亦自有始祖之廟。今皆無此〔四八〕，更無頓處。古人埋桑主於兩階間，蓋古者階間人不甚行；今則混雜，亦難埋於此，看來只得埋於墓所。大戴禮説得遷祔一條，又不分曉〔四九〕。」「分」，一作「可」。

先生以長子大祥，先十日朝暮哭，諸子不赴酒食會。近祥則舉家蔬食，此日除祔。先生累日顔色憂戚。賀孫。

「二十五月祥後便禫，看來當如王肅之説，於『是月禫，徙月樂』之説爲順。而今從鄭氏之説，雖是禮疑從厚，然未爲當。看來而今喪禮須當從儀禮爲正。如父在爲母期，非是薄於母，只爲尊在其父，不可復尊在母，然亦須心喪三年。及嫂叔無服，這般處皆是大項事，不是小節目，後來都失了。而今國家法爲所生父母皆心喪三年，此意甚好。」賀孫。以下禫。

先是旦日，吳兄不講禮，先生問何故。曰：「爲祖母承重，方在禫，故不敢講賀禮。」或問：「爲祖母承重，有禫制否？」曰：「禮惟於父母與長子有禫。賀孫録云：「却於祖母未聞。」今既承重，則便與父母一般了，當服禫。」廣。賀孫同。

或問：「女子已嫁，爲父母禫否？」曰：「賀孫録云：「想是無此禮。」據禮云父在爲母禫，止是主男子而言。」廣。賀孫同。

問：「今弔者用橫烏〔五〇〕，如何？」曰：「此正與『羔裘玄冠不以弔』相反〔五一〕，亦不知起於何時。想見當官者既不欲易服去弔人，故杜撰成個禮數。若閒居時，只當易服用涼衫。」廣。弔。

本朝於大臣之喪，待之甚哀，賀孫舉哲宗哀臨温公事。曰：「温公固是如此，至於嘗爲執政，已告老而死，祖宗亦必爲之親臨、罷樂。看古禮，君於大夫，小斂往焉，大斂往焉；於士，既殯往焉；何其誠愛之至！今乃恝然。這也只是自渡江後，君臣之勢方一向懸絶，無相親之意，故如此。古之君臣所以事事做得成，緣是親愛一體。因説虜人初起時，其酋長與部落都無分別，同坐同飲，相爲戲舞，所以做得事。如後來兀朮犯中國，虜掠得中國士類，因有教之以分等陛立制度者，於是上下位勢漸隔，做事漸難。」賀孫。君臨臣喪。

「某舊爲先人飾棺，考制度作帷幌，李先生以爲不切。而今禮文覺繁多，使人難行。後聖有作，必是裁減了，方始行得。」賀孫。飾棺。

先生殯其長子，諸生具香燭之奠。先生留寒泉殯所受吊，望見客至，必涕泣遠接之；客去，必遠送之。就寒泉庵西向殯。掘地深二尺，闊三四尺，内以火磚鋪砌，用石灰重重遍塗之，棺木及外用土磚夾砌〔五二〕。將下棺，以食五味奠亡人，次子以下皆哭拜。諸客拜奠，次子代亡人答拜。蓋兄死子幼，禮然也。賀孫。以下殯。

伯量〔五三〕問：「殯禮可行否？」曰：「此不用問人，當自觀其宜。今以不漆不灰之棺，而欲以甎土圍之，此可不可耶？必不可矣。數日見公説喪禮太繁絮，禮不如此看，説得人都心悶。須討個活物事弄，如弄活蛇相似，方好。公今只是弄得一條死蛇，不濟事。某嘗説，古者之禮，今只是存他一個大概，令勿散失，使人知其意義，要之必不可盡行。如始喪一段，必若欲盡行，則必無哀戚哭泣之情。何者？方哀苦荒迷之際，有何心情一一如古禮之繁細委曲？古者有相禮者，所以導孝子爲之。若欲孝子一一盡依古禮，必躬必親，則必無哀戚之情矣。況只依今世俗之禮，亦未爲失，但使哀戚之情盡耳。有虞氏瓦棺而葬，夏后氏堲周，必無周人之繁文委曲也。又禮，壙中用生體之屬，久之必潰爛，却引虫蟻，非所以爲亡者慮久遠也。古人壙中置物甚多。以某觀之，禮文之意太備，則防患之意反不足。要之，只當防慮久遠，『毋使土親膚』而已，其他禮文皆可略也。又如古者棺不釘，不用漆粘。而今灰漆如此堅密，猶有蟻子入去，何況不使釘漆！此皆不可行。孔子曰『如用之，則吾從先進』，已是厭周之文了。又曰『行夏之時，乘殷之輅』，此意皆可見。使聖賢者作，必不盡如古禮，必裁酌從今之宜而爲之也。又如士相見禮、鄉飲酒禮、射禮之屬，而今去那裏行？只是當存他大概，使人不可不知。方周之盛時，禮又全體皆備，所以不可有纖豪之差。今世盡不見，徒掇拾編緝於殘編斷簡之餘，如何必欲盡倣古之禮得。」或曰：「『郁郁乎文哉！吾從周。』聖人又欲從周之文，何也？」曰：「聖人之言，固非一端。蓋聖人生於周之世，周之一代，禮文皆備，誠是整齊，聖人如何不從得！只是『如用之，則吾從先進』，謂自爲邦則從先進耳。」僩。

伯謨問：「某人家欲除服而未葬，除之則魂魄無所依〔五四〕，不可祔廟。」曰：「不可。如何不早葬？葬何所費？只是悠悠。」因語：「莆人葬，只是於馬鬣上，大可憂！須是懸棺而葬。」可學。以下葬。

「喪事都不用冥器糧瓶之類，無益有損。棺槨中都不着世俗所用者一物。」揚。

因說地理，曰：「程先生亦揀草木茂盛處，便不是不擇。伯恭却只胡亂平地上便葬。若是不知此理，亦不是。若是知有此道理，故意不理會，尤不是。」𥳑。

堯卿問合葬夫婦之位。曰：「某當初葬亡室，只存東畔一位，亦不曾考禮是如何。」安卿云〔五五〕：「地道以右爲尊，恐男當居右。」曰：「祭以西爲上，則葬時亦當如此方是。」義剛〔五六〕。

先生葬長子喪儀：銘旌，埋銘，魂轎，柩止用紫蓋。盡去繁文。埋銘石二片，各長四尺，闊二尺許，止記姓名、歲月、居里。刻訖，以字面相合，以鐵束之，置於壙上。其壙用石，上蓋厚一尺許，五六段横湊之，兩旁及底五寸許。内外皆用石灰、雜炭末、細沙、黄泥築之。賀孫。

問改葬。曰：「須告廟而後告墓，方啓墓以葬。葬畢，奠而歸，又告廟，哭，而後畢事，方穩。行葬更不必出主，祭告時却出主於寢。」賀孫。

「人家墓壙棺槨，切不可太大，當使壙僅能容槨，槨僅能容棺，乃善。去年此間陳家墳墓遭發掘者，皆緣壙中太闊，其不能發者，皆是壙中狹小無着脚手處，此不可不知也。」又此間墳墓山脚低卸，故盗易入。問：「墳與墓何別？」曰：「墓想是塋域，墳即土封隆起者。光武紀云，爲墳但取其稍高，四邊能走水足矣。古人墳極高大，壙中容得人行，也没意思。法令，一品已上墳得一丈二尺，亦自儘高矣。」守約云：「墳墓所以遭發掘者，亦陰陽家之説有以啓之。蓋凡發掘者，皆以葬淺之故。若深一二丈，自無此患。古禮葬亦許深。」曰：「不然，深葬有水。嘗見興化、漳、泉間墳墓甚高。問之，則曰，棺只浮在土上，深者僅有一半入地，半在地上，所以不得不高其封。後來見福州人舉移舊墓稍深者，無不有水，方知興化、漳、泉淺葬者，蓋防水爾。北方地土深厚，深葬不妨。豈可同也？」問：「槨外可用炭灰雜沙土否？」曰：「只純用炭末置之槨外，槨内實以和沙石灰。」或曰：「可純用灰否？」曰：「純灰恐不實，須雜以篩過沙，久之灰沙相乳入，其堅如石。槨外四圍上下，一切實以炭末，約厚七八寸許，既辟濕氣，免水患，又截樹根不入。樹根遇炭，皆生轉去，以此見炭灰之妙。蓋炭是死物，無情，故樹根不入也。抱朴子曰：『炭入地，千年不變。』」問：「范家用黄泥拌石炭實槨外，如何？」曰：「不可。黄泥久之亦能引樹根。」又問：「古人用瀝青，恐地氣蒸熱，瀝青溶化，棺有偏陷，却不便。」曰：「不曾親見用瀝青利害。但書傳間多言用者，不知如何。」僩。

「風之爲物，無物不入。因解「巽爲風」。今人棺木葬在地中，少間都吹喎了，或吹翻了。」問：「今地上安一物，雖烈風，未必能吹動。何故地如此堅厚，却吹得動？」曰：「想得在地中蘊蓄欲發，其力盛猛；及出平地，則其氣渙散矣。」或云：「恐無此理。」曰：「政和縣有一人家，葬其親於某位。葬了，但時聞壙中響聲。其家以爲地之善，故有此響。父之家業漸替，子孫貧窮，以爲地之不利，遂發視之。見棺木一邊擊觸皆損壞，其所擊觸處正當壙前之籠壙，今捲磚爲之，棺木所入之處也。」或云：「恐是水浸致然。」曰：「非也。若水浸，則安能擊觸有聲？不知此理如何。」

「古人惟冢廟有碑，廟中者以繫牲。冢上四角四個，以繫索下棺；棺既下，則埋於四角，所謂『豐碑』是也。或因而刻字於其上。後人凡碑刻無不用之，且於中間穴孔，不知欲何用也。今會稽大禹廟有一碑，下廣鋭而上小薄，形製不方不圓，尚用以繫牲，云是當時葬禹之物。上有隸字，蓋後人刻之也。」僴。碑。

校勘記

〔一〕問　朝鮮本作：節問。

〔二〕問　朝鮮本作：節復問。

〔三〕只　朝鮮本「只」上增：那個。

〔四〕欽夫　朝鮮本作：張欽夫。

〔五〕在　朝鮮本「在」上增：敬夫。

〔六〕問　朝鮮本作：賀孫問。

〔七〕將巾冠與子弟戴　「巾」原作「由」，據朝鮮本改。

〔八〕問　朝鮮本作：賀孫問。

〔九〕吕與叔亦曾立廟　「吕」原作「曰」，據朝鮮本改。

〔一〇〕可學　「學」字原脱，據朝鮮本補。

〔一一〕冠　朝鮮本作：冠禮。

〔一二〕昏　朝鮮本作：昏禮。

〔一三〕問　朝鮮本作：淳問。

〔一四〕古者　朝鮮本此下增：娶。

〔一五〕義剛　朝鮮本作：夔孫。

〔一六〕婦當日廟見　朝鮮本作「人家娶婦有當日便令廟見者」十二字。

〔一七〕温公如此　朝鮮本「此」下有「今見温公書儀何故如此温公有不可曉處」十七字。

〔一八〕司馬　朝鮮本作：司馬文正。

〔一九〕淳　朝鮮本此則爲「義剛」所記詳細語録，今附如下：胡叔器問：「昏禮，温公儀，婦先拜夫；程儀，夫先拜婦。」陳此下云：「或又以爲妻者，齊也，當齊拜。何者爲之是？」先生曰：「古者婦人與男子爲禮，皆俠拜，每拜以二爲禮。昏禮，婦先二拜，夫答一拜；婦又二拜，夫又答一拜。冠禮，雖見母，母亦俠拜。」又問：「古者婦人以肅拜爲正，何謂『肅拜』？」曰：「兩膝齊跪，手至地，而頭不下，爲肅拜。拜手亦然。爲喪主，則頭亦至地，不肅拜。南北朝有樂府詩説婦人云：『伸腰再拜跪，問客今安否。』伸腰，亦是頭不下也。周宣帝令命婦朝見皆跪伏朝見，如男子之儀。但不知婦人膝不跪地而變爲今之拜者，起於何時。陳此下云：『此等小小禮文，皆無所稽考。』程泰之以爲始於武后，亦非也。古者男子拜，亦兩膝齊屈，如今之道士拜。杜子春注周禮奇拜，以爲先屈一膝，如今之雅拜。漢人雅拜，即今之拜是也。」義剛。陳淳録同而差詳。

〔二〇〕問　朝鮮本作：義剛問昏禮。

〔二一〕欲　朝鮮本「欲」上增：士人。

〔二二〕直卿　朝鮮本作：黄直卿。

〔二三〕御輪　朝鮮本此下增：様。

〔二四〕義剛　朝鮮本「剛」下有「陳淳録同」四字。

〔二五〕堯卿　朝鮮本作：李丈。

〔二六〕李璋　朝鮮本作：李璋。

〔二七〕這事　朝鮮本此下增一節小字：陳無「此句」以下至此八字。

〔二八〕義剛　朝鮮本「剛」下有「陳淳録同而略」六字。

〔二九〕喪　朝鮮本「喪」下有「禮」字。

〔三〇〕康節　朝鮮本作：邵康節。

〔三一〕子升　朝鮮本此下增：兄。

〔三二〕問　朝鮮本作：賀孫問。

〔三三〕問　朝鮮本作：賀孫問。

〔三四〕也　朝鮮本此下增：是。

〔三五〕外面　朝鮮本此下增：自。

〔三六〕外面被門子止約了　朝鮮本「面」下有「自」字。

〔三七〕君之喪諸達官之長杖　朝鮮本作：君之喪，諸達官者，皆杖。

〔三八〕奏於君者　朝鮮本此下增：故曰達官。

〔三九〕則少卿代之杖也　朝鮮本另録一則自「君之喪，諸達官之長，杖」至此，末尾記録者姓名作：夔孫。

〔四〇〕非是道不當行　「道」，朝鮮本作「禮」。

〔四一〕且如今人　朝鮮本此下增：最是人家一個乞養兒。

〔四二〕顯道　朝鮮本作：包顯道。

〔四三〕周禮司業者亦司樂也　按周禮並無「司業」之職，僅禮記文王世子有「樂正司業」之句。是朱熹偶誤記也。孔穎達疏釋「業」爲「詩書之業」。朱熹則釋爲「簨簴上版子」，亦通。

〔四四〕合　朝鮮本「合」上增：今。

〔四五〕與無服之親可也　朝鮮本「親」下有「喫之」二字。

〔四六〕祭饌葷食　「饌」，朝鮮本作「餘」。

〔四七〕今　朝鮮本此下增：而。

〔四八〕今皆無此　朝鮮本「此」下有「始祖之廟」四字。

〔四九〕又不分曉　朝鮮本「曉」下有小注「庚」字。

〔五〇〕今弔者用横烏　朝鮮本「弔」下有「人」字。

〔五一〕曰此正與羔裘玄冠不以弔相反　朝鮮本「曰」下有「此正是玄冠以弔」七字。

〔五二〕棺木及外用土磚夾砌　朝鮮本「木」作「下」，「外」作「四圍」。

〔五三〕伯量　朝鮮本作：胡伯量。

〔五四〕除之則魂魄無所依　「魄」原作「帛」，義不可通，賀本改作「魄」，從之。

〔五五〕安卿云　朝鮮本作：淳云。

〔五六〕義剛　朝鮮本作：淳。

朱子語類卷第九十

禮七

祭

「如今士大夫家都要理會古禮。今天下有二件極大底事，恁地循襲：其一是天地同祭於南郊；其一是太祖不特立廟，而與諸祖同一廟。自東漢以來如此。又録云：「千五六百年無人整理。」」子謂爲芻靈也善，謂爲俑者不仁，雖是前代已用物事，到不是處，也須改用教是，始得。」賀孫。以下天地之祭。

「古時天地定是不合祭，日月山川百神亦無合共一時祭享之禮。當時禮數也簡，儀從也省，必是天子躬親行事。豈有祭天便將下許多百神一齊排作一堆都祭！只看郊臺階級，兩邊是踏過處，中間自上排下，都是神位，更不通看。」賀孫。

問先朝南、北郊之辯。曰：「如禮説『郊特牲，而社稷太牢』，書謂『用牲于郊，牛二』，及『社于新邑』，此其明驗也。故本朝後來亦嘗分南、北郊。至徽宗時，又不知何故却合爲一。」又曰：「但周禮亦只是説祀昊天上帝，不説祀后土，故先儒説祭社便是。」又問：「周禮大司樂，冬至奏樂於圜丘以禮天，夏至奏樂于方丘以禮地。」曰：「周禮中止有此説。更有『禮大神，享大鬼，祭大祇』之説，餘皆無明文。」廣〔一〕。

「天地，本朝只是郊時合祭。神宗嘗南郊祭天矣，未及次年祭地而上仙。元祐間，嘗議分祭。東坡議只合祭，引詩『郊祀天地』爲證，劉元城逐件駁之。秋冬祈穀之類，亦是二祭而合言之。東坡只是謂祖宗幾年合祭，一旦分之，恐致禍，其説甚無道理。元城謂子由在政府，見其論無道理，遂且罷議。後張耒輩以衆説易當時文字。徽宗時分祭，祀后土皇地示，漢時謂之『媪神』。漢武、明皇以南郊祭天爲未足，遂祭于泰山；以北郊祭地爲未足，遂祭于汾陰，立一后土廟。真宗亦皆即泰山、汾陰而祭焉。」先生曰：「分祭是。」揚。

先生因泛説祭祀，以社祭爲祀地。「諸儒云，立大社、王社，諸侯國社、侯社。五峰有此説，謂此即祭地之禮。道夫録云：「五峰言無北郊，只社便是祭地，却説得好。」周禮他處不説，只宗伯『以黄琮禮地』，注謂夏至地神在崑崙。典瑞『兩圭有邸以祀地』，注謂祀於北郊。大司樂『夏日至，於澤中方丘奏之』，『八變』，『則地示』『可得而禮矣』，他書亦無所考。書云：『乃社于新邑，牛一、羊一。』然禮云諸侯社稷皆少牢，此處或不可曉。」賀孫。

「如今郊禮合祭天地。周禮有『圜丘』、『方澤』之説，後來人却只説地便是后土，見於書傳，言郊社多矣。某看來不要如此，也自還有方澤之祭。但周禮其他處又都不説，亦未可曉。」木之。

「如今祀天地山川神，塑貌象以祭，極無義理。」木之。

堯卿問：「社主，平時藏在何處？」曰：「向來沙隨説，以所宜木刻而爲主。某嘗辨之，後來覺得却是。但以所宜木爲主。如今世俗神樹模樣，非是將木來截作主也。以木名社，如櫟社、枌榆社之類。」又問社稷神。曰：「説得不同。或云稷是山林原隰之神，或云是穀神。看來穀神較是，社是土神。」又問：「社何以有神？」曰：「能生物，便是神也。」又曰：「周禮，亡國之社，却用刑人爲尸。一部周禮却是看得天理都爛熟也。」夔孫。以下社。

「程沙隨云：『古者社以木爲主，今以石爲主，非古也。』」方子。

「五祀：行是道路之神，伊川云是宇廊，未必然；門是門神，户是户神，與中霤、竈，凡五。古〔二〕聖人爲之祭祀，亦必有其神。如孔子説：『祭如在，祭神如神在。』是有這祭，便有這神，不是聖人若有若亡，見得一半，便自恁地。但不如後世門神，便畫一個神像如此。」

賀孫。以下五祀。

叔器〔三〕問五祀祭行之義。曰："行，堂塗也。古人無廊屋，只於堂階下取兩條路。五祀雖分四時祭，然出則獨祭行。及出門，又有一祭。作兩小山於門前，烹狗置之山上，祭畢，却就山邊喫，却推車從兩山間過，蓋取跋履山川之義。"舜功問："祭五祀，想也只是當如此致敬，未必有此神。"曰："神也者，妙萬物而〔四〕言者也。盈天地之間皆神。若說五祀無神，則是有有神處，有無神處，是甚麽道理？"叔器問："天子祭天地，諸侯祭山川，大夫祭五祀，士庶人祭其先，此是分當如此否？"曰："也是氣與他相關。如天子則是天地之主，便祭得那天地。若似其他人，與他不相關後，祭個甚麽？如諸侯祭山川，也只祭得境内底。如楚昭王病後卜云：『河爲祟。』諸大夫欲祭河〔五〕，昭王自言楚之分地不及於河，河非所以爲祟。孔子所以美之云，昭王之『不失國也，宜哉。』這便見得境外山川與我不相關，自不當祭。"又問："如殺孝婦，天爲之旱，如何？"曰："這自是他一人足以感動天地。若祭祀，則分與他不相干〔六〕，如何祭得？"又問："人而今去燒香拜天之類，恐也不是。"曰："天只在我，更禱個甚麽？一身之中，凡所思慮運動，無非是天。一身在天裏行，如魚在水裏，滿肚裏都是水。某說人家還醮無意思，一作"最可笑"。豈有斟一盞酒，盛兩個餅，便要享上帝！且說有此理無此理？某在南康祈雨，每日去天慶觀燒香。某說，且謾去。一作"且慢」。今若有個人不經州縣，便去天子那裏下狀時，你嫌他不嫌他？你須捉來打，不合越訴。而今祈雨，却如何不祭境内山川？如何便去告上帝？」義剛。

問：「竈可祭否？」曰：「人家飲食所繫，亦可祭。」問竈尸。曰：「想是以庖人爲之。」

問祭竈之儀。曰：「亦略如祭宗廟儀。」淳〔七〕。

問：「月令，竈在廟門之外，如何？」曰：「五祀皆在廟中，竈在廟門之東。凡祭五祀，皆設席於奥，而設主奠俎於其所祭之處。已，乃設饌迎尸於奥。」銖。

因説：「五祀，伊川疑不祭井。古人恐是同井。」曰：「然。」可學。

「古者人有遠行者，就路間祭所謂『行神』者。用牲爲兩斷，車過其中，祭了却將喫，謂之『餞禮』。用兵時，用犯軍法當死底人斬於路，却兵過其中。」揚。

「祖道之祭，是作一土堆，置犬羊於其上，祭畢而以車碾從上過，象行者無險阻之患也，如周禮『犯軷』是也。此是門外事。門内又有行祭，乃祀中之一也。」燾。

「祈雨之類，亦是以誠感其氣。如祈神佛之類，亦是其所居山川之氣可感。今之神佛所居，皆是山川之勝而靈者。雨亦近山者易至，以多陰也。」揚。

「古人神位皆西坐東向，故獻官皆西向拜。而今皆南向了，釋奠時，獻官猶西向拜，不知是如何。」以下祀先聖。

「室中西南隅乃主位。室中西牖東户。若宣聖廟室，則先聖當東向，先師南向。如周人禘嚳郊稷，嚳東向，稷南向。今朝廷宗廟之禮，情文都自相悖，不曉得。古者主位東向，配位南向，故拜即望西。今既一列皆南向，到拜時亦却望西拜，都自相背。古者用籩豆簠簋等陳於地，當時只席地而坐，故如此飲食爲便。今塑像高高在上，而祭饌反陳於地，情文全不相稱。曩者某人來問白鹿塑像〔八〕，某答以州縣學是天子所立，既元用像，不可更。書院自不宜如此，不如不塑像。某處有列子廟，却塑列子膝坐于地，這必有古像。行古禮，須是參用今來日用常禮，庶或饗之。如太祖祭，用簠簋籩豆之外，又設牙盤食用椀楪之類陳於床，這也有意思，到神宗時廢了。元祐初，復用。後來變元祐之政，故此亦遂廢。」賀孫。

「夫子像設置於椅上，已不是，又復置在臺座上，到春秋釋奠却乃陳簠簋籩豆於地，是甚義理？某幾番說要塑宣聖坐于地上，如設席模様，祭時却自席地。此有甚不可處？每說與人，都道差異，不知如何。某記在南康，欲於學中整頓宣聖，不能得。後說與交代，云云，宣聖本不當設像，春秋祭時，只設主祭可也。今不可行，只得設像坐于地，方始是禮。」寓。

「先聖冕服之制殊不同。詹卿云：『衮冕，畫龍於胸。』然則鷩冕之雉，毳冕之宗彝，皆畫於胸。」銖。

「釋奠，據開元禮，只是臨時設位，後來方有塑像。顏、孟配饗，始亦分位于先聖左右，後來方並坐于先聖之東西嚮。當來所降指揮，今亦無處尋討。」必大。

「孔子居中，顏、孟當列東坐西向。七十二人先是排東廡三十六人了，却方自西頭排起，當初如此。自升曾子於殿上，下面趲一位，次序都亂了。」此言漳州，未知他處如何。又云：「某經歷諸處州縣學，都無一個合禮序。」賀孫。

「高宗御製七十二子贊，曾見他處所附封爵姓名，多用唐封官號。本朝已經兩番加封，如何恁地？」賀孫。

「謁宣聖焚香，不是古禮。拜進將捻香，不當叩首。只直上捻香了，却出笏叩首而降拜。」賀孫。

釋奠散齋，因云：「陳膚仲以書問釋奠之儀。今學中儀，乃禮院所班，多參差不可用。唐開元禮却好。開寶禮只是全録開元禮，易去帝號耳。若政和五禮則甚錯。今釋奠有伯魚而無子思，又『十哲』亦皆差互，仲弓反在上。且如紹興中作七十二子贊，只據唐爵號，不知後來已經加封矣。近嘗申明之。」可學。

因論程沙隨辨五禮新儀下丁釋奠之説，而曰：「政和中編此書時，多非其人，所以差誤如此。續已有指揮改正。唐開元禮既失煩縟，新儀又多脱略。如親祠一項，開元禮中自先説將升車，執某物立車右，到某處，方説自車而降。今新儀只載降車一節，却無其先升車事前一段。既如此載後，凡親祠處段段皆然。」今行禮時，又俱無此升降之儀。必大。

「孟子配享，乃荆公請之。配享只當論傳道，合以顔子、曾子、子思、孟子配。嘗欲於雲谷左立先聖四賢配，右立二程諸先生，後不曾及。在南康時，嘗要入文字從祀伯魚。以漸去任，不欲入文字理會事，但封與劉淳叟，以其爲學官，可以言之。」揚。

「在漳州日，陳請釋奠禮儀，到如今只恁地白休了。子約爲藉田令，多少用意主張，諸禮官都没理會了，遂休。」坐客云：「想是從來不曾理會得，故怕理會。」曰：「東坡曾云，今爲禮官者，皆是自牛背上拖將來。今看來是如此。」因問張舅忠甫家須更别有禮書，令還鄉日詢求之。致道云：「今以時文取官，下梢這般所在，全理會不得。」曰：「向時尚有開寶通禮科，令其熟讀此書，試時挑問。後來又做出通禮，如注釋一般。如人要治此，必須連此都記得。如問云，籩起於何時？逐一説了後，又反覆論議一段，如此亦自好。漳州煞有文字，皆不得寫。如今朝廷頒行許多禮書，如五禮新儀，未是。若是不識禮，便做不識禮，且只依本寫在也得。又去杜撰，將古人處改了。」是日因看薛直老行狀，中有述其初爲教官，陳請改上丁釋奠事。蓋其見當時用下丁，故請改之。舊看古禮中有一處注云「春用二月上丁，秋用八月下丁」，今忘記出處。向亦欲檢問象先，及漳州陳請釋奠儀，欲乞委象先，又思量渠不是要理會這般事人，故已之。賀孫。

新書院告成，明日欲祀先聖先師，古有釋菜之禮，約而可行，遂檢五禮新儀，令具其要者以呈。先生終日董役，夜歸即與諸生斟酌禮儀。鷄鳴起，平明往書院，以廳事未備，就講堂行禮。宣聖像居中，兖國公顔氏、郕侯曾氏、沂水侯孔氏、鄒國公孟氏西向配北上。並紙牌子。濂溪周先生、東一。明道程先生、西一。伊川程先生、東二。康節邵先生、西二。司馬温國文正公、東三。横渠張先生、西三。延平李先生東四。從祀。亦紙牌子。並設於地。祭儀別録，祝文別録。先生爲獻官，命賀孫爲贊，直卿、居甫分奠，叔蒙贊，敬之掌儀。堂狹地潤，頗有失儀。但獻官極其誠意〔九〕，如或享之，鄰曲長幼並來陪。禮畢，先生揖賓坐，賓再起，請先生就中位開講。先生以坐中多年老，不敢居中位，再辭不獲，諸生復請，遂就位，説爲學之要。午飯後，集衆賓飲，至暮散。賀孫。

李丈問太廟堂室之制。曰：「古制是不可曉。禮説，士堂後一架爲室，蓋甚窄。一架即一神也。天子便待加得五七架，亦窄狹。不知周家三十以上神主位次相逼〔一〇〕，如何行禮。室在堂後一〔一一〕間，從堂内左角爲户而入。西壁如今之墻上爲龕，太祖居之，東向。旁兩壁有牖，群昭列於北牖下而南向，群穆列於南牖下而北向。堂又不爲神位，而爲人所行禮之地。天子設黼扆於中，受諸侯之朝。」淳。義剛録同。以下天子宗廟之祭。

「『祖有功，而宗有德』，是爲百世不遷之廟。商六百年，只三宗，皆以有功德當百世祀，故其廟稱『宗』。至後世始不復問其功德之有無，一例以『宗』稱之。」必大。

「古人七廟，恐是祖宗功德者不遷。胡氏謂如此，則是子孫得以去取其祖宗。然其論續謚法，又謂謚乃天下之公義，非子孫得以私之。如此，則廟亦然。」揚。

問〔一二〕：「漢諸儒所議禮如何〔一三〕？」曰：「劉歆說得較是。他謂宗不在七廟中者，謂恐有功德者多，則占了那七廟數也。」問：「文定七廟之說如何？」曰：「便是文定好如此硬說，如何恁地說得？且如商之三宗，若不是別立廟，後只是親廟時，何不胡亂將三個來立？如何恰限取祖甲、太戊、高宗爲之？〔一四〕『祖有功，宗有德』，天下後世自有公論，不以揀擇爲嫌，所謂名之曰『幽』、『厲』〔一五〕，雖孝子慈孫，百世不能改。那個好底自是合當宗祀，如何毀得！如今若道三宗只是親廟，則是少一個親廟了。便是書難理會。且如成王崩後十餘日，此自是成服了，然顧命却說麻冕、黼裳、彤裳之屬，如此便是脱了那麻衣，更來着色衣。文定便說道是攝行踐阼之禮。某道，政事便可攝而行，阼豈可攝而踐？如何恁地硬說？且如元年，他便硬道不要年號。而今有年號，人尚去揩改契書之屬；若更無後，當如何？」又問：「『志一則動氣』，是『先天而天弗違』，『氣一則動志』，是『後天而奉天時』，其意如何？」曰〔一六〕：「他是說春秋成後致麟〔一七〕，先儒固亦有此說。然亦安知是作起獲麟，與文成致麟？但某意恐不恁地，這似乎不祥。若是一個麟出後，被人打殺了，也撿采？」因言：「馬子莊道，袁州曾有一麟。」胡叔器云：「但是古老相傳，舊日開江有一白駒。」先生曰：「馬説是二十年間事。若白駒等説，是起於禹。如顔師古注『啓母石』之説，政如此。近時廣德軍張大王分明是做這一説。」義剛。

「廟，商七世，周亦七世。前漢初立三宗，後王莽並後漢末，又多加了『宗』字，又一齊亂了。唐十二廟。本朝則韓持國本退之禘祫説祀僖祖，又欲止起於太祖。其議紛紛，合起僖祖典禮，都只將人情處了，無一人斷之以公。自合只自僖祖起，後世德薄者祧之。周廟，文王在豐，武王又在一處，自合只同一處，方是。不知如何。周廟：后稷、文、武、高、曾、祖、考七廟。」揚。

「今之廟制，出於漢明帝，歷代相承不改。神宗嘗欲更張，今見於陸農師集中，史却不載。」可學。

問：「諸侯廟制，太祖居北而南向，昭廟二在其東南，穆廟二在其西南，皆南北相重。不知當時每廟一處，或共一室各爲位也。」曰：「古廟制，自太祖以下各是一室，陸農師禮象圖可考。西漢時，高帝廟、文帝顧成之廟，猶各在一處。但無法度，不同一處。至明帝〔一八〕謙貶，不敢自當立廟，祔於光武廟，其後遂以爲例。至唐，太廟及群臣家廟，悉如今制，以西爲上也。至禰處謂之『東廟』，只作一列。今太廟之制亦然。」德明。

鄧子禮問：「廟主自西而列〔一九〕，何所據？」曰：「此也不是古禮。如古時一代只奉之於一廟，如后稷爲始封之廟，文王自有文王之廟，武王自有武王之廟，不曾混雜共一廟。」賀孫。

「諸侯有四時之祫，畢竟是祭有不及處，方如此。如春秋『有事於太廟』，太廟，便是群祧之主皆在其中。」義剛〔二〇〕。

或問：「遠廟爲祧，如何？」曰：「天子七廟，如周文、武之廟不祧。文爲穆，則凡後之屬乎穆者皆歸於文之廟；武爲昭，則凡後之屬乎昭者皆歸乎武之廟也。」時舉。

「昭、穆，昭常爲昭，穆常爲穆。中間始祖，太廟門向南，兩邊分昭、穆。周家則自王季以上之主，皆祧于后稷始祖廟之夾室；自成王、昭王以下則隨昭、穆遞遷于昭、穆之首廟，至首廟而止。如周，則文王爲穆之首廟，武王爲昭之首廟。凡新崩者祔廟，則看昭、穆，但昭則從昭，穆則從穆，不交互兩邊也。」又云：「諸廟皆有夾室。」

堯卿問「高爲穆」之義。曰：「新死之主，新祔便在昭這一排。且如諸侯五廟，一是太祖，便居中，二昭二穆相對。今新死者祔，則高過穆這一排對空坐；禰在昭一排，亦對空坐。以某意推之，當是如此，但禮經難考。今若看得一兩般書，猶自得；若看上三四般去，便無討頭處。如孟子當時，自無可尋處了。今看孟子考禮亦疏，理會古制亦不甚得。他也只是大概説。且如説井田後，舉詩云：『雨我公田，遂及我私。』『惟助爲有公田，由此觀之，雖周亦助也。』似這般證驗，也不大故切。」安卿問：「孟子何故不甚與古合？」曰：「他只是據自家發放做，相那個時勢做。」又問：「鄭康成注王制，以爲諸侯封國，與周禮小大不同，蓋王制是説夏、商以前之制。如何？」曰：「某便是不甚信此説，恐不解有此理。且如孟子説：『夏后氏五十而貢，殷人七十而助，周人百畝而徹。』某自不敢十分信了。且如一家有五十畝田，忽然説我要添與你作七十畝，則要多少心力？蓋人家各爲定業，東阡西陌，已自定了。這五十畝中，有溝洫，有廬舍。而今忽然變更，又着分疆界，制溝洫，毁廬舍，東邊住底移過西邊，這裏住底遷過那裏，一家添得二十畝田，却勞動多少！」語至此，大聲云：「恁地天下騷然不寧，把幾多心力去做。據某看來，自古皆是百畝，不解得恁地。而今解時，只得就他下面説放那裏。淳録云：「向解孟子，且隨文如此解。」若理會着實行時，大不如此。」義剛問井田：「今使一家得百畝，而民生生無已，後來者當如何給之？」先生笑曰：「今且據見在人數給。如封建，夏、商以前只是百里，到周方是諸公方五百里，諸侯方四百里，諸伯方三百里，諸子方二百里，諸男方百里。恁地却取四國地來，方添成一國。那四國又要恁地，却何處討那地來！」安卿曰：「或言夏、商只有三千里，周時乃是七千里。」曰：

「便是亂說。且當時在在是國，自王畿至要荒皆然。今若要封得較大似夏、商時，便着每國皆添地，却於何處頓放？此須是武王有縮地脈法始得。恁地時，便煞改徙着。許多國元在這裏底，今又着徙去那裏，宗廟社稷皆着改易。如此，天下騷然。他人各有定分土地，便肯捨着從別處去討？君舉說封疆方五百里，只是周圍五百里，徑只百二十五里，四百里者徑百里，三百里者徑七十五里，二百里者只五十里。如此看時，尚似相合。若是諸男之地方百里時，以此法推之，則止二十五里。如此，却只是一個耆長。某便道他說只是謾人。他向來進此書，甚爲得意。淳録云：「自奇其說與王制等合。」某嘗作一篇文以闢之，逐項破其說。且當時說侯六、伯九，淳録云：「本文：『方千里之地，以封侯則六侯，以封伯則七伯，以封子則二十五子，以封男則百男，其地已有定數。』此說如何可通？」如此，則所封大國自少。若是只皆百里而止，便是一千里地，只將三十同來封了，那七十同却空放那裏，却綿亘數百里皆無國。」又問：「『三分去一』之說，如何？」曰：「便是不是。他門只是不曉事，解不行後，便胡說。且如川中有六七百里中置數州者，那裏地平坦，寸寸是地。如這一路，某嘗登雲谷望之，密密皆山。其中間有些子罅隙中黃白底，方是田。恁地却如何去？淳録云：「蓋百分之二，又如何三分去一！」注疏多是如此，有時到那解不行處，便說從別處去。」義剛問：「先生向時說齊、魯始封時皆七百里，然孟子却說只是百里。」曰：「便是不如此。今只據齊地是『東至于海，西至於河，南至于穆陵，北至于無棣』；魯地是跨許、宋之境，是有五七百里闊；時勢也是着恁地。且『禹會諸侯于塗山，執玉帛者萬國』。到周，只有千八百國，便是相并吞後，那國都大了。你却要只將百里地封他，教他入那大國罅中去。武王不奈何，只得就封他。當時也自無那閑地，緣是滅了許多國，如孟子説『驅飛廉於海隅而戮之，滅國者五十』，便是得許多空地來封許多功臣同姓之屬。孟子謂『一不朝，則貶其爵；再不朝，則削其地』。如齊，先是爽鳩氏居之，後又是某氏居之，如書所謂某氏徙于齊。這便見得當時諸侯有過，便削其地，方始得那地來封後來底。若不恁地時，那太公、周公也自無安頓處。你若不恁地，後要去取斂那地來，封我功臣與同姓時，他便敢起兵，如漢晁錯時樣子。且如孟子當時也自理會那古制不甚得。如曰『諸侯之禮，吾未之學，然而軻也嘗聞其略也』。恁地便是不曾知得子細，他當時説諸國許多事，也只是大概説如此。雖説『湯以七十里，文王以百里』，然及滕文公恁地時，又却只説『有王者作，必來取法，是爲王者師也』。元不曾説道便可王。『以齊王，猶反手也』，便是也要那國大底方做得，小底也奈何不得。而今且説道將百里地與你，教你行王政，看你做從何處起。便是某道，古時聖賢易做，後世聖賢難做。古時只是順那自然做將去，而今大故費手。」淳録此下云：「漢高祖與項羽紛争五年之間，可謂甚窘，欲殺他不能，欲住又不得，費多少心力！想不似當初做亭長時較快活。」良久，問諸生曰：「當劉、項恁地紛爭時，設使堯、舜、湯、武居其時，當如何？是戰好，是不戰好？」安卿曰：「湯、武是仁義素孚於民，人自然歸服，不待戰。」曰：「他而今不待你素孚。秦當時收盡天下，尺地一民，皆爲己有，你仁義如何地得素孚？淳録云：「何處討地來行仁政？如何得素孚於民？」如高祖之徒，皆是起於田里。若使湯、武居之，當如何地勝得秦？」安卿曰：「以至仁伐至不仁，以至義伐至不義，自是勝。」曰：「固是如此。如秦，可謂不仁不義。當時所謂『更遣長者，扶義而西』，也是做這意思做。但當時諸侯入關，皆被那章邯連併敗了。及高祖入去，緣路教無得鹵掠，如此之屬，也是恁地做了。然他入去後，又尚要設許多詭計，誘那秦將之屬，後方入得。設使湯、武居之，還是恁地做不恁地做？今且做秦是不仁不義，可以勝。那項籍出來紛爭許多時，却如何對他？還是與他厮殺不與他厮殺？若不與厮殺，便被他殺了；若與他厮殺時，還是不殺人麽？當此時是天理，是人欲？恁地看來，是未有個道理。湯、武在那時，也須著百端去思量，與他區處。但而今看來，也未有個道理。」胡叔器問：「太公、吕后當時若被項羽殺了，如何？」曰：「不特此一事，當時皆是如此，便是大費調護。」徐顧林擇之云：「項羽恁地粗暴，當時捉得太公，如何不殺了？」擇之曰：「羽也有斟酌，他怕殺了反重其怨。」曰：「便是項羽也有商量，高祖也知他必不殺，故放得心下。項羽也是團量了高祖，故不敢殺。若是高祖軟弱，當時若敵他不過時，他從頭殺來是定。」義剛曰：「孔明誘奪劉璋地，也似不義。或者因言渠雜學伯道，所以後來將申、商之説教劉禪。」曰：「便是適間説後世聖賢難做，動着便是恁地粘手惹脚。」次日言：「某夜來思量那高祖，其初入關後，恁地鎮撫那人民；及到霸上，又不入秦府庫收財貨美女之屬，皆是。後來被項羽王他巴蜀漢中，他也入去，這個也是。未幾，却出來定三秦，已自侵占别人田地了。但是那三降王不足以王秦，却也是定。若是奪得那關中便也好住，便且關了關門，守得那裏面底也得。又不肯休，又去尋得弑義帝説話出來，這個尋得也是，若湯、武也不肯放過。但既尋得這個説話，便只依傍這個做便是。却又率五諸侯，合得五十六萬兵走去彭城，日日去喫酒，取那美人，更不理會，却被項羽來殺得狼當走，湯、武便不肯恁地。自此後，名義壞盡了。從此去，便只是胡做胡殺了。」文定謂『惜乎！假之未久而遽歸』者，此也。這若把與湯、武做時，須做得好，定是不肯恁地。」義剛問：「高祖因閉關後，引得項羽怒。若不閉時，却如何？」先生笑曰：「只是見他頭勢來得惡後，且權時關閉着，看他如何地。」義剛。淳録少異，作數條。

「禮，宗廟只是一君一嫡后。自錢惟演佞仁祖，遂以一嫡同再立后，更以仁祖所生后配，後遂以爲例而禮亂矣。臣民禮亦只是一嫡配，再正娶者亦尚可。婢而生子者，婢之子主祭，只祭嫡正，其所生當别祭。」揚。

「古者各有始祖廟，以藏祧主。如適士二廟，各有門、堂、寢，各三間，是十八間屋。今士人如何要行得！」賀孫。以下士廟。

「古命士得立家廟。家廟之制，內立寢廟，中立正廟，外立門，四面墻圍之。非命士止祭於堂上，只祭考妣。伊川謂，無貴賤皆祭自高祖而下，但祭有豐殺疏數不同。廟向南，坐皆東嚮。自天子以至于士，皆然。伊川於此不審，乃云『廟皆東向，祖先位面東』，自廳側直東入其所，反轉面西入廟中。其制非是。古人所以廟面東向坐者，蓋戶在東，牖在西，坐於一邊，乃是奧處也。」揚。

「唐大臣長安立廟，後世子孫，必其官至大臣，乃得祭其廟，此其法不善也。只假一不理選限官與其子孫，令祭其廟爲是。」揚。

「唐大臣皆立廟於京師。本朝惟文潞公法唐杜佑制，立一廟在西京。雖如韓司馬家，亦不曾立廟。杜佑廟，祖宗時尚在長安。」揚。

問〔二二〕：「家廟在東，莫是親親之意否？」曰：「此是人子不死其親之意。」問〔二三〕：「大成殿又却在學之西，莫是尊右之義否？」曰：「未知初意如何。本朝因仍舊制，反更率略，較之唐制，尤没理會。唐制猶有近古處，猶有條理可觀。且如古者王畿之內，髣髴如井田規畫。中間一圈便是宮殿，前圈中左宗廟，右社稷，其他百官府以次列居，是爲前朝。後中圈爲市，不似如今市中，家家自各賣買，乃是官中爲設一去處，令凡民之賣買者就其處。若今場務，然無游民雜處其間。更東西六圈，以處六鄉六遂之民。耕作則出就田中之廬，農功畢則入此室處。唐制頗倣此，最有條理。城中幾坊，每坊各有墻圍，如子城然。一坊共一門出入，六街。凡城門坊角，有武候鋪，衛士分守。日暮門閉。五更二點，鼓自内發，諸街鼓承振，坊市門皆啓。若有姦盗，自無所容，蓋坊内皆常居之民，外面人來皆可知。如殺宰相武元衡於靖安里門外，分明載元衡入朝，出靖安里，賊乘暗害之。亦可見坊門不可胡亂入，只在大官街上被殺了。如那時措置得好，官階邊都無閑雜賣買，汙穢雜揉。所以杜詩云：『我居巷南子巷北，可恨鄰里間，十日不一見顔色。』亦見出一坊入一坊，非特特往來不可。」賀孫。

問：「先生家廟，只在廳事之側。」曰：「便是力不能辦。古之家廟甚闊〔二三〕，所謂『寢不踰廟』是也。」又問〔二四〕：「祭時移神主於正堂，其位如何？」曰：「只是排列以西爲上。」又問〔二五〕：「祫祭考妣之位如何？」曰：「太祖東向，則昭、穆之南向北向者，當以西方爲上；則昭之位次，高祖西而妣東，祖西而妣東，是祖母與孫並列，於體爲順。若余正父之説，則欲高祖東而妣西，祖東而妣西，則是祖與孫婦並列，於體爲不順。彼蓋據漢儀中有高祖南向，吕后少西，更不取證於經文；而獨取傳注中之一二，執以爲是，斷不可回耳。」人傑。

先生云：「欲立一家廟，小五架屋。以後架作一長龕堂，以板隔截作四龕堂，堂置位牌，堂外用簾子。小小祭祀時，亦可只就其處。大祭祀則請出，或堂或廳上皆可。」揚。

「家廟要就人住居。神依人，不可離外做廟。又在外時，婦女遇雨時難出入。」揚。

問：「祧主當遷，何地？」曰：「便是這事難處。漢、唐人多瘞于兩階之間。然今人家廟亦無所謂兩階者。兩階之間，以其人跡不踏，取其潔耳。」問：「各以昭、穆瘞于祖宗之墳，如何？」曰：「唐人亦有瘞于寢園者。但今人墳墓又有太遠者，恐難用耳。頃在朝，因僖祖之祧，與諸公爭辯，幾至喧忿。後來因是去國，不然，亦必爲人論逐。當時全不曾商議，只見劉智夫崇之，時爲太常卿。來言，欲祧僖祖。某問：『欲祧之何所？』劉曰：『正未有以處，因此方詔集議。』某論卒不合。後來竟爲別廟于太廟之側，奉僖祖、宣祖祧主，藏之於別廟。不知祫禘時如何。這都行不得。若禘祫太祖之廟，不成教祖宗來就子孫之廟！若移太祖之主合禘於別廟，則太祖復不得正東向之位，都行不得。治平間，曾如此祧了。及至熙寧，章衡上疏論僖祖不當祧，想其論是主王介甫。然其論甚正。介甫嘗上疏云，皇家僖祖，正如周家之稷、契，皆爲始祖百世不遷之廟。今替其祀，而使下祔於子孫之夾室，非所謂『事亡如事存，事死如事生』，而順祖宗之孝心也。此論甚正。後來復僖祖之廟。某當時之論，正用介甫之意。某謂僖祖當爲始祖百世不遷之廟，如周之后稷，而太祖、太宗則比周之文、武，有何不可？而趙丞相一向不從。當時如樓大防、陳君舉、謝深甫力主其說，而彭子壽、孫從之之徒又從而和之。或云：『太祖取天下，何與僖祖事？』某應之曰：『諸公身自取富貴，致位通顯，然則何用封贈父祖邪？』又許及之上疏云：『太祖皇帝開基，而不得正東向之位，雖三尺童子亦爲之不平！』其鄙陋如此。後來集議，某度議必不合，遂不曾與議，却上一疏論其事，趙丞相又執之不下。某數問之，亦不從。後來歸家，亦數寫書去問之：『何故不降出？』亦不從。後已南遷，而事定矣。僖祖、翼祖、順祖、宣祖，中間嘗祧去翼祖，所以不諱『敬』字得幾時。及蔡京建立九廟，遂復取還翼祖，以足九廟之數。後來渡江，翼祖、順祖廟已祧去。若論廟數，則自祧僖祖之外，由宣祖以至孝廟，方成九數，乃併宣祖而祧之。某嘗聞某人云：『快便難逢，不如祧了，且得一件事了。』其不恭敢如此，某爲之駭然。」以下祧。

問祧禮。曰：「天子諸侯有太廟夾室，則祧主藏于其中。今士人家無此，祧主無可置處。禮注說藏於兩階間，今不得已，只埋於墓所。」問：「有祭告否？」曰：「橫渠說三年後祫祭於太廟，因其祭畢還主之時，遂奉祧主歸於夾室，遷主、新主皆歸于廟。鄭氏周禮注大宗伯享先王處〔二六〕，亦有此意，今略倣而行之。」問：「考妣入廟有先後，則祧以何時？」曰：「妣先未得入廟，考入廟則祧。」宗伯注曰：「魯禮，三年喪畢而祫於太祖。明年春，禘於群廟。

自爾以後，率五年而再殷祭，一祫一禘。」王制注亦然。義剛〔二七〕。

胡兄問祧主置何處。曰：「古者始祖之廟有夾室，凡祧主皆藏之於夾室，自天子至于士庶皆然。今士庶之家不敢僭立始祖之廟，故祧主無安頓處。只得如伊川說，埋於兩階之間而已。某家廟中亦如此。兩階之間，人跡不到，取其潔爾。今人家廟亦安有所謂兩階？但擇淨處埋之可也。思之，不若埋于始祖墓邊。緣無個始祖廟，所以難處，只得如此。」僩。

問：「祧主，諸侯於祫祭時祧。今士人家無祫祭，只於四時祭祧，仍用祝詞告之，可否？」曰：「默地祧，又不是也。古者適士二廟，廟是個大屋。特牲饋食禮有宗、祝等許多官屬，祭祀時禮數大。今士人家無廟，亦無許大禮數。」淳。

「春秋時宗法未亡，如滕文公云：『吾宗國魯先君。』蓋滕，文之昭也。文王之子武王既爲天子，以次則周公爲長，故滕謂魯爲宗國。又如左氏傳載：『女喪而宗室，於人何有？』如三威之後，公父文伯、公鉏、公爲之類，乃季氏之小宗；南宮适之類，孟氏之小宗。今宗室中多帶『皇兄』、『皇叔』、『皇伯』等冠於官職之上，非古者不得以戚戚君之意。本朝王定國嘗言之，欲令稱『某王孫』，或『曾孫』，或『幾世孫』。有如越王派下，則當云『越王幾世孫』。如此，則族屬易識，且無戚君之嫌，亦自好。後來定國得罪，反以此論爲離間骨肉。今宗室散無統紀，名諱重疊，字號都窮了，更無安排處。楊子直嘗欲用『季』字〔二八〕，趙丞相以爲季是叔季，意不好，遂不用。」賀孫。以下宗法。

「宗子只得立適，雖庶長，立不得。若無適子，則亦立庶子。所謂『世子之同母弟』，世子是適，若世子死，則立世子之親弟，亦是次適也，是庶子不得立也。本朝哲廟上仙，哲廟弟有申王，次端王，次簡王，乃哲廟親弟。當時章子厚欲立簡王〔二九〕。是時向后猶在，乃曰『老身無子，諸王皆』云云。當以次立申王，目眇不足以視天下，乃立端王，是爲徽宗。章子厚殊不知禮意。同母弟便須皆是適子，方可言。既皆庶子，安得不依次第！今臣庶家要立宗也難。只是宗室，與襲封孔氏、柴氏，當立宗。今孔氏、柴氏襲封，只是兄死弟繼，只如而今門長一般，大不是。」又曰：「今要立宗，亦只在人，有甚難處？只是而今時節，更做事不得，奈何，奈何！如伊川當時要勿封孔氏，要將朝廷所賜田五百頃一處給作一『奉聖鄉』，而吕原明便以爲不可，不知如何。漢世諸王無子國除，不是都無子，只是無適子，便除其國。不知是如何。恐只是漢世不奈諸侯王何，幸因他如此，便除了國。」賀孫。

「余正甫〔三〇〕前日堅説一國一宗。某云：『一家有大宗，有小宗，如何一國却一人？』渠高聲抗爭。某檢本與之看，方得口合。」賀孫。

「大宗法既立不得，亦當立小宗法，祭自高祖以下，親盡則請出高祖就伯叔位，服未盡者祭之。嫂則别處。後其子私祭之。今世禮全亂了。」揚。

「祭祀，須是用宗子法，方不亂。不然，前面必有不可處置者。」揚。

「吕與叔謂合族當立一空堂，逐宗逐番祭。亦杜撰也。」揚。

「父在主祭，子出仕宦不得祭。父没，宗子主祭。庶子出仕宦，祭時其禮亦合減殺，不得同宗子。」揚。

「宗子法，雖宗子庶子孫死，亦許其子孫别立廟。」揚。

「古者宗法有南宫、北宫，便是不分財，也須異爨。今若同爨，固好；只是少間人多了，又却不齊整，又不如異爨。」問：「陸子静家有百餘人喫飯。」曰：「近得他書，已自别架屋，便也是許多人無頓着處。」又曰：「見宋子蜚説，廣西賀州有一人家共一大門，門裏有兩廊，皆是子房，如學舍、僧房。每私房有人客來，則自辦飲食，引上大廳，請尊長伴五盞後，却回私房，别置酒。恁地却有宗子意，亦是異爨。見説其族甚大。」又曰：「陸子静始初理會家法，亦齊整：諸父自做一處喫飯，諸母自做一處喫飯，諸子自做一處，諸婦自做一處，諸孫自做一處，孫婦自做一處，卑幼自做一處。」或問：「父子須異食否？」曰：「雖是如此，亦須待父母食畢，然後可退而食。」問：「事母亦須然否？」曰：「也須如此。」問：「有飲宴，何如？」曰：「這須同處。如大饗，君臣亦同坐。」賀孫。

用之問祭用尸之意。曰：「古人祭祀無不用尸，非惟祭祀家先用尸，祭外神亦用尸。

不知祭天地如何，想惟此不敢爲尸。杜佑説，古人用尸者，蓋上古朴陋之禮，至聖人時尚未改，文蔚録云：「是上古朴野之俗，先王制禮，此是去不盡者。〔三二〕」相承用之。至今世，則風氣日開，朴陋之禮已去，不可復用，去之方爲禮。而世之迂儒必欲復尸，可謂愚矣。杜佑之説如此。今蠻夷傜洞中有尸之遺意，每遇祭祀鬼神時，必請鄉之魁梧姿美者爲尸，而一鄉之人相率以拜祭。爲之尸者，語話醉飽。每遇歲時，爲尸者必連日醉飽。此皆古之遺意。嘗見崇安余宰，邵武人，説他之鄉里有一村名密溪，去邵武數十里。此村中有數十家，事所謂『中王』之神甚謹。所謂『中王』者，每歲以序輪一家之長一人爲『中王』，周而復始。凡祭祀祈禱，必請中王坐而祠之，歲終則一鄉之父老合樂置酒，請新舊中王者講交代之禮。此人既爲中王，則一歲家居寡出，恭謹畏慎，略不敢爲非，以副一村祈向之意。若此村或有水旱災沴，則人皆歸咎於中王，以不善爲中王之所致。此等意思，皆古之遺聞。近來數年，此禮已廢矣。看來古人用尸自有深意，非朴陋也。」陳丈云：「蓋不敢死其親之意。」曰：「然。」用之云：「祭祀之禮，酒肴豐潔，必誠必敬，所以望神之降臨，乃歆饗其飲食也。若立之尸，則爲尸者既已饗其飲食，鬼神豈復來享之！如此却爲不誠矣。」曰：「此所以爲盡其誠也。蓋子孫既是祖宗相傳一氣下來，氣類固已感格。而其語言飲食，若其祖考之在焉，則有以慰其孝子順孫之思，而非恍惚無形想象不及之可比矣。古人用尸之意，所以深遠而盡誠，蓋爲是耳。今人祭祀但能盡誠，其祖考猶來格。況既是他親子孫，則其來格也益速矣。」因言：「今世鬼神之附著生人而説話者甚多，亦有祖先降神于其子孫者。又如今之師巫，亦有降神者。蓋皆其氣類之相感，所以神附著之也。周禮祭墓則以墓人爲尸，亦是此意。」子蒙。以下尸。

「古人用尸，本與死者是一氣，又以生人精神去交感他那精神，是會附着歆享。杜佑説古人質朴，立尸爲非禮。今蠻夷中猶有用尸者〔三二〕。」

李堯卿問：「今祭欲用尸，如何？」曰：「古者男女皆有尸。自周以來不見説有女尸，想是漸次廢了。這個也嶢崎。古者君迎尸，在廟門之外，則全臣子之禮，在廟門之内，則君拜之。杜佑説，上古時中國但與夷狄一般，後出聖人改之有未盡者，尸其一也。蓋今蠻洞中猶有此，但擇美丈夫爲之，不問族類，事見杜佑所作理道要訣末篇。」義剛〔三三〕。

「古者立尸必隔一位，孫可以爲祖尸，子不可以爲父尸，以昭、穆不可亂也。」義剛〔三四〕。

或問：「古人祫祭時，每位有尸否？」曰：「固是。周家旅酬六尸，是每位皆有尸也。古者主人獻尸，尸酢主人。開元禮猶如此，每獻一位畢，則尸便酢主人；受酢已，又獻第二位。不知甚時緣甚事後廢了。到本朝，都把這樣禮數併省了。」廣。

問：「設尸法如何？」曰：「每一神位是一尸。但不知設尸時，主頓在何處。祭時尸自食其物。若獻罷，則尸復勸主人，而凡行禮等人與祭事者皆得食。當初獻時，尚自齊整。至三獻後，人皆醉了，想見勞攘。」先生説至此，笑曰：「便是古人之禮，也不可曉。所以夫子説禘自既灌，則不欲觀。想只是灌時有些誠意。且如祭祖，自始祖外皆旅酬。如此，自是不解嚴肅。如大夫雖無灌禮，然亦只是其初祭時齊整，後面自是勞攘。」今按：此條亦爲後世言之耳。若是古人祭祀，自始至終一於誠敬，無不嚴肅，讀者不可泥也。義剛。

或問：「妣有尸否？」曰：「一處説無尸，又有一處説有男尸，有女尸。亦不知廢於甚時。古者不用尸，則有陰厭。書儀中所謂『闔門垂簾』是也，欲使神靈厭飫之也。」廣。

「男用男尸，女用女尸，隨祖先數目列祭。若其家止有一人，全無骨肉子孫之類，又不知如何。程先生言：『古人之用尸也質。』意謂今不用亦得。」揚。

「神主之位東向，尸在神主之北。」銖。

問山川之尸。曰：「儀禮，周公祭太山，以召公爲尸。」義剛〔三五〕。

問〔三六〕：「祭五祀皆有尸。祀竈，則以誰爲尸？」曰：「今亦無可考者。但如墓祭，則以家人爲尸。以此推之，則祀竈之尸，恐是膳夫之類；祀門之尸，恐是閽人之類；又如祀山川，則是虞衡之類。」問尸之坐立。曰：「夏立尸，商坐尸，周旅酬六尸。后稷之尸不旅酬。」問祭妣之尸。曰：「婦人不立尸，却有明文。」又曰：「古者以先王衣服藏之廟中，臨祭則出以衣尸。如后稷之衣，到周時恐已不在，亦不可曉。」儒用〔三七〕。

問：「程氏主式，士人家可用否？」曰：「他云，已是殺諸侯之制。士人家用牌子。」曰：「牌子式當如何？」曰：「温公用大板子。今但依程氏主式，而勿陷其中，可也。」淳。以下主式。

「伊川木主制度，其剡刻開竅處，皆有陰陽之數存焉。信乎，其有制禮作樂之具也！」方。

「伊川制，士庶不用主，只用牌子。看來牌子當如主制，只不消做二片相合，及竅其旁以通中。」賀孫。

問：「庶人家亦可用主否？」曰：「用亦不妨。且如今人未仕，只用牌子，到仕後不中，換了。若是士人只用主，亦無大利害。」又問：「祧主當如何？」曰：「當埋之於墓。其餘祭儀，諸家祭禮已備具矣。如欲行之，可自子細考過。」時舉。

堯卿問士牌子式。曰：「晉人制長一尺二分，博四寸五分，亦太大。不如只依程主外式，然其題則不能如陷中之多矣。」義剛〔三八〕。

直卿〔三九〕問：「神主牌，先生夜來説荀勖禮未終。」曰：「温公所製牌，闊四寸，厚五寸八分，錯了。據隋煬帝所編禮書，有一篇荀勖禮，乃是云：『闊四寸，厚五寸，八分大書某人神座。』不然，只小楷書亦得。後人相承誤了，却作『五寸八分』爲一句。」義剛。

「無爵曰『府君、夫人』，漢人碑已有，只是尊神之辭。府君，如官府之君，或謂之『明府』。今人亦謂父爲『家府』。」義剛。淳同。

「古人祭禮次喪禮，蓋謂從那始作重時，重用木，司馬儀用帛。便做那祭底道理來。後來人却移祭禮在喪之前，不曉這個意思。」植。以下論家祭。

安卿問：「人於其親始死，則復其魂魄；又爲重，爲主，節次奠祭，所以聚其精神，使之不散。若親死而其子幼稚，或在他鄉，不得盡其萃聚之事，不知後日祭祀，還更萃得他否？」曰：「自家精神自在這裏。」義剛。

問：「祭禮，古今事體不同，行之多窒礙，如何？」曰：「有何難行？但以誠敬爲主，其他儀則隨家豐約。如一羹一飯，皆可自盡其誠。若温公書儀所説堂室等處，貧家自無許多所在，如何要行得？據某看來，苟有作者興禮樂，必有簡而易行之理。」賀孫。

「今之冠昏禮易行，喪祭禮繁多，所以難行。使聖人復出，亦必理會教簡要易行。今之祭禮，豈得是古人禮？唐世三獻官隨獻，各自飲福受胙。至本朝，便都只三獻後，方始飲福受胙，也是覺見繁了，故如此。某之祭禮不成書，只是將司馬公〔四〇〕者減却幾處。如今人飲食，如何得恁地多？横渠説『墓祭非古』，又自撰墓祭禮，即是周禮上自有了。」賀孫。

「古禮，於今實是難行。當祭之時獻神處少，只祝酌奠。卒祝、迎尸以後，都是人自食了。主人獻尸，尸又酢主人，酢主婦，酢祝，及佐食、宰、贊、衆賓等，交相勸酬，甚繁且久，所以季氏之祭至於繼之以燭。竊謂後世有大聖人者作，與他整理一過，令人蘇醒，必不一一如古人之繁，但放古人大意，簡而易行耳。温公儀人所憚行者，只爲閑辭多，長篇浩瀚，令人難讀，其實行禮處無多。某嘗修祭儀，只就中間行禮處分作五六段，甚簡易曉。後被人竊去，亡之矣。」淳。李丈問：「祭儀更有修改否？」曰：「大概只是温公儀，無修改處。」

楊通老問祭禮。曰：「極難。且如温公所定者，亦自費錢。温公祭儀，庶羞麪食米食共十五品。今須得一簡省之法，方可。」璘。

問：「舊嘗收得先生一本祭儀，時祭皆是卜日。今聞却用二至、二分祭，如何？」曰：「卜日無定，慮有不虔。温公亦云，只用分、至亦可。」問：「如此，則冬至祭始祖，立春祭先祖，季秋祭禰，此三祭如何？」曰：「覺得此個禮數太遠，似有僭上之意。」又問：「禰祭如何？」曰：「此却不妨。」廣。

問：「時祭用仲月清明之類，或是先世忌日，則如之何？」曰：「却不思量到，此古人所以貴於卜日也。」過。

「家祭須致齊，當官者只得在告一日。若沿檄他出，令以次人代祭，可也。」必大。

「遇大時節，請祖先祭於堂或廳上，坐次亦如在廟時排定。祔祭旁親者，右丈夫，左婦女。坐以就裏爲大。凡祔於此者，不從昭穆了，只以男女左右大小分排。在廟，却各從昭穆祔。」揚。

「排祖先時，以客位西邊爲上。高祖第一，高祖母次之，只是正排看正面，不曾對排。曾祖、祖、父皆然。其中有伯叔、伯叔母、兄弟、嫂婦無人主祭而我爲祭者，各以昭穆論。如祔祭伯叔，則祔于曾祖之傍一邊，在位牌西邊安；伯叔母則祔曾祖母東邊安；兄弟、嫂、妻、婦，則祔于祖母之傍。伊川云『曾祖兄弟無主者，亦不祭』，不知何所據而云。伊川云『只是以義起也』。」揚。

「古人祭祀，只是席地。今祭祀時，須一椅一桌，木主置椅上。如一派排不足，只相對坐亦得。然對其前不得拜，謂所在窄了。須逐位取出，酒就外酹。」揚。

「祭只三獻：主人初獻，嫡子亞獻，或主婦。庶子弟終獻。或嫡孫。執祭人排列，皆從温公禮。韓魏公禮不同。」揚。賀孫録云：「未〔四一〕有主婦，則弟爲亞獻，弟婦得爲終獻。」

「朔旦家廟用酒菓，望旦用茶。重午、中元、九日之類，皆名俗節。大祭時，每位用四味，請出木主。俗節小祭，只就家廟，止二味。朔旦俗節，酒止一上，斟一盃。」揚。

問：「有田則祭，無田則薦，如何？」曰：「温公祭禮甚大，今亦只是薦。然古人薦用首月，祭用仲月，朝廷却用首月。」揚。

「諸家禮皆云，薦新用朔。朔、新如何得合？但有新即薦于廟。」揚。

「温公書儀以香〔四二〕代爇蕭。楊子直不用，以爲香只是佛家用之。」義剛。

問：「酹酒是少傾？是盡傾？」曰：「降神是盡傾。然温公儀降神一節，亦似僭禮。大夫無灌獻，亦無爇蕭。灌獻爇蕭，乃天子諸侯禮。爇蕭欲以通陽氣，今太廟亦用之。或以爲焚香可當爇蕭。然焚香乃道家以此物氣味香而供養神明，非爇蕭之比也。」義剛〔四三〕。

「飲福受胙，即尸酢主人之事。無尸者，則有陰厭、陽厭。旅酬從下面勸上，下至直罍洗者，皆得與獻酬之數。」方子。

問：「生時男女異席，祭祀亦合異席。今夫婦同席，如何？」曰：「夫婦同牢而食。」文蔚。

「夫祭妻，亦當拜。」義剛〔四四〕。

「先生每祭不燒紙，亦不曾用幣。」振。

先生家祭享不用紙錢。凡遇四仲時祭，隔日滌椅桌，嚴辦。次日侵晨，已行事畢。過。

問：「祭祀焚幣，如何？」曰：「祀天神則焚幣，祀人鬼則瘞幣。人家祭祀之禮要焚幣，亦無稽考處。若是以尋常焚真衣之類爲是，便不當只焚真衣，著事事做去焚，但無意義。

只是焚黃時，若本無官，方贈初品，及贈到改服色處，尋常人家做去焚，然亦無義耳。」僩。

或問：「祖宗非士人，而子孫欲變其家風以禮祭之，祖宗不曉，却如何？」〔四五〕曰：「如何議論得恁地差異！公曉得不曉得？」淳録云：「公曉得，祖先便曉得。」義剛。

「人家族衆不分合祭，或主祭者不可以祭及叔伯之類，則須令其嗣子別得祭之。今且說同居，同出於曾祖，便有從兄弟及再從兄弟了。祭時主於主祭者，其他或子不得祭其父母。若恁地袞做一處祭，不得。要好，當主祭之嫡孫，當一日祭其曾祖及祖及父，餘子孫與祭。次日，却令次位子孫自祭其祖及父。又次日，却令又次位子孫自祭其祖及父。此却有古宗法意。古今祭禮，這般處皆有之。某後來更討得幾家，要入未得。如今要知宗法祭祀之禮，須是在上之人先就宗室及世族家行了，做個樣子，方可使以下士大夫行之。」賀孫。以下主祭。

「某自十四歲而孤，十六而免喪。是時祭祀，只依家中舊禮，禮文雖未備，却甚齊整。先妣執祭事甚虔。及某年十七八，方考訂得諸家禮，禮文稍備。是時因思古人有八十歲躬祭事拜跪如禮者。常自期，以爲年至此時，當亦能如此。在禮雖有『七十曰老，而傳』，則祭祀不預之說，然亦自期儻年至此，必不敢不自親其事。然自去年來，拜跪已難，至冬間益艱辛。今年春間，僅能立得住，遂使人代拜，今立亦不得了。然七八十而不衰，非特古人，今人亦多有之，不知某安得如此衰也！」僩。

問「支子不祭」。曰：「不當祭。」問：「横渠有季父之喪，三廢時祀，却令竹監弟爲之。緣竹監在官，無持喪之專，如此則支子亦祭。」曰：「這便是横渠有礙處，只得不祭。」因說：「古人持喪，端的是持喪，如不食粥端的是不食粥。」淳。

問士祭服。曰：「應舉者用襴衫幞頭，不應舉者用皂衫幞頭。」問：「皂衫帽子如何？」曰：「亦可。然亦只當凉衫。中間朝廷一番行冠帶，後却自朝官先廢了。」崇、觀間，莆人朱給事子入京，父令過錢塘謁故人某大卿。初見以衫帽。及宴，亦衫帽，用大樂。酒一行，樂一作，主人先釂，遂兩手捧盞側勸客。客亦釂，主人捧盞不移，義剛録云：「依舊側盞不移。」至樂罷而後下。及五盞歇坐，請解衫帶，着背子，不脱帽以終席。來歸，語其父。父曰：『我所以令汝謁見者，欲汝觀前輩禮儀也。』此亦可見前輩風俗。今士大夫殊無有衫帽者。嘗有某人作郡，作衫帽之禮，監司不喜，以他故按之。」淳。義剛同。士祭服。

叔器問〔四六〕：「士庶當祭幾代？」曰：「古時一代即有一廟，其禮甚多。今於禮制大段虧缺，而士庶皆無廟。但温公禮祭三代，伊川祭自高祖，始疑其過。要之，既無廟，又於禮煞缺，祭四代亦無害。」義剛問：「東坡『小宗』之說，如何？」曰：「便是祭四代，蓋自己成一代說起。」仲蔚〔四七〕問：「『鄄表畷』，不知爲何神？」曰：「却不曾子細考。東坡以爲猶如戲。」又問：「中霤是何處？」曰：「上世人居土屋，中間開一天窗，此便是中霤。後人易爲屋，不忘古制，相承亦有中霤之名。今之中霤，但當於室中祭之。」張以道問：「蜡便是臘否？」曰：「模樣臘自是臘，蜡自是蜡。」義剛曰：「臘之名，至秦方有。」義剛。以下論士祭世數。

問：「天子七廟，諸侯五廟，大夫三廟，士二廟，官師一廟。若只是一廟，只祭得父母，更不及祖矣，無乃不盡人情？」曰：「位卑則流澤淺，其理自然如此。」文蔚曰：「今雖士庶人家亦祭三代，如此，却是違禮。」曰：「雖祭三代，却無廟，亦不可謂之僭。古之所謂廟者，其體面甚大，皆是門、堂、寢、室，勝如所居之宮，非如今人但以一室爲之。」文蔚。

問祭禮。曰：「古禮難行，且依温公，擇其可行者行之。祭土地，只用韓公所編。祇一位。祭祖，自高祖而下，如伊川所論。古者祇祭考妣，温公祭自曾祖而下。伊川以高祖有服，所當祭，今見於遺書者甚詳。此古禮所無，創自伊川，所以使人盡孝敬追遠之義。」驤(四八)。

問：「遺書云：『尋常祭及高祖。』」曰：「天子則以周人言，上有太祖二祧。大夫則于祫及其高祖。」可學。

堯卿問始祖之祭。曰：「古無此。伊川以義起。某當初也祭，後來覺得僭，遂不敢祭。古者諸侯只得祭始封之君，以上不敢祭。大夫有大功，則請於天子，得祭其高祖；然亦止得祭一番，常時不敢祭。程先生亦云，人必祭高祖，只是有疏數耳。」又問：「今士庶亦有始基之祖，莫亦只祭得四代，但四代以上則可不祭否？」曰：「如今祭四代已爲僭。古者官師亦只得祭二代，若是始基之祖，莫亦只存得墓祭。」義剛〔四九〕。以下祭始祖、先祖。

余正父謂：「士大夫不得祭始祖，此天子諸侯之禮。若士大夫當祭，則自古無明文。」又云：「大夫自無太祖。」先生因舉春秋如單氏、尹氏，王朝之大夫，自上世至後世，皆不變其初來姓號，則必有太祖。又如季氏之徒，世世不改其號，則亦必有太祖。余正父謂：「此春秋時，自是世卿不由天子，都没理會。」先生云：「非獨是春秋時，如詩裏説『南仲太祖，太師皇父』，南仲是文王時人，到宣王時爲太祖。不知古者世禄不世官之説如何？又如周公之後，伯禽已受封於魯，而周家世有周公，如春秋云『宰周公』，這般所在，自曉未得。」賀孫。

問：「冬至祭始祖，是何祖？」曰：「或謂受姓之祖，如蔡氏，則蔡叔之類。或謂厥初生民之祖，如盤古之類。」曰：「立春祭先祖，則何祖？」曰：「自始祖下之第二世，及己身以上第六世之祖。」曰：「何以只設二位？」曰：「此只是以意享之而已。」淳。

李問至日始祖之祭初獻事。曰：「家中尋常只作一番安排。想古人也不恁地，却有三奠酒；或有脯醢之屬，因三奠中進。」遂問：「始祖是隨一姓有一始祖？或只是一始祖？」曰：「此事亦不可得而見。想開闢之時，只是生一個人出來。」淳。

用之問：「先生祭禮，立春祭高祖而上，只設二位。若古人祫祭，須是逐位祭？」曰：「某只是依伊川説。伊川禮更略。伊川所定，不是成書。温公儀却是做成了。」賀孫。

「伊川時祭止於高祖，高祖而上，則於立春設二位統祭之，而不用主，此説是也。却又云，祖又豈可厭多？苟其可知者，無遠近多少，須當盡祭之。疑是初時未曾討論，故有此説。」道夫。

問：「祭先祖，用一分如何？」曰：「只是一氣。若影堂中各有牌子，則不可。」可學。

「家廟之制，伊川只以元妃配享。蓋古者只是以媵妾繼室，故不容與嫡並配。後世繼室，乃是以禮聘娶，自得爲正。故唐會要中載顔魯公家祭，有並配之儀。」必大。以下配祭。

「古人無再娶之禮，娶時便有一副當人了，嫡庶之分定矣，故繼室於正室不可並配。今人雖再娶，然皆以禮聘，皆正室也。祭於别室，恐未安。如伊川云，奉祀之人是再娶所生，則以所生母配。如此，則是嫡母不得祭矣。此尤恐未安。大抵伊川考禮文，却不似横渠考得較子細。」伯羽。砥同。

居父問祖妣配祭之禮。先生檢古今祭禮唐元和一段示之。賀孫。

「妣者，媲也。祭所生母，只當稱母，則略有别。」砥〔五〇〕。祭生母。

「無後之祭，伊川説在古今家祭禮中。」閎祖。以下祭無後者。

問無後祔食之位。曰：「古人祭於東西厢。今人家無東西厢，某家只位於堂之兩邊〔五一〕。祭食則一。但正位三獻畢，然後使人分獻一酌而已，如今學中從祀然。」義剛〔五二〕。

李守約問：「祭殤，幾代而止？」曰：「禮經無所見。只程氏遺書一段説此，亦是以義起。」義剛。祭殤〔五三〕。

一之問：「長兄死，有嫂無子，不持服，歸父母。未幾，亦死于父母家。謂嫂已去而無義，欲不祀其嫂之主。又有次兄年少未娶而死，欲以二兄之主同爲一櫝，如何？」曰：「兄在日不去嫂，兄死後，嫂雖歸父母家，又不嫁，未得爲絶，不祀亦無謂。若然，是弟自去其嫂也。兄弟亦何必同櫝乎？」淳。以下雜論。

堯卿〔五四〕問：「荆婦有所生母，在家閒養〔五五〕，百歲後，只歸祔於外氏之塋，如何？」曰：「亦可。」又問：「神主歸於婦家，則婦家凌替，欲祀於家之别室，如何？」曰：「不便。北人風俗如此。上谷郡君謂伊川曰：『今日爲我祀父母，明日不復祀矣。』是亦祀其外家也。然無禮經。」義剛。

叔器〔五六〕問：「行正禮，則俗節之祭如何？」曰：「韓魏公處得好，謂之節祠，殺於正祭。某家依而行之。但七月十五素饌用浮屠，某不用耳。向南軒廢俗節之祭，某問：『於端午能不食粽乎？重陽能不飲茱萸酒乎？不祭而自享，於汝安乎？』」淳。義剛同。以下俗祭。

問：「行時祭，則俗節如何？」曰：「某家且兩存之。」童問：「莫簡於時祭否？」曰：「是。要得不行，須是自家亦不飲酒，始得。」淳。

先生依婺源舊俗：歲暮二十六日，烹豕一祭家先，就中堂二鼓行禮。次日，召諸生餕。李丈問曰：「夜來之祭，飲福受胙否？」曰：「亦不講此。」婺源俗：豕必方切大塊。首蹄肝肺心腸肚尾腎等，每件逐位皆均有。亦炙肉，及以魚佐之。云是日甚忌有器皿之毀。淳。

先生以歲前二十六夜祭先。云：「是家間從來如此。這又不是新安舊俗。某嘗在新安見祭享，又不同。只都安排了，大男小女都不敢近。夜亦不舉燭〔五七〕，只黑地，主祭一人自去燒香禱祝了。祭饌不徹，閉户以待來早方徹。其祭不止一日，從二十六日連日只祭去。大綱如今俗所謂『唤福』。」賀孫。

問：「先生除夜有祭否？」曰：「無祭。」「先生有五祀之祭否？」曰：「不祭。」因説五祀皆設主而後迎尸，其詳見月令注，與宗廟一般。遂舉先生語解中「王孫賈」一段。先生曰：「當初因讀月令注，方知王孫賈所問奥、竈之説。」淳。

「墓祭非古。雖周禮有『墓人爲尸』之文，或是初間祭后土，亦未可知。但今風俗皆然，亦無大害。國家不免亦十月上陵。」淳。以下墓祭。

問〔五八〕：「墓祭有儀否？」曰：「也無儀，大概略如家祭。唐人亦不見有墓祭，但是拜掃而已。」林擇之云：「唐有墓祭，通典載得在。」曰：「却不曾考。」或問：「墓祭，祭后土否？」曰：「就墓外設位而祭。」義剛。淳少異〔五九〕。

問后土氏之祭。曰：「極而言之，亦似僭。然此即古人中霤之祭，而今之所謂『土地』者。郊特牲：『取財於地，取法於天，是以尊天而親地〔六〇〕，教民美報焉。故家主中霤，而國主社。』觀此，則天不可祭，而土神在民亦可祭。蓋自上古陶爲土室，其當中處上爲一竅以通明，名之曰『中霤』。及中古有宫室，亦以室之中央爲中霤，存古之舊，示不忘本。雖曰土神，而只以小者言之，非如天子所謂祭皇天后土之大者也。」義剛同〔六一〕。

「古無忌祭，近日諸先生方考及此。」賀孫。以下忌祭。

問：「忌日當哭否？」曰：「若是哀來時，自當哭。」又問衣服之制。曰：「某自有吊服，絹衫絹巾，忌日則服之。」廣。

「忌日須用墨衣墨冠。横渠却視祖先遠近爲等差，墨布冠，墨布縿衣。」銖。

先生母夫人忌日，着縿墨布衫，其中亦然。友仁問：「今日服色何謂？」曰：「公豈不聞『君子有終身之喪』？」友仁。

「忌日祭，只祭一位。」燾。

過每論士大夫家忌日用浮屠誦經追薦，鄙俚可怪。既無此理，是使其先不血食也！

乙卯年，見先生家凡值遠諱，早起出主於中堂，行三獻之禮。一家固自蔬食，其祭祀食物，則以待賓客。考妣諱日祭罷，裹生絹幓巾終日。一日晚到閤下，尚裹白巾未除。因答問者云：「聞内弟程允夫之訃。」過。

先生爲無後叔祖忌祭，未祭之前不見客。賀孫。

問：「人在旅中，遇有私忌，於所舍設桌炷香，可否？」曰：「這般微細處，古人也不曾説。若是無大礙於義理，行之亦無害。」燾。同元德記。

校勘記

〔一〕廣　朝鮮本另有一則語録與此相似，今附如下：問南、北郊。曰：「周禮只説祀昊天上帝，不説祀后土，先儒説祭社便是。如『郊特牲，而社稷太牢』，又如『用牲於郊牛二』，及『社於新邑』，此其明驗。」又問：「周禮大司樂，冬至奏樂於圜丘以禮天神，夏至奏樂於方丘以禮地示，如何？」曰：「只此處如此説，又如『禮大神，享大鬼，祭大祇』。」人傑。

〔二〕古　朝鮮本此下增：時。

〔三〕叔器　朝鮮本作：胡叔器。

〔四〕而　朝鮮本作：爲。

〔五〕諸大夫欲祭河　朝鮮本「諸」上有「時」字，「欲」下增「去」字。

〔六〕若祭祀則分與他不相干　「若祭祀則」，朝鮮本作「若是」。

〔七〕淳　朝鮮本「淳」下有「義剛録同但止於庖人爲之自問以下無」十六字。

〔八〕某人來問白鹿塑像　朝鮮本「白鹿」下有「洞書院夫子廟欲」七字。

〔九〕但獻官極其誠意　「意」，朝鮮本作「敬」。

〔一〇〕逼　朝鮮本作：迫。

〔一一〕一　朝鮮本此下增：架。

〔一二〕問　朝鮮本作：義剛問。

〔一三〕漢諸儒所議禮如何　「議」原作「儀」，據朝鮮本改。

〔一四〕高宗爲之　朝鮮本此下增：那個。

〔一五〕所謂名之曰幽厲　「謂」，朝鮮本作「以」。

〔一六〕曰　朝鮮本「曰」下有「此是横渠恁地説」七字。

〔一七〕他是説春秋成後致麟　「致」，朝鮮本作「獲」。下同。

〔一八〕明帝　朝鮮本作：東漢明帝。

〔一九〕列　朝鮮本此下增：排。

〔二〇〕義剛　朝鮮本「剛」下有「陳淳録同」四字。

〔二一〕問　朝鮮本作：賀孫問。

〔二二〕問　朝鮮本作：賀孫問。且此下增「如」字。

〔二三〕古之家廟甚闊　「甚闊」原爲二空格，據朝鮮本補。

〔二四〕又問　二字原脱，據朝鮮本補。

〔二五〕又問　二字原脱，據朝鮮本補。

〔二六〕鄭氏周禮注大宗伯享先王處　「宗」原作「完」，據朝鮮本及周禮大宗伯注改。

〔二七〕義剛　朝鮮本作：淳。

〔二八〕楊子直嘗欲用季字　「字」原作「宗」，據朝鮮本改。

〔二九〕當時章子厚欲立簡王　「子」原脱，據朝鮮本及宋史章惇傳補。下同。

〔三〇〕余正甫　朝鮮本卷段首增一節文字：謂任道弟讀大學，云：「須逐段讀教透，默自記得，使心口相應。古時無多書，人人只是專心暗誦。且以竹簡寫之，尋常人如何辦得竹簡如此多。所以人皆暗誦而後已。伏生亦只是口授尚書二十餘篇。黄霸就獄，夏侯勝受尚書於獄中，又豈得本子。只被他讀得透徹。後來著述，諸公皆以名聞。漢之經學所以有用。」池本止此。因云。

〔三一〕是上古朴野之路先王制禮此是去不盡者　朝鮮本此句少異，作：杜佑云：「祭用尸，是上古樸野之俗。」先生制禮，本欲變樸野之俗，此等是去不盡者。文蔚。

〔三二〕今蠻夷中猶有用尸者　朝鮮本「者」下有小注「庚」字。

〔三三〕義剛　朝鮮本作：夔孫。

〔三四〕義剛　朝鮮本作：夔孫。

〔三五〕義剛　朝鮮本末尾小字作：淳。按黄義剛録同。

〔三六〕問　朝鮮本此則段首增「因説與其媚於奥寧媚於竈」十一字。

〔三七〕儒用　朝鮮本末尾記録者姓名作：元秉。

〔三八〕義剛　朝鮮本作：淳。義剛録同。

〔三九〕直卿　朝鮮本作：黄直卿。

〔四〇〕司馬公　朝鮮本作：司馬文正。

〔四一〕未　朝鮮本「未」上增「祭禮主人作初獻」七字。

〔四二〕香　朝鮮本此下增：火。

〔四三〕義剛　朝鮮本無記録者姓名，然末尾增小字：陳録以上自作一條。

〔四四〕義剛　朝鮮本「剛」下有「陳淳録同」四字。

〔四五〕「或問祖宗」至「如何」　朝鮮本作：黄問：「行正禮，而祖宗不曉，此則卻如何？」

〔四六〕叔器問　朝鮮本作胡叔器，「問」下有「祭祖先」三字。

〔四七〕仲蔚　朝鮮本作：陳仲蔚。

〔四八〕驤　朝鮮本作：道夫。

〔四九〕義剛　朝鮮本作：夔孫。

〔五〇〕砥　朝鮮本作：伯羽。

〔五一〕某家只位於堂之兩邊　朝鮮本「家」下有「每常」二字。

〔五二〕義剛　朝鮮本末尾小字作：淳。義剛録同。

〔五三〕祭殤　朝鮮本此下增小字：陳淳録同。

〔五四〕堯卿　朝鮮本作：李丈。

〔五五〕荆婦有所生母在家間養　「在家間養」，朝鮮本作「取養於家」。

〔五六〕叔器　朝鮮本作：胡。

〔五七〕夜亦不舉燭　「夜」，朝鮮本作「前」，屬上讀，亦通。

〔五八〕問　朝鮮本作：義剛問。

〔五九〕義剛淳少異　朝鮮本「義剛」下增一節小字：陳淳録同而略，今附云：淳問：「墓祭有儀否？」曰：「不制儀，大概略如家祭。古人無墓祭。」問：「祭畢亦祭后土否？」曰：「就墓外設位而祭。」又注云：「先人説唐人不墓祭，只拜掃而已。林擇之説通典載亦有。更考。」

〔六〇〕是以尊天而親地　「地」原作「也」，據朝鮮本、禮記郊特牲改。

〔六一〕義剛同　朝鮮本作：義剛。陳淳録同。

朱子語類卷第九十一

禮八

雜儀

「自三代後，車服冠冕之制，前漢皆不説，只後漢志内略載，又多不可曉〔一〕。」以下服。

「古者有祭服，有朝服。祭服所謂鷩冕之類，朝服所謂皮弁、玄端之類。天子諸侯各有等差。〔二〕自漢以來，祭亦用冕服，朝服則所謂進賢冠、絳紗袍。隋煬帝時始令百官戎服，唐人謂之『便服』，又謂之『從省服』，乃今之公服也。祖宗以來，亦有冕服、車騎黄録作「旗」。之類，而不常用，惟大典禮則用之。然將用之時，必先出許多物色於庭。所持之人，又須有賞賜。黄録云：「所付之人，又須有以易之。」於是將用之前，有司必先入文字，取指揮，例降旨權免。」夔孫。義剛同。

「今朝廷服色三等，乃古間服，此起於隋煬帝時。然當時亦只是做戎服。當時以巡幸煩數，欲就簡便，故三品以上服紫，五品服緋，六品以下服緑。他當時又自有朝服。今亦自有朝服，大祭祀時用之，然不常以朝。到臨祭時取用，却一齊都破損了。要整理，又須大費一巡，只得恁地包在那裏。」賀孫〔三〕。

「今之朝服乃戎服，蓋自隋煬帝數遊幸，令百官以戎服從，一品紫，五品朱，六品青，皂靴乃上馬鞋也。後世循襲，遂爲朝服。然自唐人朝服，猶著禮服，幞頭圓頂軟脚，今之吏人所冠者是也。桶頂帽子，乃隱士之冠。宣和末，京師士人行道間，猶著衫帽。至渡江戎馬中，乃變爲白涼衫。紹興二十年間，士人猶是白涼衫；至後來軍興，又變爲紫衫，皆戎服也。」義剛〔四〕。

「唐人法服猶施之朝廷，今日惟祭祀不得已乃用，不復施之朝廷矣。且如今之冕，嵯峨而不安於首。古者佩玉，右徵、角，左宫、羽，今必不然。」方子。

「祖宗時有大朝會，如元正、冬至有之。天子被法服，羣臣皆有其服。籍溪在某州爲解頭，亦嘗預元正朝班。又舊制：在京升朝官以上，每日赴班；如上不御殿，宰相押班。所以韓魏公不押班，爲臺諫所論。籍溪云，士服著白羅衫，青褖，有裙有佩。紹興間，韓勉之知某州，於信州會樣來製士服，正如此。某後來看祖宗實録，乃是教大晟樂時士人所服，方知出處。今朝廷所頒緋衫，乃有司之服也。」人傑。廣録略〔五〕。

「政和間，嘗令天下州學生習大晟樂者皆著衣裳如古之制，及漆紗帽，但無頂爾。及諸州得解舉首貢至京師，皆若此赴元日朝。」或曰：「蒼梧雜志載『背子』，近年方有，舊時無之。只汗衫襖子上便着公服。女人無背，只是大衣。命婦只有横帔、直帔之異爾。背子乃婢妾之服，以其在背後，故謂之『背子』。」先生曰：「見説國初之時，至尊常時禁中，常只裹帽着背子，不知是如何。又見前輩説，前輩子弟，平時家居，皆裹帽着背，不裹帽便爲非禮。出門皆須且冠帶。今皆失了。從來人主常朝，君臣皆公服。孝宗簡便，平時着背；常朝引見臣下，只是凉衫。今遂以爲常。如講筵早朝是公服，晚朝亦是凉衫〔六〕。」

問〔七〕：「今冠帶起於何時？」曰：「看角抵圖所畫觀戲者盡是冠帶。立底、屋上坐底，皆戴帽繫帶，樹上坐底也如此。那時猶只是軟帽，搭在頭上；帶只是一條小皮穿幾個孔，用那跨子縛住。至賤之人，皆用之。今來帽子做得恁高，硬帶做得恁地重大，既不便於從事，又且是費錢。皂衫更費重。某從向時見此三物，疑其必廢，如今果是人罕用。也是貧士，如何要辦得？自家竭力辦得，着去那家，那家自無了，教他出來相接也不得。所以其弊必廢。大凡事不商量，後都是如此。」問〔八〕：「古人制深衣，正以爲士之貴服，且謂『完且弗費』，極是好，上至天子亦服之。不知士可以常服否？」曰：「『可以擯相，可以治軍旅』，如此貴重，恐不可常服。」曰：「『朝玄端，夕深衣』，已是從簡便了。且如深衣有大帶了，又有組以束之，今人已不用組了。凡是物事，纔是有兩件，定是廢了一件。」又云：「薄太后以帽絮提文帝〔九〕，則帽已自此時有了。從來也多喚做巾子、幞頭。」或云：「後唐莊宗取伶官者用〔一〇〕，但長有脚〔一一〕。」或云：「太祖朝方用，想此時方制得如此長脚。」賀孫。

符舜功曰：「去年初得官，欲冠帶參先生，中以顯道言而止。今思之，亦是失禮。」先生曰：「畢竟是君命。」良久，笑曰：「顯道是出世間法。某初聞劉諫議初仕時，冠帶乘涼轎還人事〔一二〕，往往前輩皆如此。今人都不理會其間有如此者，遂哂之。要之，冠帶爲禮。某在同安作簿時，朝廷亦有文字令百官皆戴帽。某時坐轎有礙，後於轎頂上添了一圈竹。」義剛。

「上領服，非古服。看古賢如孔門弟子衣服，如今道服，却有此意。古畫亦未有上領者。惟是唐時人便服此，蓋自唐初已雜五胡之服矣。」賀孫。

因言服制之變：「前輩無著背子者，雖婦人亦無之。士大夫常居，常服紗帽、皂衫、革帶，無此則不敢出。背子起殊未久。」或問：「婦人不着背子，則何服？」曰：「大衣。」問：「大衣，非命婦亦可服〔一三〕否？」曰：「可。」僩因舉胡德輝雜志云：「背子本婢妾之服。以其行直主母之背，故名『背子』。後來習俗相承，遂爲男女辨貴賤之服。」曰：「然。然嘗見前輩雜説中載，上御便殿，着紗帽、背子，則國初已有背子矣。皆不可曉。」又曰：「後世禮服固未能猝復先王之舊，且得華夷稍有辨别，猶得。今世之服，大抵皆胡服，如上領衫、靴鞋之類，先王冠服掃地盡矣！中國衣冠之亂，自晉、五胡，後來遂相承襲。唐接隋，隋接周，周接元魏，大抵皆胡服。」問：「今公服起於何時？」曰：「隋煬帝游幸，令群臣皆以戎服從，五品以上服紫，七品以上服緋，九品以下服緑。只從此起，遂爲不易之制。」又問：「公服何故如許闊？」曰：「亦是積漸而然，初不知所起。嘗見唐人畫十八學士，裹幞頭，公服極窄；畫裴晉公諸人，則稍闊；及畫晚唐王鐸輩，則又闊。相承至今，又益闊也。嘗見前輩説，紹興初，某人欲製公服，呼針匠計料，匠云少三尺許。某人遂寄往都下製造，及得之，以示針匠。匠曰：『此不中格式，某不敢爲也。』某人問其故。曰：『但看袖必短，據格式，袖合與下襘齊至地〔一四〕，不然，則不可以入閤門。』彼時猶守得這意思，今亦不復存矣。唐人有官者，公服、幞頭不離身，以此爲常服。又别有朝服，如進賢冠、中單服之類。其下又有省服服，爲常服；今之公服，即唐之省服服也。」又問幞頭所起。曰：「亦不知所起。但諸家小説中，時班駁見一二。如王彦輔麈史猶略言之。某少時尚見唐時小説極多，今皆不復存矣。唐人幞頭，初止以紗爲之，後以其軟，遂斫木作一山子在前襯起，名曰『軍容頭』。

其説以爲起於魚朝恩，一時人爭效。士大夫欲爲幞頭，則曰：『爲我斫一軍容頭來。』及朝恩被誅，人以爲語讖。其先幞頭四角有脚，兩脚繫向前，兩脚繫向後；後來遂横兩脚，以鐵線張之。然惟人主得裹此。世所畫唐明皇已裹兩脚者，但比今甚短。後來藩鎮遂亦僭用，想得士大夫因此亦皆用之。但不知幾時展得如此長。嘗見禪家語録載唐莊宗問一僧云：『朕收中原得一寶，未有人酬價。』僧曰：『略借陛下寶看。』莊宗以手展幞頭兩脚示之。如此，則五代時，猶是惟人君得裹兩脚者，然皆莫可考也。桐木山子相承用，至本朝，遂易以藤織者，而以紗冒之。近時方易以漆紗。嘗見南劒沙溪一士夫家，尚收得上世所藏幞頭，猶是藤織坯子。唐製又有兩脚上下者，亦莫可曉。」僩。

「而今衣服未得復古，且要辨得華夷。今上領衫與靴皆胡服，本朝因唐，唐因隋，隋因周，周因元魏。隋煬帝有游幸，遂令臣下服戎服，三品以上服紫，五品以上服緋，六品以下服緑〔一五〕，皆戎服也。至唐有三等服：有朝服，又有公服，治事時着便是法服，有衣裳、佩玉等。又有常時服，便是今時公服，則無時不服。唐初年服袖甚窄，全是胡服；中年漸寬，末年又寬，但看人家畫古賢可見。唐初頭上裹四脚軟巾，至魚朝恩以桐木爲冠，如山形，安於髻上，方裹巾，後人漸學他。至本朝漸變爲幞頭，方用漆紗做。本來唐時四脚軟巾，只人主後面二帶用物事穿得横，臣下不敢用。後藩鎮之徒僭竊用，今則朝廷一例如此。」〔一六〕學蒙。與上條聞同。

「爵弁赤少黑多，如今深紫色。韠以皮爲之，如今水檐相似。蓋古人未有衣服時，且取鳥獸之皮來遮前面後面，後世聖人制服不去此者，示不忘古也。今則又以帛爲之耳。韠中間有頸，兩頭有肩，肩以革帶穿之，革帶今有胯子。古人却是環子釘於革帶，其勢垂下，如今人釘鉸串子樣。鑴鐩之類，結放上面。今之胯子，便是倣他形像。古人帶甚輕，却帶得許多物。今人帶枉做得恁地重，如幞頭、靴之類亦然。幞頭本是偃脚垂下，要束得緊，今却做長帶。」問：「横渠説，唐莊宗因取伶官幞頭帶之，後遂成例。」曰：「不是恁地。莊宗在位，亦未能便變化風俗。兼是伶人所帶，士大夫亦未必肯帶之。見畫本，唐明皇已帶長脚幞頭。或云藩鎮僭禮爲之，後遂皆爲此樣。或云乃是唐宦官要得常似新幞頭，故以鐵線插帶中，又恐壞其中，以桐木爲一幞頭骨子，常令幞頭高起如新，謂之『軍容頭』。後來士大夫學之，令匠人『爲我斫個軍容頭來』。蓋以木爲之，故謂之斫。及唐末宦者之禍，人皆以此語爲讖。王彦輔麈史説如此，説得有來歷，恐是如此。後人覺得不安，到本朝太宗時，又以藤做骨子，以紗糊於上。後又覺見不安，到仁宗時，方以漆紗爲之。嘗見南劍沙縣人家尚有藤骨子，可見此事未久。蓋此非一朝一夕之故，其變必有漸。」夔孫。

「摯是初見君時，用以獻君。一生一死，皆是抱羔、鴈、雉真物以獻。如今笏，却是古人記事手板，王述倒執手板。插之帶間。今人笏，却是用行禮，記事但其私記也。今之公服，皆古之戎服。古公服是法服，朱衣、皂褖冠。則三公用貂蟬，御史用獬。在衣之上則係帶，帶劍之類六七件。隋煬帝南遊，命羣臣以戎服從，大臣紫，中緋，小緑。今之成羣成隊試進士詩賦，亦煬帝法也。金銀魚，乃古人以合符。臣之得魚符者，用袋之腰間。今無合符事，却尚用魚，又不用袋魚。魚袋事出唐書輿服志，高、武、中、睿時。」揚。

「今衣服無章，上下混淆。某嘗謂，縱未能大定經制，且隨時略加整頓，猶愈於不爲。如小衫令各從公衫之色，服紫者小衫亦紫，服緋、緑者小衫亦緋、緑，服白則小衫亦白，胥吏則皆烏衣。餘皆放此，庶有辨别也。」閎祖。

「古人戴冠，郭林宗時戴巾，温公幅巾，是其類也。古人衣冠，大率如今之道士。道士以冠爲禮，不戴巾。婦人環髻，今之特髻是其意也，不戴冠。」揚。

「今官員執笏，最無道理。笏者，只是君前記事，恐事多，須以紙粘笏上，記其頭緒。或在君前不可以手指人物，須用笏指之。此笏常插在腰間，不執在手中。夫子『攝齊升堂』，何曾手中有笏？攝齊者，畏謹，恐上階時踏着裳，有顛仆之患。執圭者，圭自是贄見之物，只是捧至君前，不是如執笏。所以執圭時便『足縮縮，如有循』。緣手中有圭，不得攝齊，亦防顛仆。」明作。

「古人言人跪坐。『雖有拱璧而先乘馬，不如坐進此道』，謂跪而獻之也。如文帝不覺膝之前，蓋亦是跪坐。跪坐，故兩手下爲拜。「拜」字從兩手下。古者初冠，母子相拜；婦初見舅姑，舅姑答拜，不特君臣相答拜也。」方子。以下拜。

「古人坐於地，未必是盤足，必是跪。以其慣了，故脚不痛，所以拜時易也。古人之拜，正如今道士拜，二膝齊下。唐人先下一膝，謂之『雅拜』，似有罪，是不恭也。今人不然。」明作。

安卿問：「古者天子拜其臣，想亦是席地而坐，只略爲之俛首，便是拜否？」曰：「太甲『拜手稽首』，成王『拜手稽首』，疏言稽，留之意，是首至地之久也，蓋其尊師傅如此。後來晉元帝亦拜王導，至其家，亦拜其妻。如法帖中，元帝與王導帖皆稱『頓首』，不知如何。」義剛〔一七〕。

問：「虞禮，子爲尸，父拜之。」曰：「古人大抵如此。如子冠，母先拜之，子却答拜，而今這處都行不得。看來古人上下之際雖是嚴，而情意甚相通，如『禹拜昌言』、『王拜手稽首』之類。到漢以來，皇帝見丞相，在坐爲起，在輿爲下。贊者曰：『皇帝爲丞相起！』尚有這意思。到六朝以來，君臣逐日相與説話。如宋文帝明日欲殺某人，晚間更與他説話，不能得他去。其間有入朝去，從人即分散去，到晚他方出。到唐，尚有坐説話底意思。而今宰相終年立地，不曾得一日坐，人主或終日不曾得見面。壽皇求治之初，中間學士固是直宿，又分講官亦直宿，又令從官亦得入賜坐，從容講論。而今未論朝廷，如古人州郡之間，亦自如此。如羅池碑云，柳子厚與牙將歐陽翼共飲。法帖中有顔真卿與蔡明遠帖，都書名。牙將即是客將，蔡明遠亦是衙前，他却與之情意如此。而今州郡與小官也不如此了。」夔孫。

問〔一八〕：「看禮中説婦人吉拜，雖君賜肅拜，此則古人女子拜亦伏地也。」曰：「古有女子伏拜者。乃太祖問范質之姪杲：『古者女子拜，如何？』他遂舉古樂府云『長跪問故夫』，以爲古婦女皆伏拜。自則天欲爲自尊之計，始不用伏拜。今看來此説不然。樂府只説『長跪問故夫』，不曾説伏拜。古人坐也是跪，一處云『直身長跪』。若拜時，亦只低手祗揖，便是肅拜。故禮『肅拜』注云：肅，俯手也。蓋婦人首飾盛多，如『副笄六珈』之類，自難以俯伏地上。古人所以有父母拜其子，舅姑答婦拜者，蓋古坐時只跪坐在地，拜時亦容易；又不曾相對，拜各有向，當答拜亦然。大祝『九拜』：『稽首拜，頭至地』；『頓首拜，頭叩地』；『空首拜，頭至手，所謂拜手也』；『振動，戰栗變動之拜』；『吉拜，拜而後稽顙』；『凶拜，稽顙而後拜』也；『奇拜』，『一拜』；『褒拜』；『再拜』；『褒讀爲報』；『肅拜，但俯下手，今時揖』，傳云『介者不拜』，『敢肅使者』是也。」賀孫。

問〔一九〕：「古者婦人以肅拜爲正，何謂肅拜？」曰：「兩膝齊跪，手至地，而頭不下，爲肅拜。拜手亦然。爲喪主，則頭亦至地，不肅拜。南北朝有樂府詩説婦人云『伸腰再拜跪，問客今安否』。伸腰，亦是頭不下也。周宣帝令命婦朝見皆跪伏朝見，如男子之儀。但不知婦人膝不跪地而變爲今之拜者，起於何時。此〔二〇〕等小小禮文，皆無所稽考。程泰之以爲始於武后，亦非也。古者男子拜，亦兩膝齊屈，如今之道士拜。杜子春注周禮奇拜，以爲先屈一膝，如今之雅拜。漢人雅拜，即今之拜是也。」淳〔二一〕。

「婦人有肅拜、拜手、稽顙。」肅拜者，兩膝跪地，斂手放低；拜手者，膝亦跪，而手至地也；稽顙，頭至地也。爲夫與長子喪，亦如之。燾。

「拜親時須合坐受，叔伯母亦合坐受，兄止立受。嫂叔同一家，不可不拜，亦須對拜。夫婦對拜。」揚。

「團拜須打圈拜。若分行相對，則有拜不著處。」廣。

「今人契拜父母兄弟，極害義理。」揚。

「古人跪坐，立乘。」方。以下坐。

問：「盤坐，於理有害否？」曰：「古人席地亦只是盤坐，又有跪坐者。寓録云：「古人亦只跪坐，未有盤坐。」君前臣跪，父前子跪，兩膝頭屈前着地，觀畫圖可見。古人密處未見得，其疏即是如此。寓録云：「古人樽節處，自如此密。」管寧坐一木榻，積五十年未嘗箕股，其榻上當膝處皆穿。今人有椅子，若對賓客時，合當垂足坐；若獨居時，垂足坐難久，盤坐亦何害？」淳〔一二〕。寓録少異。

「族長至己之家，必以族長坐主位，無親疏皆然。北人以姑夫之類外姓之人亦坐主位，無此義。」揚。

「燕居，父子同坐亦得，惟對客不得。」揚。

「古人屋黄作「室」。無廊廡，三公露立於槐下，九卿露立於棘下。當其朝會，有雨則止〔一三〕。曾子問：『諸侯見天子，入門而雨霑服失容，則廢。』」淳。義剛録略。以下朝廷之儀。

因論朝禮，云：「如周禮所説古之朝禮，君臣皆立。至漢時所謂『皇帝見丞相起』，尚有此禮，不知後來如何廢了。然所謂『朝不坐』，又也有坐底。」燾。

「三代之君見大臣多立，乘車亦立。漢初猶立見大臣，如贊者云：『天子爲丞相起！』後世君太尊，臣太卑。」德明。

「古者天子見羣臣有禮：先特揖三公，次揖九卿，又次揖左右，然後泛揖百官，所謂『天揖同姓』之類，有許多等級。」義剛〔一四〕。

因問：「欲使士人爲宰相吏，升降揖遜不佳否？」曰：「古人皆有此禮，本朝廢之。」又問：「古人何故受拜？」曰：「不然。孔子須拜衛靈公、魯哀公。舊制，宰相在堂上，御史中丞爲班首，與對拜於階下。又聖節日，百官盡揖宰相於何處？」揚。

「古時隔品則拜，謂如八品見六品，六品見四品，則拜。宰相禮絶百僚，則皆拜之。若存得此等舊禮，亦好，却有等殺。今著令：從事郎以下，庭參不拜，則以上者不庭參可知。豈有京朝官復降階之禮！今朝士見宰相，只是客禮；見監司、郡守，如何却降階？」問：「若客司揖請降階，則如何？」曰：「平立不降可也。同官雖皆降階，吾獨不降可也。」是時將赴莆田，問此。先生又云：「古者庭參官、令録以下，往往皆拜，惟職官不拜，所以著令如此。」德明。

子晦將赴莆陽，請於先生：「今屬邑見郡守，不問官序，例階墀〔二五〕，如何？」曰〔二六〕：「若欲自行其志，勿從俗可也。」因云：「今多相尚如此。以此去事人，固是無見識。且是爲官長者安受而不疑，更是怪。」坐客云：「趙丞相帥某處，經過某處，而屬邑宰及同僚皆於船頭迎望拜接，後却指揮不要此般禮數。這般所在，須先戒飭客將。」或云：「今人見宰相，欲有所言，未及出口，已爲客將按住，云：『相公尊重！』至有要取覆，而客將抗聲云『不得取覆』者。」先生曰：「若是有此等，無奈何，須叱之可也。」賀孫。

「開元禮有刺史弔吏民之禮，略如古者國君弔臣禮。本朝删去此條。」方子。

問：「左右畢竟孰爲尊？」曰：「漢初右丞相居左丞相之上，史中有言曰『朝廷無出其右者』，則是右爲尊也。到後來，又却以左爲尊。而老子有曰『上將軍處右』，而『偏將軍處左』〔二七〕。喪事尚右；兵，凶器也，故以喪禮處之。如此，則吉事尚左矣。漢初豈習於戰國與暴秦之所爲乎！」廣。以下雜論。

「古父子異宮。宮如今人四合屋，雖各一宮，然四面共墻圍。」揚。

「古謂之『宮』，只是墻。蓋古人無今廊屋。」燾。

因論戟：「古人戰爭出入部從用之，今只置之於門。唐時私家得用戟，如官幾品得幾戟。」燾。

「今之表啓是下諛其上，今之制誥是君諛其臣。」道夫。

「今之書簡使上覆，以爲重於啓也。然用『啓』字則有義理，用『覆』字却無義理。啓，乃開啓之啓。覆，爲審覆之覆，如『三覆奏』，謂已有指揮，更爲再三審覆之也。」廣。

問：「今人書簡未嘗拜而言拜，未嘗瞻仰而言瞻仰，如何？」曰：「『瞻仰』字去之無害。但『拜』字承用之久，若遽除去，恐不免譏罵。前輩只云『某啓』，啓是開白之義。法帖中有『頓首』，韓文中有『再拜』，其來已久。」問：「啓，又訓跪。如秦王問范雎，有『跽而請之』。」曰：「古人席地而坐，有問於人，則略起身時，其膝至地，或謂之跪。若婦人之拜，在古亦跪。古樂府云『伸腰拜手跪』，則婦人當跪而拜，但首不至地耳。不知婦人之不跪，起於何代。或謂唐武后時方如此，亦未可知。周天元令命婦爲男子之拜以稱賀。及天元薨，遂改其制。想史官書之，以表其異。則古者婦人之拜，其首不至地可知也。然則婦人之拜，當以深拜，頗合於古。」人傑。

有士大夫來謁，各以坐次推遜不已。先生曰：「吾人年至五十後，莫論官、休。」自脩。「大抵前輩禮數極周詳鄭重，不若今人之苟簡。以今人律之先王之禮，則今人爲山鹿野麋矣。然某尚及見前輩禮數之周，今又益薄矣。」僩。

校勘記

〔一〕又多不可曉　朝鮮本「曉」下有小注「庚」字。

〔二〕各有等差　朝鮮本此下增小字：黄無「天子」以下八字。

〔三〕賀孫　朝鮮本作：淳。

〔四〕義剛　朝鮮本末尾記録者姓名作：淳。

〔五〕廣録略　朝鮮本無此三字，另增五十九小字，云：「按輔庚録略。今附云：『祖宗時元正冬至皆有大朝會，君臣都著法服，諸州解頭亦預。籍溪先生在某州爲解元，亦曾預元正朝會。皆白羅衫，青緣，有冠有佩。』」

〔六〕涼衫　朝鮮本末尾增小字：庚。

〔七〕問　朝鮮本作：賀孫問。

〔八〕問　朝鮮本作：賀孫問。

〔九〕薄太后以帽絮提文帝　朝鮮本作：竇太后以帽絮贈文帝。

〔一〇〕後唐莊宗取伶官者用　「後」字原爲空格，據朝鮮本補。萬曆本「用」下有「之」字。

〔一一〕但長有脚　「長」，朝鮮本、萬曆本均作「未」。

〔一二〕冠帶乘涼轎還人事　朝鮮本「事」下有「又聞李先生云楊龜山初得官時亦冠帶乘轎還人事」二十一字。

〔一三〕服　朝鮮本作：著。

〔一四〕袖合與下襝齊至地　「地」原作「也」，據朝鮮本、萬曆本改。

〔一五〕三品以上服紫五品以上服緋六品以下服緑　朝鮮本作：五品以上適著紫袍，六品以下兼用緋緑。

〔一六〕如此　朝鮮本末尾僅有小字作「庚」。

〔一七〕義剛　朝鮮本作：淳。義剛録同。

〔一八〕問　朝鮮本作：賀孫問。

〔一九〕問 朝鮮本段首增一段：胡叔器問：「昏禮，温公儀，婦先拜夫；程儀，夫先拜婦。」陳此下云：「或又以爲妻者，齊也，當齊拜。何者爲之是？」先生曰：「古者婦人與男子爲禮，皆俠拜，每拜以二爲禮。昏禮，婦先二拜，夫答一拜；婦又二拜，夫又答一拜。冠禮，雖見母，母亦俠拜。」

〔二〇〕此 朝鮮本「此」上增：陳此下云。

〔二一〕淳 朝鮮本末尾小字作：義剛。陳淳録同而差詳。

〔二二〕淳 朝鮮本此下小字作：按徐寓録同而略，今附云：安卿問：「管寧跪坐，今人盤坐，無妨否？」曰：「古人亦只跪坐，未有盤坐。君前臣跪，父前子跪，兩膝頭屈前著地，古人樽節處，自如此密。今有凳椅之屬，若對賓客時，合垂足坐；若燕居無尊客，垂足坐難久，盤坐亦何害？」

〔二三〕有雨則止 朝鮮本此處增小字：黄本止此。

〔二四〕義剛 朝鮮本「剛」下有「陳淳録同」四字。

〔二五〕例階墀 朝鮮本作「有階墀之禮合當」七字。

〔二六〕曰 朝鮮本作「廖子晦曰」。

〔二七〕而老子有曰上將軍處右而偏將軍處左 按老子第三十一章原文爲「偏將軍居左，上將軍居右」。

朱子語類卷第九十二

樂古今

問：「古尺何所考？」曰：「羊頭山黍今不可得，只依温公樣，他考必子細。然尺亦多樣，隋書載十六等尺，説甚詳。王莽貨泉錢，古尺徑一寸。」因出二尺，曰：「短者周尺，長者景表尺。」義剛〔一〕。

「十二律皆在，只起黄鍾之宫不得。所以起不得者，尺不定也。」升卿。

「律管只吹得中聲爲定。季通嘗截小竹吹之，可驗。若謂用周尺，或羊頭山黍，雖應準則，不得中聲，終不是。大抵聲太高則焦殺，低則盎緩。」「牛鳴盎中」，謂此。又云：「此不可容易杜撰。劉歆爲王莽造樂，樂成而莽死；後荀勖造於晉武帝時，即有五胡之亂；和峴造於周世宗時，世宗亦死。惟本朝太祖神聖特異，初不曾理會樂律，但聽樂聲，嫌其太高，令降一分，其聲遂和。唐太宗所定樂及本朝樂，皆平和，所以世祚久長。」笑云：「如此議論，又却似在樂不在德也。」德明。

因論樂律，云：「尺以三分爲增減，蓋上生下生，三分損一益一。故須一寸作九分，一分分九釐，一釐分九絲，方如破竹，都通得去。人傑録云：「律管只以九寸爲準，則上生下生，三分益一損一，如破竹矣。」其制作，通典亦略備，史記律書、漢律曆志所載亦詳。范蜀公與温公都枉了相爭，只通典亦未嘗看。蜀公之言既疏，温公又在下。」㽦。

「無聲，做管不成。」德明。

「司馬遷説律，只是推一個通了，十二個皆通〔二〕。」

「十二律自黄鍾而生。黄鍾是最濁之聲，其餘漸漸清。若定得黄鍾是，便入得樂。都是這裏纔差了些子，其他都差。只是寸難定，所以易差。」道夫。

「樂聲，黄鍾九寸最濁，應鍾最清，清聲則四寸半。八十一、五十四、七十二、六十四，至六十四，則不齊而不容分矣。」人傑。

「音律如尖塔樣，闊者濁聲，尖者清聲。宫以下則太濁，羽以上則太輕，皆不可爲樂，惟五聲者中聲也。」人傑。

「樂律：自黄鍾至中吕皆屬陽，自蕤賓至應鍾皆屬陰，此是一個大陰陽。黄鍾爲陽，大呂爲陰，太蔟爲陽，夾鍾爲陰，每一陽間一陰，又是一個小陰陽。」閎祖。

「自黄鍾至中呂皆下生，自蕤賓至應鍾皆上生，以上生下，皆三生二；以下生上，皆三生四。」閎祖。

「禮記注疏説『五聲六律十二管還相爲宫』處，分明。」人傑。

「旋宫：且如大呂爲宫，則大呂用黄鍾八十一之數，而三分損一，下生夷則；夷則又用林鍾五十四之數，而三分益一，上生夾鍾。其餘皆然。」閎祖。

問〔三〕：「先生所論樂，今考之，若以黄鍾爲宫，便是太蔟爲商，姑洗爲角，蕤賓爲變徵，林鍾爲徵，南呂爲羽，應鍾爲變宫。若以大呂爲宫，便是夾鍾爲商，中呂爲角〔四〕，林鍾爲變徵，夷則爲徵，無射爲羽，黄鍾爲變宫。其餘則旋相爲宫，周而復始。若言相生之法，則以律生呂，便是下生；以呂生律，則爲上生。自黄鍾下生林鍾，林鍾上生太蔟；太蔟下生南呂，南呂上生姑洗；姑洗下生應鍾，應鍾上生蕤賓。蕤賓本當下生，今却復上生大呂；大呂下生夷則，夷則上生夾鍾；夾鍾下生無射，無射上生中呂。相生之道，至是窮矣，遂復變而上生黄鍾之宫。再生之黄鍾不及九寸，只是八寸有餘。然黄鍾君象也，非諸宫之所能役，故虚其正而不復用，所用只再生之變者。就再生之變又缺其半，所謂缺其半者，蓋若大呂爲宫，黄鍾爲變宫時，黄鍾管最長，所以只得用其半聲。而餘宫亦皆倣此。」曰：「然。」又曰：

「宫、商、角、徵、羽與變徵，皆是數之相生，自然如此，非人力所加損，此其所以爲妙。」問：「既有宫、商、角、徵、羽，又有變宫、變徵，何也？」曰：「二者是樂之和，去聲。相連接處。」道夫。

「『旋相爲宫』，若到應鐘爲宫〔五〕，則下四聲都當低去，所以有半聲，亦謂之『子聲』，近時所謂清聲是也。大率樂家最忌臣民陵君，故商聲不得過宫聲。然近時却有四清聲〔六〕，方響十六個，十二個是律吕，四片是四清聲。古來十二律却都有半聲，所謂半聲者，如蕤賓之管當用六寸，却只用三寸。雖用三寸，聲却只是大吕，但愈重濁耳。」又問聲氣之元。曰：「律曆家最重這元聲，元聲一定，向下都定；元聲差，向下都差。」植。饒本云：「因〔七〕論樂，云：『黄鍾之律最長，應鍾之律最短，長者聲濁，短者聲清。十二律旋相爲宫，宫爲君，商爲臣。樂中最忌臣陵君，故有四清聲。如今亦響有十六個，十二個是正律，四個是四清聲，清聲是減一律之半。如應鍾爲宫，其聲最短而清。或蕤賓爲之商，則是商聲高似宫聲，爲臣陵君，不可用，遂乃用蕤賓律減半爲清聲以應之，雖然減半，只是此律，故亦自能相應也。此是通典載此一項。』又云：『樂聲不可太高，又不可太低。樂中上聲，便是鄭、衛。所以太祖英明不可及，當王朴造樂，聞其聲太急，便令減下一律，其聲遂平。徽宗朝，作大晟樂，其聲一聲低似一聲，故其音緩。』又云：『賢君大概屬意於雅樂，所以仁宗晚年極力要理會雅樂，終未理會得。〔八〕』」

「律遞相爲宮，到末後宮聲極清，則臣民之聲反重，故作折半之聲；然止於四者，以爲臣民不可大於君也。事物大於君不妨。五聲分爲十二律，添三分，減三分，至十二而止。後世又增其四，取四清聲。」璘。

「宮與羽，角與徵，相去獨遠。故於其間製變宮、變徵二聲。」廣。

問：「周禮大司樂説宮、角、徵、羽，與七聲不合，如何？」曰：「此是降神之樂，如黄鍾爲宮，大吕爲角，太蔟爲徵，應鍾爲羽，自是四樂各舉其一者而言之。以大吕爲角，則南吕爲宮；太蔟爲徵，則林鍾爲宮；應鍾爲羽，則太蔟爲宮。以七聲推之，合如此，注家之説非也。」人傑。

「律吕有十二，用時只使七個。自黄鍾下生至七，若更插一聲，便拗了。」淳。

「七聲之説，國語言之。」人傑。

「律十有二，作樂只用七聲。惟宮聲筵席不敢用，用則賓主失歡。」力行云：「今人揲卦得乾卦者，多不爲吉。故左傳言隨元、亨、利、貞，有是四德，乃可以出。」曰：「然。」力行。

問〔九〕：「國語云『律者立均出度』，韋昭注云：『均謂均鍾，木長七尺，係之以弦。』不知其制如何？」曰：「韋昭是個不分曉底人。國語本自不分曉，更着他不曉事，愈見鶻突。均，只是七均。如以黄鍾爲宮，便用林鍾爲徵，太蔟爲商，南吕爲羽，姑洗爲角，應鍾爲變宫，蕤賓爲變徵。這七律自成一均，其聲自相諧應。古人要合聲，先須吹律，使衆聲皆合律，方可用。後來人想不解去逐律吹得。京房始有律準，乃是先做下一個母子，調得正了，後來只依此爲準。國語謂之『均』，梁武帝謂之『通』。其制十三弦，一弦是全律底黄鍾，只是散聲。又自黄鍾起至應鍾有十二弦，要取甚聲，用柱子來逐弦分寸上柱定取聲。立均之意，本只是如此。古來人解書，最有一個韋昭無理會。且如下文『六者中之色』，『六』字本只是『黄』字闕却上面一截，他便就這『六』字上解，謂六聲天地之中。六者，天地之中，自是數，干色甚事！」文蔚。

「水、火、木、金、土是五行之序。至五聲，宫却屬土，至羽屬水。宫聲最濁，羽聲最清。一聲應七律，共八十四調。除二律是變宫，止六十調。」人傑。

「樂聲是土、金、木、火、水，洪範是水、火、木、金、土。」人傑。

「樂之六十聲，便如六十甲子。以五聲合十二律而成六十聲，以十干合十二支而成六十甲子。若不相屬，而實相爲用。遺書云『三命是律，五星是歷』，即此説也。只曉不得甲子、乙丑皆屬木，而納音却屬金。前輩多論此，皆無定説。」僩。

「絲宫而竹羽。」人傑。

「絲尚宫，竹尚羽。竹聲大，故以羽聲濟之；絲聲細，故以宫聲濟之。」廣。

「周禮以十二律爲之度數，如黄鍾九寸，林鍾六寸之類；以十二聲爲之劑量。蓋磬材有剛柔清濁，音聲有輕重高低，故復以十二聲劑量，斟酌磨削厚薄，令合節族。如磬氏『已上則磨其旁，已下則磨其端』之類。」僩。

先生偶言及律吕，謂：「管有長短，則聲有清濁。黄鍾最長，則聲最濁；應鍾最短，則聲最清。」時舉云：「黄鍾本爲宫，然周禮祭天神人鬼地示之時，則其樂或以黄鍾爲宫，或以林鍾爲宫，未知如何？」曰：「此不可曉。先儒謂商是殺聲，鬼神所畏，故不用，而只用四聲迭相爲宫。未知其五聲不備，又何以爲樂？大抵古樂多淡，十二律之外，又有黄鍾、大吕、太蔟、夾鍾四清聲，雜於正聲之間，樂都可聽。今古樂不可見矣。長沙南嶽廟每祭必用樂，其節奏甚善，祭者久立不勝其勞。據圖經云，是古樂。然其樂器又亦用仗鼓之類，如此，則亦非古矣。」時舉因云：「『金聲玉振』，是樂之始終。不知只是首尾用之，還中間亦用耶？」曰：「樂有特鐘、特磬，有編鐘、編磬。編鐘、編磬是中間奏者，特鐘、特磬是首尾用者。」時舉云：「所謂『玉振』者，只是石耶？還真用玉？」曰：「只是石耳。但大樂亦有玉磬，所謂『天球』者是也。」時舉。

問〔一〇〕：「周禮祭不用商音，或以爲是武王用厭勝之術。竊疑聖人恐無此意。」曰：「這個也難曉。須是問樂家，如何不用商。嘗見樂家言，是有殺伐之意，故祭不用。然也恐是無商調，不是無商音。他那奏起來，五音依舊皆在。」又問：「向見一樂書，温公言本朝無徵音。竊謂五音如四時代謝，不可缺一。若無徵音，則本朝之樂，大段不成説話。」曰：「不特本朝，從來無那徵；不特徵無，角亦無之。然只是太常樂無，那宴樂依舊有。這個也只是無徵調、角調，不是無徵音、角音。如今人曲子所謂『黄鍾宫，大吕羽』，這便是調。謂如頭一聲是宫聲，尾後一聲亦是宫聲，這便是宫調。若是其中按拍處，那五音依舊都用，不只是全用宫。如説無徵，便只是頭聲與尾聲不是徵。這却不知是如何，其中有個甚麽欠缺處，所以做那徵不成。徽宗嘗令人硬去做，然後來做得成，却只是頭一聲是徵，尾後一聲依舊不是，依舊走了，不知是如何。平日也不曾去理會，這須是樂家辨得聲音底，方理會得。但是這個别是一項，未消得理會。」義剛。

「古者太子生，則太師吹管以度其聲，看合甚律。及長，其聲音高下皆要中律〔一一〕。」

「南北之亂，中華雅樂中絶。隋文帝時，鄭譯得之於蘇祗婆。蘇祗婆乃自西域傳來，故知律吕乃天地自然之聲氣，非人之所能爲。譯請用旋宫，何安耻其不能〔一二〕，遂止用黄鍾一均。事見隋志。因言，佛與吾道不合者，蓋道乃無形之物，所以有差。至如樂律〔一三〕，則有數器，所以合也。」閎祖。

「六朝彈箏鼓瑟皆歌。」節。

「唐太宗不曉音律，謂不在樂者，只是胡說。」揚。

「唐祖孝孫說八十四調。季通云，只有六十調，不以變宫、變徵爲調。恐其說有理。此左傳『中聲以降，五降之後不容彈矣』之意也。」人傑。

「自唐以前，樂律尚有制度可考；唐以後，都無可考。如杜佑通典所算分數極精。但通典用十分爲寸作算法，頗難算。蔡季通只以九分算。本朝范、馬諸公非惟不識古制，自是於唐制亦不曾詳看，通典又不是隱僻底書，不知當時諸公何故皆不看。只如沈存中博覽，筆談所考器數甚精，亦不曾看此。使其見此〔一四〕，則所論過於范、馬遠甚。吕伯恭不喜筆談，以爲皆是亂說。某與言：『未可恁地說，恐老兄欺他未得在，只是他做人不甚好耳。』」因令將五音、十二律寫作圖子，云：「且須曉得這個，其他却又商量。」道夫。

問樂。曰：「古聲只是和，後來多以悲恨爲佳。温公與范蜀公，胡安定與阮逸、李照爭辨，其實都自理會不得，却不曾去看通典。通典說得極分明，蓋此事在唐猶有傳者，至唐末遂失其傳。王朴當五代之末，杜撰得個樂如此。當時有幾鍾名爲『啞鍾』，不曾擊得，蓋是八十四調。朴調其聲，令一一擊之。其實那個啞底却是。古人制此不擊，以避宫聲。若一例皆擊，便有陵節之患。漢禮樂志劉歆說樂處亦好。唐人俗舞謂之『打令』，其狀有四：曰招，曰摇，曰送，其一記不得。蓋招則邀之之意，摇則摇手呼喚之意，送者送酒之意。舊嘗見深村父老爲余言，其祖父嘗爲之收得譜子，因兵火失去。舞時皆裹幞頭，列坐飲酒，少刻起舞。有四句號云：『送摇招摇，三方一圓，分成四片，送在摇前。』人多不知，皆以爲瓦謎。」漢卿云：「張滋約齊亦是張家好子弟。」曰：「見君舉説，其人大曉音律。」因言：「今日到詹元善處，見其教樂，又以管吹習古詩二南、七月之屬，其歌調却只用太常譜。然亦只做得今樂，若古樂必不恁地美。人聽他在行在録得譜子。大凡壓入音律，只以首尾二字，章首一字是某調，章尾即以某調終之。如關雎『關』字合作無射調，結尾亦着作無射聲應之；葛覃『葛』字合作黄鍾調，結尾亦着作黄鍾聲應之；如『七月流火』三章皆『七』字起，『七』字則是清聲調，末亦以清聲調結之；如『五月斯螽動股』，『二之日鑿冰沖沖』，『五』字『二』字皆是濁聲，黄鍾調，末以濁聲結之。元善理會事，都不要理會個是，只信口胡亂説，事事喚做曾經理會來。如宫、商、角、徵、羽，固是就喉、舌、唇、齒上分，他便道只此便了，元不知道喉、舌、唇、齒上亦各自有宫、商、角、徵、羽。何者？蓋自有個疾徐高下。」賀孫。

「温公與范忠文〔一五〕，胡安定與阮逸、李照等議樂，空自爭辯。看得來，都未是，元不曾去看〔一六〕通典。據通典中所説皆是，又且分曉。」廣云：「如此，則杜佑想是理會得樂。」曰：「也不知他會否，但古樂在唐猶有存者，故他因取而載之於書。至唐末黄巢亂後，遂失其傳。至〔一七〕周世宗時，王朴據他所見杜撰得個樂出來。通鑑中説，王朴説當時鍾有幾個不曾擊，謂之『啞鍾』，朴乃調其聲，使皆可擊。看得來所以存而不擊者，恐是避其陵慢之聲，故不擊之耳，非不知擊之也。」廣。

「范蜀公謂今漢書言律處折了八字。蜀中房庶有古本漢書有八字，所以與温公爭者，只爭此。范以古本爲正。蜀公以上黨粟一千二百粒，實今九寸爲準；闊九寸。温公以一千二百粒排今一尺爲準。漢書文不甚順，又粟有大小，遂取中者爲之。然下粟時頓緊，則粟又下了，又不知如何爲正排，又似非是。今世無人曉音律，只憑器論造器，又紛紛如此。古人曉音律，風角、鳥占皆能之。太史公以律論兵，意出於此。仁宗時，李照造樂，蜀公謂差過了一音，每思之爲之痛心。劉羲叟謂聖上必得心疾，後果然。」揚。

「仁宗以胡安定、阮逸樂書，令天下名山藏之，意思甚好。」道夫。

問：「温公論本朝樂無徵音，如何？」曰：「其中不能無徵音，只是無徵調。如首以徵音起，而末復以徵音合殺者，是徵調也。徵調失其傳久矣。徽宗令人作之，作不成，只能以徵音起，而不能以徵音終。如今俗樂，亦只有宮、商、羽三調而已。」淳。

「蔡京用事，主張喻世清作樂，盡破前代之言樂者。因作中聲正聲，如正聲九寸，中聲只八寸七分一。按史記『七』字多錯，乃是『十分一』。其樂只是杜撰，至今用之。」人傑。

「徽宗時，一黥卒魏漢津造雅樂一部，皆杜撰也。今太學上丁用者是此樂。」揚。

「季通律書，分明是好，却不是臆説，自有按據。」道夫。

問：「季通律書難曉。」曰：「甚分明，但未細考耳。」問：「空圍九分，便是徑三分？」曰：「古者只説空圍九分，不説徑三分，蓋不啻三分猶有奇也。」問：「算到十七萬有餘之數，當何用？」曰：「以定管之長短而出是聲。如太蔟四寸，惟用半聲方和。大抵考究其法是如此，又未知可用與否耳。節五聲，須是知音律之人與審驗過，方見得。」德明。

「季通理會樂律，大段有心力，看得許多書。也是見成文字，如史記律、曆書，自無人看到這裏。他近日又成一律要，盡合古法。舊時所作律，逐節吹得，却和。怕如今未必如此。這個若促些子，聲便焦殺；若長些子，便慢蕩。」賀孫。

「陳淳言〔一八〕：『琴只可彈黄鍾一均，而不可旋相爲宫。』此説猶可。至謂琴之泛聲爲六律，又謂六律爲六同，則妄矣。今人彈琴都不知孰爲正聲，若正得一弦，則其餘皆可正。今調弦者云，如此爲宫聲，如此爲商聲，安知是正與不正？此須審音人方曉得。古人所以吹管，聲傳在琴上。如吹管起黄鍾之指，則以琴之黄鍾聲合之，聲合無差，然後以次遍合諸聲。五聲既正，然後不用管，只以琴之五聲爲準，而他樂皆取正焉。季通書來説，近已曉得，但絣定七絃，不用調絃，皆可以彈十一宫。琴之體是黄鍾一均，故可以彈十一宫。如此，則大吕、太蔟、夾鍾以下，聲聲皆用按徽，都無散聲。蓋纔不按，即是黄鍾聲矣，亦安得許多指按耶？兼如其説，則大吕以下亦不可對徽，須挨近第九徽裏按之。此後愈挨下去，方合大吕諸聲。蓋按著正徽，復是黄鍾聲矣。渠云，頃問之太常樂工，工亦云然。恐無此理。古人彈琴，隨月調絃，如十一月調黄鍾，十二月調大吕，正月調太蔟，二月調夾鍾。但此後聲愈緊，至十月調應鍾，則弦急甚，恐絶矣。不知古人如何。季通不能琴，他只是思量得，不知彈出便不可行。這便是無下學工夫，吾人皆坐此病。古人朝夕習於此，故以之上達不難，蓋下學中上達之理皆具矣。如今説古人兵法戰陣，坐作進退，斬射擊刺，鼓行金止，如何曉得他底？莫説古人底曉不得，只今之陣法也曉不得，更説甚麽？如古之兵法，進則齊進，退則齊退，不令進而進，猶不令退而退也。如此，則無人敢妄動。然又却有一人躍馬蹈陣，殺數十百人，出入數四，矢石不能傷者，何也？」良久，又曰：「據今之法，只是兩軍相拄住，相射相刺，立得脚住不退底便贏，立不住退底便輸耳。」僩。

「今朝廷樂章長短句者，如六州歌頭，皆是俗樂鼓吹之曲。四言詩乃大樂中曲。本朝樂章會要，國史中只有數人做得好，如王荆公做得全似毛詩，甚好。其他有全做不成文章。横渠只學古樂府做，辭拗强不似，亦多錯字〔一九〕。」

「今之樂，皆胡樂也，雖古之鄭、衛，亦不可見矣。今關雎、鹿鳴等詩，亦有人播之歌曲。

然聽之與俗樂無異，不知古樂如何。古之宮調與今之宮調無異，但恐古者用濁聲處多，今樂用清聲處多。季通謂今俗樂，黄鍾及夾鍾清，如此則爭四律，不見得如何。般涉調者，胡樂之名也。「般」如「般若」之「般」。「子在齊聞韶」，據季札觀樂，魯亦有之，何必在齊而聞之也？又夫子見小兒徐行恭謹，曰：「韶樂作矣！」人傑。

「詹卿家令樂工以俗樂譜吹風、雅篇章。初聞吹二南詩，尚可聽。後吹文王詩，則其聲都不成模樣。」因言：「古者風、雅、頌，名既不同，其聲想亦各别。」廣。

「趙子敬送至小雅樂歌，以黄鍾清爲宮，此便非古。清者，半聲也。唐末喪亂，樂人散亡，禮壞樂崩。朴自以私意撰四清聲。古者十二律外，有十二子聲，又有變聲六。謂如黄鍾爲宮，則他律用正律；若他律爲宮，則不用黄鍾之正聲，而用其子聲。故漢書云『黄鍾不與他律爲役』者，此也。若用清聲爲宮，則本聲輕清而高，餘聲重濁而下，禮書中删去乃是。樂律，通典中蓋説得甚明。本朝如胡安定公〔二〇〕、范蜀公、司馬公、李照輩，元不曾看，徒自如此爭辨也。」漢書所載甚詳，然不得其要。太史公所載甚略，然都是要緊處。新修禮書中樂律補篇以一尺爲九寸，一寸爲九分，一分爲九釐，一釐爲九豪，一豪爲九絲。方子。

「樂律中所載十二詩譜，乃趙子敬所傳，云是唐開元間鄉飲酒所歌也。但却以黄鍾清爲宮，此便不可。蓋黄鍾管九寸，最長。若以黄鍾爲宮，則餘律皆順，若以其他律爲宮，便有相陵處。今且只以黄鍾言之，自第九宫後四宫，則或爲角，或爲羽，或爲商，或爲徵。若以爲角，則是民陵其君矣；若以爲商，則是臣陵其君矣。徵爲事，羽爲物，皆可類推。樂記曰：『五者皆亂，迭相陵謂之慢。如此，則國之滅亡無日矣！』故製黄鍾四清聲用之。清聲短其律之半，是黄鍾清長四寸半也。若後四宫用黄鍾爲角、徵、商、羽，則以四清聲代之，不可用黄鍾本律，以避陵慢。故漢志有云：『黄鍾不復爲他律所役。』其他律亦皆有清聲，若遇相陵，則以清聲避之，不然則否。惟是黄鍾則不復爲他律所用。然沈存中續筆談説云：『唯君臣民不可相陵，事物則不必避。』」先生一日又説：「古人亦有時用黄鍾清爲宫，前説未是。」廣。

「音律只是氣。人亦只是氣，故相關。」揚。

「今之士大夫，問以五音、十二律，無能曉者。要之，當立一樂學，使士大夫習之〔一一〕，久後必有精通者出。」升卿。

「人今都不識樂器，不聞其聲，故不通其義。如古人尚識鍾鼓，然後以鍾鼓爲樂。故孔子云：『樂云樂云，鍾鼓云乎哉！』今人鍾鼓已自不識。」揚。

「鎛鐘甚大，特懸鐘也。衆樂未作，先擊特鐘以發其聲；衆樂既闋，乃擊特磬以收其韻。」僩〔一二〕。

「堂上樂，金鐘玉磬。今太常玉磬鎖在櫃裏，更不曾設，恐爲人破損，無可陪還。尋常交割，只據文書；若要看，旋開櫃取一二枚視之。」人傑。

「今之簫管，乃是古之笛。雲簫，方是古之簫。」廣。

「觱篥，本名悲栗，言其聲之悲壯也。」廣。

「俗樂中無徵聲，蓋没安排處；及無黄鍾等四濁聲。」僩。

「今之曲子，亦各有某宫。其宫云：『今樂起處，差一位。』」璘。

「洛陽有帶花劉使，名几，於俗樂甚明，蓋曉音律者。范蜀公徒論鍾律，其實不曉，但守死法。若以應鍾爲宫，則君民事物皆亂矣。司馬公比范公又低。二公於通典尚不曾看，通典自説得分曉。史記律書説律數亦好。此蓋自然之理，與先天圖一般，更無安排。但數到窮處，又須變而生之，却生變律。」人傑。

「劉几與伶人花日新善，其弟厭之，令勿通。几戒花吹笛於門外，則出與相見。其弟又令終日吹笛亂之。然花笛一吹，則劉識其音矣。」人傑。

「向見一女童，天然理會得音律，其歌唱皆出於自然，蓋是禀得這一氣之全者。」人傑。

胡問：「今俗妓樂不可用否？」曰：「今州縣都用，自家如何不用得？亦在人斟酌。」淳。

校勘記

〔一〕義剛　朝鮮本作：淳。

〔二〕十二個皆通　朝鮮本「通」下有小注「庚」字。

〔三〕問　朝鮮本作：道夫問。

〔四〕中吕爲角　「吕」原作「宫」，據朝鮮本、萬曆本改。

〔五〕若到應鍾爲宫　「鍾」字原脱，據萬曆本補。

〔六〕然近時却有四清聲　朝鮮本「却」下有「只」字。

〔七〕因　朝鮮本此上增一節文字：「子路問聞斯行諸」至「季路使子羔爲費宰」四章，植與諸友通舉，先生無説，先生因與亞夫與植説近於樂處。

〔八〕終未理會得　朝鮮本此下增一節文字：又問聲氣之元。曰：「律曆家最重這元聲，元聲一定，向下都定；元聲差，向下都差。」

〔九〕問　朝鮮本作：文蔚問。

〔一〇〕問　朝鮮本作：義剛問。

〔一一〕其聲音高下皆要中律　朝鮮本「律」下有小注「庚」字。

〔一二〕何安耻其不能　「安」，據隋書音樂志中當作「妥」。

〔一三〕至如樂律 「律」原作「得」，據朝鮮本、萬曆本改。

〔一四〕使其見此 「其」原作「甚」，據朝鮮本、萬曆本改。

〔一五〕范忠文 朝鮮本作：范忠宣公。

〔一六〕看 朝鮮本此下增：唐。

〔一七〕至 朝鮮本此處增：五代。

〔一八〕陳淳言 「淳」原爲墨丁，據萬曆本補。

〔一九〕亦多錯字 朝鮮本「字」下有小注「庚」字。

〔二〇〕本朝如胡安定公 「公」字原爲空格，據朝鮮本補。

〔二一〕使士大夫習之 「使」原作「生」，據朝鮮本、萬曆本改。

〔二二〕僩 朝鮮本「僩」下有小注「卓録同」三字。

朱子語類卷第九十三

孔孟周程

「看聖賢代作，未有孔子，便無論語之書；未有孟子，便無孟子之書；未有堯、舜，便無典、謨；未有商、周，便無風、雅、頌。」賀孫。

「此道更前後聖賢，其說始備。自堯、舜以下，若不生個孔子，後人去何處討分曉？孔子後若無個孟子，也未有分曉。孟子後數千載，乃始得程先生兄弟發明此理。今看來，漢、唐以下諸儒說道理見在史策者，便直是說夢！只有個韓文公依稀說得略似耳。」賀孫。

「天不生仲尼，萬古長如夜！」唐子西嘗於一郵亭梁間見此語。季通云：「天先生伏羲、堯、舜、文王，後不生孔子，亦不得；後又不生孟子，亦不得；二千年後又不生二程，亦不得。」方。

「孔子天地間甚事不理會過！若非許大精神，亦呑許多不得。」一日因話又説：「今覺見朋友間，都無大精神。」文蔚。

問：「『定禮樂』，是禮記所載否？」曰：「不見得。」節復問「贊易」之「贊」。曰：「稱述其事，如『大哉乾元』之類是贊。」節。

「戰國、秦、漢間，孔子言語存者尚多有之。如孟子所引『仁不可爲衆』〔一〕，『爲此詩者，其知道乎』。又如劉向所引之類。」

「夫子度量極大，與堯同。門弟子中如某人輩，皆不點檢他，如堯容四凶在朝相似。」必大。人傑録云：「堯〔二〕容四凶在朝。夫子之門，亦何所不容！」

問：「孔子不是不欲仕，只是時未可仕？」曰：「聖人無求仕之義。君不見用，只得且恁地做。」銖。

或問：「孔子當衰周時，可以有爲否？」曰：「聖人無有不可爲之事，只恐權柄不入手。若得權柄在手，則兵隨印轉，將逐符行。近温左氏傳，見定、哀時煞有可做底事。」問：「固是聖人無不可爲之事。聖人有不可爲之時否？」曰：「便是聖人無不可爲之時。若時節變了，聖人又自處之不同。」又問：「孔子當衰周，豈不知時君必不能用己？」曰：「聖人却無此心。豈有逆料人君能用我與否？到得後來説『吾不復夢見周公』，與『鳳鳥不至，河不出圖，吾已矣夫』時，聖人亦自知其不可爲矣。但不知此等話是幾時說。據『陳恒弒其君』，孔子沐浴而朝，請討之時，是獲麟之年，那時聖人猶欲有爲也〔三〕。」廣。

問〔四〕：「看聖人汲汲皇皇，不肯没身逃世，只是急於救世，不能廢君臣之義。至於可與不可，臨時依舊裁之以義。」曰：「固是。但未須說急於救世，自不可不仕。」又問：「若據『危邦不入，亂邦不居』，『有道則見，無道則隱』等語，却似長沮、桀溺之徒做得是？」曰：「此爲學者言之。聖人做作，又自不同。」又問：「聖人亦明知世之不可爲否？」曰：「也不是明知不可。但天下無不可爲之時，苟可以仕則仕，至不可處便止。如今時節，臺諫固不可做，州縣也自做得。到得居位守職，却教自家枉道廢法，雖一簿尉也做不得，便着去位。」木之。

「某嘗疑誅少正卯無此事，出於齊、魯陋儒欲尊夫子之道，而造爲之說。若果有之，則左氏記載當時人物甚詳，何故有一人如許勞攘，而略不及之？史傳閒不足信事如此者甚多。」僩。

「衛靈公無道如此，夫子直欲扶持之，戀戀其國，久而不去。不知是何意，不可曉。」

「孔子在衛國居得甚久。想是靈公有英雄之氣，孔子見其可與有爲，故久居而欲輔必大。

之〔五〕。」壽昌。

問：「自孔子後，何故無聖人？」曰：「公且看三代而下，那件不薄？文章、字、畫亦可見，只緣氣日薄。」因問：「康節『一元開物閉物』之説，是否？」曰：「有此理。不易他窺測至此！」浩。揚録云：「自周後氣薄，亦不生聖賢。」

或問：「孔子當孟子時，如何？」曰：「孔子自有作用，然亦須稍加峻厲。」又問：「孔子若見用，顏子還亦出否？」曰：「孔子若用，顏子亦須出來做他次一等人〔六〕。如孔子做宰相，顏子便做參政。」去僞。

「龜山謂『孔子如知州，孟子如通判權州』，也是如此。通判權州，畢竟是別人事，須着些力去做，始得。」廣。

問：「『顏子合下完具，只是小，要漸漸恢廓；孟子合下大，只是未粹，要索學以充之。』此莫是才具有異〔七〕？」曰：「然。孟子覺有動蕩底意思。」可學。

或問：「顏子比湯如何？」曰：「顏子只據見在事業未必及湯。使其成就，則湯又不得比顏子。前輩説禹與顏子雖是同道，禹比顏子又粗些。顏子比孟子，則孟子當粗看，磨稜合縫，猶未有盡處；若看諸葛亮，只看他大體正當，細看不得。」大雅。

才仲問顏子，因舉先生舊語云「顏子優於湯、武」，「如何見得？」曰：「公且自做工夫，這般處説不得。據自看，覺得顏子渾渾無痕迹。」賀孫。

問：「顏子之學，莫是先於性情上着工夫否？」曰：「然。凡人爲學，亦須先於性情上着工夫。非獨於性情上着工夫，行步坐立，亦當着工夫。」煇〔八〕。謨録云：「學者固當存養性情。然處事接物，動止應酬，皆是着工夫處，不獨性情也。」

邵漢臣問顏淵、仲弓不同。曰：「聖人之德，自是無不備，其次則自是易得不備。如顏子已是煞周全了，只比之聖人更有些未完。如仲弓則偏於淳篤，而少顏子剛明之意。若其他弟子，未見得。只如曾子則大抵偏於剛毅，這終是有立脚處。所以其他諸子皆無傳，惟曾子獨得其傳。到子思也恁地剛毅，孟子也恁地剛毅。惟是有這般人，方始湊合得着。惟是這剛毅等人，方始立得定。子思别無可考，只孟子所稱，如『摽使者出諸大門之外，北面稽首再拜而不受〔九〕』；如云『事之云乎，豈曰友之云乎』之類，這是甚麽樣剛毅！」賀孫。

「孔門只一個顏子合下天資純粹。到曾子便過於剛，與孟子相似。世衰道微，人欲横流，不是剛勁有脚跟底人，定立不住。」淳。

問〔一〇〕：「若使曾子爲邦，比顏子如何？」曰：「想得不似顏子熟。然曾子亦大故有力。曾子、子思、孟子大略皆相似。」問：「明道比顏子如何？」曰：「不要如此問，且看他做工夫處。」德明。

「曾點開闊，漆雕開深穩。」振〔一一〕。

「曾點父子爲學不同。點有康節底意思，將那一個物玩弄。」道夫。

「曾子父子相反，參合下不曾見得，只從日用間應事接物上積累做去，及至透徹，那小處都是自家底了。點當下見得甚高，做處却又欠闕。如一座大屋，只見廳堂大概，裏面房室元不曾經歷，所以夷考其行而有不掩，卒歸於狂。」儒用〔一二〕。

「曾子真積力久。」若海。

「曾子説話，盛水不漏。」敬仲。

「曾子太深，壁立萬仞！」振。

「孔門弟子，如子貢後來見識煞高，然終不及曾子。如一『唯』之傳，此是大體。畢竟他落脚下手立得定，壁立萬仞！觀其言，如『彼以其富，我以吾仁』，『可以託六尺之孤』，『士不可以不弘毅』之類，故後來有子思、孟子，其傳永遠。孟子氣象尤可見。」士毅。

「曾子本是魯拙，後來既有所得，故守得夫子規矩定。其教人有法，所以有傳。若子貢則甚敏，見得易，然又雜；往往教人亦不似曾子守定規矩，故其後無傳。」因竇問子貢之學無傳。德明。

「子貢俊敏，子夏謹嚴。孔子門人自曾、顏而下，惟二子，後來想大故長進。」僩。

「但將論語子夏之言看，甚嚴毅。」節。

「子游是個簡易人，於節文有未至處。」如譏子夏之門人，與「喪致乎哀而止」。廣。

「子張過高，子夏窄狹。」端蒙。

「子張是個務外底人，子游是個高簡、虛曠、不屑細務底人，子夏是個謹守規矩、嚴毅底人。因觀荀子論三子之賤儒，亦是此意，蓋其末流必至是也。」僩。

問：「孔門學者，如子張全然務外，不知〔一三〕如何地學却如此？」曰：「也干他學甚事？他在聖門，亦豈不曉得爲學之要？只是他資質是個務外底人，所以終身只是這意思。子路是個好勇底人，終身只是說出那勇底話。而今學者閑時都會說道理當如何，只是臨事時，依前只是他那本來底面目出來，都不如那閑時所說者。」僩。

「子路全義理，管仲全功利。」振。

「孟子極尊敬子路。」

問〔一四〕：「韓子稱『孔子之道大而能博』。大是就渾淪，博是就該貫處否？」曰：「韓子亦未必有此意。但如此看，亦自好。」至問〔一五〕：「如何是『學焉而皆得其性之所近』？」曰：「政事者就政事上學得，文學者就文學上學得，德行言語者就德行言語上學得。」至。

「看來人全是資質。韓退之云：『孔子之道大而能博，門弟子不能徧觀而盡識也，故學焉而皆得其性之所近。』此說甚好。看來資質定了，其爲學也只就他資質所尚處，添得些小好而已。所以學貴公聽並觀，求一個是當處，不貴徒執己自用。今觀孔子諸弟子，只除了曾、顔之外，其他說話便皆有病。程子諸門人，上蔡有上蔡之病，龜山有龜山之病，和靖有和靖之病，無有無病者。」或問：「也是後來做工夫不到，故如此。」曰：「也是合下見得不周徧，差了。」又曰：「而今假令親見聖人說話，盡傳得聖人之言不差一字，若不得聖人之心，依舊差了，何況猶不得其言？若能得聖人之心，則雖言語各別，不〔一六〕害其爲同。如曾子說話，比之孔子又自不同。子思傳曾子之學，比之曾子，其言語亦自不同。孟子比之子思，又自不同。然自孔子以後，得孔子之心者，惟曾子、子思、孟子而已。後來非無能言之士，如揚子雲法言模倣論語，王仲淹中說亦模倣論語，言愈似而去道愈遠。直至程子方略明得四五十年，爲得聖人之心。然一傳之門人，則已皆失其真矣。云云。其終卒歸於『擇善固執』，『明善誠身』，『博文約禮』而已，只是要人自去理會。」僩。

「孟子比之孔門原憲，謹守必不似他。然他不足以及人，不足以任道，孟子便擔當得事。」淳。孟子。

「孟子不甚細膩，如大匠把得繩墨定，千門萬户自在。」又記「千門」字上有「東西南北」

字。節。

鄧子禮問：「孟子恁地，而公孫、萬章之徒皆無所得。」曰：「他只是逐孟子上上下下，不曾自去理會。」又曰：「孔子於門人恁地提撕警覺，尚有多少病痛！」賀孫。

問〔一七〕：「周子是從上面先見得？」曰：「也未見得是恁地否。但是周先生天資高，想見下面工夫也不大故費力。而今學者須是從下學理會，若下學而不上達，也不成個學問。須是尋到頂頭，却從上貫下來。」夔孫〔一八〕。周子。

「季通云：『濂溪之學，精慤深密。』」端蒙。

「濂溪清和。孔經甫祭其文曰：『公年壯盛，玉色金聲；從容和毅，一府皆傾。』墓碑亦謂其『精密嚴恕』，氣象可想矣。」道夫。

「周子看得這理熟，縱橫妙用，只是這數個字都括盡了。周子從理處看，邵子從數處看，都只是這理。」砥曰：「畢竟理較精粹。」曰：「從理上看則用處大，數自是細碎。」砥。

「今人多疑濂溪出於希夷；又云爲禪學，其諸子皆學佛。」可學云〔一九〕：「濂溪書具存，如太極圖，希夷如何有此説？或是本學老、佛而自變了，亦未可知。」曰：「嘗讀張忠定公語録。公問〔二〇〕李畋云：『汝還知公事有陰陽否？』云云。此説全與濂溪同。忠定〔二一〕見可學。

希夷，蓋亦有些來歷。但當時諸公知濂溪者，未嘗言其有道。」可學曰〔二二〕：「此無足怪。程太中獨知之。」曰：「然。」又問：「明道之學，後來固别。但其本自濂溪發之，只是此理推廣之耳。但不如後來程門授業之多。」曰：「當時既未有人知，無人往復，只得如此。」可學。

「濂溪在當時，人見其政事精絶，則以爲官業過人；見其有山林之志，則以爲襟袖灑落，有仙風道氣，無有知其學者。惟程太中獨知之。這老子所見如此，宜其生兩程子也。只一時程氏，類多好人。」舉横渠祭太中弟云：「父子參、點。」又祭明道女兄云：「見伯淳言，汝讀孟子有所見，死生鬼神之藴，無不洞曉。今人爲卿相大臣者，尚不能知。」先生笑曰：「此事是譏富公。」賓問：「韓公一般氣象如何？」曰：「韓公天資高，但學識淺，故只做得到那田地，然其大綱皆正。」又云：「明道當初想明得煞容易，便無那查滓〔二三〕。只一再見濂溪，當時又不似而今有許多言語出來。不是他天資高，見得易，如何便明得？」德明問：「遺書中載明道語，便自然灑落明快。」曰：「自是他見得容易。伊川易傳却只管修改，晚年方出其書。若使明道作，想無許多事。嘗見門人有祭明道文云：『先生欲著樂書，有志未就。』不知其書要如何作。」德明。周、程。

問：「明道、濂溪俱高，不如伊川精切。」曰：「明道説話超邁，不如伊川説得的確。濂溪也精密，不知其他書如何，但今所説這些子，無一字差錯。」問明道不著書。曰：「嘗見某人祭明道文説蹺蹊，説明道要著樂書。「樂」音「洛」。樂，如何著得書？」德輔。

「汪端明嘗言二程之學，非全資於周先生者。蓋通書人多忽略，不曾考究。今觀通書皆是發明太極。書雖不多，而統紀已盡。二程蓋得其傳，但二程之業廣耳。」營。

二程不言太極者，用劉絢記程言：『清虚一大，恐人别處走。今只説敬，意只在所由，只一理也。』一理者，言『仁義中正而主靜』。」方。

「濂溪靜一，明道敬。」方子。

「明道説話渾淪，煞高，學者難看。」淳。程子。

「明道説底話，恁地動彈流轉。」方子。

「明道語宏大，伊川語親切。」方。

「明道説話，一看便好，轉看轉好；伊川説話，初看未甚好，久看方好。」義剛〔二四〕。

「明道説話，亦有説過處，如説『舜有天下不與』。又其説闊，人有難曉處，如説『鳶飛魚躍』，謂『心勿忘，勿助長』處。伊川較子細，説較無過，然亦有不可理會處。」又曰：「明道所見甚俊偉，故説得較快，初看時便好，子細看亦好；伊川説，初看時較拙，子細看亦拙。」又曰：「明道説經處較遠，不甚協注。」揚。

說「明道言語儘寬平，伊川言語初難看，細讀有滋味」。又云：「某說大處自與伊川合，小處却持有意見不同。說南軒見處高，如架屋相似，大間架已就，只中間少裝折」。寓。

「明道曾看釋、老書，伊川則莊、列亦不曾看。」先生云：「後來須着看。不看，無緣知他道理。」

「伊川好學論，十八時作。明道十四五便學聖人，二十及第，出去做官，一向長進。定性書是二十二三時作。是時遊山，許多詩甚好。」義剛。

問：「明道可比顏子，伊川可比孟子否？」曰：「明道可比顏子。孟子才高，恐伊川未到孟子處。然伊川收束檢制處，孟子却不能到。」煇〔二五〕。

竇問：「前輩多言伊川似孟子。」曰：「不然。伊川謹嚴，雖大故以天下自任，其實不似孟子放脚放手〔二六〕。孟子不及顏子，顏子常自以爲不足。」德明。

鄭問：「明道到處響應，伊川入朝成許多事，此亦可見二人用處。」曰：「明道從容，伊川都挨不行。」陳後之問：「伊川做時似孟子否？」曰：「孟子較活絡。」問：「孟子做似伊尹否？」先生首肯。又曰：「孟子傳伊尹許多話，當時必有一書該載。」淳。

問：「學於明道，恐易開發；學於伊川，恐易成就。」曰：「在人用力。若不用力，恐於伊川無向傍處。明道却有悟人處。」方。

「伊川説話，如今看來，中間寧無小小不同？只是大綱統體説得極善。如『性即理也』一語，直自孔子後，惟是伊川説得盡。這一句，便是千萬世説性之根基。理是個公共底物事，不解會不善。人做不是，自是失了性，却不是壞了着脩。」賀孫。

「明道詩云：『旁人不識予心樂，將爲偷閑學少年。』此是後生時氣象眩露，無含蓄。」學蒙〔二七〕。

或問明道五十年猶不忘遊獵之心。曰：「人當以此自點檢。須見得明道氣質如此，至五十年猶不能忘。在我者，當益加操守方是，不可以此自恕。」卓。

「東坡見伊川主司馬公之喪，譏其父在，何以學得喪禮如此。然後人遂爲伊川解説道，伊川先丁母難。也不消如此。人自少讀書，如禮記、儀禮，便都已理會了。古人謂居喪讀喪禮，亦平時理會了，到這時更把來温審，不是方理會。」賀孫。

因論司馬、文、吕諸公當時尊伊川太高，自宰相以下皆要來聽講，遂致蘇、孔諸人紛紛。曰：「宰相尊賢如此，甚好。自是諸人難與語。只如今賭錢喫酒等人，正在無禮，你却將禮記去他邊讀，如何不致他惡？」揚。

「伊川令吕進伯去了韓安道。李先生云：『此等事，須是自信得及，如何教人做得！』」揚。

至之〔二八〕問：「程先生當初進説，只以『聖人之説爲可必信，先王之道爲可必行〔二九〕，不狃滯於近規，不遷惑於衆口，必期致天下如三代之世』，何也？」先生曰：「也不得不恁地説。如今説與學者，也只得教他依聖人言語恁地做去。待他就裏面做工夫有見處，便自知得聖人底是確然恁地。荆公初時與神宗語亦如此，曰：『願陛下以堯、舜、禹、湯爲法〔三〇〕。今苟能爲堯、舜、禹、湯之君，則自有皐、夔、稷、契、伊、傅之臣。諸葛亮、魏證，有道者所羞道也。』説得甚好，只是他所學偏，後來做得差了，又在諸葛、魏證之下。」義剛〔三一〕。

有咎伊川著書不以示門人者，再三誦之，先生不以爲然也。因坐復歎。先生曰：「公恨伊川著書不以示人，某獨恨當時提撕他不緊。故當時門人弟子布在海内，炳如日星，自今觀之，皆不滿人意。只今易傳一書散滿天下，家置而人有之，且道誰曾看得他個！果有得其意者否？果曾有行得他個否？」道夫。

「聞伯夷、柳下惠之風者，頑廉薄敦，皆有興起，此孟子之善想像者也。『孔子，元氣也；顔子，和風慶雲也；孟子，泰山巖巖之氣象也。』此程夫子之善想像者也。今之想像大程夫子者，當識其明快中和處；小程夫子者，當識其初年之嚴毅，晚年又濟以寬平處。豈徒想像而已哉？必還以驗之吾身者如何也。若言論風旨，則誦其詩，讀其書，字字而訂之，句句而議之，非惟求以得其所言之深旨，將併與其風範氣象皆得之矣。」大雅。

書無所不讀，事無所不能，若作强記多能觀之，誠非所以形容有道之君子。然在先生分上正不妨。書之當讀者無所不讀，欲其無不察也；事之當能者無所不能，以其無不通也。觀其平日辯異端，闢邪説，如此之詳，是豈不讀其書而以耳剽決之耶？至於鄙賤之事雖瑣屑，然孰非天理之流行者？但此理既得，自然不習而無不能耳。故孔子自謂「多能鄙事」，但以爲學者不當自是以求之，故又曰「不多」也。今欲務於强記多能，固非所以爲學。然事物之間分别太甚，則有修飾邊幅，簡忽細故之病，又非所以求盡心也。鎬。

「伊川快説禪病，如後來湖南龜山之弊，皆先曾説過。湖南正以爲善。龜山求中於喜怒哀樂之前。」方。

「居仁謂伊川『顚頂』語，是親見與病叟書中説。」方。

「伊川告詞如此，是紹興初年議論，未免一褒一貶之雜也。」謨。

「程先生傳甚備，見徽廟實録，吕伯恭撰。」振。

叔器〔三二〕問：「横渠似孟子否？」曰：「一人是一樣，規模各不同。横渠嚴密，孟子宏闊。孟子是個有規矩底康節。」安卿〔三三〕曰：「他宏闊中有縝密處，每常於所謂『「不見諸侯，何也？」曰：「不敢也。」』『「賜之則不受，何也？」曰：「不敢也。」』此兩處，見得他存心甚畏謹，守義甚縝密。」曰：「固是。」至之曰：「孟子平正；横渠高處太高，僻處太僻。」曰：「是。」義剛。張子。

「横渠將這道理擡弄得來大，後更奈何不下。」必大。

「横渠儘會做文章。如西銘及應用之文，如百椀燈詩，甚敏。到說話，却如此難曉，怕關西人語言自如此。」賀孫。

「横渠之學是苦心得之，乃是『致曲』，與伊川異。以孔子爲非生知，渠蓋執『好古敏以求之』，故有此說。不知『好古敏以求之』非孔子做不得。」可學。

問：「横渠之教，以禮爲先。浩恐謂之禮，則有品節，每遇事，須用秤停當，禮方可遵守。初學者或未曾識禮，恐無下手處。敬則有一念之肅，便已改容更貌，不費安排，事事上見得此意。如何？」先生曰：「古人自幼入小學，便教以禮；及長，自然在規矩之中。横渠却是用官法教人禮，也易學。今人乍見，往往以爲難。某嘗要取三禮編成一書，事多蹉過。若有朋友，只兩年工夫可成。」浩。

「張横渠傳，當時人推范純夫作，見神宗實録。」揚。

「明道之學，從容涵泳之味洽；横渠之學，苦心力索之功深。」端蒙。程、張。

「横渠之於程子，猶伯夷、伊尹之於孔子。」若海。

問：「孔子〔三四〕六經之書，盡是説道理内實事，故便覺得此道大。自孟子以下，如程、張之門，多指説道之精微，學之要領，與夫下手處，雖甚親切易見，然被他開了四至〔三五〕，便覺規模狹〔三六〕了，不如孔子六經氣象大。」曰：「後來緣急欲人曉得，故不得不然，然亦無他不得。若無他説破，則六經雖大，學者從何處入頭？横渠最親切。程氏規模廣大，其後學者少有能如横渠輩用工者。近看得横渠用工最親切，直是可畏！學者用工，須是如此親切。更有一説奉祝：老兄言語更多些，更須删削，見簡潔處方是。」大雅。

閭丘次孟云：「諸先生説話，皆不及小程先生，雖大程亦不及。」曰：「不然。明道説話儘高，邵、張説得端的處，儘好。且如伊川説『仁者，天下之公，善之本也』，大段寬而不切。如横渠説『心統情性』這般所在，説得的當。又如伊川謂『鬼神者，造化之迹』，却不如横渠所謂『二氣之良能也』。」直卿曰：「如何？」曰：「程子之説固好，但只渾淪在這裏。張子之説，分明便見有個陰陽在。」曰：「如所謂『功用則謂之鬼神』，也與張子意同。」曰：「只爲他渾淪在那裏。」閭丘曰：「明則有禮樂，幽則有鬼神。」曰：「只這數句便要理會。明便如何説禮樂？幽便如何説鬼神？須知樂便屬神，禮便屬鬼。他此語落着，主在鬼神。」因指甘蔗曰：「其香氣便唤做神，其漿汁便唤做鬼。」直卿曰：「向讀中庸所謂『誠之不可揜』處，竊疑謂鬼神爲陰陽屈伸，則是形而下者。若中庸之言，則是形而上者矣。」曰：「今也且只就形而下者説來。但只是他皆是實理處發見，故未有此氣，便有此理；既有此理，必有此氣。」道夫。

「今且須看孔、孟、程、張四家文字，方始講究得着實，其他諸子不能無過差也。」理。

校勘記

〔一〕如孟子所引仁不可爲衆　「仁」原作「人」，據孟子離婁上改。

〔二〕堯　朝鮮本「堯」上增：夫子度量似堯。

〔三〕有爲也　朝鮮本此下增：獲麟在魯哀公十四年，十六年孔子卒。

〔四〕問　朝鮮本段首作：木之問。

〔五〕故久居而欲輔之　「而」原作「可」，據萬曆本改。

〔六〕顔子亦須出來做他次一等人　「次」原作「欠」，據朝鮮本、萬曆本改。

〔七〕此莫是才具有異　「具」原作「其」，據朝鮮本、萬曆本改。

〔八〕煇　朝鮮本作：方子。

〔九〕北面稽首再拜而不受　「稽首再拜」原作「再拜稽首」，據孟子萬章下乙正。

〔一〇〕問　朝鮮本段首增一節文字：曾子本是魯拙，後來既有所得，故守得夫子規矩定。其教人有法，所以有傳。若子貢則甚敏，見得易，然又雜；往往教人亦不似曾子守定規矩，故其後無傳。因竇問子貢之學無傳。德明。

〔一一〕振　朝鮮本末尾記録者姓名作「方子」。

〔一二〕儒用　朝鮮本作：元秉。

〔一三〕不知　朝鮮本此下增：當初。

〔一四〕問　朝鮮本作：至問。

〔一五〕至問　朝鮮本作「至既問韓子謂門弟子不能偏觀而盡識故學焉而皆得其性之所近」，凡二十七字。

〔一六〕不　朝鮮本此下增：得。

〔一七〕問　朝鮮本此上增一節文字：「聖人定之以中正仁義」，此四物常在這裏流轉，然常靠著個靜做本，若無夜，則做得晝不分曉，若無冬，則做得春夏不長茂。如人終日應接，卻歸來。這裏空處少歇便精神，較健如生物而無冬，只管一向生去，元氣也會歇了。中仁是動，正義是靜，通書都是恁地說。如云「禮先而樂後」。

〔一八〕夔孫　朝鮮本此下小字作：義剛録同。

〔一九〕可學云　朝鮮本作：某云。

〔二〇〕公問　朝鮮本作：語。

〔二一〕忠定　朝鮮本此下增：公常。

〔二二〕可學曰　朝鮮本作：某曰。

〔二三〕便無那查滓　「那」原作「郡」，據朝鮮本、萬曆本改。

〔二四〕義剛　朝鮮本所收語録包含此句内容，今附如下：「『不改其樂』者，僅能不改其樂而已。『不能改其樂』者，是自家有此樂，它無柰自家何。以此見得聖賢地位。某嘗謂：『明道之言，初見便好，轉看轉好；伊川之言，初看似未甚好，久看方好。』某作六先生贊，伯恭云：『伊川贊尤好。』蓋某是當初見得個意思恁地，所謂『布帛之文，菽粟之味，知德者希，孰識其貴』也。被伯恭看得好。」又云：「伯恭、欽夫二人使至今不死，大段光明！」夔孫。

〔二五〕煇　朝鮮本作：晦夫。

〔二六〕其實不似孟子放脚放手　朝鮮本「子」下有「才高縱横見得無礙然伊川却確實不似孟子」十八字。

〔二七〕學蒙　朝鮮本末尾記録者姓名作：正叔。

〔二八〕至之　朝鮮本作：楊至之問。

〔二九〕先王之道爲可必行　「道」，朝鮮本作「法」，下增注「陳作道」三字。

〔三〇〕願陛下以堯舜禹湯爲法　「陛」原作「階」，據朝鮮本、萬曆本改。

〔三一〕義剛　朝鮮本「剛」下有「按陳淳録同」五字。

〔三二〕叔器　朝鮮本作：胡叔器。

〔三三〕安卿　朝鮮本作：陳安卿。

〔三四〕孔子　朝鮮本「孔子」前增：近有一見。

〔三五〕至　朝鮮本作：止。

〔三六〕狹　朝鮮本此下增：小。

朱子語類卷第九十四

周子之書

太極圖

「太極圖『無極而太極』。上一圈即是太極，但挑出在上。」泳。

「太極一圈，便是一畫，只是撒開了，引教長一畫。」泳。

「太極圖只是一個實理，一以貫之。」端蒙。

「太極分開，只是兩個陰陽，括盡了天下物事。」

「『易有太極，是生兩儀。』四象八卦，皆有形狀。至於太極，有何形狀？故周子曰：『無極而太極。』蓋云無此形狀，而有此道理耳。」僩。

「『無極而太極』，只是一句。如『沖漠無朕』，畢竟是上面無形象，然却實有此理。圖上自分曉。到説無極處，便不言太極，只言『無極之真』。真便是太極。」畚。

「『無極而太極』，蓋恐人將太極做一個有形象底物看，故又説『無極』，言只是此理也。」端蒙。

「『無極而太極』，只是説無形而有理。所謂太極者，只二氣五行之理，非别有物爲太極也。」又云：「以理言之，則不可謂之有；以物言之，則不可謂之無。」僩。

「『無極而太極』，只是無形而有理。周子恐人於太極之外更尋太極，故以無極言之。既謂之無極，則不可以有底道理强搜尋也。」問：「太極始於陽動乎？」曰：「陰靜是太極之本，然陰靜又自陽動而生。一靜一動，便是一個闢闔。自其闢闔之大者推而上之，更無窮極，不可以本始言。」謨。

問：「『無極而太極』，固是一物，有積漸否？」曰：「無積漸。」曰：「上言無極，下言太極。竊疑上言無極無窮，下言至此方極。」曰：「無極者無形，太極者有理也。周子恐人把作一物看，故云無極。」曰：「太極既無氣，氣象如何？」曰：「只是理。」可學。

「周子所謂『無極而太極』，非謂太極之上别有無極也，但言太極非有物耳。如云『上天之載，無聲無臭。』故云『無極之真，二五之精』，既言無極，則不復别舉太極也。若如今説，則此處豈不欠一『太極』字耶？」端蒙。

「原『極』之所以得名，蓋取樞極之義。聖人謂之『太極』者，所以指夫天地萬物之根也；周子因之而又謂之『無極』者，所以大一作「著夫」。『無聲無臭』之妙也。」升卿。

問〔一〕：「太極解引『上天之載，無聲無臭』，此上天之載，即是太極否？」曰：「蒼蒼者是上天，理在『載』字上。」淳。

問：「『無極而太極』，如何？」曰：「子細看，便見得。」問：「先生之意，莫正是以無極太極爲理？」曰：「此非某之説，他道理自如此，着自家私意不得。太極無形象，只是理。他自有這個道理，自家私着一字不得。」問：「既曰太極，又有個無極，如何？」曰：「太極本無極，要去就中看得這個意出方得。公只要去討他不是處，與他鬭。而今只管去檢點古人不是處，道自家底是，便是識見不長。」劉曰：「要得理明，不得不如此。」曰：「且可去放開胸懷讀書。看得道理明徹，自然無歉吝之病，無物我之私，自然快活。」寓〔二〕。

「無極是有理而無形。如性，何嘗有形？太極是五行陰陽之理皆有，不是空底物事。若是空時，如釋氏説性相似。」又曰：「釋氏只見得個皮殼，裏面許多道理，他却不見。他皆以君臣父子爲幻妄。」節。

「『無極而太極』，不是太極之外别有無極，無中自有此理。又不可將無極便做太極。

『無極而太極』，此『而』字輕，無次序故也。『動而生陽，靜而生陰』，動即太極之動，靜即太極之靜。動而後生陽，靜而後生陰，生此陰陽之氣。謂之『動而生』，『靜而生』，則有漸次也。『一動一靜，互爲其根』，動而靜，靜而動，闢闔往來，更無休息。『分陰分陽，兩儀立焉』，兩儀是天地，與畫卦兩儀意思又別。動靜如晝夜，陰陽如東西南北，分從四方去。『一動一靜』以時言，『分陰分陽』以位言。方渾淪未判，陰陽之氣，混合幽暗。及其既分，中間放得寬闊光朗，而兩儀始立。康節〔三〕以十二萬九千六百年爲一元，則是十二萬九千六百年之前，又是一個大闢闔，更以上亦復如此，直是『動靜無端，陰陽無始』。小者大之影，只晝夜便可見。五峰所謂『一氣大息，震蕩無垠，海宇變動，山勃川湮，人物消盡，舊迹大滅，是謂洪荒之世』。常見高山有螺蚌殼，或生石中，此石即舊日之土，螺蚌即水中之物。下者却變而爲高，柔者變而爲剛，此事思之至深，有可驗者。『陽變陰合而生水火木金土』，陰陽氣也，生此五行之質。天地生物，五行獨先。地即是土，土便包含許多金木之類。天地之間，何事而非五行？五行陰陽，七者衮合，便是生物底材料。『五行順布，四時行焉』，金木水火分屬春夏秋冬，土則寄旺四季。如春屬木，而清明後十二日即是土寄旺之時，每季寄旺十八日，共七十二日。唯夏季十八日土氣爲最旺，故能生秋金也。以圖象考之，木生火、金生水之類，各有小畫相牽連；而火生土，土生金，獨穿乎土之內，餘則從旁而過，爲可見矣。『五行一陰陽也，陰陽一太極也，太極本無極也。』此當思無有陰陽而無太極底時節。若以爲止是陰陽，陰陽却是形而下者；若只專以理言，則太極又不曾與陰陽相離。正當沉潛玩索，將圖象意思抽開細看，又復合而觀之。某解此云：『非有離乎陰陽也，即陰陽而指其本體，不雜乎陰陽而爲言也。』此句自有三節意思，更宜深考。通書云：『靜而無動，動而無靜，物也；動而無動，靜而無靜，神也。』當即此兼看之。」謨。可學録别出。

舜弼〔四〕論太極云：「陰陽便是太極。」曰：「某解云：『非有離乎陰陽也，即陰陽而指其本體，不雜乎陰陽而言耳。』此句當看。今於某解説句尚未通，如何論太極？」又問：「『無極而太極』，因『而』字，故生陸氏議論。」曰：「『而』字自分明。下云：『動而生陽，靜而生陰。』説一『生』字，便是見其自太極來。今曰『而』，則只是一理。『無極而太極』，言無能生有也。」某問：「自陽動以至於人物之生，是一時俱生？且如此説，爲是節次如此？」曰：「道先後不可，然亦須有節次。康節〔五〕推至上十二萬八千，云云。不知已前又如何。太極之前，須有世界來，正如昨日之夜，今日之晝耳。陰陽亦一大闔闢也。但當其初開時須昏暗，漸漸乃明〔六〕，故有此節次，其實已一齊在其中。」又問：「今推太極以前如此，後去又須如此？」曰：「固然。程子云：『動靜無端，陰陽無始。』此語見得分明。今高山上多有石上蠣殼之類，是低處成高。又蠣須生於泥沙中，今乃在石上，則是柔化爲剛。天地變遷，何常之有？」又問：「明道云：『陰陽亦形而下者，而曰「道」，只此兩句截得上下分明。』『截』字，莫是『斷』字誤？」曰：「正是『截』字。形而上、形而下，只就形處離合分別，此正是界至處。若只説在上在下，便成兩截矣。」可學。

李問：「『無極之真』與『未發之中』，同否？」曰：「無極之真是包動靜而言，未發之中只以靜言。太極只是極至，更無去處了。至高至妙，至精至神，更没去處。濂溪恐人道太極有形，故曰『無極而太極』，是無之中有個至極之理。如『皇極』，亦是中天下而立，四方輻湊，更没去處；移過這邊也不是，移過那邊也不是，只在中央，四畔合湊到這裏。」又指屋極曰：「那裏更没去處了。」問：「南軒説『無極而太極』，言『莫之爲而爲之』，如何？」曰：「他説差。道理不可將初見便把做定。伊川解文字甚縝密，也是他年高七十以上歲，見得道理熟。吕與叔言語多不縝密處，是他不滿五十歲。若使年高，看道理必煞縝密。」寓〔七〕。

「太極無方所，無形體，無地位可頓放。若以未發時言之，未發却只是靜。動靜陰陽，皆只是形而下者。然動亦太極之動，靜亦太極之靜，但動靜非太極耳，或録云：「動不是太極，但動者太極之用耳；靜不是太極，但靜者太極之體耳。」故周子只以『無極』言之。無形而有理。未發固不可謂之太極，然中含喜怒哀樂，喜樂屬陽，怒哀屬陰，四者初未著，而其理已具。若對已發言之，容或可謂之太極，然終是難説。此皆只説得個髣髴形容，當自體認。」僩。

問〔八〕：「『無極而太極』，極是極至無餘之謂。無極是無之至〔九〕，至無之中乃至有存焉，故云『無極而太極』。」曰：「本只是個太極，只爲這本來都無物事，故説『無極而太極』。如公説無極，恁地説却好，但太極説不去。」曰〔一〇〕：「『有』字便是『太』字地位。」曰：「將『有』字訓『太』字不得。太極只是個理。」曰：「至無之中乃萬理之至有也。」曰：「亦得。」

問：「『動而生陽，靜而生陰』，注：『太極者本然之妙，動靜者所乘之機。』太極只是理，理不可以動靜言，惟『動而生陽，靜而生陰』，理寓於氣，不能無動靜所乘之機。乘，如乘載之乘，其動靜者，乃乘載在氣上，不覺動了靜，靜了又動。」曰：「然。」又問〔一一〕：「『動靜無端，陰陽無始』，那個動又從上面靜生下；上面靜，又是上面動生來。今姑把這個説起。」曰：「然。」又問〔一二〕：「『以質而語其生之序』，不是相生否？只是陽變而助陰，故生水；陰合而陽盛，故生火；木金各從其類，故在左右。」曰：「水陰根陽，火陽根陰。」錯綜而生其端，是天一生水，地二生火，天三生木，地四生金。到得運行處，便水生木，木生火，火生土，土生金，金又生水，水又生木，循環相生。又如甲乙丙丁戊己庚辛壬癸，都是這個物事。」因曰：「這個太極，是個大底物事。四方上下曰『宇』，古往今來曰『宙』。無一個物似宇樣大：四方去無極，上下去無極，是多少大？無一個物似宙樣長遠：亘古亘今，往來不窮。自家心下須常認得這意思。」問：「此是誰語？」曰：「此是古人語。象山常要説此語，但他說便只是這個，又不用裏面許多節拍，却只守得個空蕩蕩底。公更看橫渠西銘，初看有許多節拍，却似狹；充其量，是甚麽様大！合下便有個乾健坤順意思。自家身己便如此，形體便是這個物事，性便是這個物事。『同胞』是如此，『吾與』是如此，主腦便是如此。『尊高年，所以長其長；慈孤弱，所以幼其幼』，又是做工夫處。後面節節如此。『于時保之，子之翼也。樂且不憂，純乎孝者也。』其品節次第又如此。横渠這般説話，體用兼備，豈似他人只説得一邊！」問：「自其節目言之，便是『各正性命』；充其量而言之，便是『流行不息』。」曰：「然。」又問：「聖人定之以中正仁義而主靜。」曰：「此是聖人『脩道之謂教』處。」因云：「今且須涵養。如今看道理未精進，便須於尊德性上用功；於〔一三〕德性上有不足處，便須於講學上用功。二者須相趲逼，庶得互相振策出來。若能德性常尊，便恁地廣大，便恁地光輝，於講學上須更精密，見處須更分曉。若能常講學，於本原上又須好。覺〔一四〕得年來朋友於講學上却説較多，於尊德性上説較少，所以講學處〔一五〕不甚明了。」賀孫。

或問太極。曰：「太極只是個極好至善底道理。人人有一太極，物物有一太極。周子所謂太極，是天地人物萬善至好底表德。」謙。

「太極非是别爲一物，即陰陽而在陰陽，即五行而在五行，即萬物而在萬物，只是一個理而已。因其極至，故名曰太極。」廣〔一六〕。

「才說太極，便帶着陰陽；才說性，便帶着氣。不帶着陰陽與氣，太極與性那裏收附？然要得分明，又不可不拆開說。」寓。

因問：「太極圖所謂『太極』，莫便是性否？」曰：「然。此是理也。」問：「此理在天地間，則爲陰陽而生五行，以化生萬物；在人，則爲動靜而生五常，以應萬事。」曰：「動則此理行，此動中之太極也；靜則此理存，此靜中之太極也。」洽。

問：「先生說太極『有是性則有陰陽五行』，云云。此說性是如何？」曰：「想是某舊說〔一七〕，近思量又不然。此『性』字爲禀於天者言。若太極，只當說理，自是移易不得。易言『一陰一陽之謂道』，繼之者則謂之『善』，至於成之者方謂之『性』。此謂天所賦於人物，人物所受於天者也。」寓。

問：「『即陰陽而指其本體，不雜於陰陽而言之』，是於道有定位處指之？」曰：「然。『一陰一陽之謂道』，亦此意。」可學。

「自太極至萬物化生，只是一個道理包括，非是先有此而後有彼。但統是一個大源，由體而達用，從微而至著耳。」端蒙。

「某常說：『太極是個藏頭底，動時屬陽，未動時又屬陰了。』」方子〔一八〕。

「太極自是涵動靜之理，却不可以動靜分體用。蓋靜即太極之體也，動即太極之用也。

譬如扇子，只是一個扇子，動摇便是用，放下便是體。才放下時，便只是這一個道理；及摇動時，亦只是這一個道理。」

梁文叔云：「太極兼動静而言。」曰：「不是兼動静，太極有動静〔一九〕。喜怒哀樂未發，也有個太極；喜怒哀樂已發，也有個太極。只是一個太極，流行於已發之際，斂藏於未發之時。」

問：「太極動而生陽，静而生陰，見得理先而氣後。」曰：「雖是如此，然亦不須如此理會，二者有則皆有。」問：「未有一物之時，如何？」曰：「是有天下公共之理，未有一物所具之理。」德明。

問：「太極之有動静，是静先動後否？」曰：「一動一静，循環無端。無静不成動，無動不成静。譬如鼻息，無時不噓，無時不吸；噓盡則生吸，吸盡則生噓，理自如此。」德明。

問：「太極動然後生陽〔二〇〕，則是以動爲主？」曰：「纔動便生陽，不是動了而後生。這個只得且從動上説起，其實此之所以動，又生於静；上面之静，又生於動。此理只循環生去，『動静無端，陰陽無始』。」賀孫。

「『太極動而生陽，静而生陰』，不是動後方生陽，蓋纔動便屬陽，静便屬陰。『動而生陽』，其初本是静，静之上又須動矣。所謂『動静無端』，今且自『動而生陽』處看去。」時舉。

「『太極動而生陽，静而生陰』，非是動而後有陽，静而後有陰，截然爲兩段，先有此而後有彼也。只太極之動便是陽，静便是陰。方其動時，則不見静；方其静時，則不見動。然『動而生陽』，亦只是且從此説起。陽動以上，更有在。程子所謂『動静無端，陰陽無始』，於此可見。」端蒙。

國秀説太極。曰：「公今夜説得却似，只是説太極是一個物事，不得。説太極中便有陰陽，也不得。他只説『太極動而生陽，動極而静，静而生陰』。公道未動以前如何？」曰：「只是理。」曰：「固是理，只不當對動言。未動即是静，未静又即是動，未動又即是静。伊川云：『動静無端，陰陽無始，惟知道者識之。』動極復静，静極復動，還當把那個做擗初頭始得？今説『太極動而生陽』，是且把眼前即今個動斬截便説起。其實那動以前又是静，静以前又是動。如今日一晝過了，便是夜，夜過了，又只是明日晝。即今晝以前又有夜了，昨夜以前又有晝了。即今要説時日起，也只且把今日建子説起，其實這個子以前豈是無子？」賀孫。

問〔二〕：「『太極動而生陽』，是有這動之理，便能動而生陽否？」曰：「有這動之理，便能動而生陽；有這静之理，便能静而生陰。既動，則理又在動之中；既静，則理又在静之中。」曰：「動静是氣也，有此理爲氣之主，氣便能如此否？」曰：「是也。既有理，便有氣；

既有氣，則理又在乎氣之中。周子謂：『五殊二實，二本則一。一實萬分，萬一各正，小大有定。』自下推而上去，五行只是二氣，二氣又只是一理。自上推而下來，只是此一個理，萬物分之以爲體，萬物之中又各具一理。所謂『乾道變化，各正性命』，然總又只是一個理。此理處處皆渾淪，如一粒粟生爲苗，苗便生花，花便結實，又成粟，還復本形。一穗有百粒，每粒個個完全；又將這百粒去種，又〔一二〕各成百粒。生生只管不已，初間只是這一粒分去。物物各有理，總只是一個理。」曰：「鳶飛魚躍，皆理之流行發見處否？」曰：「固是。然此段更須將前後文通看〔一三〕。」淳。

或問太極。曰：「未發便是理，已發便是情。如動而生陽，便是情。」

問：「『太極動而生陽』，是陽先動也。今解云『必體立而用得以行』，如何？」曰：「體自先有。下言『靜而生陰』，只是説相生無窮耳。」可學。

「『太極動而生陽』，陽變陰合，自有先後。且以人之生觀之，先有陽，後有陰。陽在内而陰包於外，故心知思慮在内，陽之爲也；形體，陰之爲。」更須錯綜看。如臟腑爲陰，膚革爲陽，此見素問。端蒙。

「太極者，如屋之有極，天之有極，到這裏更没去處，理之極至者也。陽動陰靜，非太極動靜，只是理有動靜。理不可見，因陰陽而後知。理搭在陰陽上，如人跨馬相似。才生五行，便被氣質拘定，各爲一物，亦各有一性，而太極無不在也。統言陰陽，只是兩端，而陰中自分陰陽，陽中亦有陰陽。「乾道成男，坤道成女」，男雖屬陽，而不可謂其無陰；女雖屬陰，亦不可謂其無陽。人身氣屬陽，而氣有陰陽；血屬陰，而血有陰陽。至如五行，「天一生水」，陽生陰也；而壬癸屬水，壬是陽，癸是陰。「地二生火」，陰生陽也；而丙丁屬火，丙是陽，丁是陰。通書聖學章，「一」便是太極，「靜虚動直」便是陰陽，「明通公溥」便是五行。大抵周子之書才説起，便都貫穿太極許多道理。」謨。

「『動而生陽』，元未有物，且是如此動蕩，所謂『化育流行』也。『靜而生陰』，陰主凝，然後萬物『各正性命』。」問：「『繼之者善』之時，此所謂『性善』，至『成之者性』，然後氣質各異，方説得善惡？」曰：「既謂之性，則終是未可分善惡。」德明。

問：「動靜，是太極動靜？是陰陽動靜？」曰：「是理動靜。」問：「如此，則太極有模樣？」曰：「無。」問：「南軒云『太極之體至靜』，如何？」曰：「不是。」問：「又云『所謂至靜者，貫乎已發未發而言』，如何？」曰：「如此，則却成一不正當尖斜太極。」可學。

鄭仲履云：「吳仲方疑太極説『動極而靜，靜極復動』之説，大意謂動則俱動，靜則俱靜。」曰：「他都是胡説。」仲履云：「太極便是人心之至理。」曰：「事事物物皆有個極，是道理之極至。」蔣元進曰：「如君之仁，臣之敬，便是極。」曰：「此是一事一物之極。總天地萬物之理，便是太極。太極本無此名，只是個表德。」蓋卿。

問：「陰陽動靜以大體言，則春夏是動，屬陽；秋冬是靜，屬陰。就一日言之，晝陽而動，夜陰而靜。就一時一刻言之，無時而不動靜，無時而無陰陽。」曰：「陰陽無處無之，橫看豎看皆可見。橫看則左陽而右陰，豎看則上陽而下陰；仰手則爲陽，覆手則爲陰；向明處爲陽，背明處爲陰。正蒙云：『陰陽之氣，循環迭至，聚散相盪，升降相求，絪緼相揉，相兼相制，欲一之不能。』蓋謂是也。」德明。

「太極未動之前便是陰，陰靜之中，自有陽之根；陽動之中，又有陰之根。動之所以必靜者，根乎陰故也；靜之所以必動者，根乎陽故也。」謨。

問：「必至於『互爲其根』，方分陰陽？」曰：「從動靜便分。」曰：「『分陰分陽』，是帶上句？」曰：「然。」可學。

問：「自太極一動而爲陰陽，以至於爲五行，爲萬物，無有不善。在人則才動便差，是如何？」曰：「造化亦有差處，如冬熱夏寒，所生人物有厚薄，有善惡。不知自甚處差將來，便没理會了。」又問：「惟人才動便有差，故聖人主靜以立人極歟？」曰：「然。」廣。

問「動靜者〔一四〕，所乘之機」。曰：「理搭於氣而行。」可學。

問「動靜者，所乘之機」。曰：「太極理也，動靜氣也。氣行則理亦行，二者常相依而未嘗相離也。太極猶人，動静猶馬；馬所以載人，人所以乘馬。馬之一出一入，人亦與之一出一入。蓋一動一静，而太極之妙未嘗不在焉。此所謂『所乘之機』，無極、二五所以『妙合而凝』也。」銖。

周貴卿問「動静者，所乘之機」。曰：「機，是關捩子。踏着動底機，便挑撥得那静底；踏着静底機，便挑撥得那動底。」義剛。

「『動静者，所乘之機。』機，言氣機也。」詩云：「出入乘氣機。」端蒙。

「『動静無端，陰陽無始。』今以太極觀之，雖曰『動而生陽』，畢竟未動之前須静，静之前又須是動。推而上之，何自而見其端與始！」道夫。

「『動静無端，陰陽無始。』説道有，有無底在前；説道無，有有底在前，是循環物事。」敬仲。

「陰陽本無始，但以陽動陰静相對言，則陽爲先，陰爲後；陽爲始，陰爲終。猶一歲以正月爲更端，其實姑始於此耳。歲首以前，非截然别爲一段事，則是其循環錯綜，不可以先後始終言，亦可見矣。」端蒙。

問〔二五〕「動静無端，陰陽無始」。曰：「這不可説道有個始。他那有始之前，畢竟是個甚麽？他自是做一番天地了，壞了後，又恁地做起來，那個有甚窮盡？某自五六歲便煩惱道：『天地四邊之外，是什麽物事？』見人説四方無邊，某思量也須有個盡處。如這壁相似，壁後也須有什麽物事。其時思量得幾乎成病。到而今也未知那壁後池本作「天外」。夔孫録作「四邊」。是何物。」或舉天地相依之説，云：「只是氣。」曰：「亦是古如此説了。素問中説：『黄帝曰：「地有憑乎？」岐伯曰：「大氣乘之。」』是説那氣浮得那地起來。夔孫録云：「謂地浮在氣上。」這也説得好。」義剛。夔孫録略〔二六〕。

「『陽變陰合』，初生水火。水火氣也，流動閃鑠，其體尚虚，其成形猶未定。次生木金，則確然有定形矣。水火初是自生，木金則資於土。五金之屬，皆從土中旋生出來。」德明。

厚之問：「『陽變陰合』，如何是合？」曰：「陽行而陰隨之。」可學。

問：「太極圖兩儀中有地，五行中又有土，如何分别？」曰：「地言其大概，閎祖録作「全體」。土是地之形質。」

㬎問太極〔二七〕、兩儀、五行。曰：「兩儀即陰陽〔二八〕，陰陽是氣，五行是質。『立天之道，曰陰與陽；立地之道，曰柔與剛』，亦是質。又如人，魂是氣，體魄是質。」㬎云：「『太極生兩儀，兩儀生四象』，此如母生子，子在母外之義。若兩儀五行，却是子在母内。」曰：「是如此。陰陽、五行、萬物各有一太極。」又云：「『太極動而生陽』，只是如一長物，不免就中間截斷説起。其實動之前未嘗無静，静之前又未嘗無動。如『繼之者善也』，亦是就此説起。譬之俗語謂『自今日爲頭，已前更不受理』意思。」蓋卿。

「太極、陰陽、五行，只將元亨利貞看甚好。太極是元亨利貞都在上面；陰陽是利貞是陰，元亨是陽；五行是元是木，亨是火，利是金，貞是水。」端蒙。

或問太極圖之説。曰：「以人身言之：呼吸之氣便是陰陽，軀體血肉便是五行，其性便是理。」又曰：「其氣便是春夏秋冬，其物便是金木水火土，其理便是仁義禮智信。」又曰：「氣自是氣，質自是質，不可衮説。」義剛。

問：「『五行之生，各一其性』，理同否？」曰：「同而氣質異。」曰：「既説氣質異，則理不相通。」曰：「固然。仁作義不得，義作仁不得。」可學。

或問圖解云：「『五行之生，隨其氣質而所禀不同，所謂「各一其性」』也？」曰：「氣質是陰陽五行所爲，性質太極之全體〔二九〕。但論氣質之性，則此全體在氣質之中耳，非別有一性也。」銖。

或問：「太極圖五行之中又各有五行，如何？」曰：「推去也有，只是他圖未説到這處，然而他圖也只得到這處住了。」義剛。

「某許多説話，是太極中説已盡。太極便是性，動静陰陽是心，金木水火土是仁義禮智信，化生萬物是萬事。」又云：「『無極之真，二五之精，妙合而凝』，此數句甚妙，是氣與理合而成性也。」賀孫。或録云：「真，理也；精，氣也。理與氣合，故能成形。」

「『無極二五，妙合而凝。』凝只是此氣結聚，自然生物。若不如此結聚，亦何由造化得萬物出來？無極是理，二五是氣。無極之理便是性。性爲之主，而二氣、五行經緯錯綜於其間也。得其氣之精英者爲人，得其查滓者爲物。生氣流行，一衮而出，初不道付其全氣與人，減下一等與物也，但禀受隨其所得。物固昏塞矣，而昏塞之中，亦有輕重。昏塞尤甚者，於氣之查滓中又復禀得查滓之甚者爾。」謨。

問：「『無極而太極』，先生謂此五字添減一字不得。而周子言『無極之真』，却又不言太極。」曰：「『無極之真』，已該得太極在其中。『真』字便是太極。」又問：「『太極動而生陽，静而生陰，静極復動』，則動復生陽，静復生陰。不知分陰陽以立兩儀，在静極復動之前，爲復在後？」曰：「『動而生陽，靜而生陰』，則陰陽分而兩儀立矣。靜極復動以後，所以明混闢不窮之妙。」子蒙。

或問：「太極圖下二圈，固是『乾道成男，坤道成女』，是各有一太極也。」如曰：「『乾道成男，坤道成女』，方始萬物化生。易中却云：『有天地然後有萬物，有萬物然後有男女』，是如何？」曰：「太極所說，乃生物之初，陰陽之精，自凝結成兩個，後來方漸漸生去。萬物皆然。如牛羊草木，皆有牝牡，一爲陽，一爲陰。萬物有生之初，亦各自有兩個。故曰『二五之精，妙合而凝』。陰陽二氣更無停息。如金木水火土，是五行分了，又三屬陽，二屬陰，然而各又有一陰一陽。如甲便是木之陽，乙便是木之陰；丙便是火之陽，丁便是火之陰。只這個陰陽，更無休息。形質屬陰，其氣屬陽。金銀坑有金礦銀礦，便是陰，其光氣爲陽。」賀孫。

「天地之初，如何討個人種？自是氣蒸池作「凝」。結成兩個人後，方生許多萬物〔三〇〕。所以先說『乾道成男，坤道成女』，後方說『化生萬物』。當初若無那兩個人，如今如何有許多人？那兩人便似而今人身上虱，是自然變化出來。楞嚴經後面說，大劫之後，世上人都死了，無復人類，却生一般禾穀，長一尺餘，天上有仙人下來喫，見好後，只管來喫，喫得身重，遂上去不得，世間方又有人種。此說固好笑，但某因此知得世間却是其初有個人種如他樣說。」義剛。

「氣化，是當初一個人無種後，自生出來底。形生，却是有此一個人後，乃生生不窮底。」義剛。

問「氣化、形化」。曰：「此是總言。物物自有牝牡，只是人不能察耳〔三一〕。」

或問：「『萬物各具一太極』，此是以理言？以氣言？」曰：「以理言。」銖。

「『形既生矣』，形體，陰之爲也；『神發知矣』，神知，陽之爲也。蓋陰主翕，凡斂聚成就者，陰爲之也；陽主闢，凡發暢揮散者，陽爲之也。」端蒙。

問：「『五行之生，各一其性。五性感動而善惡分。』此『性』字是兼氣稟言之否？」曰：「性離氣稟不得。有氣稟，性方存在裏面；無氣稟，性便無所寄搭了。稟得氣清者，性便在清氣之中，這清氣不隔蔽那善；稟得氣濁者，性在濁氣之中，爲濁氣所蔽。『五行之生，各一其性』，這又隨物各具去了。」淳。

問「五性感動而善惡分」。曰：「天地之性，是理也。才到有陰陽五行處，便有氣質之性，於此便有昏明厚薄之殊。『得其性而最靈』〔三二〕，乃氣質以後事。」去僞。〔三三〕

問〔三四〕：「如何謂之性？」曰：「天命之謂性。」又問：「天之所命者，果何物也？」曰：「仁義禮智信。」又問：「太極圖何爲列五者於陰陽之下？」曰：「五常是理，陰陽是氣。有理而無氣，則理無所立；有氣而後理方有所立，故五行次陰陽。」又問：「如此，則是有七？」曰：「義智屬陰，仁禮屬陽。」按：太極圖列金木水火土於陰陽之下，非列仁義禮智信於陰陽之下也。以氣言之，曰陰陽五行；以理言之，曰健順五行之性。此問似欠分別。節。

問〔三五〕：「『聖人定之以中正仁義』，何不曰仁義中正？」曰：「此亦是且恁地說。當初某看時，也疑此。只要去强說，又說不得。後來子細看，乃知中正即是禮智，無可疑者。」時舉。

「『中正仁義而已矣』，言生之序，以配水火木金也。」又曰：「『仁義中正而已矣』，以聖人之心言之，猶孟子言『仁義禮智』也。」直卿。端蒙。

問：「太極圖何以不言『禮智』，而言『中正』？莫是此圖本爲發明易道，故但言『中正』，是否？」曰：「亦不知是如何，但『中正』二字較有力。」閎祖。

問：「周子不言『禮智』，而言『中正』，如何？」曰：「禮智說得猶寬，中正則切而實矣。且謂之禮，尚或有不中節處。若謂之中，則無過不及，無非禮之禮，乃節文恰好處也。謂之智，尚或有正不正，若謂之正，則是非端的分明，乃智之實也。」銖。

問：「中正即禮智〔三六〕，何以不直言『禮智』，而曰『中正』？」曰：「『禮智』字不似『中正』字，却實。且中者，禮之極；正者，智之體，正是智親切處。伊川解『貞』字，謂『正而固』

也。一『正』字未盡，必兼『固』字。所謂『智之實，知斯二者弗去是也』。智是端的真知，恁地便是正。弗去，便是固。所以『正』字較親切。」淳。

「聖人立人極，不說仁義禮智，却說仁義中正者，中正尤親切。中是禮之得宜處，正是智之正當處。自氣化一節以下，又節節應前面圖說。仁義中正，應五行也。大抵天地生物，先其輕清〔三七〕，以及重濁。『天一生水，地二生火』，二物在五行中最輕清；金木復重於水火，土又重於金木。如論律呂，則又重濁爲先，宮最重濁，商次之，角次之，徵又次之，羽最後。」謨。

問：「『中即禮，正即智』，正如何是智？」曰：「於四德屬貞，智要正。」可學。

「知是非之正爲智，故通書以正爲智。」節。

問：「智與正，何以相契？」曰：「只是真見得是非，便是正；不正便不喚做智了。」問：「只是真見得是，真見得非。若以是爲非，以非爲是，便不是正否？」曰：「是。」淳。寓同。

問：「周子言仁義中正亦甚大，今乃自偏言，止是屬於陽動陰靜。」曰：「不可如此看，反覆皆可。」問：「『仁爲用，義爲體。』若以體統論之，仁却是體，義却是用？」曰：「是仁爲體，義爲用。大抵仁義中又各自有體用。」可學。

「『中正仁義』一節，仁義自分體用，是一般説；仁義中正分體用，又是一般説。偏言專言者，只説仁，便是體；才説義，便是就仁中分出一個道理。如人家有兄弟，只説户頭上，言兄足矣；才説弟，便更別有一人。仁義中正只屬五行，爲其配元亨利貞也。元是亨之始，亨是元之盡；利是貞之始，貞是利之盡。故曰：『元亨，誠之通；利貞，誠之復。』」謨。

「『聖人定之以中正仁義』，『正』字、『義』字却是體，『中』、『仁』却是發用處。」問：「義是如何？」曰：「義有個斷制一定之體。」又問：「仁却恐是體？」曰：「隨這事上説，在這裏仁却是發用。只是一個仁，都説得。」僩。

問：「『處之也正，裁之也義。』『處』與『裁』字，二義頗相近。」曰：「然。處，是居之；裁，是就此事上裁度。」又曰：「『處』字作『居』字，即分曉。」必大。

問「聖人定之以中正仁義」。曰：「本無先後。此四字配金木水火而言，中有禮底道理，正有智底道理。如乾之元亨利貞，元即仁，亨即中，利即義，貞即正，皆是此理。至於主靜，是以正與義爲體，中與仁爲用。聖人只是主靜，自有動底道理。譬如人説話，也須是先沉默，然後可以説話。蓋沉默中便有個言語底意思。」去僞〔三八〕。

問：「『聖人定之以中正仁義而主靜』，何也？」曰：「中正仁義分屬動靜，而聖人則主於靜。蓋正所以能中，義所以能仁。『克己復禮』，義也，義故能仁。易言『利貞者，性情也』。元亨是發用處，必至於利貞，乃見乾之實體。萬物到秋冬收斂成實，方見得他本質，故曰『性情』。此亦主靜之說也。」銖。

「『聖人定之以中正仁義』，此四物常在這裏流轉，然常靠着個靜做本。若無夜，則做得晝不分曉；若無冬，則做得春夏不長茂。如人終日應接，却歸來這裏空處少歇，便精神較健。如生物而無冬，只管一向生去，元氣也會竭了。中仁是動，正義是靜。通書都是恁地說，如云『禮先而樂後』。」〔三九〕義剛。〔四〇〕

周貴卿說「定之以仁義中正而主靜」。先生曰：「如那克處，便是義。非禮勿視聽言動，那禁止處便是義。」或曰：「正義方能靜，謂正義便是靜，却不得〔四一〕。」曰：「如何恁地亂說！今且粗解，則分外有精神。且如四時有秋冬收斂，則春夏方能生長。若長長是春夏，只管生長將去，却有甚了期，便有許多元氣？故『復，其見天地之心乎！』這便是靜後見得動恁地好。這『中正』，只是將來替了那『禮智』字，皆不離這四般，但是主靜。」義剛。

問〔四二〕：「『中正仁義而主靜』，中仁是動，正義是靜。如先生解曰：『非此心無欲而靜，則何以酬酢事物之變而一天下之動哉？』今於此心寂然無欲而靜處欲見所謂正義者，何以見？」曰：「只理之定體便是。」又曰：「只是那一個定理在此中，截然不相侵犯。雖然，就其中又各有動靜：如惻隱是動，仁便是靜；羞惡是動，義便是靜。」淳。義剛同。

問「聖人定之以中正仁義而主靜」。曰：「中正仁義，皆謂發用處。正者，中之質；義者，仁之斷。中則無過不及，隨時以取中；正則當然之定理。仁則是惻隱慈愛之處，義是裁制斷決之事。主靜者，主正與義也。正義便是利貞，中是亨，仁是元。」德明。今按：「皆謂發用處」及「之處」、「之事」等語，皆未曉，更考。

問：「太極『主靜』之説，是先靜後動否？」曰：「『動靜無端，陰陽無始。』雖是合下靜，靜而後動，若細推時，未靜時須先動來，所謂『如環無端，互爲其根』。謂如在人，人之動作及其成就，却只在靜。便如渾淪未判之前，亦須曾明盛一番來。只是這道理層層流轉，不可窮詰，太極圖中盡之。動極生靜，亦非是又別有一個靜來繼此動；但動極則自然靜，靜極則自然動。推而上之，没理會處。」𥁕。

「主靜，看『夜氣』一章可見。」德明。

問：「又言『無欲故靜』，何也？」曰：「欲動情勝，則不能靜。」德明。

「濂溪言『主靜』，『靜』字只好作『敬』字看，故又言『無欲故靜』。若以爲虛靜，則恐入釋、老去。」季通。端蒙。

「『聖人定之以中正仁義而主靜』，正是要人靜定其心，自作主宰。程子又恐只管靜去，遂與事物不相交涉，却説個『敬』，云：『敬則自虛靜。』須是如此做工夫。」德明。

問：「『聖人定之以中正仁義而主靜』，是聖人自定？是定天下之人？」曰：「此承上章『惟人也得其秀而最靈』言之，形生神發，五性感動而善惡分，故『定之以中正仁義而主靜』，以立人極。」又問：「此恐非中人以下所可承當？」曰：「二程教學者，所以只説一個『敬』字，正是欲無智愚賢不肖皆得力耳。」久之，又曰：「此一服藥，人人皆可服，服之便有效，只是自不肯服耳。」子寰。

問：「周先生説靜，與程先生説敬，義則同，而其意似有異。」曰：「程子是怕人理會不得他『靜』字意，便似坐禪入定。周子之説只是『無欲故靜』，其意大抵以靜爲主，如『禮先而樂後』。」賀孫。

「太極圖首尾相因，脈絡通貫。首言陰陽變化之原，其後即以人所禀受明之。自『唯人也得其秀而最靈』，所謂最靈，純粹至善之性也，是所謂太極也。『形生神發』，則陽動陰靜之爲也。『五性感動』，則『陽變陰合而生水火木金土』之性也。『善惡分』，則『成男』『成女』之象也。『萬事出』，則萬物化生之義也。至『聖人定之以中正仁義而主靜，立人極焉』，則又有以得乎太極之全體，而與天地混合而無間矣。故下又言天地、日月、四時、鬼神四者，無不合也。」端蒙。

「太極首言性命之源，用力處却在修吉、悖凶，其本則主於靜。」端蒙。

林問："太極：『原始反終，故知死生之説。』南軒解與先生解不同，如何？"曰："南軒説不然，恐其偶思未到。周子太極之書如易六十四卦，一一有定理，毫髮不差。自首至尾，只不出陰陽二端而已。始處是生生之初，終處是已定之理。始有處説生，已定處説死，死則不復變動矣。"因舉張乖崖説："斷公事，以爲未判底事皆屬陽，已判之事皆屬陰，以爲不可改變。通書無非發明此二端之理。"寓。

問："太極圖自一而二，自二而五，即推至於萬物。易則自一而二，自二而四，自四而八，自八而十六，自十六而三十二，自三十二而六十四，然後萬物之理備。西銘則止言陰陽，洪範則止言五行，或略或詳，皆不同，何也？"曰："理一也，人所見有詳略耳，然道理亦未始不相值也。"閎祖。

或問太極、西銘。曰："自孟子已後，方見有此兩篇文章。"

問："先生謂程子不以太極圖授門人，蓋以未有能受之者。然而孔門亦未嘗以此語顏、曾，是如何？"曰："焉知其不曾説？"曰："觀顏、曾做工夫處，只是切己做將去。"曰："此亦何嘗不切己？皆非在外，乃我所固有也。"曰："然此恐徒長人億度料想之見。"曰："理會不得者固如此。若理會得者，莫非在我，便可受用，何億度之有？"廣。

"濂溪著太極圖，某若不分别出許多節次來，如何看得？未知後人果能如此子細去看否？」人傑。

或求先生揀近思録。先生披數板，云：「也揀不得。」久之，乃曰：「『無極而太極』，不是説有個物事光輝輝地在那裏。只是説這裏當初皆無一物，只有此理而已。既有此理，便有此氣；既有此氣，便分陰陽，以此生許多物事。惟其理有許多，故物亦有許多。以小而言之，則此下疑有脱句。無非是天地之事；以大而言之，則君臣父子夫婦朋友，無非是天地之事。只是這一個道理，所以『君子修之吉，小人悖之凶』。而今看他説這物事，這機關一下撥轉後，卒乍攔他不住。聖人所以『一日二日萬幾，兢兢業業』，『如臨深淵，如履薄冰』，只是大化恁地流行，隨得是，便好；隨得不是，便喝他不住。『存心養性，所以事天也；夭壽不貳，脩身以俟之，所以立命也。』所以昨日説西銘都相穿透。所以太極圖説，『五行一陰陽也，陰陽一太極也』，二氣交感，所以化生萬物，這便是『天地之塞吾其體，天地之帥吾其性』。只是説得有詳略，有急緩，只是這一個物事。所以萬物到秋冬時，各自收斂閉藏，忽然一下春來，各自發越條暢。這只是一氣，一個消，一個息。只如人相似，方其默時，便是静；及其語時，便是動。那個滿山青黄碧緑，無非是這太極。所以『仁者見之謂之仁，智者見之謂之智，百姓日用而不知，故君子之道鮮矣』，皆是那『一陰一陽之謂道，繼之者善也，成之者性也』。所以周先生太極、通書只是衮這許多句。『繼之者善』是動處，『成之者性』

是靜處。『繼之者善』是流行出來，『成之者性』則各自成個物事。繼善便是元亨，成性便是利貞。及至『成之者性』，各自成個物事，恰似造化都無可做了；及至春來，又流行出來，又是『繼之者善』。譬如禾穀一般，到秋斂冬藏，千條萬穟，自各成一個物事了；及至春，又各自發生出。以至人物，以至禽獸，皆是如此。且如人，方其在胞胎中，受父母之氣，則是『繼之者善』；及其生出，又自成一個物事，『成之者性也』。既成其性，又自繼善，只是這一個物事，今年一年生了，明年又生出一副當物事來，又『繼之者善』，又『成之者性』，只是這一個物事衮將去。所以『仁者見之謂之仁』，只是見那發生處；『智者見之謂之智』，只是見那成性處。到得『百姓日用而不知』，則不知這物事矣。所以易只是個陰陽交錯，千變萬化。故曰：『易有太極，是生兩儀，兩儀生四象，四象生八卦，八卦定吉凶，吉凶生大業。』聖人所以說出來時，只是使人不迷乎利害之塗。」又曰：「近思録第二段說『誠無爲，幾善惡』。『誠無爲』，只是自然有實理恁地，不是人做底，都不犯手勢，只是自然一個道理恁地。『幾善惡』，則是善裏面便有五性，所以爲聖，所以爲賢，只是這個。」又曰：「下面說天下大本，天下達道。未發時便是靜，已發時便是動。方其未發，便有一個體在那裏了；及其已發，便有許多用出來。少間一起一倒，無有窮盡。若靜而不失其體，便是『天下之大本』；動而不失其用，便是『天下之達道』。然靜而失其體，則『天下之大本』便錯了；動而失其用，則『天下之達道』便乖了。説來説去，只是這一個道理。」義剛。

「時紫芝亦曾見尹和靜來，嘗注太極圖。不知何故，渠當時所傳圖本，第一個圈子内誤有一點。紫芝於是從此起意，謂太極之妙皆在此一點。亦有通書解，無數凡百説話〔四三〕。」揚。

通書

「周子留下太極圖，若無通書，却教人如何曉得？故太極圖得通書而始明。」大雅。

「通書一部，皆是解太極説。這道理，自一而二，二而五。如『誠無爲，幾善惡，德』以下，便配着太極、陰陽、五行，須是子細看。」𦞦。

直卿云：「通書便可上接語、孟。」曰：「比語、孟較分曉精深，結構得密。語、孟説得較闊。」方子。

「通書覺細密分明，論、孟又闊。」高。

問「誠者，聖人之本」。曰：「此言本領之本。聖人所以聖者，誠而已。」銖。

「『誠者〔四四〕，聖人之本』，言太極。『「大哉乾元！萬物資始」，誠之源』，言陰陽五行。『「乾道變化，各正性命」，誠斯立焉』，言氣化。『純粹至善者』，通繳上文。『故曰「一陰一陽之謂道』」，解『誠者，聖人之本』。『繼之者善也』，解『大哉乾元』以下；『成之者性也』，解『乾道變化』以下。『元亨，誠之通』，言流行處；『利貞，誠之復』，言學者用力處。『大哉易也！性命之源』，又通繳上文。」人傑。

「『大哉乾元！萬物資始』，誠之源也。』此統言一個流行本原。『乾道變化，各正性命』，誠之流行出來，各自有個安頓處。如爲人也是這個誠，爲物也是這個誠，故曰『誠斯立焉』。譬如水，其出只一源，及其流出來千派萬別，也只是這個水。」端蒙。

旻問〔四五〕：「舉『一陰一陽之謂道』以下三句，是證上文否？」曰：「固是。『一陰一陽之謂道』一句，通證『誠之源』、『大哉乾元』至『誠斯立焉』二節。『繼之者善』，又證『誠之源』一節；『成之者性』，證『誠斯立焉』一節。」植。

旻問：「誠上篇舉易『一陰一陽之謂道』三句。」曰：「『繼』、『成』二字，皆接那氣底意思說。『善』、『性』二字，皆只說理。但『繼之者善』方是天理流行處，『成之者性』便是已成形，有分段了。」植。

問：「『一陰一陽之謂道』，是太極否？」曰：「陰陽只是陰陽，道是太極。程子說：『所以一陰一陽者，道也。』」問：「知言云：『有一則有三，自三而無窮矣。』又云：『一陰一陽之謂道，謂太極也。陰陽剛柔顯極之幾，至善以微，孟子所謂可欲者也。』如何〔四六〕？」曰：

「知言只是説得一段文字好，皆不可曉。」問：「『純粹至善者也』與『繼之者善』同否？」曰：「是繳上二句，却與『繼之者善』不同。『繼之者善』屬陽，『成之者性』屬陰。」問：「陽實陰虛。『繼之者善』是天命流行，『成之者性』是在人物。疑人物是實。」曰：「陽實陰虛，又不可執。只是陽便實，陰便虛，各隨地步上説。如揚子説：『於仁也柔，於義也剛。』今周子却以仁爲陽，義爲陰。要知二者説得都是。且如造化周流，未著形質，便是形而上者，屬陽；才麗於形質，爲人物，爲金木水火土，便轉動不得，便是形而下者，屬陰。若是陽時，自有多少流行變動在。及至成物，一成而不返。謂如人之初生屬陽，只管有長；及至長成，便只有衰，此氣逐旋衰減，至於衰盡，則死矣。周子所謂『原始反終』，只於衰盡處，可見反終之理。」又曰：「嘗見張乖崖云：『未押字時屬陽，已押字屬陰。』此語疑有得於希夷，未可知。」𦬊。

問：「濂溪論性自氣禀言，却是上面已説『太極』、『誠』，不妨。如孔子説『性相近，習相遠』，不成是不識！如荀、揚便不可。」曰：「然。他已説『純粹至善』。」可學。

「『繼之者善也』，周子是説生生之善，程子説作天性之善，用處各自不同。若以此觀彼，必有窒礙。」人傑。

「『元亨』，『繼之者善也』，陽也；『利貞』，『成之者性也』，陰也。」節。

問：「『繼之者善也，成之者性也』，竊謂妙合之始，便是繼；『乾道成男，坤道成女』，便是成。」曰：「動而生陽之時，便有繼底意；及至靜而生陰，方是成。如六十四卦之序，至復而繼。」德明。

問：「陽動是元亨，陰靜是利貞。但五行在陰陽之下，人物又在五行之下，如何説『繼善』、『成性』？」曰：「陰陽流於五行之中而出，五行無非陰陽。」可學。

問：「陰陽氣也，何以謂形而下者？」曰：「既曰氣，便是有個物事，此謂形而下者。」又問：「『繼之者善』，『成之者性』，何以分繼、善、成、性爲四截？」曰：「繼、成屬氣，善、性屬理。性已兼理、氣，善則專指理。」又曰：「理受於太極，氣受於二氣、五行。」植（四七）。

問：「『元亨，誠之通，利貞，誠之復。』元亨是春夏，利貞是秋冬。秋冬生氣既散，何以謂之收斂？」曰：「其氣已散，收斂者乃其理耳。」曰：「冬間地下氣暖，便也是氣收斂在内。」曰：「上面氣自散了，下面暖底乃自是生來，却不是已散之氣復爲生氣也。」時舉。

先生出示答張元德書，問「通、復」二字。先生謂：「『誠之通』，是造化流行，未有成立之初，所謂『繼之者善』；『誠之復』，是萬物已得此理，而皆有所歸藏之時，所謂『成之者性』。在人則『感而遂通』者，『誠之通』；『寂然不動』者，『誠之復』。」時舉因問：「明道謂：『今人説性，只是説繼之者善。』是如何？」曰：「明道此言，却只是就人上説耳。」時舉（四八）。

直卿問：「『利貞，誠之復』，如先生注下言，復如伏藏。」先生曰：「復只是回來〔四九〕，這個是周先生添這一句。孔子只説『乾道變化，各正性命』。」又曰：「這個物事又記是「氣」字。流行到這裏來，這裏住着，却又復從這裏做起。」又曰：「如母子相似。未生之時，母無氣不能生其子，既生之後，子自是子，母自是母。」又曰：「如樹上開一花，結一子，未到利貞處，尚是運下面氣去蔭又記是「養」字。他；及他到利貞處，自不用養。」又記是「恁地」字。又問：「自一念之萌，以至于事之得其所，是一事之元亨利貞？」先生應而曰：「他又自這裏做起，所謂『生生之謂易』，也是恁地。」又記曰：「氣行到這裏住着，便立在這裏。既立在這裏，則又從這裏做起。」節。

問：「『元亨，誠之通』，便是陽動；『利貞，誠之復』，便是陰靜。注却云：『此已是五行之性。』如何？」曰：「五行便是陰陽，但此處已分作四。」可學。

「『利貞，誠之復』，乃回復之復，如人既去而回，在物歸根復命者也。『不遠而復』，乃反復之復，反而歸其元地頭也。誠復，就一物一草一木看得。復善，則如一物截然到上面窮了，却又反歸到元地頭。誠復，只是就去路尋得舊迹回來。」因論復卦説如此。更詳之，俟他日問。端蒙。

誠下

問誠是「五常之本」。曰：「誠是通體地盤。」方子。

『誠下』一章，言太極之在人者。人傑。

問：「『誠，五常之本。』同此實理於其中，又分此五者之用？」曰：「然。」可學。

問：「『果而確』，果者陽決，確者陰守？」曰：「此只是一事，而首尾相應。果而不確，即無所守；確而不果，則無決。二者不可偏廢，猶陰陽不可相無也。」銖。

誠幾德

「通書『誠無爲』章，説聖、賢、神三種人。」恐有記誤。銖。

『誠無爲』，誠，實理也；無爲，猶『寂然不動』也。實理該貫動靜，而其本體則無爲也。『幾善惡』，幾者，動之微，動則有爲而善惡形矣。『誠無爲』，則善而已。動而有爲，則有善有惡。」端蒙。

光祖問「誠無爲，幾善惡」。曰：「誠是當然，合有這實理，所謂『寂然不動』者。幾，便是動了，或向善，或向惡。」賀孫。

曾問「誠無爲，幾善惡」。曰：「誠是實理，無所作爲，便是『天命之謂性』，『喜怒哀樂未發之謂中』。幾者，動之微。微，動之初，是非善惡於此可見；一念之生，不是善，便是惡。孟子曰『道二：仁與不仁而已矣』是也。德者，有此五者而已。仁義禮智信者，德之體；『曰愛』，『曰宜』，『曰理』，『曰通』，『曰守』者，德之用。」卓。

「濂溪言『誠無爲，幾善惡』。才誠，便行其所無事，而幾有善惡之分。於此之時，宜當窮察識得是非。其初有豪忽之微，至其窮察之久，漸見充越之大，天然有個道理開裂在那裏。此幾微之決，善惡之分也。若於此分明，則物格而知至，知至而意誠，意誠而心正身修，而家齊國治天下平，如激湍水，自已不得；如田單火牛，自止不住。」寓。

道夫言〔五〇〕：「誠者，自然之實理，無俟營爲，及幾之所動，則善惡著矣。善之所成，則爲五常之德。聖人不假修爲，安而全之；賢者則有克復之功〔五一〕。要之，聖賢雖有等降，然及其成功，則一而已。故曰『發微不可見，充周不可窮之謂神』。」曰：「固是如此。但幾是動之微，是欲動未動之間，便有善惡，便須就這處理會。若至於發著之甚，則亦不濟事矣，更怎生理會？所以聖賢說『戒謹乎其所不覩，恐懼乎其所不聞』。蓋幾微之際，大是要切。」又問：「以誠配太極，以善惡配陰陽，以五常配五行，此固然。但『陽變陰合而生水火木金土』，則五常必不可謂共出於善惡也。此似祇是說得善之一脚。」曰：「通書從頭是配合，但此處却不甚似。如所謂『剛善剛惡，柔善柔惡』，則確然是也。」道夫。

問〔五二〕：「『誠無爲，幾善惡』一段，看此與太極圖相表裏？」曰：「然。周子一書都是説這道理。」又〔五三〕舉「喜怒哀樂未發謂之中」一章及「心一也」一章，「程子承周子一派，都是太極中發明。」曰：「然。」問〔五四〕：「此都是説這道理是如此，工夫當養於未發。」曰：「未發有工夫，既發亦用工夫。既發若不照管，也不得，也會錯了。但未發已發，其工夫有個先後，有個重輕。」賀孫。

「或舉季通〔五五〕語：『通書「誠無爲，幾善惡」與太極「惟人也得其秀而最靈；形既生矣，神發知矣，五性感動而善惡分」，二説似乎相背。既〔五六〕曰「無爲」矣，如何又却有善惡之幾？恐是周子失照管處。』如何？」曰：「當『寂然不動』時，便是『誠無爲』；有感而動，即有善惡。幾是動處。大凡人性不能不動，但要頓放得是。於其所動處頓放得是時，便是『德：愛曰仁，宜曰義』；頓放得不是時，便一切反是。人性豈有不動？但須於中分得天理人欲〔五七〕，方是。」祖道。

人傑問〔五八〕：「季通説：『「誠無爲，幾善惡。德：愛曰仁」一段，周子亦有照管不到處。既曰「誠無爲」，則其下未可便着「善」、「惡」字。』如何？」曰：「正淳如何看？」人傑曰：「若既誠而無爲，則恐未有惡。若學者之心，其幾安得無惡？」曰：「當其未感，五性具備，豈有不善？及其應事，才有照顧不到處，這便是惡。古之聖賢戰戰兢兢過了一生，正謂此也。顔子『有不善未嘗不知』，亦是如此。」因言：「仲弓問『焉知賢才而舉之』，程子以爲『便見仲弓與聖人用心之小大。推此義，則一心可以興邦，一心可以喪邦，只在公私之間。』且看仲弓之問，未見其爲私意，然其心淺狹欠闕處多，其流弊便有喪邦之理。凡事微有過差，才有安頓不着處，便是惡。」人傑。

問：「若是未發時，便是都無事了，如何更有幾？『二者之間，其幾甚微』，莫是指此心未發而言否？」曰：「説幾時，便不是未發。幾，正是那欲發未發時，當來這裏致謹，使教自慊，莫教自欺。」又問：「莫是説一豪不謹，則所發流於惡而不爲善否？」曰：「只是説心之所發，要常常省察，莫教他自欺耳。人心下自是有兩般，所以要謹。謹時便知得是自慊，是自欺，而不至於自欺。若是不謹，則自慊也不知，自欺也不知。」義剛。

「或以善惡爲男女之分，或以爲陰陽之事。凡此兩件相對説者，無非陰陽之理。分陰陽而言之，或説善惡，或説男女，看他如何使。故善惡可以言陰陽，亦可以言男女。」謨。

或問：「有陰陽便有善惡？」曰：「陰陽五行皆善。」又曰：「陰陽之理皆善。」又曰：「合下只有善，惡是後一截事。」又曰：「竪起看，皆善；横看，後一截方有惡。」又曰：「有善惡，理却皆善。」又記是無「惡」字〔五九〕。節。

「『德：愛曰仁』止『守曰信』。德者，人之得於身者也。愛、宜、理、通、守者，德之用；仁、義、禮、智、信者，德之體。理，謂有條理；通，謂通達；守，謂確實。此三句就人身而言。誠，性也；幾，情也；德，兼性情而言也。」直卿。端蒙。

「『性焉安焉之謂聖』，是就聖人性分上説。『發微不可見，充周不可窮之謂神』，是他人見其不可測耳。」夔孫。〔六〇〕

問：「『性者獨得於天』，如何言『獨得』？」曰：「此言聖人合下清明完具，無所虧失。此是聖人所獨得者，此對了『復』字説。復者，已失而反其初，便與聖人獨得處不同。『安』自對了『執』字説。執是執持，安是自然。大率周子之言，秤等得輕重極是合宜。」因問：「周子之學，是自得於心？還有所傳授否？」曰：「也須有所傳授。渠是陸詵婿。温公涑水記聞載陸詵事，是個篤實長厚底人。」銖。

「『發微不可見，充周不可窮之謂神』，言其發也微妙而不可見，其充也周遍而不可窮。『發』字、『充』字就人看。如『性焉、安焉』，『執焉、復焉』，皆是人如此。『微不可見，周不可窮』，却是理如此。神只是聖之事，非聖外又有一個神，别是個地位也。」端蒙。

「『發微不可見，充周不可窮之謂神』，神，即聖人之德，妙而不可測者，非聖人之上復有所謂神也。發，動也；微，幽也，言其『不疾而速』。一念方萌，而至理已具，所以微而不可見也。充，廣也；周，遍也，言其『不行而至』。蓋隨其所寓，而理無不到，所以周而不可窮也。此三句，就人所到地位而言，即盡夫上三句之理而所到有淺深也。」端蒙。

問：「通書言神者五，三章、四章、九章、十一章、十六章。其義同否？」曰：「當隨所在看。」曰：「『神，只是以妙言之否？」曰：「是。且說『感而遂通者，神也』，橫渠謂：『一故神，兩在故不測。』」因指造化而言曰：「忽然在這裏，又忽然在那裏，便是神。」曰：「在人言之，則如何？」曰：「知覺便是神。觸其手則手知痛，觸其足則足知痛，便是神。『神應故妙』。」淳。

聖

「『寂然不動』者，誠也。」又曰：「『大哉乾元！萬物資始』，誠之源也。須知此『大哉乾元！萬物資始』以上，更有『寂然不動』。」端蒙。

「『幾善惡』，言衆人者也。『動而未形，有無之間也』，言聖人毫釐發動處，此理無不見。『寂然不動』者，誠也。至其微動處，即是幾。幾在誠、神之間。」端蒙。

林問：「入德莫若以幾，此最要否？」曰：「然。」問：「通書說『幾』〔六一〕，如何是動靜體用之間？」曰：「似有而未有之時，在人識之爾。」寓。

「幾雖已感，却是方感之初；通，則直到末梢皆是通也。如推其極，到『協和萬邦，黎民於變時雍』，亦只是通也。幾，却只在起頭一些子。」閎祖。

「通書多説『幾』。太極圖上却無此意。」曰：「『五性感動』，動而未分者便是。」直卿云：「通書言主靜、審幾、謹獨，三者循環，與孟子『夜氣』、『平旦之氣』、『晝日所爲』相似。」方子。

問：「『誠精故明』，先生引『清明在躬，志氣如神』釋之，却是自明而誠？」曰：「便是看得文字粗疏。周子説『精』字最好。『誠精』者，直是無些夾雜，如一塊銀，更無銅鉛，便是通透好銀。故只當以清明釋之。『志氣如神』，即是『至誠之道，可以前知』之意也。」人傑因曰：「凡看文字，緣理會未透，所以有差。若長得一格，便又看得分明。」曰：「便是説得倒了。」人傑。

安卿問：「『神』、『誠』、『幾』，學者當從何入？」曰：「隨處做工夫。淳録云：「本在誠，着力在幾。」誠是存主處，發用處是神，幾是決擇處。淳録云：「在二者之間。」然緊要處在幾。」砥。淳同。

慎動

問：「『動而正曰道，用而和曰德』，却是自動用言。『曰』，猶言合也。若看做道德題目，却難通。」曰：「然。是自人身上説。」可學。

「『動而正曰道』，言動而必正爲道，否則非也。『用而和曰德』，德有熟而不喫力之意。」人傑。

師

問：「通書中四象，剛柔善惡，皆是陰陽？」曰：「然。」可學。

問：「性者，剛柔善惡中而已。」曰：「此性便是言氣質之性。四者之中，去却兩件剛惡、柔惡，却又剛柔二善中〔六二〕，擇中而主池作「立」。焉。」去僞〔六三〕。

正淳問通書注「中」字處，引「允執厥中」。曰：「此只是無過不及之『中』。書傳中所言皆如此，只有『喜怒哀樂未發之中』一處是以體言。到『中庸』字亦非專言體，便有無過不及之意。」𥝠。

問：「解云〔六四〕：『剛柔，即易之兩儀，各加善惡，即易之四象〔六五〕。』疑『善惡』二字是虛字，如易八卦之吉凶。今以善惡配爲四象，不知如何？」曰：「更子細讀，未好便疑。凡物皆有兩端。如此扇，便有面有背〔六六〕。自一人之心言之，則有善有惡在其中，便是兩物。周子止說到五行住，其理亦只消如此，自多說不得。包括萬有，舉歸於此。康節却推到八卦。太陽、太陰、少陽、少陰〔六七〕。太陽、太陰各有一陰一陽，少陽、少陰亦有一陰一陽，是分爲八卦也。」問：「前輩以老陰、老陽爲乾、坤，又分六子以爲八卦，是否？」曰：「六子之説不然。」寓。

問：「通書解論周子止於四象，以爲水火金木，如何？」曰：「周子只推到五行。如邵康節又從一分爲二，極推之至於十二萬四千，縱横變動，無所不可。如漢儒將十二辟卦分十二月，康節推又别。」可學。

幸

「『人之生，不幸不聞過。大不幸無耻。』此兩句只是一項事。知耻是由内心以生，聞過是得之於外。人須知耻，方能過而改〔六八〕，故耻爲重。」僩。〔六九〕

思

問：「『無〔七〇〕思，本也；思通，用也。無思而無不通爲聖人。』不知聖人是有思耶？無思耶？」曰：「無思而無不通是聖人，必思而後無不通是睿。」時舉云：「聖人『寂然不動』，是無思；才感便通，特應之耳。」曰：「聖人也不是塊然由人撥後方動，如莊子云『推而行，曳而止』之類。只是才思便通，不待大故地思索耳。」時舉因云：「如此，則是無事時都

無所思，事至時才思而便通耳。」時舉。〔七一〕

「睿有思，有不通；聖無思，無不通。」又曰：「聖人時思便通，非是塊然無思，撥着便轉。恁地時，聖人只是個瓠子。」説「無思，本也」。節。

「幾，是事之端緒。有端緒方有討頭處，這方是用得思。」植。

「『思』一章，『幾』、『機』二字無異義。舉易一句者，特斷章取義以解上文。」人傑。

舉通書，言：「通微，無不通。」舉李先生曰：「梁惠王説好色，孟子便如此説；説好貨，便如此説；説好勇，便如此説。皆有個道理，便説將去。此是盡心道理。」「當時不曉，今乃知是『無不通』底道理。」方。

志學

問：「『聖希天』，若論聖人，自是與天相似了。得非聖人未嘗自以爲聖，雖已至聖處，而猶戒謹恐懼，未嘗頃刻忘所法則否？」曰：「不消如此説。天自是天，人自是人，終是如何得似天？自是用法天。『明王奉若天道，建邦設都』，無非法天者。大事大法天，小事小法天。」僩。

賓問：「『志〔七二〕伊尹之志，學顔子之學』，所謂志者，便是志於行道否？」曰：「『志伊尹之所志』，不是志於私。大抵古人之學，本是欲行。『伊尹耕於有莘之野，而樂堯、舜之道』，凡所以治國平天下者，無一不理會。但方處畎畝之時，不敢言必於用耳。及三聘幡然，便一向如此做去，此是堯、舜事業。看二典之書，堯、舜所以卷舒作用，直如此熟。」因説耿守向曾説：「『用之則行，舍之則藏，惟我與爾有是夫！』此非專爲用舍行藏，凡所謂治國平天下之具，惟夫子、顏子有之，用之則抱持而往，不用則卷而懷之。」曰：「某不敢如此説。若如此説，即是孔、顏胸次全無些灑落底氣象，只是學得許多骨董，將去治天下。又如龜山説，伊尹樂堯、舜之道，只是出作入息，飢食渴飲而已。即是伊尹在莘郊時，全無些能解；及至伐夏救民，逐旋叫喚起來，皆説得一邊事。今世又有一般人，只道飽食暖衣無外慕，便如此涵養去，亦不是。須是一一理會去。」德明。耿名秉。

賓又問：「『志伊尹之志』，乃是志於行。」曰：「只是不志於私。今人仕宦只爲禄，伊尹却『禄之天下弗顧，繫馬千駟弗視也』。」又云：「雖志於行道，若自家所學元未有本領，如何便能舉而措之天下？又須有那地位。若身處貧賤，又如何行？然亦必自脩身始，脩身齊家，然後達諸天下也。」又曰：「此個道理，緣爲家家分得一分，不是一人所獨得而專者。經世濟物，古人有這個心。若只是我自會得，自卷而懷之，却是私。」德明。

「『志伊尹之所志，學顏子之所學』，志固是要立得大，然其中又自有先後緩急之序，『致廣大而盡精微』。若曰未到伊尹田地做未得，不成塊然喫飯，都不思量天下之事！若是見州郡所行事有不可人意，或百姓遭酷虐，自家寧不惻然動心？若是朝夕憂慮，以天下國家爲念，又那裏教你恁地來？」或曰：「聖賢憂世之志，樂天之誠，蓋有並行而不相悖者，如此方得。」曰：「然。便是怕人倒向一邊去。今人若不塊然不以天下爲志，便又切切然理會不干己事。如世間一樣學問，專理會典故世務，便是如此。『古之欲明明德於天下者』，合下學，便是學此事。既曰『欲明明德於天下』，不成只恁地空說！裏面有幾多工夫。」僩。

問：「『過則聖，及則賢。』若過於顏子，則工夫又更絕細，此固易見。不知過伊尹時如何說？」曰：「只是更加些從容而已，過之，便似孔子。伊尹終是有擔當底意思多。」僩。

動靜

「『動而無靜，靜而無動者，物也。』此言形而下之器也。形而下者，則不能通，故方其動時，則無了那靜；方其靜時，則無了那動。如水只是水，火只是火。就人言之，語則不嘿，嘿則不語。以物言之，飛則不植，植則不飛是也。『動而無動，靜而無靜』，非不動不靜，此言形而上之理也。理則神而莫測，方其動時，未嘗不靜，故曰『無動』；方其靜時，未嘗不動，故曰『無靜』。靜中有動，動中有靜，靜而能動，動而能靜，陽中有陰，陰中有陽，錯綜無窮是也。」下曰：「『水陰根陽，火陽根陰。』水陰火陽，物也，形而下者也；所以根陰根陽，理也，形而上者也。」直卿云：「兼兩意言之，方備。言理之動靜，則靜中有動，動中有靜，其體也；靜而能動，動而能靜，其用也。言物之動靜，則動者無靜，靜者無動，其體也；動者則不能靜，靜者則不能動，其用也。」端蒙。

問「動而無動，靜而無靜」。曰：「此說『動而生陽，動極而靜；靜而生陰，靜極復動』。此自有個神在其間，不屬陰，不屬陽，故曰『陰陽不測之謂神』。且如晝動夜靜，在晝間神不與之俱動，在夜間神不與之俱靜。神又自是神，神却變得晝夜，晝夜却變不得神。神妙萬物。如說『水陰根陽，火陽根陰』，已是有形象底，是說粗底了。」又曰：「靜者爲主，故以蒙、艮終云。」植。

問：「『動而無動，靜而無靜，神也』，此理如何？」曰：「譬之晝夜：晝固是屬動，然動却來管那神不得；夜固是屬靜，靜亦來管那神不得。蓋神之爲物，自是超然於形器之表，貫動靜而言，其體常如是而已矣。」時舉。

「『動靜』章所謂神者〔七三〕，初不離乎物。如天地，物也。天之收斂，豈專乎動？地之發生，豈專乎靜？此即神也。」閎祖。

問〔七四〕：「『動而無靜〔七五〕，靜而無動，物也；靜而無靜，動而無動，神也。』所謂物者，不知人在其中否？」曰：「人在其中。」曰：「所謂神者，是天地之造化否？」曰：「神，即此理也。」問：「物則拘於有形；人則動而有靜，靜而有動，如何却同萬物而言？」曰：「人固是靜中動，動中靜，亦謂之物。凡言物者，指形器有定體而言，然自有一個變通底在其中。須知器即道，道即器，莫離道而言器可也。凡物皆有此理。且如這竹椅，固是一器，到適用處，便有個道在其中。」又問神曰：「神在天地中，所以妙萬物者，如水爲陰則根陽，火爲陽則根陰。云云。」先生曰：「文字不可泛〔七六〕看，須是逐句逐段理會。此一段未透，又去看別段，便鶻突去，如何會透徹？如何會貫通？且如此段未説理會到十分，亦且理會七分，看來看去，直至無道理得説，却又再换一段看。疏〔七七〕略之病，是今世學者通患。不特今時如此，前輩看文字，蓋有一覽而盡者，亦恐只是無究竟。」問：「經書須逐句理會。至如史書易曉，只看大綱，如何？」曰：「較之經書不同，然亦自是草率不得。須當看人物是如何，治體是如何，國勢是如何，皆當子細。」因舉上蔡看明道讀史：「逐行看過，不蹉一字。」寓。

至之〔七八〕問：「『水陰根陽，火陽根陰』與『五行陰陽，陰陽太極』爲一截，『四時運行，萬物終始』與『混兮闢兮，其無窮兮』爲一截。『混兮』是『利貞，誠之復』，『闢兮』是『元亨，誠之通』。注下『自五而一，自五而萬』之説，則是太極常在貞上，恐未穩。」先生大以爲然。曰：「便是猶有此等硬説處。」直卿云：「自易説『元亨利貞』，直到濂溪、康節始發出來。」方子。

「『混兮闢兮』，混，言太極；闢，言爲陰陽五行以後。故末句曰：『其無窮兮』。言既闢之後，爲陰陽五行，爲萬物無窮盡也。」人傑。

樂上

「通書論樂意，極可觀，首尾有條理。只是淡與不淡，和與不和，前輩所見各異。邵康節須是二四六八，周子只是一四中添一土爲五行，如剛柔添善惡，又添中於其間，周子之説也。」可學。

問：「通書注云：『而其制作之妙，真有以得乎聲氣之元。』不知而今尚可尋究否？」曰：「今所爭，祇是黄鍾一宫耳。這裏高則都高，這裏低則都低，蓋難得其中耳。」問：「胡安定樂如何？」曰：「亦是一家。」榦。

聖學

問〔七九〕：「伊川云：『爲士必志於聖人。』周子乃云：『一爲要，一者，無欲也。』何如？」曰：「若注釋古聖賢之書，恐認當時聖賢之意不親切，或有誤處。此書乃周子自著，不應有差。『一者，無欲』，一便是無欲。今試看無欲之時，心豈不一？」又問：「比主一之敬如何？」曰：「無欲之與敬，二字分明。要之，持敬頗似費力，不如無欲撇脱。人只爲有欲，此

心便千頭萬緒。此章之言，甚爲緊切，學者不可不知。」驤。〔八〇〕

問：「一是純一靜虛，是此心如明鑑止水，無一豪私欲填於其中。故其動也，無非從天理流出，無一豪私欲撓之。靜虛是體，動直是用。」曰：「也是如此。靜虛易看，動直難看。靜虛，只是伊川云『中有主則虛，虛則邪不能入』是也。若物來奪之，則實；實則暗，暗則塞。動直，只是其動也更無所礙。若少有私欲，便礙便曲。要恁地做，又不要恁地做，便自有窒礙，便不是直。曲則私，私則狹。」端蒙。

或問「聖可學乎〔八一〕？云云。一爲要」。「這個是分明底一，不是鶻突底一。」問：「如何是鶻突底一？」曰：「須是理會得敬落着處。若只塊然守一個『敬』字，便不成個敬。這個亦只是說個大概。明通，在己也；公溥，接物也。須是就靜虛中涵養始得。明通，方能公溥。若便要公溥，定不解得。靜虛、明通，『精義入神』也；動直、公溥，『利用安身』也。」又曰：「一，即所謂太極。靜虛、明通，即圖之陰靜；動直、公溥，即圖之陽動。」賀孫。

問：「『聖學』章，一者，是表裏俱一，純徹無二。少有纖豪私欲，便二矣。內一則靜虛，外一則動直，而明通公溥，則又無時不一也。一者，此心渾然太極之體；無欲者，心體粹然無極之真；靜虛者，體之未發，豁然絕無一物之累，陰之性也；動直者，用之流行，坦然由中道而出，陽之情也〔八二〕。明屬火，通屬木，公屬金，溥屬水。明通則靜極而動，陰生陽也；公溥則動極而靜，陽生陰也。而無欲者，又所以貫動靜明通公溥而統于一，則終始表裏一太極也。不審是否？」曰：「只四象分得未是。此界兩邊説，明屬靜邊，通屬動邊，公屬動邊，溥屬靜邊。明是貞，屬水；通是元，屬木；公是亨，屬火；溥是利，屬金。只恁地循環去。明是萬物收斂醒定在這裏，通是萬物初發達，公是萬物齊盛，溥是秋來萬物溥遍成遂，各自分去，所謂『各正性命』。」曰：「在人言之，則如何？」曰：「明是曉得事物，通是透徹無窒礙，公是正無偏陂，溥是溥遍萬事，便各有個理去。」直卿曰：「通者明之極，溥者公之極。」曰：「亦是。如後所謂『誠立明通』，意又別。彼處以『明』字爲重。立，如『三十而立』。通，則『不惑，知天命，耳順』也。」淳。

安卿問：「『明通公溥』，於四象曷配？」曰：「明者明於己，水也，正之義也；通則行無窒礙，木也，元之義也；公者，公於己，火也，亨之義也；溥，則物各得其平之意，金也，利之義也。利，如『乾道變化，各正性命』之意。明通者，靜而動；公溥者，動而靜。」砥。

問：「履之記先生語〔八三〕，以明配水，通配木，公配火，溥配金。溥何以配金？」曰：「溥如何配金！溥正是配水。此四字只是依春夏秋冬之序，相配將去：明配木，仁、元。通配火，禮、亨。公配金，義、利。溥配水，智、貞。想是他記錯了。」僩。

問：「『明通公溥』，於四象何所配？」曰：「只是春夏秋冬模樣。」曰：「明是配冬否？」曰：「似是就動處說。」曰：「便似是元否？」曰：「是。然這處亦是偶然相合，不是正恁地說。」又曰：「也有恁地相似處。『吉凶者，失得之象也；悔吝者，憂虞之象也。』悔便是悔惡向善意。如曰『震無咎者，存乎悔』，非如『迷復』字意。吝是未至於惡，只管吝，漸漸入惡。『剛柔者，晝夜之象也；變化者，進退之象也。』變是進，化是退，便與悔吝相似。且以一歲言之，自冬至至春分，是進到一半，所以謂之分；自春分至夏至，是進到極處，故謂之至。進之過，則退。至秋分，是退到一半處；到冬至，也是退到極處。天下物事，皆只有此兩個。」問：「人只要全得未極以前底否？」曰：「若以善惡配言，則聖人到那善之極處，又自有一個道理，不到得『履霜堅冰至』處。若以陰陽言，則他自是陰了又陽，陽了又陰，也只得順他。易裏才見陰生，便百種去裁抑他，固是如此。若一向是陽，則萬物何由得成？他自是恁地。國家氣數盛衰，亦恁地。堯到七十載時，也自衰了，便所以求得一個舜，分付與他，又自重新轉過。若一向做去，到死後也衰了。文、武恁地，到成、康也只得恁地持盈守成。到這處極了，所以昭王便一向衰，扶不起。漢至宣帝以後，便一向衰〔八四〕。直至光武，又只得一二世，便一向扶不起，國統屢絶。」劉曰：「光武便如康節所謂秋之春時節。」曰：「是。」賀孫。

理性命

「彰〔八五〕，言道之顯；微，言道之隱。『匪靈弗瑩』，言彰與微，須靈乃能了然照見，無滯礙也。此三句是言理。別一本『靈』作『虛』，義短。『剛善、剛惡，柔亦如之，中焉止矣。』此三句言性。『二氣五行』以下並言命。實，是實理。」人傑。

「『厥彰厥微』，只是説理有大小精粗，如人事中，自有難曉底道理。如君仁臣忠父慈子孝，此理甚顯然。若陰陽性命鬼神往來，則不亦微乎！」端蒙。

問〔八六〕「五殊二實」。曰：「分而言之有五，總而言之只是陰陽。」節。

鄭問〔八七〕：「『理性命』章，何以下『分』字？」曰：「不是割成片去，只如月映萬川相似。」淳。

「『萬一各正，小大有定』，言萬個是一個，一個是萬個。蓋體統是一太極，然又一物各具一太極。所謂『萬一各正』，猶言『各正性命』也。」端蒙。

㬊問「五殊二實」一段。先生説了，又云：「中庸如『天』之『無不覆幬』，『地』之『無不持載』，止是一個大底包在中間；又有『四時』『錯行』，『日月』『代明』，自有細小去處。『道並行而不相悖』，『萬物並育而不相害』。並行並育，便是那天地覆載；不相悖不相害，便是那錯行代明底。

「小德川流」是説小細底，「大德敦化」是那大底。大底包小底，小底分大底。千五百年間，不知人如何讀這個，都似不理會得這道理。」又云：「『一實萬分，萬一各正』，便是『理一分殊』處。」植。

問：「『理性命』章，注云：『自其本而之末，則一理之實，而萬物分之以爲體，故萬物各有一太極。』如此，則是太極有分裂乎？」曰：「本只是一太極，而萬物各有稟受，又自各全具一太極爾。如月在天，只一而已；及散在江湖，則隨處而見，不可謂月已分也。」謨。

顔子

問顔子「能化而齊」。曰：「此與『大而化之』之『化』異。但言消化却富貴貧賤之念，方能齊。齊，亦一之意。」去僞〔八八〕。

師友

杜斿問：「濂溪言道至貴者，不一而足。」曰：「周先生〔八九〕是見世間愚輩爲外物所摇動，如墮在火坑中，不忍見他，故如是説『不一』。世人心不正殼子裏，如發狂相似，只是自不覺。浙間只是權譎功利之淵藪。三二十年後，其風必熾，爲害不小。某六七十歲，居此世不久，旦夕便死。只與諸君子在此同説，後來必驗。」節。

勢

問「極〔九〇〕重不可反，知其重而亟反之可也」。曰：「是説天下之勢，如秦至始皇强大，六國便不可敵。東漢之末，宦官權重，便不可除。紹興初，只斬陳少陽，便成江左之勢。極重，則反之也難；識其重之機而反之，則易。」人傑。

文辭

「『文所以載道』一章之大意：『輪轅飾而人弗庸，徒飾也』，言有載道之文而人弗用也。『況虚車乎』，此不載道之文也。自『篤其實』至『行而不遠』，是輪轅飾而人庸之者也。自『不賢者』至『强之不從也』，是弗庸者也。自『不知務道德』至『藝而已』，虚車也。」端蒙。

聖藴

或問「發聖人之藴，教萬世無窮者，顔子也」。曰：「夫子之道如天，惟顔子盡得之。夫子許多大意思，盡在顔子身上發見。譬如天地生一瑞物，即此物上盡可以見天地純粹之氣。謂之發者，乃『亦足以發』之『發』，不必待顔子言，然後謂之發也。」去僞。〔九一〕

精蘊

「『聖人之精，畫卦以示；聖人之蘊，因卦以發。』濂溪看易，却須看得活。」方子。

「精，謂心之精微也；蘊，謂德所蘊蓄也。」端蒙。

「『聖人之蘊，因卦以發。』〔九二〕易本未有許多道理，因此卦，遂將許多道理搭在上面，所謂『因卦以發』者也。」至。〔九三〕

問「聖人之精〔九四〕，聖人之蘊〔九五〕」。曰：「精，是精微之意；蘊，是包許多道理。」又問：「伏羲始畫，而其蘊亦已發見於此否？」曰：「謂之已具於此則可，謂之已發見於此則不可。方其初畫，也未有乾四德意思，到孔子始推出來。然文王、孔子雖能推出意思，而其道理亦不出伏羲始畫之中，故謂之蘊。蘊，如『衣敝蘊袍』之『蘊』，是包得在裏面。」砥。饒録云：「方其初畫出，未有今易中許多事。到文王、孔子推得出來，而其理亦不外乎始畫。」

「精〔九六〕，是聖人本意；蘊，是偏旁帶來道理。如春秋，聖人本意，只是載那事，要見世變：『禮樂征伐，自諸侯出』，『臣弒其君，子弒其父』，如此而已。就那事上見得是非美惡曲折，便是『因卦以發』底。如『易有太極，是生兩儀，兩儀生四象，四象生八卦』，是聖人本意底；如文王繫辭等，孔子之言，皆是因而發底，不可一例作重看。」淳。

乾損益動

「通書曰『乾乾不息』者，『懲忿窒慾，遷善改過』不息是也。」節。

「『乾乾不息』者，體；『日往月來，寒往暑來』者，用。有體則有用，有用則有體，不可分先後説。」僩〔九七〕。

「第一句言『乾乾不息』〔九八〕，第二句言損，第三句言益者，蓋以解第一句。若要不息，須着去忿慾而有所遷改。中『乾之用其善是』，『其』字疑是『莫』字，蓋與下兩句相對。若只是『其』字，則無義理，説不通。」人傑。

問：「此章前面『懲忿窒慾，遷善改過』，皆是自脩底事。後面忽説動者，何故？」曰：「所謂『懲忿窒慾，遷善改過』，皆是動上有這般過失，須於方動之時審之，方無凶悔吝，所以再説個『動』。」僩。

蒙艮

問：「『艮其背』，背非見也。」曰：「這也只如『非禮勿視』，非謂耳無所聞，目無所見也。『姦聲亂色，不留聰明；淫樂慝禮，不接心術』，『艮其背』者，只如此耳。程子解『艮其背』，謂『止於所不見』，恐如此説費力。所謂背者，只是所當止也。人身四體皆動，惟背不動，所當止也。看下文『艮其止』，『止』字解『背』字，所以謂之『止其所』。止所當止，如『人君止於仁，人臣止於敬』，全是天理，更無人欲，則内不見己，外不見人，只見有理。所以云『艮其背，不獲其身；行其庭，不見其人』，正謂此也。」砥。寓録别出。

問：「『艮其背』，背非見也。」曰：「只如『非禮勿視』，『姦聲亂色，不留聰明；淫樂慝禮，不接心術』，非是耳無所聞，目無所見。程子解『艮其背』，謂『止於其所不見』即是此説，但易意恐不如此。卦彖下『止』，便是去止那上面『止』。『艮其止』一句，若不是『止』字誤，本是『背』字，便是『艮其止』句解『艮其背』一句〔九九〕。『艮其止』，是止於所當止，如大學『君止於仁，臣止於敬』之類。程子解此下文却好〔一〇〇〕，不知上如何又恁地説？人之四肢皆能動，惟背不動，有止之象。『艮其背』，是止於所當止之地。『不獲其身，行其庭不見其人』，萬物各止其所，便都純是理。也不見有己，也不見有人，都只見道理。」寓〔一〇一〕。

問：「『止，非爲也；爲，不止矣。』何謂也？」曰：「止便不作爲，作爲便不是止。」曰：「止是以心言否？」曰：「是。」淳舉易傳「内欲不萌，外物不接」。曰：「即是這止。」淳。

後録

「濂溪言『寡欲以至於無』，蓋恐人以寡欲爲便得了，故言不止於寡欲而已，必至於無而後可耳。然無底工夫，則由於能寡欲。到無欲，非聖人不能也。」曰：「然則『欲』字如何？」曰：「不同。此寡欲，則是合不當如此者，如私欲之類。若是飢而欲食，渴而欲飲，則此欲亦豈能無？但亦是合當如此者。」端蒙。

「『誠立明通』，『立』字輕，只如『三十而立』之『立』。『明』字就見處説，如『知天命』以上之事。」端蒙。

劉問：「心既誠矣，固不用養，然亦當操存而不失否？」曰：「誠是實也。到這裏已成就了，極其實，決定恁地，不解失了。砥録云：「誠，實也。存養到實處，則心純乎理，更無些子來雜，又如何持守？」何用養？何用操存？」又問「反身而誠」。曰：「此心純一於理，徹底皆實，無夾雜，亦無虚僞。」寓。砥少異。

問「會元」之期。曰〔一〇二〕：「元氣會則生聖賢，如曆家推朔旦〔一〇三〕冬至〔一〇四〕夜半甲子。所謂『元氣會』，亦似此般模樣。」寓。〔一〇五〕

拙賦

「拙賦『天下拙，刑政徹』，其言似莊、老。」謨。

校勘記

〔一〕問　朝鮮本作：淳問。

〔二〕寓　朝鮮本作：砥。寓録同。

〔三〕康節　朝鮮本作：邵康節。

〔四〕舜弼　朝鮮本作「舜賔」二字。

〔五〕康節　朝鮮本作：邵康節。

〔六〕乃　朝鮮本作：分。

〔七〕寓　朝鮮本「寓」下有「陳淳」二字。

〔八〕問　朝鮮本作：賀孫問。

〔九〕無極是無之至　朝鮮本「至」下增五十九字，云：「自吾身之外，未可謂之無；若耳目所及，亦未可謂之無；惟即天地六合之外言之，未有如這個是無之極。雖是至無，其中無所不具，未有如這個是有之極。」

〔一〇〕曰　朝鮮本作：賀孫云。

〔一一〕又問　朝鮮本作：賀孫又問。

〔一二〕又問　朝鮮本作：賀孫問。

〔一三〕於　朝鮮本此下增：今。

〔一四〕覺　朝鮮本「覺」上增：今。

〔一五〕處　朝鮮本此下增：也。

〔一六〕廣　朝鮮本「廣」下有「按萬人傑録同」六字。

〔一七〕想是某舊説　朝鮮本作：想只是其舊時説耳。

〔一八〕方子　朝鮮本作：公晦。

〔一九〕太極有動靜　朝鮮本「靜」下有「也咯」二字。「咯」作小字注。

〔二〇〕問太極動然後生陽　朝鮮本「問」下有「無極而太極動而生陽」九字。

〔二一〕問　朝鮮本段首增一節文字：問：「『立天之道曰陰陽。』道，理也；陰陽，氣也。何故以陰陽爲道？」曰：「『形而上者謂之道，形而下者謂之器』，明道以爲須著如此説。然器亦道，道亦器也。道未嘗離乎器，道亦只是器之理。如這交椅是器，可坐便是交椅之理；人身是器，語言動作便是人之理。理只在器上，理與器未嘗相離，所以『一陰一陽之謂道』。」曰：「何謂

『一』？」曰：「一，如一闔一闢謂之變。只是一陰了，又一陽，此便是道。寒了又暑，暑了又寒，這道理只循環不已。『維天之命，於穆不已』，萬古只如此。」

〔二二〕又　朝鮮本此上增「每粒」二字。

〔二三〕通看　朝鮮本此下增一節文字：或問：「『萬物各具一太極』，此是以理言？以氣言？」先生曰：「以理言。」

〔二四〕動静者　朝鮮本作「如何是」。

〔二五〕問　朝鮮本作：義剛問。

〔二六〕夔孫録略　朝鮮本「略」上有「同而」二字，「略」下有「但作問太極今别見朱子爲學工夫」十四字。

〔二七〕㬊問太極　朝鮮本「㬊」下有「兄亞夫」三字。

〔二八〕兩儀即陰陽　「即陰陽」，朝鮮本作「者一陰一陽」。

〔二九〕性質太極之全體　「質」疑爲「則」之訛，蓋或録者誤記，或寫者誤書耳。

〔三〇〕萬物　朝鮮本作：物事。

〔三一〕不能察耳　朝鮮本末尾增小字：可學。

〔三二〕得其性而最靈　「性」，朝鮮本、萬曆本不異。太極圖説作「秀」。

〔三三〕去僞　朝鮮本此下增小字：按謨、去僞録并同。

〔三四〕問　朝鮮本作：節問。

〔三五〕問　朝鮮本「問」上增「時舉」二字，下增「太極説」三字。

〔三六〕中正即禮智　朝鮮本「中」上有「通書」二字。

〔三七〕先其輕清　「輕」原作「經」，據朝鮮本、萬曆本改。

〔三八〕去僞　朝鮮本作：人傑。謨、去僞録並同。

〔三九〕如云禮先而樂後　朝鮮本此下增一節文字：問：「周子是從上面先見得？」曰：「也未見得是恁地否。但是周先生天資高，想見下面工夫也不大故費力。而今學者須是從下學理會，若下學而不上達，也不成個學問。須是尋到頂頭，卻從上貫下來。」

〔四〇〕義剛　朝鮮本末尾小字作：夔孫。義剛録同。

〔四一〕却不得　朝鮮本作：恰不到。

〔四二〕問　朝鮮本作：淳問。

〔四三〕無數凡百説話　「凡」原作「九」，據萬曆本改。

〔四四〕誠者　朝鮮本「誠」上有「通書誠上一章」六字。

〔四五〕㬊問　朝鮮本「問」下有「周子誠上篇」五字。

〔四六〕如何　朝鮮本作：此意如何？

〔四七〕植　朝鮮本此下增小字：以下天地性理。

〔四八〕時舉　朝鮮本「舉」下有「銖録同」三字。

〔四九〕復只是回來　「復」原作「後」，據朝鮮本、萬曆本改。

〔五〇〕道夫言　朝鮮本「言」下有「誠無爲幾善惡蓋」七字。

〔五一〕賢者則有克復之功　「功」原作墨丁，據萬曆本補。

〔五二〕問　朝鮮本作：賀孫問。

〔五三〕又　朝鮮本此前增：賀孫。

〔五四〕問　朝鮮本作：賀孫問。

〔五五〕季通　朝鮮本作：蔡季通。

〔五六〕既　朝鮮本「既」上增：然。

〔五七〕人欲　朝鮮本此下增：時。

〔五八〕人傑問　朝鮮本「問」下有「去歲見蔡丈」五字。

〔五九〕又記是無惡字　朝鮮本「又」上有「善惡二字」四字。

〔六〇〕夔孫　朝鮮本末尾記録者姓名作：寓。

〔六一〕通書説幾　「説幾」，朝鮮本作「中聖第四章解幾字云動靜體用之間」。

〔六二〕却又剛柔二善中　「又」，朝鮮本作「於」。

〔六三〕去僞　朝鮮本作：人傑。謨、去僞録並同。

〔六四〕解云　朝鮮本「解」上有「通書師章」四字。

〔六五〕即易之四象　朝鮮本「象」下增十八字，云：「易又加倍以爲八卦，而此書及圖則止於四象。」

〔六六〕便有面有背　朝鮮本「背」下有「凡物皆然善惡」六字。

〔六七〕少陰　朝鮮本「陰」下有「觀此則通書所説可知矣」十字。

〔六八〕方能過而改　朝鮮本「能」下有「聞」字。

〔六九〕僩　朝鮮本此下增小字：辛。

〔七〇〕無　朝鮮本此前增：通書云。

〔七一〕時舉　朝鮮本此下增小字：銖録同。以下思。

〔七二〕志　朝鮮本此前增：通書。

〔七三〕動静章所謂神者　朝鮮本「動」上有「通書」二字。

〔七四〕問　朝鮮本問句作：寓問。

〔七五〕動而無静　朝鮮本「動」上有「通書動静一段言」七字。

〔七六〕泛　朝鮮本此下增：然。

〔七七〕疏　朝鮮本「疏」上增：此最。

〔七八〕至之　朝鮮本作：楊至之。

〔七九〕問　朝鮮本作：驤問。

〔八〇〕驤　朝鮮本末尾小字作：道夫。
〔八一〕或問聖可學乎　朝鮮本「聖」上有「濂溪」二字。
〔八二〕陽之情也　朝鮮本「也」下有「此下遂以」四字。
〔八三〕履之記先生語　「履之記」，朝鮮本作「通書明通公溥庶矣乎舊見履之所記」。
〔八四〕便一向衰　朝鮮本「衰」下有「去」字。
〔八五〕彰　朝鮮本此上有「理性命一章」五字。
〔八六〕問　朝鮮本作：節問。
〔八七〕鄭問　朝鮮本「問」下有「通書」二字。
〔八八〕去僞　朝鮮本作：人傑。謨、去僞録並同。顏子。
〔八九〕周先生　朝鮮本此下增「言『道至貴者，不一而足』，蓋」。
〔九〇〕極　朝鮮本此前增：通書云。
〔九一〕去僞　朝鮮本末尾小字作：人傑。謨、去僞録同而少異。聖蘊。
〔九二〕聖人之蘊因卦以發　朝鮮本作：濂溪説「聖人之精，畫卦以示；聖人之蘊，因卦以發」。
〔九三〕至　朝鮮本末尾記録者姓名作：從周。
〔九四〕問聖人之精　朝鮮本「精」下有「畫卦以示」四字。
〔九五〕聖人之蘊　朝鮮本「蘊」下有「因卦以發」四字。

〔九六〕精　朝鮮本「精」上有「聖人之精畫卦以示聖人之藴因卦以發」十六字。

〔九七〕僩　朝鮮本「僩」上有注「用之問通書」五字。

〔九八〕第一句言乾乾不息　朝鮮本「第」上有「乾損益動一章」六字。

〔九九〕便是艮其止句解艮其背一句　「是」原作「其」，據朝鮮本改。

〔一〇〇〕程子解此下文却好　「下文」原作「不及」，據朝鮮本改。

〔一〇一〕寓　朝鮮本作：淳。寓同而略。

〔一〇二〕曰　朝鮮本此下增小字：徐有「語録云」三字。

〔一〇三〕朔旦　朝鮮本此下增小字：徐無此三字。

〔一〇四〕冬至　朝鮮本此下增小字：徐作惟言。

〔一〇五〕寓　朝鮮本末尾小字作：淳。按徐寓録同。

朱子語類卷第九十五

程子之書一 凡入近思録者，皆依次第類爲此卷。

「近思録首卷所論誠、中、仁三者，發明義理，固是有許多名，只是一理，但須隨事別之，如説誠，便只是實然底道理。譬如天地之於萬物，陰便實然是陰，陽便實然是陽，無(一)一豪不真實處；中，只是喜怒哀樂未發之理；仁，便如天地發育萬物，人無私意，便與天地相似。但天地無一息間斷，『聖希天』處正在此。仁義禮智，便如四柱，仁又包括四者。如易之『元亨利貞』，必統於元；如時之春秋冬夏，皆本於春。析而言之，各有所指而已。」謨。

問：「伊川言：『喜怒哀樂未發謂之中，中也者，寂然不動是也。』南軒言：『伊川此處有小差，所謂喜怒哀樂之中，言衆人之常性；寂然不動者，聖人之道心。』又南軒辨呂與叔論中書，説亦如此。今載近思録，如何？」曰：「前輩多如此説，不但欽夫，自五峰發此論，某自是曉不得。今湖南學者往往守此説，牢不可破。某看來，『寂然不動』，衆人皆有是心；至『感而遂通』，惟聖人能之，衆人却不然。蓋衆人雖具此心，未發時已自汩亂了，思慮紛擾，夢寐顛倒，曾無操存之道；至感發處，如何得會如聖人中節？」寓。

「『心一也，有指體而言者，有指用而言者。』伊川此語，與横渠『心統性、情』相似。」淳。

「伊川曰：『四德之元，猶五常之仁，偏言則主一事，專言則包四者。』若不得他如此説出，如何明得？」

問〔二〕：「仁既偏言則一事，如何又可包四者？」曰：「偏言之仁，便是包四者底；包四者底，便是偏言之仁。」節。

郭兄問：「偏言則一事，專言則包四者？」曰：「以專言言之，則一者包四者；以偏言言之，則四者不離一者也。」卓〔三〕。

「仁之包四德，猶冢宰之統六官。」閎祖〔四〕。

問〔五〕：「論語中言仁處，皆是包四者？」曰：「有是包四者底，有是偏言底。如『克己復禮爲仁』，『巧言令色鮮矣仁』，便是包四者。」節。

問：「仁何以能包四者？」曰：「人只是這一個心，就裏面分爲四者。且以惻隱論之：本只是這惻隱，遇當辭遜則爲辭遜，不安處便爲羞惡，分别處便爲是非。若無一個動底醒底在裏面，便也不知羞惡，不知辭遜，不知是非。譬如天地只是一個春氣，振録作「春生之氣」。發生之初爲春氣，發生得過李録云：「長得過。」便爲夏，收斂便爲秋，消縮盡便爲冬。明年又從春起，渾然只是一個發生之氣。」節。方子、振同。

問：「仁包四者，只就生意上看否？」曰：「統是一個生意。如四時，只初生底便是春，夏天長，亦只是長這生底；秋天成，亦只是遂這生底，若割斷便死了，不能成遂矣；冬天堅實，亦只是實這生底。如穀九分熟，一分未熟，若割斷，亦死了。到十分熟，方割來，這生意又藏在裏面。明年熟〔六〕，亦只是這個生。如惻隱、羞惡、辭遜、是非，都是一個生意。當惻隱，若無生意，這裏便死了，亦不解惻隱；當羞惡，若無生意，這裏便死了，亦不解羞惡。這裏無生意，亦不解辭遜，亦不解是非，心都無活底意思。仁，渾淪言，則渾淪都是一個，義禮智都是仁；對言，則仁義與禮智一般。」淳。寓録云：「安卿問：『仁包四者，就初意上看？就生意上看？』曰：『統是個生意。四時雖異，生意則同。劈頭是春生，到夏張旺，是張旺那生底；秋來成遂，是成遂那生底；冬來堅實，亦只堅實那生底。草木未華實，去摧折他，便割斷了生意，便死了，如何會到成實？如穀有兩分未熟，只成七八分穀。仁義禮智都只是個生意。當惻隱而不惻隱，便無生意，便死了；羞惡固是義，當羞惡而無羞惡，這生意亦死了。以至當辭遜而失其辭遜，是非而失其是非，心便死了，全無那活底意思。』」

問〔七〕：「四德之元，猶五常之仁，偏言則一事，專言則包四者？」曰：「須先識得元與仁是個甚物事，更就自家身上看甚麼是仁，甚麼是義、禮、智。既識得這個，便見得這一個能包得那數個。若有人問自家：『如何一個便包得數個？』只答云：『只爲是一個。』」問直卿曰：「公於此處見得分明否？」曰：「向來看康節詩，見得這意思。如謂『天根月窟閑來往，三十六宮都是春』，正與程子所謂『靜後見萬物皆有春意』同。且如這個桌子，安頓得恰好時，便是仁。蓋無乖戾，便是生意。窮天地亘古今，只是一個生意，故曰『仁者與物無對』。以其無往非仁，此所以仁包四德也。」曰：「如此體仁，便不是，便不是生底意思。桌子安頓得恰好，只可言中，不可謂之仁。元只是初底便是，如木之萌，如草之芽；其在人，如惻然有隱，初來底意思便是。榦録作：「要理會得仁，當就初處看。故元亨利貞，而元爲四德之首。就初生看處，便見得仁。」所以程子謂『看雞雛可以觀仁』，爲是那嫩小底便是仁底意思在。」榦録作：「亦是看其初意思。」問：「如所謂『初來底意思便是』，不知思慮之萌不得其正時如何？」曰：「這便是地頭着賊，便是那『元』字上着賊了；如合施爲而不曾施爲時，便是『亨』底地頭着賊了；如合收斂而不曾收斂時，便是『利』底地頭着賊了；如合貞靜而不能貞靜時，便是『貞』底地頭着賊了。榦録作：「問：『物理固如此，就人心思慮上觀之，如何？』曰：『思慮方萌，持守得定，便是仁。如思慮方萌錯了，便是賊其仁；當施爲時錯了，便是賊其禮；當收斂時錯了，便是賊其義；當貞靜時錯了，便是賊其智。凡物皆有個如此道理。」」以一身觀之，元如頭，亨便是手足，利便是胸腹，貞便是那元氣所歸宿處，所以人頭亦謂之『元首』。穆姜亦曰：『元者，體之長也。』今若能知得所謂『元之元，元之亨，元之利，元之貞』，上面一個『元』字，便是包那四個；下面『元』字，則是『偏言則一事』者。恁地說，則大煞分明了。須要知得所謂『元之元，亨之元，利之元，貞之元』者，蓋見得此，則知得所謂只是一個也。若以一歲之體言之，則春便是元之元；所謂『首夏清和』者，便是亨之元；孟秋之月，便是利之元；到那初冬十月，便是貞之元也。只是初底意思便是。」榦録作：「如春夏秋冬，春爲一歲之首，由是而爲夏，爲秋，爲冬，皆自此生出。所以謂仁包四德者，只緣四個是一個，只是一個元，却有元之元，元之亨，元之利，元之貞。又有亨之元，利之元，貞之元。曉得此意，則仁包四者尤明白。」道夫曰：「如先生之言，正是程子說『復其見天地之心。』復之初爻，便是天地生物之心也。」曰：「今只將公所見，看所謂『心，譬如穀種，生之性便是仁，陽氣發處乃情也』，觀之便見。」久之，復曰：「正如天官冢宰，以分職言之，特六卿之一耳；而曰『建邦之六典』，則又統六卿也。」道夫。榦録稍異。〔八〕

問〔九〕：「曩者論仁包四者，蒙教以初底意思看仁。昨觀孟子『四端』處，似頗認得此意。」曰：「如何？」曰：「仁者生之理，而動之機也。惟其運轉流通，無所間斷，故謂之心，故能貫通四者。」曰：「這自是難説，他自活。今若恁地看得來，只見得一邊，只見得他用處，不見他體了。」問：「生之理便是體否？」曰：「若要見得分明，只看程先生説『心，譬如穀種，生之性便是仁』，便分明。若更要真實識得仁之體，只看夫子所謂『克己復禮』；克去己私，如何便唤得做仁。」曰：「若如此看，則程子所謂『公』字，愈覺親切。」曰：「公也只是仁底殼子，盡他未得在。畢竟裏面是個甚物事？『生之性』，也只是狀得仁之體。」道夫。

直卿問：「仁包四德，如『元者善之長』。從四時生物意思觀之，則陰陽都偏了。」曰：「如此，則秋冬都無生物氣象。但生生之意，至此退了；到得退未盡處，則陽氣依舊在。且如陰陽，其初亦只是一個，進便唤做陽，退便唤做陰。」道夫。

問：「仁包四者。然惻隱之端，如何貫得是非、羞惡、辭遜之類？」曰：「惻隱只是動處。接事物時，皆是此心先擁出來，其間却自有羞惡、是非之别，所以惻隱又貫四端。如春和則發生，夏則長茂，以至秋冬，皆是一氣，只是這個生意。」問：「『偏言則曰愛之理，專言則曰心之德』，如何？」曰：「偏言是指其一端，因惻隱之發而知其有是愛之理；專言則五性之理兼舉而言之，而仁則包乎四者是也。」謨。

問：「仁可包義智禮。惻隱如何包羞惡二端？」曰：「但看羞惡時自有一般惻怛底意思，便可見。」曰：「仁包三者，何以見？」曰：「但以春言：春本主生，夏秋冬亦只是此生氣或長養，或斂藏，有間耳。」可學。

「伊川言：『天所賦爲命，物所受爲性。』理一也，自天之所賦與萬物言之，故謂之命；以人物之所禀受於天言之，故謂之性。其實，所從言之地頭不同耳。」端蒙。

唐傑問：「近思録既載『鬼神者造化之跡』，又載『鬼神者二氣之良能』，似乎重了。」曰：「造化之跡是日月星辰風雨之屬，二氣良能是屈伸往來之理。」蓋卿。

「人性無不善，雖桀、紂之爲窮凶極惡，也知此事是惡。但則是我要恁地做，不奈何，此便是人欲奪了。」銖。

「伊川言：『在物爲理。』凡物皆有理，蓋理不外乎事物之間。『處物爲義』，義，宜也，是非可否處之得宜，所謂義也。」端蒙。

「『在物爲理，處物爲義』，理是在此物上便有此理；義是於此物上自家處置合如此，便是義。義便有個區處。」辭。

問「在物爲理，處物爲義」。曰：「且如這桌子是物，於理可以安頓物事。我把他如此用，便是義。」友仁。

問「忠信所以進德」至「對越在天也」。〔一〇〕曰：「此一段，只是解個『終日乾乾』。在天之剛健者，便是天之乾；在人之剛健者，便是人之乾。其體則謂之易，便是横渠所謂『坱然太虚，升降飛揚，未嘗止息』者。自此而下，雖有許多般，要之『形而上者謂之道，形而下者謂之器』，皆是實理。以時節分段言之，便有古今；以血氣支體言之，便有人己。理却只是一個理也。」道夫。

「『忠信所以進德』，至『君子當終日對越在天也』，這個只是解一個『終日乾乾』。『忠信進德，脩辭立誠』，便無間斷，便是『終日乾乾』，不必更説『終日對越在天』。下面説『上天之載，無聲無臭』，云云。便是説許多事，都只是一個天。」賀孫。

問〔一二〕：「詳此一段意，只是體當這個實理。雖説出有許多般，其實一理也。」曰：「此只是解『終日乾乾』，故説此一段。從『上天之載，無聲無臭』説起。雖是『無聲無臭』，其闔闢變化之體，則謂之易；然所以能闔闢變化之理，則謂之道；其功用著見處，則謂之神；此皆就天上説。及説到『命于人，則謂之性；率性，則謂之道；修道，則謂之教』，是就人身上説。上下説得如此子細，都説了，可謂盡矣。故説神『如在其上，如在其左右』，又皆是此理顯著之跡。看甚大事小事，都離這個物事不得。上而天地鬼神離這個不得，下而萬事萬物都不出此，故曰『徹上徹下，不過如此』。形而上者，無形無影是此理；形而下者，有情有狀是此器。然有此器則有此理，有此理則有此器，未嘗相離，却不是於形器之外别有所謂理。亘古亘今，萬事萬物皆只是這個，所以説『但得道在，不係今與後，己與人。』」叔蒙問：

「不出這體用：其體則謂之性，其用則謂之道？」曰：「道只是統言此理，不可便以道爲用。仁義禮智信是理，道便是統言此理。」直卿云：「『道』字看來亦兼體用，如説『其理則謂之道』，是指體言；又説『率性則謂之道』，是指用言。」曰：「此語上是就天上説，下是就人身上説。」直卿又云：「只是德又自兼體用言。如通書云：『動而正曰道，用而和曰德。』」曰：「正是理，雖動而得其正理，便是道；若動而不正，則不是道。和亦只是順理，用而和順，便是得此理於身；若用而不和順，則此理不得於身。故下云：『匪仁，匪義，匪禮，匪智，匪信，悉邪也。』只是此理。故又云：『君子慎動。』」直卿問：「太極圖只説『動而生陽，靜而生陰』，通書又説個『幾』，此是動靜之間，又有此一項。」又云：「『智』字自與『知識』之『知』不同。智是具是非之理，知識便是察識得這個物事好惡。」又問：「神是氣之至妙處，所以管攝動靜。十年前，曾聞先生説，神亦只是形而下者。」賀孫問：「神既是管攝此身，則心又安在？」曰：「神即是心之至妙處，衮在氣裏説，又只是氣，然神又是氣之精妙處，到得氣，又是粗了。精又粗，形又粗。至於説魂，説魄，皆是説到〔一二〕粗處。」賀孫。寓録云：「直卿云：『看來神字本不專説氣，也可就理上説。先生只就形而下者説。』先生曰：『所以某就形而下説，畢竟就氣處多，發出光彩便是神。』味道問：『神如此説，心又在那裏？』曰：『神便在心裏，凝在裏面爲精，發出光彩爲神。精屬陰，神屬陽。説到魂魄鬼神，又是説到大段粗處。』」

問：「『上天之載，無聲無臭，其體則謂之易』，如何看『體』字？」曰：「體，是體質之體，猶言骨子也。易者，陰陽錯綜，交換代易之謂，如寒暑晝夜，闔闢往來。天地之間，陰陽交錯，而實理流行，蓋與道爲體也。寒暑晝夜，闔闢往來，而實理於是流行其間，非此則實理無所頓放。猶君臣父子夫婦長幼朋友，有此五者，而實理寓焉。故曰『其體則謂之易』，言易爲此理之體質也。」程子解「逝者如斯，不舍晝夜」，曰：「此道體也。天運而不已，日往則月來，寒往則暑來，水流而不息，物生而不窮，皆與道爲體。」集註曰：「天地之化，往者過，來者續，無一息之停，乃道體之本然也。」即是此意。銖。

「『其體則謂之易』，在人則心也；『其理則謂之道』，在人則性也；『其用則謂之神』，在人則情也。所謂易者，變化錯綜，如陰陽晝夜，雷風水火，反復流轉，縱横經緯而不已也。人心則語默動靜，變化不測者是也。體，是形體也，賀孫録云：「體，非『體用』之謂。」言體，則亦是形而下者；其理則形而上者也。故程子曰『易中只是言反復往來上下』，亦是意也。」端蒙〔一三〕。

「『以其體謂之易，以其理謂之道』，這正如心、性、情相似。易便是心，道便是性。易，變易也，如弈棋相似。寒了暑，暑了寒，日往而月來，春夏爲陽，秋冬爲陰，一陰一陽，只管恁地相易。」賀孫。

「其體則謂之易〔一四〕，其理則謂之道，其用則謂之神。」人傑謂：「陰陽闔闢，屈伸往來，則謂之易；皆是自然，皆有定理，則謂之道；造化功用，不可測度，則謂之神。」程子又曰：「其命于人，則謂之性；率性，則謂之道；脩道，則謂之教；只是就人道上說。」人傑謂：「中庸大旨，則『天命之謂性，率性之謂道』，是通人物而言；『脩道之謂教』，則聖賢所以扶世立教，垂法後世者，皆是也。」先生曰：「就人一身言之：易，猶心也；道，猶性也；神，猶情也。」翌日再問云：「既就人身言之，却以就人身者就天地言之，可乎？」曰：「天命流行，所以主宰管攝是理者，即其心也；而有是理者，即其性也，如所以爲春夏，所以爲秋冬之理是也；至發育萬物者，即其情也。」人傑。㽦録別出。

正淳問：「『其體則謂之易』，只屈伸往來之義是否？」曰：「義則不是。只陰陽屈伸，便是形體。」又問：「昨日以天地之心、情、性在人上言之，今却以人之心、性、情就天上言之，如何？」曰：「春夏秋冬便是天地之心；天命流行有所主宰，其所以爲春夏秋冬，便是性；造化發用便是情。」又問：「恐心大性小？」曰：「此不可以小大論。若以能爲春夏秋冬者爲性，亦未是。只是所以爲此者，是合下有此道理。謂如以鏡子爲心，其光之照見物處便是情，其所以能光者是性。因甚把木板子來，却照不見？爲他元没這光底道理。」㽦。

「『其體則謂之易，其理則謂之道，其功用則謂之鬼神。』易是陰陽屈伸，隨時變易。大抵古今只是大闔闢，小闔闢，今人説易，都無着摸。聖人便於六十四卦，只以陰陽奇耦寫出來。至於所以爲陰陽，爲古今，乃是此道理。及至忽然生物，或在此，或在彼，如花木之類驀然而出，華時都華，實時都實，生氣便發出來，只此便是神。如在人，仁義禮智，惻隱羞惡，心便能管攝。其爲喜怒哀樂，即情之發用處。」僩。

「『其體則謂之易，其理則謂之道，其用則謂之神。』此三句是説自然底。下面云『其命于人，則謂之性』，此是就人上説。謂之『命于人』，這『人』字便是『心』字。」夔孫〔一五〕。

問：「此一段自『浩然之氣』以上〔一六〕，自是説道。下面説神『如在其上，如在其左右』，不知如何？」曰：「一段皆是明道體無乎不在。名雖不同，只是一理發出，是個無始無終底意。」林易簡問：「莫是『動靜無端，陰陽無始』底道理否？」曰：「不可如此類泥着，但見〔一七〕梗礙耳。某舊見伊川説仁，令將聖賢所言仁處類聚看，看來恐如此不得。古人言語，各隨所説見意，那邊自如彼説，這邊自如此説。要一一來比並，不得。」又曰：「文字且子細逐件理會，待看得多，自有個見處。」林曰：「某且要知盡許多疑了，方可下手做。」曰：「若要知了，如何便知得了？不如且就知得處逐旋做去，知得一件做一件，知得兩件做兩件，貪多不濟事。如此用工夫，恐怕輕費了時月。某謂少看有功却多，泛泛然多看，全然無益。今人大抵有貪多之病，初來只是一個小没理會，下梢成一個大没理會。」寓。

「明道『醫書手足不仁』止『可以得仁之體』一段，以意推之，蓋謂仁者，天地生物之心，而人物所得以爲心，則是天地人物莫不同有是心，而心德未嘗不貫通也。雖其爲天地，爲人物，各有不同，然其實則有一條脈絡相貫。故體認得此心，而有以存養之，則心理無所不到，而自然無不愛矣。才少有私欲蔽之，則便間斷，發出來，愛便有不到處。故世之忍心無恩者，只是私欲蔽錮，不曾認得我與天地萬物心相貫通之理。故求仁之切要，只在不失其本心而已。若夫『博施濟衆』，則自是功用，故曰『何干仁事』，言不於此而得也。仁至難言，亦以全體精微，未易言也。止曰『立人』、『達人』，則有以指夫仁者之心，而使於此觀，則仁之體庶幾不外是心而得之爾。然又嘗以伊川『穀種』之説推之，其『心猶穀種，生之性便是仁，陽氣發動乃情也』，蓋所謂『生之性』，即仁之體，發處即仁之用也。若夫『博施濟衆』，則又是穀之成實，而利及於人之謂。以是觀之，仁聖可知矣。」先生云：「何干仁事？謂仁不於此得，則可；以爲聖、仁全無干涉，則不可。」又云：「氣有不貫，血脈都在這氣字上。着心看，則意好。」又云：「『何事於仁』，言何止是仁？必也仁之成德。猶曰何止於木？必也木之成就；何止於穀？必也穀之成禾之意耳。」端蒙。

「伊川語録中説『仁者以天地萬物爲一體』，説得太深，無捉摸處。易傳其手筆只云：『四德之元，猶五常之仁，偏言則一事，專言則包四者。』又曰：『仁者天下之公，善之本也。』

易傳只此兩處説仁，説得極平實，學者當精看此等處。」銖。

「『生之謂性』〔一八〕一條難説，須子細看。此一條，伊川説得亦未甚盡。『生之謂性』，是生下來唤做性底，便有氣稟夾雜，便不是理底性了。前輩説甚『性惡』、『善惡混』，都是不曾識性。到伊川説『性即理也』，無人道得到這處。理便是天理，又那得有惡！孟子説『性善』，便都是説理善；雖是就發處説，然亦就理之發處説。」如曰「乃若其情」，曰「非才之罪」。又曰：「『生之謂性』，如碗盛水後，人便以碗爲水，水却本清，碗却有淨有不淨。」問：「雖是氣稟，亦尚可變得否？」曰：「然。最難須是『人一能之，己百之；人十能之，己千之』，方得。若只恁地待他自變，他也未與你卒乍變得在。這道理無他巧，只是熟，以是專一。」賀孫。

「『人生氣稟，理有善惡』。此『理』字不是説實理，猶云理當如此。」僩。

「『人生氣稟，理有善惡』。理，只作『合』字看。」端蒙。

「『生之謂性』一段，當作三節看，其間有言天命者，有言氣質者。『生之謂性』是一節，『水流就下』是一節，『清濁』又是一節。」㽦。

問：「『生〔一九〕之謂性』一段難看。自起頭至『惡亦不可不謂之性也』，成兩三截。」曰：「此一段極難看。但細尋語脈，却亦可曉。上云『不是兩物相對而生』，蓋言性善也。」曰：

「既言性善，下却言『善固性也，然惡亦不可不謂之性』，却是言氣禀之性，似與上文不相接。」曰：「不是言氣禀之性。蓋言性本善，而今乃惡，亦是此性爲惡所汩，正如水爲泥沙所混，不成不喚做水！」曰：「適所問，乃南軒之論。」曰：「敬夫議論出得太早，多有差舛。此間有渠論孟解，士大夫多求之者，又難爲拒之。」又問：「『人生而靜』，當作斷句。」曰：「只是連下文而『不容説』作句。性自禀賦而言，人生而靜以上，未有形氣，理未有所受，安得謂之性？」又問「纔説性時，便已不是性」。此處先生所答，記得不切，不敢録。次夜再問，别録在後。又問：「『凡人説性，只是説繼之者善也。』『繼之者善』，如何便指作性？」曰：「吾友疑得極是。此却是就人身上説『繼之者善』。若就向上説，則天理方流出，亦不可謂之性。」曰：「『生之謂性』，性即氣，氣即性。此言人生性與氣混合者。」曰：「有此氣爲人，則理具於身，方可謂之性。」又問：「向滕德粹問『生之謂性』〔二○〕，先生曰：『且從程先生之説，亦好。』當時再三請益，先生不答。後來子細看，此蓋告子之言。若果如程先生之説，亦無害。而渠意直是指氣爲性，與程先生之意不同。」曰：「程先生之言，亦是認告子語脈不著。果如此説，則孟子何必排之？則知其發端固非矣。大抵諸儒説性，多説著氣。如佛氏亦只是認知覺作用爲性。」又問孟注云：「『近世蘇氏、胡氏之説近此。』某觀二家之説〔二一〕，似亦不執着氣。」曰：「其流必至此。」又問：「胡氏説『性不可以善惡名』，似只要形容得性如此之大。」曰：「不是要形容，只是見不明。若見得明，則自不如此。敬夫向亦執此説。嘗語之云：『凡物皆有對，今乃欲作尖邪物，何故？』程先生論性，只云『性即理也』，豈不是見得明？是真有功於聖門。」又問：「『繼之者善也，成之者性也』，至程先生始分明。」曰：「以前無人如此説。若不是見得，安能及此？」第二夜復問：「昨夜問『生之謂性』一段，意有未盡。不知『纔説性便不是性』，此是就性未稟時説？已稟時説？」曰：「就已稟時説。性者，渾然天理而已。纔説性時，則已帶氣矣。所謂『離了陰陽更無道』，此中最宜分别。」又問：「『水流而就下』以後，此是説氣稟否？若説氣稟，則生下已定，安得有遠近之别？」曰：「此是夾習説。」饒本云：「此是説氣。」可學。

問：「『生之謂性』一章，泳竊意自『生之謂性』至『然惡亦不可不謂之性也』，是本來之性與氣質之性兼説。劈頭只指個『生』字説，是兼二者了。」曰：「那『性』字却如何？」泳曰：「恐只是都説做性。」泳又問：「舊來因此以水喻性，遂謂天道純然一理，便是那水本來清；陰陽五行交錯雜揉而有昏濁，便是那水被泥污了。昏濁可以復清者，只緣他母子清。」曰：「然。那下愚不移底人，却是那臭穢底水。」問：「也須可以澄治？」曰：「也減得些分數。」因言：「舊時人嘗裝惠山泉去京師，或時臭了。京師人會洗水，將沙石在筧中，上面傾水，從筧中下去。如此十數番，便漸如故。」或問：「下愚亦可以澄治否？」泳云：「恐他自不肯去澄治了。」曰：「那水雖臭，想也未至汙穢在。」問：「物如此更推不去，却似那臭泥相似？」曰：「是如此。」又問：「自『蓋生之謂性』至『猶水流而就下也』一節，是説本來之性。」曰：「『蓋生之謂性』，却是如何？」泳曰：「只是提起那一句説。」又問：「『人生而靜以上不容説』，『人生而靜』是説那初生時，更説向上去，便只是天命了。」曰：「所以『大哉乾元！萬物資始』，只説是『誠之源也』。至『乾道變化，各正性命』，方是性在。『凡人説性，只是説繼之者善也』，便兼氣質了。」問：「恐只是兼了情？」曰：「情便兼質了。所以孟子答告子問性，却説『乃若其情，則可以爲善矣』；説仁義禮智，却説惻隱、羞惡、恭敬、是非去。蓋性無形影，情却有實事，只得從情上説入去。」問：「因情以知性，恰似因流以知源。舊聞蔡季通問康叔臨云：『凡物有兩端。惻隱爲仁之端，是頭端？是尾端？』叔臨以爲尾端。近聞周莊仲説，先生云，不須如此分。」曰：「公如何説？」曰：「惻隱是性之動處。因其動處，以知其本體，是因流以知其源，恐只是尾端。」曰：「是如此。」又問「皆水也」至「然不可以濁者不爲水也」一節。曰：「這水只是説氣質。」泳曰：「竊謂因物慾之淺深，可以見氣質之昏明；猶因惻隱、羞惡，可以見仁義之端。」曰：「也是如此。」或問：「氣清底人，自無物慾。」曰：「也如此説不得。口之欲味，耳之欲聲，人人皆然。雖是稟得氣清，纔不檢束，便流於慾去。」又問：「『如此，則人不可不加澄治之功』至『置在一隅也』一節，是説人求以變化氣質。然變了氣質，復還本然之性，亦不是在外面添得。」曰：「是如此。」又問：「『水之清，則性善之謂也』至『於舜、禹有天下，而不與焉者也』一節，是言學者去求道，不是外面添。聖人之教人，亦不是强人分外做。」曰：「『此理天命也』一句，亦可見。」胡泳。

或問「生之謂性」一段。曰：「此段引譬喻亦叢雜。如説水流而就下了，又説從清濁處去，與就下不相續。這處只要認得大意可也。」又曰：「『然惡亦不可不謂之性』一句，又似有惡性相似。須是子細看。」義剛。

問：「『惡亦不可不謂之性』，先生舊做明道論性説云：『氣之惡者，其性亦無不善，故惡亦不可不謂之性。』明道又云：『善惡皆天理。謂之惡者，本非惡，但或過或不及，便如此。蓋天下無性外之物，本皆善而流於惡耳。』如此，則惡專是氣禀，不干性事，如何説惡亦不可不謂之性？」曰：「既是氣禀惡，便也牽引得那性不好。蓋性只是搭附在氣禀上，既是氣禀不好，便和那性壞了。所以説濁亦不可不謂之水，水本是清，却因人撓之，故濁也。」又問：「先生嘗云『性不可以物譬』，明道以水喻性，還有病否？」曰：「若比來比去，也終有病。只是不以這個比，又不能得分曉。」僩。

「『善固性也〔一二〕，然惡亦不可不謂之性也』，疑與孟子牴牾。」曰：「這般所在難説，卒乍理會未得。某舊時初看，亦自疑。但看來看去，自是分明。今定是不錯，不相誤，只着工夫子細看。莫據己見，便説前輩説得不是。」又問：「草木與人物之性一乎？」曰：「須知其異而不害其爲同，知其同而不害其爲異方得。」木之。

正淳問：「性善，大抵程氏説善惡處，説得『善』字重，『惡』字輕。」曰：「『善固性也，惡亦不可不謂之性也』，此是氣質之性。蓋理之與氣雖同，畢竟先有此理而後有此氣。」又問郭氏性圖。曰：「『性善』字且做在上，其下不當同以『善、惡』對出于下。不得已時，『善』字下再寫一『善』，却傍出一『惡』字，倒着，以見惡只是反於善。且如此，猶自可説。」正淳謂：「自不當寫出來。」曰：「然。」㽦。

問「人生而靜以上不容説」一段。曰：「『人生而靜以上』，即是人物未生時。人物未生時，只可謂之理，説性未得，此所謂『在天曰命』也。『纔説性時，便已不是性』者，言纔謂之性，便是人生以後，此理已墮在形氣之中，不全是性之本體矣，故曰『便已不是性也』，此所謂『在人曰性』也。大抵人有此形氣，則是此理始具於形氣之中，而謂之性。纔是説性，便已涉乎有生而兼乎氣質，不得爲性之本體也。然性之本體，亦未嘗雜。要人就此上面見得其本體元未嘗離，亦未嘗雜耳。『凡人説性，只是説繼之者善也』者，言性不可形容，而善言性者，不過即其發見之端而言之，而性之理固可默識矣，如孟子言『性善』與『四端』是也。」未有形氣，渾然天理，未有降付，故只謂之理；已有形氣，是理降而在人，具於形氣之中，方謂之性。已涉乎氣矣，便不能超然專説得理也。程子曰「天所賦爲命，物所受爲性」；又曰「在天曰命，在人曰性」是也。銖。

「明道論性一章，『人生而靜』，靜者固其性。然只有『生』字，便帶却氣質了。但『生』字以上又不容説，蓋此道理未有形見處。故今才説性，便須帶着氣質，無能懸空説得性者。『繼之者善』，本是説造化發育之功，明道此處却是就人性發用處説，如孟子所謂『乃若其情，則可以爲善』之類是也。伊川言：『極本窮源之性，乃是對氣質之性而言。』言氣質之稟，雖有善惡之不同，然極本窮源而論之，則性未嘗不善也。」端蒙。

問「人生而靜以上」一段。曰：「程先生説性有本然之性，有氣質之性。人具此形體，便是氣質之性。才説性，此『性』字是雜氣質與本來性説，便已不是性。這『性』字却是本然性。才説氣質底，便不是本然底也。『人生而靜』以下，方有形體可説；以上是未有形體，如何説？」賀孫。

曾問「人生而靜以上不容説」。曰：「此是未有人生之時，但有天理，更不可言性。人生而後，方有這氣稟，有這物欲，方可言性。」卓。

「『人生而靜以上不容説』，此只是理；『才説性時便已不是性』，此是氣質。要之，假合而後成。」文蔚。

「『人生而靜』，已是夾形氣，專説性不得。此處宜體認。」可學〔二三〕。

或問：「説『人生而靜以上不容説』，爲天命之不已；感物而動，酬酢萬殊，爲天命之流行。不已便是流行，不知上一截如何下語？」曰：「『人生而靜以上不容説』，乃天命之本體也。」人傑。

問「人生而靜以上」一段。曰：「有兩個『性』字：有所謂『理之性』，有所謂『氣質之性』。下一『性』字是理。『人生而靜』，此『生』字已自帶氣質了。『生而靜以上』，便只是理，不容説；『才説性時』，便只説得氣質，不是理也。」淳。

「『才説性，便已不是性也』，蓋才説性時，便是兼氣稟而言矣。『人生而靜以上不容説』，『人生而靜以上』，只説得個『人生而靜』，上面不通説。蓋性須是個氣質，方説得個『性』字。若『人生而靜以上』，只説得個天道，下『性』字不得。所以子貢曰『夫子之言性與天道，不可得而聞也』，便是如此。所謂『天命之謂性』者，是就人身中指出這個是天命之性，不雜氣稟者而言爾。若才〔二四〕説性時，則便是夾氣稟而言，所以説時便已不是性也。濂溪説：『性者，剛、柔、善、惡、中而已矣。』濂溪説性，只是此五者。他又自有説仁義禮智底性時。若論氣稟之性，則不出此五者。然氣稟底性，便是那四端底性，非別有一種性也。然所謂『剛柔善惡中』者，天下之性固不出此五者。然細推之，極多般樣，千般百種，不可窮究，但不離此五者爾。」僩。

「『人生而靜以上不容説』，是只説性。如説善，即是有性了，方説得善。」方。

問：「近思録中説性，似有兩種，何也？」曰：「此説往往人都錯看了。才説性，便有不是。人性本善而已，才墮入氣質中，便薰染得不好了。雖薰染得不好，然本性却依舊在此，全在學者着力。今人却言有本性，又有氣質之性，此大害理！」去僞〔一五〕。

問：「『凡人説性，只是説繼之者善也。』這『繼』字，莫是主於接續承受底意思否？」曰：「主於人之發用處言之。」道夫。

「程子云：『凡人説性，只是説繼之者善。孟子言「性善」是也。』易中所言，蓋是説天命流行處；明道却將來就人發處説。孟子言『性善』，亦是就發處説，故其言曰『乃若其情，則可以爲善矣』。蓋因其發處之善，是以知其本無不善，猶循流而知其源也。故孟子説『四端』，亦多就發處説。易中以天命言。程子就人言，蓋人便是一個小天地耳。」端蒙。

「『夫所謂「繼之者善也」者，猶水流而就下也。』此〔一六〕『繼之者善』，指發處而言之也。性之在人，猶水之在山，其清不可得而見也。流出而見其清，然後知其本清也。所以孟子只就『見孺子入井，皆有怵惕惻隱之心』處，指以示人，使知性之本善者也。易所謂『繼之者善也』，在性之先；此所引『繼之者善也』，在性之後。蓋易以天道之流行者言，此以人性之發見者言。明天道流行如此，所以人性發見亦如此。如後段所謂『其體則謂之易，其理則謂之道，其用則謂之神』。某嘗謂，易在人便是心，道在人便是性，神在人便是情。緣他本原如此，所以生出來個個亦如此。一本故也。」閎祖。

問：「或謂明道所說『凡人說性，只是說繼之者善』，與易所謂『繼之者善』意不同。明道是言氣質之性亦未嘗不善，如孔子『性相近』之意。」曰：「明道說『繼之者善』，固與易意不同。但以爲此段只說氣質之性，則非也。明道此段，有言氣質之性處，有言天命之性處。近陳後之寫來，只於此段『性』字下，各註某處是說天命之性，某處是說氣質之性。若識得此數字分明有着落，則此段儘易看。」銖。

問：「明道言今人說性，多是說『繼之者善』，如孟子言『性善』是也。此莫是說性之本體不可言，凡言性者，只是說性之流出處，如孟子言『乃若其情，則可以爲善矣』之類否？」先生點頭。後江西一學者問此，先生答書云：「易大傳言『繼善』，是指未生之前；孟子言『性善』，是指已生之後。」是夕復語文蔚曰：「今日答書，覺得未是。」文蔚曰：「莫是易言『繼善』，是說天道流行處；孟子言『性善』，是說人性流出處？易與孟子就天人分上各以流出處言，明道則假彼以明此耳，非如先生『未生、已生』之云？」曰：「然。」文蔚。

「『繼之者善也』，周子是說生生之善，程子說作人性之善，用處各自不同。若以此觀彼，必有窒礙。」人傑。

問：「伊川云：『萬物之生意最可觀。』」曰：「物之初生，其本未遠，固好看。及幹成葉茂，便不好看。如赤子入井時，惻隱怵惕之心，只此些子仁，見得時却好看。到得發政施仁，其仁固廣，便看不見得何處是仁。」賜。

問〔二七〕：「『萬物之生意最可觀，此元者善之長也，斯所謂仁也。』此只是先生向所謂『初』之意否？」曰：「萬物之生，天命流行，自始至終，無非此理；但初生之際，淳粹未散，尤易見爾。只如元亨利貞皆是善，而元則爲善之長，亨利貞皆是那裏來。仁義禮智亦皆善也，而仁則爲萬善之首，義禮智皆從這裏出爾。」道夫。

問：「『天地萬物之理，無獨必有對。』對是物也，理安得有對？」曰：「如高下小大清濁之類，皆是。」曰：「高下小大清濁，又是物也，如何？」曰：「有高必有下，有大必有小，皆是理必當如此〔二八〕。如天之生物，不能獨陰，必有陽；不能獨陽，必有陰；皆是對。這對處，不是理對。其所以有對者，是理合當恁地。」淳。

「天地萬物之理，無獨必有對。」問：「如何便至『不知手之舞之，足之蹈之？』」曰：「真個是未有無對者。看得破時，真個是差異好笑。且如一陰一陽，便有對；至於太極，却對甚底？」曰：「太極有無極對。」曰：「此只是一句。如金木水火土，即土亦似無對，然皆有對。太極便與陰陽相對。此是『形而上者謂之道，形而下者謂之器』，便對過，却是横對了。土便與金木水火相對。蓋金木水火是有方所，土却無方所，亦對得過。必大録云：「四物皆資土故也。」胡氏謂『善不與惡對』。惡是反善，如仁與不仁，如何不可對？若不相對，覺説得天下事都尖斜了，没個是處。」必大録云：「湖南學者云，善無對。不知惡乃善之對，惡者反乎善者也。」𦦨。必大同。

問：「『天下之理，無獨必有對。』有動必有静，有陰必有陽，以至屈伸、消長、盛衰之類，莫不皆然。還是他合下便如此邪？」曰：「自是他合下來如此，一便對二，形而上便對形而下。然就一言之，一中又自有對。且如眼前一物，便有背有面，有上有下，有内有外，二又各自爲對。雖説『無獨必有對』，然獨中又自有對。且如棊盤路兩兩相對，末梢中間只空一路，若似無對，然此一路對了三百六十路，此所謂『一對萬，道對器』也。」銖。

「天下之物未嘗無對，有陰便有陽，有仁便有義，有善便有惡，有語便有嘿，有動便有静，然又却只是一個道理。如人行出去是這脚，行歸亦是這脚。譬如口中之氣，嘘則爲温，吸則爲寒耳。」雉。

問：「陰陽晝夜，善惡是非，君臣上下，此天地萬物無獨必有對之意否？」曰：「這也只如喜怒哀樂之中，便有個既發而中節之和在裏相似。」道夫。

問：「『天地之間，亭亭當當，直上直下，出便不是』，如何？」曰：「喜怒哀樂未發謂之中，『亭亭當當，直上直下』等語，皆是形容中之在我，其體段如此。『出則不是』者，出便是已發。發而中節，只可謂之和，不可謂之中矣，故曰『出便不是』。」謨。

問〔二九〕「亭亭當當」之説。曰：「此俗語也，蓋不偏不倚，直上直下之意也。」問：「敬固非中，惟『敬而無失』，乃所以爲中否？」曰：「只是常敬，便是『喜怒哀樂未發之中』也。」道夫。

「『天地間，亭亭當當、直上直下之正理，出則不是。如此則是內。敬而無失最盡。』居敬。」方謂「居」字好。方。

問〔三〇〕：「無妄，誠之道。不欺，則所以求誠否？」曰：「無妄者，聖人也。謂聖人爲無妄，則可；謂聖人爲不欺，則不可。」又問：「此正所謂『誠者天之道，思誠者人之道』否？」曰：「然。無妄是自然之誠，不欺是着力去做底。」道夫。

「『無妄之謂誠』是天道，『不欺其次矣』是人道，中庸所謂『思誠』者是也。」㽦。

味道問「無妄之謂誠，不欺其次也」。曰：「非無妄故能誠，無妄便是誠。無妄，是四方八面〔三一〕都去得；不欺，猶是兩個物事相對。」寓。

或問「無妄之謂誠，不欺其次矣」。曰：「無妄，是兼天地萬物所同得底渾淪道理；不欺，是就一邊説。」泳問：「不欺，是就人身説否？」曰：「然。」胡泳。

「無妄，自是我無妄，故誠；不欺者，對物而言之，故次之。」祖道。

問：「『沖漠無朕』至『教入塗轍』〔三二〕。他所謂塗轍者，莫只是以人所當行者言之？凡所當行之事，皆是先有此理；却不是臨行事時，旋去尋討道理。」曰：「此言未有這事，先有這理。如未有君臣，已先有君臣之理；未有父子，已先有父子之理。不成元無此理，直待有君臣父子，却旋將道理入在裏面！」又問：「『既是塗轍，却只是一個塗轍』，是如何？」曰：「是這一個事，便只是這一個道理。精粗一貫，元無兩樣。今人只見前面一段事無形無兆，將謂是空蕩蕩，却不知道『沖漠無朕，萬象森然已具』。如釋氏便只是説『空』，老氏便只是説『無』，却不知道莫實於理。」曰：「『未應不是先，已應不是後』，『應』字是『應務』之『應』否？」曰：「未應，是未應此事；已應，是已應此事。未應固是先，却只是後來事；已應固是後，却只是未應時理。」文蔚。

「『未應不是先，已應不是後』，如未有君臣，已先有君臣之理在這裏。不是〔三三〕先本無，却待安排也。『既是塗轍，却只是一個塗轍』，如既有君君臣臣底塗轍，却是元有君臣之理也。」升卿。

子升問「沖漠無朕」一段。曰：「未有事物之時，此理已具，少間應處只是此理。所謂塗轍，即是所由之路。如父之慈，子之孝，只是一條路從源頭下來。」木之。

或問「未應不是先」一條〔三四〕。曰：「未應如未有此物，而此理已具；到有此物，亦只是這個道理。塗轍，是車行處。且如未有塗轍，而車行必有塗轍之理。」賀孫。

問「沖漠無朕」一段。曰：「此只是說『無極而太極』。」又問：「下文『既是塗轍，却只是一個塗轍』，是〔三五〕如何？」曰：「恐是記者欠了字，亦曉不得。」又曰：「某前日說，只從陰陽處看，則所謂太極者，便只是在陰陽裏；所謂陰陽者，便只是在太極裏。而今人說陰陽上面別有一個無形無影底物是太極，非也。」夔孫。他本小異。

問〔三六〕：「『近取諸身，百理皆具』，且是言人之一身與天地相爲流通，無一之不相似。至下言『屈伸往來之義，只於鼻息之間見之』，却只是說上意一脚否？」曰：「然。」又問：「『屈伸往來，只是理自如此。亦猶一闔一闢，闔固爲闢之基，而闢亦爲闔之基否？』曰：「氣雖有屈伸，要之方伸之氣，自非既屈之氣。氣雖屈，而物亦自一面生出。此所謂『生生之理』，自然不息也。」道夫。

問：「『屈伸往來，氣也。程子云「只是理」，何也？』曰：「其所以屈伸往來者，是理必如此。『一陰一陽之謂道』，陰陽氣也，其所以一陰一陽循環而不已者，乃道也。」淳。

「明道言：『天地之間，只有一個感應而已。』蓋陰陽之變化，萬物之生成，情僞之相通，事爲之終始，一爲感，則一爲應，循環相代，所以不已也。」端蒙。

問天下只有個感應〔三七〕。曰：「事事物物，皆有感應。寤寐、語默、動靜亦然。譬如氣聚則風起，風止則氣復聚。」賜。

「『感應』二字有二義：以感對應而言，則彼感而此應；專於感而言，則感又兼應意，如感恩感德之類。」端蒙。

問：「感，只是内感？」曰：「物固有自内感者。然亦不專是内感，固有自外感者。所謂『内感』，如一動一靜，一往一來，此只是一物先後自相感。如人語極須默，默極須語，此便是内感。若有人自外來喚自家，只得喚做外感。感於内者自是内，感於外者自是外。如此看，方周遍平正。只做内感，便偏頗了。」夔孫。

「心性以穀種論，則包裹底是心；有秫種，有粳種，隨那種發出不同，這便是性。心是個發出底，池本作：「心似個没思量底。」他只會生。又如服藥，喫了會治病，此是藥力；或溫或凉，便是藥性。至於喫了有溫證，有凉證，這便是情〔三八〕。」夔孫。

履之問：「『心〔三九〕本善，發於思慮，則有善不善』章，如何？」曰：「疑此段微有未穩處。蓋凡事莫非心之所爲，雖放僻邪侈，亦是心之爲也。善惡但如反覆手耳，翻一轉便是惡，止安頓不着，也便是不善。如當惻隱而羞惡，當羞惡而惻隱，便不是。」又問：「心之用雖有不善，亦不可謂之非心否？」曰：「然。」伯羽。

問：「『發於思慮，則有善不善。』看來不善之發有二：有自思慮上不知不覺自發出來者，有因外誘然後引動此思慮者。閑邪之道，當無所不用其力。於思慮上發時，便加省察，更不使形於事爲。於物誘之際，又當於視聽言動上理會取。然其要又只在持敬。惟敬，則身心内外肅然，交致其功，則自無二者之病。」曰：「謂發處有兩端，固是。然畢竟從思慮上發者，也只是外來底。天理渾是一個。只不善，便是不從天理出來；不從天理出來，便是出外底了。視聽言動，該貫内外，亦不可謂專是外面功夫。若以爲在内自有一件功夫，在外又有一件功夫，則内外支離，無此道理。須是『誠之於思，守之於爲』，内外交致其功可也。」端蒙。

問：「『心本善，發於思慮，則有善不善。』程子之意，是指心之本體有善而無惡，及其發處，則不能無善惡也。胡五峰云：『人有不仁，心無不仁。』先生以爲下句有病。如顔子『其心三月不違仁』，是心之仁也；至三月之外，未免少有私欲，心便不仁，豈可直以爲心無不仁乎？端蒙近以先生之意推之，莫是五峰不曾分别得體與發處言之否？」曰：「只爲他説得不備。若云人有不仁，心無不仁；心有不仁，心之本體無不仁，則意方足耳。」端蒙。

問：「『心既發〔四〇〕，則可謂之情，不可謂之心』，如何？」曰：「心是貫徹上下，不可只於一處看。」可學。

「『既發則可謂之情〔四一〕，不可謂之心』，此句亦未穩。」淳。

「『心，生道也。』此句是張思叔所記，疑有欠闕處。必是當時改作行文，所以失其文意。」伯豐云：「何故入在近思録中？」曰：「如何敢不載？但只恐有闕文，此四字說不盡。」㽦。

「『心，生道也。人有是心，斯具是形以生。惻隱之心，生道也。』如何？」曰：「天地生物之心是仁；人之稟賦，接得此天地之心，方能有生。故惻隱之心在人，亦爲生道也。」謨。

「『心，生道也。』心乃生之道。『惻隱之心，人之生道也』，乃是得天之心以生。生物便是天之心。」可學。

問：「『心，生道也』一段，上面『心生道』，莫是指天地生物之心？下面『惻隱之心，人之生道』，莫是指人所得天地之心以爲心？蓋在天只有此理，若無那形質，則此理無安頓處。故曰：『有是心，斯具是形以生。』上面猶言『繼善』，下面猶言『成性』。」曰：「上面『心，生道也』，全然做天底，也不得。蓋理只是一個渾然底，人與天地混合無間。」端蒙。

「『有是心，斯具是形以生。』是心乃屬天地，未屬我在，此乃是衆人者。至下面『各正性命』，則方是我底，故又曰：『惻隱之心，人之生道也。』仁者，天地生物之心，而人物之所得以爲心。人未得之，此理亦未嘗不在天地之間。只是人有是心，便自具是理以生。又不可道有心了，却討一物來安頓放裏面。似恁地處，難看，須自體認得。」端蒙。

伊川云：「心，生道也。」方云：「生道者，是本然也，所以生者也。」曰：「是人爲天地之心意。」本文云。又曰：「生亦是生生之意。蓋有是惻隱心〔四二〕，則有是形。」方曰：「滿腔子是惻隱之心。」方。

敬子解「不求諸心而求諸迹，以博聞强記巧文麗詞爲工」，以爲：「人不知性，故怠於爲希聖之學，而樂於爲希名慕利之學。」曰：「不是他樂於爲希名慕利之學，是他不知聖之可學，别無可做，只得向那裏去。若知得有個道理，可以學做聖人，他豈不願爲！緣他不知聖人之可學，『飽食終日，無所用心』，不成空過？須討個業次弄，或爲詩，或作文。是他没著渾身處，只得向那裏去，俗語所謂『無圖之輩』是也。」因曰：「世上萬般皆下品，若見得這道理高，見世間萬般皆低。故這一段緊要處，只在『先明諸心』上。蓋『先明諸心』了，方知得聖之可學；有下手處，方就這裏做工夫。若不就此，如何地做？」僩。以下第二卷。好學論入集注者，已附本章。

舜弼〔四三〕問：「定性書也難理會。」曰：「也不難。『定性』字，説得也詫異。此『性』字，是個『心』字意。明道言語甚圓轉，初讀未曉得，都没理會；子細看，却成段相應。此書在雩時作，年甚少。」淳。

「明道定性書自胸中瀉出，如有物在後面逼逐他相似，皆寫不辦。」直卿曰：「此正所謂『有造道之言』。」曰：「然。只是一篇之中，都不見一個下手處。」蜚卿曰：「『擴然而大公，物來而順應』，這莫是下工處否？」曰：「這是説已成處。且如今人私欲萬端，紛紛擾擾，無可奈何，如何得他大公？所見與理皆是背馳，如何便得他順應？」道夫曰：「這便是先生前日所謂『也須存得這個在』。」曰：「也不由你存。此心紛擾，看着甚方法，也不能得他住。這須是見得，須是知得天下之理，都着一豪私意不得方是，所謂『知止而後有定』也。不然，只見得他如生龍活虎相似，更把捉不得。」道夫。

問：「定性書云〔四四〕：『大率患在於自私而用智。自私則不能以有爲爲應迹，用智則不能以明覺爲自然。』」曰：「此一書，首尾只此兩項。伊川文字段數分明，明道多只恁成片説將去，初看似無統，子細理會，中間自有路脈貫串將去。『君子之學，莫若擴然而大公，物來而順應』，自後許多説話，都只是此二句意。『艮其背，不獲其身；行其庭，不見其人』，此是説『擴然而大公』。孟子曰『所惡於智者，爲其鑿也』，此是説『物來而順應』。『第能於怒時遽忘其怒，而觀理之是非』。『遽忘其怒』是應『廓然而大公』，『而觀理之是非』是應『物來而順應』。這須子細去看，方始得。」賀孫。

「明道答横渠『定性未能不動』一章，明道意，言不惡事物，亦不逐事物。今人惡則全絶之，逐則又爲物引將去。惟不拒不流，泛應曲當，則善矣。蓋横渠有意於絶外物而定其内。明道意以爲須是内外合一，『動亦定，静亦定』，則應物之際，自然不累於物。苟只静時能定，則動時恐却被物誘去矣。」端蒙。

問：「聖人『動亦定，静亦定』。所謂定者，是體否？」曰：「是。」曰：「此是惡物來感時定？抑善惡來皆定？」曰：「惡物來不感，這裏自不接。」曰：「善物則如何？」曰：「當應便應，有許多分數來，便有許多分數應。這裏自定。」曰：「『子哭之慟』，而何以見其爲定？」曰：「此是當應也。須是『廓然而大公，物來而順應』。」再三誦此語，以爲説得圓。淳。

問：「聖人定處未詳。」曰：「『知止而後有定』，只看此一句，便了得萬物各有當止之所。知得，則此心自不爲物動。」曰：「舜『號泣于旻天』，『象憂亦憂，象喜亦喜』。當此時，何以見其爲定？」曰：「此是當應而應，當應而應便是定。若不當應而應，便是亂了；當應而不應，則又是死了。」淳。

問〔四五〕：「『天地之常，以其心普萬物而無心；聖人之常，以其情順萬事而無情。故君子之學，莫若擴然而大公，物來而順應。』學者卒未到此，奈何？」曰：「雖未到此，規模也是恁地。『擴然大公』，只是除却私意，事物之來，順他道理應之。且如有一事，自家見得道理是恁地，却有個偏曲底意思，要爲那人，便是不公，便逆了這道理，不能順應。聖人自有聖人大公，賢人自有賢人大公，學者自有學者大公。」又問：「聖賢大公，固未敢請。學者之心，當如何？」曰：「也只要存得這個在，克去私意。這兩句是有頭有尾説話。大公是包説，順應是就裏面細説。公是忠，便是『維天之命，於穆不已』；順應便是『乾道變化，各正性命』。」道夫。

「『擴然而大公』是『寂然不動』，『物來而順應』是『感而遂通』。」僩。

趙致道問：「『自私者，則不能以有爲爲應迹；用智者，則不能以明覺爲自然。』所謂『天地之常，以其心普萬物而無心；聖人之常，以其情順萬事而無情』。所謂『普萬物』、『順萬事』者，即『廓然而大公』之謂；『無心』、『無情』者，即『物來而順應』之謂。自私則不能『廓然而大公』，所以不能『以有爲爲應迹』；用智則不能『物來而順應』，所以不能『以明覺爲自然』。」銖。

「明道云：『不能以有爲爲應迹。』應迹，謂應事物之迹。若心，則未嘗動也。」端蒙。

問：「昨日因説程子謂釋氏自私，味道舉明道答横渠書中語，先生曰：『此却是舉常人自私處言之。』若據自私而用智，與後面治怒之説，則似乎説得淺。若看得説那『自私則不能以有爲爲應迹，用智則不能以明覺爲自然』，則所指亦大闊矣。」先生曰：「固然。但明道總人之私意言耳〔四六〕。」味道又舉「反鑑索照」與夫「惡外物」之說。先生曰：「此亦是私意。蓋自常人之私意與佛之自私，皆一私也，但非是專指佛之自私言耳。」又曰：「此是程子因橫渠病處箴之。然有一般人，其中空疏，不能應物；又有一般人，溺於空虛，不肯應物，皆是自私。若能『豁然而大公』，則上不陷於空寂，下不累於物欲，自能『物來而順應』。」廣。賀孫録云：「『漢卿前日說：「佛是自私。」味道舉明道「自私用智」之語，亦是此意。先生答以「此自私說較粗，是常人之自私」。某細思之，如「自私則不能以有爲爲應迹，用智則不能以明覺爲自然」，亦是說得煞細，恐只是佛氏之自私。』先生曰：『此說得較闊，兼兩意。也是見橫渠說得有這病，故如此說。』賀孫云：『「今以惡外物之心，求照無物之地，猶反鑑而索照也」，亦是說絶外物而求定之意。』曰：『然。但所謂「自私而用智」，如世人一等嗜欲，也是不能「以有爲爲應迹」，如異端絶滅外物，也是不能「以有爲爲應迹」。若「廓然大公，物來順應」，便都不如此，上不淪於空寂，下不累於物欲。』」

問：「定性書所論，固是不可有意於除外誘，然此地位高者之事。在初學，恐亦不得不然否？」曰：「初學也不解如此，外誘如何除得？有當應者，亦只得順他，便看理如何〔四七〕。理當應便應，不當應便不應。此篇大綱，只在『擴然而大公，物來而順應』兩句。其他引易、孟子，皆是如此。末謂『第能於怒時遽忘其怒，而觀理之是非』，一篇着力緊要，只在此一句。『遽忘其怒』便是『擴然大公』，『觀理之是非』便是『物來順應』。明道言語渾淪，子細看，節節有條理。」曰：「『內外兩忘』，是內不自私，外應不鑿否？」曰：「是。大抵不可以在內者爲是，而在外者爲非，只得隨理順應。」淳。

先生舉人情易發而難制者，惟怒爲甚。惟能於怒時遽忘其怒，而觀理之是非。「舊時謂觀理之是非，才見己是而人非，則其爭愈力。後來看，不如此。如孟子所謂『我必不仁也』，『其自反而仁矣』，『其橫逆由是也』，則曰『此亦妄人而已矣』。」璘。

「人情易發而難制。明道云：『人能於怒時遽忘其怒，亦可見外誘之不足畏，而於道亦思過半矣。』此語可見。然有一說，若知其理之曲直，不必校，却好；若見其直而又怒，則愈甚。大抵理只是此理，不在外求。若於外復有一理時，却難，爲只有此理故。」可學。

問：「聖人恐無怒容否？」曰：「怎生無怒容？合當怒時，必亦形於色。如要去治那人之罪〔四八〕，自爲笑容，則不可。」曰：「如此，則恐涉忿厲之氣否？」曰：「天之怒，雷霆亦震。舜誅四凶，當其時亦須怒。但當怒而怒，便中節；事過便消了，更不積。」淳。

問：「定性書是正心誠意功夫否？」曰：「正心誠意以後事。」寓。

「伊川謂：『雖無邪心，苟不合正理，即妄也。』如楊、墨，何嘗有邪心？只是不合正理。」義剛〔四九〕。

先生以伊川答方道輔書示學者，曰：「他只恁平鋪，無緊要説出來。只是要移易他一兩字，也不得；要改動他一句，也不得。」道夫。

問：「蘇季明以治經爲傳道居業之實，居常講習，只是空言無益，質之兩先生。何如？」曰：「季明是横渠門人，祖横渠『修辭』之説，以立言傳後爲修辭，是爲居業。明道與説易上『修辭』不恁地。修辭，只是如『非禮勿言』。若脩其言辭，正爲立己之誠意，乃是體當自家『敬以直内，義以方外』之實事，便是理會敬義之實事，便是表裏相應。『敬以直内，義以方外』，便是立誠。道之浩浩，何處下手？惟立誠才有可居之處，有可居之處則可以脩業。業，便是逐日底事業，恰似日課一般。『忠信所以進德』，爲實下手處。如是心中實見得理之不妄，『如惡惡臭，如好好色』，常常恁地，則德不期而進矣。誠，便即是忠信；脩省言辭，便是要立得這忠信。若口不擇言，只管逢事便説，則忠信亦被汩没動蕩，立不住了。明道便只辨他『脩辭』二字，便只理會其大規模。伊川却與辨治經，便理會細密，都無縫罅。」又曰：「伊川也辨他不盡。如講習，不止只是治經。若平日所以講習，父慈子孝、兄友弟恭與應事接物，有合講者，或更切於治經，亦不爲無益。此更是一個大病痛。」賀孫。

「『孟子才高，學之無可依據』，爲他元來見識自高。顔子才雖未嘗不高，然其學却細膩切實，所以學者有用力處。孟子終是粗。」端蒙。

「伊川曰〔五〇〕：『學者須是學顔子〔五一〕。』孟子説得粗，不甚子細。只是他才高，自至那地位。若學者學他，或會錯認了他意思。若顔子説話，便可下手做；孟子底，更須解説方得。」賀孫。

蔡問：「『孟子無可依據，學者當學顔子。』如養氣處，豈得謂無可依據？」曰：「孟子皆是要用。顔子曾就己做工夫，所以學顔子則不錯。」淳。

問〔五二〕：「『且省外事，但明乎善，唯進誠心』，只是教人『鞭辟近裏』〔五三〕。竊〔五四〕謂明善是致知，誠心是誠意否？」曰：「知至即便意誠，善才明，誠心便進。」又問：「『其文章雖不中，不遠矣』，便是應那『省外事』一句否？」曰：「然。外事所可省者即省之，所不可省者亦强省不得。善，只是那每事之至理；文章，是威儀制度。『所守不約，泛濫無功』，説得極切。這般處，只管將來玩味，則道理自然都見。」又曰：「這般次第，是吕與叔自關中來初見二程時説話。蓋横渠多教人禮文制度之事，他學者只管用心，不近裏，故以此説教之。然只可施之與叔諸人。若與龜山言，便不着地頭了。公今看了近思録，看别經書，須將遺書兼看。蓋他一人是一個病痛，故程先生説得各各自有精采。」道夫。

「『且省外事，但明乎善，惟進誠心』，是且理會自家切己處。明善了，又更須看自家進誠心與未。」賀孫。

「『學者識得仁體，實有諸己，只要義理栽培。』識得與實有，須做兩句看。識得，是知之也；實有，是得之也。若只識得，只是知有此物；却須實有諸己，方是己物也。」𥃳。

問：「明道説『學者識得仁體〔五五〕，實有諸己，只要義理栽培』一段，只緣他源頭是個不忍之心，生生不窮，故人得以生者，其流動發生之機亦未嘗息。故推其愛，則視夫天地萬物均受此氣，均得此理，則無所不當愛。」曰：「這道理只熟看，久之，自見如此，硬樁定説不得。如云從他源頭上便有個不忍之心，生生不窮，此語有病。他源頭上未有物可不忍在，未説到不忍在。只有個陰陽五行，有闔闢，有動靜；自是用生，不是要生。到得説生物時，又是流行已後。既是此氣流行不息，自是生物，自是愛。假使天地之間浄盡無一物，只留得這一個物事，他也自愛。如云均受此氣，均得此理，所以須用愛，也未説到這裏在。此又是説後來事。此理之愛，如春之温，天生自然如此。如火相似，炙着底自然熱，不是使他熱也。」因舉東見録中明道曰「學者須先識仁。仁者，渾然與物同體，義禮智信皆仁也」，云云，「極好，當添入近思録中。」僩。

「心只是放寬平便大，不要先有一私意隔礙，便大。心大則自然不急迫。如有禍患之來，亦未須驚恐；或有所獲，亦未要便歡喜在。少間亦未必，禍更轉爲福，福更轉爲禍。荀子言：『君子大心則天而道，小心則畏義而節。』蓋君子心大則是天心，心小則文王之翼翼，皆爲好也；小人心大則放肆，心小則是褊隘私吝，皆不好也。」賀孫。

「明道以上蔡記誦爲玩物喪志，蓋爲其意不是理會道理，只是誇多鬭靡爲能〔五六〕。若明道看史不蹉一字，則意思自別。此正爲己爲人之分。」賀孫。

問：「『禮樂只在進反之間，便得情性之正。』記曰：『禮主其減，樂主其盈。禮減而進，以進爲文；樂盈而反，以反爲文。』恐減與盈，是禮樂之體本如此；進與反，却是用功處否？」曰：「減，是退讓、撙節、收斂底意思，是禮之體本如此。進者，力行之謂。盈，是和說、舒散、快滿底意思，是樂之體如此。反者，退斂之謂。『禮主其減』，却欲進一步向前着力去做；『樂主其盈』，却須退斂節制，收拾歸裏。如此則禮減而却進，樂盈而却反，所以爲得情性之正也，故曰『減而不進則消，盈而不反則亡』也。」因問：「如此，則禮樂相爲用矣。」曰：「然。」銖。

問：「『禮樂只在進反之間，便得性情之正』，何謂也？」曰：「記謂『禮減而進，以進爲文；樂盈而反，以反爲文』。禮，如凡事儉約，如收斂恭敬，便是減；須當着力向前去做，便是進，故以進爲文。樂，如歌詠和樂，便是盈；須當有個節制，和而不流，便是反，故以反爲文。禮減而却進前去，樂盈而却反退來，便是得情性之正。」淳。

「『禮主其減』者，禮主於撙節、退遜、檢束；然以其難行，故須勇猛力進始得，故以進爲文。『樂主其盈』者，樂主於舒暢發越；然一向如此，必至於流蕩，故以反爲文。禮之進，樂之反，便得情性之正。」又曰：「主減者當進，須力行將去；主盈者當反，須回顧身心。」賀孫。

「禮樂進反。『禮主於減』，謂主於斂束；然斂束太甚，則將久意消了，做不去，故以進爲文，則欲勉行之。『樂主於盈』，謂和樂洋溢；然太過則流，故以反爲文，則欲回來減些子。故進反之間，便得情性之正。不然，則流矣。」端蒙。

問〔五七〕「禮樂進反」之說。曰：「『禮主其減，樂主其盈。禮減而進，以進爲文；樂盈而反，以反爲文。』禮以謙遜退貶爲尚，故主減；然非人之所樂，故須强勉做將去，方得。樂以發揚蹈厲爲尚，故主盈；然樂只管充滿而不反，則又也無收殺，故須反，方得。故云：『禮減而不進則銷，樂盈而不反則放。』故禮有報而樂有反，所以程子謂：『只在進反之間，便得性情之正。』」道夫。

「『天分』，即天理也。父安其父之分，子安其子之分，君安其君之分，臣安其臣之分，則安得私！故雖『行一不義，殺一不辜，而得天下』，有所『不爲』。」賀孫。

「『論學便要明理，論治便須識體』，這『體』字，是事理合當做處。凡事皆有個體，皆有個當然處。」問：「是體段之體否？」曰：「也是如此。」又問：「如爲朝廷有朝廷之體，爲一國有一國之體，爲州縣有州縣之體否？」曰：「然。是個大體有格局當做處。如作州縣，便合治告訐，除盜賊，勸農桑，抑末作；如朝廷，便須開言路，通下情，消朋黨；如爲大吏，便須求賢才，去贜吏，除暴斂，均力役，這個都是定底格局，合當如此做。」或問云云。曰：「不消如此説，只怕人傷了那大體。如大事不曾做得，却以小事爲當急，便害了那大體。如爲天子近臣，合當謇諤正直，又却恬退寡默；及至處鄉里，合當閉門自守，躬廉退之節，又却向前要做事，這個便都傷了那大體。如今人議論，都是如此。合當舉賢才而不舉，而曰我遠權勢；合當去姦惡而不去，而曰不爲已甚。且如國家遭汴都之禍，國於東南，所謂大體者，正在於復中原，雪讎恥，却曰休兵息民，兼愛南北！正使真個能如此，猶不是，況爲此説者，其實只是懶計而已！」僩。

「『根本須是先培壅』，涵養持敬，便是栽培。」賀孫。

問「根本須是先培壅，然後可立趨向」。曰：「此段只如『弟子入孝出弟，行謹言信，愛衆親仁，行有餘力則以學文』之意耳。先只是從實上培壅一個根脚，却學文做工夫去。」端蒙。

仲思問「敬義夾持直上，達天德自此」。曰：「最是他下得『夾持』兩字好。敬主乎中，義防於外，二者相夾持。要放下霎時也不得，只得直上去，故便達天德。」伯羽。

「『敬義夾持直上，達天德自此。』表裏夾持，更無東西走作去處，上面只更有個天德。『忠信所以進德，脩辭立其誠，所以居業』者，乾道也；『敬以直内，義以方外』者，坤道也，只是健順。」又曰：「非禮勿視聽言動者，乾道；『出門如見大賓，使民如承大祭』者，坤道。」又曰：「公但看進德立誠，是甚麼樣强健！」賀孫。

「『敬義夾持直上，達天德自此。』直上者，無許多人欲牽惹也。」方。

因説敬恕，先生舉明道語云：「『敬義夾持直上，達天德自此。』而今有一樣人，裏面謹嚴，外面却蘙苴；有人外面恁地寬恕，裏面却都是私意了。內外夾持，如有人在裏面把住，一人在門外把住，不由他不上去。」夔孫。

問：「『正其義不謀其利，明其道不計其功』，道、義如何分別？」曰：「道、義是個體、用。道是大綱説，義是就一事上説。義是道中之細分別，功是就道中做得功效出來。」寓〔五八〕。

問：「『正其義』者，凡處此一事，但當處置使合宜，而不可有謀利占便宜之心；『明其道』，則處此事使合義〔五九〕，是乃所以爲明其道，而不可有計後日功效之心。正義不謀利，在處事之先；明道不計功，在處事之後。如此看，可否？」曰：「恁地説，也得。他本是合掌説，看來也須微有先後之序。」僩。子蒙録云：「或問：『正義在先，明道在後。』曰：『未有先後，此只是合掌底意思。』」

「『正其義不謀其利〔六〇〕，明其道不計其功』，或曰事成之謂利，所以有義；功成則是道，便不是。『惠迪吉，從逆凶』，然惠迪亦未必皆吉。」可學。

楊問：「『膽欲大而心欲小』，如何？」曰：「膽大是『千萬人吾往』處，天下萬物不足以動其心；『貧賤不能移，威武不能屈』，皆是膽大。小心是畏敬之謂，文王『小心翼翼』，曾子『戰戰兢兢』，『臨深』『履薄』是也。」問：「橫渠言『心大則百物皆通，心小則百物皆病』，何如？」曰：「此心小是卑陋狹隘，事物來都沒奈何，打不去，只管見礙，皆是病。如要敬則礙和，要仁則礙義，要剛則礙柔。這裏只着得一個，更着兩個不得。爲敬，便一向拘拘；爲和，便一向放肆，沒理會。仁，便煦煦姑息；義，便粗暴決裂。心大，便能容天下萬物。有這物則有這理，有那物即有那道理。『並行而不相悖，並育而不相害。』」寓〔六一〕。

「『膽欲大而心欲小』，『戰戰兢兢，如臨深淵』，方能爲『赳赳武夫，公侯干城』之事。」德明。

蜚卿云：「『智欲圓而行欲方，膽欲大而心欲小。』妄意四者缺一不可。」曰：「圓而不方則譎詐，方而不圓則執而不通。志不大則卑陋，心不小則狂妄。江西諸人便是志大而心不小者也。」道夫。

或問：「『智欲圓而行欲方』，智雖圓轉，若行不方正而合於義，則相將流於權謀譎詐之中，所謂『智欲圓而行欲方』也。」曰：「也是如此。」又曰：「智是對仁義禮智信而言，須是知得是非，方謂之智；不然，便是不智。」子蒙。

問「學不言而自得者〔六二〕，乃自得也〔六三〕」。曰：「道理本自廣大，只是潛心積慮，緩緩養將去，自然透熟。若急迫求之，則是起意去趕趁他〔六四〕；只是私意而已，安足以入道！」僩。

問：「『視聽、思慮、動作，皆天也，人但於中要識得真與妄耳。』真、妄是於那發處别識得天理人欲之分。如何？」曰：「皆天也，言視聽、思慮、動作皆是天理。其順發出來，無非當然之理，即所謂真；其妄者，却是反乎天理者也。雖是妄，亦無非天理，只是發得不當地頭。譬如一草木合在山上，此是本分；今却移在水中。其爲草木固無以異，只是那地頭不是。恰如『善固性也，惡亦不可不謂之性』之意。」端蒙。

問〔六五〕：「視聽、思慮、動作，皆天之所爲。及發而不中節，則是妄。故學者須要識别之。」曰：「妄是私意，不是不中節。」道夫曰：「這正是顔子之所謂『非禮』者。」曰：「非禮處便是私意。」道夫。

「役智力於農圃，内不足以成己，外不足以治人，是濟甚事！」賀孫。

「『進德則自忠恕』，是從這裏做出來；『其致則公平』，言其極則公平也。」端蒙。

問：「公只是仁底道理〔六六〕，仁却是個流動發生底道理。故『公而以人體之』，方謂之仁否？」曰：「此便是難説。『公而以人體之』，此一句本微有病。然若真個曉得，方知這一句説得好，所以程先生又曰：『公近仁。』蓋這個仁便在這『人』字上。你元自有這仁，合下便帶得來。只爲不公，所以蔽塞了不出來；若能公，仁便流行。譬如溝中水，被沙土罨靸壅塞了，故水不流；若能擔去沙土罨靸，水便流矣。又非是去外面別擔水來放溝中，是溝中元有此水，只是被物事壅遏了。去其壅塞，水便流行。如『克己復禮爲仁』。所謂『克己復禮』者，去其私而已矣。能去其私，則天理便自流行。不是克己了又別討個天理來放在裏面也，故曰：『公近仁。』」又問：「『公所以能恕，所以能愛；恕則仁之施，愛則仁之用。』愛是仁之發處，恕是推其愛之之心以及物否？」曰：「如公所言，亦非不是。只是自是凑合不著，都無滋味。若道理只是如此看，又更做甚麽？所以只見不長進，正緣看那物事没滋味。」又問：「莫是帶那上文『公』字説否？」曰：「然。恕與愛本皆出於仁，然非公則安能恕？安能愛？」又問：「愛只是合下發處便愛，未有以及物在，恕則方能推己以及物否？」曰：「仁之發處自是愛，恕是推那愛底，愛是恕之所推者。若不是恕去推，那愛也不能及物，也不能親親仁民愛物，只是自愛而已。若裏面元無那愛，又只推個甚麽？如開溝相似，是裏面元有這水，所以開著便有水來。若裏面元無此水，如何會開著便有水？若不是去開溝，縱有此水，也如何得他流出來？愛，水也；開之者，恕也。」又問：「若不是推其愛以及物，縱有此愛，也無可得及物否？」曰：「不是無可得及物，若不能推，則不能及物。此等處容易曉，如何恁地難看？」僩。

問：「『仁之道，只消道一「公」字。公是仁之理，公而以人體之，故曰仁。』竊謂仁是本有之理，公是克己功夫到處。公，所以能仁。所謂『公而以人體之』者，若曰己私既盡，只就人身上看，便是仁。體，猶骨也，如『體物不可遺』之『體』，『貞者事之幹』之類，非『體認』之『體』也。」曰：「公是仁之方法，人是仁之材料。有此人，方有此仁。蓋有形氣，便具此生理。若無私意間隔，則人身上全體皆是仁。如無此形質，則生意都不湊泊他。所謂『體』者，便作『體認』之『體』，亦不妨。體認者，是將此身去裏面體察，如中庸『體群臣』之『體』也。」銖。

問：「向日問『公而以人體之，則爲仁』，先生曰：『體，作「體認」之「體」，亦不妨。』銖思之，未達。竊謂有此人則具此仁。然人所以不仁者，以其私也。能無私心則此理流行，即此人而此仁在矣。非是公後又要去體認尋討也。」先生顧楊至之謂曰：「『仁』字，叔重說得是了，但說『體』字未是。體者，乃是以人而體公。蓋人撐起這公作骨子，則無私心而仁矣。蓋公只是一個公理，仁是人心本仁。人而不公，則害夫仁。故必體此公在人身上以爲之體，則無所害其仁，而仁流行矣。作如此看，方是。」銖。

問：「『公而以人體之』，如何？」曰：「仁者心之德，在我本有此理。公却是克己之極功，惟公然後能仁。所謂『公而以人體之』者，蓋曰克盡己私之後，就自家身上看，便見得仁也。」謨。

「『公而以人體之，故爲仁。』蓋公猶無塵也，人猶鏡也，仁則猶鏡之光明也。鏡無纖塵則光明，人能無一豪之私欲則仁。然鏡之明，非自外求也，只是鏡元來自有這光明，今不爲塵所昏爾。人之仁，亦非自外得也，只是人心元來自有這仁，今不爲私欲所蔽爾。故人無私欲，則心之體用廣大流行，而無時不仁，所以能愛能恕。」仁之名不從公來，乃是從人來，故曰「公而以人體之，則爲仁」。端蒙。

「『仁之道，只消道一「公」字』，非以公爲仁，須是『公而以人體之』。伊川自曰『不可以公爲仁』。世有以公爲心而慘刻不恤者，須公而有惻隱之心，此功夫却在『人』字上。蓋人體之以公方是仁，若以私欲，則不仁矣。」𡪇。

「公而以人體之爲仁，仁是人心所固有之理，公則仁，私則不仁。未可便以公爲仁，須是體之以人方是仁。公、恕、愛，皆所以言仁者也。公在仁之前，恕與愛在仁之後。公則能仁，仁則能愛、能恕故也。」謨。

李問：「仁，欲以公、愛、恕三者合而觀之，如何？」曰：「公在仁之先，愛、恕在仁之後。」又問「公而以人體之」一句。曰：「緊要在『人』字上。仁只是個人。」淳。

「公所以爲仁。故伊川云：『非是以公便爲仁，公而以人體之。』仁譬如水泉，私譬如沙石能壅却泉，公乃所以決去沙石者也。沙石去而水泉出，私去而仁復也。」德明。

「謂仁只是公，固若未盡；謂公近仁耳，又似太疏。伊川曰：『只是一個「公」字。』學者問仁，則常教他將『公』字思量。此是先生晚年語，平淡中有意味。顯道記憶語及入關語録亦有數段，更宜參之。」鎬〔六七〕。

或問：「『恕則仁之施，愛則仁之用』，施與用如何分別？」曰：「恕之所施，施其愛爾；不恕，則雖有愛而不能及人也。」銖。

問：「『恕則仁之施，愛則仁之用』，施與用何以別？」曰：「施是從這裏流出，用是就事説。推己爲恕，恕是從己流出去及那物；愛是才調恁地。愛如水，恕如水之流。」又問：「先生謂『愛如水，恕如水之流』，淳退而思，有所未合。竊謂仁如水，愛如水之潤，恕如水之流，不審如何？」曰：「説得好。昨日説過了。」淳。

問：「『恕則仁之施，愛則仁之用』，施與用如何分？」曰：「恕是分俵那愛底。如一桶水，愛是水，恕是分俵此水何處一杓，故謂之施。愛是仁之用，恕所以施愛者。」銖。

「『恕則仁之施，愛則仁之用』，『施、用』兩字，移動全不得。這般處，惟有孔、孟能如此。

下自荀、揚諸人便不能，便可移易。昔有言『盡己之謂忠，盡物之謂恕』，伊川言：『盡物只可言信，推己之謂恕。』蓋恕是推己，只可言施。如此等處，極當細看。」道夫。

或問：「『力行』如何是『淺近語』？」曰：「不明道理，只是硬行。」又問：「何以爲『淺近』？」曰：「他只是見聖賢所爲，心下愛，硬依他行。這是私意，不是當行者〔六八〕。見得道理時，皆是當恁地行。」又問：「『這一點意氣能得幾時子』是如何？」曰：「久時，將次只是恁地休了。」節。

「『涵養須用敬，進學則在致知。』無事時，且存養在這裏，提撕警覺，不要放肆。到講習應接時，便當思量義理。」淳。

楊子順問：「『涵養須用敬』，涵養甚難，心中一起一滅，如何得主一？」曰：「人心如何教他不思？如『周公思兼三王，以施四事』，豈是無思？但不出於私則可。」曰：「某多被思慮紛擾，思這一事，又牽走那事去。雖知得，亦自難止。」曰：「既知得不是，便當絕斷了。」淳。

「涵養此心須用敬。譬之養赤子，方血氣未壯實之時，且須時其起居飲食，養之於屋室之中而謹顧守之，則有向成之期。才方乳保，却每日暴露於風日之中，傴然不顧，豈不致疾而害其生耶！」大雅。

問：「伊川謂：『敬是涵養一事。』敬不足以盡涵養否？」曰：「五色養其目，聲音養其耳，義理養其心，皆是養也。」賀孫。

用之問：「學者忌先立標準，如何？」曰：「如『必有事焉而勿正』之謂。而今雖道是要學聖人，亦且從下頭做將去。若日日恁地比較，也不得。雖則是曰：『舜何人也？予何人也？』若只管將來比較，不去做工夫，又何益？」賀孫。

問：「學者做工夫〔六九〕，須以聖人爲標準，如何却說不得立標準？」曰：「學者固當以聖人爲師，然亦何須得先立標準？才立標準，心裏便計較思量幾時得到聖人，處聖人田地又如何，便有個先獲底心。顏淵曰：『舜何人也？予何人也？有爲者亦若是。』也只是如此平說，教人須以聖賢自期。又何須先立標準？只認下著頭做，少間自有所至。」僩。

「尹和靜從伊川半年後，方得見西銘、大學，不知那半年是在做甚麼？想見只是且教他聽說話。」曾光祖云：「也是初入其門，未知次第，驟將與他看未得。」先生曰：「豈不是如此？」又曰：「西銘本不曾說『理一分殊』，因人疑後，方說此一句。」義剛。

問〔七〇〕：「尹彥明見程子後，半年方得大學、西銘看，此意如何？」曰：「也是教他自就切己處思量，自看平時個是不是，未欲便把那書與之讀。」曰〔七一〕：「如此，則未後以此二書併授之，還是以尹子已得此意？還是以二書互相發故？」曰：「他好把西銘與學者看。他也是要教他知，天地間有個道理恁地開闊。」道夫。

「昨夜説，尹彦明見伊川後，半年方得大學、西銘看。此意思也好，也有病。蓋且養他氣質，淘潠去了那許多不好底意思。如學記所謂『未卜禘，不視學，游其志也』之意。此意思固好，然也有病者，蓋天下有多少書，若半年間都不教他看一字，幾時讀得天下許多書？所以尹彦明終竟後來工夫少了。易曰：『盛德大業，至矣哉！』『富有之謂大業。』須是如此，方得。天下事無所不當理會者，纔工夫不到，業無由得大；少間措諸事業，便有欠缺，此便是病。」或曰：「想得當時大學亦未成倫緒，難看在。」曰：「然。尹彦明看得好，想見煞著日月看。臨了連格物也看錯了，所以深不信伊川『今日格一件，明日格一件』之説，是看個甚麽？」或曰：「和靜才力極短，當初做經筵不見得；若使當難劇，想見做不去。」曰：「只他做經筵，也不奈何，説得話都不痛快，所以難。能解經而通世務者，無如胡文定〔七二〕。然教他做經筵〔七三〕，又却不肯。一向辭去，要做春秋解，不知是甚意思。蓋他有退而著書立言以垂後世底意思，無那措諸事業底心。縱使你做得了將上去，知得人君是看不看？若朝夕在左右説，豈不大有益？是合下不合有這著書垂世底意思故也。人説話也難。有説得響感動得人者，如明道會説，所以上蔡説，才到明道處，聽得他説話，意思便不同。蓋他説得響，自是感發人。伊川便不似他。伊川説話方，終是難感動人。」或曰：「如與東坡門説話，固是他門不是，然終是伊川説話有不相乳入處。」曰：「便是説話難。只是這一樣説話，只經一人口説，便自不同。有説得感動人者，有説得不愛聽者。近世所見會説話，説得響，令人感動者，無如陸子靜。可惜如伯恭都不會説話，更不可曉，只通寒暄也聽不得。自是他聲音難曉，子約尤甚。」僩。

問：「謝氏説『何思何慮』處，程子道『恰好着工夫』，此是着何工夫？」曰：「人所患者，不能見得大體。謝氏合下便見得大體處，只是下學之功夫却欠。程子道『恰好着工夫』，便是教他着下學底工夫。」淳。

校勘記

〔一〕無　朝鮮本此「無」上增「初」字。

〔二〕問　朝鮮本作：節問。

〔三〕卓　朝鮮本作：卓。僩録同。

〔四〕仁之包四德猶冢宰之統六官闕祖　朝鮮本作：仁之包四德，猶冢宰之統六官。又曰：「得此生意以有生，然後有義禮智。以先後言之，則仁在先；以大小言之，則仁爲大。」處謙。

〔五〕朝鮮本作：節問。

〔六〕明年熟　朝鮮本作「明年種」。

〔七〕問　朝鮮本作：「道夫問伊川云」五字。

〔八〕道夫榦録稍異　朝鮮本末尾小字作：本條仁包四者。道夫。

〔九〕問　朝鮮本作：道夫問。

〔一〇〕問忠信所以進德至對越在天也　朝鮮本作：道夫問「忠信所以進德，終日乾乾，君子當終日對越在天也」。

〔一一〕問　朝鮮本此上增「賀孫」二字，此下增二十二字，云：「夜來問『忠信所以進德，終日乾乾，君子當終日對越在天』。」

〔一二〕説到　朝鮮本此下增：精。

〔一三〕端蒙　朝鮮本收録二則，一作：其體則謂之易，其理則謂之道，其用則謂之神，以人言之，其體謂之心，其理謂之性，其用謂之情，體，非體、用之謂。賀孫。又一作：「其體則謂之易」，在人則心也；「其理則謂之道」，在人則性也；「其用則謂之神」，在人則情也。公謹。

〔一四〕其體則謂之易　朝鮮本「其」上有「程子曰上天之載無聲無臭」十一字。

〔一五〕夔孫　朝鮮本作：賜。

〔一六〕問此一段自浩然之氣以上　「問此」，朝鮮本作：「寓問：近思録伊川言『忠信所以進德，終日乾乾，君子當終日對越在天』。」凡二十七字。

〔一七〕但見　朝鮮本此下增：有相。

〔一八〕生之謂性　朝鮮本段首增一節文字，作：問：「横渠説『窮理盡性，則性天德，命天理。』這處性、命如何分別？」曰：「性是以其定者而言，命是以其流行者而言。命便是水恁地流底，性便是將碗盛得來。大碗盛得多，小碗盛得少，淨潔碗盛得清，汙漫碗盛得濁。」又曰：「近思録論」。

〔一九〕生　朝鮮本「生」前增「遺書」二字。

〔二〇〕向滕德粹問生之謂性　朝鮮本「向」下有「在書堂」三字。

〔二一〕某觀二家之説　「某」原作「甚」，據朝鮮本改。

〔二二〕善固性也　朝鮮本「善」上有「木之問程子生之謂性章説」十一字。

〔二三〕可學　朝鮮本末尾記録者姓名作：文蔚。

〔二四〕才　朝鮮本作：純。

〔二五〕去僞　朝鮮本作：謨。去僞録同。

〔二六〕此　朝鮮本「此」上一節文字作：「横渠先生曰：『凡物莫不有是性，由通蔽開塞，所以有人物之別，由蔽有厚薄，故有智愚之別。塞者牢不可開，厚者可以開，而開之也難，薄者開之也，易開則達於天道，與聖人一。』」先生曰：「此段不如呂與叔分別得分曉。呂曰：『蔽有淺深，故爲昏明，蔽有開塞，故爲人物云云。』程子曰：『人生而靜以上不容說，才說性時，便已不是性也。凡人說性，只是說繼之者善也。』孟子言人性善是也，夫所謂『繼之者善也』者，猶水流而就下也云云。」先生曰。

〔二七〕問　朝鮮本作：道夫問。

〔二八〕如此　朝鮮本作：恁地。

〔二九〕問　朝鮮本作：道夫問。

〔三〇〕問　朝鮮本作：道夫問。

〔三一〕四方八面　朝鮮本作：八方四面。

〔三二〕沖漠無朕至教入塗轍　此句，朝鮮本作：「程先生云：沖漠無朕，萬象森然已具，未應不是先，已應不是後。如百尺之木，自根本至枝葉皆是一貫。不可道上面一段事無形無兆，却待人旋安排引入來教入塗轍。既是塗轍，却只是一個塗轍。」凡七十五字。

〔三三〕不是　朝鮮本此下增：其。

〔三四〕或問未應不是先一條　朝鮮本「問」下有「近思録」三字。

〔三五〕是　朝鮮本「是」上增：此。

〔三六〕問　朝鮮本作：道夫問。

〔三七〕問天下只有個感應　朝鮮本「問」下有「明道云」三字。

〔三八〕這便是情　朝鮮本「情」下另有三十字，云：「問情、意之别。曰：『情便是做底意，自是百般計較去做底。因是有情，而後用其意。』」

〔三九〕心　朝鮮本「心」上增：伊川云。

〔四〇〕心既發　朝鮮本「心」下有「有善惡程先生曰」七字。

〔四一〕既發則可謂之情　朝鮮本「既」上有「程子曰」三字。

〔四二〕蓋有是惻隱心　「蓋」原爲空格，據萬曆本補。

〔四三〕朝鮮本作：周舜弼名謨。

〔四四〕定性書云　朝鮮本「定」上有「明道先生答横渠」七字。

〔四五〕問　朝鮮本作：道夫問。

〔四六〕但明道總人之私意言耳　「總」，朝鮮本作「指」。

〔四七〕便看理如何　「便」，朝鮮本作「更」。

〔四八〕如要去治那人之罪　朝鮮本作：如要去正邪人之罪。

〔四九〕義剛　朝鮮本末尾小字作：淳。按鄭可學録「楊墨」下止有「便是」二字。

〔五〇〕伊川曰　朝鮮本「曰」下有「孟子才高學之無可依據」十字。

〔五一〕學者須是學顔子　「顔子」下，朝鮮本多二十三字，云：「入聖人爲近，有用力處。又曰：『學者要學得不錯，須是學顏子。』」

〔五二〕問　朝鮮本作：道夫問。

〔五三〕只是教人鞭辟近裏　朝鮮本「只」上有「這固」二字。

〔五四〕朝鮮本「竊」上增：然。

〔五五〕明道説學者識得仁體　朝鮮本「明」上有「近思録中」四字。

〔五六〕只是誇多鬬靡爲能　「靡」，朝鮮本作「美」。

〔五七〕問　朝鮮本作：道夫問。

〔五八〕寓　朝鮮本作：寓。淳録同。

〔五九〕則處此事使合義　「使」原作「便」，據朝鮮本改。

〔六〇〕正其義不謀其利　朝鮮本「正」上有「董仲舒曰」四字。

〔六一〕寓　朝鮮本作：寓。陳淳録同。

〔六二〕學不言而自得者　朝鮮本「學」上有「程子曰」三字。

〔六三〕乃自得也　朝鮮本「也」下有「終不足以入道」六字。

〔六四〕則是起意去趕趁他　「趕」原作「起」，據朝鮮本、萬曆本改。

〔六五〕問　朝鮮本作：道夫問。

〔六六〕問公只是仁底道理　朝鮮本「問」上有三十八字，云：「近思録云，仁之道，要之只消道一

『公』字。公，只是仁之理，不可將公便唤做仁。公而以人體之，故爲仁。」

〔六七〕鎬　朝鮮本此下另有四十五字，云：升卿録同而略。今附云：「伊川曰：『仁只是一個「公」字。』學者問仁，則常教他將『公』字思量。此是先生晚年語，平淡中有意味。」

〔六八〕不是當行者　「者」，朝鮮本作「若」，屬下讀。

〔六九〕學者做工夫　朝鮮本「學」上有二十二字，云：「明道先生曰：『學者忌先立標準，若循循不已，自有所至矣。』」

〔七〇〕問　朝鮮本作：道夫問。

〔七一〕曰　朝鮮本作：道夫曰。

〔七二〕胡文定　朝鮮本此下增：公。

〔七三〕經筵　朝鮮本此下增：官。

朱子語類卷第九十六

程子之書二[一]

「遺書云『不信其師』，乃知當時有不信者。」方。第三卷。

「『學原於思』，思所以起發其聰明。」端蒙。

「六經浩渺[二]，乍難盡曉。且見得路徑後，各自立得一個門庭[三]。」問：「如何是門庭？」曰：「是讀書之法。如讀此一書，須知此書當如何讀。伊川教人看易，以王輔嗣、胡翼之、王介父三人易解看，此便是讀書之門庭。緣當時諸經都未有成說，學者乍難捉摸，故教人如此。」或問：「如詩是吟詠情性，讀詩者便當以此求之否？」曰：「然。」僩[四]。

「『學者全體此心[五]。學雖未盡，若事物之來，不可不應[六]。』此亦只是言其大概，且存得此心在這裏。『若事物之來，不可不應，且隨自家力量應之，雖不中不遠矣。』更須下工夫，方到得細密的當，至於至善處，此亦且是爲初學言。如龜山却是恁地，初間只管道是且隨力量恁地，更不理會細密處，下梢都衰塌了。」賀孫〔七〕。

「『學者全體此心』，只是全得此心，不爲私欲汩没，非是更有一心能體此心也。此等當以意會。」端蒙。

「『只是心生』，言只是敬心不熟也。『恭者，私爲之恭』，言恭只是人爲。『禮者，非體之禮』，言只是禮，無可捉摸。故人爲之恭，必循自然底道理，則自在也。」端蒙。

「明道曰：『雖則心「操之則存，捨之則亡」，然而持之太甚，便是必有事焉而正之也。亦須且恁去。』其説蓋曰，雖是『必有事焉而勿正』，亦須且恁地把捉操持，不可便放下了。『敬而勿失』，即所以中也。『敬而無失』，本不是中，只是『敬而無失』便見得中底氣象。此如公不是仁，然公而無私則仁。」又曰：「中是本來底，須是做工夫，此理方著。司馬子微坐忘論，是所謂坐馳也。他只是要得恁地虚静，都無事。但只管要得忘，便不忘，是馳也。明道説：『張天祺不思量事後，須强把他這心來制縛，亦須寄寓在一個形象，皆非自然。君實又只管念個「中」字，此又爲「中」所制縛。且「中」字亦何形象？』他是不思量事，又思量個不思量底，寄寓一個形象在這裏。如釋氏教人，便有些是這個道理。如曰『如何是佛』，云云，胡亂掉一語，教人只管去思量。又不是道理，又别無可思量，心只管在這上行思坐想，久後忽然有悟。『中』字亦有何形象？又去那處討得個『中』？心本來是錯亂了，又添這一個物事在裏面，這頭討『中』又不得，那頭又討不得，如何會討得？天祺雖是硬捉，又且把定得一個物事在這裏。温公只管念個『中』字，又更生出頭緒多，他所以説終夜睡不得。」又曰：「天祺是硬截，温公是死守，旋旋去尋討個『中』。伊川即曰『持其志』，所以教人且就裏面理會。譬如人有個家，不自作主，却倩别人來作主。」賀孫。

伯豐説：「『敬而無失』，則不偏不倚，斯能中矣。」曰：「説得慢了。只『敬而無失』，便不偏不倚，只此便是中。」𦳣。

「敬而無失」。問：「莫是心純於敬，在思慮則無一豪之不敬，在事爲則無一事之不敬？」曰：「只是常敬。敬即所以中。」端蒙。

問：「『聖人不記事，所以常記得；今人忘事，以其記事』，何也？」曰：「聖人之心虚明，便能如此。常人記事忘事，只是着意之故。」淳。

李德之問：「明道因修橋尋長梁，後每見林木之佳者，必起計度之心，因語學者：『心不可有一事。』某竊謂，凡事須思而後通，安可謂『心不可有一事』？」曰：「事如何不思？但事過則不留於心可也。明道肚裏有一條梁，不知今人有幾條梁柱在肚裏。佛家有『流注想』。水本流將去，有些滲漏處，便留滯。」蓋卿。

「『心要在腔殼子裏』，心要有主宰。繼自今，便截胸中膠擾，敬以窮理。」德明。

問：「『心要在腔子裏』，若慮事應物時，心當如何？」曰：「思慮應接，亦不可廢。但身在此，則心合在此。」曰：「然則方其應接時，則心在事上；事去，則此心亦合管着。」曰：「固是要如此。」德明。

或問「心要在腔子裏」。曰：「人一個心，終日放在那裏去，得幾時在這裏？孟子所以只管教人『求放心』。今人終日放去，一個身恰似個無梢工底船，流東流西，船上人皆不知。某嘗謂，人未讀書，且先收斂得身心在這裏，然後可以讀書求得義理。而今硬捉在這裏讀書，心飛揚那裏去，如何得會長進？」賀孫。

或問：「『心要在腔子裏』，如何得在腔子裏？」曰：「敬，便在腔子裏。」又問：「如何得會敬？」曰：「只管恁地衮做甚麽？才説到敬，便是更無可説。」賀孫。

問：「『人心要活，則周流無窮而不滯於一隅。』如何是活？」曰：「心無私，便可推行。活者，不死之謂。」可學。

李丈問：「『「天地設位〔八〕，而易行乎其中」，只是敬』，如何？」曰：「易是自然造化。聖人本意只説自然造化流行，程子是將來就人身上説。敬則這道理流行，𥈆録云：「敬便易行也。」不敬便間斷了。前輩引經文，多是借來説己意。如『必有事焉，而勿正，心勿忘，勿助長』，孟子意是說做工夫處，程子却引來『鳶飛魚躍』處，說自然道理。若知得『鳶飛魚躍』便了此一語。又如『必有事焉』，程子謂有事於敬，此處那有敬意？亦是借〔九〕來做自己說。孟子所謂有事，只是集義；勿正，是勿望氣之生。義集，則氣自然生。我只集義，不要等待氣之生。若等待，便辛苦，便去助氣使他長了。氣不至於浩然，便作起令張旺，謂己剛毅，無所屈撓，便要發揮去做事，便是助長。」淳。

問：「『「天〔一〇〕地設位，而易行乎其中」，只是敬，敬則無間斷。』不知易何以言敬？」曰：「伊川門說得闊，使人難曉。」曰：「下面云：『誠，敬而已矣。』恐是說天地間一個實理如此。」曰：「就天地之間言之，是實理；就人身上言之，惟敬，然後見得心之實處流行不息。敬才間斷，便不誠；不誠，便無物，是息也。」德明。

問：「『「天地設位，而易行乎其中」，只是敬也，敬則無間斷。』天地人只是一個道理。天地設位，而變易之理不窮，所以天地生生不息。人亦全得此理，只是氣稟物欲所昏，故須持敬治之，則本然之理自無間斷。」曰：「也是如此。天地也似有個主宰，方始恁地變易，便是天地底敬。天理只是直上去，更無四邊滲漏，更無走作。」賀孫。

問：「程子曰：『「敬以直內，義以方外」，仁也。』如何以此便謂之仁？」曰：「亦是仁也。若能到私欲淨盡，天理流行處，皆可謂之仁。如『博學篤志，切問近思』，能如是，則仁亦在其中。寓録作：「便可爲仁。」〔一一〕如『克己復禮』亦是仁；『出門如見大賓，使民如承大祭』，亦是仁；『居處恭，執事敬，與人忠』，亦是仁。看從那路入。但從一路入，做到極處，皆是仁。」淳。寓同。

問「『不有躬，無攸利』。不立己後，雖向好事，猶爲化物。不得以天下萬物撓己。己立後，自能了當得天下萬物」。曰：「下面是伊川解易上句；後一句又是覆解此意，在乎以立己爲先，應事爲後。今人平日講究所以治國平天下之道，而自家身己全未曾理會得。若能理會自家身己，雖與外事若茫然不相接，然明德在這裏了，新民只見成推將去。」賀孫。

問：「『不立己後，雖向好事，猶爲化物』，何也？」曰：「己不立，則在我無主宰矣。雖向好事，亦只是見那事物好，隨那事物去，便是爲物所化。」淳。

問〔一二〕「主一」。曰：「做這一事，且做一事；做了這一事，却做這一事。今人做這一事未了，又要做那一事，心下千頭萬緒。」節。

蜚卿問：「『主一』，如何用工？」曰：「不當恁地問。主一只是主一，不必更於主一上問道理。如人喫飯，喫了便飽，却問人：『如何是喫飯？』先賢説得甚分明，也只得恁地説，在人自體認取。主一，只是專一。」驤〔一三〕。

厚之問「或人專守主一」。曰：「主一亦是。然程子論主一，却不然，又〔一四〕要有用，豈是守塊然之主一？呂與叔問主一，程子云：『只是專一。』今欲主一，而於事乃處置不下，則與程子所言自不同。」可學。

或謂：「主一，不是主一事。如一日萬幾，須要並應。」曰：「一日萬幾，也無並應底道理，須還他逐一件理會，但只是聰明底人却見得快。」端蒙。

「主一，兼動靜而言。」

問「閑邪則固一矣，主一則更不消言閑邪」。曰：「只是覺見邪在這裏，要去閑他，則這心便二了。所以說道『閑邪則固一矣』；既一則邪便自不能入，更不消說又去閑邪。恰如知得外面有賊，今夜用須防他，則便惺了；既惺了，不須更說防賊。」賀孫。

或問：「『閑邪』、『主一』，如何？」曰：「主一似『持其志』，閑邪似『無暴其氣』。閑邪只是要邪氣不得入，主一則守之於內。二者不可有偏，此內外交相養之道也。」去僞〔一五〕。

用之問：「有言〔一六〕：『未感時，知何所寓？』曰：『操則存，捨則亡，出入無時，莫知其鄉。』更怎生尋所寓，只是『有操而已』？」曰：「這處難說，只爭一豪子。只是看來看去，待自見得。若未感時，又更操這所寓，便是有兩個物事。所以道『只有操而已』。只操，便是主宰在這裏。如『克己復禮』，不是『克己復禮』三四個字排在這裏。『克、復』二字，只是拖帶下面二字，要挑撥出天理人欲。非禮勿視聽言動，不是非禮是一個物事，禮又是一個物事，勿又是一個物事。只是勿，便是個主宰。若恁地持守勿令走作，也由他；若不收斂，一向放倒去，也由他。釋氏這處便説得驚天動地，聖人只渾淪説在這裏，教人自去看。」賀孫。

問：「程子謂『有主則虚』，又謂『有主則實』。」曰：「有主於中，外邪不能入〔一七〕，便是虚；有主於中，理義甚實，便是實。」淳。

「外患不能入，是『有主則實』也；外邪不能入，是『有主則虚』也。自家心裏，只有這個爲主，别無物事，外邪從何處入？豈不謂之虚乎？然他説『有主則虚』者，『實』字便已在『有主』上了。」又曰：「『有主則實』者，自家心裏有主，外患所不能入，此非實而何？『無主則實』者，自家心裏既無以爲之主，則外邪却入來實其中，此又安得不謂之實乎？」道夫。

「『中有主則實，實則外患不能入』，此重在『主』字上；『有主則虚，虚則邪不能入』，重在『敬』字上。言敬則自虚静，故邪不得而奸之也。」端蒙。

問〔一八〕：「『有主則實』〔一九〕，又曰『有主則虚』，如何分别？」曰：「只〔二〇〕是有主於中，外邪不能入。自其有主於中言之，則謂之實；自其外邪不入言之，則謂之虚。」又曰：「若無主於中，則目之欲，也從這裏入；耳之欲，也從這裏入；鼻之欲，也從這裏入。大凡有所欲，皆入這裏，便滿了，如何得虚？」淳録云：「皆入這裏來，這裏面便滿了。」以手指心，曰：「如何得虚？」因舉林擇之作主一銘云：「『有主則虚』，神守其都；無主則實，鬼闞其室。」又曰：

「『有主則實』，既言『有主』，便已是實了，却似多了一『實』字。看來這個『實』字，謂中有主則外物不能入矣。」又曰：「程子既言『有主則實』，又言『有主則虛』，此不可泥看。須看大意各有不同，始得。凡讀書，且看他上下意是如何，不可泥着一字。如揚子言『於仁也柔，於義也剛』；到易中言，剛却是仁，柔却是義。又論語學不厭，知也；教不倦，仁也；到中庸又謂『成己，仁也，成物，知也』。各隨本文意看，自不相礙。」寓〔二一〕。

「『主一之謂敬，無適之謂一』。敬主於一，做這件事更不做別事。無適，是不走作。」泳。

問：「何謂『主一』？」曰：「無適之謂一。一，只是不走作〔二二〕。」又問：「思其所當思，如何？」曰：「却不妨。但不可胡思，且只得思一件事。如思此一事，又別思一事，便不可。」銖。

「『無適之謂一』，無適，是〔二三〕個不走作。且如在這裏坐，只在這裏坐，莫思量出門前去；在門前立，莫思量別處去。聖人說：『不有博弈者乎？爲之猶賢乎已。』博弈豈是好事？與其營營膠擾，不若但將此心殺在博弈上。」驤〔二四〕。

問「主一無適」。「只是莫走作。且如讀書時只讀書，著衣時只著衣。理會一事時，只理會一事，了此一件，又作一件，此『主一無適』之義。」蜚卿曰：「某作事時，多不能主一。」曰：「只是心不定。人亦須是定其心。」曰：「非不欲主一，然竟不能。」曰：「這個須是習。

程子也教人習。」曰：「莫是氣質薄否？」曰：「然。亦須涵養本原，則自然别。」道夫。

「伊川云：『主一之謂敬，無適之謂一。』又曰：『人心常要活，則周流無窮而不滯於一隅。』或者疑主一則滯，滯則不能周流無窮矣。道夫竊謂，主一則此心便存，心存則物來順應，何有乎滯？」曰：「固是。然所謂主一者，何嘗滯於一事？不主一，則方理會此事，而心留於彼，這却是滯於一隅。」又問：「以大綱言之，有一人焉，方應此事未畢，而復有一事至，則當何如？」曰：「也須是做一件了，又理會一件，亦無雜然而應之理。但甚不得已，則權其輕重可也。」道夫。

問：「伊川答蘇季明云：『求中於喜怒哀樂，却是已發。』某觀延平亦謂『驗喜怒哀樂未發之前爲如何』，此説又似與季明同。」曰：「但欲見其如此耳。然亦有病，若不得其道，則流於空。故程子云：『今只道敬。』」又問：「既發、未發，不合分作兩處，故不許。如中庸説，固無害。」曰：「然。」可學。

問：「舊看程先生所答蘇季明喜怒哀樂未發，耳無聞，目無見之説，亦不甚曉。昨見先生答呂子約書，以爲目之有見，耳之有聞，心之有知未發，與目之有視，耳之有聽，心之有思已發不同，方曉然無疑。不知足之履，手之持，亦可分未發已發否？」曰：「便是書不如此讀。聖人只教你去喜怒哀樂上討未發已發，却何嘗教你去手持足履上分未發已發？都不干事。且如眼見一個物事，心裏愛，便是已發，便屬喜；見個物事惡之，便屬怒。若見個物事心裏不喜不怒，有何干涉？」或作：「一似閑，如何謂之已發？」僩。

問〔二五〕：「蘇季明問，靜坐時乃說未發之前，伊川以祭祀『前旒、黈纊』答之。據祭祀時，恭敬之心，向於神明，此是已略發？還只是未發？」曰：「只是如此恭敬，未有喜怒哀樂，亦未有思，喚做已發不得。然前旒黈纊，非謂全不見聞。若全不見聞，則薦奠有時而不知，拜伏有時而不能起矣。」淳。義剛同。

用之問「蘇季明問喜怒哀樂未發之前求中」一條〔二六〕。曰：「此條記得極好，只中間說『謂之無物則不可，然靜中須有個覺處』，此二句似反說〔二七〕。『無物』字，恐當作『有物』字。涵養於喜怒哀樂未發之前，只是『戒慎乎其所不睹，恐懼乎其所不聞』，全未有一個動綻。大綱且約住執持在這裏，到謹獨處，便是發了。『莫見乎隱，莫顯乎微』，雖未大段發出，便已有一豪一分見了，便就這處分別從善去惡。『雖耳無聞，目無見，然見聞之理在始得』。雖是耳無聞，目無見，然須是常有個主宰執持底在這裏，始得。不是一向放倒，又不是一向空寂了。」問：「非禮勿視聽言動，是此意否？」曰：「此亦是有意了，便是已發。只是『敬而無失』，所以爲中。大綱且執持在這裏。下面說復卦，便是說靜中有動，不是如瞌睡底靜，中間常自有個主宰執持。後又說艮卦，又是說動中要靜。復卦便是一個大翻轉底艮卦，艮卦便是兩個翻轉底復卦。復是五陰下一陽，艮是二陰上一陽。陽是動底物事，陰是靜底物事。凡陽在下，便是震動意思；在中，便是陷在二陰之中，如人陷在窟裏相似；在上，則没去處了，只得止，故曰『艮其止』。陰是柔媚底物事，在下，則巽順陰柔，不能自立，須附於陽；在中，則是附麗之象；在上，則説，蓋柔媚之物，在上則歡悦。」賀孫。

問：「未發之前，當戒謹恐懼，提撕警覺，則亦是知覺。而伊川謂『既有知覺，却是動』，何也？」曰：「未發之前，須常恁地醒，不是瞑然不省。若瞑然不省，則道理何在？成甚麽『大本』？」曰：「常醒，便是知覺否？」曰：「固是知覺。」曰：「知覺便是動否？」曰：「固是動。」曰：「何以謂之未發？」曰：「未發之前，不是瞑然不省，怎生説做靜得？然知覺雖是動，不害其爲未動。若喜怒哀樂，則又別也。」曰：「恐此處知覺雖是動，而喜怒哀樂却未發否？」先生首肯，曰：「是。下面説『復見天地之心』，説得好。復一陽生，豈不是動？」曰：「一陽雖動，然未發生萬物，便是喜怒哀樂未發否？」曰：「是。」淳。

問：「前日論『既有知覺，却是動也』，某彼時一向泥言句了〔二八〕。及退而思，大抵心本是個活物，無間於已發未發，常恁地活。伊川所謂『動』字，只似『活』字。其曰『怎生言靜』，而以復説證之，只是明靜中不是寂然不省故爾。不審是否？」曰：「説得已是了。但『寂』字未是。寂，含活意，感則便動，不只是昏然不省也〔二九〕。」淳。

正淳問靜中有知覺。曰：「此是坤中不能無陽，到動處却是復。只將十二卦排，便見。」方子。

問：「蘇季明問喜怒哀樂未發之前，下『動』字？下『靜』字？伊川曰：『謂之靜則可，靜中須有物始得。』所謂『靜中有物』者，莫是喜怒哀樂雖未形，而含喜怒哀樂之理否？」曰：「喜怒哀樂乃是感物而有，猶鏡中之影。鏡未照物，安得有影？」曰〔三〇〕：「然則『靜中有物』，乃鏡中之光明？」曰：「此却説得近似。但只是比類。所謂『靜中有物』者，只是知覺便是。」曰：「伊川却云：『纔説知覺，便是動。』」曰：「此恐伊川説得太過。若云知個甚底，覺個甚底，如知得寒，覺得暖，便是知覺一個物事。今未曾知覺甚事，但有知覺在，何妨其爲靜？不成靜坐便只是瞌睡！」文蔚。

問：「程子云：『須是靜中有物，始得。』此莫是先生所謂『知覺不昧』之意否？」曰：「此只是言靜時那道理自在，却不是塊然如死底物也。」端蒙。

「『靜中有物』，如何？」曰：「有聞見之理在，即是『靜中有物』。」問：「敬莫是靜否？」曰：「敬則自然靜，不可將靜來唤做敬。」去僞〔三一〕。

問：「伊川言：『靜中須有物〔三二〕，始得。』此物云何？」曰：「只太極也。」洽。

「蘇季明嘗患思慮不定〔三三〕，或思一事未了，他事如麻又生。伊川曰：『不可。此不誠之本也。須是習，習能專一時便好。不拘思慮與應事，皆要專一。』而今學問，只是要一個專一。若參禪修養，亦皆是專一，方有功。修養家無底事〔三四〕，他硬想成有；釋氏有底，硬想成無，只是專一。然他底却難。自家道理本來却是有，只〔三五〕要人去理會得，却甚順，却甚易。」或問：「專一可以至誠敬否？」曰：「誠與敬不同：誠是實理，是人前背後都恁地，做一件事直是做到十分，便是誠。若只做得兩三分，說道今且謾恁地做，恁地也得，不恁地也得，便是不誠。敬是戒慎恐懼意。」又問：「恭與敬，如何？」曰：「恭是主容貌而言，「貌曰恭」。「手容恭」。敬是主事而言。」「執事敬」。「事思敬」。問：「敬如何是主事而言？」曰：「而今做一件事，須是專心在上面，方得。不道是不好事。而今若讀論語，心又在孟子上，如何理會得？若做這一件事，心又在那事，永做不得。」又曰：「敬是畏底意思。」又曰：「敬是就心上說，恭是對人而言。」又曰：「若有事時，則此心便即專在這一事上；無事，則此心湛然。」又曰：「恭是謹，敬是畏，莊是嚴。『嚴威儼恪，非所以事親』，是莊於這處使不得；若以臨下，則須是莊。『臨之以莊，則敬』。『不莊以涖之，則民不敬。』」賀孫。

問：「『以心使心』，此句有病否？」曰：「無病。其意只要此心有所主宰。」燾。

問：「『以心使心』，如何？」曰：「平使之。今人都由心，則是妄使矣。」恐有誤字。可學。

「大率把捉不定，皆是不仁。」問曰：「心之本體，湛然虛明，無一豪私欲之累，則心德未嘗不存矣。把捉不定，則爲私欲所亂，是心外馳，而其德亡矣。」曰：「如公所言，則是把捉不定，故謂之不仁。今此但曰『皆是不仁』，乃是言惟其不仁，所以致把捉不定也。」端蒙。

「『心定者，其言重以舒』兩句。言發於心，心定則言必審，故的確而舒遲；不定則内必紛擾，有不待思而發，故淺易而急迫。此亦志動氣之驗也。」直卿。端蒙。

「明道在扶溝時，謝、游諸公皆在彼問學。明道一日曰：『諸公在此，只是學某説話，何不去力行？』二公云：『某等無可行者。』明道曰：『無可行時，且去靜坐。』蓋靜坐時，便涵養得本原稍定，雖是不免逐物，及自覺而收斂歸來，也有個着落。譬如人出外去，才歸家時，便自有個着身處。若是不曾存養得個本原，茫茫然逐物在外，便要收斂歸來，也無個着身處也。」廣。

「伊川見人靜坐，如何便歎其善學？」曰：「這却是一個總要處。」

安卿問：「伊川言：『目畏尖物，此理須克去。室中率置尖物，必不刺人。』此是如何？」曰：「疑病每如此。尖物元不曾刺人，他眼病只管見尖物來刺人耳。伊川又一處説此稍詳。有人眼病，嘗見獅子。伊川教他見獅子則捉來。其人一面去捉，捉來捉去，捉不着，遂不見獅子了。」寓。第五卷〔三六〕。

問：「前輩説治懼，室中率置尖物。」曰：「那個本不能害人，心下要恁地懼，且習教不如此妄怕。」問：「習在危階上行底，亦此意否？」曰：「那個却分明是危，只教習教不怕着。」問：「習得不怕，少間到危疑之際，心亦不動否？」曰：「是如此。」胡泳。

或問：「程子有言：『捨己從人，最爲難事〔三七〕。己者，我之所有，雖痛捨之，猶懼守己者固，而從人者輕也。』此説發明得好。」曰：「此程子爲學者言之。若聖人分上，則不如此也。『無適也，無莫也，義之與比』。曰『痛捨』，則大段費力矣。」廣。

問：「『飢食渴飲，冬裘夏葛』，何以謂之天職？」曰：「這是天教我如此。飢便食，渴便飲，只得順他。窮口腹之欲，便不是。蓋天只教我飢則食，渴則飲，何曾教我窮口腹之欲？」淳。

問：「取甥女歸嫁一段，與前孤孀不可再嫁相反，何也？」曰：「大綱恁地，但人亦有不能盡者。」淳。第六卷。

問：「程子曰『義安處便爲利』，只是當然而然，便安否？」曰：「是。也只萬物各得其分，便是利。君得其爲君，臣得其爲臣，父得其爲父，子得其爲子，何利如之！此『利』字，即易所謂『利者義之和』，利便是義之和處。然那句解得不似此語，却親切，正好去解那句。義初似不和而却和。截然不可犯，似不和；分别後，萬物各得其所，便是和。不和生於不義，義則和而無不利矣。」淳。寓録云：「義則無不和，和則無不利矣。」第七卷。

「程子曰：『爲政須要有綱紀文章，謹權審量，讀法平價，皆不可闕。』所謂文章者，便是文飾那謹權審量、讀法平價之類耳。」僩。第八卷〔三八〕。

問：「『必有關雎、麟趾之意，然後可以行周官之法度〔三九〕』，只是要得誠意素孚否？」曰：「須是自閨門衽席之微，積累到熏蒸洋溢，天下無一民一物不被其化，然後可以行周官之法度。不然，則爲王莽矣！揚雄不曾説到此。後世論治，皆欠此一意。」淳。

問：「『介甫言律』一條，何意也？」曰：「伯恭以凡事皆具，惟律不説，偶有此條，遂謾載之。」淳。第九卷〔四〇〕。

「『律是八分書』，言八分方是。」方子。

「『律是八分書』，是欠些教化處。」必大。

「『不安今之法令』〔四一〕，謂在下位者。」閎祖。第十卷。

厚之問：「『感慨殺身者易，從容就義爲難』，如何是從容就義？」曰：「從容，謂徐徐。但義理不精，則思之再三；或汩於利害，却悔了，此所以爲難。」曰：「管仲如何？」曰：「管仲自是不死，不問子糾正不正。」可學。

厚之問：「伊川不答温公給事中事，如何？」曰：「自是不容預。如兩人有公事在官，爲守令者來問，自不當答。問者已是失。」曰：「此莫是避嫌否？」曰：「不然。本原已不是，與避嫌異。」可學。

「游定夫編明道語〔四二〕，言釋氏有『敬以直内』，無『義以方外』。吕與叔編則曰：『有「敬以直内」，無「義以方外」，則與直内底也不是。』」又曰：「『敬以直内』，所以『義以方外』也。」又曰：「游定夫晚年亦學禪。」節。第十三卷。

問：「佛家如何有『敬以直内』？」曰：「他有個覺察，可以『敬以直内』，然與吾儒亦不同。他本是個不耐煩底人，故盡欲掃去。吾儒便有是有，無是無，於應事接物只要處得是。」榦。

問「顏子春生，孟子并秋殺盡見」。曰：「仲尼無不包，顏子方露出春生之意，如『無伐善，無施勞』是也。使此更不露，便是孔子。孟子便如秋殺，都發出來，露其才。如所謂英氣，是發用處都見也。」又曰：「『明道下二句便是解上三句，獨『時焉而已』難曉。」伯羽。第十四卷〔四三〕。

問「孟子則露其才，蓋以時焉而已」。直卿云：「或曰，非常如此，蓋時出之耳。或曰，戰國之習俗如此。或曰，世衰道微，孟子不得已焉耳。三者孰是？」曰：「恐只是習俗之説較穩。大抵自堯、舜以來至於本朝，一代各自是一樣，氣象不同。」伯羽。

問：「『孟子露其才，蓋亦時然而已。』豈孟子亦有戰國之習否？」曰：「亦是戰國之習。

如三代人物，自是一般氣象；左傳所載春秋人物，又是一般氣象；戰國人物，又是一般氣象。」淳。

論大成從祀，因〔四四〕問：「伊川於毛公，不知何所主而取之？」曰：「程子不知何所見而然。嘗考之詩傳，其緊要處有數處。如關雎所謂『夫婦有別，則父子親；父子親，則君臣敬；君臣敬，則朝廷正；朝廷正，則王化成』。要之，亦不多見。只是其氣象大概好。」問：「退之一文士耳，何以從祀？」曰：「有闢佛、老之功。」曰〔四五〕：「如程子取其原道一篇，蓋嘗讀之，只打頭三句便也未穩。」曰：「且言其大概耳。便如董仲舒，也則有疏處。」蜚卿曰：「伊川謂西銘乃原道之祖，如何？」曰：「西銘更從上面說來。原道言『率性之謂道』，西銘連『天命之謂性』說了。」道夫問：「如他說『定名』、『虛位』，如何？」曰：「後人多譏議之。但某嘗謂，便如此說也無害。蓋此仁也，此義也，便是定名；此仁之道，仁之德，此義之道，義之德，則道德是總名，乃虛位也。且須知他此語爲老子設〔四六〕，方得。蓋老子謂『失道而後德，失德而後仁，失仁而後義，失義而後禮，失禮而後智』，所以原道後面又云：『吾之所謂道德，合仁與義言之也。』須先知得他爲老子設，方看得。」曰〔四七〕：「如他謂『軻之死，不得其傳』，程子以爲非見得真實，不能出此語，而屏山以爲『孤聖道，絕後學』，何如？」先生笑曰：「屏山只要說釋子道流皆得其傳耳。」又問：「如十論之作，於夫子全以死生爲言，似以此爲大事了。」久之，乃曰：「他本是釋學，但只是翻謄出來，說許多話耳。」道夫。

問：「『諸葛亮有儒者氣象』，如何？」曰：「孔明學不甚正，但資質好，有正大氣象。」問：「取劉璋一事，如何？」曰：「此却不是。」又問：「孔明何故不能一天下？」曰：「人謂曹操父子爲漢賊，以某觀之，孫權真漢賊耳。先主、孔明正做得好時，被孫權來戰兩陣，到這裏便難向前了。權又結托曹氏父子。權之爲人，正如偷去劉氏一物，知劉氏之興，必來取此物，不若結托曹氏，以賊托賊。使曹氏勝，我不害守得一隅；曹氏亡，則吾亦初無利害。」煇〔四八〕。

「遺書第一卷言韓愈近世豪傑，揚子雲豈得如愈？第六卷則曰：『揚子之學實，韓子之學華，華則涉道淺。』二說取予，似相抵牾。」曰：「只以言性論之，則揚子『善惡混』之說，所見僅足以比告子。若退之見得到處，却甚峻絶。性分三品，正是說氣質之性。至程門說破『氣』字，方有去着。此退之所以不易及，而第二說未得其實也。」謨。

「自古罕有人說得端的，惟退之原道庶幾近之，却說見大體。程子謂『能作許大識見尋求』，真個如此。他資才甚高，然那時更無人制服他，便做大了，謂『世無孔子，不當在弟子之列』。文中子不曾有說見道體處，只就外面硬生許多話，硬將古今事變來壓捺說或笑，似太公家教。」淳。

「明道行狀說孝弟禮樂處，上兩句說心，下兩句說用(四九)。」可學。

問：「『盡性至命，必本於孝弟。』盡性至命是聖人事，然必從孝弟做起否？」曰：「固是。」又問：「伊川說：『就孝弟中，便可盡性至命。今時非無孝弟人，而不能盡性至命者，由之而不知也。』謂即孝弟便可至命，看來孝弟上面更有幾多事，如何只是孝弟便至命？」曰：「知得這孝弟之理，便是盡性至命，也只如此。若是做時，須是從孝弟上推將去，方始知得性命。如『孝弟爲仁之本』，不成孝弟便是仁了！但是爲仁自孝弟始。若是聖人，如舜之孝，王季之友，便是盡性至命事。」又問：「程子以窮理、盡性、至命爲一事，橫渠以爲不然。」曰：「若是學者，便須節節做去；若是聖人，便只是一事。二先生說，須逐個看。」問：「『季路問鬼神』章，先生意亦如此。蓋幽明始終，固無二理。然既是人，便與神自是各一個道理；既是生，便與死各自一個道理，所以程先生云『一而二，二而一也』。」曰：「他已說出，但人不去看。有王某者，便罵『學不躐等』之說，說只是一個道理。看來他却只見個『一』字，不見個『二』字。又有說判然是兩物底，似又見個『二』字，不見個『一』字。且看孔子以『未能』對『焉能』說，便是有次第了。」夔孫。

問：「周子窗前草不除去，云：『與自家意思一般。』此是取其生生自得之意邪？抑於生物中欲觀天理流行處邪？」曰：「此不要解。到那田地，自理會得。須看自家意思與那草底意思如何是一般？」淳。道夫録云：「難〔五〇〕言。須是自家到那地位，方看得。要須見得那草與自家意思一般處。」

問：「周子窗前草不除去，即是謂生意與自家一般。」曰：「他也只是偶然見與自家意思相契。」又問：「横渠驢鳴，是天機自動意思？」曰：「固是。但也是偶然見他如此。如謂草與自家意一般，木葉便不與自家意思一般乎？如驢鳴與自家呼唤一般，馬鳴却便不與自家一般乎〔五一〕？」問：「程子『觀天地生物氣象』，也是如此？」曰：「他也只是偶然見如此，便説出來示人。而今不成只管去守看生物氣象！」問：「『觀雞雛可以觀仁』，此則須有意，謂是生意初發見處？」曰：「只是爲他皮殼尚薄，可觀。大雞非不可以觀仁，但爲他皮殼粗了。」夔孫。

必大曰〔五二〕：「『子厚聞皇子生，喜甚；見餓殍，食便不美』，昔正淳嘗云：『與人同休戚。』陸子壽曰：『此主張題目耳。』」先生問：「曾致思否？」對曰：「皆是均氣同體，惟在我者至公無私，故能無間斷而與之同休戚也。」曰：「固是如此，然亦只説得一截。如此説時，真是主張題目，實不曾識得。今土木何嘗有私？然與他物不相管。人則元有此心，故至公無私，便都管攝之，無間斷也。」必大〔五三〕。

校勘記

〔一〕程子之書二　朝鮮本「二」下有注云「同上」。

〔二〕六經浩渺　朝鮮本「六」上有「伊川云學者要自得」八字。

〔三〕各自立得一個門庭　朝鮮本「庭」下有「歸而求之可矣」六字。

〔四〕個　朝鮮本「個」下有「以下第三卷」五字。

〔五〕學者全體此心　朝鮮本「學」上有「明道先生曰」五字。

〔六〕不可不應　朝鮮本「應」下有「隨其分限應之雖不中不遠矣」十三字。

〔七〕賀孫　朝鮮本「孫」下有「以下第四卷」五字。

〔八〕天地設位　朝鮮本「天」上有「程子曰」三字。

〔九〕借　朝鮮本作：假。

〔一〇〕天　朝鮮本「天」上增：遺書云。

〔一一〕寓録作便可爲仁　朝鮮本此處小字少異，作：「則仁」以下徐作「便可爲仁」。

〔一二〕問　朝鮮本作：節問。

〔一三〕驤　朝鮮本作：道夫。

〔一四〕又　朝鮮本此下增：須。

〔一五〕去僞　朝鮮本作：謨。去僞録同。

〔一六〕有言　朝鮮本「有」上有「近思録一條」五字。

〔一七〕外邪不能入　朝鮮本「入」下有「外邪不入」四字。

〔一八〕朝鮮本作：劉問。

〔一九〕有主則實　朝鮮本「有」上有「伊川先生言」五字。

〔二〇〕只　朝鮮本「只」上增：這個。

〔二一〕寓　朝鮮本此下增一段小字：陳淳録止「鬼瞰其室」而少異，今附云：劉履之問：「有主則虛，有主則實，何以別？」曰：「只是有主於中，外邪不能入，自其有主於中者言之，則謂之實，自其外邪不能入者言之，則謂之虛。」又曰：「若無主於中，則目之欲亦入這裏來，耳之欲亦入這裏來，口鼻四肢之欲亦入這裏來，凡百所欲皆入這裏來，這裏面便滿了，以手指心，如何虛得？」因學林擇之主一銘曰：「有主則虛，神守其都，無主則實，鬼瞰其室。」

〔二二〕只是不走作　「走」原作「是」，據朝鮮本、萬曆本改。

〔二三〕是　朝鮮本作：只是。

〔二四〕驤　朝鮮本作：道夫。

〔二五〕問　朝鮮本作：淳問。

〔二六〕蘇季明問喜怒哀樂未發之前求中一條　朝鮮本「問」下有「伊川」二字。

〔二七〕此二句似反説　「二」原作「之」，據朝鮮本、萬曆本改。

〔二八〕某彼時一向泥言句了　「向泥」原作兩墨丁，據朝鮮本補。

〔二九〕不只是昏然不省也　朝鮮本「不只是」作「不是」，上有「只可云」三字。

〔三〇〕曰　朝鮮本作：文蔚曰，下曰字同。

〔三一〕去僞　朝鮮本作：謨。去僞録同。

〔三二〕靜中須有物　朝鮮本「靜」上有「喜怒哀樂未發之前下靜字亦可然」十四字。

〔三三〕蘇季明嘗患思慮不定　朝鮮本「蘇」上有「遺書中説」四字。

〔三四〕修養家無底事　朝鮮本「底」下有「物」字。

〔三五〕只　朝鮮本此下增：是。

〔三六〕第五卷　朝鮮本「第」上有「陳淳録同以下」六字。

〔三七〕最爲難事　「最爲」，朝鮮本作「舜禹」。

〔三八〕第八卷　朝鮮本「第」上有「以下」二字。

〔三九〕然後可以行周官之法度　朝鮮本「度」下有「何也」二字。

〔四〇〕淳第九卷　朝鮮本「淳」下無「第九卷」三字；下段文字朝鮮本在本段文字之前，且「方子」下有「以下第九卷」五字。

〔四一〕不安今之法令　朝鮮本「不」上有「近思録」三字。

〔四二〕游定夫編明道語　朝鮮本「語」下有「録」字。

〔四三〕第十四卷　朝鮮本「第」上有「以下」二字。

〔四四〕因　朝鮮本卷一三七收録此則語録，「因」上增「道夫」二字。

〔四五〕曰　朝鮮本作：道夫曰。

〔四六〕設　朝鮮本作：説。

〔四七〕曰　朝鮮本作：道夫問。

〔四八〕煇　朝鮮本作：晦夫。

〔四九〕下兩句説用　朝鮮本「用」下有二十六字：「古不必驗。今因横渠欲置田驗井田，故云爾。横渠説話，多有如此處。」

〔五〇〕難　朝鮮本「難」上增「安卿問周子不除窗前草曰」十一字。

〔五一〕馬鳴却便不與自家一般乎　「却」，原作空格，據萬曆本補。

〔五二〕必大曰　朝鮮本作：伯豐曰。

〔五三〕必大　朝鮮本作：伯豐。

朱子語類卷第九十七

程子之書三 此卷係遺書中，非入近思與四書等注者，以類而從，別爲一卷。文集附。

或問：「尹和靖言看語録，伊川云：『某在，何必看此？』此語如何？」曰：「伊川在，便不必看；伊川不在了，如何不看？」蓋卿録云：「若伊川不在，則何可不讀？〔一〕」只是門人所編，各隨所見淺深，却要自家分別它是非。前輩有言不必觀語録，只看易傳等書自好。天下亦無恁地道理，如此，則只當讀六經，不當看論、孟矣。天下事無高無下，無小無大，若切己下功夫，件件是自家底；若不下工夫，揀書來看亦無益。」先生又言：「語録是雜載。只如閑說一件話，偶然引上經史上，便把來編了；明日人又隨上面去看。直是有學力，方能分曉。」謙。以下論語録。

問：「遺書中有十餘段說佛處，似皆云形上、直內，與聖人同；却有一兩處云：『要之，其直内者亦自不是。』此語見得甚分明。不知其它所載，莫是傳録之差？」曰：「固是。纔經李端伯、呂與叔、劉質夫記，便真；至游定夫，便錯。可惜端伯、與叔、質夫早喪！使此三人者在，於程門之道，必有發明。」可學謂〔一〕：「此事所係非輕，先生盍作一段文字爲辨明之？」曰：「須待爲之。」因説：「芮國器嘗云：『天下無二道，聖人無兩心，如何要排佛？』」曰：「只爲無二道，故着不得它。佛法只是作一無頭話相欺誑，故且恁地過，若分明説出，便窮。」可學。

「記録言語難，故程子謂：『若不得某之心，則是記得它底意思。今遺書，某所以各存所記人之姓名者，蓋欲人辨識得耳。』今觀上蔡所記，則十分中自有三分以上是上蔡意思了，故其所記多有激揚發越之意；游氏所説則有温純不決之意；李端伯所記則平正；質夫所記雖簡約，然甚明切。看得來劉質夫那人煞高，惜乎不壽！」廣。

「伊川語，各隨學者意所録。不應一人之説其不同如此：游録語慢，上蔡語險，劉質夫語簡，永嘉諸公語絮。」振。

「李端伯語録宏肆，劉質夫語記其髓。」方。

坐客有問侯先生語録異同者。曰：「侯氏之説多未通。胡先生嘗薦之羅〔二〕。池録作「楊」。後延平先生與相會，頗謂胡先生稱之過當。因言其人輕躁不定，羅先生雖以凛然嚴毅之容與相待，度其頗難之。但云，其游程門之久，甚能言程門之事。然於道理未有所見，故其説前後相反，没理會。有與龜山一書。」賀孫。

「張思叔語録多作文，故有失其本意處，不若只録語録爲善。」方子。

楊志仁問明道説話。曰：「最難看。須是輕輕地挨傍它，描摸它意思，方得。若將來解，解不得。須是看得道理大段熟，方可看。」節。

先生問〔四〕：「近來全無所問，是在此做甚工夫？」義剛對〔五〕：「數日偶看遺書數版入心，還乘興看數日。」先生曰：「遺書録明道語，多有只載古人全句，不添一字底。如曰『思無邪』，如曰『聖人以此齊戒，以神明其德夫』！皆是。亦有重出者，是當時舉此句教人去思量。」先生語至此，整容而誦「聖人以此齊戒，以神明其德夫」！曰：「便是聖人也要神明。這個本是一個靈聖底物事，自家齊戒，便會靈聖；不齊戒，便不靈聖。古人所以七日戒，三日齊。」胡叔器曰：「齊戒只是敬。」曰：「固是敬，但齊較謹於戒。湛然純一之謂齊，肅然警惕之謂戒。到湛然純一時，那肅然警惕也無了。」義剛〔六〕。

「胡明仲文伊川之語而成書，凡五日而畢。世傳河南夫子書，乃其略也。」方。

問：「欲取程氏遺書中緊要言語，分爲門類，作一處看，庶得前後言語互相發明，易於融會。如何？」曰：「若編得也好。只恐言仁處或説着義，言性處或説着命，難入類耳。」浩。

「學者宜先看遺書，次看尹和靖文字，後乃看上蔡文字，以發光彩，且已不迷其說也。」季通語。方。

「伊川說尹曰：『夫子没而微言絶，異端起而大義乖。不知數十年後，人將謂我是何如人。』作説怪異模樣。又三録中說，且得它見得不錯，已是好。」所以楊、謝如此。方。

「改文字自是難。有時意思或不好，便把來改；待得再看，又反不如前底。是以此見皆在此心如何，纔昏便不得。或有所遷就，或有所回避，或先有所主張，隨其意之所重，義理便差了。」器之問：「程子語有何疑處？」曰：「此等恐録得差〔七〕，或恐是一時有個意思說出，或是未定之論。今最怕把人未定之論便唤做是，也是切害。如今言語最是難得一一恰好。或有一時意思見得是如此，它日所見或未必然。惟聖人說出，句句字字都恰好。這只是這個心，只是聖人之心平一。」賀孫。

「記録言語有不同處。如伊川江行事，有二處載：一本云：『伊川自涪陵舟行遇風，舟人皆懼，惟伊川不動。岸上有負薪者，遥謂之曰：「達後如此，捨後如此。」伊川欲答之，而舟去已遠矣。』一本謂：『既至岸，或問其故。伊川曰：「心存誠敬爾。」或曰：「心存誠敬，曷若無心？」伊川欲與之言，已忽不見矣。』某嘗謂，前說不然。蓋風濤洶湧之際，負薪者何以見其不懼？而語言又何以相聞邪？『孰若無心』之説，謂隱者既言，則趨而辟之可也。謂其忽然不見，則若鬼物然，必不然矣。又況達之與捨，只是一事，安得有分別邪？」人傑。

「論日之行到寅，寅上光；到卯，卯上光。雹是陰陽相軋，如以石相磨而火生。長安西風而雨。因食韭，言天地間寒暖有先後。或傳京師少雷，恐是地有高下。霹靂震死，是惡氣相擊搏。凡此數條者，果皆有此理否？」曰：「此皆一時談論所及，學者記録如此。要之，天地陰陽變化之機，日月星辰運行之度，各有成説，而未可以立談判也。康節詩有『思入風雲變化中』之語。前輩窮理，何事不極其至？今所疑數條，其間必自有説。且『洊雷震，君子以恐懼修省』。聖人垂訓如此，則霹靂震死等事，理之所有，不可以爲無也。」謨。以下天地性理。

「伊川云：『測景以三萬里爲準，若有窮然。有至一邊已及一萬五千里者，而天地之運蓋如初也。』此言蓋誤。所謂『升降一萬五千里中』者，謂冬夏日行南陸北陸之間，相去一萬五千里耳，非謂周天只三萬里。」閎祖。

「程氏遺書一段説日月處〔八〕，諸本皆云：『不如三焦説周回而行。』不〔九〕曉其義。後〔一〇〕見一本云：『不如舊説周回而行。』乃傳寫之誤。」𣶏。

「十五卷：『必有無種之人，生於海島。』十八卷：『太古〔一一〕之時，人有牛首蛇身。』『金山得龍卵，龍湧水入寺，取卵而去。』『涪州見村民化虎。』此數條，皆記録者之誕。」曰：「以太極之旨而論氣化之事，則厥初生民，何種之有？此言海島無人之處，必有無種之人，不足多怪也。龍亦是天地間所有之物，有此物則有此理，取卵而去，容或有之。村民化虎，其説可疑。或恐此人氣惡如虎，它有所感召，未足深較也。」謨。

問：「遺書中有數段皆云，人與物共有此理，只是氣昏推不得。此莫只是大綱言其本同出？若論其得此理，莫已不同？」曰：「同。」曰：「既同，則所以分人物之性者，却是於通塞上别。如人雖氣禀異而終可同，物則終不可同。然則謂之理同則可，謂之性同則不可。」曰：「固然。但隨其光明發見處可見，如螻蟻君臣之類。但其禀形既别，則無復與人通之理。如獮猴形與人略似，則便有能解；野狐能人立，故能爲怪〔一二〕。如猪則極昏。如草木之類，荔枝、牡丹乃發出許多精英，此最難曉。」可學。

「伊川説海漚一段，與横渠水冰説不爭多〔一三〕。」可學。

問：「程子説性一條云：『學者須要識得仁體。若知見得，便須立誠敬以存之。』是如何？」曰：「公看此段要緊是那句？」曰：「是『誠敬』二字上。」曰：「便是公不會看文字。它説要識仁，要知見得，方説到誠敬。末云：『吾之心，即天地之心；吾之理，即萬物之理；一日之運，即一歲之運。』這幾句説得甚好。人也會解得，只是不必實見得。向編近思録，欲收此段，伯恭以爲怕人曉不得，錯認了。程先生又説『性即理也』，更説得親切。」曰：「佛氏所以得罪於聖人，止緣它只知有一身，而不知有天地萬物。」曰：「如今人又忒煞不就自身己理會。」又問：「『性即理』，何如？」曰：「物物皆有性，便皆有其理。」曰：「枯槁之物，亦有理乎？」曰：「不論枯槁，它本來都有道理。」因指案上花瓶云：「花瓶便有花瓶底道理，書燈便有書燈底道理。水之潤下，火之炎上，金之從革，木之曲直，土之稼穡，一一都有性，都有理。人若用之，又着順它理，始得。若把金來削做木用，把木來鎔做金用，便無此理。」曰：「『西銘之意，與物同體』，體莫是仁否？」曰：「固是如此。然怎生見得意思是如此？與物同體固是仁，只便把與物同體做仁不得。恁地，只説得個仁之軀殼。須實見得，方説得親切。如一椀燈，初不識之，只見人説如何是燈光，只恁地摶摸，只是不親切。只是便把光做燈，不得。」賀孫。

「明道言『學者須先識仁』一段，説話極好。只是説得太廣，學者難入。」人傑。

問：「『一段説性命，下却云『見於事業之謂理』。『理』字不甚切。」曰：「意謂理有善有惡，但不甚安。」良久，又曰：「上兩句正是『天命之謂性』，下一句是『率性之謂道』。中庸是就天性上言，此是就事物上言，亦無害。」可學。

「吕與叔謂養氣可以爲養心之助。程先生以爲不然，養心只是養心，又何必助？如爲孝只是爲孝，又何必以一事助之？某看得來，又不止此。蓋才養氣，則其心便在氣上了，此所以爲不可也。」廣。

「呂與叔言養氣可以爲養心之助，程先生大以爲不然。某初亦疑之，近春來方信。心死在養氣上，氣雖得其養，却不是養心了。」方子〔一四〕。

問：「呂與叔有養氣之説，伊川有數處皆不予之。養氣莫亦不妨？只是認此爲道，却不是。」曰：「然。」又問：「一處説及平日思慮，如何？」曰：「此處正是微涉於道，故正之。」可學。

「遺書論命處，注云：『聖人非不知命，然於人事不得不盡。』如何？」曰：「人固有命，只是不可不『順受其正』，如『知命者不立乎巖墻之下』是也。若謂其有命，却去巖墻之下立，萬一到覆壓處，却是專言命不得。人事盡處便是命。」去僞〔一五〕。

問：「『觀鷄雛，此可觀仁』，何也？」曰：「凡物皆可觀，此偶見雞雛而言耳。」小小之物，生理悉具。必大〔一六〕。

仲思問：「遺書云，看雞雛可以觀仁，如何？」曰：「既通道理後，這般個久久自知之。記曰：『善問者如攻堅木，先其易者，後其節目。』所以游先生問『陰陽不測之謂神』，而程子問之曰：『公是揀難底問？是疑後問？』故昨日與公説讀書，須看一句後，又看一句；讀

一章後，又讀一章。格物，須格一物後，又格一物。見這個物事道理既多，則難者道理自然識得。」驤。〔一七〕

問〔一八〕：「遺書謂切脈可以體仁，莫是心誠求之之意否？」曰：「還是切脈底是仁？那脈是仁？」曰：「切脈是仁。」曰：「若如此，則當切脈時，又用着個意思去體仁。」復問蜚卿曰：「仲思所説如何？」曰：「以伯羽觀之，恐是觀雞雛之意。」曰：「如何？」曰：「雞雛便是仁也。」曰：「切脈體仁又如何？」曰：「脈是那血氣周流，切脈則便可以見仁。」曰：「然。恐只是恁地。脈理貫通乎一身，仁之理亦是恁地。」又問：「雞雛如何是仁？」道夫曰：「先生嘗謂初與嫩底便是。」曰：「如此看，較分明。蓋當是時飲啄自如，未有所謂爭鬬侵陵之患者，只此便是仁也。」道夫。

致道問：「『仁則一，不仁則二』，如何？」曰：「仁則公，公則通，天下只是一個道理。不仁則是私意，故變詐百出而不一也。」時舉。

問：「和靜語録中有兩段言仁：一云，某謂仁者公而已。伊川曰：『何謂也？』曰：『能好人，能惡人。』伊川曰：『善涵養。』又云，某以仁，惟公可盡之。伊川曰：『思而至此，學者所難及也。天心所以至仁者，惟公耳。人能至公，便是仁。』」先生曰：「『人能至公，便是仁』，此句未安。然和靜言仁，所見如此。」問：「伊川何不以一二語告之？」曰：「未知其如何。」可學。

「伊川言：『一心之謂誠，盡心之謂忠。』某看忠有些子是誠之用〔一九〕。『如惡惡臭，如好好色』，十分真實，恁地便是誠；若有八九分恁地，有一分不恁地，便是夾雜些虛僞在内，便是不誠。忠，便是盡心，盡心亦是恁地，便有些子是誠之用。」賀孫。

「『一心之謂誠，盡己之謂忠。』誠是實理自然如此，此處却不曾帶那動，只恁地平放在這裏。忠却是處事待物見得，却是向外説來。」端蒙。

「『盡心之謂忠，一心之謂誠，存於中之謂孚，見諸事之謂信。』問「中孚」之義，先生引伊川語。『孚』字從『爪』，從『子』，取鳥抱卵之義。言人心之所存者，實有是物也。」僩。

問：「誠然後能敬。未知誠，須敬然後誠。『敬小誠大』，如何説？」曰：「必存此實理，方能敬。只是此一『敬』字，聖人與學者深淺自異。」可學。

問：「程子曰『天下善惡皆天理』，何也？」曰：「惻隱是善，於不當惻隱處惻隱即是惡；剛斷是善，於不當剛斷處剛斷即是惡。雖是惡，然原頭若無這物事，却如何做得？本皆天理，只是被人欲反平〔二〇〕。了，故用之不善而爲惡耳。」必大〔二一〕。

問〔二二〕：「『善〔二三〕惡皆天理』，如何？」曰：「此只是指其過處言。如『惻隱之心，仁之端』，本是善，纔過，便至於姑息；『羞惡之心，義之端〔二四〕』，本是善，纔過，便至於殘忍。故它下面亦自云：『謂之惡者，本非惡，但或過或不及，便如此。』」文蔚。

問：「『天下善惡皆天理』，楊、墨之類，只是過不及，皆出於仁義，謂之天理，則可。如世之大惡，謂之天理，可乎？」曰：「本是天理，只是反了，便如此。如人之殘忍，便是反了惻隱。如放火殺人，可謂至惡；若把那去炊飯，殺其人之所當殺，豈不是天理？只緣反了。道理有背有面，順之則是，背之則非。緣有此理，方有此惡。如溝渠至濁，當初若無清泠底水，緣何有此？」〔二五〕。

或問：「『善惡皆天理也』〔二六〕，若是過與不及，些小惡事，固可說天理。如世間大罪惡，如何亦是天理？」曰：「初來本心都自好，少間多被利害遮蔽。如殘賊之事，自反了惻隱之心，是自反其天理。」賀孫問：「既是反了天理，如何又說『皆天理也』？莫是殘賊底惡，初從羞惡上發；淫溺貪欲底惡，初從惻隱上發；後來多過差了，原其初發都是天理？」曰：「如此說，亦好。但所謂反者，亦是四端中自有相反處。如羞惡，自與惻隱相反；是非，自與辭遜相反。如公說，也是好意思，因而看得舊一句不通處出。如『用人之智去其詐，用人之勇去其暴』，這兩句意分曉。惟是『用人之仁去其貪』一句沒分曉。今公說貪是愛上發來，也是。思之，是淳善底人易得含胡苟且，姑息貪戀。」賀孫。

「善，只是當恁地底；惡，只是不當恁地底。善惡皆是理，但善是那順底，惡是反轉來底。然以其反而不善，則知那善底自在，故『善惡皆理』也，然却不可道有惡底理。」端蒙。

問：「『天只是以生爲道，繼此生理便是善』，善便有一個元底意思，生便是繼，如何分作兩截？」曰：「此亦先言其理之統如此，然亦未甚安。有一人云，『元』當作『無』，尤好笑！」可學。

「孟子説『性善』，是就用處發明人性之善；程子謂『乃極本窮原之性』，却就用處發明本理。」人傑。

季容甫問：「『中理在事，義在心』，如何？」曰：「中理，只是做得事來中理；義，則所以能中理者也。義，便有揀擇取捨，易傳曰『在物爲理，處物爲義』。」㽦。

問：「『天地設位』一段，明道云見劉質夫録論人神處。『天地設位』，合道『易』字，道它字不得。不知此説如何？」曰：「明道説話，自有不論文義處。」可學。

問：「遺書有『古言乾、坤不用六子』一段，如何？」曰：「此一段，却主張是自然之理。又有一段，却不取。」可學。

問遺書首卷「體道」之説。曰：「體，猶體當、體究之體，言以自家身己去體那道。蓋聖賢所説無非道者，只要自家以此身去體它，令此道爲我之有也。如克己，便是體道工夫。」僩。以下爲學工夫。

「謝氏記明道語『既得後，須放開』，此處恐不然。當初必是説既得後，自然從容不迫，它記得意錯了。謝氏後來便是放開。周恭叔又是放倒〔二七〕。」因舉伊川謂「持之太甚，便是助長」。「亦須且恁去。助長固是不好，然合下未能到從容處〔二八〕，亦須且恁去，猶愈於不能執捉者。」淳。

「『既得後，須放開』，此亦非謂須要放開，但謂既有所得，自然意思廣大，規模開擴。若未能如此，便是未有得，只是守耳。蓋以放開與否爲得與未得之驗。若謂有意放開，則大害事矣！上蔡謂周恭叔放開太早，此語亦有病也。」

論遺書中説「放開」二字。先生曰：「且理會收斂。」問：「昨日論横渠言『得尺守尺，得寸守寸』，先生却云『須放寬地步』，如何？」曰：「只是且放寬看將去，不要守殺了。横渠説自好。但如今日所論，却是太局促了。」德明。

先生問：「遺書中『欲夾持這天理，則在德』一段，看得如何？」必大對曰：「中庸所謂『苟不至德，至道不凝焉』。」先生默然久之。必大問如何。曰：「此亦説得，然只是引證。畢竟如何是德？」曰：「只是此道理，因講習躬行後，見得是我之所固有，故守而勿失耳。」曰：「尋常看『據於德』，如何説？」必大以横渠「得寸守寸，得尺守尺」對。曰：「須先得了，方可守。如此説時，依舊認『德』字未着。今且説只是這道理，然須長長提撕，令在己者決定是做得如此。如方獨處默坐，未曾事君親，接朋友，然在我者已渾全是一個孝弟忠信底人。以此做出事來，事親則必孝，事君則必忠，與朋友交則必信，不待旋安排。蓋存於中之謂德，見於事之謂行。易曰『君子以成德爲行』，正謂以此德而見諸事耳。德成於我者，若有一個人在内，必定孝弟忠信，斷不肯爲不孝不弟不忠不信底事，與道家所謂『養成個嬰兒在内』相似。凡人欲邊事，這個人斷定不肯教自家做。故曰『默而成之，不言而信，存乎德行』。謂雖未曾説出來時，存於心中者，已斷是如此了，然後用得戒謹恐懼存養工夫。所以必用如此存養者，猶恐其或有時間斷故耳。程子所謂『須有不言而信者』，謂未言動時，已渾全是個如此人，然却未有迹之可言，故曰『言難爲形狀』。又言：『學者須學文，知道者進德而已。有德，則不習無不利。』自初學者言之，它既未知此道理〔二九〕，則教它認何爲德？故必先令其學文。既學文後，知得此道理了，方可教其進德。聖人教人，既不令其躐等級做進德工夫，不令其止於學文而已。德既在己，則以此行之耳，不待外面勉强旋做，故曰『有德，則不習無不利』。凡此工夫，全在收斂近裏而已。中庸末章發明此意，至爲深切。自『衣錦尚絅』以下皆是，只暗暗地做工夫去。然此理自掩蔽不得，故曰『闇然而日章』。小人不曾做時，已報得滿地人知，然實不曾做得，故曰『的然而日亡』。『淡而不厭，簡而文，温而理』，皆是收斂近裏。『知遠之近〔三〇〕，知風之自，知微之顯』，一句緊一句。」先生再三誦此六言，曰：「此工夫似淡而無味，然做時却自有可樂，故不厭；似乎簡略，然大小精粗秩然有序，則又不止於簡而已。『温而理』，温厚似不可曉，而條目不可亂，是於有序中更有分別。如此入細做工夫，故能『知遠之近，知風之自，知微之顯』。夫見於遠者皆本於吾心，可謂至近矣，然猶以己對物言之。『知風之自』，則知凡見於視聽舉動者，其是非得失，必有所從來，此則皆本於一身而言矣。至於『知微之顯』，則又説得愈密。夫一心至微也，然知其極，分明顯著。學者工夫能如此收斂來，方可言德，然亦未可便謂之德，但如此則可以入德矣。其下方言『尚不愧於屋漏』，蓋已能如此做入細工夫，知得分明了，方能謹獨涵養。其曰『不動而敬，不言而信』，蓋不動不言時，已是個敬信底人了。又引詩『不顯維德』、『予懷明德』、『德輶如毛』言之，一章之中皆是發明個『德』字。然所謂德者，實無形狀，故以『無聲臭』終之。」必大〔三一〕。

「伊川云：『敬則無己可克。』其説高矣。然夫子當時只告顔子以『克己復禮』而已。蓋敬是常常存養底道理，克己是私欲發時便與克除去，兩不相妨。孔子告顔子克己之論，下面又有『爲仁由己而由人乎哉』之語在。」璘。

問：「主敬不接視聽，須得如此否？」曰：「蓋有此樣人，如許渤之類。」

「『心要活』，活，是生活之活，對着死説。活是天理，死是人欲。必大録云：「天理存則活，人欲用則死。」周流無窮，活便能如此。」𥨊。

伯豐問：「程子曰『覺悟便是信』，如何？」曰：「未覺悟時，不能無疑，便半信半不信。已覺悟了，別無所疑，即是信。」𥨊。

「何以窒慾？伊川曰『思』，此莫是言慾心一萌，當思禮義以勝之否？」曰：「然。」又問：「思與敬如何？」曰：「人於敬上未有用力處，且自思入，庶幾有個巴攬處。『思』之一字，於學者最有力。」去僞。〔二一〕

「惟思爲能窒慾，如何？」曰：「思與觀同。如言『第能於怒時，遽忘其怒而觀理之是非』。蓋是非既見，自然欲不能行。」升卿。

「思可以勝慾，亦是。」曰：「莫是要喚醒否？」曰：「然。」

蔡問：「程子曰：『要息思慮，便是不息思慮。』」曰：「思慮息不得，只敬便都没了。」淳。

「上床斷不可思慮事，爲思慮了，没頓放處。如思慮處事，思慮了，又便做未得；如思量作文，思量了，又寫未得，遂只管〔二二〕展轉思量起來。便儘思量，不過如此。某舊來緣此不能寐，寧可呼燈來隨手寫了，方睡得着。程子贈温公數珠，只是令它數數而已，如道家數息是也。」𥨊。

問：「『事上之道莫若忠，待下之道莫若恕』，莫是因事言之？」曰：「此説不知如何，郭子和亦如此説。如絜矩，豈無事上之恕？」可學。

「程子曰：『積習儘有功。』禮在何處積習？在學者事到積習熟時，即和禮亦不見矣。」必大。

問：「『從善如登』，是進向上底意？抑難底意？」曰：「從善積累之難，從惡淪胥之易。從義却好，然却難；從惡，便陷得易了。」淳。

問蘇季明「治經傳道」一段。曰：「明道只在居業上説。忠信便是誠。」曰：「『誠』字説來大，如何執捉以進德？」曰：「由致知格物以至誠意處，則誠矣。」曰：「此是聖人事，學者如何用功？」曰：「此非説聖人，乃是言聖人之學如此。若學者，則又有説話。乾言聖人之學，故曰『忠信所以進德，修辭立其誠所以居業』。坤言賢人之學，故曰『敬以直内，義以方外』。忠信便是在内，修辭是在外。」問：「何不説事？却説辭？」曰：「事尚可欺人，辭不可揜，故曰『言顧行，行顧言』。」曰：「既分聖賢之學，其歸如何？」曰：「歸無異。但着乾所言，便有自然底意思；坤所言，只是作得持守，終無自然底氣象。正如孔子告顏淵以克己，而告仲弓以敬恕。」曰：「伊川云：『敬則無己可克。』則又與顏淵無異矣。」曰：「不必如此看，且各就門户做。若到彼處自入得，尤好。只是其分界自如此。」可學。

問：「伊川語龜山：『勿好著書，著書則多言，多言則害道。』如何？」曰：「怕分却心，自是於道有害。」大雅。

居甫問：「伊川云：『隨時變易，乃能常久。』不知既變易，何以反能久？」曰：「一出一入乃能常，如春夏秋冬，乃天地之常久。使寒而不暑，暑而不寒，安能常久！」可學。

「吕舍人記伊川説『人有三不幸』，以爲有高才能文章，亦謂之不幸。便是這事乖，少間盡被這些子能解擔閣了一生，更無暇子細理會義理。只從外面見得些皮膚，便説我已會得，筆下便寫得去，自然無暇去講究那精微。被人扛得來大，又被人以先生長者目我，更不去下問。少間傳得滿鄉滿保，都是這般種子。横渠有一段説：『人多爲人以前輩見處，每事不肯下問，壞了一生。我寧終是不知。』此段最好看。」僩。

「自家既有此身，必有主宰。理會得主宰，然後隨自家力量窮理格物；而合做底事，不可放過些子。」因引程子言：「如行兵，當先做活計。」節。

問：「『以物待物』一段，上文云『安可使小者亦大』，下又云『用一心而處之』。意似相背。」曰：「『一心而處之』，只是言盡吾心耳。」可學。

「樂意相關禽對語，生香不斷樹交花。」程子云：「可以見得浩然之氣。」先生云：「此只是無間斷之意，看『相關對語』，『不斷交花』，便見得。」端蒙。

問：「遺書云：『堯舜幾千年，其心至今在。』何謂也？」曰：「此是心之理，今則分明昭昭，具在面前。」淳。以下聖賢及先儒〔三四〕。

問〔三五〕：「伊川言：『象憂亦憂，象喜亦喜，與孔子微服而過宋相類。』」曰：「舜知象之將殺己，而象憂則亦憂，象喜則亦喜。孔子知桓魋必不能害，而又微服過宋。此兩事若相拗，然皆是『道並行而不相悖』，故云相類。非謂舜與孔子事一一相類也。」銖。節録云：「舜知象欲殺己而不防，夫子知桓魋不能戕己而微服，此兩事甚相拗。故伊川曰『相類』。」

問：「伊川曰：『聖人與理爲一，無過不及，中而已。』敢問：顏子擇乎中庸，未見其止，歎夫子瞻前忽後；則過不及雖不見於言行，而亦嘗動於心矣。此亦是失否？」曰：「此一段說得好。聖人只是一個中底道理。」去僞〔三六〕。

問：「『有顏子之德，則孟子之事功自有』，與說才、誠處一段不同。恐彼是說天資之才，與此才別。到得理明，無不可用，是理明則天資之才不用？」曰：「然。」可學。

「周茂叔納拜已受去，如何還？」可學。

問：「遺書中說孔、孟一段，看見不甚有異，南軒好提出。」曰：「明道云『我自做天裏』，此句只是帶過。後來却說是以天自處，便錯了。要之，此句亦是明道一時之意思如此。今必欲執以爲定說，却向空去了。」可學〔三七〕。

問：「明道行狀謂未及著書，而今有了翁所跋中庸，何如？」曰：「了翁初得此書，亦疑行狀所未嘗載，後乃謂非明道不能爲此。了翁〔三八〕之姪幾叟，龜山之婿也。翁移書曰：『近得一異書，吾姪不可不見。』幾叟至，次日，翁冠帶出此書。幾叟心知其書非是，未敢言。翁問曰：『何疑？』曰：『以某聞之龜山，乃與叔初年本也。』翁始覺，遂不復出。近日陸子靜力主以爲真明道之書。某云：『却不要與某爭。某所聞甚的，自有源流，非强說也。』兼了翁所舉知仁勇之類，却是道得着；至子靜所舉，没意味也。」道夫。

「伊川前後進講，未嘗不齊戒，潛思存誠。如此，則未進講已前還有間斷否？」曰：「不然。尋常未嘗不誠，只是臨見君時，又加意爾，如孔子沐浴而告哀公是也。」去僞〔三九〕。

問：「伊川臨終時，或曰：『平生學底，正要今日用。』伊川開目曰：『說要用，便不是。』此是如何？」曰：「說要用，便是兩心。」僩。

魏問：「横渠言：『十五年學「恭而安」，不成。』明道曰：『可知是學不成，有多少病在？』莫是如伊川說：『若不知得，只是覷却堯學它行事，無堯許多聰明睿知，怎生得似它動容周旋中禮？』」曰：「也是如此。更有多少病。」良久，曰：「人便是被一個氣質局定，變得些子了，又更有些子；變得些子，又更有些子。」又云：「聖人『發憤忘食，樂以忘憂』，發憤便忘食，樂便忘憂，直是一刀兩段，千了萬當！聖人固不在說，但顏子得聖人說一句，直是傾腸倒肚，便都了；更無許多廉纖纒繞，絲來線去。」問：「横渠只是硬把捉，故不安否？」曰：「它只是學個恭，自驗見不曾熟；不是學個恭，又學個安。」〔四〇〕

「程先生幼年屢説須要井田封建，到晚年又説難行，見於暢潛道録。想是它經歷世故之多，見得事勢不可行。」淳。

問「古不必驗」一段。曰：「此是説井田。伊川高明，必見得是無不可行。然不如横渠更驗過，則行出去無窒礙。」必大〔四一〕。

「『古〔四二〕不必驗』，因〔四三〕横渠欲置田驗井田，故云爾。横渠説話，多有如此處。」可學。

范純父言：「今人陳乞恩例，義當然否，人皆以爲本分，不爲害。」伊川曰：「只爲而今士大夫道得個『乞』字慣，却動不動又是乞也。」因問：「陳乞封父祖如何？」伊川云：「此事體又别。」再三請益，但云：「其説甚長，待别時説。」先生云：「某因説『甚長』之意思之，後來人只是投家狀，便是陳乞了。以至入仕，事事皆然。古者人有才德，即舉用。當時這般封贈，朝廷自行之，何待陳乞！程先生之意恐然也。觀後來郊恩都不曾爲太中陳請，則乞封贈程先生亦不爲之矣。」揚。

問：「伊川於陳乞封父母之問〔四四〕，云『待别時説』，過謂此自出朝廷合行之禮，當令有司檢舉行下，亦不必俟陳乞也。」答云：「如此，名義却正。」過。

問〔四五〕：「謝顯道初見明道，自負該博，史書盡卷不遺一字。明道曰：『賢却記得許多，可謂玩物喪志！』謝聞此言〔四六〕，汗流浹背，面發赤。明道曰：『即此是惻隱之心。』夫爲師問所折難，而愧形於顔色，與惻隱之心似不相屬。明道乃云爾者，何也？」曰：「此問却要商量，且何不曰『羞惡之心』，而謂之『惻隱之心』？諸公試各以己意言之。」黎季成對曰：「此恐是識痛癢底道理。」先生未以爲然〔四七〕。次日〔四八〕，復以此請問。先生曰：「只是謝顯道聞明道之言，動一動，爲它聞言而動，便是好處，却不可言學者必欲其動。且如惻隱、羞惡、辭遜、是非不是四件物，合下都有。『偏言則一事，總言則包四者』，觸其一則心皆隨之。言『惻隱之心』，則羞惡、辭遜、是非在其中矣。」又曰：「此心之初發處乃是惻隱，如有春方有夏，有惻隱方有羞惡也，如根蔕相連。」蓋卿。

「伊川問和靖：『近日看大學功夫如何？』和靖曰：『只看得「心廣體胖」處意思好。』伊川曰：『如何見得好？』尹但長吟『心廣體胖』一句而已。看它一似瞞人，然和靖不是瞞人底人。公等讀書，都不見這般意思。」僩。

又舉程子之言，謂陳平「知宰相之體」。先生問〔四九〕：「如何是『理陰陽』？」過未對。曰〔五〇〕：「下面三語，便是『理陰陽』。」過。以下雜類。

問：「程先生云：『自漢以來，儒者皆不識此。』」曰：「如仲舒語，只約度有這物事。」韓退之雖知有這物事，又説得太闊疏了。」燾。

魯叔問：「温公薨背，程子以郊禮成，賀而不弔，如何？」曰：「這也可疑。」或問：「賀則不弔，而國家事體又重，則不弔似無可疑。」曰：「便是不恁地。所以東坡謂『子於是日哭，則不歌』，即不聞歌則不哭。蓋由哀而樂則難，由樂而哀則甚易。且如早作樂而暮聞親屬緦麻之戚，不成道既歌則不哭！這個是一脚長，一脚短，不解得平。如所謂『三揖而進，一辭而退』，不成道辭亦當三！這所在以某觀之，也是伊川有些過處。」道夫問：「這事，且看温公諱日與禮成日同，則弔之可也。或已在先，則更差一日，亦莫未有害否？」曰：「似乎在先。但勢不恁地，自是合如此。只如『進以禮，退以義』，『罪疑惟輕，功疑惟重』，天下事自是恁地秤停不得。」道夫。

問：「王祥孝感事，伊川説如何？」曰：「程先生多有此處，是要説物我一同。然孝是王祥，魚是水中物，不可不別。如説感應，亦只言己感，不須言物。」可學。

問〔五一〕：「伊川『奪嫡』之説，不合禮經，是當時有遺命？抑後人爲之邪？」先生曰：「亦不見得如何，只侯師聖如此説。」問：「此説是否？」曰：「亦不見得是如何。」淳。

「世間有鬼神馮依言語者，蓋屢見之，未可全不信。本卷何以曰『師巫降言無此理』？又好談鬼神者，假使實有聞見，亦未足信。或是心病，或是目病。外書却言『不信神怪不可』，被猛撞出來後，如何處置？」先生曰：「神怪之説，若猶未能自明，鮮有不惑者。學者惟當以正自守，而窮理之有無，久久當自見得。讀書講明義理，到此等處雖有不同，姑闕其疑，以俟它日，未晚也。」謨。

「程先生謂：『莊生形容道體之語，儘有好處。老氏「谷神不死」一章最佳。』『莊子云嗜慾深者，天機淺。此言最善。』又曰：『謹禮不透者，深看莊子。』然則莊、老之學，未可以爲異端而不講之耶？」曰：「『君子不以人廢言』，言有可取，安得而不取之？如所謂『嗜慾深者，天機淺』，此語甚的當，不可盡以爲虛無之論而妄訾之也。」謨曰〔五二〕：「平時慮爲異教所汩，未嘗讀莊、老等書，今欲讀之，如何？」曰：「自有所主，則讀之何害？要在識其意所以異於聖人者如何爾。」謨。以下異端。

「遺書説：『老子言雜，陰符經却不雜，然皆窺測天道而未盡者也。』程先生可謂言約而理盡，括盡二書曲折。」友仁。

「持國曰：『道家有三住：心住則氣住，氣住則神住。此所謂存三守一〔五三〕』。伯淳曰：『此三住者，人終食之頃未有不離者，其要只在收放心。』此則明道以持國之言爲然，而道家『三住』之説爲可取也。至第二卷，何以有曰：『若言神住氣住，則是浮屠入定之法。雖言養氣，亦是第二節事。』若是，則持國當日之論，容有未盡者，或所記未詳，如何？」曰：

二程夫子之爲教，各因其人而隨事發明之，故言之抑揚亦或不同。學者於此等處，必求其所以爲立言之意。倘自爲窒塞，則觸處有礙矣。與持國所言，自是於持國分上當如此說，然猶卒歸於收放心。至闢之以爲浮屠入定之説者，是必嚴其辭以啓迪後進，使先入之初不惑乎異端之説云爾。」謨。

「外書録伊川語：『今僧家讀一卷經，便要一卷經中道理受用。儒者讀書，却只閑了，都無用處！』又明道嘗至禪房，方飯，見其趨進揖遜之盛，歎曰：『三代威儀，盡在是矣！』二説如何？」曰：「此皆歎辭也。前説歎後之學者不能着實做工夫，所以都無用處；後説歎吾儒禮儀反爲異端所竊取。但其間記録未精，故語意不圓，所以爲可疑耳。」謨。

「李端伯所記第一條，力闢釋氏説出山河大地等語，歷舉而言之。至論聖人之道，則以爲明如日星。及其終也，以爲會得此『便是會禪』。至與侯世興講孟子『浩然之氣』，則舉禪語爲況云：『事則不無，擬心則差。』十五卷論中庸言『無聲無臭』，勝如釋氏言『非黄非白』，似又以中庸之言，下與釋氏較勝負。至如所謂灑掃應對，與佛家默然處合；與陳瑩中論『天在山中，大畜』，是『芥子納須彌』，所引釋氏語不一而足。如其闢異端之嚴，而記者多録此，何耶？」曰：「韓持國本好佛學，明道與語，而有『便是會禪』之説者，蓋就其素所講明者因以入之。今人多説闢異端，往往於其教中茫然不知其説，馮虚妄語，宜不足以服之。如明道諸先生實嘗深究其說，盡得其所以爲虚誕怪僻之要領，故因言所及，各有其旨，未可以爲苟徇其説也。」謨。

問：「遺書首篇，明道與韓持國論禪一段，看來韓持國只是曉得那低底禪。嘗見范蜀公與温公書，説韓持國爲禪作祟，要想得山河大地無寸土，不知還能無寸土否？可將大樂與唤醒歸這邊來。今觀明道答它：『至如山河大地之説，是它山河大地，又干你何事？』想是持國曾發此問來，故明道如此說。不知當初韓持國合下被甚人教得個矮底禪如此？然范蜀公欲以大樂唤醒，不知怎生唤得它醒？它方欲盡掃世間之物歸于至静，而彼欲以鬧底物引之，亦拙矣。況范蜀公之樂，也可可地。」用之問：「此等説，如何是矮底禪？豈解更有一般高底禪？」曰：「不然。它説世間萬法皆是虚妄，然又都是真實。你攻得它前面一項破，它又有後面一項，攻它不破。如明道云：『若説幻爲不好底性，則請別尋一個好底性來，换了此不好底性。』此語也攻它不破。它元不曾説這個不是性，它也説『直指人心，見性成佛』，何嘗説這個不是性？你説『性外無道，道外無性』，它又何嘗説『性外有道，道外有性』來？它之説，有十分與吾儒相似處，只終不是。若見得吾儒之説，則它之説不攻自破，所以孟子説『遁辭知其所窮』。它到説窮處，便又有一樣説話，如云世間萬法都是虚妄，然又都是真實。此又是如何？今不須窮它，窮得它一邊，它又有一邊，都莫問它。只看得自家『天命之謂性，率性之謂道』分曉了，却略將它説看過，便見它底不是。所以明道引孔子『「予欲無言」，子貢曰：「子如不言，則小子何述焉？」子曰：「天何言哉？四時行焉，百物生焉，天何言哉！」』只看這數句，幾多分曉！也不待解説。只是玩味久之，便見。『天高地下，萬物散殊，而禮制行矣；流而不息，合同而化，而樂興焉。』『天有四時，春秋冬夏，風雨霜露，無非教也；地載神氣，神氣風霆，風霆流形，庶物露生，無非教也。』多少分曉！只是人自昏了，所以道理也要個聰明底人看，一看便見，也是快活人。而今如此費人口頰，猶自不曉。」又曰：「釋迦佛初間入山修行，它也只是厭惡世諦，爲一身之計。觀它修行大故用功，未有後來許多禪底説話。後來相傳，一向説開了。」僩。

「伊川謂：『釋氏之見，如管中窺天，只見直上，不見四旁。』某以爲不然。釋氏之見，蓋是瞥見水中天影耳。」方子。

「『禪家言性，猶日下置器』，謂輪廻也，如以蟻性與牛，是傾此于彼。」方。

問：「昨日先生説佛氏『但願空諸所有』，此固不是。然明道嘗説胸中不可有一事，如在試院推算康節數，明日問之，便已忘了。此意恐亦是『空諸所有』底意。」曰：「此出上蔡語録中，只是録得它自意，無這般條貫。顔子『得一善，則拳拳服膺而不失』，孟子『必有事焉而勿忘』，何嘗要人如此？若是個道理，須着存取。只如易繫説『過此以往，未之或知』，亦只是『雖欲從之，末由也已』之意。在它門説，便如鬼神變怪，有許多不可知底事。」德明。

以下論記録之疑〔五四〕。

「伊川曰：『實理者，實見得是，實見得非。』實理與實見不同。今合説，必記録有誤。蓋有那實理，人須是實見得。見得恁地確定，便有實見得，又都閑了。」淳。

先生顧陳安卿曰：「伊川説實理，有不可曉處。云：『實見得是，實見得非。』恐是記者之誤，『見』字上必有漏落。理自是理，見自是見。蓋物物有那實理，人須是實見得。」義剛曰：「理在物，見在我。」曰：「是如此。」義剛。

問：「『不當以體會爲非心』，是如何？」曰：「此句曉未得。它本是闢横渠『心小性大』之説。心性則一，豈有小大？横渠却自説『心統性情』，不知怎生却恁地説。」

問：「『不當以體會爲非心，故有心小性大之説』，如何是體會？」曰：「此必是横渠有此語，今其書中失之矣。横渠云『心禦見聞，不弘於性』，却做兩般説。渠説『人能弘道，非道弘人』處云：『心能檢其性，人能弘道也；性不知檢其心，非道弘人也。』此意却好。又不知它當初把此心、性作如何分？横渠説話有差處，多如此。」可學。

問：「游定夫所記，如云：『一息不存，非中也。』又曰：『君子之道，無適不中，故其心與中庸合。』此處必是記録時失正意。」曰：「不知所記如何，其語極難曉。」可學。

問：「游定夫記程先生語，所謂：『一物不該，非中也；一事不爲，非中也；一息不存，非中也。何哉？爲其偏而已矣。』觀其意，蓋以中爲理，偏爲不周偏之意。『一物不該，一事不爲』，是説無物不有之意；『一息不存』，是説無時不然之意。是否？」曰：「便是它説『中』字不着。中之名義不如此。它説『偏』字，却是一偏，一偏便不周遍，却不妨。但定夫記此語不親切，不似程先生每常説話，緣它夾雜王氏學。當時王氏學盛行，熏炙得甚廣。一時名流如江民表、彭器資、鄒道鄉、陳了翁，皆被熏染，大片説去。」銖。

問：「『自性而行，皆善也』以下，當初必是以同此性，而於其上如此分別，記録不真了。」曰：「然。」可學。

問稱性之善一段。曰：「不是。」又問：「心如何有形？」曰：「張敬夫極善此二字。」曰：「當初意思必是以心比性，有少模倣，故記如此。」曰：「然。」可學。

「『學者不可以不誠』一段，不是。」可學。

問：「『内外得』一段，亦太寬。」曰：「然。」可學。

「『物各付物，不役其知，便是致知，然最難。』此語未敢信，恐記者之誤。」人傑。

問：「遺書有一段云：『致知在格物，物來則知起。物各付物，不役其知，則意自誠。』比其它説不同，却不曾下格物工夫。」曰：「不知此一段如何。」又問：「『物來則知起』，似無害。但以下不是。」曰：「亦須格，方得。」可學。

問「用方知，不用則不知」。曰：「這説也是理會不得，怕只是如道家通得未來底事。某向與一術者對坐，忽然云〔五五〕：『當有某姓人送簡至矣。』久之，果然。扣之，則云：『某心先動了，故知。』所謂用與不用，怕如此。恐伊川那時自因問答去，今不可曉。要附在『至誠之道，可以前知』解中，只攙得鶻突，没理會。」賀孫。

問：「遺書中云：『聖人於易言無思無爲，此戒夫作爲。』此句須有錯。」曰：「疑當作『此非戒夫作爲』。」可學。

問〔五六〕「思入風雲變態中」。曰：「言窮理精深，雖風雲變態之理，思亦到。」節。以下文集。

「明道詩：『不須愁日暮，天際是輕陰。』龜山語録説是時事。梅臺詩亦説時事。」璘。

「明道詩云：『旁人不識予心樂，將爲偷閑學少年。』此是後生時，氣象眩露，無含蓄〔五七〕。」

「『有鍾粹美兮，會元之期。』元氣會則生聖賢。曆家謂十一月朔夜半甲子冬至，自是難得遇也。」砥。

問：「吕與叔問中處，『中者道之所從出』，某看吕氏意如曰『性者，道之所從出』云爾。

「中，即性也」，亦是此意。只是名義未善，大意却不在此。如程先生云「中，即道也」，若不論其意，亦未安。」曰：「『中，即道也』，未安。謂道所從出，却是就人爲上説，已陷了。」又云：「『中，即道也』，却亦不妨。」又問：「『若謂性與道，大本與達道，可混爲一，即未安』以下云云，至『安得不爲二乎』，程先生語似相矛盾〔五八〕。」曰：「大本達道，性道雖同出，要須於中識所以異。」又問：「『中之爲義，自過不及而立名。』此段説中，與平日異。只爲吕氏形容中太過，故就其既發告之。」曰：「然。」又問「若只以中爲性」以下云云，至「却爲近之」。曰：「此語不可曉。當時問時，辭意亦自窘束〔五九〕。」又問：「『不倚之謂中，不雜之謂和』，如何？」曰：「有物方倚得。中未有物，如何倚？」曰：「若是，當倒説，中則不倚。」曰：「亦未是。不如不偏好。」又問：「中發出則自不雜，是要見工夫處，故以爲未安。」曰：「不雜訓和不得，可以訓不純。游定夫云『不乖之謂和』，却好。」又問：「『赤子之心』處，此是一篇大節目。程先生云：『豪釐有異，得爲大本乎？』看吕氏此處不特豪釐差，乃大段差。然豪釐差亦不得。聖人之心如明鏡止水，赤子之心如何比得？」曰：「未論聖人，與叔之失，却是認赤子之已發者皆爲未發。」曰：「固是如此。然若論未發時，衆人心亦不可與聖人同。」曰：「如何不同？若如此説，却是天理别在一處去了。」曰：「如此説，即中庸所謂未發之中，如何？」曰：「此却是要存其心，又是一段事。今人未發時心多擾擾，然亦有不擾擾時。」

當於此看。大抵此書答辭，亦有反爲所窘處。當初不若只與論聖人之心如此，赤子之心如彼，則自分明。」又問：「引孟子『心爲甚』，如何？」曰：「孟子乃是論心自度，非是心度物。」又問：「引『允執厥中』，如何？」曰：「它把做已發言，故如此說。」曰：「『聖人智周』以下，終未深達。又云『言未有異』，又終未覺。又云：『固未嘗以已發不同處指爲大本。』雖如此說，然所指又別。」曰：「然。」曰：「南軒云：『心體昭昭』處，分作兩段。」曰：「不是如此，此說極好。敬夫初唱道時，好如此說話。」又問：「此一篇前項，只是名義失，最失處在赤子之心。」曰：「然。」可學〔六〇〕。

鄭問呂氏與伊川論中書。曰：「呂說大概亦是，只不合將『赤子之心』一句插在那裏，便做病。赤子飢便啼，寒便哭，把做未發不得。如大人心千重百折，赤子之心無恁勞攘，只不過飢便啼、寒便哭而已。未有所謂喜，所謂怒，所謂哀，所謂樂，其與聖人不同者只些子。」問：「南軒辨心體昭昭爲已發，如何？」曰：「不消如此。伊川只是改它赤子未發，南軒又要去討它病。」淳。

施問「赤子之心」。曰：「程子道是已發而未遠，如赤子飢則啼，渴則飲，便是已發。」寓〔六一〕。

「今人呼墓地前爲『明堂』。嘗見伊川集中書爲『券臺』，不曉所以。南軒欲改之，某云不可，且留著。後見唐人文字中，言某朝詔改爲『券臺』。」僩。

校勘記

〔一〕蓋卿録云若伊川不在則何可不讀　朝鮮此句較完整，作：伊川見朱光庭所編語録，云：「某在，何必看此？」若伊川不在，則何可不讀！

〔二〕可學謂　朝鮮本作「某謂」。

〔三〕胡先生嘗薦之羅　朝鮮本「羅」下有「先生」二字。

〔四〕先生問　朝鮮本「問」下有「義剛」二字。

〔五〕義剛對　朝鮮本「對」下有「曰」字。

〔六〕義剛　朝鮮本「剛」下另有一百三十一字，云：「按陳淳録同而略。今時云，遺書録明道語多有只載古人全句，不添一句。如曰『思無邪』，曰『齊戒以神明其德』之類。亦有重出者，是當時舉此數句教人思量。今觀『齊戒以神明其德』，這個本是一個靈聖底物。自家齊戒，便會靈聖；不齊戒，便不靈聖，古人所以七日戒、三日齊。湛然純一之謂齊，肅然警惕之謂戒。到齊時，又不用那肅然警惕底意了。」

〔七〕此等恐録得差　朝鮮本作：此語怕録得差。

〔八〕程氏遺書一段説日月處　朝鮮本「程」上有「先生曰今」四字。

〔九〕不　朝鮮本「不」上增：竟。

〔一〇〕後　朝鮮本作：又。

〔一一〕太古　朝鮮本作「太昊」。

〔一二〕故能爲怪　「怪」原作「性」，據朝鮮本改。

〔一三〕與横渠水冰説不爭多　「水冰」，朝鮮本作「冰水」。

〔一四〕方子　朝鮮本作：晦夫。

〔一五〕去僞　朝鮮本作：謨。去僞録同。

〔一六〕必大　朝鮮本作：伯豐。

〔一七〕驤　朝鮮本作：道夫。

〔一八〕問　朝鮮本作：道夫問。

〔一九〕某看忠有些子是誠之用　「用」原作「困」，據朝鮮本萬曆本改。

〔二〇〕平　朝鮮本無「平」字，小字作：反字平聲。

〔二一〕必大　朝鮮本作：伯豐。

〔二二〕問　朝鮮本作：文蔚問。

〔二三〕善　朝鮮本此前增：程氏。

〔二四〕羞惡之心義之端　「義」原作「善」，據孟子公孫丑上改。

〔二五〕緣何有此　朝鮮本「此」下注云「辛」。

〔二六〕善惡皆天理也　朝鮮本作：程子云善惡皆天理也，是如何。

〔二七〕周恭叔又是放倒　「又」，朝鮮本作「只」。

〔二八〕然合下未能到從容處　「合」，朝鮮本作「一」。

〔二九〕理　朝鮮本作「德」。

〔三〇〕知遠之近　「之」原作「知」，據朝鮮本、萬曆本及禮記中庸改。

〔三一〕必大　朝鮮本作：伯豐。

〔三二〕去僞　朝鮮本末尾小字作：謨。按金去僞録同。

〔三三〕只管　朝鮮本作：且作。

〔三四〕以下聖賢及先儒　朝鮮本作：以下堯、舜。

〔三五〕問　朝鮮本作：銖問。

〔三六〕去僞　朝鮮本作：謨。人傑、去僞録同。

〔三七〕可學　朝鮮本「學」下有「以下二程子附年譜行狀」十字。

〔三八〕了翁　朝鮮本「了翁」前增：時。

〔三九〕去僞　朝鮮本作：謨。去僞録同。

〔四〇〕又學個安　朝鮮本末尾增「賀孫」二小字。

〔四一〕必大　朝鮮本作：伯豐。

〔四二〕古　朝鮮本段首增一節文字，作：明道行狀説孝弟禮樂處，上兩句説心，下兩句説用。

〔四三〕朝鮮本此上增：今。

〔四四〕伊川於陳乞封父母之問　「母」，朝鮮本作「祖」。

〔四五〕問　朝鮮本作：蓋卿問。

〔四六〕謝聞此言　「聞」原作「問」，據朝鮮本、萬曆本改。

〔四七〕先生未以爲然　朝鮮本「然」下有二十一字，云：「蓋卿因復請曰：『先生高見如何？』曰：『待更思之，來日方說。』」

〔四八〕次日　朝鮮本「日」下有十四字，云：「早，蓋卿同饒廷老、晏亞夫别先生，就。」

〔四九〕先生問　朝鮮本作：「曰：上佐天子理陰陽順四時，下遂萬物之宜；外鎮撫四夷，内親附百姓。答曰」。

〔五〇〕曰　朝鮮本作「答云」。

〔五一〕問　朝鮮本作：淳問。

〔五二〕謨曰　朝鮮本作：某曰。

〔五三〕此所謂存三守一　「三」原作「存」，據朝鮮本及河南程氏遺書卷一改。

〔五四〕以下論記録之疑　「疑」，朝鮮本作「差」。

〔五五〕忽然云　朝鮮本作：即云。

〔五六〕問　朝鮮本作：節問。

〔五七〕無含蓄　朝鮮本「蓄」下增「正叔」二字。

〔五八〕程先生語似相矛盾　「相」原作「胡」，據朝鮮本、萬曆本改。

〔五九〕當時問時辭意亦自窘束　朝鮮本作：當時解意亦自窘束。

〔六〇〕可學　朝鮮本「學」下有「以下論中書」五字。

〔六一〕寓　朝鮮本「寓」下有「陳淳録同」四字。

朱子語類卷第九十八

張子之書一 凡入近思者爲此卷。

「張横渠語録用關陜方言，甚者皆不可曉。近思録所載，皆易曉者。」揚。

問〔一〕「『氣坱然太虚，升降飛揚，未嘗止息』。」曰：「此張子所謂『虚空即氣』也。蓋天在四畔，地居其中，減得一尺地，遂有一尺氣，但人不見耳。此是未成形者。」問：「虚實以陰陽言否？」曰：「以有無言。及至『浮而上，降而下』，則已成形者，若所謂『山川之融結，糟粕煨燼』，即是氣之查滓。要之，皆是示人以理。」道夫。第一卷〔二〕。

「『升降飛揚』，所以生人物者；『未嘗止息』，但人不見耳。如望氣者，凡氣之災祥皆能見之，如龍成五色之類。又如昔人有以五色線令人暗中學辨，三年而後辨得。」因論精專讀書及此。德明。

問：「『此虛實動靜之機，陰陽剛柔之始』，言機言始，莫是說理否？」曰：「此本只是說氣，理自在其中。一個動，一個靜，便是機處，無非教也。教便是說理。」又曰：「此等言語，都是經鍛鍊底語，須熟念細看。」義剛。

問：「『游氣紛擾，合而成質者，生人物之萬殊；其陰陽兩端，循環不已者，立天地之大義。』舊聞履之記先生語云：『游氣紛擾，當橫看；陰陽兩端，當直看，方見得。』是否？」曰：「也似如此。只是晝夜運而無息者，便是陰陽之兩端；其四邊散出紛擾者，便是游氣，以生人物之萬殊。某常言，正如麪磨相似，其四邊只管層層撒出。正如天地之氣，運轉無已，只管層層生出人物；其中有粗有細，故人物有偏有正，有精有粗。」又問：「『氣坱然太虛〔三〕，升降飛揚，未嘗止息』，止是言一氣混沌之初，天地未判之時，爲復亘古今如此？」曰：「只是統說。只今便如此。」問：「升降者是陰陽之兩端，飛揚者是游氣之紛擾否？」曰：「此只是說陰陽之兩端。下文『此虛實動靜之機，陰陽剛柔之始』，此正是說陰陽之兩端。到得『其感遇聚結，爲雨露，爲霜雪，萬品之流形，山川之融結』以下，却正是說游氣之紛擾者也。」問：「『虛實動靜之機，陰陽剛柔之始』兩句，欲云『虛實動靜，乘此氣以爲機；陰陽剛柔，資此氣以爲始』，可否？」曰：「此兩句只一般。實與動，便是陽；虛與靜，便是陰。但虛實動靜是言其用，陰陽剛柔是言其體而已。」問：「『始』字之義如何？」曰：「只是説如個生物底母子相似，萬物都從這裏生出去。上文説『升降飛揚』，便含這『虚實動静』兩句在裏面了。所以『虚實動静』、『陰陽剛柔』者，便是這『升降飛揚』者爲之，非兩般也。至『浮而上者陽之清，降而下者陰之濁』，此兩句便是例。」疑是説生物底「則例」字。

問：「『無非教也』，都是道理在上面發見？」曰：「然。」因引禮記中「天道至教，聖人至德」一段與孔子「予欲無言」一段。「天地與聖人都一般，精底都從那粗底上發見，道理都從氣上流行。雖至粗底物，無非是道理發見。天地與聖人皆然。」僩。

問：「『游氣紛擾』一段，是説氣與理否？」曰：「此一段專是説氣，未及言理。『游氣紛擾，合而成質者，生人物之萬殊』，此言氣，到此已是查滓粗濁者；去生人物，蓋氣之用也。『其動静兩端，循環不已者，立天地之大義』，此説氣之本。上章言『氣坱然太虚』一段，亦是發明此意。因説佛、老氏却不説着氣，以爲此已是查滓，必外此，然後可以爲道。遂至於絶滅人倫，外形骸，皆以爲不足恤也。」銖。

「『游氣』、『陰陽』。陰陽即氣也，豈陰陽之外又復有游氣耶？所謂游氣者，指其所以賦與萬物。一物各得一個性命，便有一個形質，皆此氣合而成之也。雖是如此，而所謂『陰陽兩端』，成片段衮將出來者，固自若也。亦猶論太極，物物皆有之；而太極之體，未嘗不存也。」謨。

「陰陽循環如磨，游氣紛擾如磨中出者。易曰『陰陽相摩，八卦相盪，鼓之以雷霆，潤之以風雨，日月運行，一寒一暑』，此陰陽之循環也；『乾道成男，坤道成女』，此游氣之紛擾也。」閎祖。

「『循環不已』者，『乾道變化』也；『合而成質』者，『各正性命』也。譬之樹木，其根本猶大義；散而生花結實，一向發生去，是『人物之萬殊』。」賀孫。

問「游氣」、「陰陽」。曰：「游是散殊，比如一個水車，一上一下，兩邊只管衮轉，這便是『循環不已，立天地之大義』底。一上一下，只管衮轉，中間帶得水灌溉得所在，便是『生人物之萬殊』。天地之間，二氣只管運轉，不知不覺生出一個人，不知不覺又生出一個物。即他這個斡轉，便是生物時節。」道夫。

問〔四〕「游氣紛擾，生人物之萬殊」。曰：「游氣是氣之發散生物底氣。游亦流行之意。紛擾者，參錯不齊。既生物，便是游氣。若是生物常運行而不息者，二氣初無增損也。」䇓。

問：「游氣莫便是陰陽？橫渠如此說，似開了。」曰：「此固是一物。但渠所說『游氣紛擾，合而成質』，恰是指陰陽交會言之。『陰陽兩端，循環不已』，却是指那分開底說。蓋陰陽只管混了闢，闢了混，故周子云：『混兮闢兮，其無窮兮。』」端蒙。

「橫渠言『游氣紛擾』。季通云：『却不是說混沌未分，乃是言陰陽錯綜相混，交感而生物，如言「天地絪緼」。其下言「陰陽兩端」，却是言分別底。』上句是體，下句是用也。」端蒙。

「『游氣紛擾』是陰陽二氣之緒餘，『循環不已』是生生不窮之意。」䈊。

叔器問「游氣」一段。曰：「游氣是裏面底，譬如一個扇相似，扇便是『立天地之大義』底，扇出風來便是『生人物』底。」義剛。

問「陰陽」、「游氣」之辨。曰：「游氣是生物底。陰陽譬如扇子，扇出風，便是游氣。」義剛。

問「游氣」、「陰陽」。曰：「游氣是出而成質。」曰：「只是陰陽氣？」曰：「然。便當初不道『合而成質』〔五〕，却似有兩般。」可學。

「横渠言：『游氣紛擾，合而成質者，生人物之萬殊；其陰陽兩端，循環不已者，立天地之大義。』説得似稍支離。只合云，陰陽五行，循環錯綜，升降往來，所以生人物之萬殊，立天地之大義。」端蒙。

「横渠謂『天體物而不遺，猶仁體事而無不在』。此數句，是從赤心片片説出來，荀、揚豈能到！」士毅。

趙共父〔六〕問「天體物而不遺，猶仁體事而無不在」。曰：「體物，猶言爲物之體也，蓋物物有個天理；體事，謂事事是仁做出來。如『禮儀三百，威儀三千』，須是仁做始得。凡言體，便是做他那骨子。」時舉。

趙共父問：「『天體物而不遺，猶仁體事而無不在也』，以見物物各有天理，事事皆有仁？」曰：「然。天體在物上，仁體在事上，猶言天體於物，仁體於事。本是言物以天爲體，事以仁爲體。緣須着從上說，故如此下語。」致道問：「與『體物而不可遺』一般否？」曰：「然。」曰：「先生易解將『幹事』說。」曰：「幹事，猶言爲事之幹；體物，猶言爲物之體。」共父問：「下文云：『禮儀三百，威儀三千，無一物而非仁也。』」曰：「『禮儀三百，威儀三千』，然須得仁以爲骨子。」賀孫。

問：「『天體物而不遺，猶仁體事而無不在』，何也？」曰：「理者物之體，仁者事之體。事事物物，皆具天理，皆是仁做得出來。仁者，事之體。體物，猶言幹事，事之幹也。『禮儀三百，威儀三千』，非仁則不可行。譬如衣服，必有個人着方得。且如『坐如尸』，必須是做得。凡言體者，便是做個基骨也。」

「『昊天曰明，及爾出王』，音往。言往來游衍，無非是理。『無一物之不體』，猶言無一物不將這個做骨。」端蒙。

問〔七〕「『仁體事而無不在』」。曰：「只是未理會得『仁』字。若理會得這一字了，則到處都理會得。今未理會得時，只是於他處上下文有些相貫底，便理會得；到別處上下文隔遠處，便難理會。今且須記取做個話頭，賀孫録云：「千萬記取此是個話頭！〔八〕」久後自然曉得。或於事上見得，或看讀別文義，却自知得。」道夫。賀孫同。

問〔九〕：「『物之初生，氣日至而滋息』，此『息』只是『生息』之『息』，非『止息』之『息』否？」曰：「然。嘗看孟子言『日夜之所息』，程子謂『息』字有二義。某後來看，只是生息。」道夫。

「『至之謂神，以其伸也；反之謂鬼，以其歸也。』人死便是歸，『祖考來格』便是伸。」死時便都散了。僩。

「横渠言『至之謂神，反之謂鬼』，固是。然雷風山澤亦有神，今之廟貌亦謂之神，亦以方伸之氣爲言爾。此處要錯綜周遍而觀之。伸中有屈，屈中有伸，更看此意。伸中有屈，如人有魄是也；屈中有伸，如鬼而有靈是也。」

問：「神之伸也，其情狀可得而知者。鬼之歸也，如『洋洋乎如在其上，如在其左右』，如依人而行之類，便是其情狀否？」曰：「鬼神即一様，如何恁地看？」曰：「『至之謂神』，如雨露風雷、人物動植之類，其情狀可得而知。『反之謂鬼』，則無形狀之可求，故有此問。」曰：「『祖考來格』，便是神之伸也。這般處，横渠有數説，説得好，又説得極密。某所以教公多記取前輩語，記得多，自是通貫。」又舉横渠語曰：「『以博物洽聞之學，以稽天窮地之思』，須是恁地方得。」

用之問「性爲萬物之一源」。曰：「所謂性者，人物之所同得。非惟己有是，而人亦有是；非惟人有是，而物亦有是。」道夫。

「横渠云：『一故神。譬之人身，四體皆一物，故觸之而無不覺，不待心使至此而後覺也。此所謂「感而遂通，不行而至，不疾而速」也。』發於心，達於氣，天地與吾身共只是一團物事。所謂鬼神者，只是自家氣。自家心下思慮纔動，這氣即敷於外，自然有所感通。」賀孫。

或問「一故神」。曰：「一是一個道理，却有兩端，用處不同。譬如陰陽，陰中有陽，陽中有陰；陽極生陰，陰極生陽，所以神化無窮。」去僞〔一〇〕。

問「一故神」。曰：「横渠説得極好，須當子細看。但近思録所載與本書不同。當時緣伯恭不肯全載，故後來不曾與他添得。『一故神』，横渠親注云：『兩在故不測。』只是這一物，却周行乎事物之間。如所謂陰陽、屈伸、往來、上下，以至於行乎什伯千萬之中，無非這一個物事，所以謂『兩在故不測』。『兩故化』，注云：『推行乎一。』凡天下之事，一不能化，惟兩而後能化。且如一陰一陽，始能化生萬物。雖是兩個，要之亦是推行乎此一爾。此説得極精，須當與他子細看。」道夫。

林問：「『一故神，兩故化』，此理如何？」曰：「兩所以推行乎一也。張子言：『一故神，兩在故不測；兩故化，推行於一。』謂此兩在，故一存也。『兩不立，則一不可見；一不可見，則兩之用或幾乎息矣』，亦此意也。如事有先後，才有先，便思量到末後一段，此便是兩。如寒，則暑便在其中；晝，則夜便在其中；便有一寓焉。」寓。

「『一故神，兩故化』，兩者，陰陽、消長、進退。兩者，所以推行於一；一所以爲兩。『一不立，則兩不可得而見；兩不可見，則一之道息矣』，横渠此説極精。非一，則陰陽、消長無自而見；非陰陽、消長，則一亦不可得而見矣。」

「『神、化』二字，雖程子説得亦不甚分明，惟是横渠推出來。淵録云：「前人都説不到。」〔一二〕推行有漸爲化，合一不測爲神。」又曰：「『一故神，兩在故不測。兩故化』，言兩在者，或在陰，或在陽，在陰時全體都是陰，在陽時全體都是陽。化是逐一挨將去底，一日復一日，一月復一月，節節挨將去，便成一年。這是化。」直卿云：「『一故神』，猶『一動一靜，互爲其根』；『兩故化』，猶『動極而靜，靜極復動』。」方子。

「横渠語曰『一故神』，自注云：『兩在故不測。』又曰『兩故化』，自注云：『推行於一。』是在陽又在陰，無這一，則兩便不能以推行。兩便即是這個消長，又是化，又是推行之意。」又曰：「横渠此語極精。見李先生説云：『舊理會此段不得，終夜椅上坐思量，以身去裏面體，方見得平穩。每看道理處皆如此。』某時爲學，雖略理會得，有不理會得處，便也恁地過了。及見李先生後，方知得是恁地下工夫。」又曰：「某今見得這物事了，覺得見好則劇相似。舊時未理會得，是下了多少工夫。而今學者却恁地泛泛然，都沒緊要，不把當事，只是謾學。理會得時也好，理會不得時也不妨，恁地如何得！須是如射箭相似，把着弓，須是射得中方得。」

「『惟心無對』，『心統性情』。二程却無一句似此切。」方子〔一二〕。

「『心統性情』，統，猶兼也。」升卿。

「『心統性情』，性情皆因心而後見。心是體，發於外謂之用。孟子曰：『仁，人心也。』又曰：『惻隱之心。』性情上都下個『心』字。『仁，人心也』，是説體；『惻隱之心』，是説用。必有體而後有用，可見『心統性情』之義。」僩。

問「心統性情」。曰：「性者，理也。性是體，情是用。性情皆出於心，故心能統之。統，如統兵之統，言有以主之也。且如仁義禮智是性也，孟子曰：『仁義禮智根於心。』惻隱、羞惡、辭遜、是非，本是情也，孟子曰『惻隱之心』，『羞惡之心』，『辭遜之心』，『是非之心』。以此言之，則見得心可以統性情。一心之中自有動靜，靜者性也，動者情也。」卓。

問：「『心統性情』，『統』如何？」曰：「統是主宰，如統百萬軍。心是渾然底物，性是有此理，情是動處。」又曰：「人受天地之中，只有個心性安然不動，情則因物而感。性是理，情是用，性靜而情動。且如仁義禮智信是性，然又有説『仁心』、『義心』，這是性亦與心通；説惻隱、羞惡、辭遜、是非是情，然又説道『惻隱之心』，『羞惡之心』，『是非之心』，這是情亦與心通説。這是情性皆主於心，故恁地通説。」問：「意者心之所發，與情性如何？」曰：「意也與情相近。」問：「志如何？」曰：「志也與情相近。只是心寂然不動，方發出，便喚做意。横渠云：『志公而意私。』看這自説得好。志便清，意便濁；志便剛，意便柔；志便有立作意思，意便有潛竊意思。公自子細看，自見得。意，多是説私意；志，便説『匹夫不可奪志』。」賀孫。

「『心統性情者也』。寂然不動，而仁義禮智之理具焉。動處便是情，有言靜處便是性，動處是心，如此，則是將一物分作兩處了。心與性，不可以動靜言。凡物有心而其中必虚，如飲食中雞心猪心之屬，切開可見。人心亦然。只這些虚處，便包藏許多道理，彌綸天地，該括古今。推廣得來，蓋天蓋地，莫不由此，此所以爲人心之妙歟。理在人心，是之謂性。性如心之田地，充此中虚，莫非是理而已。心是神明之舍，爲一身之主宰。性便是許多道理，得之於天而具於心者。發於智識念慮處，皆是情，故曰『心統性情』也。」謨。

「横渠云『心統性情』，蓋好善而惡惡，情也；而其所以好善而惡惡，性之節也。且如見惡而怒，見善而喜，這便是情之所發。至於喜其所當喜，而喜不過；謂如人有三分合喜底事，我却喜至七八分，便不是。怒其所當怒，而怒不遷；謂如人有一分合怒底事，我却怒至三四分，便不是。以至哀樂愛惡欲皆能中節而無過，這便是性。」道夫。

先生取近思録，指横渠「心統性情」之語以示學者。力行問曰：「心之未發，則屬乎性；既發，則情也。」曰：「是此意。」因再指伊川之言曰：「『心一也，有指體而言者，有指用而言者。』」力行。

季通云：「『心統性情』，不若云，心者，性情之統名。」端蒙。

「横渠言：『凡物莫不有性，由通蔽開塞，所以有人物之別；由蔽有厚薄，故有智愚之別。』似欠了生知之聖。」端蒙。

「横渠此段不如吕與叔分別得分曉。吕曰：『蔽有淺深，故爲昏明；蔽有開塞，故爲人物。』」閎祖。〔一三〕

或問：「通蔽開塞，張横渠、吕芸閣説，孰爲親切？」曰：「與叔倒分明似横渠之説。看來塞中也有通處，如猿狙之性即靈，猪則全然蠢了，便是通蔽不同處。『本乎天者親上，本乎地者親下』，如人頭向上，所以最靈；草木頭向下，所以最無知；禽獸之頭横了，所以無知；猿狙稍靈，爲他頭有時也似人，故稍向得上。」履孫。

敬子問：「『精義入神〔一四〕，事豫吾内，求利吾外也』，『求』字似有病，便有個先獲底心。

『精義入神』，自然是能利吾外，何待於求？」曰：「然。當云『所以利吾外也』。」李又曰：「繫辭此已上四節，都是説咸卦。蓋咸只是自家感之他便應，非是有心於求人之應也。如上文往來屈伸，皆是此意。」僩。第二卷。

「精熟義理而造於神，事素定乎内，而乃所以求利乎外也；通達其用而身得其安，素利乎外，而乃所以致養其内也。蓋内外相應之理。」端蒙。

問〔一五〕「精義入神」一條。曰：「入神，是入至於微妙處。此却似向内做工夫，非是作用於外，然乃所以致用於外也。故嘗謂門人曰：『吾學既得於心，則修其辭；命辭無差，然後斷事；斷事無失，吾乃沛然。精義入神者，豫而已。』横渠可謂『精義入神』。横渠云：『陰陽二氣，推行以漸，謂化；闔闢不測，謂神。』伊川先生説神、化等，却不似横渠較説得分明。」賀孫。

「『事豫吾内』，事未至而先知其理之謂豫。」學履。〔一六〕

用之問：「『德不勝氣，性命於氣；德勝於氣，性命於德〔一七〕。』前日見先生説，以性命之『命』爲聽命之『命』。適見先生舊答潘恭叔書，以『命』與『性』字只一般〔一八〕，如言性與命也。所以後面分言『性天德，命天理』。不知如何？」曰：「也是如此。但『命』字較輕得些。」僩問：「若將『性命』作兩字看，則『於氣』、『於德』字，如何地説得來？則當云『性命皆由於氣，由於德』始得。」曰：「橫渠文字自如此。」僩。

「德性若不勝那氣稟，則性命只由那氣；德性能勝其氣，則性命都是那德；兩者相爲勝負。蓋其稟受之初，便如此矣。然亦非是元地頭不渾全，只是氣稟之偏隔著。故窮理盡性，則善反之功也。『性天德，命天理』，則無不是元來至善之物矣。若使不用修爲之功，則雖聖人之才，未必成性。然有聖人之才，則自無不修爲之理。」端蒙。

問「德不勝氣」一章〔一九〕。曰：「張子〔二〇〕只是説性與氣皆從上面流下來。自家之德，若不能有以勝其氣，則祇是承當得他那所賦之氣。若是德有以勝其氣，則我之所以受其賦予者，皆是德。故窮理盡性，則我之所受，皆天之德；其所以賦予我者，皆天之理。氣之不可變者，惟死生脩夭而已。蓋死生脩夭，富貴貧賤，這却還他氣。至『義之於君臣，仁之於父子』，所謂『命也，有性焉，君子不謂命也』。這個却須由我，不由他了。」道夫。

問：「『窮理盡性，則性天德，命天理。』這處性、命如何分別？」曰：「性是以其定者而言，命是以其流行者而言。命便是水恁地流底，性便是將碗盛得來。大碗盛得多，小碗盛得少，淨潔碗盛得清，汙漫碗盛得濁。〔二一〕」賀孫。

「橫渠言：『形而後有氣質之性，善反之，則天地之性存焉。』又曰：『德不勝氣，性命於氣；德勝其氣，性命於德。』又曰：『性天德，命天理。』蓋人生氣稟自然不同，天非有殊，人自異稟。有學問之功則性命於德，不能學問，然後性命惟其氣稟耳。」曰[一二]：「從前看『性命於德』一句，意謂此性由其德之所命。今如此云，則是『性命』二字皆是德也。」曰：「然。」力行。

「橫渠云：『所不可變者，惟壽夭耳。』要之，此亦可變。但大概如此。」力行。

問[一三]：「『莫非天也』，是兼統善惡而言否？」曰：「然。正所謂『善固性也，然惡亦不可不謂之性』，二者皆出於天也。陽是善，陰是惡；陽是强，陰是弱；陽便清明，陰便昏濁。大抵陰陽有主對待而言之者，如陽是仁，陰是義之類。這又别是一樣，是專就善上説，未有那惡時底説話。」頃之，復曰：「程先生云：『視聽思慮動作，皆天也。人但於其中要識得真與妄爾。』」道夫。

「陽明勝則德性用，陰濁勝則物欲行。只將自家意思體驗，便見得。人心虚静，自然清明；才爲物欲所蔽，便陰陰地黑暗了，此陰濁所以勝也。」謨。

「『大其心，則能體天下之物。』世人之心，止於見聞之狹，故不能體天下之物。唯聖人盡性，故不以所見所聞梏其心，故大而無外，其視天下無一物非我。』他只是説一個大與小。孟子謂盡心則知『性』知『天』，以此。蓋盡心，則只是極其大；心極其大，則知性知天，而無有外之心矣。」道夫問：「今未到聖人盡心處，則亦莫當推去否？」曰：「未到那裏，也須知說聞見之外，猶有我不聞不見底道理在。若不知聞見之外猶有道理，則亦如何推得？要之，此亦是横渠之意，然孟子之意則未必然。」道夫曰：「孟子本意，當以大學或問所引爲正。」曰：「然。孟子之意，只是說窮理之至，則心自然極其全體而無餘，非是要大其心而後知性知天也。」道夫曰：「只如横渠所說，亦自難下手。」曰：「便是横渠有時自要恁地說，似乎只是懸空想像而心自然大。這般處，元只是格物多後，自然豁然有個貫通處，這便是『下學而上達』也。孟子之意，只是如此。」道夫。

「『大其心，則能遍體天下之物』，體，猶『仁體事而無不在』，言心理流行，脈絡貫通，無有不到。苟一物有未體，則便有不到處。包括不盡，是心爲有外。蓋私意間隔，而物我對立，則雖至親，且未必能無外矣。故『有外之心，不足以合天心』。」端蒙。

問：「『物有未體，則心爲有外』，此『體』字是『體察』之『體』否？」曰：「須認得如何喚做體察。今官司文書行移，所謂體量、體究是這樣『體』字。」或曰：「是將自家這身入那事物裏面去體認否？」曰：「然。猶云『體群臣』也。伊川曰『天理二字，却是自家體貼出來』，是這樣『體』字。」僩。

問〔二四〕：「『物有未體，則心爲有外』，『體』之義如何？」曰：「此是置心在物中，究見其理，如格物致知之意，與『體用』之『體』不同。」木之。

「橫渠云：『物有未體，則心爲有外。』又曰：『有外之心，不足以合天心。』蓋天大無外，物無不包。物理所在，一有所遺，則吾心爲有外，便與天心不相似。」道夫。

「世人之心，止於見聞之狹，聖人盡性，不以見聞梏其心。」伯豐問：「如何得不以見聞梏其心？」曰：「張子此說，是說聖人盡性事。如今人理會學，須是有見聞，豈能捨此？先是於見聞上做功夫到，然後脱然貫通。蓋尋常見聞，一事只知得一個道理，若到貫通，便都是一理，曾子是已。盡性，是論聖人事。」㽦。

問「有外之心」。曰：「十分事只做得七八分，便是有外。所以致知格物者，要得無外也。」夔孫。

或問：「如何是『有外之心』？」曰：「只是有私意，便内外扞格。只見得自家身己，凡物皆不與己相關，便是『有外之心』。橫渠此說固好。然只管如此說，相將便無規矩，無歸着，入於邪遁之說。且如夫子爲萬世道德之宗，都説得語意平易，從得夫子之言，便是無外之實。若便要説天大無外，則此心便瞥入虛空裏去了。」學蒙。

「橫渠言：『爲德辨，爲感速。』辨，猶子細；感速，言我之感發速也。」端蒙。

「『息有養，瞬有存』，言一息之間亦有養，一瞬之頃亦有存。如『造次顛沛必於是』之意，但説得太緊。」端蒙。

「西銘一篇，首三句却似人破義題。『天地之塞、帥』兩句，恰似人做原題，乃一篇緊要處。『民吾同胞』止『無告者也』，乃統論如此。『于時保之』以下，是做處。」端蒙。

「乾稱父，坤稱母。」厲聲言「稱」字。又曰：「以主上爲我家裏兄子，得乎！」節。

西銘解義云：「乾者，健而無息之謂；坤者，順而有常之謂。」問：「此便是陽動陰靜否？」曰：「此是陽動陰靜之理。」端蒙。

「『混然中處』，言混合無間，蓋此身便是從天地來。」端蒙。

「『天〔二五〕地之塞，吾其體；天地之帥，吾其性。』塞，如孟子説『塞乎天地之間』。塞只是氣。吾之體，即天地之氣。帥是主宰，乃天地之常理也。吾之性，即天地之理。」賀孫。

「『吾〔二六〕其體，吾其性』，有我去承當之意。」謨。

或問：「『天地之帥，吾其性』，先生解以『乾健、坤順爲天地之志』。天地安得有志？」曰：「『復其見天地之心』、『天地之情可見』，安得謂天地無心、情乎？」或曰：「福善禍淫，天之志否？」曰：「程先生説『天地以生物爲心』最好，此乃是無心之心也。」人傑。

「西銘大要在『天地之塞，吾其體；天地之帥，吾其性』兩句。塞是説氣，孟子所謂『以直養而無害，則塞乎天地之間』，即用這個『塞』字。張子此篇，大抵皆古人説話集來。要知道理只有一個道理，中間句句段段，只説事親事天。自一家言之，父母是一家之父母；自天下言之，天地是天下之父母，通是一氣，初無間隔。『民吾同胞，物吾與也』，萬物雖皆天地所生，而人獨得天地之正氣，故人爲最靈，故民同胞，物則亦我之儕輩。孟子所謂『親親而仁民，仁民而愛物』，其等差自然如此。大抵即事親以明事天。」賀孫。

問西銘之義。曰：「緊要血脈盡在『天地之塞，吾其體；天地之帥，吾其性』兩句上。上面『乾稱父』至『混然中處』是頭，下面『民吾同胞，物吾與也』便是個項，下面便撒開説，説許多。『大君者，吾父母宗子』，云云，盡是從『民吾同胞，物吾與也』説來。到得『知化則善述其事，窮神則善繼其志』，這志便只是那『天地之帥，吾其性』底志。爲人子便要述得父之事，繼得父之志，如此方是事親如事天；便要述得天之事，繼得天之志，方是事天。若是違了此道理，便是天之悖德之子；若害了這仁，便是天之賊子；若是濟惡不悛，便是天之不才之子；若能踐形，便是天地克肖之子。這意思血脈，都是從『天地之塞，吾其體；天地之帥，吾其性』説。緊要都是這兩句，若不是此兩句，則天自是天，我自是我，有何干涉？」或問：「此兩句，便是理一處否？」曰：「然。」僩。

問：「西銘自『乾稱父，坤稱母』至『民吾同胞，物吾與也』處，是仁之體；『于時保之』以下，是做工夫處？」曰：「若言『同胞』『吾與』了，便説着『博施濟衆』，却不是。所以只説教人做工夫處只在敬與恐懼，故曰『于時保之，子之翼也』。能常敬而恐懼，則這個道理自在。」又曰：「因事親之誠，以明事天之道，只是譬喻出來。下面一句事親，一句事天，如『匪懈』、『無忝』是事親，『不愧屋漏』、『存心養性』是事天。下面説事親，兼常變而言。如曾子是常，舜、伯奇之徒皆變。此在人事言者如此，天道則不然，直是順之無有不合者。」又問「理一而分殊」。「言理一而不言分殊，則爲墨氏兼愛；言分殊而不言理一，則爲楊氏爲我。所以言分殊，而見理一底自在那裏；言理一，而分殊底亦在，不相夾雜。」子蒙。

林聞一問：「西銘只是言仁、孝、繼志、述事。」曰：「是以父母比乾坤。主意不是説孝，只是以人所易曉者，明其所難曉者耳。」木之。

問：「西銘説『潁封人之錫類』，『申生其恭』。二子皆不能無失處，豈能盡得孝道？」曰：「西銘本不是説孝，只是説事天，但推事親之心以事天耳。二子就此處論之，誠是如此。蓋事親却未免有正有不正處。若天道純然，則無正不正之處，只是推此心以奉事之耳。」寓。

問：「西銘：『無所逃而待烹。』申生未盡子道，何故取之？」先生曰：「天不到得似獻公也。人有妄，天則無妄。若教自家死，便是理合如此，只得聽受之。」夔孫。

答叔京「參乎」、「伯奇」之語，云：「天命無妄。父母之命，有時而出於人欲之私。」方。

「西銘要句句見『理一而分殊』。」文蔚。

「西銘通體是一個『理一分殊』，一句是一個『理一分殊』，只先看『乾稱父』三字。」篇中錯綜此意。

或問西銘「理一而分殊」。曰：「今人說，只說得中間五六句『理一分殊』。據某看時，『乾稱父，坤稱母』，直至『存吾順事，没吾寧也』，句句皆是『理一分殊』。喚做『乾稱』、『坤稱』，便是分殊。如云『知化則善述其事』，是我述其事；『窮神則善繼其志』，是我繼其志。又如『存吾順事，没吾寧也』。以自家父母言之，生當順事之，死當安寧之；以天地言之，生能順事而無所違拂，死則安寧也，此皆是分殊處。逐句渾淪看，便見理一；當中橫截斷看，便見分殊。」因問：「如先生後論云：『推親親之恩以示無我之公，因事親之誠以明事天之實。』看此二句，足以包括西銘一篇之統體，可見得『理一分殊』處分曉。」曰：「然。」又云：「以人之自有父母言之，則一家之內有許多骨肉宗族。如『民吾同胞，物吾與也』。大君者，吾父母宗子』以下，却是以天地爲一大父母，與衆人厮共底也。」燾。

道夫言：「看西銘，覺得句句是『理一分殊』。」曰：「合下便有一個『理一分殊』，從頭至尾又有一個『理一分殊』，是逐句恁地。」又曰：「合下一個『理一分殊』；截作兩段，只是一個天人。」道夫曰：「他說『乾稱父，坤稱母，予兹藐焉，乃混然中處』。如此，則是三個。」曰：「『混然中處』則便是一個。許多物事都在我身中，更那裏去討一個乾坤？」問「塞」之與「帥」二字。曰：「塞，便是『充塞天地』之『塞』；帥，便是『志者氣之帥』之『帥』。」問：「『物吾與也』，莫是『黨與』之『與』否？」曰：「然。」道夫。

「西銘一篇，始末皆是『理一分殊』。以乾爲父，坤爲母，便是理一而分殊；『予茲藐焉，混然中處』，便是分殊而理一。『天地之塞，吾其體；天地之帥，吾其性』，分殊而理一；『民吾同胞，物吾與也』，理一而分殊。逐句推之，莫不皆然。某於篇末亦嘗發此意。乾父坤母，皆是以天地之大，喻一家之小：乾坤是天地之大，父母是一家之小；大君大臣是大，宗子家相是小，類皆如此推之。舊嘗看此，寫作旁通圖子，分爲二截〔二七〕，上下排布，亦甚分明。」謨。

一之問西銘「理一而分殊」。曰：「西銘自首至末，皆是『理一而分殊』。乾父坤母，固是一理；分而言之，便見乾坤自乾坤，父母自父母，惟『稱』字便見異也。」又問：「自『惡旨酒』至『勇於從而順令』，此六聖賢事，可見理一分殊乎？」曰：「『惡旨酒』，『育英才』，是事天；『顧養』及『錫類』，則是事親。每一句皆存兩義，推類可見。」問：「『天地之塞』，如何是『塞』？」曰：「『塞』與『帥』字，皆張子用字之妙處。塞，乃孟子『塞天地之間』；體，乃孟子『氣體之充』者；有一豪不滿不足之處，則非塞矣。帥，即『志，氣之帥』，而有主宰之意。此西銘借用孟子論『浩然之氣』處。若不是此二句爲之關紐，則下文言『同胞』，言『兄弟』等句，在他人中物，皆與我初何干涉？其謂之『兄弟』、『同胞』，乃是此一理與我相爲貫通。故上説『父母』，下説『兄弟』，皆是其血脈過度處。西銘解二字只説大概，若要説盡，須因起疏注可也。」寓。

問西銘分殊處〔二八〕。曰：「有父，有母，有宗子，有家相，此即分殊也。」節。

「西銘大綱是理一而分自爾殊。然有二説：自天地言之，其中固自有分別；自萬殊觀之，其中亦自有分別。不可認是一理了，只衮做一看，這裏各自有等級差別。且如人之一家，自有等級之别。所以乾則稱父，坤則稱母，不可棄了自家父母，却把乾坤做自家父母看。且如『民吾同胞』，與自家兄弟同胞，又自别。龜山疑其兼愛，想亦未深曉西銘之意。西銘一篇，正在『天地之塞，吾其體；天地之帥，吾其性』兩句上。」敬仲。

問西銘。曰：「更須子細看他説理一而分殊。而今道天地不是父母，父母不是天地，不得。分明是一理。『乾道成男，坤道成女』，則凡天下之男皆乾之氣，凡天下之女皆坤之氣。從這裏便徹上徹下都即是一個氣，都透過了。」又曰：「『繼之者善』便是公共底，『成之者性』便是自家得底。只是一個道理，不道是這個是，那個不是。如水中魚，肚中水便只是外面水。」賀孫。

問：「西銘『理一而分殊』，分殊，莫是『民吾同胞，物吾與也』之意否？」曰：「民物固是分殊，須是就民物中又知得分殊。不是伊川説破，也難理會。然看久，自覺裏面有分別。」

用之問：「西銘所以『理一分殊』，如民物則分『同胞』、『吾與』，大君家相，長幼殘疾，皆自有等差。又如所以事天，所以長長幼幼，皆是推事親從兄之心以及之，此皆是分殊處否？」曰：「也是如此。但這有兩種看：這是一直看下，更須橫截看。若只恁地看，怕淺了。『民吾同胞』，同胞裏面便有理一分殊底意；『物吾與也』，吾與裏面便有理一分殊底意。『乾稱父，坤稱母』，道是父母，固是天氣而地質；然與自家父母，自是有個親疏，從這處便『理一分殊』了。看見伊川説這意較多。龜山便正是疑『同胞』、『吾與』爲近於墨氏，不知他『同胞』、『吾與』裏面便自分『理一分殊』了。如公所説恁地分別分殊，『殊』得也不大段。這處若不子細分別，直是與墨氏兼愛一般。」賀孫。卓録云，劉用之問：「西銘『理一而分殊』，若大君宗子，大臣家相，與夫民物等，皆是『理一分殊』否？」曰：「如此看，亦是。但未深，當截看。如西銘劈頭來便是『理一而分殊』。且『乾稱父，坤稱母』，雖以乾坤爲父母，然自家父母自有個親疏，這是『理一而分殊』。等而下之，以至爲大君，爲宗子，爲大臣家相，若理則一，其分未嘗不殊。民吾同胞，物吾黨與，皆是如此。龜山正疑此一着，便以民吾同胞，物吾黨與，爲近於墨氏之兼愛。不知他同胞、同與裏面，自有個『理一分殊』。若如公所説恁他分別，恐勝得他也不多。這處若不分別，直是與墨子兼愛一般。」

問：「西銘句句是『理一分殊』，亦只就事天事親處分否？」曰：「是。『乾稱父，坤稱母』，只下『稱』字，便別。這個有直説底意思，有横説底意思。『理一而分殊』，龜山説得又别。他只以『民吾同胞，物吾與』及『長長幼幼』爲理一分殊。」曰：「龜山是直説底意思否？」曰：「是。然龜山只説得頭一小截；伊川意則闊大，統一篇言之。」曰：「何謂横説底意思？」曰：「『乾稱父，坤稱母』是也。這不是即那事親底，便是事天底。」曰：「横渠只是借那事親底來形容事天底做個樣子否？」曰：「是。」淳。

問〔二九〕：「向日曾以西銘仁孝之理請問，先生令截斷横看。文蔚後來見得孝是發見之先，仁是天德之全。事親如事天，即是孝。自此推之，事天如事親，即仁矣。『老吾老，幼吾幼』，自老老幼幼之心推之，至於疲癃殘疾，皆如吾兄弟顛連而無告，方始盡。故以敬親之心，不欺闇室，不愧屋漏，以敬其天；以愛親之心，樂天循理，無所不順，以安其天，方始盡性。竊意横渠大意只是如此，不知是否？」曰：「他不是説孝，是將孝來形容這仁；事親底道理，便是事天底樣子。人且逐日自把身心來體察一遍，便見得吾身便是天地之塞，吾性便是天地之帥；許多人物生於天地之間，同此一氣，同此一性，便是吾兄弟黨與；大小等級之不同，便是親疏遠近之分。故敬天當如敬親，戰戰兢兢，無所不至；愛天當如愛親，無所不順。天之生我，安頓得好，令我富貴崇高，便如父母愛我，當喜而不忘；安頓得不好，令我貧賤憂戚，便如父母欲成就我，當勞而不怨。」徐子融曰：「先生謂事親是事天底樣子，只此一句，説盡西銘之意矣。」文蔚。

「西銘有個劈下來底道理，有個橫截斷底道理。」直卿疑之。竊意當時語意，似謂每句直下而觀之，理皆在焉；全篇中斷而觀之，則上專是事天，下專是事親，各有攸屬。方子。

「聖人之於天地，如孝子之於父母。」西銘。升卿。

「西銘説，是形化底道理，此萬物一源之性。太極者，自外面推入去，到此極盡，更没去處，所以謂之太極。」謨。

問西銘：帥。「總心性言。」與。「如『與國』、『相與』之類。」于時保之。「畏天。」不憂。「樂天。」賊。「賊子。」濟惡。「積惡。」化。「有迹。」神。「無迹。」旨酒。「欲也。」不弛勞。「横渠解『無施勞』亦作『弛』。」豫。「如後漢書言『天意未豫』。」方。

「龜山有論西銘二書，皆非，終不識『理一』。至於『稱物平施』，亦説不着。易傳説是。大抵西銘前三句便是綱要，了得，即句句上自有『理一分殊』。」後來已有一篇説了。方云：「指其名者分之殊，推其同者理之一。」方。

林子武問：「龜山語録曰：『西銘理一而分殊。知其理一，所以爲仁；知其分殊，所以爲義。』」先生曰：「仁，只是流出來底便是仁；各自成一個物事底便是義。仁只是那流行處，義是合當做處。仁只是發出來底；及至發出來有截然不可亂處，便是義。且如愛其親，愛兄弟，愛親戚，愛鄉里，愛宗族，推而大之，以至於天下國家，只是這一個愛流出來；而愛之中便有許多等差。且如敬，只是這一個敬，便有許多合當敬底，如敬長、敬賢，便有許多分別。」又問禮。先生曰：「以其事物之宜之謂義，義之有節文之謂禮。且如諸侯七廟，大夫五廟，士二，這個便是禮；禮裏面便有義。所以說：『天命之謂性，率性之謂道，修道之謂教。』如中庸集略呂與叔所云：『自是合當恁地。』知得親之當愛，子之當慈，這便是仁；至於各愛其親，各慈其子，這便是義。這一個物事分不得。流出來底便是仁，仁打一動，便是義禮智信當來。不是要仁使時，仁來用；要義使時，義來用，只是這一個道理，流出去自然有許多分別。且如心、性、情，而今只略略動着，便有三個物事在那裏，其實只是一個物。虛明而能應物者，便是心；應物有這個道理，便是性；會做出來底，便是情，這只一個物事。」義剛。

「龜山說『理一』，似未透。據老幼及人一句，自將分殊都說了。但其意以老幼互相推及，所以然者同類也，但施置有先後耳。」因說：「我老老幼幼，他亦老老幼幼，互相推及，天下豈有不治！此便是『絜矩之道』。」方。

「謝艮齋說西銘『理一分殊』：在上之人當理會理一，在下之人當理會分殊。如此，是分西銘做兩節了。艮齋看得西銘錯。」先生以爲然。泳。

問東銘。曰：「此正如今法書所謂『故失』兩字。」因令道夫寫作圖子看〔三〇〕：

戲言出於思也，發於聲；

戲動作於謀也，見乎四支。 謂非己心，不明也； 欲人無己疑，不能也。

過言非心也，失於聲；

過動非誠也，謬述其四體。 謂己當然，自誣也； 欲他人己從，誣人也。

或者謂 出於心者，歸咎爲己戲； 戒其出汝者，

失於思者，自誣爲己誠。 不知 歸咎其不出汝者。 長遂且傲非，不智孰甚焉！

問：「橫渠語范巽之一段，如何？」〔三一〕曰：「惟是今人不能『脫然如大寐之得醒』，只是捉道理說。要之，也說得去，只是不透徹。」又曰：「正要常存意，使不忘，他釋氏只是如此。然他逼拶得又緊。」直卿曰：「張子語比釋氏更有窮理工夫在。」曰：「工夫固自在，也須用存意。」問直卿：「如何說『存意不忘』？」曰：「只是常存不及古人意。」曰：「設此語者，只不要放倒此意爾。」道夫。

「橫渠『未能立心，惡思多之致疑』，此說甚好，便見有次序處。必大録云：「蓋云事固當考索，然心未有主，却泛然理會不得。」若是思慮紛然，趨向未定，未有個主宰，如何地講學！」僩。

問〔三二〕「未知立心，惡思多之致疑；既知所立，惡講治之不精」一章。曰：「未知立心，則或善或惡，故胡亂思量，惹得許多疑起；既知所立，則是此心已立於善而無惡，便又惡講治之不精，又却用思。講治之思，莫非在我這道理之內。如此，則『雖勤而何厭』。『所以急於可欲者』，蓋急於可欲之善，則便是無善惡之雜，便是『立吾心於不疑之地』。人之所以有疑而不果於爲善者，以有善惡之雜；今既有善而無惡，則『若決江河以利吾往』矣。『遜此志，務時敏』，須是低下着這心以順他道理，又却抖擻起那精神，敏速以求之，則『厥脩乃來』矣。這下面云云，只是説一『敏』字。」道夫。

「『心大則百物皆通』，通，只是透得那道理去；病，則是窒礙了。」端蒙。

居甫問：「『心小則百物皆病』，如何是小？」〔三三〕曰：「此言狹隘則事有窒礙不行。如仁則流於姑息，義則入於殘暴，皆見此不見彼。」可學。

「『合內外，平物我，此見道之大端』，蓋道只是致一公平之理而已。」端蒙。

問：「横渠『物怪神姦』書，先生提出『守之不失』一句。」曰：「且要守那定底。如『精氣爲物，遊魂爲變』，此是鬼神定説。又如孔子説『非其鬼而祭之，諂也』，『敬鬼神而遠之』等語，皆是定底。其他變處，如未曉得，且當守此定底。如前晚説怪，便是變處。」淳。
第三卷〔三四〕。

「横渠所謂『物怪神姦』，不必辨，且只『守之不失』。如『精氣爲物，遊魂爲變』，此是理之常也。『守之勿失』者，以此爲正，且恁地去，他日當自見也。若要之無窮，求之不可知，此又溺於茫昧，不能以常理爲主者也。伯有爲厲，别是一種道理。此言其變，如世之妖妄者也。」謨。

問：「顔子心粗之説，恐太過否？」曰：「顔子比之衆人純粹，比之孔子便粗。如『有不善未嘗不知，知之未嘗復行』，是他細膩如此。然猶有這不善，便是粗。伊川説『未能不勉而中，不思而得，便是過』一段，説得好。」淳。

「近思録云，顔子心粗。顔子尚有此語，人有一豪不是，便是心粗。」壽昌。

問：「横渠説：『客慮多而常心少，習俗之心勝而實心未完。』所謂客慮與習俗之心，有分别否？」曰：「也有分别：客慮是泛泛底思慮，習俗之心便是從來習染偏勝底心。實心是義理底心。」僩。第四卷。

問〔二五〕「敦篤虛靜者仁之本」。曰：「敦篤虛靜，是爲仁之本。」僩。

問「湛一氣之本，攻取氣之欲」。曰：「湛一，是未感物之時，湛然純一，此是氣之本。攻取，如目之欲色，耳之欲聲，便是氣之欲。」曰：「攻取，是攻取那物否？」曰：「是。」淳。第五卷。

問：「横渠謂：『世之病難行者〔三六〕，以亟奪富人之田爲辭。然處之有術，期以數年〔三七〕，不刑一人而可復。』不審井議之行於今，果如何？」曰：「講學時，且恁講。若欲行之，須有機會。經大亂之後，天下無人，田盡歸官，方可給與民。如唐口分世業，是從魏、晉積亂之極，至元魏及北齊、後周，乘此機方做得。荀悦漢紀一段正説此意，甚好。若平世，則誠爲難行。」黄丈問：「東坡破此論，只行限田之法，如何？」曰：「都是胡説。作事初如雷霆霹靂，五年後猶放緩了。況限田之法雖舉於今，明年便淡似今年，後年又淡似明年，一年淡一年，便寢矣。若欲行之，須是行井田；若不能行，則且如今之俗。必欲舉限田之法，此之謂戲論！且役法猶行不得，往年貴賤通差，縣吏呈單子，首曰『第一都保正蔣芾』，因此不便，竟罷。況於田，如何限得？林勳本政書一生留意此事，後在廣中作守，畫作數井，然廣中無人煙，可以如此。」淳。義剛録别出。第九卷。

安卿問：「横渠復井田之説，如何？」曰：「這個事，某皆不曾敢深考。而今只是差役，尚有萬千難行處；莫道便要奪他田，他豈肯！且如壽皇初要令官户亦作保正。其時蔣侍郎作保正，遂令人書『保正蔣芾』，後來此令竟不行。且如今有一大寄居作保正，縣道如何敢去追他家人？或又説，將錢問富人買田來均，不知如何得許多錢。荀悦便道，行井田須是大亂之後，如高、光之時，殺得無人後，田便無歸，從而來均。此説也是。」義剛問：「東坡限田之說，如何？」曰：「那個只是亂說。而今立法如霹靂，後三五年去，便放緩了。今立限田時，直是三二十年事；到那時去，又不知如何。而今若要行井田，則索性火急做；若不行，且依而今樣。那限田只是個戲論，不可行。林勳作本政書，一生留意此事，後守廣郡，亦畫得數井。然廣中無人煙，可以如此。」義剛。

「橫渠若制井田，畢竟繁。使伊川爲之，必簡易通暢。」觀「古不必驗」之言可見。方。

問橫渠云「言有無，諸子之陋也」。曰：「無者無物，却有此理；有此理，則有矣。老氏乃云『物生於有，有生於無』，和理也無，便錯了。」可學。第十三卷。

校勘記

〔一〕問　朝鮮本作：道夫問。

〔二〕第一卷　朝鮮本「第」上有「以下」二字。

〔三〕氣坱然太虛　朝鮮本「氣」上有「橫渠云」三字。

〔四〕問　朝鮮本作：道夫問。

〔五〕便當初不道合而成質　「使」，朝鮮本作「使」。

〔六〕趙共父　朝鮮本作：趙恭父。

〔七〕問　朝鮮本作：道夫問。

〔八〕賀孫録云千萬記取此是個話頭　朝鮮本此節小字作：葉本自「今且」以下至「話頭」作「又曰：『千萬記取此是個話頭』」。

〔九〕問　朝鮮本作：道夫問。

〔一〇〕去僞　朝鮮本作：人傑。按周謨、金去僞録並同。

〔一一〕淵録云前人都説不到　朝鮮本此節小字單録一則，作：「『神化』二字，前人都説不到，惟是横渠分説得出來分曉。雖伊川也説得鶻突。淵。」

〔一二〕方子　朝鮮本作：公謹。

〔一三〕閎祖　朝鮮本此則詳細，作：「横渠先生曰：『凡物莫不有是性，由通蔽開塞，所以有人物之别，由蔽有厚薄，故有智愚之别。塞者牢不可開，厚者可以開，而開之也難，薄者開之也，易開則達于天道，與聖人一。』」先生曰：「此段不如吕與叔分别得分曉。吕曰：『蔽有淺深，故爲昏明，蔽有開塞，故爲人物云云。』程子曰：『人生而静以上不容説，才説性時，便已不是性也。凡人説性，只是説繼之者善也。』孟子言人性善是也，夫所謂『繼之者善也』者，猶水流而就下也云云。」先生曰：「此『繼之者善』，指發處而言之也。性之在人，猶水之在山，其清不可得而見也。流出而見其清，然後知其本清也。所以孟子只就『見孺子入井，皆有怵惕惻隱之心』處，指以示人，使知性之本善者也。易所謂『繼之者善也』，在性之先；此所引『繼之者善也』，在性之後。蓋易以天道之流行者言，此以人性之發見者言。明天道流行如此，所以人性發見亦如此。如後段所謂『其體則謂之易，其理則謂之道，其用則謂之神』。某嘗謂，易在人便是心，道在人便是性，神在人便是情。緣他本原如此，所以生出來個個亦如此。一本故也。」閎祖。

〔一四〕精義入神　朝鮮本「精」上有「横渠」二字。

〔一五〕問　朝鮮本此下增：横渠説。

〔一六〕學履　朝鮮本此則作：或問：「横渠説『精義入神，求利吾外』，『求』字恐有病，似有個先獲底心，精義入神，自利吾外，何用求？」曰：「然。合當云所以利吾外也。事豫吾内，事未至而先知其理之謂豫。」學蒙。

〔一七〕性命於德　朝鮮本「德」下有「窮理盡性則性天德命天理」十一字。

〔一八〕以命與性字只一般　朝鮮本「以」下有「性命於德性命於氣之」九字。

〔一九〕問德不勝氣一章　朝鮮本問句作：道夫問「德不勝氣，性命於氣，德勝其氣，性命於德」一章。

〔二〇〕張子　朝鮮本作：横渠。

〔二一〕濁　朝鮮本此下增一節文字：又曰：「近思録論『生之謂性』一條難説，須子細看。此一條，伊川說得亦未甚盡。『生之謂性』，是生下來喚做性底，便有氣禀夾雜，便不是理底性了。前輩説甚『性惡』，『善惡混』，都是不曾識性。到伊川説：『性即理也』，無人道得到這處。理便是天理，又那得有惡！孟子說『性善』，便都是説理善；雖是就發處説，然亦就理之發處說。」如曰「乃若其情」，曰「非才之罪」。又曰：「『生之謂性』，如碗盛水後，人便以碗爲水，水卻本清，碗卻有淨有不淨。」問：「雖是氣禀，亦尚可變得否？」曰：「然最難，須是『人一能之，己百之；人十能之，己千之』，方得。若只恁地待他自變，他也未與你卒乍變得在。這道理無他巧，只是熟，只是專一。」

〔二二〕曰　朝鮮本作：力行曰。

〔二三〕問　朝鮮本作：道夫問。

〔二四〕問　朝鮮本作：木之問。

〔二五〕天　朝鮮本段首增：西銘說。

〔二六〕吾　朝鮮本段首增：西銘。

〔二七〕分爲二截　「二」原作「一」，據朝鮮本改。

〔二八〕問西銘分殊處　此句朝鮮本作：「節問：『西銘言理一而分殊。言理一處，節頗見之；言分殊處，節却未見。』先生」。凡二十八字。

〔二九〕問　朝鮮本作：文蔚問。

〔三〇〕因令道夫寫作圖子看　朝鮮本「看」下有「今具于左」四字。

〔三一〕問橫渠語范巽之一段如何　朝鮮本作：蜚卿問：「近思録橫渠語范巽之一段，如何？」

〔三二〕問　朝鮮本作：道夫問。

〔三三〕居甫問心小則百物皆病如何是小　朝鮮本作：徐居甫問：「橫渠云『心小則百物皆病』，如何是小？」

〔三四〕第三卷　朝鮮本作「以下第三卷」。

〔三五〕問　朝鮮本此下增：橫渠説。

〔三六〕世之病難行者　「世」，朝鮮本作「井田」。

〔三七〕期以數年　朝鮮本「以」下有「十」字。

朱子語類卷第九十九

張子之書二 非類入近思者别爲此卷。

「正蒙有差，分曉底看。」節。

或問：「正蒙中説得有病處，還是他命辭不出有差？還是見得差？」曰：「他是見得差。如曰『繼之者善也，方是善惡混』云云。『成之者性，是到得聖人處，方是成得性，所以説知禮成性而道義出。』似這處，都見得差了。」賀孫。

「正蒙所論道體，覺得源頭有未是處，故伊川云：『過處乃在正蒙。』答書之中云：『非明睿所照，而考索至此。』蓋横渠却只是一向苦思求將向前去，却欠涵泳以待其義理自形見處。如云『由氣化有道之名』，説得是好，終是生受辛苦，聖賢便不如此説。試教明道説，便不同。如以太虚太和爲道體，却只是説得形而下者，皆是『發而皆中節謂之和』處。」僩。

「橫渠〔一〕教人道：『夜間自不合睡，只爲無可應接，他人皆睡了，己不得不睡。』他做正蒙時，或夜裏默坐徹曉。他直是恁地勇，方做得。」因舉曾子「任重道遠」一段，曰：「子思、曾子直恁地，方被他打得透。〔二〕」榦。

「橫渠作正蒙時，中夜有得，亦須起寫了，方放下得而睡。不然，放不下，無安着處。」

問正蒙說「道體」處〔三〕。「如『太和』、『太虛』、『虛空』云者，止是說氣。說聚散處，其流乃是個大輪廻。蓋其思慮考索所至，非性分自然之知。若語道理，惟是周子說『無極而太極』最好。如『由太虛有天之名，由氣化有道之名，合虛與氣有性之名，合性與知覺有心之名』，亦說得有理。『由氣化有道之名』，如所謂『率性之謂道』是也。然使明道形容此理，必不如此說。伊川所謂『橫渠之言誠有過者，乃在正蒙』；『以清虛一大爲萬物之原，有未安等語，概可見矣。」人傑。

問：「橫渠說『太和所謂道』一段，考索許多亦好。其後乃云『不如野馬絪緼，不足謂之太和』，却說倒了。」曰：「彼以太和狀道體，與發而中節之和何異！」人傑。

問：「橫渠『太虛』之說，本是說無極，却只說得『無』字。」曰：「無極是該貫虛實清濁而言。『無極』字落在中間，『太虛』字落在一邊了，便是難說。聖人熟了說出，便恁地平正，而今把意思去形容他，却有時偏了。明道說：『氣外無神，神外無氣。謂清者爲神，則濁者非神乎？』後來亦有人與横渠説。横渠却云：『清者可以該濁，虚者可以該實。』却不知『形而上者』還他是理，『形而下者』還他是器。既説是虚，便是與實對了；既説是清，便是與濁對了。如左丞相大得右丞相不多。」問曰：「無極且得做無形無象説？」曰：「雖無形，却有理。」又問：「無極、太極，只是一物？」曰：「本是一物，被他恁地説，却似兩物。」夔孫。

「横渠説道，止於形器中揀個好底説耳。謂清爲道，則濁之中果非道乎？『客感客形』與『無感無形』，未免有兩截之病。聖人不如此説，如曰『形而上者謂之道』，又曰『一陰一陽之謂道』。」人傑。

「言『客感客形』與『無感無形』，未免分截作兩段事。聖人不如此説，只説『形而上、形而下』而已，故又曰『一陰一陽之謂道』。蓋陰陽雖是器，而與道初不相離耳。道與器，豈各是一物乎？」僴。

問「太虚不能無氣」一段〔四〕。曰：「此難理會。若看，又走作去裏。」去僞。

問：「『氣聚則離明得施而有形，氣不聚則離明不得施而無形』，離明，何謂也？」曰：「此説似難曉。有作日光説，有作目説。看來只是氣聚則目得而見，不聚則不得而見〔五〕，易所謂『離爲目』是也。」先生因舉「方其形也〔六〕，有以知幽之因；方其不形也，有以知明之故」，「合當言『其形也，有以知明之故；其不形也，有以知幽之因』方是。却反説〔七〕，何也？蓋以形之時，此幽之因已在此；不形之際，其明之故已在此。聚者散之因，散者聚之故。」一之。寓同〔八〕。

問：「横渠云：『太虚即氣。』太虚何所指？」曰：「他亦指理，但説得不分曉。」曰：「太和如何？」曰：「亦指氣。」曰：「他又云『由昧者指虚空爲性，而不本天道』，如何？」曰：「既曰道，則不是無，釋氏便直指空了。大要渠當初説出此道理多誤。」可學。

「正蒙中『地純陰，天浮陽』一段，説日月五星甚密。」閎祖。參兩篇〔九〕。

「横渠云：『天左旋，處其中者順之，少遲則反右矣。』此説好。」閎祖。

「横渠言『陰聚之，陽必散之』一段，却見得陰陽之情。」㽦。

「横渠云：『陽爲陰累，則相持爲雨而降。』陽氣正升，忽遇陰氣，則相持而下爲雨。蓋陽氣輕，陰氣重，故陽氣爲陰氣壓墜而下也。『陰爲陽得，則飄揚爲雲而升。』陰氣正升，忽遇陽氣，則助之飛騰而上爲雲也。『陰氣凝聚，陽在内者不得出，則奮擊而爲雷霆。』陽氣伏於陰氣之内不得出，故爆開而爲雷也。『陽在外者不得入，則周旋不舍而爲風。』陰氣凝結於内，陽氣欲入不得，故旋繞其外不已而爲風，至吹散陰氣盡乃已也。『和而散，則爲霜雪雨露；不和而散，則爲戾氣曀霾。』戾氣，飛雹之類；曀霾，黄霧之類，皆陰陽邪惡不正之氣，所以雹水穢濁，或青黑色。」僩〔一〇〕。

問：「横渠言：『帝天之命，主於民心。』」曰：「皆此理也。民心之所向，即天心之所存也。」人傑。天道篇。

問：「横渠謂：『鬼神者，往來屈伸之意，故天曰神，地曰示，人曰鬼。』『示』字之義如何？」曰：「説文『示』字，以有所示爲義，故『視』字從『示』。天之氣生而不息，故曰神；地之氣顯然示人，故曰示。向嘗見三舍時舉子易義中有云：『一而大，謂之天；二而小，謂之地。』二而小，即『示』字也，恐是字説。」又曰：「『天曰神，地曰示』者，蓋其氣未嘗或息也。人鬼則其氣有所歸矣。」廣。神化篇。

林問：「『神〔一〕爲不測，故緩辭不足以盡神；化爲難知，故急辭不足以體化』，如何是緩辭、急辭？」曰：「神自是急底物事，緩辭如何形容之？如『陰陽不測之謂神』，『神無方，易無體』，皆是急辭。化是漸漸而化，若急辭以形容之，則不可。」寓。

林問「象若非氣，指何爲象？時若非象，指何爲時」云云。答曰：「且如天地日月，若無這氣，何以撑拄得成這象？象無晦明，何以别其爲晝夜？無寒無暑，何以别其爲冬夏？」寓。

「天氣降而地氣不接，則爲霧；地氣升而天氣不接，則爲雺。」見禮運注。「聲者，氣形相軋而成。兩氣，風雷之類；兩形，桴鼓之類；氣軋形，如笙簧之類；形軋氣，如羽扇敲矢之類，是皆物感之良能，人習之而不察耳。」至。動物篇。

問：「横渠說：『天性在人，猶水性之在冰，凝釋雖異，爲理一也。』又言：『未嘗無之謂體，體之謂性。』先生皆以其言爲近釋氏。冰水之喻，有還元反本之病，云近釋氏則可。『未嘗無之謂體，體之謂性』，蓋謂性之爲體本虚，而理未嘗不實，若與釋氏不同。」曰：「他意不是如此，亦謂死而不亡耳。」文蔚。誠明篇。

問：「張子冰水之説，何謂近釋氏？」曰：「水性在冰只是凍，凝成個冰，有甚造化？及其釋，則這冰復歸於水，便有迹了。與天性在人自不同。」曰：「程子『器受日光』之説便是否？」曰：「是。除了器，日光便不見，却無形了。」淳。

問：「横渠謂『所不能無感者謂性』，性只是理，安能感？恐此言只可名『心』否？」曰：「横渠此言雖未親切，然亦有個模樣。蓋感固是心，然所以感者，亦是此心中有此理，方能感。理便是性，但將此句要來解性，便未端的。如伊川説『仁者天下之正理』；又曰『仁者，天下之公，善之本也。』將此語來贊詠仁，則可；要來正解仁，則未親切。如義，豈不是天下之正理！」淳。

問：「横渠言『物所不能無感謂性』，此語如何？」曰：「有此性，自是因物有感。見於君臣父子日用事物當然處，皆感也，所謂『感而遂通』是也。此句對了『天所不能自已謂命』。蓋此理自無息止時，晝夜寒暑，無一時停，故『逝者如斯』，而程子謂『與道爲體』。這道理，今古晝夜無須臾息，故曰『不能已』。」銖。

問：「聞見之知，非德性之知。他便把博物多能作聞見之知。若如學者窮理，豈不由此至德性之知？」曰：「自有不由聞見而知者。」可學。大心篇。

問横渠「耳目知，德性知」。曰：「便是差了。雖在聞見，亦同此理。不知他資質如此，何故如此差！」某云：「吕與叔難曉處似横渠，好處却多。」曰：「他又曾見伊川。」某云：「他更在得一二十年，須傳得伊川之學。」曰：「渠集中有與蘇季明一書，可疑，恐曾學佛。」可學。

賀孫再問前夜所説横渠「聖人不教人避凶處吉，亦以正信勝之」之語。伯謨云：「此可以破世俗利害之説。合理者無不吉，悖理者無不凶。然其間未免有相反者，未有久而不定也。」先生因云：「諸葛誠之却道吕不韋春秋好，道他措置得事好。却道董子『正其義不謀其利，明其道不計其功』説不是。他便説，若是利成，則義自在其中；功成，則道自在其中。」賀孫。大易篇。

問横渠説「遇」。曰：「他便説，命就理説。」曰：「此遇乃是命？」曰：「然。命有二：有理，有氣。」曰：「子思『天命之謂性』是理，孟子是帶氣説。」曰：「然。」可學。乾稱篇。

「横渠言遇，命是天命，遇是人事，但説得亦不甚好，不如孟子。」某又問。曰：「但不知他説命如何。」可學。

「横渠闢釋氏輪回之説。然其説聚散屈伸處，其弊却是大輪回。蓋釋氏是個個各自輪回，横渠是一發和了，依舊一大輪回。吕與叔集中亦多有此意思。」僩。

「横渠所謂『立得心』，只是作得主底意思。」端蒙。以下理窟、語録並雜論。

問横渠「得尺守尺，得寸守寸」之説。曰：「不必如此，且放寬地步。不成讀書得一句且守一句！須一面居敬持養將去。」德明。

用之問「虚者，仁之原」。曰：「此如『克己復禮爲仁』，又如『太極動而生陽』。」子蒙。

問「虚者，仁之原」。曰：「虚只是無欲，故虚。虚明無欲，此仁之所由生也。」又問：「此『虚』字與『一大清虚』之『虚』如何？」曰：「這虚也只是無欲，渠便將這個唤做道體。然虚對實而言，却不似形而上者。」銖。

問：「横渠有『清虚一大』之説，又要兼清濁虚實。」曰：「渠初云『清虚一大』，爲伊川詰難，乃云『清兼濁，虚兼實，一兼二，大兼小』。渠本要説形而上，反成形而下，最是於此處不分明。如參兩云，以參爲陽，兩爲陰，陽有太極，陰無太極。他要强索精思，必得於己，而其差如此。」又問：「横渠云『太虚即氣』，乃是指理爲虚，似非形而下。」曰：「縱指理爲虚，亦如何夾氣作一處？」問：「西銘所見又的當，何故却於此差？」曰：「伊川云：『譬如以管窺天，四旁雖不見，而其見處甚分明。』渠他處見錯，獨於西銘見得好。」可學。

或問：「横渠先生『清虚一大』之説，如何？」曰：「他是揀那大底説話來該攝那小底，却不知道纔是恁説，便偏了，便是形而下者，不是形而上者。須是兼清濁、虚實、一萬、小大來看，方見得形而上者行乎其間。」

「横渠『清虚一大』却是偏。他後來又要兼清濁虚實言，然皆是形而下。蓋有此理，則清濁、虚實皆在其中。」可學。

「横渠説氣『清虚一大』，恰似道有有處，有無處。須是清濁、虚實、一二、大小皆行乎其間，乃是道也。其欲大之，乃反小之。」方。

陳後之問：「横渠『清虚一大』，恐入空去否？」曰：「也不是入空。他都向一邊了。這道理本平正，清也有是理，濁也有是理，虚也有是理，實也有是理：皆此理之所爲也。他説成這一邊有，那一邊無，要將這一邊去管那一邊。」淳。

「『清虚一大』，形容道體如此。道兼虚實言，虚只説得一邊。」閎祖。

「横渠言『清虚一大爲道體』，是於形器中揀出好底來説耳。遺書中明道嘗辨之。」𥈭。

「『或者别立一天』，疑即是横渠。」可學。

問横渠說虛。云：「亦有個意思，只是難說。要之，只『動而無動，靜而無靜』說爲善。橫渠又說『至虛無應』，有病。」方。

問：「『中虛，信之本；中實，信之質』，如何？」曰：「只看『中虛』、『中實』字，便見本、質之異。中虛，是無事時虛而無物，故曰中虛；若有物，則不謂之中虛。自中虛中發出來，皆是實理，所以曰中實。」燾。

問「中虛，信之本」。曰：「中虛，只是自家無私主，故發出來無非真實。纔有些私於中，便不虛不信矣。」燾。

問：「心如何能通以道，使無限量？」曰：「心不是橫門硬迸教大得。須是去物欲之蔽，則清明而無不知；窮事物之理，則脫然有貫通處。橫渠曰『不以聞見梏其心』，『大其心，則能體天下之物』。所謂『通之以道』，便是脫然有貫通處。若只守聞見，便自然狹窄了。」㽦。

問「心包誠」一段。曰：「是橫渠說話，正如『心小性大』之意。」可學（一二）。

「橫渠云：『以誠包心，不若以心包誠。』是他看得忒重，故他有『心小性大』之說。」道夫。

因看語録「心小性大，心不弘於性，滯於知思」說，及上蔡云「心有止」說，遂云：「心有何窮盡？只得此本然之體，推而應事接物，皆是。故於此知性之無所不有，知天亦以此。」

因省李先生云：「『盡心者，如孟子見齊王問樂，則便對云云；言貨、色，則便對云云；每遇一事，便有以處置將去，此是盡心。』舊時不之曉，蓋此乃盡心之效如此。得此本然之心，則皆推得去無窮也。如『見牛未見羊』説，苟見羊，則亦便是此心矣。」方。

「横渠云：『以道體身，非以身體道。』蓋是主於義理，只知有義理，却將身只做物樣看待。謂如先理會身上利害是非，便是以身體道。如顔子『非禮勿視』，便只知有禮，不知有己耳。」僩。

問横渠説「以道體身」等處。曰：「只是有義理，直把自家作無物看。伊川亦云：『除却身，只是理。』懸空只是個義理。」人傑。

「横渠云：『學者識得仁體後，如讀書講明義理，皆是培壅。』且只於仁體上求得一個真實，却儘有下功夫處也。」謨。

道夫問：「張子云：『以心克己，即是復性，復性便是行仁義。』竊謂克己便是克去私心，却云『以心克己』，莫剩却『以心』兩字否？」曰：「克己便是此心克之。公但看『爲仁由己，而由人乎哉』，非心而何？『言忠信，行篤敬，立則見其參於前，在輿則見其倚於衡』，這不是心，是甚麽？凡此等皆心所爲，但不必更着『心』字。所以夫子不言心，但只説在裏，教人做。如喫飯須是口，寫字須是手，更不用説口喫手寫。」又問：「『復性便是行仁義』，復是方復得此性，如何便説行得？」曰：「既復得此性，便恁地行。纔去得不仁不義，則所行便是仁義，那得一個在不仁不義與仁義之中底物事？不是人欲，便是天理；不是天理，便是人欲。所以謂『欲知舜與蹠之分者，無他，利與善之間也』。所隔甚不多，但聖賢把得這界定爾。」道夫。

校勘記

〔一〕横渠　朝鮮本此則段首增一節文字，作：問：「顔子已是知非禮人如何，聖人更恁地向他説。」曰：「也只得恁地做。」

〔二〕打得透　朝鮮本此下增一節文字：邵武江元益問：「今日門人勇者爲誰？」曰：「未見勇者。」

〔三〕問正蒙説道體處　朝鮮本「問」下有「横渠」二字。

〔四〕問太虚不能無氣一段　朝鮮本「問」下有「太和篇」三字。

〔五〕看來只是氣聚則目得而見不聚則不得而見　朝鮮本作：看來只是目有聚處，目則得而見。

〔六〕先生因舉方其形也　朝鮮本「舉」下有「正蒙」二字。

〔七〕却反説　朝鮮本「却」上有「如何」二字。

〔八〕寓同　朝鮮本作：「按：徐寓録同，而自爲目，是也。處分作一條。」凡十六字。

〔九〕參兩篇　朝鮮本末尾增一節小字，作：按：正蒙云：地純陰，凝聚于中天，浮陽轉旋於外，此天地之常體也。恒星不動，純系乎天與浮陽，運旋而不窮者也。日月五星逆天而行者，並系乎地者也，在氣中雖順天左旋，其所系辰象隨之少，逆則反，移徙而右其間有緩急不齊者，七政之性殊也，月陰精及乎陽者也，教其右行最速日爲陽精，然其質本陰故，其右行雖緩，亦不純系乎天，如恒星之不動，金水附日，前後進退而行者，其理精深存乎物感而已矣。鎮星地類，然根本五行雖其行最緩，亦不純，系乎地也。火者，亦陰質爲陽萃焉，然其氣比日而微，故其遲，倍日惟木乃歲一盛一衰，故歲曆一辰，辰者，日月一交之次，有歲之象也。

〔一〇〕倜　朝鮮本「倜」下另有五十一字，云：「按：楊至録略，今附云：『凡陰氣凝結，陽在内不得出，則奮擊而爲雷霆。陽在外不得入，則周旋不捨而爲風，和散則爲雨，不和散則爲雹。』」

〔一一〕神　朝鮮本「神」上增「正蒙形而上者得辭斯得象矣」十二字。

〔一二〕可學　朝鮮本作：道夫。

朱子語類卷第一百

邵子之書

「康節學於李挺之，請曰：『願先生微開其端，毋竟其說。』又恐是李學於穆時說。此意極好。學者當然須是自理會出來，便好。」方。

「伊川之學，於大體上瑩徹，於小小節目上猶有疏處。康節能盡得事物之變，却於大體上有未瑩處。」用之云：「康節善談易一作「說易極好」。見得透徹。」曰：「然。伊川又輕之，嘗有簡與橫渠云：『堯夫說易好聽。今夜試來聽它說看。』某嘗說，此便是伊川不及孔子處。只觀孔子便不如此。」僩。廣同。

或言：「康節心胸如此快活，如此廣大，如何得似他？」曰：「它是甚麽樣做工夫！」僩。

問：「近日學者有厭拘檢，樂舒放，惡精詳，喜簡便者，皆欲慕邵堯夫之爲人。」曰：「邵子這道理，豈易及哉？他腹裏有這個學，能包括宇宙，終始古今，如何不做得大？放得下？今人却恃個甚後敢如此！」因誦其詩云：「『日月星辰高照耀，皇王帝伯大鋪舒。』可謂人豪矣！」大雅。

厚之問：「康節只推到數？」曰：「然。」某問：「須亦窺見理？」曰：「雖窺見理，却不介意了。」可學。

問：「康節學到『不惑』處否？」曰：「康節又别是一般。聖人知天命以理，他只是以術。然到得術之精處，亦非術之所能盡。然其初只是術耳。」璘。

「邵康節，看這人須極會處置事，被他神閑氣定，不動聲氣，須處置得精明。他氣質本來清明，又養得來純厚，又不曾枉用了心。他用那心時，都在緊要上用。被他靜極了，看得天下之事理精明。嘗於百原深山中闢書齋，獨處其中。王勝之常乘月訪之，必見其燈下正襟危坐，雖夜深亦如之。若不是養得至靜之極，如何見得道理如此精明！只是他做得出來，須差〔一〕異。季通嘗云：『康節若做，定是四公、八辟、十六侯、三十二卿、六十四大夫，都是加倍法。』想得是如此。想見他看見天下之事，才上手來，便成四截了。其先後緩急，莫不有定；動中機會，事到面前，便處置得下矣。康節甚喜張子房，以爲子房善藏其用。

以老子爲得易之體，以孟子爲得易之用，合二者而用之，想見善處事。」問：「不知真個用時如何？」曰：「先時說了，須差異。須有些機權術數也。」僩。

直卿問：「康節詩，嘗有莊、老之說，如何？」曰：「便是他有些子這個。」曰：「如此，莫於道體有異否？」曰：「他嘗說『老子得易之體，孟子得易之用』，體、用自分作兩截。」曰：「他又說經綸，如何？」曰：「看他只是以術去處得這事恰好無過，如張子房相似，他所以極口稱贊子房也。二程謂其粹而不雜。以今觀之，亦不可謂不雜。」曰：「他說風花雪月，莫是曾點意思否？」曰：「也是見得眼前這個好。」璘録云：「舜功云：『堯夫似曾點。』曰：『他又有許多骨董。』」曰：「意其有『與自家意思一般』之意。」曰：「也是它有這些子。若不是，却淺陋了。」道夫。

問：「程子謂康節『空中樓閣』。」曰：「是四通八達。方子録云：「言看得四通八達。」莊子比康節亦髣髴相似。然莊子見較高，氣較豪。他是事事識得了，又却蹴踏着，以爲不足爲。康節略有規矩，然其詩云：『賓朋莫怪無拘檢，真樂攻心不奈何。』不知是何物攻他心。」佐。

「康節之學，近似釋氏，但却又挨傍消息盈虛者言之。」問：「擊壤序中『以道觀道』等語，是物各付物之意否？」曰：「然。蓋自家都不犯手之意。道是指陰陽運行者言之。」又問：「如此，則性與心身都不相管攝，亡者自亡，存者自存否？」曰：「某固言其與佛學相近者，此也。」又曰：「康節凡事只到半中央便止，如『看花切勿看離披』是也。如此，則與張子房之學相近。」曰：「固是。康節自有兩三詩稱贊子房。」曰：「然則與楊氏爲我之意何異？」先生笑而不言。必大。

因論康節之學，曰：「似老子。只是自要尋個寬閑快活處，人皆害它不得。後來張子房亦是如此。方衆人紛拏擾擾時，它自在背處。」人傑因問：「擊壤集序有『以道觀性，以性觀心，以心觀身，以身觀物；治則治矣，猶未離乎害也』。上四句自説得好，却云『未離乎害』。其下云：『不若以道觀道，以性觀性，以心觀心，以身觀身，以物觀物；雖欲相傷，其可得乎？若然，則以家觀家，以國觀國，以天下觀天下，亦從而可知也。』恐如上四句，似合聖人之中道；『以道觀道』而下，皆付之自然，未免有差否？」曰：「公且説前四句。」曰：「性只是仁義禮智，乃是道也。心則統乎性，身則主乎心，此三句可解。至於物，則身之所資以爲用者也。」曰：「此非康節之意。既不得其意，如何議論它？」人傑因請教。先生曰：「『以道觀性』者，道是自然底道理，性則有剛柔善惡參差不齊處，是道不能以該盡此性也。性有仁義禮智之善，心却千思萬慮，出入無時，是性不能以該盡此心也。心欲如此，而身却不能如此，是心有不能檢其身處。以一身而觀物，亦有不能盡其情狀變態處，此則未離乎害之意也。且以一事言之：若好人之所好，惡人之所惡，是『以物觀物』之意；若以己之好惡律人，則是『以身觀物』者也。」又問：「如此，則康節『以道觀道』等說，果爲無病否？」曰：「謂之無病不可，謂之有病亦不可。若使孔、孟言之，必不肯如此說。渠自是一樣意思。如『以天下觀天下』，其說出於老子。」又問：「如此，則『以道觀性，以性觀心，以心觀身』三句，義理有可通者，但『以身觀物』一句爲不可通耳。」曰：「若論『萬物皆備於我』，則『以身觀物』，亦何不可之有？」人傑。

「康節本是要出來有爲底人，然又不肯深犯手做。凡事直待可做處，方試爲之；纔覺難，便拽身退，正張子房之流。」必大。

問：「堯夫之學似揚雄，如何？」曰：「以數言。」可學。

「某看康節易了，都看别人底不得。他說『太極生兩儀，兩儀生四象』，又都無玄妙，只是從來更無人識。揚子太玄一玄、三方、九州、二十七部、八十一家，亦只是這個。他却識，只是他以三爲數，皆無用了。他也只是見得一個粗底道理，後來便都無人識。老氏『道生一，一生二，二生三』，亦剩說了一個道。便如太極生陽，陽生陰，至二生三，又更都無道理。後來五峰又說一個云云，便是『太極函三爲一』意思。」賀孫。

「康節之學似揚子雲。太玄擬易〔二〕，方、州、部、家，皆自三數推之。玄爲之首，一以生三爲三方，三生九爲九州，九生二十七爲二十七部，九九乘之，斯爲八十一家。首之以八十一，所以準六十四卦，贊之以七百二十有九，所以準三百八十四爻，無非以三數推之。康節之數，則是加倍之法。」謨。

「康節其初想只是看得『太極生兩儀，兩儀生四象』。心只管在那上面轉，久之理透，想得一舉眼便成四片。其法，四之外又有四焉。凡物才過到二之半時，便煩惱了，蓋已漸趨於衰也。謂如見花方蓓蕾，則知其將盛；既開，則知其將衰；其理不過如此。謂如今日成時，從此推上去，至未有天地之始；從此推下去，至人消物盡之時。蓋理在數内，數又在理内。康節是他見得一個盛衰消長之理，故能知之。若只説他知得甚事，如歐陽叔弼定謚之類，此知康節之淺陋者也。程先生有一柬説『先天圖甚有理，可試往聽他説看。』觀其意，甚不把當事。然自有易以來，只有康節説一個物事如此齊整。如揚子雲太玄便零星補湊得可笑。若不補，又却欠四分之一；補得來，又却多四分之三。如潛虛之數用五，只似如今算位一般。其直一畫則五也，下横一畫則爲六，横二畫則爲七，蓋亦補湊之書也。」方子。

或問康節數學。曰：「且未須理會數，自是有此理。有生便有死，有盛必有衰。且如一朵花，含蘂時是將開，略放時是正盛，爛熳時是衰謝。又如看人，即其氣之盛衰，便可以知其生死。蓋其學本於明理，故明道謂其『觀天地之運化，然後頹乎其順，浩然其歸』。若曰渠能知未來事，則與世間占覆之術何異？其去道遠矣！其知康節者末矣！蓋他玩得此理熟了，事物到面前便見，更不待思量。」又云：「康節以四起數，疊疊推去，自易以後，無人做得一物如此整齊，包括得盡。想他每見一物，便成四片了。但才到二分以上便怕，乾卦方終，便知有個姤卦來。蓋緣他於起處推將來，至交接處看得分曉。」廣云：「先生前日說康節之學與周子、程子少異處，莫正在此否？若是聖人，則處乾時，自有個處乾底道理；處姤時，自有個處姤底道理否？」曰：「然。」廣。

問：「先生[三]說邵堯夫看天下物皆成四片，如此，則聖人看天下物皆成兩片也。」曰：「也是如此，只是陰陽而已。」廣。

論皇極經世：「乃一元統十二會，十二會統三十運，三十運統十二世，一世統三十年，一年統十二月，一月統三十日，一日統十二辰：是十二與三十迭爲用也。」因云：「季通以十二萬九千六百之數爲日分。」植。

「堯至今方三千年。邵曆一萬年爲一會。」揚。

「易是卜筮之書，皇極經世是推步之書。經世以十二辟卦管十二會，綳定時節，却就中推吉凶消長。堯時正是乾卦九五，其書與易自不相干。」只是加一倍推將去。方子。

晏問易與經世書同異。曰：「易是卜筮，經世是推步，是一分爲二，二分爲四，四分爲八，八分爲十六，十六分爲三十二，又從裏面細推去。」節。

叔器問：「經世書『水火土石』，石只是金否？」曰：「它分天地間物事皆是四，如日月星辰，水火土石，雨風露雷，皆是相配。」又問：「金生水，如石中出水，是否？」曰：「金是堅凝之物，到這裏堅實後，自拶得水出來。」又問：「伯温解經世書如何？」曰：「他也只是說將去，那裏面曲折精微，也未必曉得。康節當時只說與王某，不曾說與伯温。模様也知得那伯温不是好人。」義剛。

因論皇極經世，曰：「堯夫以數推，亦是心静知之。如董五經之類，皆然。」曰：「程先生云，須是用時知之。」曰：「用則推測。」因舉興化妙應知未來之事，曰：「如此又有術。」可學。

「皇極經世紀年甚有法。史家多言秦廢太后，逐穰侯。經世書只言『秦奪宣太后權』。伯恭極取之，蓋實不曾廢。」方子〔四〕。

「康節漁樵問對無名公序與一兩篇書，次第將來刊成一集。」節。

「『天何依？』曰：『依乎地。』『地何附？』曰：『附乎天。』『天地何所依附？』曰：『自相依附。天依形，地依氣。』」「所以重複而言不出此意者，唯恐人於天地之外別尋去處故也。天地無外，所謂『其形有涯，而其氣無涯』也。爲其氣極緊，故能扛〔五〕得地住；不然，則墜矣。氣外須有軀殼甚厚，所以固此氣也。今之地動，只是一處動，動亦不至遠也。」謨。

舜弼問「天依地，地依氣」。曰：「恐人道下面有物。天行急，地閣在中。」可學。

「古今曆家，只是推得個陰陽消長界分爾，如何得似康節説得那天依地，地附天，天地自相依附，天依形，地附氣』底幾句？向嘗以此數語附于通書之後。欽夫見之，殊不以爲然，曰：『恐説得未是。』某云：『如此，則試別説幾句來看。』」廣云：「伊川謂，自古言數者，至康節方説到理上。」曰：「是如此。如揚子雲亦略見到理上，只是不似康節精。」廣。

問：「康節云：『雨化物之走，風化物之飛，露化物之草，雷化物之木。』此説是否？」曰：「想且是以大小推排匹配去。」問：「伊川云：『露是金之氣。』」曰：「露自是有清肅底氣象。古語云『露結爲霜』，今觀之誠然。伊川云不然，不知何故。蓋露與霜之氣不同：露能滋物，霜能殺物也。又雪霜亦有異：霜則殺物，雪不能殺物也。雨與露亦不同：雨氣昏，露氣清。氣蒸而爲雨，如飯甑蓋之，其氣蒸鬱而汗下淋漓；氣蒸而爲霧，如飯甑不蓋，其氣散而不收。霧與露亦微有異，露氣肅，而霧氣昏也。」僩。

或問：「康節云『道爲太極』，又云『心爲太極』。道，指天地萬物自然之理而言；心，指人得是理以爲一身之主而言？」曰：「固是。但太極只是個一而無對者。」

「康節云：『一動一靜者，天地之妙也；一動一靜之間者，天地人之妙也。』蓋天只是動，地只是靜。到得人，便兼動靜，是妙於天地處。故曰：『人者，天地之心。』論人之形，雖只是器；言其運用處，却是道理。」嵤。

「人身是形耳，所具道理，皆是形而上者。蓋『人者，天地之心也』。康節所謂『一動一靜之間，天地人之至妙』者歟！」人傑。

「無極之前，陰含陽也；有象之後，陽分陰也。陽占却陰分數。」文蔚。

「『性者〔六〕，道之形體；心者，性之郛郭；身者，心之區宇；物者，身之舟車。』此語雖說得粗〔七〕，畢竟大概好。」文蔚〔八〕。

先生問〔九〕：「性如何是道之形體？」淳曰：「道是性中之理。」先生曰：「道是泛言，性是就自家身上說。道在事物之間，如何見得？只就這裏驗之。砥録作「反身而求」。性之所在，則道之所在也。道是在物之理，性是在己之理。然物之理，都在我此理之中，道之骨子便是性。」劉問：「性，物我皆有，恐不可分在己、在物否？」曰：「道雖無所不在，須是就己驗之而後見。如『父子有親，君臣有義』，若不就己驗之，如何知得是本有？『天叙有典』，典是天底，自我驗之，方知得『五典五惇』。『天秩有禮』，禮是天底，自我驗之，方知得『五禮有庸』。」淳問：「心是郛郭，便包了性否？」先生首肯，曰：「是也。如横渠『心統性情』一句，乃不易之論。孟子說心許多，皆未有似此語端的。子細看，便見其他諸子等書，皆無依稀似此。」淳。寓同。砥同。

正卿問：「邵子所謂『道之形體』如何？」曰：「諸先生說這道理，却不似邵子說得最着實。這個道理，纔說出，只是虛空，更無形影。惟是說『性者，道之形體』，却見得實有。不須談空說遠，只反諸吾身求之，是實有這個道理？還是無這個道理？故嘗爲之說曰：『欲知此道之實有者，當求之吾性分之內。』邵子忽地於擊壤集序自說出幾句〔一〇〕，最說得好！」賀孫。

或問：「『性者，道之形體』，如何？」曰：「天之付與，其理本不可見，其總要却在此。蓋人得之於天，理元無欠闕。只是其理却無形象，不於性上體認，如何知得？程子曰：『其體〔一一〕謂之道，其用謂之神』。而其理屬之人，則謂之性；其體屬之人，則謂之心；其用屬之人，則謂之情。」祖道。

問：「性何以謂『道之形體』〔一二〕？」曰：「若只恁說道，則渺茫無據。如父子之仁，君臣之義，自是有個模樣，所以爲形體也。」謨。

「『性者，道之形體』，此語甚好。道只是懸空說。統而言之謂道。」節。

「『性者，道之形體』，今人只泛泛說得道，不曾見得性。」椿〔一三〕。

「『性者，道之形體』，性自是體，道是行出見於用處〔一四〕。」

才卿〔一五〕問「性者，道之形體」。曰：「道是發用處見於行者，方謂之道；性是那道骨子。性是體，道是用。如云『率性之謂道』，亦此意。」僩。

「『性者，道之形體；心者，性之郛郭。』康節這數句極好。蓋道即理也，如『父子有親，君臣有義』是也。然非性，何以見理之所在？故曰：『性者，道之形體。』仁義禮智，性也，理也；而具此性者，心也，故曰：『心者，性之郛郭。』」砥。

器之問中庸首三句。先生因舉「性者，道之形體」之語。器之云：「若說『道者，性之形體』，却分曉。」曰：「恁地看，倒了。蓋道者，事物常行之路，皆出於性，則性是道之原本。」木之曰：「莫是性者道之體，道者性之用否？」曰：「模樣是如此。」木之。

方賓王以書問云：「『心者，性之郛郭』，當是言存主統攝處？」可學謂[一六]：「郛郭是包括。心具此理，如郛郭中之有人。」曰：「方說句慢。」問：「以窮理爲用心於外，是誰說？」曰：「是江西說。」又問：「『發見』說話，未是。如此，則全賴此些時節，如何倚靠？」曰：「湖南皆如此說。」曰：「孟子告齊王，乃是欲因而成就之，若只執此，便不是。」曰：「然。」又問：「『穀種之必生，如人之必仁』，如此，却是以生譬仁。穀種之生，乃生之理，乃得此生理以爲仁。」曰：「『必』當爲『有』。」又解南軒「發是心體，無時而不發」，云：「及其既發，則當事而存，而爲之宰者也。」某謂：「心豈待發而爲之宰？」曰：「此一段强解。南軒說多差[一七]。」可學。

或問：「康節云：『能物物，則吾爲物中之人。』伊川曰：『不必如此說。人自是人，物自是物。』伊川說得終是平。」先生曰：「自家但做個好人，不怕物不做物。」

或誦康節詩云：「若論先天一事無，後天方要着工夫。」先生問：「如何是『一事無』？」曰：「出於自然，不用安排。」先生默然。廣云：「『一事無』處是太極。」先生曰：「嘗謂太極是個藏頭底物事，重重推將去，更無盡期。有時看得來頭痛。」廣云：「先生所謂『迎之而不見其首，隨之而不見其後』是也。」廣。

「邵子『天地定位，否、泰反類』一詩，正是發明先天方圖之義。先天圖傳自希夷，希夷又自有所傳。蓋方士技術用以修煉，參同契所言是也。」方子。

何巨源以書問〔一八〕：「邵子詩：『須探月窟方知物，未躡天根豈識人！』又先生贊邵子『手探月窟，足躡天根』，莫只是陰陽否？」先生答之云：「先天圖自復至乾，陽也；自姤至坤，陰也。陽主人，陰主物。『手探、足躡』，亦無甚意義。但姤在上，復在下，上，故言『手探』；下，故言『足躡』。」廣。

問：「康節云：『天宮月窟閑來往，三十六宮都是春。』蓋云天理流行，而己常周旋乎其間。天根月窟是個總會處，如『大明終始，時乘六龍』之意否？」曰：「是。」礪。

「『三十六宮都是春』，易中二十八卦翻覆成五十六卦，唯有乾、坤、坎、離、大過、頤、小過、中孚八卦，反覆只是本卦。以二十八卦湊此八卦，故言『三十六』也。」寓。

「康節詩儘好看。」道夫問：「舊無垢引心贊云：『廓然心境大無倫，盡此規模有幾人？我性即天天即性，莫於微處起經綸。』不知如何？」曰：「是殆非康節之詩也。林少穎云：『朱内翰作。』次第是子發也。」問：「何以辨？」曰：「若是真實見得，必不恁地張皇。」道夫曰：「舊看此意，似與『性爲萬物之一原，而心不可以爲限量』同。」曰：「固是。但只是摸空説，無着實處。如康節云『天向一中分造化，人從心上起經綸』，多少平易！實見得者自別。」又問「一中分造化」。曰：「本是一個，而消息盈虛便生陰陽。事事物物，皆恁地有消便有息，有盈便有虛，有個面便有個背。」曰〔一九〕：「這便是自然，非人力之所能爲者？」曰：「這便是生兩儀之理。」道夫。賀孫録云：「『廓然心境大無倫』，共四句詩，正如貧子説金，學佛者之論也。」

「康節煞有好説話，近思録不曾取入〔二〇〕。近看文鑑編康節詩，不知怎生『天向一中分造化，人於心上起經綸』底詩却不編入。」義剛。

「康節以品題風月自負，然實强似皇極經世書。」方。季通語。

「康節之學，其骨髓在皇極經世，其花草便是詩。」直卿云：「其詩多説閑静樂底意思，太煞把做事了。」曰：「這個未説聖人，只顏子之樂亦不恁地。看他詩，篇篇只管説樂，次第樂得來厭了。聖人得底如喫飯相似，只飽而已。他却如喫酒。」又曰：「他都是有個自私自利底意思，所以明道有『要之，不可以治天下國家』之説。」道夫。

「邵堯夫詩『雪月風花未品題』，此言事物皆有造化。」可學。

「邵堯夫六十歲，作首尾吟百三十餘篇，至六七年間終。渠詩玩侮一世，只是一個『四時行焉，百物生焉』之意。」璘。

先生誦康節詩曰：「施爲欲似千鈞弩，磨礪當如百鍊金。」或問：「千鈞弩如何？」曰：「只是不妄發。如子房之在漢，謾説一句，當時承當者便須百碎。」道夫。

「康節詩云：『幽暗巖崖生鬼魅，清平郊野見鸞凰。』聖人道其常，也只是就那光明處理會説與人。那幽暗處，知得有多少怪異！」僩。

「康節曰：『思慮未起，鬼神莫知，不由乎我，更由乎誰！』此間有術者，人來問事，心下默念，則他説相應。有人故意思別事，不念及此，則其説便不應〔二一〕。問姓幾畫，口中默數，則他説便着；不數者，説不着。」義剛〔二二〕。

因論學者輕俊者不美，朴厚者好，因説：「章惇、邢恕當時要學數於康節，康節見得他破，不肯與之。明道亦識得邢，語録中可見。凡先生長者惜才，不肯大段説破，萬一其有回意。」揚因問：「當時邵傳與章、邢，使其知前程事時，須不至如此之甚？」曰：「不可如此說。」後又問。云：「使章、邢先知之，他更是放手做，是虎而翼者也。」又因說：「康節當時只是窮得天地盈虛消息之理，因以明得此數。要之，天地之理，却自是當知，數亦何必知之？伊川謂『雷自起處起』。何必推知其所起處？惟有孟子見得，曰：『莫非命也，順受其正。』但有今日，都不須問前面事。但自盡，明日死也不可知。更二三十年在世也不可知。只自修，何必預知之？」揚。

「康節謂章子厚曰：『以君之才，於吾之學，頃刻可盡。但須相從，發下一二十年〔一三〕，使塵慮銷散，胸中豁無一事，乃可相授。』」驤〔一四〕。

「康節數學源流於陳希夷。康節天資極高，其學只是術數學。後人有聰明能算，亦可以推。建陽舊有一村僧，宗元。一日走上徑山，住得七八十日，悟禪而歸。其人聰敏，能算法，看經世書，皆略略領會得。」揚。

校勘記

〔一〕差　朝鮮本此下增小字：七亞反。

〔二〕太玄擬易　「擬」原作「疑」，據朝鮮本改。

〔三〕先生　朝鮮本此上增：前日見。

〔四〕方子　朝鮮本作：文子。

〔五〕扛　朝鮮本此下增：降。

〔六〕性者　朝鮮本「性」上有「先生舉邵康節語」七字。

〔七〕此語雖説得粗　朝鮮本「此」上有「曰」字。

〔八〕文蔚　朝鮮本「蔚」下另有二十六字，云：「按：閎祖録同而略，今附，云：『擊壤集序云「性者，至身之舟車也」，説得好。』」

〔九〕先生問　朝鮮本作：先生舉邵子言「性者」至「舟車」，問淳。

〔一〇〕幾句　朝鮮本此下增一節文字，作：云：身者，心之區宇也，心者，性之郛郭也，性者，道之形體也。物者，身之舟車也。

〔一一〕其體　據二程遺書、近思録諸本均在此下增「謂之易其理」五字，此處當有脱誤。

〔一二〕性何以謂道之形體　「性」，朝鮮本作「論心之理邵子」。

〔一三〕椿　朝鮮本作：文壽。

〔一四〕道是行出見於用處　朝鮮本「處」下有注「庚」字。

〔一五〕才卿　朝鮮本作：陳才卿。

〔一六〕可學謂　朝鮮本作：某謂。

〔一七〕南軒説多差　朝鮮本「差」下有「又曰論胡文定説輒事極看得好」十三字。

〔一八〕何巨源以書問　朝鮮本「何」上有「池陽士人」四字。

〔一九〕曰　朝鮮本作：道夫曰。

〔二〇〕近思録不曾取入　朝鮮本作：近思録不曾收入在。

〔二一〕有人故意思别事不念及此則其説便不應　朝鮮本作：不念則説不應。

〔二二〕義剛　朝鮮本作：淳。按：黄義剛録同。

〔二三〕發下一二十年　「發」，萬曆本作「故」。

〔二四〕朝鮮本作：道夫。

朱子語類卷第一百一

程子門人

總論

問：「程門誰真得其傳？」曰：「也不盡見得。如劉質夫、朱公掞、張思叔輩，又不見他文字。看程門諸公力量見識，比之康節、横渠，皆趕不上。」義剛〔一〕。

「程子門下諸公便不及，所以和靖云：『見伊川不曾許一人。』或問：『伊川稱謝顯道王佐才，有諸？』和靖云：『見伊川説謝顯道好，只是不聞「王佐才」之語。』劉子澄編續近思録，取程門諸公之説。某看來，其間好處固多，但終不及程子，難於附入。」璘。必大録云：「程門諸先生親從二程子，何故看他不透？子澄編近思續録，某勸他不必作，蓋接續二程意思不得。」

「伊川之門，謝上蔡自禪門來，其說亦有差。張思叔最後進，然深惜其早世。使天予之年，殆不可量。其他門人多出仕宦四方，研磨亦少。楊龜山最老，其所得亦深。」謙。

「謂思叔持守不及和靖，乃伊川語，非特爲品藻二人，蓋有深意。和靖舉以語人，亦非自是，乃欲人識得先生意耳。若以其自是之嫌而不言，則大不是，將無處不窒礙矣。」鎬。〔二〕

「呂與叔文集煞有好處。他文字極是實，說得好處，如千兵萬馬，飽滿伉壯。上蔡雖有過當處，亦自是說得透。龜山文字却怯弱，似是合下會得易〔三〕。某嘗說，看文字須似法家深刻，方窮究得盡。某直是拚得下工。」閎祖。

「上蔡多說過了。龜山巧，又別是一般，巧得又不好。范諫議說得不巧，然亦好。和靖又忒不巧，然意思好。」振。

問尹和靖立朝議論。曰：「和靖不觀他書，只是持守得好。它語錄中說涵養持守處，分外親切。有些朝廷文字，多是呂稽中輩代作。」問：「龜山立朝，却有許多議論？」曰：「龜山雜博，是讀多少文字。」德明。

「看道理不可不子細。程門高弟如謝上蔡、游定夫、楊龜山輩，下梢皆入禪學去。必是程先生當初說得高了，他門只睥見上一截，少下面着實工夫，故流弊至此。」義剛〔四〕。

「游、楊、謝三君子初皆學禪。後來餘習〔五〕猶在，故學之者多流於禪。游先生大是禪學。」德明。

一日，論伊川門人，云：「多流入釋氏。」文蔚曰：「只是游定夫如此，恐龜山輩不如此。」曰：「只論語序便可見。」文蔚。

「龜山少年未見伊川時，先去看莊、列等文字。後來雖見伊川，然而此念熟了，不覺時發出來。游定夫尤甚。羅仲素時復亦有此意。」恪。

問：「程門諸公親見二先生，往往多差互。如游定夫之說，多入於釋氏。龜山亦有分數。」曰：「定夫極不濟事。以某觀之，二先生衣鉢似無傳之者。」又問：「上蔡議論莫太過？」曰：「上蔡好於事上理會理，却有過處。」又問：「和靖專於主敬，集義處少。」曰：「和靖主敬把得定，亦多近傍理。龜山說話頗淺狹。范淳夫雖平正，而亦淺。」又問：「嘗見震澤記善録，彼親見伊川，何故如此之差？」曰：「彼只見伊川面耳。」曰：「『中無倚著』之語，莫亦有所自來？」曰：「却是伊川語。」可學。

「游、楊、謝諸公，當時已與其師不相似，却似別立一家。謝氏發明得較精彩，然多不穩貼。和靖語却實，然意短，不似謝氏發越。龜山語録與自作文又不相似，其文大故照管不到，前面說如此，後面又都反了。緣他只依傍語句去，皆是不透。龜山年高。與叔年四十七，他文字大綱立得脚來健，多有處說得好，又切。若有壽，必煞進。游定夫學無人傳，無語録。他晚年嗜佛，在江湖居，多有尼出入其門。他眼前分曉，信得及底，儘踐履得到。其變化出入處，看不出，便從釋去，亦是不透。和靖在虎丘，每旦起頂禮佛。鄭曰：「亦念金剛經。」他因趙相入侍講筵，那時都說不出，都奈何不得。人責他事業，答曰：『每日只講兩行書，如何做得致君澤民事業？』高宗問：『程某道孟子如何？』答曰：『程某不敢疑孟子。』如此，則是孟子亦有可疑處，只不敢疑爾。此處更當下兩語，却住了。他也因患難後，心神耗了。龜山那時亦不應出。侯師聖太粗疏，李先生甚輕之。來延平看親，羅仲素往見之，坐少時不得，只管要行。此亦可見其粗疏處。張思叔敏似和靖，伊川稱其朴茂，然亦狹，無展拓氣象。收得他雜文五六篇，其詩都似禪，緣他初是行者出身。郭冲晦有易文字，說易卦都從變上推〔六〕。問一二卦推得，豈可都要如此？近多有文字出，無可觀。周恭叔、謝用休、趙彦道、鮑若雨，那時温州多有人，然都無立作。王信伯乖。」鄭問：「它說『中無倚著』，又不取龜山『不偏』說，何也？」曰：「他謂中無偏倚，故不取『不偏』說。」鄭曰：「胡文定只上蔡處講得些子來，議論全似上蔡。如「獲麟以夭自處」等。曾漸又胡文定處講得些子。」曰：「文定愛將聖人道理張大說，都是勉强如此，不是自然流出。曾漸多是禪。」淳。

「學者氣質上病最難救。如程門謝氏便如『師也過』，游與楊便如『商也不及』，皆是氣質上病。向見無爲一醫者，善用鍼，嘗云：『是病可以鍼而愈，惟胎病爲難治。』」必大。

蔡云：「不知伊川門人如此其衆，何故後來更無一人見得親切？」或云：「游、楊亦不久親炙。」曰：「也是諸人無頭無尾，不曾盡心存上面也〔七〕。各家去奔走仕宦，所以不能理會得透。如邵康節從頭到尾，極終身之力而後得之。雖其不能無偏，然就他這道理，所謂『成而安』矣。如茂叔先生資禀便較高，他也去仕宦。只他這所學，自是從合下直到後來，所以有成。某看來，這道理若不是拚生盡死去理會，終不解得。書曰：『若藥不瞑眩，厥疾不瘳。』須是喫些苦極，方〔八〕得。」蔡云：「上蔡也雜佛、老。」曰：「只他見識又高。」蔡云：「上蔡老氏之學多，龜山佛氏之説多，游氏只雜佛，吕與叔高於諸公。」曰：「然。這大段有筋骨，惜其早死！若不早死，也須理會得到。」蔡又因説律管，云：「伊川何不理會？想亦不及理會？還無人相共理會？然康節所理會，伊川亦不理會。」曰：「便是伊川不肯理會這般所在。」賀孫。

「程門諸子，在當時親見二程，至於釋氏，却多看不破，是不可曉。觀中庸説中可見。如龜山云：『吾儒與釋氏，其差只在杪忽之間。』某謂何止杪忽？直是從源頭便不同！」伯豐問：「崇正辨如何？」曰：「崇正辨亦好。」伯豐曰：「今禪學家亦謂所辨者，皆其門中自不以爲然。」曰：「不成吾儒守三綱五常，若有人道不是，亦可謂吾儒自不以爲然否？」又問：「此書只論其迹？」曰：「論其迹亦好。伊川曰：『不若只於迹上斷，畢竟其迹是從那裏出來。』胡明仲做此書，説得明白。若五峯説話中辨釋氏處却糊塗，鬬他不倒。皇王大紀中亦有數段，亦不分曉。」僩。

「上蔡之學，初見其無礙，甚喜之。後細觀之，終不離禪底見解。如『灑掃應對』處，此只是小子之始學。程先生因發明，雖始學，然其終之大者亦不離乎此。上蔡於此類處，便說得大了。道理自是有小有大，有初有終。若如此說時，便是不安於其小者、初者，必知其中有所謂大者，方安爲之。如曾子三省處，皆只是實道理。上蔡於小處說得亦大了。記二先生語云：『才得後，便放開。不然，只是守。』此語記亦未備。得了自然開，如何由人放開？此便是他病處。諸家語録，自然要就所録之人看。上蔡大率張皇，不妥帖。更如游、楊解書之類，多使聖人語來反正。如解『不亦樂乎』，便云『學之不講爲憂，有朋友講習，豈不樂乎』之類，亦不自在。大率諸公雖親見伊川，皆不得其師之說。」振。

「程門弟子親炙伊川，亦自多錯。蓋合下見得不盡，或後來放倒。蓋此理無形體，故易差，有百般滲漏。」去僞。

「程門諸高弟覺得不快於師說，只爲他自說得去。」文蔚。

「古之聖賢未嘗說無形影話，近世方有此等議論。蓋見異端好說玄說妙，思有以勝之，故亦去玄妙上尋，不知此正是他病處。如孟子說『反身而誠』，本是平實，伊川亦說得分明，到後來人說時，便如空中打個筋斗。然方其記録伊川語，元不錯。及自說出來，便如此，必是聞伊川說時，實不得其意耳。」必大〔九〕。

問：「郭沖晦何如人？」曰：「西北人，氣質重厚淳固，但見識不及。如兼山易、中庸義多不可曉，不知伊川晚年接人是如何。」問：「游、楊諸公早見程子，後來語、孟、中庸說，先生猶或以爲疏略，何也？」曰：「游、楊諸公皆才高，又博洽，略去二程處參較所疑及病敗處，各能自去求。雖其說有疏略處，然皆通明，不似兼山輩立論可駭也。」德明。

「周恭叔學問，自是靠不得。」方。

「朱公掞文字有幅尺，是見得明也。」方。

南軒云：「朱公掞奏狀說伊川不着。」先生云：「不知如何方是說着？大意只要說得實，便好。如伊川說物便到『四凶』上，及呂與叔中庸，皆說實話也。」方。

「李朴先之大概是能尊尚道學，但恐其氣剛，亦未能遜志於學問。」道夫。

「學者宜先看遺書，次看和靖文字，後乃看上蔡文字，以發光彩，且已可不迷其說也。」方。附季通語。

呂與叔

「呂與叔，惜乎壽不永！如天假之年，必所見又別。程子稱其『深潛縝密』，可見他資質好，又能涵養。某若只如吕年，亦不見得到此田地矣。『五福』説壽爲先者，此也。」友仁。

「有爲吕與叔挽詩云：『曲禮三千目，躬行四十年。』」方。

「吕與叔中庸義，典實好看，又有春秋、周易解。」方。

「吕與叔云：『聖人以中者不易之理，故以之爲教。』如此，則是以中爲一好事，用以立教，非自然之理也。」先生曰：「此是横渠有此説。所以横渠没，門人以『明誠中子』謚之，與叔爲作謚議，蓋支離也。西北人勁直，才見些理，便如此行去。又説出時，其他又無人曉，只據他一面説去，無朋友議論，所以未精也。」振。

「吕與叔本是個剛底氣質，涵養得到，所以如此。故聖人以剛之德爲君子，柔爲小人。若有其剛矣，須除去那剛之病，全其與剛之德〔一〇〕，相次可以爲學。若不剛，終是不能成。」有爲而言。卓。

看吕與叔論選舉狀：「立士規，以養德厲行。更學制，以量才進藝。定貢法，以取賢斂才。立試法，以試用養才。立辟法，以興能備用。立舉法，以覆實得人。立考法，以責任考功。」先生曰：「其論甚高。使其不死，必有可用。」

「吕與叔後來亦看佛書，朋友以書責之，吕云：『某只是要看他道理如何。』其文集上雜記亦多不純。想後來見二程了，却好。」

「呂與叔集中有與張天驥書。是天驥得一書與他，云：『我心廣大如天地，視其形體之身，但如螻蟻。』此也不足辨，但偶然是有此書。張天驥便是東坡與他做放鶴亭記者，即雲龍處士，徐州人。心廣大後，方能體萬物。蓋心廣大，則包得那萬物過，故能體此。體，猶『體群臣』之『體』。」義剛。

「呂與叔論顏子等處極好。龜山云云，未是。」可學。

「呂與叔有一段說輪回。」可學。

謝顯道

「上蔡高邁卓絕，言論宏肆，善開發人。」若海。

「上蔡語雖不能無過，然都是確實做工夫來。」道夫。

問：「人之病痛不一，各隨所偏處去。上蔡才高，所以病痛盡在『矜』字？」曰：「此說是。」人傑。

「謝氏謂去得『矜』字。後來矜依舊在，說道理愛揚揚地。」淳。

或問：「謝上蔡以覺言仁，是如何？」曰：「覺者，是要覺得個道理。須是分豪不差，方能全得此心之德，這便是仁。若但知得個痛癢，則凡人皆覺得，豈盡是仁者耶？醫者以頑痺爲不仁，以其不覺，故謂之『不仁』。不覺固是不仁，然便謂覺是仁，則不可。」時舉。

問：「上蔡説仁，本起於程先生引醫家之説而誤。」曰：「伊川有一段説不認義理，最好。只以覺爲仁，若不認義理，只守得一個空心，覺何事！」可學。

「上蔡以知覺言仁。只知覺得那應事接物底，如何便唤做仁？須是知覺那理，方是。且如一件事是合做與不合做，覺得這個，方是仁。唤着便應，抉着便痛，這是心之流注在血氣上底。覺得那理之是非，這方是流注在理上底。唤着不應，抉着不痛，這固是死人，固是不仁。唤得應，抉着痛，只這便是仁，則誰個不會如此？須是分作三截看：那不聞痛癢底，是不仁；只覺得痛癢，不覺得理底，雖會於那一等，也不便是仁；須是覺這理，方是。」植。

問：「謝氏以覺訓仁，謂仁爲活物，要於日用中覺得這個活物，便見仁體。而先生不取其説，何也？」曰：「若是識得仁體，則所謂覺，所謂活物，皆可通也。但他説得自有病痛，必竟如何是覺？又如何是活物？又却别將此個意思去覺那個活物，方寸紛擾，何以爲仁？如説『克己復禮』，己在何處？克又如何？豈可以活物覺之而已也！」謨。

問：「上蔡以覺訓仁，莫與佛氏説異？若張子韶之説，則與上蔡不同。」曰：「子韶本無定論，只是迅筆便説，不必辨其是非。」某云：「佛氏説覺，却只是説識痛癢。」曰：「上蔡亦然。」又問：「上蔡説覺，乃是覺其理。」曰：「佛氏亦云覺理。」此一段説未盡，客至起。可學。

「上蔡云：『釋氏所謂性，猶吾儒所謂心；釋氏所謂心，猶吾儒所謂意。』此説好。」閎祖。

問：「上蔡説佛氏目視耳聽一段，比其它説佛處，此最當。」曰：「固是。但不知渠説本體是何？性若不指理，却錯了。」可學。

因論上蔡語録中數處，如云「見此消息，不下工夫」之類，乃是謂佛、儒本同，而所以不同，但是下截耳。龜山亦如此。某謂：「明道云：『以吾觀於佛，疑於無異，然而不同。』」

曰：「上蔡有觀復堂記云，莊、列之徒云云，言如此則是聖人與莊、列同，只是言有多寡耳。觀它説復，又却與伊川異，似以靜處爲復。湖州刻伊川易傳，後有謝跋，云『非全書』。伊川嘗約門人相聚共改，未及而没。使當初若經他改，豈不錯了！龜山又有一書，亦改删伊川易。遺書中謝記有一段，下注云：『鄭轂親見。』轂嘗云：『曾見上蔡每説話，必覆巾掀髯攘臂。』」方録云：「鄭轂言：『上蔡平日説話到軒舉處，必反巾揎袖以見精采。』」某曰：「若他與朱子發説論語，大抵是如此。」曰：「以此語學者，不知使之從何入頭！」可學。

「上蔡觀復齋記中説道理，皆是禪學底意思。」義剛(一二)。

問上蔡「學佛欲免輪回」一段。曰：「答辭似不甚切。」可學。

「上蔡語録論佛處，乃江民表語。民表爲諫官，甚有可觀，只是學佛。當初是人寫江語與謝語共一册，遂誤傳作謝語。唯室先生陳齊之有辨，辨此甚明。」璘。

國秀問：「上蔡説横渠以禮教人，其門人下梢頭低，只『溺於形名度數之間，行得來困，無所見處』，如何？」曰：「觀上蔡説得又自偏了。這都看不得禮之大體，所以都易得偏。如上蔡説横渠之非，以爲『欲得正容謹節』。這自是好，如何廢這個得？如專去理會形名度數，固不得；又全廢了這個，也不得。如上蔡説，便非曾子『籩豆則有司存』，本末並見之意。後世如有作者，必不專泥於形名度數，亦只整頓其大體。如孟子在戰國時已自見得許多瑣碎不可行，故説喪服、經界諸處，只是理會大體，此便是後來要行古禮之法。」賀孫。

問：「上蔡云：『陰陽交而有神，形氣離而有鬼。知此者爲智，事此者爲仁。』上兩句只是説伸而爲神，歸而爲鬼底意思？」曰：「是如此。」問：「『事此者爲仁』，只是説能事鬼神者，必極其誠敬以感格之，所以爲仁否？」曰：「然。」問：「謝又云：『可者使人格之，不使人致死之。』可者，是可以祭祀底否？」曰：「然。」問：「禮謂致生爲不知，此謂致生爲知？」曰：「那只是説明器。如三日齋，七日戒，直是將做個生底去祭他，方得。」問：「謝又云：『致死之，故其鬼不神。』」曰：「你心不向他，便無了。」問：「且如淫祠，自有靈應，如何便會無？」曰：「昔一僧要破地獄，人教他念破地獄呪，徧無討這呪處。一僧與云『遍觀法界性四句便是。』」或云：「只是『一切惟心造。』」曰：「然。」又問：「齋戒只是要團聚自家精神。

然『自家精神，即祖考精神』。不知天地山川鬼神，亦只以其來處一般否？」曰：「是如此。天子祭天地，諸侯祭封内山川，是他是主。如古人祭墓，亦只以墓人爲尸。」胡泳。

「鬼神，上蔡説得好。只覺得『陰陽交而有神』之説，與後『神』字有些不同。只是他大綱説得極好，如曰『可者使人格之，不使人致死之』，可者，是合當祭，如祖宗父母，這須着盡誠感格之，不要人便做死人看待他。『不可者使人遠之，不使人致生之』，不可者，是不當祭，如閑神野鬼，聖人便要人遠之，不要人做生人看待他。可者格之，須要得他來；不可者遠之，我不管他，便都無〔一二〕了。『精氣爲物，遊魂爲變』，天地陰陽之氣交合，便成人物；到得魂氣歸于天，體魄降于地，是爲鬼，便是變了。説魂，則魄可見。」賀孫。

叔器問：「上蔡説鬼神云：『道有便有，道無便無。』初看此二句，與『有其誠則有其神，無其誠則無其神』一般，而先生前夜言上蔡之語未穩，如何？」曰：「『有其誠則有其神，無其誠則無其神』，便是合有底，我若誠則有之，不誠則無之。『道有便有，道無便無』，便是合有底當有，合無底當無。上蔡而今都説得粗了，合當道：合有底，從而有之，則有；合無底，自是無了，便從而無之。今却只説『道有便有，道無便無』，則不可。」義剛。

「上蔡言：『鬼神，我要有便有，以天地祖考之類。要無便無。』以『非其鬼而祭之』者，你氣一正而行，則彼氣皆散矣。」揚。

「上蔡曾有手簡云：『大事未辨。』李先生謂：『不必如此，死而後已，何時是辨？』」方。

「上蔡〔一三〕曰『人不可無根』，便是難。所謂根者，只管看，便是根，不是外面别討個根來。」〔一四〕

「上蔡説『先有知識，以敬涵養』，似先立一物了。」方。

「上蔡云：『誠是實理。』不是專説是理。後人便只於理上説，不於心上説，未是。」可學。

「上蔡言『無窮者，要當會之以神』，是説得過當。只是於訓詁處尋繹踐履去，自然『下學上達』。」賀孫。

「上蔡云『見於作用者，心也』，謂知而動者便是。」先生云：「本體是性，動者情，兼體動静者心。性静，情動。心。」方。以下數條，方問上蔡語録。

「養心不如悦心。」先生云：「『不如』字，恐有之；『淺近』字，恐伊川未必爾。此録已傳兩手，可疑。『悦心』説，更舉出處看。理義是本有，自能悦心，在人如行慊於心。」

「心之窮物有盡，而天者無盡。」先生云：「得其本，則用之無窮，不須先欲窮知其無窮也。」

「『放開只守』，追記語中，説得頗别。似謂放開是自然豁開乃得之效；未得，則只是守此。録中語不安。」

「敬則與事爲一。」先生云：「此與明道、伊川説別。今胡文定一派要『身親格』者，是宗此意。」

説『何思何慮』處，伊川本不許，上蔡却自擔當取也。」讀語録及易傳可見。這同上。

「上蔡家始初極有好玩，後來爲克己學，盡捨之。後來有一好硯，亦把與人。」方。

「曾恬天隱嘗問上蔡云云，上蔡曰：『用得底便是。』以其説絮，故答以是。又嘗問『恭、敬』字同異。曰：『異。』『如何異？』曰：『「恭」平聲，「敬」仄聲。』上蔡英發，故胡文定喜之，想見與游、楊説話時悶也。」揚。

「如今人説道，愛從高妙處説，便説入禪去，自謝顯道以來已然。向時有一陳司業，名可中，專一好如此説。如説如何是伊尹樂堯、舜之道，他便去下面下一語云『江上一犂春雨』。如此等類煞有，亦煞有人從它。只是不靠實，自是説他一般話。」謙。

楊中立

「龜山天資高，朴實簡易，然所見一定，更不須窮究。某嘗謂這般人，皆是天資出人，非假學力。如龜山極是簡易，衣服也只據見定。終日坐在門限上，人犯之亦不校。其簡易率皆如此。」道夫〔一五〕。榦嘗聞先生云：「坐在門外石坐子上。」今云門限，記之誤也。方録云：「龜山有時坐門限上。李先生云：『某即斷不敢。』」

「龜山解文字著述，無綱要。」方。

「龜山文字議論，如手捉一物正緊，忽墜地，此由其氣弱。」

「龜山詩文説道理之類，才説得有意思，便無收殺。」揚曰：「是道理不透否？」曰：「雖然，亦是氣質弱，然公平無病。五峰説得却緊，然却有病。程先生少年文字便好，如養魚記、顔子論之類。」揚。

「龜山言：『「天命之謂性」，人欲非性也。』天命之善，本是無人欲，不必如此立説。知言云：『天理人欲，同體而異用，同行而異情。』自是它全錯看了。」德明。

「龜山與范濟美言：『學者須當以求仁爲要，求仁，則「剛、毅、木、訥近仁」一言爲要。』」先生曰：「今之學者，亦不消專以求仁爲念，相將只去看説仁處，他處盡遺了。須要將一部論語，粗粗細細，一齊理會去，自然有貫通處，却會得仁。方好。又今人説曾子只是以魯得之，蓋曾子是資質省力易學。設使如今人之魯，也不濟事。范濟美博學高才，俊甚，故龜山只引『剛、毅、木、訥』告之，非定理也。」

問：「龜山言：『道非禮，則蕩而無止；禮非道，則梏於器數儀章之末。』則道乃是一虚無恍惚無所準則之物，何故如此説『道』字？」曰：「不可曉。此類甚多。」因問：「如此説，則似禪矣。」曰：「固是。其徒如蕭子莊、李西山、陳默堂皆説禪。龜山没，西山嘗有佛經疏追薦之。唯羅先生却是着實子細去理會。某舊見李先生時，説得無限道理，也曾去學禪。李先生云：『汝恁地懸空理會得許多，而面前事却又理會不得！道亦無玄妙，只在日用間着實做工夫處理會，便自見得。』後來方曉得它説，故今日不至無理會耳。」銖。

「龜山彈蔡京〔一六〕，亦是，只不迅速。」擇之曰：「龜山晚出一節，亦不是。」曰：「也不干晚出事。若出來做得事，也無妨。他性慢，看道理也如此。平常處看得好，緊要處却放緩了。做事都渙散無倫理。將樂人性急粗率。龜山却恁寬平，此是間出〔一七〕。然其粗率處，依舊有土風在。」義剛。

或問：「龜山晚年出處不可曉，其召也以蔡京，然在朝亦無大建明。」曰：「以今觀之，則可以追咎當時無大建明。若自家處之，不知當時所當建明者何事？」或云：「不過擇將相爲急。」曰：「也只好説〔一八〕擇將相固是急，然不知當時有甚人可做。當時將只説种師道，相只説李伯紀，然固皆嘗用之矣。又況自家言之，彼亦未便見聽。據當時事勢，亦無可爲者，不知有大聖賢之才如何爾。」僩。

問：「龜山晚年出得是否？」曰：「出如何不是？只看出得如何。當初若能有所建明而出，則勝於不出。」曰：「渠用蔡攸薦，蔡老令攸薦之。亦未是。」曰：「亦不妨。當時事急，且要速得一好人出來救之，只是出得來不濟事耳。觀渠爲諫官，將去猶惓惓於一對，已而不得對。及觀其所言，第一，正心、誠意，意欲上推誠待宰執；第二，理會東南綱運。當時宰執皆庸繆之流，待亦不可，不待亦不可。不告以窮理，而告以正心、誠意，賊在城外，道途正梗，縱有東南綱運，安能達？所謂『雖有粟，安得而食諸』？當危急之時，人所屬望，而著數乃如此！所以使世上一等人笑儒者以爲不足用，正坐此耳。〔一九〕可學。

「草堂先生及識元城、龜山〔二〇〕。龜山之出，時已七十歲，却是從蔡攸薦出。他那時覺得這邊扶持不得，事勢也極，故要附此邊人，所以薦龜山。初緣蔡攸與蔡子應說，令其薦舉人才，答云：『太師用人甚廣，又要討甚麼人？』曰：『緣都是勢利之徒，恐緩急不可用。有山林之人，可見告。』他說：『某只知鄉人鼓山下張觷，字柔直，其人甚好。』蔡攸曰：『家間子姪未有人教，可屈他來否？』此人即以告張，張即從之。及教其子弟，儼然正師弟子之分，異於前人。得一日，忽開諭其子弟以奔走之事，其子弟駭愕，即告之曰：『若有賊來，先及汝等，汝等能走乎？』子弟益驚駭，謂先生失心，以告老蔡。老蔡因悟曰：『不然，他説得是。』蓋京父子此時要喚許多好人出，已知事變必至，即請張公叩之。張言：『天下事勢至此，已不可救，只得且收舉幾個賢人出，以爲緩急倚仗耳。』即令張公薦人，張公於是薦許多人，龜山在一人之數。今龜山墓誌云：『會有告大臣以天下將變，宜急舉賢以存國，於是公出。』正謂此。張後爲某州縣丞。到任，即知虜人入寇，必有自海道至者，於是買木爲造船之備。踰時果然。虜自海入寇，科州縣造舟，倉卒擾擾，油灰木材莫不踊貴。獨張公素備，不勞而辦。以此見知於帥憲，知南劍〔一一〕。會葉鐵入寇，民大恐。他即告諭安存之，率城中諸富家，令出錢米，沽酒，買肉，爲蒸糊之類。遂分民兵作三替，逐替燕犒酒食，授以兵器。先一替出城與賊接戰，即犒第二替出；先替未倦，而後替即得助之。民大喜，遂射殺賊首。富民中有識葉鐵者，即厚勞之，勿令執兵；只令執長鎗，上懸白旗，令見葉鐵，即以白旗指向之。衆上了弩，即其所指而發，遂中之。後都統任某欲爭功，亦讓與之。其餘諸盜，却得都統之力，放賊之叔父以成反間。賀孫。儒用録别出。

問龜山出處之詳。曰：「蔡京晚歲漸覺事勢狼狽，亦有隱憂。其從子應之文蔚録云：「君謨之孫，與他叙譜。」自興化來，因訪問近日有甚人才。應之愕然曰：『今天下人才，盡在太師陶鑄中，某何人，敢當此問！』京曰：『不然。覺得目前盡是面諛脱取官職去底人，恐山林間有人才，欲得知。』應之曰：『太師之問及此，則某不敢不對。福州有張觷，字柔直者，抱負不苟。』觷平日與應之相好，時適赴吏部，應之因舉其人以告。遂賓致之爲塾客，然亦未暇與之相接。柔直以師道自尊，待諸生嚴厲，異於他客，諸生已不能堪。一日，呼之來前，曰：『汝曹曾學走乎？』諸生曰：『某尋常聞先生長者之教，但令緩行。』柔直曰：『天下被汝翁作壞了。早晚賊發火起〔一二〕，首先到汝家。若學得走，緩急可以逃死。』諸子大驚，走告其父，曰『先生忽心恙』云云。京聞之，矍然曰：『此非汝所知也！』即入書院，與柔直傾倒，因訪策焉。柔直曰：『今日救時，已是遲了。只有收拾人才是第一義。』京因叩其所知，遂以龜山爲對。龜山自是始有召命。今龜山墓誌中有『是時天下多故，或説當世貴人，以爲事至此必敗。宜引耆德老成置諸左右，開道上意』云者，蓋爲是也。柔直後守南劍，設方略以拒范汝爲，全活一城，甚得百姓心。其去行在所也，買冠梳雜碎之物，不可勝數，從者莫測其所以。後過南劍，老稚迎拜者相屬于道。柔直一一拊勞之，且以所置物分遺。至今廟食郡中。」陳德本云：「柔直與李丞相極厚善。其卒也，丞相以詩哭之云：『中原未恢復，天乃喪斯人！』儒用按：鄉先生羅祕丞日録：「柔直嘗知鼎州，祕丞罷舒州士曹，避地于鄉之石牛寨，與之素昧平生。時方道梗，柔直才入湖南，乃宛轉寄詩存問云：『曾聞避世門金馬，何事投身寨石牛！千里重湖方鼎沸，可能同上岳陽樓？』則其汲汲人物之意，亦可見矣。」是詩，夷堅志亦載，但以爲袁司諫作，非也。

又按玉溪文集云「柔直嘗知贛州，招降盜賊」云。

「蔡京在政府，問人材於其族子蔡子應，端明之孫。以張柔直對〔一三〕，張時在部注擬，京令子應招之，授以門館。張至，以師禮自尊，京之子弟怪之。一日，張教京家子弟習走。其子弟云：『從來先生教某門慢行。今令習走，何也？』張云：『乃公作相久，敗壞天下。相次盜起，先殺汝家人，惟善走者可脱，何得不習！』家人以爲心風，白京。京愀然曰：『此人非病風。』召與語，問所以扶救今日之道及人材可用者。張公遂言龜山楊公諸人姓名，自是京父子始知有楊先生。」德明。

問：「龜山當時何意出來？」曰：「龜山做人也苟且，是時未免禄仕，故胡亂就之。苟可以少行其道，龜山之志也。然來得已不是；及至，又無可爲者，只是説得那没緊要底事。當此之時，苟有大力量，咄嗟間真能轉移天下之事，來得也不枉。既不能然，又只是隨衆鶻突。及欽宗即位，爲諫議大夫，因爭配享事，爲孫仲益所攻。孫言，楊某曩常與蔡京諸子游，今衆議攻京，而楊某曰，慎毋攻居安云云。龜山遂罷。」又曰：「蔡京當國時，其所收拾招引，非止一種，諸般名色皆有。及淵聖即位，在朝諸人盡攻蔡京，且未暇顧國家利害。朝廷若索性貶蔡京過嶺，也得一事了。今日去幾官，分司西京；明日去幾官，又移某州；後日又移某州，至潭州而京病死。自此一年間，只理會得個蔡京。這後面光景迫促了，虜人之來，已不可遏矣！京有四子：攸、絛、鯈、翛。鯈尚主。絛曾以書諫其父，徽宗怒，令京行遣，一家弄得不成模樣，更不堪説。攸、翛後被斬。是時王黼、童貫、梁師成輩皆斬，此數人嘗欲廢立，欽宗平日不平之故也。及高宗初立時，猶未知辨别元祐、熙、豐之黨，故用汪、黄，不成人才。汪、黄又小人中之最下、最無能者。及趙丞相居位，方稍能辨别，亦緣孟后居中，力與高宗説得透了，高宗又喜看蘇、黄輩文字，故一旦覺悟而自惡之，而君子小人之黨始明。」僩。

「龜山裂裳裹足，自是事之變，在家亦無可爲。雖用『治蠱』之説，然文定云：『若從其言，亦救得一半。』」先生云：「若用其言，則議論正；議論正，則小人不得用。然龜山亦言天下事。當時排正論者，耿南仲、馮解二人之力爲多，二人竟敗國！南仲上言：『或者以王氏學不可用。陛下觀祖宗時道德之學，人才兵力財用，能如熙、豐時乎？陛下安可輕信一人之言以變之？』批答云：『頃以言者如何如何，今聞師傅之臣言之如此，若不爾，幾悞也！前日指揮，更不施行。』」方。

問〔二四〕：「龜山晚歲一出，爲士子詬罵，果有之否？」曰：「他當時一出，追奪荆公王爵，罷配享夫子，且欲毁劈三經板。士子不樂，遂相與聚問三經有何不可，輒欲毁之？當時龜山亦謹避之。」問：「或者疑龜山此出爲無補於事，徒爾紛紛。或以爲大賢出處不可以此議，如何？」曰：「龜山此行固是有病，但只後人又何曾夢到他地位在！惟胡文定以柳下惠『援而止之而止』比之，極好。」道夫。

「龜山之出，人多議之。惟胡文定之言曰：『當時若能聽用，決須救得一半。』此語最公。蓋龜山當此時雖負重名，亦無殺活手段。若謂其懷蔡氏汲引之恩，力庇其子，至有『謹勿擊居安』之語，則誣矣。幸而此言出於孫覿，人自不信。」儒用。

坐客問龜山立朝事。曰：「胡文定論得好：『朝廷若委吳元忠輩推行其説，決須救得一半，不至如後來狼狽。』然當時國勢已如此，虜初退後，便須急急理會，如救焚拯溺。諸公今日論蔡京，明日論王黼，當時姦黨各已行遣了，只管理會不休，擔閣了日子。如吳元忠、李伯紀向來亦是蔡京引用，免不得略遮庇，只管喫人議論。龜山亦被孫覿輩窘擾。」德明。

問：「龜山云：『消息盈虛，天且不能暴爲之，去小人亦不可驟。』如何？」曰：「只看時如何，不可執。天亦有迅雷風烈之時。」德明。

「伯夷微似老子。胡文定作龜山墓誌，主張龜山似柳下惠，看來是如此。」僩。

「孫覿見龜山撰曾內翰行狀，曰：『楊中立却會做文字。』」先生曰：「龜山曾理會文字來。」

「李先生嘗云：『人見龜山似不管事，然甚曉事也。』」方。

李先生言：「龜山對劉器之言，爲貧。文定代云干木云云，不若龜山之遜避也。」汪書延李，初至，見便問之。未竟，李疾作。方。

「龜山張皇佛氏之勢，説橫渠不能屈之爲城下之盟。亦如李鄴張皇金虜也。」龜山嘗稱李奉使還云：「金人上馬如龍，步行如虎，度水如獺，登城如猿。」時人目爲「四如給事」。方。

問：「橫浦語録載張子韶戒殺，不食蟹。高抑崇相對，故食之。龜山云：『子韶不殺，抑崇故殺，不可。』抑崇退，龜山問子韶：『周公何如人？』對曰：『仁人。』曰：『周公驅猛獸，兼夷狄，滅國者五十，何嘗不殺？亦去不仁以行其仁耳。』」先生曰：「此特見其非不殺耳，猶有未盡。須知上古聖人制爲罔罟佃漁，食禽獸之肉。但『君子遠庖厨』，不暴殄天物。須如此說，方切事情。」德明。

「龜山銘誌不載高麗事。他引歐公作梅聖俞墓誌不載希文詩事，辨得甚好。『孰能識車中之狀，意欲施之事？』見韓詩外傳。」道夫。

「龜山墓誌，首尾却是一篇文字。」後來不曾用。方。

游定夫

「游定夫德性甚好。」升卿。

「游定夫，徽廟初爲察院，忽申本臺乞外，如所請。志完駭之，定夫云：『公何見之晚！如公亦豈能久此？』」方。

侯希聖

「胡氏記侯師聖語曰：『仁如一元之氣，化育流行無一息間斷。』此說好。」閎祖。

「李先生云：『侯希聖嘗過延平，觀其飲啗，粗疏人也。』」方。

尹彥明

「和靖在程門直是十分鈍底。被他只就一個『敬』字上做工夫，終被他做得成。」節〔二五〕。

「和靖守得緊，但不活。」蓋卿。

「和靖持守有餘而格物未至，故所見不精明，無活法。」升卿。

「和靖才短，說不出，只緊守伊川之說。」去僞。

「和靖諦當。」又云：「就諸先生立言觀之，和靖持守得不失。然才短，推闡不去，遇面生者，說得頗艱。」方。

「和靖守得謹，見得不甚透。如俗語說，他只是『抱得一個不哭底孩兒』」。義剛〔二六〕。

問：「和靖言，先生教人，只是專令用『敬以直內』一段，未盡。」曰：「和靖才力短，伊川就上成就它，它亦據其所聞而守之，便以爲是。」可學。

「自其上者言之，有明未盡處；自其下者言之，有明得一半，便謂只是如此。尹氏亦只是明得一半，便謂二程之教止此，孔、孟之道亦只是如此。惟是中人之性，常常要着力照管自家這心，要常在。須是窮得透徹，方是。」敬仲。

「和靖只是一個篤實，守得定。如涪州被召，祭伊川文云：『不背其師則有之，有益於世則未也。』」因言：「學者只守得某言語，已自不易，少間又自轉移了。」炎。

「和靖說『主一』。與祈居之云：『如人入神廟，收斂精神，何物可入得！』」有所據守。」方。

「和靖主一之功多，而窮理之功少。故說經雖簡約，有益學者，但推說不去，不能大發明。在經筵進講，少開悟啓發之功。紹興初入朝，滿朝注想，如待神明，然亦無大開發處。是時高宗好看山谷詩，尹云：『不知此人詩有何好處？陛下看它作什麽？』只說得此一言，然只如此說，亦何能開悟人主？大抵解經固要簡約。若告人主，須有反覆開導推說處，使人主自警省。蓋人主不比學者，可以令他去思量。如孔子答哀公顏子好學之問，與答季康子詳略不同，此告君之法也。」銖。

和靖當經筵，都說不出。張魏公在蜀中，一日，招和靖語之曰：「『人有不爲也，而後可以有爲』，此孟子至論。」和靖曰：「未是。」張曰：「何者爲至？」和靖曰：「『好善優於天下』

爲至。」先生曰：「此和靖至論，極中張病。然正好發明，惜但此而止耳。張初不喜伊洛之學，故諫官有言。和靖適召至九江，見其文，辭之，張皇恐再薦。和靖持守甚確，凡遇飲，手足在一處，醉後亦然。」揚。

「胡文定初疑尹和靖，後見途中辭召表，方知其真有得。表言『臣師程某，今來亦不過守師之訓。變所守，又何取』云云。之意。時陳公輔論伊川學，故途中進此表，尹亦只得如此辭。文定以此取之，亦未可見尹所得處。」揚。

「尹子之學有偏處。渠初見伊川，將朱公掞所抄語録去呈，想是它爲有看不透處。故伊川云：『某在，何必觀此書？』蓋謂不如當面與它説耳。尹子後來遂云：『語録之類不必看。』不知伊川固云『某在，不必觀』，今伊川既不在，如何不觀？又如云：『易傳是伊川所自作者，其他語録是學者所記。故謂只當看易傳，不當看語録。』然則夫子所自作者春秋而已，論語亦門人所記也。謂學夫子者只當看春秋，不當看論語，可乎？」㽦。

「尹和靖疑伊川之説，多其所未聞。」璘。

王德修相見。先生問德修：「和靖大概接引學者話頭如何？」德修曰：「先生只云『在力行』。」曰：「力行以前，更有甚工夫？」德修曰：「尊其所聞〔二七〕，行其所知。」曰：「須是知得，方始行得。」德修曰：「自『吾十有五而志于學』，以至『從心所欲不踰矩』，皆是説行。」

曰：「便是先知了，然後志學。」文蔚。

問：「『天地設位，而易行乎其中矣』，和靖言行録云：『易行乎其中，聖人純亦不已處。』莫説得太拘？『天地設位〔二八〕，而易行乎其中矣』，如言『天高地下，萬物散殊』，而禮制行乎其中，無適而非也。今只言聖人『純亦不已』，莫太拘了？」曰：「亦不是拘，他説得不是。陰陽升降便是易。易者，陰陽是也。」文蔚。

「和靖與楊畏答問一段語，殊無血脈。謂非本語，極是。龜山説得固佳，然亦出於程子『羈靮以御馬而不以制牛，胡不乘牛而服馬』之説。」鎬。

「『人之所畏，不得不畏。』此是和靖見未透處，亦是和靖不肯自欺屈强妄作處。」鎬。

「和靖赴樂會，聽曲子，皆知之，亦歡然，但拱手安足處，終日未嘗動也。在平江時，累年用一扇，用畢置架上。凡百嚴整有常。有僧見之，云：『吾不知儒家所謂周、孔爲如何，然恐亦只如此也。』」方。

王德修言，一日早起見和靖。使人傳語，令且坐，候看經了相見。少頃，和靖出。某問曰：「先生看甚經？」曰：「看光明經。」某問：「先生何故看光明經？」曰：「老母臨終時，令每日看此經一部，今不敢違老母之命。」先生曰：「此便是平日闕却那『諭父母於道』一節，便致得如此。」文蔚。

張思叔

「張思叔與人做思堂記，言世間事有當思者，有不當思者：利害生死，不當思也；如見某物而思終始之云云，此當思也。」方。

郭立之子和，立之子〔二九〕。

「郭子和傳其父學，又兼象數，其學已雜，又被謝昌國拈掇得愈不是了。且如九圖中性善之説，性豈有兩個？善又安有内外？故凡惡者，皆氣質使然。若去其惡，則見吾性中當來之善矣〔三〇〕。」又問：「郭以兼山學自名，是其學只一艮卦。」曰：「易之道，一個艮卦可盡，則不消更有六十三卦。」又曰：「謝昌國論西銘『理一而分殊』，尤錯了。」去僞。

「郭子和性論，與五峰相類。其言曰：『目視耳聽，性也。』此語非也。視明而聽聰，乃性也。箕子分明説：『視曰明，聽曰聰。』若以視聽爲性，與僧家『作用是性』何異？五峰曰：『好惡，性也。君子好惡以道，小人好惡以欲。君子小人者，天理人欲而已矣。』亦不是。蓋好善惡惡，乃性也。」璘。

胡康侯雖非門人，而嘗見謝、楊，今附〔三一〕。子姪附。

或問：「胡文定之學與董仲舒如何？」曰：「文定却信『得於已者可以施於人，學於古者可以行於今。』其他人皆謂得於己者不可施於人，學於古者不可行於今，所以淺陋。然文定比似仲舒較淺，仲舒比似古人又淺。」又曰：「仲舒識得本原，如云『正心修身可以治國平天下』，如説『仁義禮樂皆其具』，此等説話皆好。若陸宣公之論事，却精密，第恐本原處不如仲舒。然仲舒施之臨事，又却恐不如宣公也。」學蒙。

「文定大綱説得正。微細處，五峰尤精，大綱却有病。」方。

「胡文定説較疏，然好；五峰説密，然有病。」

問：「文定言，人常令胸中自在。」云：「克己無欲。」方。

「文定氣象温潤，却似貴人。」方。

「原仲説，文定少時性最急，嘗怒一兵士，至親毆之，兵輒抗拒。無可如何，遂回入書室中作小册，盡寫經傳中文有『寬』字者於册上以觀玩，從此後遂不復下急矣。」方。

「胡文定云：『知至故能知言，意誠故能養氣。』此語好。又云：『豈有見理已明而不能處事者！』此語亦好。」夔孫。

「胡文定公傳家録，議論極有力，可以律貪起懦，但以上工夫不到。如訓子弟作郡處，末後説道：『將來不在人下。』便有克伐之意。」子升〔三二〕云：「有力行之意多，而致知工夫少。」曰：「然。」木之。

問：「文定靖康第二劄如何？」云：「君相了得，亦不必定其規模；不然〔三三〕，亦須定其大綱。專戰、專和、專守之類，可定。」揚。

「文定論時事，要掃除故迹，乘勢更張。龜山論時事，用其蠱卦説，且扶持苟完。龜山語見答胡康侯第八書中，止謂役法、冗官二事而已，非盡然也。伊川有從本言者，有從末言者。從末言，小變則小益，大變則大益。包荒傳云：『以含洪之體，爲剛果之用。』」方。

「胡文定公云：『世間事如浮雲流水，不足留情，隨所寓而安也。』寅近年却於正路上有個見處，所以立朝便不碌碌，與往日全不同。往時虚驕恃氣，今則平心觀理矣。」振。

「曾吉甫答文定書中『天理人欲』之説，只是籠罩，其實初不曾見得。文定便許可之，它便只如此住了。」瞥。

「胡文定初得曾文清時，喜不可言。然已仕宦駸駸了，又參禪了，如何成就得他？」揚。

「向見籍溪説，文定當建炎間，兵戈擾攘，寓荆門，擬遷居。適湘中有兩士人協力具舟楫，往迎文定，其一人乃黎才翁。文定始亦有遲疑之意，及至湘中，則舍宇動用，便利如歸，處之極安。又聞范丈説，文定得碧泉，甚愛之。有本亭記所謂『命門弟子往問津焉』，即才翁也。」佐。

「胡致堂之説雖未能無病，然大抵皆太過，不會不及，如今學者皆是不及。」學蒙。以下明仲。

「胡致堂説道理，無人及得他。以他才氣，甚麽事做不得！只是不通檢點，如何做得事成？我欲做事，事未起而人已檢點我矣。」僩。

「胡致堂議論英發，人物偉然。向嘗侍之坐，見其數盃後，歌孔明出師表，誦張才叔自靖人自獻于先王義、陳了翁奏狀等，可謂豪傑之士也！讀史管見，乃嶺表所作，當時並無一册文字隨行，只是記憶，所以其間有牴牾處。有人好誦佛書，致堂因集史傳中虜人姓名揭之一處，其人果收去念誦，此其戲也。又嘗解論語『舉直錯枉』章云，哀公是時威權已去，不知何以爲舉錯；但能以是權付之孔子，斯可矣。」人傑。

「胡氏管見有可删者。」慕容超説、昭帝説。㽦。

南軒言「胡明仲有三大功：一言太上即尊位事，二行三年喪，三云云。」先生云：「南軒見得好。設使不即位，只以大元帥討賊，徽廟升遐，率六軍縞素，是甚麽模樣氣勢！後來一番難如一番。今日有人做亦得，只是又較難些子。」揚。

「胡籍溪人物好，沈靜謹嚴，只是講學不透。」賀孫。以下原仲。

「籍溪〔三四〕教諸生於功課餘暇，以片紙書古人懿行，或詩文銘贊之有補於人者，粘置壁間，俾往來誦之，咸令精熟。」若海。

「籍溪廳上大榜曰『文定書堂』。籍溪舊開藥店，『胡居士熟藥正鋪』并諸藥牌猶存。」振。

「明仲甚畏仁仲議論，明仲亦自信不及。」先生云：「人不可不遇敵己之人。仁仲當時無有能當之者，故恣其言說出來。然今觀明仲說，較平正。」揚。以下仁仲。

「游、楊之後，多爲秦相所屈。胡文定剛勁，諸子皆然。和仲不屈於秦，仁仲直却其招不往。」揚。

仁仲見龜山求教，龜山云：「且讀論語。」問：「以何爲要？」云：「熟讀。」方。

「五峰善思，然思過處亦有之。」道夫。

「知言形容道德，只是如畫卦影。」到了後方理會得，何益！方。

東萊云：「知言勝似正蒙。」先生曰：「蓋後出者巧也。」方子。振録云：「正蒙規摹大，知言小。」

「知言疑議，大端有八：性無善惡，心爲已發，仁以用言，心以用盡，不事涵養，先務知識，氣象迫狹，語論過高。」方。

「做出那事，便是這裏有那理。凡天地生出那物，便都是那裏有那理。五峰謂『性立天下之有』，説得好；『情效天下之動』，效如效死、效力之效，是自力形出也。」淳。

「五峰説『心妙性情之德』。不是他曾去研窮深體，如何直見得恁地！」夔孫。

「『心妙性情之德』，妙是主宰運用之意。」升卿。

仲思問：「五峰中、誠、仁如何？」曰：「『中者性之道』，言未發也；『誠者命之道』，言實理也；『仁者心之道』，言發動之端也。」又疑「道」字可改爲「德」字。曰：「亦可。『德』字較緊，然他是特地下此寬字。伊川答與叔中書亦云〔三五〕：『中者性之德，近之。』伯恭云：『知言勝正蒙。』似此等處，誠然，但不能純如此處爾。」又疑中、誠、仁，一而已，何必別言？曰：「理固未嘗不同。但聖賢説一個物事時，且隨處説他那一個意思。自是他一個字中，便有個正意義如此，不可混説。聖賢書初便不用許多了。學者亦宜各隨他説處看之，方見得他所説字本相。如誠、如中、如仁。若便只混看，則下梢都看不出。」伯羽。砥録别出。

仲思問〔三六〕：「天之所以命乎人者，實理而已。故言『誠者命之道，中者性之道』，如何？」曰：「未發時便是性。」曰：「如此，則喜怒哀樂未發便是性，既發便是情。」曰：「然。此三句道得極密。伯恭〔三七〕道『知言勝似正蒙』，如這處，也是密，但不純恁地。」又問：「『道』字不如『德』字？」曰：「所以程子云：『中者性之德爲近之。』但言其自然，則謂之道；言其實體，則謂之德。『德』字較緊，『道』字較寬。但他故下這寬字，不要挨拶着他。」又問：「言中，則誠與仁亦在其内否？」曰：「不可如此看。若可混併，則聖賢已自混併了。須逐句看他：言誠時，便主在實理發育流行處；言性時，便主在寂然不動處；言心時，便主在生發處。」砥〔三八〕。

堯卿〔三九〕問：「『誠者性之德』，此語如何？」曰：「何者不是性之德？如仁義禮智，皆性之德，恁地説較不切。不如胡氏『誠者命之道乎』説得較近傍。」義剛。

問：「『誠者物之終始』，而『命之道』。」曰：「誠是實理，徹上徹下，只是這個。生物都從那上做來，萬物流形天地之間，都是那底做。五峰云：『誠者命之道，中者性之道，仁者心之道。』此數句説得密。如何大本處却含糊了！以性爲無善惡，天理人欲都混了，故把作同體。」或問：「『同行』語如何？」曰：「此却是只就事言之。」直卿〔四〇〕曰：「它既以性無善惡，何故云『中者性之道』？」曰：「它也把中做無善惡〔四一〕。」

李維申説：「合於心者爲仁。」曰：「却是從義上去。不如前日説『存得此心便是仁』，却是。」因舉五峰語云：「『人有不仁，心無不仁。』説得極好！」雉。

「胡五峰云：『人有不仁，心無不仁。』此説極好！人有私欲遮障了，不見這仁，然心中仁依舊只在。如日月本自光明，雖被雲遮，光明依舊在裏。又如水被泥土塞了，所以不流，然水性之流依舊只在。所以「克己復禮爲仁」，只是克了私欲，仁依前只在那裏。譬如一個鏡，本自光明，只緣塵，都昏了。若磨去塵，光明只在。」明作。

「五峰曰：『人有不仁，心無不仁。』既心無不仁，則『巧言令色』者是心不是？如『巧言令色』，則不成説道『巧言令色』底不是心，別有一人『巧言令色』？如心無不仁，則孔子何以説『回也，其心三月不違仁』？」蕭佐曰：「『我欲仁，斯仁至矣。』這個便是心無不仁。」曰：「回心三月不違仁，如何説？」問者默然久之。先生曰：「既説回心三月不違仁，則心有違仁。違仁底是心不是？説『我欲仁』，便有不欲仁底，是心不是？」節。

「五峰謂『人有不仁，心無不仁』，此語有病。且如顔子『其心三月不違仁』，若纔違仁，其心便不仁矣，豈可謂『心無不仁』！」定夫云：「恐是五峰説本心無不仁。」曰：「亦未是。譬如人今日貧，則説昔日富不得。」震。

「伊川初嘗曰：『凡言心者，皆指已發而言。』後復曰：『此説未當。』五峰却守其前説，以心爲已發，性爲未發，將『心性』二字對説。知言中如此處甚多。」𧷤。

「人學當勉，不可據見定。蓋道理無窮，人之思慮有限，若只守所得以爲主，則其或墮於偏者，不復能自明也。如五峰只就其上成就所學，亦只是忽而不詳細反復也。」方。

問：「知言有云：『佛家窺見天機，有不器於物者。』此語莫已作兩截？」曰：「亦無甚病。方録作「此語甚得之」。此蓋指妙萬物者，而不知萬物皆在其中。聖人見道體，正如對面見人，其耳目口鼻髮眉無不見。佛家如遠望人，只見髣象，初不知其人作何形狀。」問：「佛家既如此說，而其說性乃指氣，却是兩般。」曰：「渠初不離此說。但既差了，則自然錯入別處去。」可學。

因言〔四二〕：「久不得胡季隨諸人書。季隨主其家學，說性不可以善言。本然之善，本自無對；才說善時，便與那惡對矣。才說善惡，便非本然之性矣。本然之性是上面一個，其尊無比。僩録但云：「季隨主其家學，說性不可以善言。本然之性，是上面一個，其尊無對。」善是下面底，才說善時，便與惡對，非本然之性矣。『孟子道性善』〔四三〕，非是說性之善，只是贊嘆之辭，說『好個性』！如佛言『善哉』〔四四〕！此文定之說。某嘗辨之云，本然之性，固渾然至善，不與惡對，僩録作「無善可對」。此天之賦予我者然也。然行之在人，則有善有惡：做得是者爲善，做得不是者爲惡。豈可謂善者非本然之性？只是行於人者，有二者之異，然行得善者，便是那本然之性也。若如其言，有本然之善，僩録作「性」。又有善惡相對之善，僩録作「性」。則是有二性矣。方其得於天者，此性也；及其行得善者，亦此性也。只是纔有個善底，僩録作「行得善底」。便有個不善底，所以善惡須着對說。不是元有個惡在那裏，等得他來與之爲對。只是行得錯底，便流入於惡矣。此文定之說，故其子孫皆主其說，而致堂、五峰以來，其說益差，遂成有兩性：本然者是一性，善惡相對者又是一性。他只說本然者是性，善惡相對者不是性，豈有此理！然文定又得於龜山，龜山得之東林常揔。揔，龜山鄉人，與之往來，後住廬山東林。龜山赴省，又往見之。揔極聰明，深通佛書，有道行。龜山問：『孟子道性善，說得是否？』揔曰：『是。』又問：『性豈可以善惡言？』揔曰：『本然之性，不與惡對。』此語流傳自他。然揔之言，本亦未有病。蓋本然之性是本無惡。及至文定，遂以『性善』爲贊嘆之辭；到得致堂、五峰輩，遂分成兩截，說善底不是性。若善底非本然之性，却那處得這善來？既曰贊歎性好之辭，便是性矣。僩録作「便是性本善矣」。若非性善，何贊嘆之有？如佛言『善哉！善哉！』爲贊美之辭，亦是說這個道理好，所以贊嘆之也。二蘇論性亦是如此，嘗言，孟子道『性善』，猶云火之能熟物也；荀卿言『性惡』，猶云火之能焚物也。龜山反其說而辯之曰：『火之所以能熟物者，以其能焚故耳。若火不能焚，物何從熟？』蘇氏論性說：『自上古聖人以來，至孔子不得已而命之曰一，寄之曰中，未嘗分善惡言也。自孟子道性善，而一與中始支矣。』盡是胡說！他更不看道理，只認我說得行底便是。諸胡之說亦然，季隨至今守其家說。」因問：「文定却是卓然有立，所謂『非文王猶興』者。」曰：「固是。他資質好，在太學中也多聞先生師友之訓，所以能然。嘗得潁昌一士人，忘其姓名，問學多得此人警發。後爲荆門教授，龜山與之爲代，因此識龜山，因龜山方識游、謝，不及識伊川。自荆門入爲國子博士，出來便爲湖北提舉。是時上蔡宰本路一邑，文定却從龜山求書見上蔡。既到湖北，遂遣人送書與上蔡。上蔡既受書，文定乃往見之。入境，人皆訝知縣不接監司。論理，上蔡既受他書，也是難爲出來接他。既入縣，遂先修後進禮見之。畢竟文定之學，後來得於上蔡者爲多。他所以尊上蔡而不甚滿於游、楊二公，看來游定夫後來也是郎當，誠有不滿人意處。頃嘗見定夫集，極説得醜差，盡背其師説，更説伊川之學不如他之所得。所以五峰臨終謂彪德美曰：『聖門工夫要處，只在個「敬」字。游定夫所以卒爲程門之罪人者，以其不仁不敬故也。』誠如其言。」卓。僩録略。

「胡氏〔四五〕説善是贊美之辭，其源却自龜山，龜山語録可見。胡氏以此錯了，故所作知言並一齊恁地説。本欲推高，反低了。蓋説高無形影，其勢遂向下去。前夜説韓子云：『何謂性？仁義禮智信。』此語自是，却是他已見大意，但下面便説差了。荀子但只見氣之不好，而不知理之皆善。揚子是好許多思量安排：方要把孟子『性善』之説爲是，又有不善之人；方要把荀子『性惡』之説爲是，又自有好人，故説道『善惡混』。温公便主張揚子而非孟子。程先生發明出來，自今觀之，可謂盡矣。」賀孫。

「龜山往來太學，過廬山，見常摠。摠亦南劒人，與龜山論性，謂本然之善，不與惡對。後胡文定得其説於龜山，至今諸胡謂本然之善不與惡對，與惡爲對者又別有一善。常摠之言，初未爲失。若論本然之性，只一未是善，安得惡來？人自去壞了，便是惡。既有惡，便與善爲對。今他却説有不與惡對底善，又有與惡對底善。如近年郭子和九圖，便是如此見識，上面書一圈子，寫『性善』字，從此牽下兩邊，有善有惡。」或云：「恐文定當來未甚有差，後來傳襲，節次訛舛。」曰：「看他説『善者贊美之詞，不與惡對』，已自差異。」文蔚。

問：「性無善惡之説，從何而始？」曰：「此出於常揔。揔〔四六〕住廬山，龜山入京，枉道見之，留數日。因問：『孟子識性否？』曰：『識。』曰：『何以言之？』曰：『善不與惡對言。』他之意〔四七〕，乃是謂其初只有善，未有惡。其後文定得之龜山，遂差了。今湖南學者信重知言。某嘗爲敬夫辨析，甚諱之。渠當初唱道湖南，偶無人能與辨論者，可惜！可惜！」又讀至彪居正問心一段，先生曰：「如何？」可學謂：「不於原本處理會，却待些子發見！」曰：「孟子此事，乃是一時間爲齊王耳。今乃欲引之以上他人之身，便不是了。」良久，又云：「以放心求心，便不是。纔知求，心便已回矣，安得謂之放！」可學。

因論湖、湘學者崇尚知言，曰：「知言〔四八〕固有好處，然亦大有差失，如論性，却曰：『不可以善惡辨，不可以是非分。』既無善惡，又無是非，則是告子『湍水』之説爾。如曰『好惡性也，君子好惡以道，小人好惡以己』，則是以好惡説性，而道在性外矣，不知此理却從何而出。」問：「所謂『探視聽言動無息之際，可以會情』，此猶告子『生之謂性』之意否？」曰：

「此語亦有病。下文謂『道義明著，孰知其爲此心？物欲引誘，孰知其爲人欲？』便以道義對物欲，却是性中本無道義，逐旋於此處攙入兩端，則是性亦可以不善言矣！如曰：『性也者，天地鬼神之奥也，善不足以名之，況惡乎？』孟子説性善云者，歎美之辭，不與惡對。』其所謂『天地鬼神之奥』，言語亦大故誇逞。某嘗謂聖賢言語自是平易，如孟子尚自有些險處，孔子則直是平實。『不與惡對』之説，本是龜山與摠老相遇，因論孟子説性，曾有此言。文定往往得之龜山，故有是言。然摠老當時之語，猶曰『渾然至善，不與惡對』，猶未甚失性善之意。今去其『渾然至善』之語，而獨以『不與惡對』爲歎美之辭，則其失遠矣。如論齊王愛牛，此良心之苗裔，因私欲而見者，以答求放心之問；然雞犬之放，則固有去而不可收之理；人之放心，只知求之，則良心在此矣，何必等待天理發見於物欲之間，然後求之！如此，則中間空闕多少去處，正如屋下失物，直待去城外求也。愛牛之事，孟子只就齊王身上説，若施之他人則不可。況操存涵養，皆是平日工夫，豈有等待發見然後操存之理！今胡氏子弟議論每每好高，要不在人下。纔説心，便不説用心，以爲心不可用。至如易傳中有連使『用心』字處，皆塗去『用』字。某以爲，孟子所謂：『堯、舜之治天下，豈無所用其心哉？』何獨不可以『用』言也？季隨不以爲然〔四九〕。遂檢文定春秋中有連使『用心』字處質之，方無語。大率議論文字，須要親切〔五〇〕。如伊川説顔子樂道爲不識顔子者，蓋因問者元不曾親切尋究，故就其人而答，欲其深思而自得之爾。後人多因程子之言，愈見說得高遠。如是，則又不若樂道之爲有據。伊尹『樂堯、舜之道』，亦果非樂道乎？湖、湘此等氣象，乃其素習，無怪今日之尤甚也。」謨。

「五峰知言大抵說性未是。自胡文定、胡侍郎皆說性未是。其言曰：『性猶水也。善，其水之下乎；情，其水之瀾乎；欲，其水之波浪乎。』乍看似亦好，細看不然。如瀾與波浪何別？渠又包了情欲在性中，所以其說如此。又云：『性，好惡也。君子以道，小人以欲。君子小人，天理人欲而已矣。』伯恭舊看知言云：『只有兩段好，其餘都不好。一段：「能攻人實病，能受人實攻。」一段：「以天下與人，而無人德我之望；有人之天下，而無取人之嫌。」』後來却又云，都好。不知伯恭晚年是如何地看。某舊作孟子或問云：『人說性，不肯定說是性善，只是欲推尊性，於性之上虛立一個「善」字位子，推尊其性耳。不知尊之反所以失之。』」璘。

「五峰云：『好惡，性也。』此說未是。胡氏兄弟既闢釋氏，却說性無善惡，便似說得空了，却近釋氏。但當云『好善而惡惡，性也』。」䈁謂：「好惡，情也。」曰：「只是好惡，却好惡個甚底？」伯豐謂：「只『君子好惡以道』，亦未穩。」曰：「如此，道却在外，旋好惡之也。」䈁。

直卿言：「五峰説性云：『好惡，性也。』本是要説得高，不知却反説得低了。」曰：「依舊是氣質上説。某常要與他改云：『所以好惡者，性也。』既有好，即具善；有惡，即具惡。若只云有好惡，而善惡不定於其中，則是性中理不定也。既曰天，便有『天命』、『天討』」。方。

「知言云：『凡人之生，粹然天地之心，道義全具，無適無莫；不可以善惡辨，不可以是非分，無過也，無不及也，此中之所以名也。』即告子『性無善無不善』之論也。唯伊川『性即理也』一句，甚切至。」閎祖。

問：「知言『萬事萬物，性之質也』，如何？」曰：「此句亦未有害，最是『好惡，性也』，大錯！既以好惡爲性，下文却云『君子好惡以道』，則是道乃旋安排入來。推此，其餘皆可見。」問：「與告子説話莫同否？」曰：「便是『湍水』之説。」又問：「『粹然完具云云，却説得好。又云不可以善惡言，不可以是非判。」曰：「渠説有二錯：一是把性作無頭面物事，二是云云。」失記。可學。

「五峰言：『天命不囿於善，不可以人欲對。』」曰：「天理固無對，然有人欲，則天理便不得不與人欲對爲消長。善亦本無對，然既有惡，則善便不得不與惡對爲盛衰。且謂天命不囿於物，可也；謂『不囿於善』，則不知天之所以爲天矣！謂惡不足以言性，可也；謂善不足以言性，則不知善之所從來矣！」升卿。

「好善而惡惡，人之性也。爲有善惡，故有好惡。『善惡』字重，『好惡』字輕。君子順其性，小人拂其性。五峰言：『好惡，性也。君子好惡以道，小人好惡以欲。』是『好人之所惡，惡人之所好』，亦是性也！而可乎？」或問：「『天理人欲，同體異用』之說，如何？」曰：「當然之理，人合恁地底，便是體，故仁義禮智爲體。如五峰之說，則仁與不仁，義與不義，禮與無禮，智與無智，皆是性。如此，則性乃一個大人欲窠子。其說乃與東坡、子由相似，是大鑿脱，非小失也。『同行異情』一句，却説得去。」方子。

或問「天理人欲〔五一〕，同體而異用，同行而異情」。曰：「胡氏之病，在於説性無善惡。體中只有天理，無人欲，謂之同體，則非也。同行異情，蓋亦有之，如『口之於味，目之於色，耳之於聲，鼻之於臭，四肢之於安佚』，聖人與常人皆如此，是同行也。然聖人之情不溺於此，所以與常人異耳。」人傑謂：「聖賢不視惡色，不聽惡聲，此則非同行者。」曰：「彼亦就其同行處説耳。某謂聖賢立言，處處皆通，必不若胡氏之偏也。龜山云：『天命之謂性，人欲非性也。』胡氏不取其説，是以人欲爲性矣。此其甚差者也。」人傑。

問：「『天理人欲〔五二〕，同體而異用，同行而異情』，如何？」曰：「下句尚可，上句有病。蓋行處容或可同，而其情則本不同也。至於體、用，豈可言異？觀天理人欲所以不同者，其本原元自不同，何待用也？胡氏之學，大率於大本處看不分曉，故鋭於闢異端，而不免自入一脚也。如説性，便説『性本無善惡，發然後有善惡』。『孟子説性善，自是歎美之辭，不與惡爲對』。大本處不分曉，故所發皆差。蓋其説始因龜山問揔老，而答曰：『善則本然，不與惡對。』言『本然』猶可，今曰『歎美之辭』，則大故差了！又一學者問以放心求放心如何？他當時問得極緊，他一向鶻突應將去。大抵心只操則存，捨則放了，俄頃之間，更不喫力，他却説得如此周遮。」大雅。

問：「『天理人欲，同行而異情』，胡氏此語已精。若所謂『同體而異用』，則失之混而無別否？」曰：「胡氏論性無善惡，此句便是從這裏來。本原處無分別，都把做一般，所以便謂之『同體』。他看道理儘精微，不知如何，只一個大本，却無別了。」淳。

或問「天理人欲，同體異用」。曰：「如何天理人欲同體得？如此，却是性可以爲善，亦可以爲惡，却是一團人欲窠子，將甚麽做體？却是韓愈説性自好，言人之爲性有五，仁義禮智信是也。指此五者爲性，却説得是。性只是一個至善道理，萬善總名。〔五三〕才有一毫不善，自是情之流放處，如何却與人欲同體？今人全不去看。」謙。

問：「『天理人欲，同體而異用』〔五四〕，先生以爲未穩〔五五〕，是否？」曰：「亦須是實見此句可疑，始得。」又曰：「今人於義利處皆無辨，直恁鶻突去。是須還他是，不是還他不是。

若都做得是，猶自有個淺深。自如此說，必有一個不是處，今則都無理會矣。」寓。

「何丞辨五峰『理性』，何異修性？蓋五峰以性爲非善惡，乃是一空物，故云『理』也。」方。

看知言彪居正問仁一段，云：「極費力。有大路不行，只行小徑。至如『操而存之』等語，當是在先。自孟子亦不專以此爲學者入德之門也。且齊王人欲蔽固，故指其可取者言之。至如說『自牖開說』，亦是爲蔽固而言。若吾儕言語，是是非非，亦何須如此？而五峰專言之，則偏也。」又云：「居正問：『以放心求放心，可乎？』既知其放，又知求之，則此便是良心也，又何求乎？又何必俟其良心遇事發見，而後操之乎？」方。

「五峰〔五六〕曾說，如齊宣王不忍觳觫之心，乃良心，當存此心。敬夫說『觀過知仁』，當察過心則知仁。二說皆好意思。然却是尋良心與過心，也不消得。只此心常明，不爲物蔽，物來自見。」從周。〔五七〕

「五峰〔五八〕作皇王大紀，說北極如帝星、紫微等皆不動。說宮聲屬仁，不知宮聲却屬信。又宮無定體，十二律旋相爲宮。帝星等如果不動，則天必擘破。不知何故，讀書如此不子細。」人傑。

「五峰說得宮之用極大，殊不知十二律皆有宮。又宮在五行屬土。他說得其用如此大，猶五常之仁。宮自屬土，亦不爲仁也。又其云天有五帝座星，皆不動。今天之不動者，只有紫微垣、北極、五帝座不動，其他帝座如天市垣，太微垣，大火中星帝座，與大角星帝座，皆隨天動，安得謂不動！」卓。

「五峰論樂，以黄鍾爲仁，都配屬得不是。它此等上不曾理會，却都要將一大話包了。」僩。

論五峰説極星有三個極星不動，殊不可曉。若以天運譬如輪盤，則極星只是中間帶子處，所〔五九〕以不動。若是三個不動，則不可轉矣。又言：「雖形器之事，若未見得盡，亦不可輕立議論。須是做下學工夫。雖天文地理，亦須看得他破，方可議之。」又曰：「明仲嘗畏五峰議論精確，五峰亦嘗不有其兄，嘗欲焚其論語解，并讀史管見。以今觀之，殊不然。如論語、管見中雖有粗處，亦多明白。至五峰議論，反以好高之過，得一説便説，其實與這物事都不相干涉，便説得無着落。五峰辨疑孟之説，周遮全不分曉。若是恁地分疏孟子，剗地沈淪，不能得出世。」僩。

五峰疾病，彪德美問之，且求教焉。五峰曰：「游定夫先生所以得罪於程氏之門者，以其不仁不敬而已。」先生云：「言其習不著，行不察，悠悠地至於無所得而歸釋氏也。其子德華，謂汪聖錫云，定夫於程氏無所得，後見某長老，乃有得也。此與吕居仁雜記語同。大率其資質本好者，却不用力，所以悠悠。如上蔡、文定，器質本駁偏，所以用力尤多。」方。

「五峰有本亭記甚好。理固是好，其文章排布之類，是文人之文。此其所居也。其所極好，在嶽山下，當時託一學生謀得之。文定本居籍溪，恐其當衝，世亂或不免，遂去居湖北。侯師聖令其遷，謂亂將作，乃遷衡嶽下。亦有一人，侯令其遷，不從，後不免。文定以識時知幾薦侯。」亂兵，謂宗汝霖所招勤王者。宗死，其兵散走爲亂，湖北靡子遺矣。揚。

「五峰説『區以別矣』，用禮記『勾萌』字音。林少穎亦曾説與黄祖舜來如此。」方。

「胡氏議論須捉一事爲説。如后妃幽閒貞淑，却只指不妬忌爲至；伯夷氣象如此，却只指不失初心，爲就文王去武王之事。大要不論體，只論發出來處，類如此也。」方。

「胡説有三個物事：一不動，一動，一静，相對。」振。

問：「湖南『以身格物』，則先亦是行，但不把行做事爾。」曰：「湖南病正在無涵養。無涵養，所以尋常盡發出來，不留在家。」方。

因説湖南學先體察，云：「不知古人是先學灑掃應對？爲復先體察？」方。

「湖南一派，譬如燈火要明，只管挑，不添油，便明得也即不好。所以氣局小，長汲汲然張筋努脈。」方。

謂胡季隨曰：「文定、五峰之學，以今竊議來，只有太過，無不及。季隨而今却但有不及。」又曰：「爲學要剛毅果決，悠悠不濟事。」方子。林學蒙録云：「爲學要剛毅果決，悠悠不濟事。且如『發憤忘食，樂以忘憂』，是甚麼樣精神骨肋！」注云：「因説胡季隨。」

或説胡季隨才敏。曰：「也不濟事。須是確實有志而才敏，方可。若小小聰悟，亦徒然。」學蒙。

「五峰諸子不着心看文字，恃其明敏，都不虚心下意，便要做大。某嘗説學者，難得信得及、就實上做工夫底人。」賀孫。

校勘記

〔一〕義剛　朝鮮本作：淳。按：黄義剛録同。

〔二〕鎬　朝鮮本此下增一節小字：按黄升卿録同而少異，今附云：伊川言思叔持守不及和靖，此有深意。和靖舉以語人，亦非自是，乃欲人識得先生意耳，若避自是之嫌而不言，則將無處不礙耳。

〔三〕易　朝鮮本此下增小字：一本止此。

〔四〕義剛　朝鮮本作：淳。

〔五〕習　朝鮮本作：禪。

〔六〕説易卦都從變上推　「都」原作「郡」，據朝鮮本改。

〔七〕不曾盡心存上面也　「存」，朝鮮本作「在」。

〔八〕方　朝鮮本此下增：始。

〔九〕必大　朝鮮本作：伯豐。

〔一〇〕全其與剛之德　「與」，朝鮮本作「爲」。

〔一一〕義剛　朝鮮本作：淳。

〔一二〕無　朝鮮本此下增：爭。

〔一三〕上蔡　朝鮮本段首增一節文字，作：讀書别無法，只管看，便是法。正如呆人相似，捱來捱去。自家都未要先立意見，且虚心只管看。看來看去，自然曉得。某那集注都詳備，只是要人看無一字閑。那個無緊要閑底字，越要看。自家意裏説是閑字，那個正是緊要字。

〔一四〕來　朝鮮本末尾增小字：僩。

〔一五〕道夫　「夫」原作「徙」，據朝鮮本改。

〔一六〕龜山彈蔡京　朝鮮本「龜」上有「論及龜山，先生曰」七字。

〔一七〕此是間出　「出」，原作墨丁，據朝鮮本補；萬曆本作「氣」。

〔一八〕好説　朝鮮本此下增：不知當時事勢如何。

〔一九〕正坐此耳　朝鮮本此下增一節文字，作：問：「圍城時，李伯紀如何？」曰：「當時不使他，更使誰？士氣至此，消索無餘，它人皆不肯向前。惟有渠尚不顧死，且得倚仗之。」問：「姚平仲劫寨事，是誰發？」曰：「人皆歸罪伯紀，此乃是平仲之謀。姚、种皆西方將家。師道已立功，平仲恥之，故欲以奇功取勝。及劫不勝，欽廟親批，令伯紀策應。或云，當時若再劫，可勝，但無人敢主張。」問：「种師中河東之死，或者亦歸罪伯紀。」曰：「不然。嘗親見一將官説師中之敗，乃是爲流矢所中，非戰敗，渠親見之，甚可怪。如种師道方爲樞密，朝廷倚重，遽死，亦是氣數。伯紀初管禦營，欽廟受以空名告身，自觀察使以下使之自補。師退，只用一二小使臣告。御批云：『大臣作福作威，漸不可長！』及遣救河東，伯紀度事勢不可，辭不行，御批云：『身爲大臣，遷延避事！』是時許崧老爲右丞，與伯紀善，書『杜郵』二字與之，伯紀悟，遂行。當危急時，反爲奸臣所使，豈能做事？」問：「种師道果可倚仗否？」曰：「師道爲人口訥，語言不能出。上問和親，曰：『臣執干戈以衛社稷，不知其它。』遂去，不能反覆力執。大抵是時在上者無定説，朝變夕改，縱有好人，亦做不得事。」

〔二〇〕草堂先生及識元城龜山　朝鮮本「城」下有「劉器之楊」四字。

〔二一〕知南劍　朝鮮本「知」上有「即辟」二字。

〔二二〕早晚賊發火起　「早」原作「非」，據萬曆本改。

〔二三〕對　朝鮮本此下增小字：名䕫。

〔二四〕問　朝鮮本作：道夫問。

〔二五〕節　朝鮮本「節」下有「按石餘慶録同」六字。

〔二六〕義剛　朝鮮本「剛」下有「按陳淳録同」五字。

〔二七〕尊其所聞　「其」原作「甚」，據朝鮮本、萬曆本改。

〔二八〕天地設位　朝鮮本「天」上有「文蔚所見」四字。

〔二九〕立之子　三字原脱，據朝鮮本補。

〔三〇〕則見吾性中當來之善矣　「矣」原作「語」，據朝鮮本改。

〔三一〕謝楊今附　朝鮮本作：龜山當附五峰之前。

〔三二〕子升　朝鮮本此下增：兄。

〔三三〕不然　「不」原作「亦」，據萬曆本改。

〔三四〕籍溪　朝鮮本此下增：胡公。

〔三五〕伊川答與叔中書亦云　「中書」疑當作「書中」。

〔三六〕仲思問　朝鮮本「問」下有二十三字，云：「五峰云：『誠者命之道也，中者性之道也，仁者心之道也。』竊謂」。

〔三七〕伯恭　朝鮮本作：吕伯恭。

〔三八〕砥　朝鮮本「砥」下有二十二字，云：「按：與上條皆銖、仲思問，而語意亦同，但有詳略，故並存之。」

〔三九〕堯卿　朝鮮本作：李堯卿。

〔四〇〕直卿　朝鮮本作：黄直卿。

〔四一〕它也把中做無善惡　朝鮮本「惡」下有小注「淳」字。

〔四二〕因言　朝鮮本無此二字，另有五十一字，云：「道二，仁與不仁而已矣。猶今人言好底道理不好底道理相似。若論正當道理，只有一個，更無第二個，所謂夫道一而已矣者也。因舉」。

〔四三〕孟子道性善　朝鮮本「孟」上有「故」字。

〔四四〕如佛言善哉　朝鮮本「哉」下有「贊歎之辭也」五字。

〔四五〕胡氏　朝鮮本卷五收録此則，段首增：器之問：「告子説性處甚詳。」曰。

〔四六〕揔　朝鮮本此下增：南劍人。

〔四七〕他之意　朝鮮本「他」上有「某觀」二字。

〔四八〕知言　朝鮮本「知言」上增「胡子」二字。

〔四九〕不以爲然　朝鮮本此下增小字：胡大時，字季隨。

〔五〇〕須要親切　朝鮮本「切」下有「尋究」二字。

〔五一〕或問天理人欲　朝鮮本「問」下有「胡氏曰」三字。

〔五二〕天理人欲　朝鮮本「天」上有「五峰言」三字。

〔五三〕總名　朝鮮本止此。此下增一句：天地人物，萬善至好底表德。

〔五四〕天理人欲同體而異用　朝鮮本「天」上有「五峰言」三字，「用」下有「同行而異情」五字。

〔五五〕先生以爲未穩　朝鮮本「爲」下有「同體而異用説」六字。

〔五六〕五峰　朝鮮本段首增一段文字，作：某説：「『克、伐、怨、欲』，此四事，自察得卻絶少。昨日又思量『剛』字，先聖所取甚重，曰：『吾未見剛者。』某驗之於身，亦庶幾焉。且如有邪正二人，欲某曲言之，雖死不可。」先生曰：「不要恁地説。惟天性剛强之人，不爲物欲所屈。如『克、伐、怨、欲』，亦不要去尋求勝他。如此，則胸中隨從者多，反害事，只此便是『克、伐、怨、欲』。只是虚心看物，物來便知是與非，事事物物皆有個透徹無隔礙，方是。才一事不透，便做病。且如公説不信陰陽家説，亦只孟浪不信。夜來説神仙事不能得了當，究竟知否？」某對：「未知的當。請問。」先生曰：「伊川曾説『地美，神靈安，子孫盛』。如『不爲』五者，今之陰陽家卻不知。惟近世吕伯恭不信，然亦是横説。伊川言方爲至當。古人卜其宅兆，是有吉凶，方卜。譬如草木，理會根源，則知千條萬葉上各有個道理。事事物物各有一線相通，須是曉得。敬夫説無神仙，也不消得。便有，也有甚奇異！彼此無相干，又管他什麽？卻須要理會是與非。且如説閑話多，亦是病；尋不是處去勝他，亦是病；便將來做『克、伐、怨、欲』看了，一切埽除。若此心湛然，常如明鏡，物來便見，方是。

如公前日有些見處，只管守著歡喜則甚？如漢高祖得關中，若見寶貨婦女喜後便住，則敗事矣！又如既取得項羽，只管喜後，不去經畫天下，亦敗事。正如過渡，既已上岸，則當向前，不成只管讚歎渡船之功！」

〔五七〕從周　朝鮮本末尾小字作：以上並從周録，下見諸録。

〔五八〕五峰　朝鮮本作：胡五峰。

〔五九〕所　朝鮮本此上增：恐。

朱子語類卷第一百二

楊氏門人

羅仲素

「羅先生嚴毅清苦，殊可畏。」道夫。

李先生言：「羅仲素春秋說，不及文定。蓋文定才大，設張羅落者大。」文定集有答羅書可見。方。

道夫言：「羅先生教學者靜坐中看『喜怒哀樂未發謂之中』，未發作何氣象。李先生以爲此意不惟於進學有力，兼亦是養心之要。而遺書有云：『既思，則是已發。』昔嘗疑其與前所舉有礙，細要亦甚緊要，不可以不考。」直卿曰：「此問亦甚切。但程先生剖析豪釐，體用明白；羅先生探索本原，洞見道體。二者皆有大功於世。善觀之，則亦『並行而不相悖』矣。況羅先生於靜坐觀之，乃其思慮未萌，虛靈不昧，自有以見其氣象，則初無害於未發。蘇季明以『求』字爲問，則求非思慮不可，此伊川所以力辨其差也。」先生曰：「公雖是如此分解羅先生說，終恐做病。如明道亦說靜坐可以爲學，謝上蔡亦言多着靜不妨。此說終是小偏。才偏，便做病。道理自有動時，自有靜時。學者只是『敬以直內，義以方外』。見得世間無處不是道理，雖至微至小處，亦有道理，便以道理處之。不可專要去靜處求。所以伊川謂『只用敬，不用靜』，便說得平。也是他經歷〔一〕多，故見得恁地正而不偏。若以世之大段紛擾人觀之，若會靜得，固好；若講學，則不可有豪髮之偏也。如天雄、附子，冷底人喫得也好；如要通天下喫，便不可。」道夫。

蕭子莊

先生問：「浦城有蕭先生顗〔二〕，受業於龜山之門，不知所得如何？」道夫遂以蕭先生所答范公三書呈。先生曰：「元來是個天資自好，朴實頭底人，初非學問之力。且如所謂『人能弘道』、『君子泰而不驕』、『君子坦蕩蕩』三者，那人舉得本自不倫，他又却從而贊美之。也須思量道如何而能弘，如何而能泰與坦蕩蕩，却只恁說，教人從何處下手？況『人能弘道』，本非此意。如他所説，却是『士不可以不弘毅』、『執德不弘』。今却以『人能弘道』言之，自不干事。又如第二書言：『士之所志，舍仁義而何爲哉？惟仁必欲熟，義必欲精。仁熟，則造次顛沛有所不違；義精，則利用安身而德崇矣。』此數句説得儘好。但仁固欲熟，義固欲精，也須道如何而能精，如何而能熟。却只隨他在後面説，不知前面畢竟是如何。又如舉孟子『不動心』、『養氣』之説，皆是汎説。惟其如此，故人亦謂伊川也只恁地，所以豪傑之士皆傲睨不服。」又曰：「據公所見，若有人問自家『仁必欲熟，義必欲精』兩句，如何地答？這便是格物致知。」道夫曰：「莫是克去己私以明天理，則仁自然熟，義自然精？」曰：「此正程先生所謂『涵養必以敬，進學在致知』之意也。」道夫。

廖用中

或問爲善爲利處。因舉龜山答廖用中書〔三〕，云：「龜山説得鶻突，用中認得不子細，後來於利害便不能分別。紹興間，秦老當國，方主和議。廖有召命，自無所見，却去扣其平日所友善之人鄭邦達。邦達初不經意，但言『和亦是好事』。廖到闕，即助和議，遂爲中丞，幸而不肯爲秦鷹犬。秦嘗諷其論趙丞相，不從。遷工部尚書，迄以此去。」儒用。

「龜山與廖尚書説義利事。廖云：『義利即是天理人欲。』龜山曰：『只怕賢錯認，以利爲義也。』後來被召主和議，果如龜山說。廖初舉鄭厚與某人，可見其賢此二人。二人皆要上恐脱「不」字。主和議。及廖被召，却不問此二人，却去與葉孝先商量，更輔之以□□。及爲中丞，又薦鄭轂。然廖終與秦不合而出。但初不能別義利之分，亦是平時講之不熟也。鄭博士，某舊及見之，年七十餘，云嘗見上蔡。先人甚敬之。」賀孫。

因言廖用中議和事，云：「廖用中固非詭隨者，但見道理不曾分曉。當時龜山已嘗有語云『恐子以利爲義』者，政爲是也。」壽昌。

胡德輝

因說胡珵德輝所著文字，問德輝何如人。曰：「先友也，晉陵人。曾從龜山遊，故所記多龜山說話。能詩文，墨隸皆精好。嘗見先人館中唱和一卷，唯胡詩特佳。趙忠簡公當國，與張嵲巨山同爲史官。及趙公去位，張魏公獨相，以爲元祐未必全是，熙、豐未必全非，遂擢何掄仲、李似表二人爲史官。胡、張所修史，皆標出，欲改之。胡、張遂求去。及忠簡再入相，遂去何、李，依舊用胡、張爲史官；成書奏上，弄得都成私意。」儒用。

尹氏門人

王德修

先生云：「嚮日鄉間一親戚虞氏，見仙里王德修見教云：『學者要識一「愧」字與「耻」字。』此言却極好。」大雅。

一日侍坐，學者問難紛然。王德修曰：「不必多問，但去行取。且如人理會『惟精惟一，允執厥中』，只管説如此是精，如此是一，臨了中却不見。」先生曰：「精一則中矣。」文蔚。

校勘記

〔一〕經歷 朝鮮本此下增：處。

〔二〕浦城有蕭先生顗 朝鮮本「顗」下增「字子莊」三字注。

〔三〕因舉龜山答廖用中書 朝鮮本「書」下增「名剛南劍人」五字注。

朱子語類卷第一百三

羅氏門人

李愿中

「李先生終日危坐，而神彩精明，略無隤墮之氣。」升卿。

「延平先生氣象好。」振。

問延平先生言行。曰：「他却不曾著書，充養得極好。凡爲學，也不過是恁地涵養將去，初無異義。只是先生睟面盎背，自然不可及。」驤〔一〕。

「李延平初間也是豪邁底人，到後來也是磨琢之功。在鄉若不異於常人，鄉曲以上底人只道他是個善人。他也略不與人說。待問了，方與說。」賀孫。

李先生少年豪勇，夜醉，馳馬數里而歸。後來養成徐緩，雖行一二三里路，常委蛇緩步，如從容室中也。問：「先生如何養？」曰：「先生只是潛養思索。」方。

「人性褊急，發不中節者，當於平日言語動作間以緩持之。持之久，則心中所發自有條理。」因說：「李先生行郊外，緩步委蛇，如在室中，不計其遠。嘗隨至人家，才相見，便都看了壁上碑文。先生俟茶罷，即起向壁立看，看了一廳碑，又移步向次壁看，看畢就坐。其所持專一詳緩如此。初性甚急，後來養成至於是也。」方。

行夫問：「李先生謂：『常存此心，勿爲事物所勝。』」先生荅之云云。頃之，復曰：「李先生涵養得自是别，真所謂不爲事物所勝者。古人云，終日無疾言遽色，他真個是如此。如尋常人去近處，必徐行；出遠處，行必稍急。先生出近處也如此，出遠處亦只如此。尋常人叫一人，叫之一二聲不至，則聲必厲；先生叫之不至，聲不加於前也。又如坐處壁間有字，某每常亦須起頭一看。若先生則不然。方其坐時，固不看也。若是欲看，則必起就壁下視之。其不爲事物所勝，大率若此。常聞先生後生時，極豪邁，一飲必數十盃。醉則好馳馬，一驟三二十里不回。後來却收拾得恁地純粹，所以難及。」道夫。

「李先生居處有常，不作費力事。所居狹隘，屋宇卑小。及子弟漸長，逐間接起，又接起廳屋。亦有小書室，然甚齊整瀟灑，安物皆有常處。其制行不異於人，亦嘗爲任希純教授延入學作職事，居常無甚異同，頹如也。真得龜山法門。亦嘗議龜山之失。」方。

「李延平不著書，不作文，頹然若一田夫野老，然又太和順了。羅仲素衣服之類亦日有定程，如黄昏如何服，睡復易。然太執。」揚。

「李先生好看論語，自明而已。謂孟子早是説得好了，使人愛看了也。其居在山間，亦殊無文字看讀辨正，更愛看春秋左氏。初學於仲素，只看經。後侯師聖來沙縣，羅邀之至，問：『伊川如何看？』云：『亦看左氏。要見曲折，故始看左氏。』」方。

或問：「近見廖子晦言，今年見先生，問延平先生『静坐』之説，先生頗不以爲然，不知如何？」曰：「這事難説。静坐理會道理，自不妨。只是討要静坐，則不可。理會得道理明透，自然是静。今人都是討静坐以省事，則不可。嘗見李先生説：『舊見羅先生説春秋，頗覺不甚好。不知到羅浮静極後，又理會得如何。』是時羅已死。某心常疑之。以今觀之，是如此。蓋心下熱鬧，如何看得道理出！須是静，方看得出。所謂静坐，只是打疊得心下無事，則道理始出；道理既出，則心下愈明静矣。」僩。

「舊見李先生云：『初問羅先生學春秋，覺説得自好。後看胡文定春秋，方知其説有未安處。』又云：『不知後來到羅浮山中静極後，見得又如何？』某頗疑此説，以爲春秋與『静』字不相干，何故須是静處方得工夫長進？後來方覺得這話好。蓋義理自有着力看不出處。然此亦是後面事，初間亦須用力去理會，始得。若只靠着静後聽他自長進，便却不得。然爲學自有許多階級，不可不知也。如某許多文字，便覺得有個喫力處，尚有這些病在。若還更得數年，不知又如何。」幹。

「李先生云：『看聖賢言語，但一蹿看過，便見道理者，却是真意思。纔着心去看，便蹉過了多。』」升卿。

「正蒙、知言之類，學者更須被他汩没。李先生極不要人傳寫文字及看此等。舊嘗看正蒙，李甚不許。然李終是短於辨論邪正，蓋皆不可無也。無之，即是少博學詳説工夫也。」方。

「李先生云：『横渠説，不須看。非是不是，只是恐先入了費力。』」方。

「李問陳幾叟借得文定傳本，用薄紙真謹寫一部。易傳亦然。」方。

「李先生云：『書不要點，看得更好。』」方。

「李先生説『一步是一步』。如説『仁者，其言也訒』，某當時爲之語云，『聖人如天覆萬物』云云。李曰：『不要如是廣説。須窮「其言也訒」前頭如何，要得一進步處。』」方。

「李先生不要人强行，須有見得處方行，所謂灑然處。然猶有偏在。灑落而行，固好。未到灑落處，不成不行！亦須按本行之，待其著察。」方。

「李先生當時說學，已有許多意思。只爲說『敬』字不分明，所以許多時無捉摸處。」方。

「李先生說：『人心中大段惡念却易制伏，最是那不大段計利害、乍往乍來底念慮，相續不斷，難爲驅除。』今看得來，是如此。」廣。

「李先生〔二〕嘗云：『人之念慮，若是於顯然過惡萌動，此却易見易除。却怕於匹似閑底事爆起來，纏繞思念將去，不能除，此尤害事。』某向來亦是如此。」賀孫。

「『必有事焉』，由此可至『君子三變』。『改過遷善』，由此可至『所過者化』，李先生說。」方。

「李先生言：『事雖紛紛，須還我處置。』」方。

「李先生有爲，只用蠱卦，但有決烈處。」方。

「李先生云：『天下事，道理多，如子瞻才智高，亦或窺得，然其得處便有病也。』」方。

問：「先生所作李先生行狀云『終日危坐，以驗夫喜怒哀樂之前氣象爲如何，而求所謂中者』，與伊川之說若不相似？」曰：「這處是舊日下得語太重。今以伊川之語格之，則其下工夫處，亦是有些子偏。只是被李先生靜得極了，便自見得是有個覺處，不似別人。今終日危坐，只是且收歛在此，勝如奔馳。若一向如此，又似坐禪入定。」賀孫。

或問：「延平先生何故驗於喜怒哀樂未發之前而求所謂中？」曰：「只是要見氣

象。〔三〕」陳後之曰：「持守良久，亦可見未發氣象。」曰：「延平即是此意。若一向這裏，又差從釋氏去。」淳。

問：「延平欲於未發之前觀其氣象，此與楊氏體驗於未發之前者，異同如何？」曰：「這個亦有些病。那『體驗』字是有個思量了，便是已發。若觀時恁著意看，便也是已發。」

問：「此體驗是著意觀？只恁平常否？」曰：「此亦是以不觀觀之。」淳。

再論李先生之學常在目前。先生曰：「只是『君子戒謹所不睹，恐懼所不聞』，便自然常存。顏子非禮勿視聽言動，正是如此。」德明。

胡氏門人

張敬夫

「近日南軒書來，不曾見說嘗讀某書，有何新得。今又與伯恭相聚，往往打入多中去也。」方。

「欽夫見識極高，却不耐事；伯恭學耐事，却有病。」升卿。

「南軒、伯恭之學皆疏略，南軒疏略從高處去，伯恭疏略從卑處去。伯恭說道理與作爲，自是兩件事。如云：『仁義道德與度數刑政，介然爲兩塗，不可相通。』他在時不曾見與某說。他死後，諸門人弟子此等議論方漸漸說出來，乃云皆原於伯恭也。」僩。

「欽夫說得高了，故先生只要得典實平易。」方。

「敬夫高明，他將謂人都似他，纔一說時，便更不問人曉會與否，且要說盡他個。故他門人，敏底祇學得他說話，若資質不逮，依舊無着摸。某則性鈍，讀書極是辛苦，故尋常與人言，多不敢爲高遠之論。蓋爲是身曾親經歷過，故不敢以是責人爾。學記曰：『進而不顧其安，使人不由其誠。』今教者之病，多是如此。」道夫。

「學者於理有未至處，切不可輕易與之說。張敬夫爲人明快，每與學者說話，一切傾倒說出。此非不可，但學者見未到這裏，見他如此說，便不復致思，亦甚害事。某則不然。非是不與他說，蓋不欲語學者以未至之理耳。」枅。

「南軒嘗言，遁悶工夫好做。」振。

「南軒說『端倪』兩字極好。此兩字，却自人欲中生出來。人若無這些個秉彝，如何思量得要做好人！」煇〔四〕。

或問：「南軒云：『行之至，則知益明；知既明，則行益至〔五〕。』此意如何？」曰：「道理固是如此。學者工夫當並進，不可推泥牽連，下梢成兩下擔閣。然二者都要用功，則成就時二者自相資益矣。」銖。

王壬問：「南軒類聚言仁處，先生何故不欲其如此？」曰：「便是工夫不可恁地。如此，則氣象促迫，不好。聖人說仁處固是緊要，不成不說仁處皆無用！亦須是從近看將去，優柔玩味，久之，自有一個會處，方是工夫。如『博學、審問、謹思、明辨、篤行』，聖人須說『博學』，如何不教人便從謹獨處做？須是說『禮儀三百，威儀三千』，始得。」雉。

問：「先生舊與南軒反覆論仁，後來畢竟合否？」曰：「亦有一二處未合。敬夫說本出胡氏。胡氏之說，惟敬夫獨得之，其餘門人皆不曉，但云當守師之說。向來往長沙，正與敬夫辨此。」可學。

問：「南軒與先生書，說『性善』者嘆美之辭，如何？」曰：「不必如此說。善只是自然純粹之理。今人多以善與惡對說，便不是。大凡人何嘗不願爲好人，而怕爲惡人？」煇〔六〕。

問：「南軒謂『動中見靜，方識此心』，如何是『動中見靜』？」曰：「『動中見靜』，便是程子所說『艮止』之意。釋氏便言『定』，聖人只言『止』。寓録云：「此段文已詳了。」敬夫却要將這個爲『見天地之心』。復是靜中見動，他又要動中見靜，却倒說了。」淳。寓同。

問：「曾看南軒論語否？」曰：「雖嘗略看，未之熟也。」曰：「南軒後來只修得此書。

如孟子，竟無工夫改。」必大〔七〕。

「南軒論語初成書時，先見後十篇，一切寫去與他説。後見前十篇，又寫去。後得書來，謂説得是，都改了。孟子説，不曾商量。」

問：「南軒解『子謂子産有君子之道四焉』，將孟子『惠而不知爲政』，立兩壁辨論，非特於本旨爲贅，且使學者又生出一事。」曰：「欽夫最不可得，聽人説話，便肯改。如論語舊説，某與議論修來，多是此類。且如他向解顔淵『克己復禮』處，須説要先格物，然後克己。某與説，克己一事，自始學至成德，若未至『從心所欲，不踰矩』、『從容中道』時，皆要克，豈可與如此説定？因作一戲語云：『譬如對先生長者聽其格言至論，却嫌他説得未盡，云我更與他添些令盡。』彼當時聞此語，即相從，除却先要格物一段。不意今又添出『自始學至成德皆要克』一段。此是某攻他病底藥，病去，則藥自不用可也。今又更留取藥在，却是去得一病，又留取一病在。又如『述而不作』處，他元説〔八〕先云：『彼老彭者何人哉？而反使吾夫子想像慕用！』某與説，此譬如吾夫子前面致恭盡禮於人，而吾輩乃奮怒攘臂於其後。他聞説即改，此類甚衆。若孟子，則未經修，爲人傳去印了，彼亦自悔。出仕後不曾看得文字，未及修孟子而卒。蓋其間有大段害事者，如論性善處，却着一片説入太極來，此類頗多。」大雅云：「此書却好把與一般頽闒者看，以作其喜學之意。」曰：「此亦吕伯恭教人看上蔡語録之意。但既與他看了，候他稍知趨嚮，便與醫了，則得。」大雅。

「南軒語、孟，某嘗説他這文字不好看。蓋解經不必做文字，止合解釋得文義通，則理自明，意自足。今多去上做文字，少間説來説去，只説得他自一片道理，經意却蹉過了。要之，經之於理，亦猶傳之於經。傳，所以解經也，既通其經，則傳亦可無；經，所以明理也，若曉得理，則經雖無，亦可。嘗見一僧云：『今人解書，如一盞酒，本自好，被這一人來添些水，那一人來又添些水，次第添來添去，都淡了。』他禪家儘見得這樣，只是他又忒無注解。」

問：「陸氏之學，恐將來亦無注解去。」曰：「他本只是禪。」榦問：「嘗看文字，多是虛字上無緊要處最有道理。若做文字，粗疏解，這般意思，却恐都不見了。」曰：「然。且如今説『秉彝』，這個道理却在『彝』字上『秉』字下。所以莊子謂『批大郤，導大窾』，便是道理都在空處。如易中説『觀其會通，以行其典禮』，通便是空處。行得去，便是通；會，便是四邊合湊來處。」問：「莊子云：『聞解牛，得養生。』如何可以養生？」曰：「只是順他道理去，不假思慮，不去傷着它，便可以養生。」又曰：「不見全牛，只是見得骨骼自開。」問：「莊子此意如何？」曰：「也是他見得個道理如此。」問：「他本是絶滅道理，如何有所見？」曰：「他也是就他道理中見得如此。」因歎曰：「天下道理，各見得恁地，剖析開去，多少快活！若只鶻突在裏，是自欺而已！」又問：「老子云『三十幅共一轂，有之以爲利，無之以爲用』，亦是此意否？」曰：「某也政謂與此一般。便也是他看得到這裏。」榦。

林艾軒在行在，一日訪南軒，曰：「程先生語録，某却看得；易傳，看不得。」南軒曰：「何故？」林曰：「易有象數，伊川皆不言，何也？」南軒曰：「孔子説易不然。易曰：『公用射隼于高墉之上，獲之無不利。』如以象言，則公是甚？射是甚？隼是甚？高墉是甚？聖人止曰：『隼者，禽也；弓矢者，器也；射之者，人也。君子藏器於身，待時而動，何不利之有！』」振。

龍泉簿范伯崇寄書來云：「今日氣象，官無大小，皆難於有爲。蓋通身是病，無下藥處耳。安得大賢君子，正其根本，使萬目具舉，吾民得樂其生耶！嚴陵之政，遠近能言之。蓋惻隱之心發於誠然，加之明敏，何事不立？」方。

「上初召魏公，先召南軒來。某亦赴召至行在，語南軒云：『湯進之不去，事不可爲。莫擔負了他底，至於敗事！』某待得見魏公時，親與之説。度住不得，一二日去矣。及魏公來，湯左相、張右相，都不可商量事。同進同退，獨與上商量又不得。上又要商量，但時召南軒入，往來傳言，與魏公商量。一日，召南軒，上在一幄中，外無一人，説話甚欵。南軒開陳臨安不可居，乞且移蹕建康，然宮禁左右且少帶人，又百司之類，亦且帶緊要底去。上曰：『朕獨行，后妃宮禁之類，全不帶一人去。臨安淫侈之甚，如何居！』南軒祝上未須與人説，相將又譖。上曰：『待朕取一文字與卿看。』上顧左右無人使，遂曰：『卿且待。』上自起去取。南軒見幄外皆是宫人，深懼所言皆爲彼聞之矣。少頃，上來，忘其文字。其後與宰相議用兵事，湯固力爭。上曰：『朕旦夕親往建康。』未幾，外面鬨鬨地，謂上往建康。南軒見上問云：『陛下嘗祝臣勿言。聞陛下對宰執言之，何也？』上曰：『被他撓人，故以此激之。』意思如此，記不全。南軒出入甚親密，滿朝忌之。一日，往見周葵，政府諸人在，次第遂報南軒來。周指之曰：『吾輩進退，皆在此郎之手。』是時南軒少年，又處得地位不是，而人情皆如此，何以成得事？南軒亦間至太上處理會事之類，太上曰：『尚記得卿父娶時如何事，卿今如此。』南軒奏邊事並不可和之意，太上亦順應之。臨辭去，乃曰：『與卿父說，不如和好。』湯在相位時，有御札出來罵，亦有『秦檜不如』之語。然竟用之，不可曉，恐是太上意。上因廣西買馬事之類，甚向南軒，諸公已忌之。後到荆南，趙雄事事沮之，不可爲矣。」先生又言：「近有誰説，在荆南時，司天奏相星在楚地，甚明。上曰：『張栻當之。』人愈忌之。」揚。

「南軒再召時，論今日自是當理會恢復。然不如此理會，須是云云，有劄子。上大喜，次日降出劄子，御批：『恢復須是如此理會。』即除侍講，云：『且得直宿時，與卿説話。』虞允文、趙雄之徒不喜，遂沮抑之。」揚。

「南軒自魏公有事後，在家凡出入人事之類，必以兩轎同其弟出入。」揚。

議南軒祭禮，曰：「欽夫信忒猛，又學胡氏云云，有一般没人情底學問。嘗謂欽夫曰：『改過不吝，從善如流，固好。然於事上也略審覆行，亦何害？』」南軒只以魏公繼室配，又以時祭廢俗祭，某屢言之。伯羽。

因說南軒爲人作文序，曰：「欽夫無文字不做序。」淳。

「南軒從善之亟。先生嘗與閑坐立，所見什物之類放得不是所在，並不齊整處，先生謾言之；雖夜後，亦即時令人移正之。」揚。

「『春風駘蕩家家到，天理流行事事清。』此南軒題桃符云爾，擇之譏之。」方。

「欽夫言：『老子云『不善人，善人之資；善人，不善人之師』，與孔子『見賢思齊，見不賢内省』之意不同。爲老子不合有資之之意，不善也。』」方。

校勘記

〔一〕驤　朝鮮本作：道夫。

〔二〕李先生　朝鮮本作：延平先生。

〔三〕氣象　朝鮮本止此。此下内容單作一則語録，末尾記録者作：升卿。

〔四〕煇　朝鮮本作：晦夫。

〔五〕則行益至　「至」，朝鮮本作「進」。

〔六〕煇　朝鮮本作：晦夫。

〔七〕必大　朝鮮本作：伯豐。

〔八〕元説　朝鮮本此下增：且。

朱子語類卷第一百四

朱子一

自論爲學工夫

「某少時讀四書，甚辛苦。諸公今讀時，又較易做工夫了。」敬仲。以下讀書。

「後生家好著些工夫，子細看文字。某向來看大學，猶病於未子細，如今愈看，方見得精切。」因説：「前輩諸先生長者説話，於大體處固無可議；若看其他細碎處，大有工夫未到。」木之〔一〕。

「某自丱角讀論、孟，自後欲一本文字高似論、孟者，竟無之。」友仁。

「某十數歲時讀孟子言『聖人與我同類者』，喜不可言，以爲聖人亦易做，今方覺得難。」揚。

「某舊時看文字，一向看去，一看數卷，全不曾得子細，於義理之文亦然，極爲病。今日看中庸，只看一段子。」揚。

「讀書須純一。如看一般未了，又要般涉，都不濟事。某向時讀書，方其讀上句，則不知有下句；讀上章〔二〕，則不知有下章。讀中庸，則祇讀中庸；讀論語，則祇讀論語。一日祇看一二章，將諸家説看合與不合。凡讀書到冷淡無味處，尤當著力推考。」道夫。

「讀書須讀到不忍捨處，方是見得真味。若讀之數過，略曉其義即厭之，欲別求書看，則是於此一卷書猶未得趣也。蓋人心之靈，天理所在，用之則愈明。只提醒精神，終日著意，看得多少文字，窮得多少義理。徒爲懶倦，則精神自是憒憒，只恁昏塞不通，可惜！某舊日讀書，方其讀論語時，不知有孟子；方讀學而第一，不知有爲政第二。今日看此一段，明日且更看此一段，看來看去，直待無可看，方換一段看。如此看久，自然洞貫，方爲浹洽。時下雖是鈍滯，便一件了得一件，將來却有盡理會得時。若撩東劄西，徒然看多，事事不了，日暮途遠，將來荒忙不濟事。舊見李先生説『理會文字，須令一件融釋了後方更理會一件』。『融釋』二字下得極好。此亦伊川所謂『今日格一件，明日又格一件，格得多後，自脱然有貫通處』。此亦是他真曾經歷來，便説得如此分明。今若一件未能融釋，而又欲理會一件，則第二件又不了。推之萬事，事事不了，何益？」大雅。

「某是自十六七時下工夫讀書，彼時四畔皆無津涯，只自恁地硬著力去做。至今日雖不足道，但當時也是喫了多少辛苦，讀了書。今人卒乍便要讀到某田地，也是難。要須積累著力方可。某今老而將死，所望者，但願朋友勉力學問而已。」道夫。

器之問野有死麕。曰：「讀書之法，須識得大義，得他滋味。沒要緊處，縱理會得也無益。大凡讀書，多在諷誦中見義理。況詩又全在諷誦之功，所謂『清廟之瑟，一倡而三嘆』，一人唱之，三人和之，方有意思。又如今詩曲，若只讀過，也無意思，須是歌唱起來方見好處〔三〕。」因說：「讀書須是有自得處，到自得處，說與人也不得。某舊讀『仲氏任只，其心塞淵，終溫且惠，淑慎其身。先君之思，以勗寡人』、『既破我斧，又闕我斨。周公東征，四國是皇。哀我人斯，亦孔之將』、伊尹曰『先王肇修人紀，從諫弗咈，先民時若，居上克明，爲下克忠，與人不求備，檢身若不及，以至于有萬邦，茲惟艱哉』如此等處，直爲之廢卷慨想而不能已。覺得朋友間看文字，難得這般意思。某二十歲前後，已看得書大意如此，如今但較精密。日月易得，匆匆過了五十來年。」木之。

謂器之看詩病於草率，器之云：「如今將先生數書循環看去。」曰：「都讀得了，方可循環再看。如今讀一件書，須是真個理會得這一件了，方可讀第二件；讀這一段，須是理會得這一段了，方可讀第二段。少間漸漸節次看去，自解通透。只五年間，可以讀得經子諸書，迤邐〔四〕去看史傳，無不貫通。韓退之所謂『沈潛乎訓義，反復乎句讀』，須有沈潛反覆之功方得。所謂『審問之』，須是表裏内外無一毫之不盡，方謂之審。恁地竭盡心力，猶有見未到處，却不奈何。如今人不曾竭盡心力，只見得三兩分了，便草草揭過，少間只是鶻突無理會，枉著日月，依舊似不曾讀相似。只如韓退之、老蘇作文章，本自没要緊事，然他大段用功，少間方會漸漸掃去那許多鄙俗底言語，換了個心胸，説這許多言語出來。如今讀書，須是加沈潛之功，將義理去澆灌胸腹，漸漸盪滌去那許多淺近鄙陋之見，方會見識高明。」因説：「讀詩惟是諷誦之功，上蔡亦云『詩須是謳吟諷誦以得之』。某舊時讀詩，也只先去看許多注解，少間却被惑亂。後來讀至半了，却只將詩來諷誦至四五十過，已漸漸得詩之意，却去看注解，便覺減了五分以上工夫。更從而諷誦四五十過，則胸中判然矣。」因説：「如今讀書，多是不曾理會得一處通透了，少間却多牽引前面疑難來説，此最學者大病。譬如一個官司，本自是鶻突了，少間又取得許多鶻突底證見來證對，却成一場無理會去，又有取後面未曾理會底來説。却似如今只來建陽縣，猶自未見得分曉，却又將建寧府與南劍州事來説，如何説得行？少間弄來弄去，只是胡説瞞人。有人説話如此者，某最怕之。説甲未了，又纏向乙上去；説乙未了，又纏向丙上去；無一句著實。正如斜風雨相似，只管吹將去，無一點著地。敢有終日與他説，不曾判斷得一件分曉，徒費氣力耳。」木之。

先生因與朋友言及易，曰：「易非學者之急務也。某平生也費了些精神理會易與詩，然其得力則未若語、孟之多也，易與詩中所得似雞肋焉。」壯祖。〔五〕

問：「近看胡氏春秋，初無定例，止説歸忠孝處，便爲經義，不知果得孔子意否？」曰：「某嘗説：詩、書是隔一重兩重説，易、春秋是隔三重四重説。春秋義例、易爻、象雖是聖人立下，今説者用之，各信己見，然於人倫大綱皆通，但未知曾得聖人當初本意否？且不如讓渠如此説，且存取大意，得三綱五常不至廢墜足矣。今欲直得聖人本意不差，未須理會經，先須於論語、孟子中專意看他，切不可忙。虛心觀之，不須先自立見識，徐徐以俟之，莫立課程。某二十年前得上蔡語録觀之，初用銀朱畫出合處；及再觀，則不同矣〔六〕，乃用粉筆；三觀，則又用墨筆。數過之後，則全與元看時不同矣。大抵老兄好去難處用工，不肯向平易處用工，故見如此難進，今當於平易處用工。」大雅。

「讀書貪多，最是大病，下梢都理會不得。若到閑時無書讀時，得一件書看，更子細。某向爲同安簿滿，到泉州候批書，在客邸借文字，只借得一册孟子，將來子細讀，方尋得本意見。看他初間如此問，又如此答；待再問，又恁地答。其文雖若不同，自有意脈，都相貫通；句句語意，都有下落。」賀孫。

「看文字，却是索居獨處好用功夫，方精專，看得透徹，未須便與朋友商量。某往年在同安日，因差出體究公事處，夜寒不能寐，因看得子夏論學一段分明。後官滿，在郡中等批書，已遣行李，無文字看，於館人處借得孟子一册熟讀，方曉得『養氣』一章語脈。當時亦不暇寫出，只逐段以紙簽簽之云此是如此說，簽了便看得更分明。後來其間雖有修改，不過是轉换處，大意不出當時所見。如謾人底議論，某少年亦會說，只是終不安，直到尋個慤實處方已。」僴。

「某舊年思量義理未透，直是不能睡。初看子夏『先傳後倦』一章，凡三四夜窮究到明，徹夜聞杜鵑聲。」過。

問：「嘗聞先生爲學者言：『讀書，須有個悦處方進。』先生又自言：『某雖如此，屢覺有所悦。』」因稟曰：「此先生進德日新工夫，不知學者如何到得悦處？」曰：「亦只是時習，時習故悦。」德明。

「某嘗說，看文字須似法家深刻，方窮究得盡，某直是下得工夫。」義剛。

「某舊時讀書，專要揀好處看，到平平泛泛處多闊略，後多記不得，自覺也是一個病。今有一般人看文字，却只摸得些查滓，到有深意好處却全不識。」此因有獻易說，多失伊川精意而言。賀孫。

「凡看文字，諸家說異同處最可觀。某舊日看文字，專看異同處。如謝上蔡之說如彼，楊龜山之説如此，何者爲得，何者爲失，所以爲得者是如何，所以爲失者是如何。」學蒙。

「某尋常看文字都曾疑來。如上蔡觀復堂記、文定答曾吉甫書皆曾把做孔、孟言語一般看，久之，方見其未是。每一次看透一件，便覺意思長進。不似他人只依稀一見，謂其不似，便不復看；不特不見其長處，亦不見其短處。」僩。

「某尋常見是人文字，未嘗敢輕易，亦恐有好處，鞭著工夫看它。」僩。

「某所以讀書自覺得力者，只是不先立論〔七〕。」方子。

「某自十五六時至二十歲，史書都不要看，但覺得閑是閑非没要緊，不難理會，大率才看得此等文字有味，畢竟粗心了。吕伯恭教人看左傳，不知何謂。」履孫。

「學者難得，都不肯自去著力讀書。某登科後要讀書，被人横截直截，某只是不管，一面自讀。」顧文蔚曰：「且如公有誰鞭辟？畢竟是自要讀書。」文蔚。

「看道理，若只恁地説過一遍便了，則都不濟事，須是常常把來思量始得。看過了後，無時無候，又把起來思量一遍。十分思量不透，又且放下，待意思好時，又把起來看。恁地，將久自然解透徹。延平先生嘗言：『道理須是日中理會，夜裏却去静處坐地思量，方始有得。』某依此説去做，真個是不同。」義剛。以下窮理。

或問〔八〕：「先生謂『講論固不可無，須是自去體認』。如何是體認？」曰：「體認是把那聽得底自去心裏重複思量過。伊川曰：『時復思繹，浹洽於中，則説矣。』某向來從師，一日間所聞説話，夜間如温書一般，字字子細思量過。才有疑，明日又問。」廣。

問「必有事焉〔九〕，而勿正，心勿忘，勿助長」。曰：「此亦只是爲公孫丑不識『浩然之氣』，故教之養氣工夫緩急〔一〇〕，云不必太急，不要忘了，亦非教人於無著摸處用工也。某舊日理會道理，亦有此病。後來李先生説，令去聖經中求義。某後刻意經學，推見實理，始信前日諸人之誤也。」大雅。

器之問：「嘗讀孟子『求放心』章，今每覺心中有三病：籠統不專一，看義理每覺有一重似簾幙遮蔽，又多有苦心不舒快之意。」曰：「若論求此心放失，有千般萬様病，何止於三？然亦别無道理醫治，只在專一。果能專一則静，静則明，明則自無遮蔽；既無遮蔽，須自有舒泰寬展處。這也未會如此，且收斂此心專一，漸漸自會熟，熟了自有此意。看來百事只在熟。且如百工技藝，也只要熟，熟則精，精則巧。」器之又問：「先生往時初學，亦覺心有不專一否？」曰：「某初爲學，全無見成規模，這邊也去理會尋討，那邊也去理會尋討。向時諸前輩每人各是一般説話，後來見李先生，李先生較説得有下落，説得較縝密。若看如今，自是有見成下工夫處。看來須是先理會個安著處，譬如人治生，也須先理會個屋子，安著身己，方始如何經營，如何積累，漸漸須做成家計。若先未有安著身己處，雖然經營，畢竟不濟事。爲學者不先存此心，雖説要去理會，東東西西，都自無安著處。孟子所以云收放心，亦不是説只收放心便了。收放心，且收斂得個根基，方可以做工夫。若但知收放心，不做工夫，則如近日江西所説，則是守個死物事。故大學之書須教人格物致知以至於誠意、正心、修身、齊家、治國、平天下，節節有工夫〔一一〕。」賀孫〔一二〕。

「某所得處甚約，只是一兩切要句上，却日夜就此一兩句上用意玩味，胸中自是灑落。」又云：「放心不必是走在別處去，但一劄眼間便不見，才覺得又便在面前，不是難收拾。自去提撕，便見得是如此。」佫。〔一三〕

「近日已覺向來説話太支離處，反身以求，正坐自己用功亦未切耳。因此減去文字功夫，覺得閑中氣象甚適。每勸學者亦且看孟子『道性善』、『求放心』兩章，著實體察收拾爲要。其餘文字且大概諷誦涵詠，未須大段著力考索也。」

「舊在湖南理會乾、坤，乾是先知，坤是踐履，上是『知至』，下是『終之』，却不思今只理會個知，未審到何年月方理會『終之』也。是時覺得無安居處，常恁地忙。又理會動靜，以爲理是靜，吾身上出來便是動，却不知未發念慮時靜，應物時動。靜而理感亦有動，動時理安亦有靜。初尋得個動靜意思，其樂甚乖，然却一日舊似一日。當時看明道答横渠書自不入也。」方。

「舊來失了此物多時，今收來尚未便入腔窠，但當盡此生之力而後已。」自謂云爾。方。

「今日學者不長進，只是『心不在焉』。嘗記少年時在同安，夜聞鐘鼓聲，聽其一聲未絕，而此心已自走作，因此警懼，乃知爲學須是專心致志。」又言：「人有一正念，自是分曉。又從旁別生一小念，漸漸放闊去，不可不察。」德明。

「這道理須是見得是如此了，驗之於物又如此，驗之吾身又如此，以至見天下道理皆端的如此了方得。如某所見所言，又非自會説出來，亦是當初於聖賢與二程所説推之，而又驗之於己，見得真實如此。」道夫。

「劉晏見錢流地上，想是他計較得熟了如此。某而今看聖人説話，見聖人之心成片價從面前過。」胡泳。

「某尋常莫説前輩，只是長上及朋友稍稍説道理底，某便不敢説他説得不是，且將他説去研究。及自家曉得，却見得他底不是。某尋常最居人後。」又曰：「尋常某最得此力。」節。

「初師屏山、籍溪，籍溪學於文定，又好佛、老。以文定之學爲論治道則可，而道未至，然於佛、老亦未有見。屏山少年能爲舉業，官莆田，接塔下一僧，能入定數日。後乃見了老，歸家讀儒書〔一四〕，以爲與佛合，故作聖傳論。其後屏山先亡，籍溪在。某自見於此道未有所得，乃見延平。」可學（一五）。論傳授。

或說：「象山說：『克己復禮』不但只是欲克去那利欲忿懥之私，只是有一念要做聖賢，便不可。」曰：「此等議論恰如小兒則劇一般，只管要高去，聖門何嘗有這般說話。人要去學聖賢，此是好底念慮，有何不可？若以爲不得，則堯舜之『兢兢業業』、周公之『思兼三王』、孔子之『好古敏求』、顏子之『有爲若是』、孟子之『願學孔子』之念皆當克去矣。看他意思只是禪。誌公云：『不起纖毫修學，心無相光中常自在。』他只是要如此，然豈有此理？只如孔子答顏子『克己復禮爲仁』。據他說時，只這一句已多了，又況有下頭一落索。只是顏子才問仁，便與打出方是。及至恁地說他，他又却諱。某嘗謂，人要學禪時，不如分明去學他禪和一棒一喝便了。今乃以聖賢之言夾雜了說，都不成個物事。道是龍，又無角；道是蛇，又有足。子靜舊年也不如此，後來弄得直恁地差異。如今都教壞了後生，個個不肯去讀書，一味顛蹷沒理會處，可惜！可惜！正如荀子不睹是，逞快胡罵亂罵，教得個李斯出來，遂至焚書坑儒。若使荀卿不死，見斯所爲如此，必須自悔。使子靜今猶在，見後生輩如此顛蹷，亦須自悔其前日之非。」又曰：「子靜說話，常是兩頭明，中間暗。」或問：「暗是如何？」曰：「是他那不說破處，他所以不說破，便是禪。所謂『鴛鴦繡出從君看，莫把金針度與人』，他禪家自愛如此。某年十五六時，亦嘗留心于此。一日在病翁所會一僧（一六），與之語，其僧只相應和了説，也不説是不是，却與劉説，某也理會得個昭昭靈靈底禪。劉後説與某，某遂疑此僧更有要妙處在，遂去扣問他，見他説得也煞好。及去赴試時，便用他意思去胡説。是時文字不似而今細密，由人粗説，試官爲某説動了，遂得舉。時年十九。後赴同安任，時年二十四五矣，始見李先生。與他説，李先生只説不是。某却倒疑李先生理會此未得，再三質問。李先生爲人簡重，却不甚會説，只教看聖賢言語。某遂將那禪來權倚閣起，意中道禪亦自在，且將聖人書來讀。讀來讀去，一日復一日，覺得聖賢言語漸漸有味。却回頭看釋氏之説，漸漸破綻罅漏百出。」廣。

問擇之云：「先生作延平行狀〔一七〕，言『默坐澄心，觀四者未發已前氣象』，此語如何？」曰：「先生亦自説有病。」後復以問。先生云：「學者不須如此。某少時未有知，亦曾學禪，只李先生極言其不是，後來考究竟〔一八〕，却是這邊味長。才這邊長得一寸，那邊便縮了一寸，到今銷鑠無餘矣，畢竟佛學無是處。」德明〔一九〕。

「某舊時亦要無所不學，禪、道、文章、楚詞、詩、兵法，事事要學，出入時無數文字，事事有兩册。一日忽思之曰：『且慢，我只一個渾身，如何兼得許多。』自此逐時去了〔二〇〕。大凡人知個用心處，自無緣及得外事。」揚。

「某自十四五歲時，便覺得這物事是好底物事，心便愛了。」

「某不敢自昧，實以銖累寸積而得之。」方子〔二一〕。

「與范直閣説『忠恕』，是三十歲時書，大概也是。然説得不似，而今看得又較别。」淳。

「三十年前長進，三十年後長進得不多。」僩。

「某今且勸諸公屏去外務，趲工夫專一去看這道理。某年二十餘已做這工夫，將謂下梢理會得多少道理。今忽然有許多年紀，不知老之至此，也只理會得這些子。歲月易得蹉跎，可畏如此。」賀孫。

因言讀書用功之難：「諸公覺得大故淺近，不曾著心。某舊時用心甚苦，思量這道理，如過危木橋子，相去只在豪髮之間，才失脚便跌落下去，用心極苦。五十歲已後，覺得心力短，看見道理只爭絲髮之間，只是心力把不上，所以大學、中庸、語、孟諸文字皆是五十歲已前做了。五十已後，長進得甚不多。而今人看文字，全然心粗，未論説道理，只是前輩一樣文士亦是用幾多工夫方做得成，他工夫更多。若以他這心力移在道理上，那裏得來。如韓文公答李翊一書與老蘇上歐陽公書，他直如此用工夫，未有苟然而成者。歐陽公則就作文上改换，只管揩磨，逐旋捱將去，久之漸漸揩磨得光。老蘇則直是心中都透熟了，方出之於書。看他門用工夫更難，可惜，若移之於此，大段可畏。看來前輩以至敏之才而做至鈍底工夫，今人以至鈍之才而欲爲至敏之工夫，涉獵看過，所以不及古人也。故孔子曰『參也魯』，須是如此做工夫始得。」僩。

「讀書須是虚心方得〔二二〕。他聖人説一字是一字，自家只平著心去秤停他，都不使得一豪杜撰，只順他去。某向時也杜撰説得，終不濟事。如今方見得分明，方見得聖人一言一字不吾欺。只今六十一歲，方理會得恁地。若或去年死，也則枉了。自今夏來，覺見得纔是聖人説話，也不少一個字，也不多一個字，恰恰地好，都不用一些穿鑿。莊子云：『吾與之虚而委蛇，』既虚了，又要隨他曲折恁地去。今且與公説個様子，久之自見。今人大抵偪塞滿胸，有許多伎倆，如何便得他虚？亦大是難。分明道『知至而後意誠』，蓋知未至，雖見人説，終是信不過。今説格物，且只得一件兩件格將去，及久多後，自然貫通信得。」道夫。

「某覺得今年方無疑。」伯羽。

「理會得時，今老而死矣，能受用得幾年？然十數年前理會不得，死又却可惜。」士毅。丙辰冬。〔二三〕

先生多有不可爲之歎，漢卿曰：「前年侍坐，聞先生云『天下無不可爲之事，兵隨將轉，將逐符行』，今乃謂不可爲。」曰：「便是這符不在自家手裏。」或謂漢卿多禪語，賀孫因云：「前承漢卿教訓，似主静坐澄清之語。漢卿云：味道煞篤實云云〔二四〕。」先生曰：「静坐自是好，近得子約書云『須是識得喜怒哀樂未發之本體』，此語儘好。」漢卿又問：「前年侍坐，所聞似與今別。前年云『近方看得這道理透〔二五〕。若以前死，却亦是枉死了』，今先生忽發歎，以爲只如此不覺老了。還當以前是就道理說，今就動業上說？」先生曰：「不如此，自是覺得無甚長進，於上面猶覺得隔一膜。」又云：「於上面但覺透得一半。」賀孫〔二六〕。

「某當初講學，也豈意到這裏？幸而天假之年，許多道理在這裏，今年頗覺勝似去年，去年勝似前年。」夔孫。

「某老矣，無氣力得說。時先生病，當夜說話，氣力比常時甚微。看也看不得了，行也行不盡了，說也說不辦了，諸公勉之。」僩。

敬子舉先生所謂「傳命之脈」及佛氏「傳心」、「傳髓」之說。曰：「便是要自家意思與他爲一，若心不在上面，書自是書，人自是人，如何看得出？孔子曰『吾十有五而志于學』，只十五歲時便斷斷然以聖人爲志矣。」二程自十五六時，便脫然欲學聖人。僩。

「周敬王四十一年壬戌，孔子卒，至宋慶元三年丁巳，一千六百七十六年。」先生是年正旦書於藏書閣下東楹。人傑〔二七〕。

「人之血氣固有强弱，然志氣則無時而衰。苟常持得這志，縱血氣衰極，也不由他。如某而今如此老病衰極，非不知每日且放晚起以養病，但自是心裏不穩，只交到五更初，便自睡不著了。雖欲勉强睡，然此心已自是個起來底人，不肯就枕了。以此知人若能持得這個志氣定，不會被血氣奪。凡爲血氣所移者，皆是自棄自暴之人耳。」僩。以下雜記。

先生患氣痛、脚弱、泄瀉，或勸晚起。曰：「某自是不能晚起，雖甚病，纔見光，亦便要起，尋思文字。纔稍晚，便覺似宴安鴆毒，便似個懶墮底人，心裏便不安。須是早起了，却覺得心下鬆爽。」僩。

「某氣質有病，多在忿懥。」閎祖。

因語某人好作文，曰：「平生最不喜作文，不得已爲人所託乃爲之。自有一等人樂於作詩，不知移以講學，多少有益。」符舜功曰：「趙昌父前日在此好作詩，與之語道理，如水投石。」可學。

「戊辰年省試出『剛中而應』，或云：『此句凡七出。』某將彖辭暗地默數，只有五個，其人堅執。某又再誦再數，只與說：『記不得，只記得五出，且隨某所記行文。』已而出院檢本，果五出耳。又云：『只記得大象，便畫得卦。』」銖。

先生每得未見書，必窮日夜讀之，嘗云：「向時得徽宗實録，連夜看，看得眼睛都疼。」一日得韓南澗集，一夜與文蔚同看，倦時令文蔚讀聽，至五更盡卷。曰：「一生做詩，只有許多。」文蔚。

校勘記

〔一〕木之　「木」原作「本」，據朝鮮本、萬曆本改。

〔二〕讀上章　朝鮮本「讀」上有「方其」二字。

〔三〕須是歌唱起來方見好處　「唱」字原脱，據朝鮮本補。

〔四〕迤邐　朝鮮本此下增：透。

〔五〕壯祖　朝鮮本作：處謙。

〔六〕則不同矣　「同」，朝鮮本作「罔」。

〔七〕只是不先立論　朝鮮本「論」下有「且尋句内意隨文解義」九字。

〔八〕或問　朝鮮本此則内容爲小字，段首增小字：按輔廣録同而少異，今附云。此前增一節文字爲正文，作：「講論自是講論，須是將來自體驗。說一段過又一段補。某向來從師，一日説話，晚頭如温書一般，須子細看過。有疑，則明日又問。」問：「士毅尋常讀書，須要將説心處將自體之以心，言處事處推之以事，隨分量分曉，方放過，莫得體驗之意否？」先生曰：「亦是。」又曰：「體驗是自心裏暗自講量一次。」

〔九〕問必有事焉　朝鮮本「問」下有「孟子」二字。

〔一〇〕緩急　朝鮮本此下增：爾。

〔一一〕節節有工夫　朝鮮本「工夫」下另有十八字，云：「器之看文字見得快，叔蒙亦看得好，與前不同。」

〔一二〕賀孫　朝鮮本末尾記録者姓名作：公謹。

〔一三〕恪　朝鮮本卷一一六有詳細語録，包含此則内容，今附如下：洪慶將歸，先生召入與語。出洪慶前所問卷子，示曰：「議論也平正。兩日來反覆爲看所説者，非不是；但其中言語多似不自胸中流出，原其病只是淺耳，故覺見枯燥，不甚條達。合下原頭欠少工夫。今先須養其源，始得。此去且存養，要這個道理分明常在這裏，久自有覺；覺後，自是此物洞然通貫圓轉。」乃舉孟子「求放心」、「操則存」兩節，及明道先生語録中「聖賢教人千言萬語，下學上達」一條云：「自古聖賢教人，也只就這理上用功。所謂放心者，不是走作向别處去。蓋一瞬目間便不見，才覺得便又在面前，不是苦難收拾。公且自去提撕，便見得是如此。」又曰：「如今要下工夫，且須端莊存養，獨觀昭曠之原，不須枉費工夫，鑽紙上語。待存養得此中昭明洞達，自覺無許多窒礙。恁時方取文字來看，則自然有意味，道理自然透徹，遇事時自然迎刃而解，皆無許多病痛。此等語，不欲對諸人説，恐他不肯去看文字，又不實了。且教他看文字，撞來撞去，將來自有撞著處。公既年高，又做這般工夫不得，若不就此上面著緊用工，恐歲月悠悠，竟無所得。」又曰：「近來學者，如漳、泉人物，於道理上發得都淺，卻是作文時，文采發越粲然可觀；謂堯卿至之。浙間士人又卻好就道理上壁角頭著工夫，如某人輩，子善、叔恭。恐也是風聲氣習如此。」又云：「今之學者有三樣人才：一則資質渾厚，卻於道理上不甚透徹；一則盡理會得道理，又生得直是薄；一則資質雖厚，卻飄然說得道理儘多，又似承當不起。要個恰好底，難得。此間卻有一兩個朋友理會得好。如公資質如此，何不可爲？只爲源頭處用工較少，而今須吃緊著意做取。尹和靖在程門直是十分鈍底，被他只就一個『敬』字上做工夫，終被他做得成。」因說及陳後之、陳安卿二人，爲學頗得蹊徑次第。又曰：「顏子與聖人不爭多，便是聖人地位。但顏子是水初平，風浪初靜時；聖人則是水已平，風恬浪靜時。」又曰：「爲學之道，須先存得這個道理，方可講究。若居處必恭，執事必敬，與人必忠。要如顏子，直須就視聽言動上警戒到復禮處。仲弓『出門如見大賓，使民如承大祭』，是無時而不主敬。如今亦不須較量顏子、仲弓如何會如此？只將他那事，就自家切己處便做他底工夫，然後有益。」又曰：「爲學之道，如人耕種一般，先須辦了一片地在這裏了，方可在上耕種；今卻就別人地上鋪排許多種作底物色，這田地元不是我底。又如人作商：亦須先安排許多財本，方可運動；若財本不贍，則運動未得。到論道處，如說水，只說是冷，不能以『不熱』字說得；如說湯，只說是熱，不能以『不冷』字說得。又如飲食，吃著酸底，便知是酸底；吃著鹹底，便知是鹹底；始得。」語多不能盡記，姑述其大要者如此。訓洪慶。按林恪亦録此條，前略而後異，今附云：「石子餘將告歸，先生留飯，飯罷，召入與語，將子餘問目出，曰：『兩日反覆與公看，見得公所說非是不是，其病痛處只是淺耳。淺，故覺得枯燥，不恁條達，只源頭處元不曾用工夫來。今須是整肅主一，存養得這個道理分明，常在這裏。持之已久，自然有得，看文字自然通徹，遇事自然圓轉，不見費力。』乃舉孟子『學問之道無它，求其放心而已矣』，『操則存，舍則亡，出入無時，莫知其鄉』二節，及明道語録『聖賢千言萬語，只是欲人將已放之心約之使反復入身來，下學而上達』，云：『自古賢聖教人，只是就這個道理上用功。放心，不是走作別處去。一劄眼間即便不見，才覺便又在面前，不是難收拾。公自去提撕，便見得。今要下工夫，且獨觀昭曠之原，不須枉用工夫，鑽紙上語。存得此中昭明條暢，自覺無許多窒礙，方取文字來看，便見有味。道理通透，遇事則迎刃而解，無許多病痛。然此等語，不欲對諸公説。且教他自用工夫，撞來撞去，自然撞著。公既年高，若不如此下工夫，恐悠悠歲月，竟無所得。』又云：『某少時爲學。十六歲便好理學，十七歲便有如今學者見識。後得謝顯道論語，甚喜，乃熟讀。先將朱筆抹出語意好處；又熟讀得趣，覺見朱抹處太煩，再用墨抹出；又熟讀得趣，別用青筆抹出；又熟讀得其要領，乃用黄筆抹出。至此，自見所得處甚約，只是一兩句上。卻日夜就此一兩句上用意玩味，胸中自是灑落。』」

〔一四〕歸家讀儒書　朝鮮本「讀」下有「誦」字。

〔一五〕可學　朝鮮本「可」上有五十二字注文，云：「辛亥四月初四日臨漳設廳，夜侍坐，因問傳授之由，親見説。是時祭風師散齋。清源陳易厚之、南康周弼舜弼、九江蔡念誠元思共聞之。」

〔一六〕一日在病翁所會一僧　朝鮮本「病」上有「劉」字。

〔一七〕先生作延平行狀　朝鮮本「延平」下有「李先生」三字。

〔一八〕後來考究竟　「竟」字原脱，據朝鮮本補。

〔一九〕德明　朝鮮本「德」上有二十八字注文，云：「某辛亥年夏時，先生自漳州歸，到惠安泗州，夜侍坐，論儒釋，其答亦如此。」

〔二〇〕自此逐時去了　「了」原作「子」，據萬曆本改。

〔二一〕方子　朝鮮本作：公謹。

〔二二〕讀書須是虚心方得　朝鮮本「讀」上有「大抵」二字。

〔二三〕朝鮮本作：按丙辰冬語。

〔二四〕味道煞篤實云云　「云云」，朝鮮本作：「但言只於日間體察。曾説擔脚攫人，物色人來告，特擔脚行過，又不能與究治，取還之。此心終不自安。某遂告以因何放他過去？若是養得心體虚明，自無放過處。」凡六十二字。

〔二五〕近方看得這道理透　「近」，原作「道」，據朝鮮本、萬曆本改。

〔二六〕賀孫　朝鮮本作：廣。

〔二七〕人傑　朝鮮本「傑」下有小字注云：按輔廣録同。

朱子語類卷第一百五

朱子二

論自注書

總論

傅至叔言："伊洛諸公文字説得不恁分曉，至先生而後大明。"先生曰："他一時間都是英才，故撥著便轉，便只須恁地説。然某於文字，却只是依本分解注。大抵前聖説話，雖後面便生一個聖人，有未必盡曉他説者。蓋他那前聖是一時間或因事而言，或主一見而立此説。後來人却未見他當時之事，故不解得一一與之合。且如伊川解經，是據他一時所見道理恁地說，未必便是聖經本旨。要之，他那個說却亦是好說。且如易之『元亨利貞』，本來只是大亨而利於正。雖有亨，若不正，則那亨亦使不得了。當時文王之意，祇是爲卜筮設，故祇有『元亨』，更無有不元亨；祇有『利貞』，更無不利貞。後來夫子於彖既以『元亨利貞』爲四德，又於文言復以爲言，故後人祇以爲四德，更不做『大亨利貞』說了。易只是爲卜筮而作，故周禮分明言太卜掌三易：連山、歸藏、周易。古人於卜筮之官立之，凡數人。秦去古未遠，故周易亦以卜筮得不焚。今人纔說易是卜筮之書，便以爲辱累了易；見夫子說許多道理，便以爲易只是說道理。殊不知其言『吉凶悔吝』皆有理，而其教人之意無不在也。夫子見文王所謂『元亨利貞』者，把來作四個說，道理亦自好，故恁地說，但文王當時未有此意。今若以『元者善之長，亨者嘉之會，利者義之和，貞者事之幹』，與來卜筮者言，豈不大糊塗了他？要之，文王者自不妨孔子之說，孔子者自不害文王之說。然孔子却不是曉文王意不得，但他又自要說一樣道理也。」道夫。

「某釋經，每下一字，直是稱等輕重方敢寫出。」方子。

「某解書，如訓詁一二字等處，多有不必解處，只是解書之法如此。亦要教人知得，看文字不可忽略。」賀孫。

「某所改經文字者，必有意，不是輕改，當觀所以改之之意。」節。

「每常解文字，諸先生有多少好説話，有時不敢載者，蓋他本文未有這般意思在。」道夫。

問：「先生解經，有異於程子説者，如何？」曰：「程子説或一句自有兩三説，其間必有一説是，兩説不是。理一而已，安有兩三説皆是之理？蓋其説或後嘗改之，今所以與之異者，安知不曾經他改來？蓋一章而衆説叢然，若不平心明目，自有主張斷入一説，則必無衆説皆是之理。」大雅。

方伯謨勸先生少著書。曰：「在世間，喫了飯後全不做得些子事，無道理。」伯謨曰：「但發大綱。」曰：「那個豪釐不到，便有差錯，如何可但發大綱？」

小學之書

問小學云「德崇業廣」。曰：「德是得之於心，業是見之於事。」燾。

問小學「舞勺舞象」。曰：「勺是周公樂，象是武王樂。」曰：「注『勺，籥也』是如何？」曰：「而今也都見不得。」淳。

問：「『衣不帛襦袴』，恐太温，傷陰氣也。」曰：「是如此。今醫家亦説小兒子不要大煖，内則亦是小兒不要著好物事。」璘。

問：「小學舉内則篇『四十始仕，方物出謀發慮』，先生注云：『方物出謀，則謀不過物。

方物發慮，則慮不過物。』請問『不過物』之義。」曰：「方物謀慮，大概只是隨事謀慮。」植。

「方物出謀發慮」，方猶對也，只是比並那物，如窮理一般。淳。

「和之所問小學『方物』之義，乃是第二條。莫只且看到此，某意要識得下面許多事。」和之因問「五御」中「逐水曲」及「過君表」等處。先生既答曰：「而今便治禮記者他也不看，蓋是他將這個不干我事，無用處，便且鹵莽讀過了。」和之云：「後當如先生所教，且將那頭放輕。」曰：「便放輕也不得，須是見得這頭有滋味時，那頭自輕。」時舉。

問：「小學立教篇，大司徒六行：孝、友、睦、婣、任、恤，後面『八刑糾萬民』却無不友之刑，雖有不弟之刑，又注云『不敬師長』，如何？」曰：「也不須恁地看。且看古之聖人教人之法如何，而今全無這個。且『天降下民，作之君，作之師』，作之君便是作之師。」僩。〔一〕

楊尹叔問：「『嚴威儼恪，非所以事親也』，注『恪』爲恭敬，如何？」曰：「恭敬較寬，便都包許多，解『恪』字亦未盡。恪是恭敬中樸實緊切處，今且恁地解。若就恭敬說，則恭敬又別。恭主容，敬主事，如『居處恭，執事敬』之類。」安卿問：「恪非所以事親，只是有嚴意否？」曰：「太莊、太嚴厲了。」寓。〔二〕

問：「小學明倫一篇，見得盡是節文事親之實？」曰：「其中極有難行處。」曰：「愛敬與僩爲一，自無難行。」曰：「此便是愛敬尺度。須是把他去量度，方見得愛敬。」僩。

葉兄問小學君、師、父三節。曰：「劉表遣韓嵩至京師，嵩曰：『嵩至京師，天子假嵩一職，則成天子之臣、將軍之故吏耳。在君爲君，不復爲將軍死也。』便是此意。」卓。

問林兄「看小學如何」，林舉小學「父慈而教，子孝而箴」。先生曰：「人既自有這良能、良知了，聖賢又恁地說，直要人尋教親切。『父慈而教，子孝而箴』，看我是能恁地不恁地。小學所說，教人逐一去上面尋許多道理。到著大學，亦只是這道理，又教人看得親切實如此，不是胡亂恁地說去。」子蒙。

問：「『疑事毋質』經文只說『疑事』，而小學注云『毋得成言之』，何也？」曰：「『質，成也』、『成言之』，皆古注文，謂彼此俱疑，不要將己意斷了。」問：「『直而勿有』亦只是上意否？」曰：「是從上文來，都是教人謙退遜讓。」賀孫。

問：「小學實明倫篇何以無朋友一條？」曰：「當時是衆編類來，偶無此爾。」淳。

安卿問：「曲禮『外言不入於閫，内言不出於閫』一段甚切，何故不編入小學？」曰：「此樣處漏落也多。」又曰：「小學多說那恭敬處，少說那防禁處。」義剛。

近思録

「修身大法，小學備矣。義理精微，近思録詳之。」閎祖。

「近思録好看。四子，六經之階梯；近思録，四子之階梯。」淳。

「近思録逐篇綱目：一、道體；二、爲學大要；三、格物窮理；四、存養；五、改過遷善，克己復禮；六、齊家之道；七、出處、進退、辭受之義；八、治國平天下之道；九、制度；十、君子處事之方；十一、教學之道；十二、改過及人心疵病；十三、異端之學；十四、聖賢氣象。」振。

「近思録大率所録雜，逐卷不可以一事名。如第十卷，亦不可以事君目之，以其有人教小童在一段。」揚。

「近思録一書，無不切人身、救人病者。」壽昌。

鄭言：「近思録中語甚有切身處。」曰：「聖賢説得語言平，如中庸、大學、論語、孟子皆平易。近思録是近來人説話〔三〕，便較切。」賀孫。卓同〔四〕。

或問近思録〔五〕。曰：「且熟看大學了，即讀語、孟，近思録又難看。」賀孫。

「近思録首卷難看。某所以與伯恭商量，教他做數語以載於後，正謂此也。若只讀此，則道理孤單，如頓兵堅城之下。却不如語、孟只是平鋪説去，可以遊心〔六〕。」道夫。

「看近思録，若於第一卷未曉得，且從第二、第三卷看起。久久後看第一卷，則漸曉得。」過。

問蜚卿：「近思録看得如何？」曰：「所疑甚多。」曰：「今猝乍看這文字也是難，有時前面恁地説，後面又不是恁地，這裏説得如此，那裏又却不如此。子細看來看去，却自中間有個路陌。推尋通得四五十條後，又却只是一個道理。伊川云：『窮理豈是一日窮得盡，窮得多後，道理自通徹。』」驤〔七〕。

因論近思録曰：「不當編易傳所載。」問：「如何？」曰：「公須自見。」意謂易傳已自成書。文蔚。

因説近思續録曰：「如今書已儘多了，更有却看不辨。」𥫗。

論語或問

張仁叟問論語或問。曰：「是十五年前文字，與今説不類。當時欲修，後來精力衰，那個工夫大，後掉了。」節。

先生説論語或問不須看。請問，曰：「支離。」冰。

孟子要指

先生因編孟子要旨云：「孟子若讀得無統，也是費力。某從十七、八歲讀至二十歲，只逐句去理會，更不通透。二十歲已後，方知不可恁地讀。元來許多長段都自首尾相照管，脈絡相貫串，只恁地熟讀，自見得意思。從此看孟子，覺得意思極通快，亦因悟作文之法。如孟子當時固不是要作文，只言語説出來首尾相應，脈絡相貫，自是合著如此。」又曰：「某當初讀『自暴自棄』章，只恁地鶻突讀去。伊川易傳云『拒之以不信，絶之以不爲』，當初也匹似閑看過。後因在舟中偶思量此，將孟子上下文看，乃始通串，方始説得是如此，亦温故知新之意。」又曰：「看文字，不可恁地看過便道了，須是時復玩味，庶幾忽然感悟，到得義理與踐履處融會，方是自得。這個意思，與尋常思索而得意思不同。」賀孫。

問〔八〕：「孟子首章是先剖判個天理人欲，令人曉得，其托始之意甚明。若先生所編要略，却是要從源頭説來，所以不同。」曰：「某向時編此書，今看來亦不必。只孟子便直恁分曉示人，自是好了。」時舉曰：「孟子前面多是分明説與時君。且如首章説『上下交征利』，其害便至於『不奪不饜』；説仁義，便云未有遺其親，後其君。次章説賢者便有此樂，不賢者便不能有此樂，都是一反一正，言其效驗如此，亦欲人君少知恐懼之意耳。」曰：「也不是要人君知恐懼，但其效自必至此。孟子之書明白親切，無甚可疑者。只要日日熟讀，須教他在吾肚中轉作千百回，便自然純熟。某當初看時，要逐句去看他，便但覺得意思促迫，到後來放寬看，却有條理。然此書不特是義理精明，又且是甚次第底文章。某因熟讀後便見，自此也知作文之法。」時舉。

敬之問：「看要略，見先生所説孟子皆歸之仁義，如説『性』及以後諸處皆然。」曰：「是他見得這道理通透，見得裏面本來都無別物事，只有個仁義。到得説將出，都離這個不得，不是要安排如此。道也是離這仁義不得，捨仁義不足以見道。如造化只是個陰陽，捨陰陽不足以明造化。」問：「古人似各有所主，如曾子只守個忠恕，子思只守個誠，孟子只守個仁義，其實皆一理也。」曰：「也不是他安排要如此，是他見得道理做出都是這個，説出也只是這個，只各就地頭説，不是把定這個將來做。如堯舜是多少道理，到得後來衣鉢之傳，只説『人心惟危，道心惟微，惟精惟一，允執厥中』。緊要在上三句，説會如此，方得個中，方得個恰好。這也到這地頭當説中，便説個中。聖賢言語，初不是着意安排，只遇著這字，便説出這字。」賀孫。

因整要略，謂：「孟子發明許多道理都盡，自此外更無別法。思惟這個，先從性看。看得這個物事破了，然後看入裏面去，終不甚費力。要知雖有此數十條，是古人已説過，不得不與他理會。到得做工夫時，却不用得許多。難得勇猛底人，直截便做去。」賀孫。

敬之問要指不取「杞柳」一章。曰：「此章自分曉，更無可玩索，不用入亦可。却是『生之謂性』一段難曉，説得來反恐鶻突，故不編入。」賀孫。

中庸集略

「大凡文字，上古聖賢説底便不差。到得周、程、張、邵門説得亦不差，其他門人便多病。某初要節一本中庸集略，更下手不得。其間或有一節説得好，第二節便差底；又有説得似好，而又説從别處去底。然而看得他門説多，却覺煞得力。」義剛〔九〕。

仁説

「仁説只説得前一截好。」閎祖。

問「仁者天地生物之心」。曰：「天地之心，只是個生。凡物皆是生，方有此物。如草木之萌芽，枝葉條榦皆是生方有之。人物所以生生不窮者，以其生也。才不生，便乾枯死了。這個是統論一個仁之體，其中又自有節目界限，如義禮智，又自有細分處也。」問「偏言則一事，專言則包四者」。曰：「以專言言之，則一者包四者；以偏言言之，則四者不離乎一者。」僩。〔一〇〕

問〔一一〕：「先生仁説説『存此』者也，『不失此』者也。如説『行此』，則仁在其中，非仁也。」曰：「謂之仁固不可，謂之非仁則只得恁地説。如孟子便去解這『仁』字，孔子却不恁地。」節。

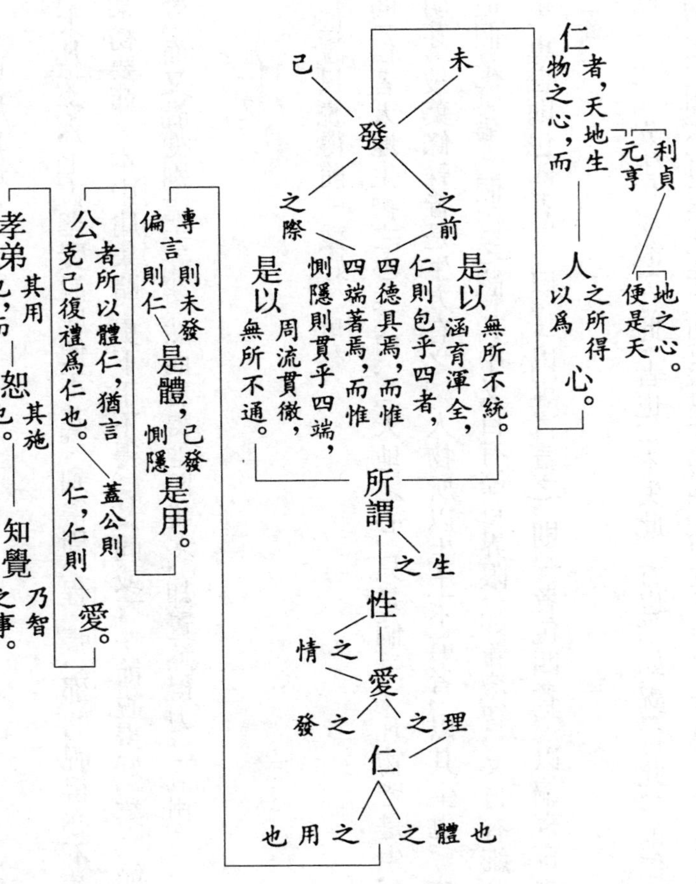
仁者，天地生物之心，而
元亨
利貞
地之心。
便是天
人之所得以爲心。
未
已
發
之前
之際
是以仁則包乎四者，四德具焉，而惟涵育渾全，無所不統。
是以四端著焉，而惟惻隱則貫乎四端，周流貫徹，無所不通。
所謂
生之
性
情之
愛
發之
之理
仁
之體也
之用也
專言則未發是體，已發是用。
偏言則仁是體，惻隱是用。
公者所以體仁，猶言克己復禮爲仁也。
蓋公則仁，仁則愛。
孝弟其用也，而恕其施也。
知覺乃智之事。

仁說圖

敬齋箴

問「持敬」與「克己」工夫。曰：「敬是涵養操持不走作，克己則和根打併了，教他盡淨。」問敬齋箴。曰：「此是敬之目，說有許多地頭去處。」僩。

「『守口如瓶』是言語不亂出，『防意如城』是恐爲外所誘。」道夫。

「『守口如瓶』，不妄出也；『防意如城』，閑邪之入也。『蟻封』乃小巷屈曲之地，是『折旋中矩』，不妄動也。」敬仲〔一二〕。

「『周旋中規，折旋中矩。』周旋是直去却回來，其回轉處欲其圓如中規也。折旋是直去了復橫去，如曲尺相似，其橫轉處欲其方如中矩也。」又問敬齋箴「蟻封」〔一三〕。曰：「蟻垤也〔一四〕，北方謂之『蟻樓』，如小山子，乃蟻穴地，其泥墳起如丘垤，中間屈曲如小巷道。古語云『乘馬折旋於蟻封之間』，言蟻封之間巷路屈曲狹小，而能乘馬折旋於其間，不失其馳驟之節，所以爲難也。『鸛鳴于垤』，垤即蟻封也。天陰雨下則蟻出，故鸛鳴于垤，以俟蟻之出而啄食之也。王荆公初解垤爲自然之丘，不信蟻封之說，後過北方親見有之，遂改其說〔一五〕。」僩〔一六〕。

問「主一」。曰：「心只要主一，不可容兩事。一件事了更加一件，便是貳；一件事了更加兩件，便是叁。『勿貳以二，勿叁以三』，是不要二、三。『不東以西，不南以北』，是不要走作。」淳。

問〔一七〕：「『勿貳以二，勿叁以三，不東以西，不南以北』，如何分別？」曰：「都只是形容個敬。敬須主一，初來有一個事，又添一個，便是來貳他成兩個。元有一個，又添兩個，便是來叁他成三個。『不東以西，不南以北』，只一心做東去，又要做西去；做南去，又要做北去，皆是不主一。上面説個心不二三，下面説個心不走作。」寓。

或問：「敬齋箴後面少些從容不迫之意，欲先生添數語。」曰：「如何解迫切？今未曾下手在，便要從容不迫，却無此理。除非那人做工夫大段嚴迫，然後勸他勿迫切。如人相殺，未曾交鋒，便要引退。今未曾做工夫在，便要開後門。然亦不解迫切，只是不曾做，做着時不患其迫切，某但常覺得寬緩底意思多耳。」李曰：「先生猶如此説，學者當如何也。」僴。

六君子贊

「『勇撤臯比』，説講易事。」閎祖。

通鑑綱目

說編通鑑綱目，尚未成文字，因言：「伯恭大事記忒藏頭亢腦，如摶謎相似，又解題之類亦太多〔一八〕。」

問：「『正統』之說，自三代以下如漢、唐亦未純乎正統，乃變中之正者。如秦、西晉、隋，則統而不正者；如蜀、東晉，則正而不統者。」曰：「何必恁地論？只天下爲一，諸侯朝覲，獄訟皆歸，便是得正統。其有正不正，又是隨他做，如何恁地論。有始不得正統，而後方得者，是正統之始；有始得正統，而後不得者，是正統之餘。如秦初猶未得正統，及始皇并天下，方始得正統。晉初亦未得正統，自泰康以後方始得正統。隋初亦未得正統，自滅陳後方得正統。如本朝，至太宗并了太原方是得正統。又有無統時：如三國、南北、五代，皆天下分裂，不能相君臣，皆不得正統。義剛録作「此時便是無統」。某嘗作通鑑綱目，有『無統』之說，此書今未及修，後之君子必有取焉。温公只要編年號相續，此等處須把一個書『帝』書『崩』，而餘書『主』書『殂』。既不是他臣子，又不是他史官，只如旁人立看一般，何故作此尊奉之態？此等處合只書甲子，而附注年號於其下，如魏黄初幾年、蜀章武幾年、吴青龍幾年之類方爲是。」又問：「南軒謂漢後當以蜀漢年號繼之，此說如何？」曰：「如此亦得。他亦以蜀漢是正統之餘，如東晉亦是正統之餘也。」問：「東周如何？」曰：「必竟周是天子。」問：「唐後來多藩鎮割據，義剛録云：「唐末天子不能有其土地，亦可謂正統之餘否？」則如何？」曰：「唐之天下甚闊，所不服者只河北數鎮之地而已。」義剛録云：「安得謂不能有其土地？」淳。義剛同。

「温公通鑑以魏爲主，故書『蜀丞相亮』『寇』何地，從魏志也，其理都錯。某所作綱目以蜀爲主。後劉聰、石勒諸人皆晉之故臣，故東晉以君臨之。至宋、後魏諸國，則兩朝平書之，不主一邊。年號只書甲子。」

問綱目主意。曰：「主在正統。」問：「何以主在正統？」曰：「三國當以蜀漢爲正，而温公乃云某年某月『諸葛亮入寇』，是冠履倒置，何以示訓？緣此遂欲起意成書。推此意，修正處極多。若成書，當亦不下通鑑許多文字，但恐精力不逮，未必能成耳。若度不能成，則須焚之。」大雅〔一九〕。

問：「宋、齊、梁、陳正統如何書？」曰：「自古亦有無統時。如周亡之後，秦未帝之前，自是無所統屬底道理，南北亦只是並書。」又問：「東晉如何書？」曰：「宋、齊如何比得東晉。」又問：「三國如何書？」曰：「以蜀爲正，蜀亡之後無多年便是西晉，中國亦權以魏爲正。」又問：「後唐亦可以繼唐否？」曰：「如何繼得！」賜。

「綱目於無正統處並書之，不相主客，通鑑於無正統處須立一個爲主〔二○〕。某又參取史法之善者，如權臣擅命，多書以某人爲某王某公，范曄却書『曹操自立爲魏公』，綱目亦用此例。」方子。

問：「武后擅唐，則可書云『帝在房陵』。呂氏在漢，所謂『少帝』者，又非惠帝子，則宜何書？」曰：「彼謂『非惠帝子』者，乃漢之大臣不欲當弒逆之名耳。既云『後宫美人子』，則是明其非正嫡元子耳。」大雅。

或問武后之禍。曰：「前輩云當廢武后所出，别立太宗子孫。」曰：「此論固善。但當時宗室爲武氏殺盡，存者皆愚暗，豈可恃？」因說：「通鑑提綱例：凡逆臣之死，皆書曰『死』。至狄仁傑則甚疑之，李氏之復，雖出於仁傑，然畢竟是死於周之大臣。不奈何，也教相隨入死例，書云：某年月日狄仁傑死也。」大雅。

校勘記

〔一〕倪　朝鮮本卷七收録此則，少異，今附如下：和之問小學所疑。先生曰：「且看古之聖人教人之法如何。而今全無這個。且『天佑下民，作之君，作之師』，蓋作之君，便是作之師也。」時舉。

〔二〕寓　朝鮮本此則末尾小字作：淳。

〔三〕近思録是近來人説話　朝鮮本作：近思録是近人説。

〔四〕卓同　朝鮮本「卓」下有「録」字。

〔五〕或問近思録　「或」原作「成」，據朝鮮本、萬曆本改。

〔六〕可以遊心　朝鮮本作：可以心游。

〔七〕驤　朝鮮本作：道夫。

〔八〕問　朝鮮本作：時舉問。

〔九〕義剛　朝鮮本作：夔孫。

〔一〇〕僩　朝鮮本此下增小字：卓同。

〔一一〕問　朝鮮本作：節問。

〔一二〕敬仲　朝鮮本作：道夫。

〔一三〕又問敬齋箴蟻封　上七字朝鮮本作：「又問：『敬齋箴云「折旋蟻封」，如何是「蟻封」？』」凡十五字。

〔一四〕曰蟻垤也　朝鮮本「曰」下有「蟻封」二字。

〔一五〕後過北方親見有之遂改其説　朝鮮本「後」下有「見人説有之介甫」七字，「親見有之」作「親見之」，「遂改」作「方信其實而改」。

〔一六〕僩　朝鮮本作：卓。僩録同。

〔一七〕問　朝鮮本作：寓問。

〔一八〕又解題之類亦太多　朝鮮本「多」下小注云：寓。

〔一九〕大雅　「大」原作「天」，據朝鮮本、萬曆本改。

〔二〇〕通鑑於無正統處須立一個爲主　「正」字原脱，據朝鮮本補。

朱子語類卷第一百六

朱子三

外任

同安主簿

「主簿就職内大有事，縣中許多簿書皆當管。某向爲同安簿，許多賦稅出入之簿逐日點對僉押，以免吏人作弊。時某人爲泉倅，簿書皆過其目。後歸鄉，與説及〔一〕，亦懵不知。他是極子細官人，是時亦只恁呈過。」賀孫。

因説「慢令致期謂之賊」，曰：「昔在同安作簿時，每點追稅，必先期曉示。只以一幅紙截作三片，作小榜徧貼云：本廳取幾日點追甚鄉分税，仰人户鄉司主人頭知委。只如此，到限日近時，納者紛紛。然此只是一個信而已。如或違限遭點，定斷不恕，所以人怕。」時舉〔二〕。

「初任同安主簿，縣牒委補試。喚吏人問例。云：『預榜曉示，令其具檢頗多。』即諭以不要如此，只用一幅紙寫數榜，但云：縣學某月某日補試，各請知悉。臨期吏覆云：『例當展日』，又諭以『斷不展日』。」過。

問：「奏狀還借用縣印否？」曰：「豈惟縣印，縣尉印亦可借。蓋是專達與給納官司及有兵刑處，朝廷皆給印。今之官司合用印處，緣兵火散失，多用舊印。要去朝廷請印，又須要錢，所以官司且只苟簡過了。某在同安作簿，去州請印。當時有個指揮使，并一道家印，緣胥吏得錢方給。某戲謂：要做個軍員與道士，亦不能得。又見崇安縣丞〔三〕用淮西漕使印。」人傑。

南康〔四〕

因説賑濟曰：「平居須是修陂塘始得，到得旱了賑濟，委無良策。然下手得早，亦得便宜。在南康時，才見旱便劄刷錢物，庫中得三萬來貫，準擬糴米，添支官兵，却去上供錢内借三萬貫糴米賑糶。早時糴得，却糶錢還官中解發，是以不闕事。舊來截住客船，糴三分米，至於客船不來。某見官中及上户自有米，遂出榜放客船米自便，不糴客船米，又且米價不甚貴。」又曰：「悔一件事：南康煞有常平米，是庚寅辛卯年大旱時糴，米價甚貴。在法不得減元價，遂不曾糶。當時只好糶了，上章待罪，且得爲更新米一番。亦緣當時自有米，所以不動。此米久之爲南康官吏之害。」璘。

「某在南康時〔五〕，民有訟坐家逃移者，是身只在家，而託言逃移，不納税。又有訟望鄉復業者，是身不回鄉，而寄狀管業也。」淳。

道夫言：「察院黄公鏜，字用和。剛正，人素畏憚。其族有縱惡馬踏人者，公治之急，其人避之惟謹，公則斬其馬足以謝所傷。」先生曰：「某南康臨罷，有躍馬於市者，踏了一小兒將死。某時在學中，令送軍院，次日以屬知録。晚過廨舍，知録云：『早上所喻，已栲治如法。』某既而不能無疑〔六〕，回至軍院，則其人冠屨儼然，初未嘗經栲掠也，遂將吏人并犯者訊。次日，吏人杖脊勒罷，偶一相識云：『此是人家子弟，何苦辱之？』某曰：『人命所係，豈可寬弛。若云子弟得躍馬踏人，則後日將有甚於此者矣。況州郡乃朝廷行法之地，保佑善良，抑挫豪横，乃其職也。縱而不問，其可得耶？』後某罷，諸公相餞於白鹿，某爲極口説西銘『民吾同胞，物吾與也』一段。今人爲秀才者，便主張秀才；爲武官者，便主張武官；

爲子弟者，便主張子弟；其所陷溺一至於此。」賀孫聞之先生云：「因出謁回，即取吏杖之譙樓下，方始交割。」道夫。人傑録云〔七〕：「因説劉子澄好言家世，曰：『某在南康時，有一子弟騎馬踏損人家小兒，某訊而禁之。子澄以爲不然〔八〕，某因講西銘「凡天下疲癃殘疾，惸獨鰥寡，吾兄弟顛連而無告者也」。君子之爲政，且要主張這一等人，遂痛責之。』大概人不可有偏倚處。」

「法：鄰縣有事於鄰州，只是牒上。今却小郡與鄰大郡便申狀，非是。蓋雖是大郡，却都只是列郡，只合使牒。某在南康時，吏人欲申隆興。又建康除了安撫，亦只是列郡，某都是使牒。吏初皇懼，某與之云：『有法，不妨只如此去。』」揚。

總論作郡

因論常平倉，曰：「某自典二州，知常平之弊如此，更不敢理會。着南康自有五六萬碩〔九〕，漳州亦六七萬碩，盡是浮埃空殼，如何敢挑動？這一件事，不知做甚麽合殺？某在浙東，嘗奏云常平倉與省倉不可相連，須是東西置立，令兩倉相去遠方可。每常官吏檢點省倉，則掛省倉某號牌子；檢點常平倉，則掛常平倉牌子。只是一個倉，互相遮瞞。今所在常平倉，都教司法管，此最不是。少間太守要侵支，司〔一〇〕法如何敢拗他。通判雖管常平，而其職實管於司法。又所在通判，大率避嫌不敢與知州爭事，韓文公所謂『例以嫌不可否事者也』。且如經、總制錢、牙契錢、倍契錢之類，盡被知州瞞朝廷奪去，更不敢爭。」僩。

與陳尉說治盜事，因曰：「凡事須子細體察，思量到人所思量不到處，防備到人所防備不到處，方得無事。」又曰：「凡事須是小心寅畏，若恁地粗心駕去，不得。」又曰：「某嘗作郡來，每見有賊發，則惕然皇恐，便思自家是長民之官，所以致此是何由，遂百種爲收捉〔一一〕。捉得便自歡喜，不捉得則終夜皇恐。」賀孫。

因說鄭惠叔愛惜官錢，云：「某見人將官錢胡使，爲之痛心。兩爲守，皆承弊政之後，其所用官錢並無分明。凡所送遺，並無定例，但隨意所向爲厚薄。問胥輩，皆云：『有時這般官員過往，或十千，或五千。後番或是這樣，又全不送，白休了。』某遂云：『如此不得。朝廷有個公庫在這裏，若過往官員，當隨其高下多少與之，乃是公道，豈可把爲自家私恩？』於是立爲定例，看甚麼官員過此，便用甚麼例送與之，却得公溥。後來至於凡入廣諸小官，如簿尉之屬，個個有五千之助，覺得意思儘好。」賀孫。

馬子嚴莊甫見先生，言：「近有人作假書請託公事者。」先生曰：「收假書而不見下書之人，非善處事者。舊見吳提刑遠公路當官，凡下書者，須令當廳投下，却將書於背處觀之，觀畢方發付其人，令等回書。前輩處事，詳密如此。又某當官時，有人將書來者，亦有法以待之，須是留其人喫湯，當面拆書，若無他方令其去。」人傑。

問：「今之神祠，無義理者極多。若當官處，於極無義理之神祠，雖係勑額〔一二〕，凡祈禱之類不往，可否？」曰：「某當官所至，須理會一番。如儀案所具合祈禱神示，有無義理者，使人可也。」人傑。

浙東〔一三〕

「而今救荒甚可笑。自古救荒只有兩說：第一是感召和氣，以致豐穰；其次只有儲蓄之計。若待他餓時理會，更有何策？東邊遣使去賑濟，西邊遣使去賑濟，只討得逐州幾個紫綾册子來，某處已如何措置，某處已如何經畫，元無實惠及民。」或問：「先生向來救荒如何？」曰：「亦只是討得紫綾册子，更有何策！」自脩。

「賑濟無奇策，不如講水利。到賑濟時成甚事？向在浙東，疑山陰、會稽二縣刷飢餓人少，通判鄭南再三云數實，及子細，刷起三倍。」可學。

「紹興時去得遲，已無擘畫，只依常行，先差一通判抄劄城下兩縣飢民。其人不留意，只抄得四萬來人，外縣却抄得多，遂欲治之而不曾，却託石天民重抄得八萬人，是時已遲。天民云：『甚易，只關集大保長盡在一寺，令供出人之貧者。大保長無有不知，數目便辦。

却分作數等賑濟賑糶。其初令畫地圖，量道里遠近，就僧寺或莊宇置糶米所，於門首立木窗，關防再入之人。』」璘。

先生語次，問浙東旱，可學云：「浙東民户歌先生之德。」先生曰：「向時到部，州縣有措置，亦賴朝廷應副得以效力，已自有名無實者多。」因曰：「向時浙東先措置，分户高下出米，不知有米無米不同〔一四〕。有徐木者獻策，須是逐鄉使相推排有米者。時以事逼不曾行，今若行之一縣，甚易。大抵今時做事〔一五〕，在州郡已難，在監司尤難，以地闊遠，動成文具。惟縣令於民親，行之爲易。計米之有無，而委鄉之聰明誠信者處之；聰明者人不能欺，誠信者人不忍欺。若昏懦之人，爲人所紿；譎詐之士，則務欲容私，此大不可。」可學。

「浙東之病，如和買之害、酒坊之害，買酒坊者，做不起破家，做得起害民。如鹽倉之害，如温州有數處鹽倉，置官吏甚多，而一歲所買不過數十斤，自可省罷。更欲白之朝。出鹽之地，納白户鹽，却令過私鹽。」升卿。

「某向在浙東，吏人押安撫司牒，既僉名押字。至紹興府牒，吏亦請僉名，某當時只押字去。聞王仲行有〔一六〕語，此伊川所謂『只第一件便做不得』者。如南康舊來有文字到建康〔一七〕，皆用申狀，某以爲不然。是時陳福公作留守，只牒建康僉廳，若非前宰執，只當直牒也。如南康有文字到鄰路監司，亦只合備牒。其諸縣於鄰州用牒，却有著令。」德明。

因論監司巡歷受折送，曰：「近法，自上任許一次受。」直卿曰：「看亦只可量受。」曰：「某在浙東都不曾受。」道夫。

建陽簿權縣，有婦人，夫無以贍，父母欲取以歸。事到官，簿斷聽離。致道深以爲不然，謂「夫婦之義，豈可以貧而相棄，官司又豈可遂從其請？」曰：「這般事都就一邊看不得。若是夫不才，不能育其妻，妻無以自給，又奈何？這似不可拘以大義。只怕妻之欲離其夫，別有曲折，不可不根究。」直卿云：「其兄任某處，有繼母與父不恤前妻之子，其子數人貧窶不能自活，哀鳴于有司。有司以名分不便，只得安慰而遣之，竟無如之何？」曰：「不然。這般所在，當以官法治之，也須追出後母責戒勵。若更離間前妻之子，不存活他，定須痛治。」因云：「程先生謂『舜不告而娶』，舜雖不告，堯嘗告之矣。堯之告之也，以王法治之而已。」因云：「昔爲浙東倉時，紹興有繼母與夫之表弟通，遂爲接脚夫，擅用其家業，恣意破蕩。其子不甘，來訴。初以其名分不便，却之。後趕至數十里外，其情甚切，遂與受理，委楊敬仲。敬仲深以爲子訴母不便，某告之曰：『曾與其父思量否？其父身死，其妻輒棄背與人私通，而敗其家業，其罪至此，官司若不與根治，則其父得不銜冤於地下乎？今官司只得且把他兒子頓在一邊。』渠當時亦以爲然。某後去官，想成休了。初追之急，其接脚夫即赴井，其有罪蓋不可掩。」賀孫。

漳州

郡中元自出公牒，延郡士黄知録樵、施允壽、石洪慶、李唐咨、林易簡、楊士訓及淳與永嘉徐寓八人入學，而張教授與舊職事沮格。至是先生下學，僚屬又有乞留舊有官學正，有司只得守法，言者不止。先生變色厲詞曰：「郡守以承流宣化爲職，不以簿書財計獄訟爲事。某初到此，未知人物賢否、風俗厚薄。今已九月矣，方知得學校底裏，遂欲留意〔一八〕學校。所以採訪鄉評物論，延請黄知録，以其有恬退之節，欲得表率諸生。又延請前輩士人同爲之表率，欲使邦人士子識些向背，稍知爲善之方，與一邦之人共趨士君子之域，以體朝廷教養作成之意。不謂作之無應，弄得來没合殺。教授受朝廷之命，分教一邦，其責任不爲不重，合當自行規矩。而今却容許多無行之人、爭訟職事人在學，枉請官錢，都不成學校！士人先要識個廉退之節。禮義廉耻，是謂四維。若寡廉鮮耻，雖能文要何用？某雖不肖，深爲諸君耻之。」淳。寓録少異。

詣學，學官以例講書，歸謂諸生曰：「且須看他古人道理意思如何。今却只做得一篇文字讀了，望他古人道理意思處，都不曾見。」道夫。

先生熟聞知録趙師虙之爲人，試之政事，又得其實，遂首舉之，其詞曰：「履行深醇，持心明恕。」聞者莫不心服。道夫。

問〔一九〕：「先生禁漳民禮佛朝嶽，皆所以正人心也。」曰：「未説到如此，只是男女混淆，便當禁約爾。」侍坐諸公各言諸處淫巫瞽惑等事，先生蹙頞嗟嘆而已。因舉江西有玉隆萬壽宫、太平興國宫，每歲兩處朝拜，不憚遠近奔趨，失其本心，一至於此。曰：「某嘗見其如此，深哀其愚。上昇一事，斷無此理。豈有許多人一日同登天，自後又却不見一個登天之人。如汀民事定、光二佛，其惑亦甚。其佛肉身嘗留公廳，禱祈徼福。果有知道理人爲汀州，合先投畀水火，以祛民惑。愚民施財崇修佛宇，所在皆然，此弊滋蔓尤甚。」陳後之言：「泉州妖巫惑民，新立廟貌。海船運土石，及遠來施財，遭風覆舟相繼而不悟。」曰：「亦嘗望見廟宇壯麗，但尋常不喜入神廟，不及往觀。凡此皆是愚而無知者之所爲爾。」謨。

鄭湜補之問戢盜。曰：「只是嚴保伍之法。」鄭云：「保伍之中，其弊自難關防，如保頭等易得挾勢爲擾。」曰：「當令逐處鄉村舉衆所推服底人爲保頭。又不然，則行某漳州教軍之法，以戢盜心。這是已試之效。」因與説：「某在漳州，初到時教習諸軍弓射等事，皆無一人能之。後分許多軍作三番，每月輪番入教場挽弓，及等者有賞；其不及者留在，只管挽射，及等則止；終不及則罷之。兩月之間，翕然都會射，及上等者亦多，後多留刺以填闕額。其有老弱不能者，並退罷之。他若會射了，有賊盜他是不怕他。」劉叔通問：「韓、范當初教兵甚善。」先生因云：「公道韓公兵法如何？」又云：「刺陝西義勇事，何故這個人恁地不曉事。儂智高反，亦是輕可底事，何故恁地費力？」劉云：「聞廣中都無城郭，某處種竻木爲城，枝節生刺，刀火不能破。」賀孫。

楊通老問：「趙守斷人立後事錯了，人無所訴。」曰：「理却是心之骨，這骨子不端正，少間萬事一齊都差了。如一個印刊得不端正，看印在甚麽所在，千個萬個都喎斜，不知人心如何恁地暗昧。這項事其義甚明，這般所在都是要自用，不肯分委屬官，所以事叢雜，處置不暇，胡亂斷去。在法，屬官自合每日到官長處共理會事，如有不至者，自有罪。今則屬官雖要來，長官自不要他來，他也只得休，這般法意是多少好。某嘗説：或是作縣，看是狀牒如何煩多，都自有個措置。每聽詞狀，集屬官都來列位於廳上看，有多少均分之，各自判去。到著到時，亦復如此。若是眼前易事，各自處斷。若有可疑等事，便留在集衆較量斷去，無有不當，則獄訟如何會壅？此非獨爲長官者省事，而屬官亦各欲自效。兼是如簿尉等初官，使之決獄聽訟得熟，是亦教誨之也。某在漳州，豐憲送下狀如雨，初亦爲隨手斷幾件，後覺多了，恐被他壓倒了，於是措置幾隻厨子在廳上，分了頭項。送下訟來，即與上簿。合索案底，自入一厨；人案已足底，自入一厨。一日集諸同官，各分幾件去定奪。只於廳兩邊設幙位，令逐項叙來歷，末後擬判。俟食時，即就郡厨辦數味，飲食同坐。食訖，即逐人以所定事較量。初間定得幾個來，自去做文章，都不説著事情。某不免先爲畫樣子云，某官今承受提刑司判下狀係某事。一、甲家於某年某月某日有甚干照，計幾項。乙家於某年某月某日有甚干照，計幾項。逐項次第寫令分明。一、甲家如何因甚麽事爭起到官，乙家如何來解釋互論，甲家又如何供對已前事分明了。一、某年某月某日如何斷。一、某年某月某日某家於某官番訴，某官又如何斷。以後幾經番訴，並畫一寫出，後面却點對以前所斷當否，或有未盡情節，擬斷在後。如此了，却把來看，中間有擬得是底，並依其所擬斷決。合追人便追人，若不消追人，便只依其所擬回申提刑司去。有擬得未是底，或大事可疑，却合衆商量。如此事都了，並無壅滯。」楊通老云：「天下事體固是説道當從原頭理會來，也須是從下面細處理會將上始得。」曰：「固是。如做監司，只管怕訟多，措置不下。然要省狀，也不得。若不受詞訟，何以知得守令政事之當否？全在這裏見得。只如入建陽，受建陽民户訟，這個知縣之善惡便見得。如今做守令，其弊百端，豈能盡防？如胥吏沈滯公事，邀求於人，人皆知可惡，無術以防之。要好，在嚴立程限。他限日到，自要苦苦邀索不得。若是做守令，有可以白干沈滯底事，便是無頭腦。須逐事上簿，逐事要了，始得。某爲守，一日詞訴，一日著到。合是第九日亦詞訟，某却罷了此日詞訟。明日是休日，今日便刷起，一旬之内，有未了事一齊都要了。大抵做官，須是令自家常閑，吏胥常忙，方得。若自家被文字來叢了，討頭不見，吏胥便來作弊。做官須是立綱紀，綱紀既立，都自無事。如諸縣發簿曆到州，在法，本州點對自有限日。如初間是本州磨算司，便自有十日限，却交過通判審計司，亦有五日限。今到處並不管著限日，或遲延一月，或遲延兩三月，以邀索縣道，直待計囑滿其所欲，方與呈州。初過磨算司使一番錢了，到審計司又使一番錢，到倅廳發回呈州呈覆，吏人又要錢。某曾作簿，知其弊，於南康及漳州皆用限日。他這般法意甚好，後來一向埋没了。某每到，即以法曉諭，定要如此，亦使磨底磨得子細，審底審得子細。有新簿舊簿不同處，便批出理會。初間吏輩以爲無甚緊要，在漳州押下縣簿，付磨算司及審計司，限到滿日却不見到。根究出，乃是交點司未將上，即時決兩吏，後來却每每及限，雖欲邀索，也不敢遷延。縣道知得限嚴，也不被他邀索。如此等事整頓得幾件，自是省事。此是大綱紀。如某爲守，凡遇支給官員俸給，預先示以期日，到此日，只要一日支盡，更不留未支。這亦防邀索之弊，看百弊之多，只得嚴限以促之，使他大段邀索不得。」又曰：「某人世爲良宰，云要緊處有八字：『開除民丁，剗割户税。』世世傳之。」又曰：「法初立時，有多少好意思。後來節次臣僚胡亂申請，皆變壞了。如父母在堂，不許異財，法意最好。今爲人父母在不異財，却背地去典賣，後來却昏賴人。以一時之弊，變萬世之良法，只是因某人私意申請。法儘有好處。今非獨下之人不畏法，把法做文具事，上自朝廷，也只把做文具行了，皆不期於必行。前夜説上下視法令皆爲閑事。如不許州郡監司饋送，幾番行下，而州郡監司亦復如前。但變換名目，多是做忌日，去寺中焚香，於是皆有折送，其數不薄。問有甚無廉耻者，本無忌日，乃設爲忌日焚香以圖饋送者。朝廷詔令事事都如此無紀綱，人人玩弛，可慮，可慮！」又曰：「只如省部有時行下文字，儘有好處。只是後來付之胥吏之手，都没收殺。某在漳州，忽行下文字，應諸州用鑄印處，或有闕損磨滅底，並許申上，重行改造，此亦有當申者。如合有鑄印處，乃是兵刑錢穀處；如尉有鑄印，亦有管部弓兵，司理主郡刑獄，乃無鑄印。後來申去，又如掉在水中一般。過得幾時，又行文字來，又申去，又休了。如今事事如此，省部文字一付之吏手，一味邀索，百端阻節。如某在紹興，有納助米人從縣保明到州，州保明到監司，監司方與申部。忽然部中又行下一文字來，再令保明，某遂與逐一詳細申去云：『已從下一一保明訖，未委今來因何再作行移？』如此申去，休了。後來忽又行下來云：『助米人稱進士，未委是何處幾時請到文解還是鄉貢？如何，仰一一牒問上來。』這是叵耐不叵耐，他事事敢如此邀求取索。當初朝廷只許進士助米，所謂『進士』只是科舉終場人，如何敢恁地説。某當時若便得這省吏在前，即時便與刺兩行字配將去。然申省去，將謂省官須治此吏，那裏治他！又如奏罷一縣令，即申請一面差人待闕，候救荒事訖，交割下替。不知下替便來爭，上去部裏論，部裏便判罷權官。後來與申去云，元初差這人乃是奉聖旨令救荒，盡與備許多在前。及後部中行下，乃前列聖旨了，後乃仍舊自云『合還下替，交割職事』。直是恁地胡亂行移，略不知有聖旨。那個權官見代者來得恁地急，不能與爭，自去了。」賀孫。

敬之問：「淳熙事類，本朝累聖刪定刑書，不知尚有未是處否？」曰：「正緣是刪改太多，遂失當初立法之意。如父母在堂，不許分異，此法意極好。到後來因有人親在，私自分析用盡了，到親亡却據法負賴，遂著令許私分。又某往在臨漳，豐憲送一項公事，有人情願不分，人皆以爲美。乃是有寡嫂孤子，後來以計嫁其嫂，而又以己子添立，併其產業。後委鄭承看驗，逐項剖析子細，乃知其情。」賀孫。

「頃常欲因奏對言一事而忘之：諸州軍兵衣絹或非所有，則以上供錢對易於出產州軍，最爲煩擾。如漳州舊與信、處二州對易，每歲本州爲兩州抱認上供錢若干〔二〇〕，盡數解納，而兩州絹絶不來。太守歲遣書饋懇請，恬不爲意，或得三分之一，措發到一半極矣〔二一〕。然絹紕薄而價高，常致軍人怨詈。傅景仁初解漳州，以支散衣絹不好，爲軍人喊噪，不得已以錢貼支，始得無事，歲以爲苦。興化取之台州，更是回遠。此事最不難理會，而無一人肯言之者，不知何故。既知漳不出絹，信州、處州有之，何不令兩州以所合發納上供錢輸絹左藏，只令漳州以錢散軍人，豈不兩便？軍人皆願得錢，不願得絹。蓋今絹價每疋三千省，而請錢則得五千省故也。此亦當初立法委曲勞複之過，改之何妨？」僩。

本州鬻鹽，最爲毒民之横賦，屢〔二二〕經旨罷而復屢起。先生至〔二三〕，石丈屢言其利害曲折，先生即散榜：先罷〔二四〕瀕海十一鋪，其餘諸鋪擬俟經界正賦既定，然後悉除之。至是諸鋪解到鹽錢，諸庫皆充塞。先生曰：「某而今方見得鹽錢底裏，與郡中歲計無預。前後官都被某見過，無不巧作名色支破者。古者山澤之利與民共之，今都占了，是何理也！合盡行除罷，而行迫無及矣。」淳。

「本朝立法，以知州爲不足恃，又置通判分掌財賦之屬。然而知州所用之財，下面更有許多幕職官通管，尚可稽考，惟通判使用更無稽考。通判廳財賦極多。某在漳州，凡胥吏輩窠坐，有優輕處、重難處，盡與他擺换一次，優者移之重處，重者移之優處。惟通判廳人吏不願移换，某曰：『你若不肯，盡與你斷罷。』於是皆一例擺换。蓋通判廳財賦多，恣意侵漁，無所稽考也。」僩。

問欲行經界本末。曰：「本一官員姓唐，上殿論及此，尋行下漳、泉二州相度。本州申以爲可行，而泉州顔尚書操兩可之説，致廟堂疑貳。却是因黄伯耆輪對再論，其劄子末極好，如云：『今日以天下之大，公卿百官之衆，商量一經界，三年而不成。使更有大於此者，將若之何？』上如其請，即時付出。三省宰執奏請，又止且行於漳州，且事當論是非。若經界果可行，當行於三州；若不可行，則皆當止。漳與泉、汀接壤，今獨行於漳州，果何謂？」某云：「今農務已興，乃差官措置，豈是行經界之時？去冬好行乃不行，廟堂何不略思？」曰：「今日諸公正是如此衮纏過，故做到公卿。如少有所思，則必至觸礙，安得身如此之安？若放此心於天地間公平處置，則何事不可爲？去年上朝廷文字及後來抗祠請，皆有後時之慮，今日却非避事。」可學。

「經界料半年便都了，以半年之勞而革數百年之弊〔二五〕，且未說到久，亦須四五十年未便卒壞。若行〔二六〕則令四縣特作四樓以貯簿籍，州特作一樓以貯四縣之圖帳，不與他文書混。闔郡皆曰不可者。只是一樣人田多稅少，便造說奉嚇，以爲必有害無利。一樣人是憚勞，懶做事，却被那說所誣，遂合辭以爲不可，其下者因翕然從之。」或曰：「亦是民間多無契，故恐耳。」曰：「十分做一分無契，此只一端耳，況某亦許無契者來自陳。」或曰：「只據民户見在田，不必索契，如何？」曰：「如此則起無限爭訟，必索契則無限爭訟遏矣。今之爲縣，真有愛民之心者十人，則十人以經界爲利；無意於民者十人，則十人以經界爲害。今之民，只教貧者納稅，富者自在收田置田，不要納稅。如此則人便道好，更無些事不順他，便稱頌爲賢守。」淳。

因論漳、泉行經界事：「假未得人，勢亦著做。古人立事，亦硬擔當著做，以死繼之而已。韓魏公作相，温公在言路，凡事頗不以魏公爲然，魏公甚被他激撓。後來温公作魏公祠堂記，却説得魏公事分明，見得魏公不可及處，温公方心服他。記中所載魏公之言曰：『凡爲人臣者，盡力以事君，死生以之，顧事之是非何如耳。至於成敗天也，豈可豫憂其不成，遂輟不爲哉〔二七〕？』公爲此言時，乃仁宗之末、英宗之初，蓋朝廷多故之時也。」必大。人傑録云：「某在臨漳欲行經界，只尋得善熟者數人任之。夫抵〔二八〕立事須要人才，若人才難得，不成便休，須着做去」。又一條云：「立事之人，須要硬擔當，死生以之，如韓魏公之立英廟。英廟即位，繼歲風疾，魏公當時只是鎮之以靜。及英廟疾亟，迎立潁王。或曰：『若主上復安，將如之何？』魏公曰：『不過爲太上皇耳。』温公爲諫官，魏公甚苦之。及作魏公祠堂記，有數語形容魏公最好，是他見得魏公有不可及處。」

先生於州治射堂之後圃，畫爲井字九區：中區石甃爲高壇；中之後區爲茆庵，庵三窗，左窗櫺爲「泰卦」，右爲「否卦」，後爲「復卦」，前扇爲「剥卦」，庵前接爲小屋；前區爲小茅亭。左右三區，各列植桃李而間以梅。九區之外，圍繞植竹。是日遊其間，笑謂諸生曰：「上有九疇八卦之象，下有九丘八陣之法。」淳。

先生庚戌四月至臨漳，淳罷省試歸，至冬至始克拜席下。明年，先生以喪嫡子，丐祠甚堅。當路者又以經界一奏，先生持之力〔二九〕，雖已報行而終以不便己爲病，幸其有是請也，即爲允之。四月，主管鴻慶宫，加秘閣修撰，二十九日遂行。淳送至同安縣東之沈井鋪而别，實五月二日也。先生在臨漳，首尾僅及一期，以南陬敝陋之俗，驟承道德正大之化，始雖有欣然慕，而亦有謣然疑、譁然毁者。越半年後，人心方肅然以定，僚屬厲志節而不敢恣所欲，仕族奉繩檢而不敢干以私，胥徒易慮而不敢行姦，豪猾斂蹤而不敢冒法。平時習浮屠爲傳經禮塔朝岳之會者，在在皆爲之屏息。平時附鬼爲妖、迎遊於街衢而掠抄於閭巷，亦皆相視斂戢，不敢輒舉。良家子女從空門者，各閉精廬，或復人道之常。四境狗偷之民，亦望風奔遁，改復生業。至是及期，正爾安習先生之化，而先生行矣，是豈不爲恨哉！淳。

先生因説邑中隕星，恐有火災，縣官禱禳，云：「豈可不修人事，合當拘家家蓄水警備。」因舉漳州之政。賀孫。

「建寧自鄭丙、程大昌至今，聖節不許僧子陞堂説法，他處但人不敢擔當住罷。某在臨漳，且令隨例祝香，只不許人問話。頃曾孝叙知青州，請一僧開堂，觀者甚衆。其僧忽云：『此知州是你青州半面天子。』孝叙大皇恐，即時自劾，枷此僧送獄。」必大。

先生除江東漕，辭免。文蔚問：「萬一不容辭免，則當如何？」曰：「事便是如此安排不得，此已辭了，而今事却在他這裏，如何預先安排得？」文蔚。

潭州〔三〇〕

在潭州時，詣學陞堂，以百數籤抽八齋，每齋一人，出位講大學一章。講畢，教授以下請帥座講説大義。曰：「大綱要緊，只是前面三兩章。君子小人之分，却在『誠其意』處。誠於爲善，便是君子，不誠底便是小人，更無别説。」琮。

問：「先生到此，再詣學矣，不知所以教諸生者規模如何？」曰：「且教他讀經書，識得聖人法語大訓。」曰：「鄉來南康白鹿學規却是教條，不是官司約束。」曰：「屢欲尋訪湖學舊規，尚此未獲。」曰：「先生如此教人，可無躐等之患。」曰：「躐等何害？若果有會躐等之人，自可敬服。」曰：「何故？」曰：「今若有人在山脚下，便能一躍在山頂上，何幸如之。政恐不由山脚，終不可以上山頂耳。」琮。

先生至嶽麓書院抽簽子，請兩士人講大學，語意皆不分明。先生遽止之，乃諭諸生曰：「前人建書院，本以待四方士友相與講學，非止爲科舉計。某自到官，甚欲與諸公相與講明。一江之隔，又多不暇。意謂諸公必皆留意，今日所説反不如州學，又安用此贅疣。明日煩教授諸職事共商量一規程，將來參定，發下兩學，共講磨此事。若只如此不留心，聽其所之。學校本是來者不拒，去者不追，豈有固而留之之理？且學問自是人合理會底事，只如『明明德』一句，若理會得，自提省人多少。明德不是外面將來，安在身上，自是本來固有底物事。只把此切己做工夫，有甚限量。此是聖賢緊要警策人處，如何不去理會？不理會學問，與蚩蚩橫目之氓何異？」謙。

客説社倉訟事。曰：「如今官司鶻突，都無理會，不如莫辨。」因説：「如今委送事，不知屬官能否，胡亂送去，更無分曉了絶時節。某在潭州時，州中僚屬朝夕相見，却自知得分曉，只縣官無由得知。後來區處每月版帳錢，令縣官逐人輪番押來，當日留住，試以公事。又怕他鶻突寫來，却與立了格式云：今蒙使府委送某事如何。一、某人於某年月日於某處理某事，某官如何斷。一、又於某時某再理，某官如何斷。一、某今看詳此事理如此，於條合如何結絶。如此，人之能否，皆不得而隱。」木之。

問：「先生須更被大任用在。」曰：「某何人，安得有此？然亦做不得，出來便敗。且如在長沙城，周圍甚廣，而兵甚少。當時事未定，江上洶洶；萬一兵潰，必趍長沙。守臣不可去，只是浪戰而死。此等事須是有素定家計。魏公初在五路，治兵積粟，爲五年計，然後大舉。因虜人攻犯淮甸，不得已爲牽制之師。事既多違，魏公久廢，晚年出來便做不得。欲爲家計，年老等不得了，只是遂急去，所以無成。某今日亦等不得了，規模素不立，才出便敗。」德明。

或問修城事。云：「修城一事，費亦浩瀚。恐事大力小〔三二〕，兼不得人，亦難做。如今只靠兩寨兵，固是費力，又無馭衆之將可用。」張倅云：「向來靖康之變，虜至長沙，城不可守。雖守臣之罪，亦是闊遠難守。」曰：「向見某州修城，亦以闊遠之故，稍縮令狹，却易修。」周伯壽云：「前此陳君舉説長沙米倉酒庫自在城外，萬一修得城完，財物盡在城外不便。只當移倉庫，不當修城。」曰：「此是秀才家應科舉議論。倉庫自當移，城自當修。」先生又云：「向見張安國帥長沙，壁間掛一修城圖，計料甚子細。有人云：『如何料得如此，恐可觀不可用？』張帥自後便卷了圖子，更不説著。周益公自是怕事底人，不知誰便説得他動。初，益公任内只料用錢七萬，今甎瓦之費已使了六萬，所〔三三〕餘止一萬。初料得少，如今朝廷亦不肯添了。」謙。

「而今官員不論大小，盡不見客，敢立定某日見客，某日不見客。甚至月十日不出，不知甚麽條貫如此。是禮乎？法乎？可怪！不知出來與人相應接少頃，有甚辛苦處？使人之欲見者等候不能得見，或有急幹欲去，有甚心情等待？欲吞不可，欲吐不得，其苦不可言。此等人所謂不仁之人，心都頑然無知，抓著不癢，掐著不痛矣。小官嘗被上位如此而非之矣，至他榮顯，又不自知矣。因言夏漕每日先見過往人客了，然後請職事官相見。蓋恐幙職官禀事多時，過客不能久候故也。潭州〔三三〕初一十五例不見客，諸司皆然，某遂破例令皆相見。」先生在潭州每間日一詣學，士人見於齋中，官員則於府署。僩。

「今人獄事只管理會要從厚，不知不問是非善惡，只務從厚，豈不長姦惠惡？大凡事付之無心，因其所犯，考其實情，輕重厚薄付之當然，可也。若從薄者固不是，只云我只要從厚，則此病所係亦不輕。某在長沙治一姓張人，初不知其惡如此，只因所犯追來，久之乃出頭。適有大赦，遂且與編管。後來聞得此人凶惡不可言，人只是平白地打殺不問。門前有一木橋，商販者自橋上過，若以柱杖拄其橋，必捉來吊縛。此等類甚多，若不痛治，何以懲戒？公等他日仕宦，不問官大小，每日詞狀須置一簿，穿字號録判語，到事亦作一簿，發放文字亦作一簿。每日必勾了號，要一日内許多事都了方得。若或做不辦，又作一簿記未了事，日日檢點了，如此方不被人瞞了事。今人只胡亂隨人來理會，來與不來都不知，豈不誤事。」銖。

過甲寅年見先生，聞朋輩説，昨歲虜人問使人云「南朝朱先生出處如何？」對以「本朝見擢用」。既歸，即白堂，所以得帥長沙之命。過。

校勘記

〔一〕與説及　朝鮮本作：某與人説及此。

〔二〕時舉　朝鮮本「舉」下有「植録同」三小字。

〔三〕縣丞　朝鮮本此下增：廳。
〔四〕南康　朝鮮本「南」上有「知」字。
〔五〕某在南康時　朝鮮本「康」下有「軍」字。
〔六〕某既而不能無疑　朝鮮本「疑」下有「於其説」三字。
〔七〕人傑録云　朝鮮本「録」下有「同而略今附」五字。
〔八〕子澄以爲不然　「澄」原作「潛」，據朝鮮本及上文改。
〔九〕碩　朝鮮本作：石。此則下同。
〔一〇〕司　朝鮮本此上增：使一。
〔一一〕遂百種爲收捉　「百」原作「白」，據朝鮮本、萬曆本改。
〔一二〕雖係敕額　「雖」字原爲空格，據朝鮮本、萬曆本補。
〔一三〕浙東　朝鮮本「東」下有「提舉」二字。
〔一四〕不知有米無米不同　「有米」原作「有本」，據朝鮮本、萬曆本改。
〔一五〕大抵今時做事　「抵」原作「祇」，據朝鮮本、萬曆本改。
〔一六〕有　朝鮮本此下增：言。
〔一七〕如南康舊來有文字到建康　朝鮮本「南康」下有「軍」字。
〔一八〕留意　朝鮮本作：注意。

〔一九〕問　朝鮮本作：謨曰。

〔二〇〕每歲本州爲兩州抱認上供錢若干　「抱」，萬曆本作「包」。

〔二一〕措發到一半極矣　「措」原作「揩」，據萬曆本改，朝鮮本作「間」。

〔二二〕屢　朝鮮本此上增：往前。

〔二三〕先生至　朝鮮本作：自先生至。

〔二四〕罷　朝鮮本此下增：其。

〔二五〕弊　朝鮮本此下增：後去。

〔二六〕若行　朝鮮本作：兹昔若行。

〔二七〕遂輟不爲哉　「哉」原作「或」，據萬曆本改。

〔二八〕夫抵　朝鮮本作：大抵。

〔二九〕先生持之力　「力」原作「刀」，據萬曆本改。

〔三〇〕潭州　朝鮮本「潭」上有「知」字。

〔三一〕恐事大力小　「大」字原脱，據萬曆本補。

〔三二〕所　朝鮮本作：有。

〔三三〕潭州　朝鮮本作：某在潭州見得前後。

朱子語類卷第一百七

朱子四

内任丙辰後　雜言行

孝宗朝

六月四日，周揆令人諭意云：「上問『朱某到已數日，何不請對？』」遂詣閤門，通進榜子。有旨：「初七日後殿班引。」及對，上慰勞甚渥。自陳昨任浙東提舉日，荷聖恩保全。上曰：「浙東救荒，煞究心。」又言：「蒙除江西提刑，衰朽多疾，不任使令。」上曰：「知卿剛正，只留卿在這裏，待與清要差遣。」再三辭謝，方出奏劄。上曰：「正所欲聞。」口奏第一劄意，言犯惡逆者，近來多奏裁減死。上曰：「似如此人，只貸命，有傷風教，不可不理會。」第四劄言科罰。上曰：「聞多是羅織富民。」第五劄讀至「置將之權，旁出閹寺」，上曰：「這個事却不然，盡是採之公論，如何由他。」對曰：「彼雖不敢公薦，然皆託於士大夫之公論，而實出於此曹之私意。且如監司守臣薦屬吏，蓋有受宰相、臺諫風旨者。況此曹奸僞百出，何所不可？臣往蒙賜對，亦嘗以此爲説，聖諭謂爲不然。臣恐疏遠所聞不審，退而得之士大夫，與夫防夫走卒，莫不謂然，獨陛下未之知耳。至去者未遠而復還。」謂甘昇。問上曰：「陛下知此人否？」上曰：「固是。但漏洩文書，乃是他子弟之罪。」對曰：「豈有子弟有過而父兄無罪？然此特一事耳。此人挾勢爲奸，所以爲盛德之累者多矣。」上曰：「高宗以其有才，薦過來。」對曰：「小人無才尚可，小人有才，鮮不爲惡。」上因舉馬、蘇論才、德之辨云云，至「當言責者，懷其私以緘默」，奏曰：「陛下以曾任知縣人爲六院察官，闕則取以充之。雖曰親擢，然其涂轍一定，宰相得以先布私恩於合入之人。及當言責，往往懷其私恩，豈肯言其過失？」上曰：「然，近日之事可見矣。」至「知其爲賢而用之，則用之唯恐其不速〔一〕，聚之唯恐其不多；知其爲不肖而退之，則退之唯恐其不早，去之唯恐其不盡」，奏曰：「豈有慮君子太多，須留幾個小人在裏？人之治身亦然，豈有慮善太多，須留些惡在裏？」至「軍政不修，士卒愁怨」，曰：「主將刻剝士卒以爲苞苴〔二〕，陞轉階級，皆有成價。」

上曰：「却不聞此。果有時，豈可不理會？卿可子細採探，却來説。」末後辭云：「照對江西係是盜賊刑獄浩繫去處，久闕正官，臣今廼邐前去之任，不知有何處分？」上曰：「卿自詳練，不在多囑。」閎祖。

「今之兵官，有副都總管、路鈐、路分、都監、統領將官、州鈐轄、州都監，而路鈐、路分、統領之類多以貴游子弟處之。至如副都總管，事體極重，向以節度使爲之，後有以修武郎爲之者。如州統領，至有以下班祗應爲之者，此士夫所親見。只今天下無虞，邊境不聳，故無害。萬一略有警，便難承當。兵政病敗，未有如今日之甚者。某屢言於壽皇，壽皇謂某曰：『命將，國之大事，非朝廷之公選，即諸軍之公薦，決無他也。』某奏云：『陛下但見列薦於朝廷之上，以爲是皆公選，而不知皆結托來爾。且如今之文臣列薦者，陛下以爲果皆出於公乎？不過有勢力者一書便可得。』壽皇曰：『果爾，誠所當察，卿其爲朕察之。』」道夫。

寧宗朝〔三〕

初見先生，即拜問云：「先生難進易退之風，天下所共知。今新天子嗣位，乃幡然一來，必將大有論建。」先生笑云：「只爲當時不合出長沙，在官所有召命，又不敢固辭。」又問：「今既受了侍從職名，却不容便去。」先生云：「正爲如此。」又笑云：「若病得狼狽時，也只得去。」自脩。

「在講筵時，論嫡孫承重之服，當時不曾帶得文字行。旋借得儀禮看，又不能得分曉，不免以禮律爲證。後來歸家檢注疏看，分明説『嗣君有廢疾不任國事者，嫡孫承重』。當時若寫此文字出去，誰人敢爭，此亦講學不熟之咎。」人傑。

祧僖祖之議，始於禮官許及之、曾三復，永嘉諸公合爲一辭，先生獨建不可祧之議。陳君舉力以爲不然，趙揆亦右陳説。文字既上，有旨，次日引見。上出所進文字，云：「高宗不敢祧，壽皇不敢祧，朕安敢祧？」再三以不祧爲是。既退，而政府持之甚堅，竟不行。唯謝中丞入文字右先生之説，乞且依禮官初議。爲樓大防所繳，卒祧僖祖云。閎祖。

先生檢熙寧祧廟議示諸生，云：「荆公數語是甚次第！若韓維、孫固、張師顔等所説，如何及得他？最亂道是張師顔説。當時新法之議也如此，是多少人説都説不倒。東坡是甚麽樣會辯，也説得不甚切。荆公可知是動得人主。前日所論欲祧者，其説不出三項：一欲祧禧祖於夾室，以順、翼、宣祖所祧之主祔焉。但夾室乃偏側之處，若藏列祖於偏側之處，而太祖以孫居中尊，是不可也。一是欲祔景靈宫。景靈宫元符所建，貌象西畔六人，東向。其四皆依道家冠服，是四祖。一人通天冠，絳紗袍，乃是太祖、太宗暗地設在裏，不敢明言。某書中有一句説云云。今既無頓處，況元初奉祀景靈宫聖祖，是用簠簋籩豆，又是蔬食。今若祔列祖，主祭時須用葦腥，須用牙盤食，這也不可行。又一項，是欲立別廟。某說：若立別廟，須大似太廟乃可。又不知祫祭時如何，終不成四人令在那一邊，幾人自在這一廟，也只是不可。不知何苦如此？其說不過但欲太祖正東向之位，別更無說。他所謂『東向』，又那曾考得古時是如何。東向都不曾識，只從少時讀書時見奏議中有說甚『東向』，依希聽得。如今廟室甚狹，外面又接簷，似乎闊三丈，深三丈〔四〕。祭時各捧主出祭，東向位便在楹南簷北之間，後自坐空；昭在室外，後却靠實；穆却在簷下一帶，亦坐空。如此，則東向不足爲尊，昭一列却有面南居尊之意。古者室中之事，東向乃在西南隅，所謂奧，故爲尊。合祭時，太祖位不動，以群主入就尊者，左右致饗，此所以有取於東向也。今堂上之位既不足以爲尊，何苦要如此，乃使太祖無所自出。」祝禹圭云：「僖祖以上皆不可考。」曰：「是不可考。要知定是有祖所自出，不然，僖祖却從平地爆出來，是甚說話？」問：「郊則如何？」曰：「郊則自以太祖配天。這般事，最是宰相没主張。這奏議是趙子直編，是他當初已不把荆公做是了，所以將那不可祧之說皆附於注脚下，又甚率略。那許多要祧底話，却作大字寫，不知那許多是説個甚麽。只看荆公云『反屈列祖之主，下祔子孫之廟，非所以順祖宗之孝心』，如何不說得人主動？當時上云：『朕聞之矍然，敢不祗允。』這許多只閑說，只是好勝，都不平心看道理。」又云：「某嘗在上前說此，上亦以爲不可，云：

『高宗既不祧，壽皇既不祧，朕又安可爲？』奈何都無一人將順這好意思。某所議，趙丞相白乾地不付出，可怪。」賀孫。

問：「本朝廟制，韓維請遷僖祖，孫固欲爲僖祖立别廟，王安石欲以僖祖東向，其議如何？」曰：「韓説固未是，孫欲立别廟，如姜嫄，則姜嫄是婦人，尤無義理。介甫之説却好，僖祖雖無功德，乃是太祖嘗以爲高祖，今居東向，所謂『祖以孫尊，孫以祖屈』者也。近者孝宗祔廟，趙丞相主其事，因祧宣祖，乃併僖祖祧之，令人毁拆僖祖之廟。當時集議某不曾預，只入文字，又於上前説此事，末云：『臣亦不敢自以爲是，更乞下禮官，與群臣集議。』趙丞相遂不付出。當時曾無玷、陳君舉之徒全然不曉，但謝子肅、章茂獻却頗主某説。又孫從之云：『僖祖無功德。』某云：『且如秀才起家貴顯，是自能力學致位，何預祖宗？而朝廷贈官必及三代。如公之説，則不必贈三代矣。僖祖有廟，則其下子孫當祧者置於東西夾室，於理爲順。若以太祖爲尊，而自僖祖至宣祖反置於其側，則太祖之心安乎？』」又問：「趙丞相平日信先生，何故如此？」曰：「某後來到家檢渠所編本朝諸臣奏議，正主韓維等説，而作小字附注王安石之説於其下，此惡王氏之僻也。」又問廟門堂室之制，曰：「古之士廟，如今之五架屋，以四分之一爲室，其制甚狹。近因在朝，見太廟之堂亦淺，祫祭時，太祖東向，乃在虚處。群穆背簷而坐，臨祭皆以帟幙圍之。古人惟朝踐在堂，它祭皆在室中。

户〔五〕近東，則太祖與昭穆之位背處皆實。又其祭逐廟以東向爲尊，配位南向。若朝踐以南向爲尊，則配位西向矣。」又問：「今之州縣學，先聖有殿，只是一虛敞處，則堂室之制不備。」曰：「古禮無塑像，只云先聖位向東。」又問：「若一一理會，則更無是處。」曰：「固是。」人傑。

「太廟向有十二室〔六〕，今祔孝宗，却除了僖祖、宣祖兩室，止有十一室，止有八世，進不及祖宗時之九，退不得如古之七，豈有祔一宗而除兩祖之理？況太祖而上，又豈可不存一始祖？今太祖在廟而四祖並列西夾室，亦甚不便。某謂止祧宣祖，合存僖祖。既有一祖在上，以下諸祖列于西夾室，猶可。或言『周祖后稷，以其有功德。今僖祖無功，不可與后稷並論』。某遂言：『今士大夫白屋起家，以至榮顯，皆説道功名是我自致，何關於乃祖乃父？則朝廷封贈三代，諸公能辭而不受乎？況太祖初來自尊僖祖爲始祖，諸公必忍去之乎？』某聞一日集議，遂辭不赴。某若去時，必與諸公合炒去。乃是陳君舉與趙子直自如此做，曾三復、孫逢吉亦主他説。中間若謝子肅、章茂獻、張春卿、樓大防皆以爲不安，云『且待朱丈來商量』，曾三復乃云『乘此機會祧了』，這是甚麽事，乘機投會恁地急。某先有一奏議投了，樓、張諸公上劄，乞降出朱某議，若某言近理，臣等敢不遵從。趙子直又不付出，至於乘夜撤去僖祖室。兼古時遷廟，又豈應如此？偶一日接奉使，兩府侍從皆出，以官驛狹，侍郎幙次在茶坊中，而隔幙次説及此，某遂辨説一番，諸公皆順聽。陳君舉謂：『今各立一廟，周時后稷亦各立廟。』某説：『周制與今不同。周時豈特后稷各立廟，雖赧王也自是一廟。今立廟若大於太廟，始是尊祖。今地步狹窄，若别立廟，必做得小小廟宇，名曰尊祖，實貶之也。』君舉説幾句話，皆是臨時去撿注脚來説。某告之云：『某所説底，都是大字印在那裏底，却不是注脚細字。』向時太廟一帶十二間，前堂後室，每一廟各占一間，祧廟之主却在西夾室。今立一小廟在廟前，不知中間如何安排？後來章茂獻、謝深甫諸公皆云『悔不用朱丈之説』，想也且恁地説。」正淳欲借奏草看，曰：「今事過了，不須看。」賀孫。

集議欲祧僖祖〔七〕，正太祖東向之位，先生以爲僖祖不可祧，惟存此，則順、翼、宣祧主可以祔入。劉知夫云：「諸公議欲立僖祖廟爲别廟。」陳君舉舍人引閟宫爲故事。先生曰：「閟宫詩而今人都説錯了。」又因論周禮「祀先王以衮冕，祀先公以鷩冕」此乃不敢以天子之服加先公，故降一等。直卿云：「恐不是『祭以大夫』之義。」先生曰：「祭自用天子禮，只服略降耳。」時舉〔八〕。

問：「甲寅祧廟，其説異同？」曰：「趙丞相初編奏議時，已將王介甫之説不作正文寫，只注小字在下。」又曰：「祧廟亦無毁拆之理。」曰：「曾入文字論祧廟，奏云：『此事不可輕易。』上云：『説得極好，以高宗朝不曾議祧，孝宗朝不曾議祧，卿云「不可輕易」，極是。』又奏云：『陛下既以臣言爲然，合下臣章疏集議。』却不曾降出。」過。

「今日偶見韓持國廟議，都不成文字。元祐諸賢文字大率如此，只是胡亂討得一二浮辭引證，便將來立議論，抵當他人。似此樣議論，如何當得王介父？所以當時只被介父出，便揮動一世，更無人敢當其鋒。只看王介父廟議是甚麼樣文字，他只是數句便說盡，更移動不得，是甚麼樣精神，這幾個如何當得他！伊川最說得公道，云：『介父所見，終是高於世俗之儒〔九〕。』」又曰：「朱公掞排禪學劄子，其所以排之者甚正。只是這般樣論，如何排得他？也是胡亂討幾句引證，便要斷倒他，可笑之甚！」時呂正獻公作相，好佛，士大夫競往參禪，寺院中入室陞堂者皆滿。當時號爲「禪鑽」（去聲）。故公掞上疏乞禁止之。僩。

實録院略無統紀。修撰官三員，檢討官四員，各欲著撰，不相統攝，所修前後往往不相應。先生嘗與衆議，欲以事目分之。譬之六部，吏部專編差除，禮部專編典禮，刑部專編刑法，須依次序編排，各具首末，然後類聚爲書，方有條理。又如一事而記載不同者，須置簿抄出，與衆會議，然後去取，庶幾存得總底在。唯葉正則不從。葉爲檢討〔一〇〕，正修高宗實録。閎祖。

「今之史官全無相統攝，每人各分一年去做。或有一件事，頭在第一年，末稍又在第二、三年者，史官只認分年去做，及至把來，全鬬凑不著。某在朝時建議說：『不要分年，只分事去做。且天下大事無出吏、禮、兵、刑、工、户六件事，如除拜注授是吏部事，只教分得吏事底人，從建炎元年逐一編排至紹興三十二年。他皆倣此，却各將來編年逐月類入。』衆人不從。某又云：『若要逐年做，須是實置三簿：一簿關報上下年事首末，首當附前年某月，末當附後年某月；一簿承受所關報本年合入事件；一簿考異。向後各人收拾得，也存得個本。又別置一簿，列具合立傳者若干人，某人傳，當行下某處收索行狀、墓誌等文字，專牒轉運司疾速報應。已到者，勾銷簿。未到者，據數再催，庶幾易集。』後來去國，聞此説又不行。」賜。

「而今史官不相統總，只是各自去書，書得不是，人亦不敢改。更是他書了，亦不將出來，據他書放那裏，知他是不是。今雖有那日曆，然皆是兼官，無暇來修得。而今須是别差六人鎖放那裏，教他專工修，方得。如近時作高宗實録，却是教人管一年，這也不得。且如這一事，頭在去年，尾在今年，那書頭底不知尾，書尾底不知頭，都不成文字。如爲臣下作傳，某將來看時，説得詳底只是寫行狀〔一一〕，其略底又恰如春秋樣，更無本末可考。又有差除去了底，這一截又只休了，如何地稽考。據某看來，合分作六項，人管一事。謂如刑事，便去關那刑部文字看。他那用刑皆有年月，恁地把來編類，便成次序。那五者皆然。俟編一年成了，却合斂來。如元年五月一日有某事，這一月内事先後便皆可見。且如立傳，他那日曆上，薨卒皆有年月在。這便當印板行下諸州，索行實、墓誌之屬，却令運司專差一人督促，史院却去督促運司。有未到底，又刷下去催來，便恁地便好，得成個好文字。而今實録，他門也是將日曆做骨，然却皆不曾實用心。有時考不得後，將一牒下州縣去討〔一二〕，那州郡不應，也不管，恁地如何解理會得。」義剛。

「近世修史之弊極甚，史官各自分年去做，既不相關，又不相示。亦有事起在第一年，而合殺處在二年，前所書者不知其尾，後所書者不知其頭。有做一年未終，而忽遷他官，遂空三四月日而不復修者。有立某人傳，移文州郡索〔一三〕事實，而竟無至者。嘗觀徽宗實録，有傳極詳，似只寫行狀、墓誌；有傳極略，如春秋樣，不可曉。其首末雜手所作，不成倫理。然則如之何？本朝史以日録爲骨，而參之以他書。今當於史院置六房吏，各專掌本房之事。如周禮官屬下所謂史幾人者，即是此類。如吏房有某注差，刑房有某刑獄，户房有某財賦，皆各有册系月日而書。其吏房有事涉刑獄，則關過刑房；刑房有事涉財賦，則關過户房。逐月接續爲書，史官一閱，則條目具列，可以依據。又以合立傳之人，列其姓名於轉運司，令下諸州索逐人之行狀、事實、墓誌等文字，專委一官掌之，逐月送付史院。如此，然後有可下筆處。及異日史成之後，五房書亦各存之，以備漏落。」淳。

「君舉謂不合與諸公爭辨，這事難説。嘗記得林少潁見人好説話，都記寫了。嘗舉一項云：國家嘗理會山陵，要委諭民間遷去祖墳事。後區處未得，特差某官前往定奪果當如何。這個官人看了，乃云只消着中做。林說：『這話說得不是，當時只要理會當遷與不當遷。當遷去，雖盡去亦得；若不當遷，雖一毫不可動。當與不當，這便是中，如何於二者之間酌中做。』此正是今時人之大病，所以大學『格物』、『窮理』正要理會這些。須要理會教是非端的分明，不如此定不得。如初間看善惡如隔一牆，只管看來，漸漸見得善惡如隔一壁。看得隔一壁底，已自勝似初看隔一墻底了。然更看得，又如隔一幅紙。這善惡只是爭些子，這裏看得直是透。善底端的是善，惡底端的是惡，略無些小疑似。大學只要論個知與不知，知得切與不切。」賀孫〔一四〕。

先生看天雨，憂形於色，云：「第一且是殯宮掘個窟在那裏，如何保得無水出。梓宮甚大，殯宮今闊四丈，自成池塘，奈何，奈何！這雨浸淫已多日，奈何！」賀孫〔一五〕。

是夜雨甚，先生屢惻然憂歎，謂：「明日掩殯雨勢如此，奈何！」再三憂之。賀孫問：「紹興山陵土甚卑，不知如何？」曰：「固是可慮。只這事，前日既〔一六〕在那裏都說來，只滿朝無一人可恃，卒爲下面許多陰陽官占住了。」問：「聞趙丞相前亦入文字，說得甚好。」曰：「是說得煞好，後來一不從，也只住了。自高宗殯宮時，在蜀中入文字說此。今又舉此，不知如何，又只如此住了。某初到，亦入一文字，後來却差孫從之相視。只孫從之是朝中煞好人，他初間畫三項利害，云：『展發引之期，别卜欑宫，上策也；只依舊在紹興，下策也。』説得煞力。到得相視歸來，更説得没理會。到後來，又令集議。初已告報日子，待到那一日四更時，忽扣門報云：『不須集議。』待問其故，云：『已再差官相視。』時鄭惠叔在吏書，乃六部之長，關集都是他。當時但聽得説差官，便止了衆人集議。當時若得集議一番，須説得事理分明。初，孫從之去，那曾得看子細。纔到那裏，便被守把老閹促將去，云：『這裏不是久立處。』某時在景靈宫行香，聞此甚叵耐〔一七〕，即與同坐諸公説：『如此亦不可不説。』遂回聚於鄭惠叔處。待到那裏，更無一人下手作文字，只管教某。某云：『若作之，何辭？止緣某前日已入文字，今作出，又止此意思。得諸公更作，庶説得更透切。』都只説過，更無人下手，某遂推劉德脩作。劉遂下手，鄭惠叔又只管説，不消説如何。某説：『這是甚麽様大事，如何恁地住？』遂顧左右，即取紙筆令劉作，衆人合湊遂成。待去到待漏院要進，都署銜位，各了。黄伯耆者，他已差做相視官，定了不簽他，他又來，須要簽，又换文字將上。待得他去相視歸來，却説道『自好』，這事遂定。滿朝士大夫都靠不得，便如此。這般事，爲臣子須做一家事盡心竭誠乃可。明知有不穩當，事大體重如此，如何住得？他説須要山是如何，水須從某方位盤轉，經過某方位，從某方位環抱，方可用。不知天地如何恰生這般山，依得你這般様子，更莫管他也。依他説，爲臣子也須盡心尋求，那知不有如此樣？驀忽更有，也未可知，如何便住得？聞亦自有人來說幾處可用，都被那邊計較阻抑了。」又云：「許多侍從也不學，宰相也不學，將這般大事只恁地做。且如祧廟集議，某時怕去爭炒，遂不去，只入文字。後來說諸公在那裏群起譁然，甚可畏，宰相都自怕了。君舉所主廟議，是把禮記『祖文王，宗武王』爲據，上面又說『祖契而宗湯』，又引詩小序『禘太祖』。詩序有甚牢固？又引『烝祭歲，文王騂牛一，武王騂牛一』，那時自是卜洛之始，未定之時，一時禮數如此。又用國語，亦是難憑。」器之問：「濮議如何？」先生曰：「歐公說固是不是，辯之者亦說得偏。既是所生，亦不可不略示殊異。若止封皇伯，與其他皇伯等，亦不可。須封號爲『大王』之類，乃可。伊川先生有說，但後來已自措置得好。凡祭享禮數，一付其下面子孫，朝廷無所預。」賀孫。

林丈說：「彭子壽彈韓侂胄只任氣性，不顧國體，致侂胄大憾於趙相，激成後日之事。」曰：「他純不曉事情，率爾而妄舉。」淳。

丙辰後

正卿問：「今江陵之命，將止於三辭。」曰：「今番死亦不出，纔出便只是死。」賀孫。

直卿云：「先生去官〔一八〕，其他人不足責，如吳德夫、項平父、楊子直合乞出。」先生曰：「諸人怕做黨錮，看得定是不解恁地。且如楊子直前日纔見某入文字，便來勸止，且攢著眉做許多模樣。某對他云：『公何消得恁地〔一九〕，如今都是這一串説話，若一向絶了，又都無好人去。』」賀孫。

季通被罪，臺謂及先生〔二〇〕。先生飯罷，樓下起西序行數回，即中位打坐。賀孫退歸精舍，告諸友。漢卿筮之，得小過「公弋取彼在穴」，曰：「先生無虞，蔡所遭必傷。」即同輔萬季弟至樓下。先生坐睡甚酣，因諸生偶語而覺，即揖諸生。諸生問所聞蔡丈事如何。曰：「州縣捕索甚急，不曉何以得罪？」因與正淳説早上所問孟子未通處甚詳。繼聞蔡已遵路，防衛頗嚴，諸友急往中涂見别，先生舟往不及。聞蔡留邑中，皆詹元善調護之。先生初亦欲與經營，包顯道因言：「禍福已定，徒爾勞擾。」先生嘉之，且云：「顯道説得自好，未知當局如何？」是夜諸生坐樓下，圍爐講問而退。聞蔡編管道州，乃沈繼祖文字主意詆先生也。賀孫。

或有謂先生曰：「沈繼祖乃正淳之連袂也〔二一〕。」先生笑曰：「『彌子之妻與子路之妻，兄弟也』，何傷哉？」人傑。

先生往淨安寺候蔡，蔡自府乘舟就貶，過淨安，先生出寺門接之。坐方丈寒暄外，無嗟勞語。以連日所讀參同契所疑扣蔡，蔡應答灑然。少遲，諸人醵酒至，飲皆醉。先生間行，列坐寺前橋上飲，回寺又飲，先生醉睡。方坐飲橋上，詹元善即退去，先生曰：「此人富貴氣。」賀孫。

論及「僞學」事，云：「元祐諸公後來被紹聖群小治時，却是元祐曾去撩撥它來，而今却是平地起這件事出。」義剛。

有一朋友微諷先生云：「先生有『天生德於予』底意思，却無『微服過宋』之意。」先生曰：「某又不曾上書自辯，又不曾作詩謗訕，只是與朋友講習古書，説這道理，更不教做，却做何事？」因曰：「『論語首章言：『人不知而不慍，不亦君子乎！』斷章言：『不知命，無以爲君子。』賜録云：「且以利害禍福言之，此是至粗底。此處人都信不及，便講學得，待如何，亦没安頓處。」今人開口亦解説一飲一啄自有定分，及遇小小利害，便生趨避計較之心。古人刀鋸在前，鼎鑊在後，視之如無物者，賜録作「如履平地」。蓋緣只見得這道理〔二二〕，都不見那刀鋸鼎鑊。」又曰：「『死生有命』，如合在水裏死，須是溺殺，此猶不是深奥底事、難曉底話。如今朋友都信不及，覺見此道日孤，令人意思不佳。」人傑。

或勸先生散了學徒，閉户省事以避禍者，先生曰：「禍福之來，命也。」廣。

先生曰：「如某輩皆不能保，只是做將去，事到則盡付之。人欲避禍，終不能避。」德明。

「今爲辟禍之説者，固出於相愛，然得某壁立萬仞，豈不益爲吾道之光。」閎祖。

『其默足以容』，只是不去擊鼓訟冤，便是默，不成屋下合說底話亦不敢說也。」同。

「或有人勸某當此之時，宜略從時。某答之云：『但恐如草藥，煅煉得無性了，救不得病耳。』」僩。

有客遊二廣多年，知其山川人物風俗，因言廉州山川極好。先生笑曰：「被賢說得好，下梢不免去行一番。」此時黨事方起。又因問舉業，先生笑曰：「某少年時只做得十五六篇義，後來只是如此發舉及第。人但不可不會作文字。及其得，也只是如此。今人却要求爲必得，豈有此理。」祖道。

時「僞學」之禁嚴，彭子壽鐫三官，勒停。諸權臣之用事者，睥睨不已。先生曰：「某今頭常如黏在頸上。」又曰：「自古聖人未嘗爲人所殺。」胡詠。

雜記言行

「某嘗言：吾儕講學，正欲上不得罪於聖賢，中不誤於一己，下不爲來者之害，如此而已，外此非所敢與。」道夫。

「吾輩不用有忿世疾惡之意，第常自體此心寬明無係累，則日充日明，豈可涯涘耶？泛愛親仁，聖人忠恕體用，端的如此。」振。

「人言好善嫉惡，而今在閑處，只見嫉惡之心愈至。」伯謨曰：「唯其好善，所以嫉惡。」道夫。

先生愛說「恰好」二字，云：「凡事自有恰好處。」過。

先生每語學者云：「凡事無許多閑勞攘。」過。

先生每論及靖康、建炎間事，必蹙頞慘然，太息久之。義剛。

長孺問：「先生須得邵堯夫先知之術？」先生久之曰：「吾之所知者：『惠迪吉，從逆凶』、『滿招損，謙受益』。若是明日晴，後日雨，吾又安能知耶？」㬎。

因言科舉之學，問：「若有大賢居今之時，不知當如何？」曰：「若是第一等人，它定不肯就。」又問：「先生少年省試報罷時如何？」曰：「某是時已自斷定，若那番不過省，定不復應舉矣。」僩。

有爲其兄求薦書，先生曰：「没奈何，爲公發書。某只云：某人爲某官，亦老成諳事，亦可備任使。更須求之公議如何，某不敢必。辛弃疾是朝廷起廢爲監司，初到任，也須采公議薦舉。他要使一路官員。他所薦舉，須要教一路官員知所激勸是如何人。他若把應副人情，有書來便取去，這一任便倒了。某兩爲太守，嘗備員監司，非獨不曾以此事懇人，而人亦不曾敢以此事懇某，自謂平日修行得這些力。他明知以私意來懇祝，必被某責。然某看公議舉人，是個好人，人人都知。若是舉錯了，也是自家錯了。本不是應副人情，又不是交結權勢，又不是被他獻諛，這是多少明白。人皆不來私懇，其間有當薦之人，自公舉之。待其書來說，某已自舉薦他了，更無私懇者。」賀孫。

有親戚託人求舉，先生曰：「親戚固是親戚，然薦人於人，亦須是薦賢始得。今鄉里平平等人，無可稱之實，某都不與發書懇人。況某人事母如此，臨財如此，居鄉曲事長上如此，教自家薦舉他甚麽得？」因問所託之人：「公且與撰幾句可薦之迹將來，是說得說不得？假使說道向來所爲不善，從今日自新，要求舉狀，是便有此心，何可保？」賀孫。

「人每欲不見客，不知它是如何。若使某一月日不見客，必須大病一月。似今日一日與客說話，却覺得意思舒暢。不知它門關着門不見人底，是如何過日？」義剛。

直卿勸先生且謝賓客數月〔一三〕，將息病。先生曰：「天生一個人，便須着管天下事。若要不管，須是如揚氏爲我方得，某却不曾去學得這般學。」義剛。

擇之勞先生人事之繁，答曰：「大凡事只得耐煩做將去，纔起厭心便不得。」道夫。

先生病中應接不倦，左右請少節之，先生厲聲曰：「你懶惰，教我也懶惰！」淳。

先生病起，不敢峻補，只得平補，且笑曰：「不能興衰撥亂，只得扶衰補敝。」淳。

「近日百事都如此，醫者用藥也只用平平穩穩底藥，亦不能爲害，亦不能治病。是〔一四〕

他初不曾識得病，故且如此酌中。世〔二五〕上事都如此，扁鵲視疾察見肺肝，豈是看見裏面如何，也只是看得證候極精，纔見外面，便知五臟六腑事〔二六〕。」賀孫。

先生一日説及受贓者，怒形於言，曰：「某見此等人，只與大字面配去！」徐又曰：「今説公吏不合取錢，爲知縣者自要錢矣。」節節言之，爲之吁歎。過。

梅雨，溪流漲盛，先生扶病往觀，曰：「君子於大水必觀焉。」僩。

先生每觀一水一石、一草一木，稍清陰處，竟日目不瞬。飲酒不過兩三行，又移一處。大醉，則趺坐高拱。經史子集之餘，雖記録雜説，舉輒成誦。微醺，則吟哦古文，氣調清壯。某所聞見，則先生每愛誦屈原楚騷、孔明出師表、淵明歸去來並詩、並杜子美數詩而已。壽昌。

先生於父母墳墓所託之鄉人，必加禮。或曰：「敵已以上，拜之。」賀孫。

先生每日早起，子弟在書院，皆先着衫到影堂前擊板，俟先生出。既啓門，先生陞堂，率子弟以次列拜炷香，又拜而退，子弟一人詣土地之祠炷香而拜。隨侍登閣，拜先聖像，方坐書院，受早揖，飲湯少坐，或有請問而去。月朔，影堂薦酒果；望日，則薦茶；有時物，薦新而後食。過。

先生早晨拈香。春夏則深衣，冬則戴漆紗帽。衣則以布爲之，闊袖皂褖，裳則用白紗，如濂溪畫像之服。或有見任官及它官相見，易窄衫而出。過。

問〔二七〕衣裳制度。曰：「也無制度，但畫像多如此，故效之。」又問：「有尺寸否？」曰：「也無稽考處。那禮上雖略說，然也說得没理會處。」義剛〔二八〕。

先生嘗立北橋，忽市井游手數人悍然突過，先生斂衽橋側避之。每閑行道間，左右者或辟人，先生即厲聲止之曰：「你管他作甚！」先生每徒行報謁，步速而意專，不左右顧。及無事，領諸生遊賞，則徘徊顧瞻，緩步微吟。先生有疾，及諸生省問，必正冠坐揖，各盡其情，略無倦接之意。諸生有未及壯年者，待之亦周詳。先生病少愈，既出寢室，客至必見，見必降階肅之，去必送至階下。諸生夜聽講退，則不送。或在坐有外客，則自降階送之。先生於客退，必立視其車行，不復顧，然後退而解衣，及應酬他事。或客方登車猶相面，或以他事禀者，不領之。或前客纔登車，而尚留之客輒有所禀議，亦令少待。先生對客語及本路監司守將，必稱其官。賀孫。

侍先生到唐石，待野叟樵夫，如接賓客，略無分毫畦町，某因侍立及之〔二九〕。先生曰：「此一等人，若勢分相絶，如何使他得以盡其情？」唐石有社倉，往往支發不時，故彼人來告。先生云：「救弊之道，在今日極是要嚴。不嚴，如何得實惠及此等細民。」炎。

先生端居甚嚴，而或「温而厲」、「恭而安」。望其容貌，則見面盎背。當諸公攻「僞學」

之時，先生處之雍容，只似平時。故炎祭先生文有云：「凜然若銜馭之甚嚴，泰然若方行之無畔。蓋久而後得之，又何止流行乎四時，而昭示乎河漢！」炎。

先生書所居之桃符云：「愛君希道泰，憂國願年豐。」書竹林精舍桃符云：「道迷前聖統，朋誤遠方來。」先是趙昌父書曰：「教存君子樂，朋自遠方來。」故嗣歲先生自易之以此。若海。

先生書閣上只扁南軒「藏書」二字。鎮江一寶兄託過稟求書其家齋額，不許。因云：「人家何用立牌榜？且看熹家何曾有之？」先是漳州守求新「貢院」二字，已爲書去，却以此說：「彼有數百間貢院，不可無一牌，人家何用。」過。

登先生藏書閣，南軒題壁上題云：「於穆元聖，繼天測靈，開此謨訓，惠我光明。靖言保之，匪金厥籯。含英咀實，百世其承。」意其爲藏書閣銘也，請先生書之，刻置社倉書樓之上。先生曰：「只是以此記書厨名，待爲別做。」振。

「道間人多來求詩與跋，某以爲人之所以與天地日月相爲長久者，元不在此。」可學。

先生因人求墓銘，曰：「『吁嗟身後名，於我如浮煙。』人既死了，又更要這物事做甚！」或曰：「先生語此，豈非有爲而言？」曰：「也是。既死去了，待他說是說非，有甚干涉？」又曰：「所可書者，以其有可爲後世法。今人只是虛美其親，若有大功大業，則天下之人都知得了，又何以此爲？且人爲善，亦自是本分事，又何必須要恁地寫出〔三〇〕？」賀孫。

信州一士人爲其先人求墓牌，先生不許。請之不已，又却之。臨別送出，擧指云：「贈公『務實』二字。」過。

先生初欲正甫以沙隨行實來，爲作墓碑，久之不到。既而以舊人文字稍多，又欲屬筆。汪季路亦不曾及是議，立祠堂于德興縣學，曾爲德興丞。爲書「沙隨先生之祠」六字。過。

陳同父一子、一婿吳康。同來求銘文，先生是時例不作此，與寫「有宋龍川先生陳君同父之墓」十二字。婺源李參仲於先生爲鄉舊，其子亦來求墓銘，只與跋某人所作行實，亦書「有宋鍾山先生李公之墓」與之。過。

壽昌因先生酒酣興逸，遂請醉墨。先生爲作大字韶國師頌一首，又作小字杜牧之九日詩一首，又作大字淵明歸田園居一首。有擧子亦乘便請之，先生曰：「公既習擧業，何事於此？」請之不已，亦爲作淵明阻風於規林第二首，且云：「但能參得此一詩透，則公今日所謂擧業與夫他日所謂功名富貴者，皆不必經心可也。」壽昌。

先生語朋舊：「無事時不妨將藥方看，欲知得養生之理也。」過。

先生説：「南軒論熹命云『官多禄少』四字。」因云：「平日辭官文字甚多。」過。

因上亮隔，取中間一條爲正，云：「事須有一個大本。」方。

因對雨，云：「安徐便好。」昨日做雨，今日方微下，已浹洽，悠悠未已，有周溥意，不似前日暴也。方。

「開窗坐，見窗前地上日色，即覺熱；退坐不見，即不熱。目受而心忌之，則身不安之矣。如許渤著衣，問人寒熱，則心凝不動也，僧有受焚者亦爾。」方。

先生於世俗未嘗立異。有歲迫欲入新居而外門未立者，曰：「若入後有禁忌，何以動作？」門欲横從巷出。曰：「直出是公道，横則與世俗相拗。」淳。

先生問直卿：「何不移入新屋居？」曰：「外門未立。」曰：「歲暮只有兩日，便可下工。若搬入後有禁忌，如何動作？初三又是赤口。」義剛。

壽昌問先生：「『此心元自通天地，枉却靈宫一炷香。』先生遊南嶽詩。若在小龍王廟，還敢如此道否？」先生曰：「某却不曾到吴城山。」壽昌。

校勘記

〔一〕速　朝鮮本作：當。

〔二〕主將刻剥士卒以爲苞苴　「苞」原作「苟」，據朝鮮本、萬曆本改。

〔三〕寧宗朝　朝鮮本作小字注文，上另增「今上」二大字。

〔四〕深三丈　「三」，朝鮮本作「二」。

〔五〕户　朝鮮本作：序。

〔六〕十二室　朝鮮本此下增：僖祖今祧、宣祖今祧、太祖太宗今一世、真宗今二世、仁宗今三世、英宗今四世、神宗今五世、哲宗徽宗今六世、欽宗高宗今七世、孝宗今八世。

〔七〕僖祖　朝鮮本此下增：廟。

〔八〕時舉　朝鮮本舉下有「寓録同」三字。

〔九〕終是高於世俗之儒　「儒」，朝鮮本作「論」。

〔一〇〕葉爲檢討　朝鮮本「葉」上有「先生時爲脩撰」六字。

〔一一〕説得詳底只是寫行狀　朝鮮本作：記得詳底又都只是寫那行狀。

〔一二〕有時考不得後將牒下州縣去討　朝鮮本作：有時考不得，後來一牒下州縣去討。

〔一三〕索　朝鮮本此下增：本人之。

〔一四〕賀孫　二字本漶漫，據朝鮮本書正。

〔一五〕賀孫　朝鮮本「孫」下有「三十」二小字。

〔一六〕既　朝鮮本作：託。

〔一七〕聞此甚叵耐　「叵」原作「回」，據朝鮮本、萬曆本改。

〔一八〕先生去官　「官」原作「國」，據朝鮮本改。

〔一九〕公何消得恁地　朝鮮本「公」下有「且説來」三字。

〔二〇〕臺謂及先生　「謂」，朝鮮本作「評」。

〔二一〕沈繼祖乃正淳之連袂也　「袂」原作「決」，據朝鮮本、萬曆本改。

〔二二〕道理　朝鮮本作：義理。

〔二三〕直卿勸先生且謝賓客數月　朝鮮本「直」上有「黄」字。

〔二四〕是　朝鮮本作：也只是。

〔二五〕世　朝鮮本此上增：試看。

〔二六〕五臟六腑事　朝鮮本此下增：無少差。

〔二七〕問　朝鮮本作：義剛問。

〔二八〕義剛　朝鮮本「剛」下有「按此條問先生服」七小字。

〔二九〕某因侍立及之　「及」，萬曆本作「久」。

〔三〇〕出　朝鮮本作：去。

朱子語類卷第一百八

朱子五

論治道

「治道別無説，若使人主恭儉好善，『有言逆于心，必求諸道；有言孫于志，必求諸非道』，這如何會不治。這別無説，從古來都有見成樣子，直是如此。」賀孫。

「天下事有大根本，有小根本，正君心是大本。其餘萬事各有一根本，如理財以養民爲本，治兵以擇將爲本。」

「天下事自有個大根本處，每事又各自有個緊要處。」端蒙。

「天下事當從本理會，不可從事上理會。」方。

論世事，曰：「須是心度大方，包裹得過，運動得行。」振。

「爲學，是自博而反諸約；爲治，是自約而致其博。」自脩。

因論世俗不冠帶，云：「今爲天下，有一日不可緩者，有漸正之者。一日不可緩者，興起之事也；漸正之者，維持之事也。」方。

「古者修身與取才、卹民與養兵皆是一事，今遂分爲四。」升卿。

「自古有『道術爲天下裂』之説，今親見其弊矣。」自脩。

「天下事，須是人主曉得通透了，自要去做，方得〔一〕。如一事八分是人主要做，只有一二分是爲宰相了做，亦做不得。」廣。

問：「或言今日之告君者皆能言『修德』二字，不知教人君從何處修起？必有其要。」曰：「安得如此説？只看合下心〔二〕不是私，即轉爲天下之大公。將一切私底意盡屏去，所用之人非賢，即別搜求正人用之。」問：「以一人耳目，安能盡知天下之賢？」曰：「只消用一個好人作相，自然推排出來。有一好臺諫，知他不好人，自然住不得。」德明。

「井田之法要行，須是封建，令逐國各自去理會。如王畿之内，亦各有都鄙、家鄙。漢人嘗言郡邑在諸國之外，而遠役於中都，非便。」問：「漢以王國雜見於郡縣間，如何？」曰：「漢本無法度。」德明。

「封建實是不可行。若論三代之世，則封建好處，便是君民之情相親，可以久安而無患，不似後世郡縣，一二年輒易，雖有賢者，善政亦做不成。」淳。

因言：「封建只是歷代循襲，勢不容已，柳子厚亦說得是。賈生謂『樹國必相疑之勢』，甚然。封建後來自然有尾大不掉之勢，成周盛時能得幾時〔三〕？到春秋列國强盛，周之勢亦浸微矣。後來到戰國，東、西周分治，赧王但寄於西周公耳。雖是聖人法，豈有無弊者！」大帥先生之意，以爲封建井田皆易得致弊。廣。

問：「後世封建郡縣，何者爲得？」曰：「論治亂畢竟不在此。以道理觀之，封建之意是聖人不以天下爲己私，分與親賢共理，但其制則不過大，此所以爲得。賈誼於漢言『衆建諸侯而少其力』，其後主父偃竊其說用之於武帝。」端蒙。

諸生論郡縣封建之弊。曰：「大抵立法必有弊，未有無弊之法，其要只在得人。若是個人，則法雖不善，亦占分數多了；若非其人，則有善法亦何益於事？且如說郡縣不如封建，若封建非其人，且是世世相繼，不能得他去；如郡縣非其人，却只三兩年任滿便去，忽然換得好底來，亦無定。范太史唐鑑議論大率皆歸於得人，某初嫌他恁地說，後來思之，只得如此說。」又云：「革弊須從原頭理會。」燾。

「柳子厚封建論則全以封建爲非，胡明仲輩破其說，則專以封建爲是。要之，天下制度無全利而無害底道理，但看利害分數如何。封建則根本較固，國家可恃；郡縣則截然易制，然來來去去，無長久之意，不可恃以爲固也。如役法亦然，荆公只見差役之害而免役之利。」先生云：「差役時皆土著家户人，州縣亦較可靠，免役則皆浮浪之人。靖康間州縣亦有守令要守，而吏民皆散去，無復可恃，然其弊亦不勝其多也。」揚。

先生言論間猶有不滿於五峰論封建井田數事，嘗叩其説以質疑〔四〕。先生云：「封建井田，乃聖王之制，公天下之法，豈敢以爲不然？但在今日恐難下手。設使强做得成，亦恐意外别生弊病，反不如前，則難收拾耳。此等事未須深論，他日讀書多，歷事久，當自見之也。」枅。

因論封建，曰：「此亦難行。使膏粱之子弟不學而居士民上，其爲害豈有涯哉？且以漢諸王觀之，其荒縱淫虐如此，豈可以治民？故主父偃勸武帝分王子弟而使吏治其國，故禍不及民。所以後來諸王也都善弱，蓋漸染使然。積而至於魏之諸王，遂使人監守，雖飲食亦皆禁制，更存活不得。及至晉懲其弊，諸王各使之典大藩，總强兵，相屠相戮，馴致大亂。」僩云：「監防太密，則有魏之傷恩；若寬去繩勒，又有晉之禍亂。恐皆是無古人教養之法，故爾。」曰：「那個雖教，無人奈得他何。」或言：「今之守令亦善。」卓録起此，作「郭兄問」。曰：「却無前代尾大不掉之患，只是州縣之權太輕，卓録作「無權」。卒有變故，更支撑不住。」僩因舉祖宗官制沿革中，説祖宗時州郡禁兵之額極多，又有諸般名色錢可以贍養。及王介甫作相，凡州郡兵財皆括歸朝廷，而州縣益虚，所以後來之變，天下瓦解，由州郡無兵無財故也。曰：「只祖宗時州郡已自輕了，如仁宗朝京西群盗横行，破州屠縣，無如之何。淮南盗王倫破高郵，郡守晁仲約以郡無兵財，遂開門犒之卓録作「斂金帛賂之」。使去。富鄭公聞之大怒，欲誅守臣，曰：『豈有任千里之寄，不能拒賊而反賂之？』范文正公爭之曰：『州郡無兵無財，俾之將何捍拒？今守臣能權宜應變，以全一城之生靈，亦可矣，豈可反以爲罪耶？』然則，彼時州郡已如此虚弱了，如何盡責得介甫？」僩。〔五〕卓録今附于下。

「介甫只是刮刷太甚，凡州郡禁兵闕額，盡令勿補填。且如一州有千人禁軍額，闕五百人，則本郡不得招填。每歲椿留五百名之衣糧，並二季衣賜之物，令轉運使掌之，而盡歸於朝廷，如此煞得錢不可勝計。」陳文云：「記得先生説，教提刑掌之，歸朝廷，名曰『封椿鈌額禁軍錢』。」又云：「也怪不得州郡，欲添兵，誠無糧食給之，其勢多招不得。某守南康，舊有千人禁軍額，某到時，纔有二百人而已，然歲已自闕供給。本軍每年有粗米四萬六千石，以三萬九千來上供，所餘者止七千石，僅能贍得三月之糧。三月之外，便用別擘畫措置，如斛面加量之屬。又盡，則預於民間借支。方借之時，早穀方熟，不得已出榜，令民先將早米來納，亦謂之租米。俟冬，則折除其租米，亦當大米之數，如此猶贍不給。壽皇數數有指揮下來，必欲招滿千人之額。某申去云：『不難於招，只是無討糧食處。』又行下云：『便不及千人，亦須招填五百人。』雖聖旨如此，然終無得錢糧處，只得如此挨過日子而已。想得自初千人之額，自來不曾及數。蓋州郡只有許多米，他無來處，何以贍給之？然上供外所餘七千石，州郡亦不得用。轉運使每歲行文字下來約束，只教樁留在本州，不得侵支顆粒。那裏有？年年侵使了，每監司使公吏下來檢視，州郡又厚賂遺之使去。全無顆粒，怪不得。若更不得支此米，何從得贍軍？然亦只贍得兩三月，何況都無。非天雨鬼輸，何從得來？某在彼時，顔魯子、王齊賢屢行文字下來，令不得動。某報去云：『累政即無顆粒見在，雖上司約束分明，奈歲用支使何？今來上司，不若爲之豁除其數。若守此虚名而無實，徒爲胥吏輩賂賄之地。又況州郡每歲靠此米支遣，決不能如約束，何似罷之？』更不聽，督責愈急。顔魯子又推王齊賢，王齊賢又推顔魯子。及王齊賢去，顔依舊行下約束，却被某不能管得，只認支使了。若以爲罪，則前後之爲守者皆一樣，又何從根究？其勢不奈何，只得如此處。」卓。

「居今之世，若欲盡除今法，行古之政，則未見其利而徒有煩擾之弊。又事體重大，阻格處多，決然難行。要之，因祖宗之法而精擇其人，亦足以治，只是要擇人。范淳夫唐鑑其論亦如此，以爲因今郡縣足以爲治。某少時常鄙之，以爲苟簡因循之論。以今觀之，信然。」僩。德明録云「問：『今日之治，當以何爲先？』曰：『只是要得人。』」

問：「先生所謂『古禮繁文不可考究，欲取今見行禮儀增損用之，庶其合於人情方爲有益』，如何？」曰：「固是。」曰：「若是，則禮中所載冠、昏、喪、祭等儀有可行者否？」曰：「如冠、昏禮，豈不可行？但喪、祭有煩雜耳。」問：「若是，則非理明義精者，不足以與此。」曰：「固是。」曰：「井田封建如何？」曰：「亦有可行者。如有功之臣封之一鄉，如漢之鄉亭侯。田税亦須要均，則經界不可以不行，大綱在先正溝洫。又如孝弟忠信，人倫日用間事，播爲樂章，使人歌之，倣周禮讀法，徧示鄉村聚落；亦可代今粉壁所書條禁。」人傑。

問：「歐公本論謂今冠、昏、喪、祭之禮只行於朝廷，宜令禮官講明，頒行於郡縣。此說如何？」曰：「向來亦曾頒行，後來起告訐之訟，遂罷，然亦難得人教他。」問：「三代規模未能遽復，且講究一個粗法管領天下，如社倉舉子之類。」先生曰：「譬如補鍋，謂之小補可也。若要做，須是一切重鑄。今上自朝廷，下至百司庶府，外而州縣，其法無一不弊，學校科舉尤甚〔六〕。」又云：「今之禮，尚有見於威儀辭遜之際；若樂，則全是失了。」問：「朝廷合頒降禮樂之制，令人講習。」曰：「以前日浙東之事觀之，州縣直是視民如禽獸，豐年猶多饑死者。雖百后夔，亦呼召他和氣不來。」德明。

「制度易講，如何有人行！」振。

「立一個簡易之法，與民由之，甚好。夏、商井田法所以難廢者，固是有聖賢之君繼作，亦是法簡〔七〕，不似周法繁碎。然周公是其時不得不恁地，惟繁故易廢。使孔子繼周，必能通變使簡易，不至如是繁碎。今法極繁，人不能變通，只管築塞在這裏。」道夫。

吴伯英與黄直卿議溝洫，先生徐曰：「今則且理會當世事尚未盡，如刑罰，則殺人者不死，有罪者不刑；税賦，則有産者無税，有税者無産，何暇議古？」蓋卿。

「欲整頓一時之弊，譬如常洗澣，不濟事。須是善洗者一一拆洗，乃不枉了，庶幾有益。」過。

「聖人固視天下無不可爲之時，然勢不到他做，亦做不得。」燾。

因説理會天下彌文，曰：「伊川云：『只患不得爲，不患不能爲。』知有稱在此〔八〕，物來即輕重皆了，何必先要一一等過天下之物。」方〔九〕。

「審微於未形，御變於將來，非知道者孰能！」燾。

「會做事底人，必先度事勢，有必可做之理方去做。」燾。

「不能則謹守常法。」燾。

「天生一世人才，自足一世之用。自古及今，只是這一般人。但是有聖賢之君在上，氣焰大，薰蒸陶冶得别，這個自爭八九分。只如時節雖不好，但上面意思略轉，下面便轉。況乎聖賢是甚力量！少間無狀底人自銷鑠改變，不敢做出來，以其平日爲己之心爲公家辦事，自然修舉，蓋小人多是有才底。」儒用。或録云「問：『天地生一世人，自足了一世用，但患人不能盡用天地之才，此其不能大治。若以今世論之，則人才之可數者，亦可見矣，果然足以致大治乎？』曰：『不然。人只是這個人，若有聖賢出來，只它氣燄自薰蒸陶治了無限人才，這個自爭八九分。少間無狀者惡者自消爍，不敢使出，各求奮勵所長，而化爲好人矣。而今朝廷意思略轉，則天下之人便皆變動，況有大聖賢者出，休麽樣氣魄〔一〇〕！那個盡薰蒸了，小人自是不敢放出無狀，以其自私自利辦事之心而爲上之用，皆是有用之人矣。』」

「荀悦曰：『教化之行，挽中人而進於君子之域；教化之廢，推中人而墮於小人之塗〔一一〕。』若是舉世恁地各舉其職，有不能者亦須勉强去做，不然也怕公議。既無公議，更舉無忌憚了。」夔孫。

「天下人不成盡廢之，使不得從政。只當講學，庶得人漸有好者，庶有可以爲天下之理。」方。

「今日人材須是得個有見識，又有度量，人便容受得今日人材，將來截長補短使。」升卿。

「後世只是無個人樣。」德明。

泛言人才，曰：「今人只是兩種：謹密者多退避，俊快者多粗疏。」道夫。

「世間有才底人，若能損那有餘，勉其不足時節，却做得事，却出來擔當得事，與那小廉曲謹底不同。」

「貪污者必以廉介者爲不是，趨競者必以恬退者爲不是。由此類推之，常人莫不皆然。」人傑。

「今人材舉業浸纖弱尖巧，恐是風氣漸薄使然，好人或出於山荒中。」方。

賀孫問先生出處，因云：「氣數衰削。區區愚見，以爲稍稍爲善正直之人，多就摧折困頓，似皆佞諛得志之時。」曰：「亦不可一向如此説，只是無人。一人出來，須得許多人大家合力做。若是做不得，方可歸之天，方可喚做氣數。今若有兩三人要做，其他都不管他，直教那兩三人摧折了便休。」賀孫。

有言：「世界無人管，久將脱去。凡事未到手，則姑晦之；俟到手，然後爲。」有詰之者曰：「若不幸未及爲而死，吾志不白，則如之何？」曰：「此亦不奈何，吾輩蓋是折本做也。」先生曰：「如此，則是一部孟子無一句可用也。嘗愛孟子答淳于髡之言曰『嫂溺援之以手，天下溺援之以道，子欲手援天下乎？』吾人所以救世者，以其有道也。既自放倒矣，天下豈一手可援哉？觀其説，緣飾得來不好，安得似陸子靜堂堂自在，説成一個物事乎？」方子。

直卿云：「嘗與先生言：如今有一等才能了事底人，若不識義理，終是難保。先生不以爲然，以爲若如此説，却只是自家這下人使得，不是自家這下人，都不是人才。」賀孫。

「苟或歎無智謀之士，看今來把誰做智謀之士？」伯謨云：「今時所推，只永嘉人。江西人又粗，福建又無甚人。」先生不應，因云：「南軒見義必爲，他便是没安排周遮，要做便做。人說道他勇，便是勇，這便是不可及。」歎息數聲。賀孫。

浙中人大率以不生事撫循爲知體，先生謂：「便是『枉尺直尋』。如此風俗議論至十年，國家事都無人作矣。常人以便文，小人以容奸，如此風大害事。」揚。

「今世士大夫惟以苟且逐旋挨去爲事，挨得過時且過。上下相咻以勿生事，不要十分分明理會事，且恁鶻突。才理會得分明，便做官不得。有人少負能聲，及少經挫抑，却悔其大惺惺了了。一切刓方爲圓，且恁隨俗苟且，自道是年高見識長進。當官者，大小上下，以不見吏民、不治事爲得策，曲直在前，只不理會〔一二〕。庶幾民自不來，以此爲止訟之道。民有冤抑，無處伸訴，只得忍遏。便有訟者，半年周歲不見消息，不得予決〔一三〕，民亦只得休和，居官者遂以爲無訟之可聽〔一四〕。風俗如此，可畏，可畏！」僩。

「今日人才之壞，皆由於詆排道學〔一五〕。治道必本於正心、修身，實見得恁地，然後從這裏做出。如今士大夫，但說據我逐時恁地做，也做得事業。說道學，說正心、修身，都是閑說話，我自不消得用此。若是一人叉手並脚，便道是矯激，便道是邀名，便道是做崖岸。須是如市井底人拖泥帶水，方始是通儒實才。」賀孫。

器遠問："文中子'安我者所以寧天下也，存我者所以厚蒼生也'，看聖人恁地維持紀綱，却與有是非無利害之説有不相似者。"曰："只爲人把利害之心去看聖人。若聖人爲治，終不成掃蕩紀綱，使天下自恁地頹壞廢弛，方喚做公天下之心？聖人只見得道理合恁地做。有個天下在這裏，須着去保守，須着有許多維持紀綱，這是決定着如此，不如此便不得，這〔一六〕只是個賭是。"又問："若如此説，則陳丈就事物上理會，也是合如此。"曰："雖是合如此，只是無自家身己做本領，便不得。"又問："事求可，功求成，亦是當如此？"曰："只要去求可求成，便不是。聖人做事，那曾不要可，不要成？只是先從這裏理會去，却不曾恁地計較成敗利害。如公所説，只是要去理會許多汨董了，方牽入這心來，却不曾有從這裏流出在事物上底意思。"賀孫。

"蔡季通因浙中主張史記，常説道邵康節所推世數，自古以降，去後是不解會甚好，只得就後世做規模。以某看來，則不然。孔子修六經，要爲萬世標準。若就那時商量，别作個道理，孔子也不解修六經得。如司馬遷亦是個英雄，文字中間自有好處。只是他説經世事業只是第二三著，如何守他議論？如某退居老死無用之物，如諸公都出仕官，這國家許多命脉固自有所屬〔一七〕，不直截以聖人爲標準，却要理會第二三著，這事煞利害，千萬細思之。"賀孫。

「凡事求可，功求成，取必於智謀之末，而不循天理之正者，非聖賢之道。」燾。

「古人立法，只是大綱，下之人得自爲。後世法皆詳密，下之人只是守法。法之所在，上之人亦進退下之人不得。」揚。

「今世有二弊：法弊，時弊。法弊但一切更改之，却甚易；時弊則皆在人，人皆以私心爲之，如何變得？嘉祐間法可謂弊矣，王荆公未幾盡變之，又别起得許多弊，以人難變故也。」揚。

揚因論科舉法雖不可以得人，然尚公。曰：「銓法亦公。然法至於盡公，不在人便不是好法。要可私而公，方始好。」揚。

「今日之法，君子欲爲其事，以拘於法而不得騁；小人却徇其私，敢越於法而不之顧。」人傑。

「今人只認前日所行之事而行之，便謂之循典故，也須揀個是底始得。」學蒙。

「被幾個秀才在這裏翻弄那吏人，翻得來難看。吏文只合直説，某事是如何，條貫是如何，使人一看便見，方是。今只管弄閑言語，説到緊要處，又只恁地帶過去。」至。

「今日天下，且得個姚崇、李德裕來措置，看如何。」浩。

「今日之事，若向上尋求，須用孟子方法；其次則孔明之治蜀，曹操之屯田許下也。」

德明。

因論郡縣政治之乖，曰：「民雖衆，畢竟只是一個心，甚易感也。」揚。

吳英茂實云：「政治當明其號令，不必嚴刑以爲威。」曰：「號令既明，刑罰亦不可弛。苟不用刑罰，則號令徒掛墻壁爾〔一八〕。與其不遵以梗吾治，曷若懲其一以戒百？與其覆實檢察於其終，曷若嚴其始而使之無犯？做大事，豈可以小不忍爲心。」言經界。道夫。

因論經界，曰：「只著一『私』字，便生無限枝節。」或問：「程子『與五十里采地』之説如何？」曰：「人之心無窮，只恐與五十里，他又要一百里；與一百里，他又要二百里。」淳。

「吾輩今經歷如此，異時若有尺寸之柄，而不能爲斯民除害去惡，豈不誠可罪耶？其嘗謂今之世姑息不得，直須共他理會，庶幾善弱可得存立。」道夫。

或問：「爲政者當以寬爲本，而以嚴濟之。」曰：「某謂當以嚴爲本，而以寬濟之。曲禮謂『涖官行法，非禮，威嚴不行』，須是令行禁止。若曰令不行，禁不止，而以是爲寬，則非也。」人傑。

「古人爲政，一本於寬，今必須反之以嚴。蓋必如是矯之，而後有以得其當。今人爲寬，至於事無統紀，緩急予奪之權皆不在我。下梢却〔一九〕是奸豪得志，平民既不蒙其惠，又反受其殃矣。」若海。

「今人說寬政，多是事事不管，某謂壞了這『寬』字。」人傑。

「平易近民，爲政之本。」僩。

「爲政如無大利害，不必議更張〔二〇〕。則所更一事未成，必鬨然成紛擾，卒未已也。至於大家，且假借之。故子產引鄭書曰『安定國家，必大焉先』。」人傑。

問：「爲政更張之初，莫亦須稍嚴以整齊之否？」曰：「此事難斷定說，在人如何處置，然亦何消要過於嚴？今所難者，是難得曉事底人。若曉事底人，歷練多，事纔至面前，他都曉得依那事分寸而施以應之，人自然畏服。今人往往過嚴者，多半是自家不曉，又慮人欺己，又怕人慢己，遂將大拍頭去拍他，要他畏服。若自見得，何消過嚴？便是這事難。」又曰：「難！難！」僩。

因言措置天下事：「直是難，救得這一弊，少間就這救之之心又生那一弊。如人病寒，下熱藥，少間又變成燥熱。及至病熱，下寒藥，少間又變得寒。到得這家計壞了，更支捂不住。」僩。

問：「州縣間寬嚴事既已聞命矣。若經世一事，向使先生見用，其將何先？」曰：「亦只是隨時。如壽皇之初是一樣，中間又是一樣，只合隨時理會。」問：「今日之治，奉行祖宗成憲。然是太祖皇帝以來至今，其法亦有弊而當更者〔二一〕。」曰：「亦只是就其中整理，如何便超出做得？如薦舉，如科場，如銓試，就其中從長整理。」問：「向説諸州厢禁軍與屯戍大軍更互教閲，如何？」曰：「亦只是就其法整理。」既而歎曰：「法度尚可移，如何得人心變易，各人將他心去行法。且如薦舉一事，雖多方措置隄防，然其心只是要去私他親舊，應副權勢，如何得心變。」説了，德明起禀云：「數日聽尊誨，敬當銘佩，請出。」整衣拜辭，遂出；再入，拜於床下。三歌扶掖〔二〕，先生俯身顰眉動色言曰：「後會未期。朋友間多中道而畫者，老兄却能拳拳于切己之學，更勉力廣充，以慰衰老之望。」德明復致詞拜謝而出，不勝悵然。前一日，先生云：「朋友赴官來相别，某病如此，時事又如此，後此相見，不知又如何。」道中追念斯言，不覺涕下。伯魯進求一言之誨，先生云：「歸去且與廖丈商量。昨日説得已詳，大抵只是如此。」稱丈者，爲丈夫。泊魯言也。德明。

問治亂之機。曰：「今看前古治亂，那裏是一時做得，少是四五十年，多是一二百年醖釀，方得如此。」遂俛首太息。賀孫。

校勘記

〔一〕方得　朝鮮作：方做得。且此下增「某嘗説」三字。

〔二〕心　朝鮮本此下增：無。

〔三〕成周盛時能得幾時　朝鮮本作：觀成周盛時，能得幾多時？

〔四〕嘗盱其説以質疑　「盱」，萬曆本作「疏」。

〔五〕個　朝鮮本此下增一節小字，作：按：「或言守令」以下已見第三卷黄卓録，但首尾不同，而文略詳，故不敢節略而並存。

〔六〕學校科舉尤甚　朝鮮本作：如學校科舉之法尤甚。

〔七〕亦是法簡　朝鮮本作：然實是法簡。

〔八〕知有稱在此　「知」，萬曆本作「如」。

〔九〕方　原作「兮」，據萬曆本改。

〔一〇〕休麽樣氣魄　朝鮮本無此段文字。萬曆本「休」作「是」，賀本改作「甚」。

〔一一〕推中人而墮於小人之塗　「塗」，朝鮮本作「域」。

〔一二〕只不理會　朝鮮本「只」下有「恁」字。

〔一三〕不得予決　「予」，朝鮮本不異，萬曆本作「了」。

〔一四〕居官者遂以爲無訟之可聽　「遂」原作「逐」，據朝鮮本改。

〔一五〕皆由於詆排道學　「排」原作「那」，據朝鮮本、萬曆本改。

〔一六〕這　朝鮮本此下增：依前。

〔一七〕這國家許多命脉固自有所屬　「固」原作「汩」，據萬曆本改。

〔一八〕則號令徒掛牆壁爾　朝鮮本作：則所謂號令者，徒掛牆壁爾。

〔一九〕卻　朝鮮本作：若。

〔二〇〕不必議更張　朝鮮本「議更張」三字重。

〔二一〕其法亦有弊而當更者　「當」原作「常」，據朝鮮本改。

〔二二〕三歌扶掖　「歌」，朝鮮本作「哥」。

朱子語類卷第一百九

朱子六

論取士

「古人學校教養、德行道藝、選舉爵禄、宿衛征伐、師旅田獵皆只是一項事，皆一理也。」〔一〕

召穆公始諫厲王，不聽而退居于郊，及厲王出奔，國人欲殺其子，召公匿之。國人圍召公之第，召公乃以己子代厲王之子，而宣王以立。因歎曰：「便是這話難説。古者公卿世及，君臣恩意交結素深，與國家共休戚，故患難相爲如此。後世相遇如塗人，及有患難，則渙然離散而已。然今之公卿子孫亦不可用者〔二〕，只是不曾教得，故公卿之子孫莫不驕奢淫泆。不得已而用草茅新進之士，舉而加之公卿之位，以爲苟勝於彼而已。然所恃者，以其知義理，故勝之耳。若更不知義理，何所不至！古之教國子，其法至詳密，故其才者既足以有立，而不才者亦得以薰陶漸染，而不失爲寡過之人，豈若今之驕騃淫奢也哉！陳同父課藁中有一段論此，稍佳。」僩。

寶問：「人才須教養。明道章疏須先擇學官，如何？」曰：「便是未有善擇底人。某嘗謂天下事不是從中做起，須得結子頭是當，然後從上梳理下來，方見次序。」德明問：「聞先生嘗言『州縣學且依舊課試，太學當專養行義之士』。」曰：「却如此不得。士自四方遠來太學，無緣盡知其來歷，須是從鄉舉。」德明。

「呂與叔欲奏立四科取士：曰德行，曰明經，曰政事，曰文學。德行則待州縣舉薦，下三科却許人投牒自試。明經裏面分許多項目：如春秋則兼通三傳，禮則通三禮，樂則盡通諸經所說樂處。某看來，樂處說也未盡。政事則如試法律等及行移決判事。又定爲試辟，未試則以事授之，一年看其如何，辟則令所屬長官舉辟。」器遠云：「這也只是法。」曰：「固是法，也待人而行，然這却法意詳盡。如今科舉，直是法先不是了。今來欲教吏部與二三郎官盡識得天下官之賢否〔三〕，定是了不得這事。」賀孫。

因論學校，曰：「凡事須有規模。且如〔四〕太學，亦當用一好人，使之自立繩墨，遲之十年，日與之磨煉，方可。今日學官只是〔五〕計資考遷用，又學識短淺，學者亦不尊。」向可學曰〔六〕：「神宗未立三舍前，太學亦盛。」曰：「呂氏家塾記云：未立三舍前，太學只是一大書會，當時有孫明復、胡安定之流，人如何不趨慕。」可學。

林擇之曰：「今士人所聚多處，風俗便不好。故太學不如州學，州學不如縣學，縣學不如鄉學。」曰：「太學真個無益，於國家教化之意何在？向見陳魏公〔七〕說，亦以爲可罷。」義剛〔八〕。

「祖宗時，科舉法疏闊。張乖崖守蜀，有士人亦不應舉。乖崖去尋得李畋出來舉送去。如士人要應舉時，只是著布衫麻鞋，陳狀稱，百姓某人，今聞朝廷取士如何如何，來應舉，連投所業。太守略看所業，方請就客位，换襴幞相見，方得就試。只一二人，試訖舉送。舊亦不糊名，仁宗時方糊名。」揚。

「商鞅論人不可多學爲士人，廢了耕戰，此無道之言。然以今觀之，士人千人萬人不知理會甚事，真所謂游手。只是恁地底人，一旦得高官厚禄，只是爲害朝廷，何望其濟事？真是可憂！」因云云。「舊時此中赴試時，只有四五千人，今多一倍。」因論呂與叔論得取士好。因論其集上代人章表之類，文字多難看，此文集之弊。揚因謂「去了此等好」。曰：「然。」因歎：「與叔甚高，可惜死早。使其得六十左右，直可觀，可惜善人無福。兄弟都有立。一兄和叔，做鄉約鄉儀者，更直截，死早。」揚。

「康節謂『天下治則人上行，天下亂則人上文』。太祖時，人都不理會文；仁宗時，人會説。今又不會説，只是胡説。因見時文義，甚是使人傷心。」揚。

因〔九〕説「子張學干祿」，曰：「如今時文，取者不問其能，應者亦不必其能，只是盈紙便可得。推而上之，如除擢皆然。禮官不識禮，樂官不識樂，皆是吏人做上去。學官只是備員考試而已，初不是有德行道藝可爲表率，仁義禮智從頭不識到尾。國家元初取人如此，爲之奈何。」明作。

「三舍人做乾元統天義，説乾元處云『如目之有視、耳之有聽、體之有氣、心之有神』云云，如今也無這般時文。」僩。

「今人作經義，正是醉人説話。只是許多説話改頭换面，説了又説，不成文字。」僩。

「今人爲經義者，全不顧經文，務自立説，心粗膽大，敢爲新奇詭異之論〔一〇〕。方試官命此題，已〔一一〕欲其立奇説矣。又〔一二〕出題目定不肯依經文成片段〔一三〕，都是斷章牽合，是甚麽義理。三十年前人猶不敢如此，只因一番省試出『上天之載，無聲無臭，儀刑文王』三句，後遂成例。當時人甚駭之，今遂以爲常矣。遂使後生輩違背經旨，爭爲新奇，迎合主司之意，長浮競薄，終將若何，可慮可慮！王介甫三經義固非聖人意，然猶使學者知所統一。不過專念本經，及看注解，而以其本注之説爲文辭，主司考其工拙，而定去留耳。豈若今之違經背義，恣爲奇說，而無所底止哉？當時神宗令介甫造三經義，意思本好。只是介甫之學不正，不足以發明聖意，爲可惜耳。今爲經義者，又不若爲詞賦；詞賦不過工於對偶，不敢如治經者之亂說也。聞虜中科舉罷，即曉示云，後舉於某經某史命題，仰士子各習此業。使人心有所定止，專心看一經一史，不過數舉，則經史皆通。此法甚好〔一四〕。今〔一五〕爲主司者，務出隱僻題目，以乘人之所不知，使人弊精神於檢閱，茫然無所向方，是果何法也。」僩。

時有報行遣試官牽合破碎出題目者，或曰：「如此行遣一番，也好。」曰：「某常說不當就題目上理會，這個都是道術不一，所以如此。所以王介甫行三經字說，說是一道德，同風俗。是他真個使得天下學者盡只念這物事，更不敢別走作胡說，上下都有個據守？若是有才者，自就他這腔子裏說得好，依舊是好文字；而今人却務出暗僻難曉底題目，以乘人之所不知，却如何教他不杜撰，不胡說得？」或曰：「若不出難題，恐盡被人先牢籠做了〔一六〕。」曰：「莫管他。自家依舊是取得好文字，不悞遠方觀聽。而今却都是杜撰胡說，破壞後生心術，這個乖。某常說，今日學校科舉不成法。上之人分明以盜賊遇士，士亦分明以盜賊自處，動不動便鼓譟作鬧，以相迫脅，非盜賊而何？這個治之無他，只是嚴挾書傳義之禁，不許繼燭，少間自沙汰了一半。不是秀才底人，他亦自不敢來。雖無沙汰之名，而有其實。既不許繼燭，他自要奔，去聲。無緣更代得人筆。」或曰：「恐難止遏。今只省試及太學補試，已自〔一七〕禁遏不住。」曰：「也只是無人理會。若捉得一兩個，直個痛治，人誰敢犯？這個須從保伍中做起，却從保正社首中討保明狀，五家爲保，互相保委。若不是秀才，定不得與保明。若捉出詭名納兩副三副卷底人來，定將保明人痛治，人誰敢犯？某嘗説，天下無難理會底事，這般事只是黑地裏脚指縫也來得出來，不知如何得恁地無人理會！」又曰：「今日科舉考試也無法不通看。」或曰：「解額當均否？」曰：「固是當均。」或曰：「看來不必立爲定額，但以幾名終場卷子取一名足矣。」曰：「不得。少間便長詭名納卷之弊，依舊與他立定額。只是從今起，照前三舉内終場人數計之，就這數内立定額數。三舉之後，又將來均一番。如此，則多少不至相懸絶矣。」因説混補，曰：「頃在朝時，趙丞相欲行三舍法，陳君舉欲行混補，趙丞相不肯，曰：『今此天寒粟貴，若復混補，須添萬餘人，米價愈騰踴矣。』某曰：『爲混補之説者固大謬，爲三舍之説亦未爲得也。未論其他，只州郡那裏得許多錢穀養他。蓋入學者既有舍法之利，又有科舉之利，不入學者止有科舉一塗，這裏便是不均。利之所在，人誰不趍。看來只均太學解額於諸路，便無事。如今太學解額，七人取兩人。便七人取一人也由我，十人取一人也由我，二十人、三十人、四十人取一人也只由我。而今自立個不平放這裏，如何責得人趍？』」或問：「恩榜無益於國家，可去否？」曰：「此又去不得。去之則傷仁恩，人必怨〔一八〕。看來只好作文學助教闕，立定某州文學幾員，助教幾員，隨其人士之多少以定員數。如宗室宮觀例，令自指射占闕，相與受代，莫要教他出來做官。既不傷仁恩，又無老耄昏濁貪猥不事事之病矣。」杜佑通典中說釋奠處有文學助教官。因說祿令，曰：「今日祿令更莫說，更是不均。且如宮觀祠祿，少間又盡指占某州某州。蓋州郡財賦各自不同，或元初立額有厚薄，或後來有增減，少間人盡占多處去。雖曰州郡富厚，被人炒多了也供當不去。少間本州本郡底不曾給得，只得去應副他處人矣。」因又說經界，或曰：「初做，也須擾人。」曰：「若處之有法，何擾之有？而今只是人人不曉，所以被人瞞說難行。間有一兩個曉得底，終不足以勝不曉者之多。若人人都教他算，教他法量，他便使瞞不得矣。打量極多法，惟法算量極易，自紹興間秦丞相舉行一番以至今。看來是蘇綽以後，到紹興方得行一番，今又多弊了。看來須是三十年又量一番，庶常無弊。蓋人家田産只五六年間便自不同，富者貧，貧者富，少間病敗便多，飛産匿名，無所不有。須是三十年再與打量一番，則乘其弊少而易爲力，人習見之，亦無所容其姦矣。要之，既行，也安得盡無弊？只是得大綱好，其間寧無少弊處？只如秦丞相紹興間行，也安得盡無弊？只是十分弊，也須革去得九分半，所餘者一分半分而已。今人却情願受這十分重弊壓在頭上，都不管。及至纔有一人理會起，便去搜剔那半分一分底弊來瑕疵之，以爲決不可行。如被人少却百貫千貫却不管，及被人少却百錢千錢，便反倒要與理會。今人都是這般見識。而今分明是有個天下國家，無一人肯把做自家物事看，不可説著。某常説：天下事所以終做不成者，只是壞於懶與私而已。懶，則士大夫不肯任事。有一樣底説，我只認做三年官了去，誰能閑理會得閑事，閑討煩惱。我不理會，也得好好做官去。次則豪家上户群起遮攔，恐法行則奪其利，盡用納税。惟此二者爲梗而已。」又曰：「事無有處置不得者。事事自有個恰好處，只是不會思量，不得其法。只如舊時科舉無定日，少間人來這州試了，又過那州試；州裏試了，又去漕司試，無理會處。不知誰恁地聰明〔一九〕，會思量定作八月十五日，積年之弊，一朝而革，這個方唤做處置事。聖人所以做事動中幾會，便是如此。」又曰：「凡事須看透背後去。」因舉掌云：「且如這一事，見得這一面是如此，便須看透那手背後去方得。如國手下棋，一著便見得數十著以後之著。若只看這一面，如何見得那事幾，更説甚治道？」僩。

包顯道言科舉之弊，先生曰：「如他經尚是就文義上説，最是春秋不成説話，多是去求言外之意，説得不成模樣。某説道，此皆是『侮聖人之言』，却不如王介甫樣〔二〇〕，索性廢了較强。」又笑云：「常有一人作隨時變通論，皆説要復古〔二一〕。至論科舉要復鄉舉里選，却説須是歇二十年却行〔二二〕，要待那種子盡了方行得。説得來也是。」義剛。

器遠問：「今士人習爲時文應舉，如此須當有個轉處否？」曰：「某舊時看，只見天下如何有許多道理恁地多。如今看來，只有一個道理，只有一個學。在下者也著如此學，在上者也著如此學。在上若好學，自見道理，許多弊政亦自見得須要整頓。若上好學，便於學舍選舉賢儒，如胡安定、孫明復這般人爲教導之官，又須將科目盡變了，全理會經學，這須會好。今未説士子，且看朝廷許多奏表，支離蔓衍，是説甚麽。如誥宰相，只須説數語戒諭，如此做足矣。」敬之云：「先生常説『表奏之文，下諛其上也；誥勑之文，上諛其下也』。」賀孫。

問：「今日科舉之弊，使有可爲之時，此法何如？」曰：「也廢他不得，然亦須有個道理。」又曰：「更須兼他科目取人（一三）。」

「今時文賦却無害理，經義大不便，分明是『侮聖人之言』。如今年三知舉所上劄子，論舉人使字，理會這個濟得甚？今日亦未論變科舉法。只是上之人主張分别善惡，擢用正人，使士子少知趨向，則人心自變，亦有可觀。」可學問：「歐陽公當時變文體，亦是上之人主張？」曰：「渠是變其詭怪。但此等事，亦須平日先有服人方可。」舜功問：「歐陽公本論亦好，但末結未盡。」曰：「本論精密却過於原道，原道言語皆自然，本論却生受。觀其意思，乃是聖人許多憂慮做出，却無自然氣象，下篇不可曉。」德粹云：「以拜佛，知人之性善。」先生曰：「亦有説話。佛亦教人爲善，故渠以此觀之也。」可學。

「今科舉之弊極矣！鄉舉里選之法是第一義，今不能行，只是就科舉法中與之區處，且變着如今經義格子，使天下士子各通五經大義。一舉試春秋，一舉試三禮，一舉試易、詩、書，禁懷挾。出題目，使寫出注疏與諸家之説，而斷以己意。策論則試以時務，如禮、樂、兵〔二四〕、刑之屬，如此亦不爲無益。欲革奔競之弊，則均諸州解額，稍損太學之額。太學則罷月書季考之法，皆限之以省試，獨取經明行修之人。如此，亦庶幾矣。」木之。

因言今日所在解額太不均，先生曰：「只將諸州終場人數，與合發解人數定便了。又不是天造地設有定數，何故不敢改動，也是好笑。」浩。

或言太學補試，動一二萬人之冗。曰：「要得不冗，將太學解額減損，分布於諸州軍解額少處。如此，則人皆只就本州軍試，又何苦就補試也。」燾。

臨别，先生留飯，坐間出示理會科舉文字，大要欲均諸州解額，仍乞罷詩賦，專經學論策，條目井井，云：「且得士人讀些書，三十年後恐有人出。」泳。

乙卯年，先生作科舉私議一通，付過看。大概欲於三年前曉示，下次科場以某經、某子、某史試士人。如大義，每道只六伯字，其餘兩場亦各不同。後次又預前以某年科場，別以某經、某子、某史試士人，蓋欲其逐番精通也。過欲借録，不許。過。

先生言時文之謬云：「如科舉後便下詔，今番科舉第一場出題目在甚經內，論題出在甚史內，如史記、漢書等，廣説二書，策只出一二件事。庶幾三年之間，專心去看得一書。

得底固是好，不得底也逐番看得一般書子細。」胡泳。

先生云：「禮書已定，中間無所不包。某常欲作一科舉法，今之詩賦實爲無用，經義則未離於説經。但變其虚浮之格，如近古義，直述大意。立科取人，以易、詩、書爲一類，三禮爲一類，春秋三傳爲一類。如子年以易、詩、書取人，則以前三年舉天下皆理會此三經；卯年以三禮取人，則以前三年舉天下皆理會此三禮；午年以春秋三傳取人，則以前三年舉天下皆理會此春秋三傳。如易、詩、書稍易理會，故先用此一類取人。如是周而復始，其每舉所出策論，皆有定所。如某書出論，某書出策，如天文、地理、樂律之類，皆指定令學者習，而用以爲題。」賀孫云：「此法若行，但恐卒未有考官。」曰：「須先令考官習之。」賀孫。

李先生説：「今日習春秋者，皆令各習一傳，並習誰解，只得依其説，不得臆説。」先生曰：「六經皆可如此，下家狀時，皆令定了。」揚。

「今人都不曾讀書，不會出題目。禮記有無數好處，好出題目。」揚。

「科舉種子不好。」謂試官只是這般人。揚。

張孟遠以書來論省試策題目，言今日之弊在任法而不任人。孟遠謂今日凡事傷不能守法。曰：「此皆偏説。今日乃是要做好事，則以礙法不容施行。及至做不好事，即便越法不顧，只是不勇於爲善。」必大。

「科舉是法弊。大抵立法，只是立個得人之法。若有奉行非其人，却不干法事，若只得人便可。今却是法弊，雖有良有司，亦無如之何。」王嘉叟云：「朝廷只有兩般法：一是排連法，今銓部是也；一是信采法，今科舉是也。」㽦。

問：「今之學校，自麻沙時文册子之外，其他未嘗過而問焉。」曰：「怪它不得，上之所以教者不過如此。然上之人曾不思量，時文一件，學子自是着急，何用更要你教。你設學校，却好教他理會本分事業。」曰：「上庠風化之原，所謂『季考行藝』者，行尤可笑，只每月占一日之食便是。」先生笑曰：「何其簡易也。」曰：「天下之事，大正則難，如學校間小正須可。」曰：「大處正不得，小處越難。才動着，便有掣肘，如何正得？」琮。

因說科舉所取文字多是輕浮，不明白着實。因歎息云：「最可憂者，不是說秀才做文字不好，這事大關世變。東晉之末，其文一切含胡，是非都没理會。」賀孫。

有少年試教官，先生曰：「公如何須要去試教官？如今最没道理，是教人懷牒來試討教官。某嘗經歷諸州，教官都是許多小兒子，未生髭鬚〔二五〕。入學底多是老大底人，如何服得他？某思量，須是立個定制，非四十以上不得任教官。」又云：「須是罷了堂除及注授教官，却請本州鄉先生爲之。如福州，便教林少穎這般人做，士子也歸心，他教也必不苟。」又云：「只見泉州教官却老成，意思却好。然他教人也未是，如教人編抄甚長編文字。」又曰：「今教授之職，只教人做科舉時文。若科舉時文，他心心念念要爭功名，若不教他，你道他自做不做？何待設官置吏費廩禄教他做？也須是當職底人怕道人不曉義理，須是要教人識些。如今全然無此意，如何恁地！」賀孫。

坐中有説赴賢良科。曰：「向來作時文應舉，雖是角虚無實，然猶是白直，却不甚害事。今來最是喚做賢良者，其所作策論更讀不得。緣世上只有許多時事，已前一齊話了，自無可得説。如筦酒相似，第一番淋了，第二番又淋了，第三番又淋了。如今只管又去許多糟粕裏只管淋，有甚麽得話？既無可得話，又只管要新。最切害處，是輕德行，毁名節，崇智術，尚變詐，讀之使人痛心疾首。不知是甚世變到這裏，可畏！可畏！這都是不祥之兆，隆興以來不恁地。自隆興以後有恢復之説，都要來説功名〔二六〕，初不曾濟得些事。今看來，反把許多元氣都耗却〔二七〕。管子、孔門所不道，而其言猶曰『禮義廉恥，是謂四維』。如今將禮義廉恥一切掃除了，却來説事功。」賀孫。

「葉正則、彭大老欲放混補，廟堂亦可之，但慮艱食，故不果行。二人之意，大率爲其鄉人地耳。廟堂云『今日大學文字不好』，却不知所以不好之因。便使時文做得十分好後，濟得甚事？某有一策：諸州解額，取見三舉終場最多人數，以寬處爲準，皆與添上。省試取數却不增，其補試却用科舉年八月十五日引試。若要就補，須舍了解試始得。如此，庶幾人有固志，免得如此奔競喧閧。」閎祖。

説趙丞相欲放混補，歎息云：「方今大倫，恁地不成模樣。身爲宰相，合〔二八〕以何爲急？却要急去理會這般事，如何恁地不識輕重。此皆是衰亂之態。只看宣和末年，番人將至，宰相説甚事，只看實録頭一版便見，且説大學秀才做時文不好，你道是識世界否？如〔二九〕今待補取士，有甚不得？如何道恁地便取得人才，如彼便取不得人才？只是亂説。待補之立，也恰如擲骰子一般，且試采，擲得便得試，擲不得便不得試，且以爲節制。那裏得底便是，不得底便不是？這般做事，都是枉費氣力。某嘗説均解額，只將逐州三舉終場人數，用其最多爲額，每百人取幾人，太學許多濫恩一齊省了。元在學者，聽依舊恩例。諸路牒試皆罷了，士人如何也只安鄉舉。如何自家却立個物事，引誘人來奔趨？下面又恁地促窄，無入身處。如何又只就微末處理會！若均解額取人數多，或恐下梢恩科數多，則更將分數立一長限。以前得舉人，却只依舊限，有甚不得處？他只説近日學中緣有待補，不得廣取，以致學中無好文字。不知時文之弊已極，雖鄉舉又何嘗有好文字膾炙人口？若是要取人才，那裏將這幾句冒頭見得？只是胡説。今時文日趨於弱，日趨於巧小，將士人這些志氣都消削得盡。莫説以前，只是宣和末年三舍法纔罷。學舍中無限好人才，如胡邦衡之類，是甚麽樣有氣魄！做出那文字是甚豪壯！當時亦自煞有人。及紹興渡江之初，亦自有人才。那時士人所做文字極粗，更無委曲柔弱之態，所以亦養得氣宇。只看如今秤斤注兩，作兩句破頭，如此是多少衰氣！」賀孫。

或問：「趙子直建議行三舍法：補入縣學；自縣學比試，入於州學；自州學貢至行在補試，方入太學。如何？」曰：「這是顯然不可行底事。某嘗作書與說，他自謂行之有次第，這下梢須大乖。今只州縣學裏小小補試，動不動便只是請囑之私。若更把這個爲補試之地，下梢須至於興大獄。子直這般所在，都不詢訪前輩。如向者三舍之弊，某嘗及見老成人說，劉聘君云，縣學嘗得一番分肉，肉有内舍、外舍多寡之差。偶齋僕下錯了一分，學生便以界方打齋僕，高聲大怒云：『我是内舍生，如何却只得外舍生肉？』如此等無廉耻事無限，只是蔡京法度如此。嘗見胡珵德輝有言曰：『學校之設，所以教天下之人爲忠爲孝也。國家之學法，始於熙寧，成於崇觀。熙寧之法，李定爲之也；崇觀之法，蔡京爲之也。李定者，天下之至不孝者也；蔡京者，天下之至不忠者也。豈有不忠不孝之人，而其所立之法可行於天下乎？』今欲行三舍之法，亦本無他說，只爲所取待補多滅裂，真正老成士人，多不得太學就試，太學緣此多不得人。然初間所以立待補之意，只爲四方士人都來就試，行在壅隘，故爲此法。然又須思量，所以致得四方士人苦死都要來赴太學試，爲甚麼？這是個弊端，須從根頭理會去。某與子直書曾云：若怕人都來赴太學試，須思量士人所以都要來做甚麽。皆是秀才，皆非有古人教養之實，而仕進之途如此其易。正試既優，又有舍選，恩數厚〔三〇〕，較之諸州或五六百人解送一人，何其不平至於此。自是做得病痛如此，不就這處醫治，却只去理會其末。今要好，且明降指揮，自今太學並不許以恩例爲免。若在學人援執舊例，則以自合新補入爲始。他未入者幸得入而已，未暇計此。太〔三一〕學既無非望之恩，又於鄉舉額窄處增之，則人人自安鄉里，何苦都要入太學？〔三二〕不就此整理，更説甚？高抑崇〔三三〕，秦相舉之爲司業〔三四〕，抑崇乃龜山門人，龜山於學校之弊煞有説話，渠非〔三五〕不習聞講論，到好做處却略不施爲。秦本惡程學，後見其用此人，人莫不相慶，以爲庶幾善類得相汲引。後乃大不然，一向苟合取媚而已。學校以前整頓固難，當那時兵興之後，若從頭依自家好規模整頓一番，豈不可爲？他當時於秦相前，亦不敢説及此。」賀孫。

因論黄幾先言，曾於周丈處見虜中賦，氣脉厚，先生曰：「那處是氣象大了，説得出來，自是如此，不是那邊人會。」揚。

校勘記

〔一〕皆一理也　成化本卷八六收録相同語録，然末尾增小字：僩。鄉大夫。

〔二〕然今之公卿子孫亦不可用者「亦」，朝鮮本作「有」。

〔三〕今來欲教吏部與二三郎官盡識得天下官之賢否「吏」原作「束」，據朝鮮本改。又朝鮮本「今」上有「且如」二字。

〔四〕且如　朝鮮本此下增：今。

〔五〕今日學官只是　朝鮮本此下增：爲之。

〔六〕向可學曰　朝鮮本作「向某云」。萬曆本「向」作「尚」，屬上讀。

〔七〕向見陳魏公　朝鮮本作「魏公陳作陳魏公」。

〔八〕義剛　朝鮮本「剛」下有「淳録同」三小字。

〔九〕因　朝鮮本卷段首增一段文字，作：「老子說他一個道理甚縝密。老子之後有列子，亦未甚至大段不好。說列子是鄭穆公時人。然穆公在孔子前，而列子中說孔子，則不是鄭穆公時人，乃鄭頃公時人也。列子後有莊子，莊子模仿列子，殊無道理。爲他是戰國時人，便有縱横氣象，其文大段豪偉。列子序中說老子。列子言語多與佛經相類，覺得是如此。疑得佛家初來中國，多是偷老子意去做經，如說空處是也。後來道家做清静經，又卻偷佛家言語，全做得不好。佛經所謂『色即是空』處，他把色、受、想、行、識五個對一個『空』字說，故曰『空即是色。受、想、行、識，亦復如是』，謂是空也。而清淨經中偷此句意思，卻說『無無亦無』，只偷得他『色即是空』，卻不曾理會得他『受、想、行、識亦復如是』之意，全無道理。佛家偷得老子好處，後來道家卻只偷得佛家不好處。譬如道家有個寶藏，被佛家偷去；後來道家卻只取得佛家瓦礫，殊可笑也。人説孟子只辟楊、墨，不辟老氏。卻不知道家修養之説只是爲己，獨自一身便了，更不管別人，便是楊氏爲我之學。」又曰：「孔子問老聃之禮，而老聃所言禮殊無謂。恐老聃與老子非一人，但不可考耳。」

〔一〇〕論　朝鮮本作：語。

〔一一〕已　朝鮮本此上增：固。

〔一二〕又　朝鮮本此下增：其所。

〔一三〕又出題目定不肯依經文成片段　朝鮮本「又」下有「其所」二字。

〔一四〕此法甚好　「此」原作「比」，據朝鮮本改。

〔一五〕今　朝鮮本此下增：人。

〔一六〕恐盡被人先牢籠做了　「被」原作「彼」，據朝鮮本改。

〔一七〕已自　朝鮮本作：自有。

〔一八〕人必怨　朝鮮本「怨」下有「怒」字。

〔一九〕不知誰恁地聰明　原無「地」字，據朝鮮本補。

〔二〇〕却不如王介甫樣　「王」原作「土」，據朝鮮本、萬曆本改。

〔二一〕復古　朝鮮本此處增：之論。

〔二二〕却説須是歇二十年却行　「二」，朝鮮本作「三」。

〔二三〕更須兼他科目取人　朝鮮本「人」下有小字注「庚」。

〔二四〕兵　朝鮮本作：政。

〔二五〕未生髭鬚　朝鮮本「未」上有「猶自」二字。

〔二六〕都要來説功名　「來」，朝鮮本作「求」。

〔二七〕反把許多元氣都耗却　「耗」原作「毩」，據朝鮮本、萬曆本改。

〔二八〕合　朝鮮本此下增：是。

〔二九〕如　朝鮮本作：且如。

〔三〇〕恩數厚　朝鮮本作：而恩慶數厚。

〔三一〕太　朝鮮本此上增：此恩命。

〔三二〕入太學　朝鮮本此下增：所以要入太學，只緣是如此。

〔三三〕高抑崇　朝鮮本「崇」下有「渡江初」三字。

〔三四〕秦相舉之爲司業　朝鮮本作：渡江初秦相舉之爲司業。

〔三五〕非　朝鮮本此下增「爲門人」三字。